文化是人类创造的所有物质财富和精神财富的总和。它既是人类社
会在过去时间内的发展进化成果，也是孕育人类辉煌未来的基础。正是文
化的一脉相传才造就了人类社会源远流长的历史和光辉灿烂的文明。

快速掌握中外文化常识的理想读本

年轻人必知的
2000个
文化常识

鸿雁　主编

中国华侨出版社

图书在版编目（CIP）数据

年轻人必知的2000个文化常识／鸿雁主编．—北京：中国华侨出版社，2014.2（2014.11重印）
ISBN 978-7-5113-4429-8

Ⅰ.①年… Ⅱ.①鸿… Ⅲ.①文化—青年读物 Ⅳ.①G-49

中国版本图书馆CIP数据核字（2014）第027718号

年轻人必知的2000个文化常识

主　　编：鸿　雁
责任编辑：文　丹
封面设计：李艾红
文字编辑：李翠香
美术编辑：潘　松
经　　销：新华书店
开　　本：720mm×1020mm　　1/16　　印张：27.5　　字数：539千字
印　　刷：北京中创彩色印刷有限公司
版　　次：2014年5月第1版　　2017年4月第3次印刷
书　　号：ISBN 978-7-5113-4429-8
定　　价：58.00元

中国华侨出版社　北京市朝阳区静安里26号通成达大厦3层　邮编：100028
法律顾问：陈鹰律师事务所
发 行 部：(010) 65772781　　　　传　　真：(010) 65756570
网　　址：www.oveaschin.com
E-mail：oveaschin@sina.com

如果发现印装质量问题，影响阅读，请与印刷厂联系调换。

∽ 前言 ∽

　　文化是人类创造的所有物质财富和精神财富的总和。它既是人类社会在过去时间内的发展进化成果，也是孕育人类辉煌未来的基础。正是文化的一脉相传才造就了人类社会源远流长的历史和光辉灿烂的文明。

　　学习掌握必要的文化常识，不仅是开阔视野、启迪心智、增加知识储备、提高个人素质的必经之路，同时也是推动文化发展繁荣和社会进步的重要因素。换个角度讲，掌握必要的文化常识已然成为一个人综合素质和能力的体现，可以说，文化是每个人的根，它已经渗透到我们每个人的生活当中。因此，掌握一些基本的文化常识，对每个人特别是年轻人来说是很有必要的。年轻时期是人一生中最宝贵的黄金时期，也是积累知识的重要时期。年轻人只有丰富自己的知识储备、完善个人素质，才能走得更远、飞得更高。但是，许多人往往缺少足够的文化常识基础，有些人即使知道一些常识，也是一知半解，这不仅给学习和工作带来诸多的不便，生活中也可能处处遭遇尴尬。比如，缺乏文化常识，在读历史作品时难免对人物来历、官职性质、宗法礼俗等不了解，自然就无法体会其人其事的种种妙处；缺乏文化常识，就会对生活中许多与文化有关的现象感到费解，甚至在工作或生活中错误百出。可见，掌握一些基本的文化常识，对每个人来说都是很有必要的。

　　然而，文化是一个庞杂的知识体系，包罗万象，浩如烟海，面对它，大多数人都会感到力不从心，很难在短时间内掌握其底蕴及脉络。即便是专业人士，所掌握的文化常识也不过是冰山一角。的确，再强大的个体在面对厚重的文化时都是渺小的，尤其是在知识爆炸、信息膨胀的今天，新事物、新知识、新文化日新月异，如何用较短的时间获取较多的文化知识和信息，是一个十分重要的问题。这除了个人的努力和恰当的学习方法之外，知识信息的载体及其表现形式是否科学、简明，也是一个非常重要的因素。

　　为了帮助读者更方便、更轻松、更快捷地了解和掌握必要的文化常识、提高人文修养，为成功的人生打下坚实的基础，编者选取了世界文化中极具代表性的知识和史料，辑成本书。所选内容涵盖了文学、哲学思想、历史考古、天文历法、名胜古迹、政治法律、军事武器、经济、中外节日、风俗礼仪、称谓、美术工艺、音乐舞蹈、戏剧曲艺、体育娱乐、语言文字、出版传媒、影视、教育、医药、饮食、服饰等方面，囊括了人们想知道、需要知道、应该知道的基本文化常识。

编者在广泛收集资料的基础上，力求在"新、奇、趣"上下工夫。"新"就是鲜为人知的，很少被其他书籍提到的知识；"奇"就是不一般，是能让人的精神为之一振的事物；"趣"即是兴趣，也是趣味，是人们想看、愿意看的东西。同时，书中还选配了多幅包含多种文化元素的精美图片，与文字相辅相成，呈现给读者一幅极具趣味性的世界文化图景，使读者身临其境，从中体味到世界文化的博大精深。

这是一本浓缩中外文化知识精粹的工具书，集知识性、趣味性、科学性、实用性于一体，具有超强的参考性与指导性。寻根探源，集纳中外灿烂文化，谈古论今，猎获古今丰富知识，一书在手，即可领略到中外文化的风采。希望这本书给你的心智以有益的启迪，使你充分地感受到文化的魅力。

目录

文学篇

哲学思想篇

历史考古篇

天文历法篇

名胜古迹篇

政治法律篇

军事武器篇

经济篇

中外节日篇

称谓篇

美术工艺篇

音乐舞蹈篇

戏剧曲艺篇

体育娱乐篇

语言文字篇

出版传媒篇

影视篇

教育篇

医药篇

饮食篇

服饰篇

文学篇

诗歌

诗歌是一种有节奏、有韵律且富于感情色彩的语言艺术形式，起源于上古的社会生活，因劳动生产、两性相恋、原始宗教等而产生。《尚书·虞书》载："诗言志，歌永言，声依永，律和声。"早期，诗、歌与乐、舞是合为一体的，在实际表演中总是配合音乐、舞蹈而歌唱，后来诗、歌、乐、舞各自发展，独立成体。中国有着悠久的诗歌历史，因此被称为"诗的国度"。

诗的分类

按音律分，可分为古体诗和近体诗两类。古体诗主要是指唐以前的诗歌，包括古诗、楚辞、乐府诗。"歌"、"歌行"、"引"、"曲"、"吟"等古诗体裁也属古体诗。古体诗不讲对仗，押韵较自由。与古体诗相对的近体诗又称迈体诗，是唐代形成的一种格律体诗，分为绝句和律诗两种，其字数、句数、平仄、用韵等都有严格规定。绝句，每首四句，五言的简称五绝，七言的简称七绝。律诗，每首八句，五言的简称五律，七言的简称七律，超过八句的称为排律（或长律）。

按内容分，可分为叙事诗、抒情诗、送别诗、边塞诗、山水田园诗、怀古诗（咏史诗）、咏物诗、悼亡诗、讽喻诗等。

乐府

乐府原是指管理音乐的机关，最早见于汉惠帝时，汉武帝将其扩充为大规模的专署。主要功能是收集民间音乐，创作歌辞，改编曲谱，以供宫廷娱乐和庙堂祭祀，使当时的民歌得到很好的保存。后人就把乐府里收集的诗歌称为"乐府"、"乐府诗"或"汉乐府"。

汉乐府的最大特点就是叙事性，即"缘事而发"，长篇叙事诗《孔雀东南飞》可以说是汉代乐府的杰出代表。东汉时期还出现了文人模仿乐府形式的五言诗。

汉乐府不仅哺育了当时文人的诗歌，而且对魏晋乃至唐代诗人都有巨大影响，建安文人都喜欢用乐府旧题反映社会的离乱；唐代李白、杜甫也都有乐府题诗作，白居易更是创作了大量的新乐府诗，并发起了新乐府运动。

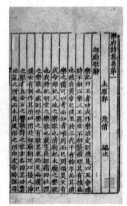

《乐府诗集》

民歌

起源于或流传于一个国家或地区的老百姓中间并成为他们独特文化一部分的歌

曲，民间文学的一种。

原始的民歌同人们的生存斗争密切相关，或表达征服自然的愿望，或再现猎获野兽的欢快，或祈祷万物神灵的保佑，成为人们生活的重要组成部分。

《诗经》中的"国风"，是中国古代最早的民歌选集。它汇集了从西周到春秋约500年间，流传于北方15个地区的民歌。

词

词最初称为"曲词"或"曲子词"，别称有长短句、曲子、乐府、乐章、琴趣、诗余。起于五代与唐，盛于宋。原是配乐歌唱的一种诗体，句的长短随歌调的改变而改变。

明代徐师把词的形式概括为："调有定格，句有定数，字有定声。"总的来说，词的形式有以下特点：

1. 每首词都有一个词牌。一般说，词牌并不是词的题目，只是相当于词谱而已。到宋代，有些词人为了表明词意，常在词牌下面另加题目，或者还写上一段小序。

2. 一般词牌的字数和句子的长短都是固定的，有一定的格式。

3. 词中声韵的规定特别严格，用字要分平仄，且每个词牌的平仄都有所规定，各不相同。

4. 词一般都分上下两阕（或上下两片），极少数只有一阕，或三阕以上。

词的分类

词按照字数大致可分为三类：小令、中调、长调。58字以内为小令，59字至90字为中调，91字以上为长调。

按照风格可分婉约派和豪放派。婉约派的代表人物有南唐后主李煜，北宋的李

清照、柳永、秦观、周邦彦和晏殊等。豪放派的代表人物有北宋苏轼，南宋辛弃疾、岳飞、陈亮、陆游等。

词牌

词牌，就是词的格式的名称。

词牌一般有三个来源。一是来自乐曲的名称。例如《菩萨蛮》、《西江月》、《风入松》、《蝶恋花》等，都是属于这一类的。二是摘取一首词中的几个字作为词牌。例如《忆江南》本名《望江南》，但因白居易有一首咏"江南好"的词，最后一句是"能不忆江南"，所以词牌又叫《忆江南》。三是来自词的题目。《渔歌子》咏的是打鱼，《浪淘沙》咏的是浪淘沙，《更漏子》咏的是夜。这种情况是最普遍的。

凡是词牌下面注明"本意"的，就是说，词牌同时也是词题。但是，绝大多数的词都不是用"本意"的，因此，一般是在词牌下面用较小的字注出词题。

竹枝词

竹枝词，是一种由古代巴蜀间的民歌演变而来的诗体。

竹枝词从民歌演化为文人诗体，一般认为是从唐代刘禹锡开始的。刘禹锡于长庆二年（1822年）任夔州刺史时，见到民间联歌《竹枝》，吹短笛击鼓，边唱边舞，以"曲多为贤"，因此受到启发，作《竹枝》九篇。他的新词具有鲜明的民间歌谣格调，又有浓郁的生活气息，所以不仅在民间得到广泛流传，以后历代文人也不断传唱。宋代苏轼、黄庭坚，元代杨维祯，明代袁宏道，清代王世贞、孔尚任都有佳作传世。

敦煌曲子词

敦煌曲子词是指20世纪初，发现于甘

肃敦煌莫高窟的唐五代民间词曲，也称为敦煌歌辞。现存的敦煌曲子词，不仅题材广泛，内容丰富，同时在艺术上也保留了民间作品那种质朴与清新的特点，风格也较为多样。有鲜明的个性特征和浓郁的生活气息，反映了词兴起于民间时的原始形态，可以说是千年词史的椎轮大辂。同时，在敦煌发现的曲子词里，还保存下一些在现存唐代文人词中很少见的长调。

散曲

散曲，元人称为"乐府"或"今乐府"。散曲之所以称为"散"，是与元杂剧的整套剧曲相对而言的。

散曲的产生与词产生的情形十分相似，它产生于民间的俗谣俚曲。金元时在北方起源，故又称北曲，包括小令、套数和介于两者之间的带过曲等主要形式。散曲从结构上可分为小令、中调和长调。

散曲的特点主要有：在语言方面，既有一定格律，又有口语的自由灵活；在艺术表现方面，更多采用"赋"的方式，加以铺陈叙述；押韵比较灵活，可以平仄通押，句中还可以衬字。北曲衬字可多可少，南曲有"衬不过三"的说法。

散曲的分类

散曲有三种基本类型：小令、套数，以及介于两者之间的带过曲。

小令又叫"叶儿"，其名称源自唐代的酒令。其基本特征是单片只曲，调短字少。还有一种联章体，则是由数支小令联合而成，又称"重头小令"，同题同调，内容相联，首尾句法相同，每首小令可以单独成韵，最多可以达百支。

套数又称"套曲"、"散套"或"大令"，

是从唐宋大曲、宋金诸宫调发展而来。其定制一般有三个特征：一是全套必须押韵相同；二是有尾声；三是同宫调的两个以上的只曲连缀而成。

带过曲是由同一宫调的不同曲牌组成，曲牌最多不超过三首。带过曲属于小型曲组，与套数比，容量小得多，且没有尾声，是介于小令与套数之间的特殊形式。

汉赋

赋是在楚辞的基础上发展而来的，在两汉 400 年间，一般文人多致力于赋的写作，因而盛极一时，是汉代文学最有特色的一种文体。它的特点是散韵结合，专事铺叙。形式上，"铺采摛文"，着重铺叙和描写，以铺张的手法描摹所赋事物景况；内容上，则侧重"体物写志"。

汉赋分为大赋和小赋。大赋又叫散体大赋，规模巨大，结构恢宏，气势磅礴，语汇华丽，往往是成千上万言的鸿篇巨制，代表作家有枚乘、司马相如、班固等；小赋则篇幅较小，文采清丽，讥讽时事、抒情咏物，代表作家有张衡、赵壹、蔡邕、祢衡等。

后世往往把它看成是汉代文学的代表。

骈文

骈文又称骈俪文，是与散文相对而言的。其主要特点是以四六句式为主，讲究对仗，也称"四六文"或"骈四俪六"。因句式两两相对，犹如两马并驾齐驱，故被称为骈体。

骈文在声韵上讲究运用平仄，韵律和谐；修辞上注重藻饰和用典。由于骈文注重形式技巧，所以内容的表达往往受到束缚，但若运用得当，也能增强文章的艺术效果。如："下亭漂泊，高桥羁旅。楚歌非取乐之方，鲁酒无忘忧之用。"

骈文盛行于六朝，代表作家有徐陵、庾信。中唐古文运动以后，这种文体开始衰落。

变文

变文是唐代兴起的一种说唱文学，又简称"变"。"变"是指"经变"，是佛教术语。它是在佛教僧侣所谓"唱导"的影响下，继承汉魏六朝乐府诗、志怪小说、杂赋等文学传统逐渐发展成熟的一种文体。

郑振铎在《中国文学史》中说："'变文'的意义和'演义'是差不多的。就是说，把古典的故事，重新再演说一番，变化一番，使人们容易明白。"所以变文的特点是有说有唱、韵白结合、语言通俗、接近口语，内容原为佛经故事，后来范围扩大，包括历史故事、民间传说等，如敦煌变文《大目乾连冥间救母变文》、《伍子胥变文》等。

唐传奇

唐传奇是指唐代流行的文言短篇小说。它远继神话传说和史传文学，近承魏晋南北朝志怪和志人小说，是一种以史传笔法写奇闻逸事的小说体式。唐传奇"始有意为小说"，标志着中国古代小说创作进入了一个新阶段。

随着创作方法和艺术技巧日渐成熟，唐传奇涌现出大量名家名作，如李朝威的《柳毅传》、元稹的《莺莺传》、白行简的《李娃传》、蒋防的《霍小玉传》、陈鸿的《长恨歌传》等。内容题材涉及爱情、历史、政治、豪侠、志怪、神仙等，大多作品体现了较强的现实精神。

南戏

南戏是北宋末至元末明初，即 12 ~ 14 世纪 200 年间在中国南方最早兴起的戏曲剧种，也是中国戏剧最早成熟的形式之一。南戏有多种异名，南方称之为"戏文"，又有温州杂剧、永嘉杂剧、鹘伶声嗽等名称，明清间亦称为"传奇"。就其音乐——南曲来说，则是一种重要的戏曲声腔系统，为其后的许多声腔剧种，如海盐腔、余姚腔、昆山腔、弋阳腔的兴起和发展奠定了基础。

南戏原是由顺口可歌的村坊小曲发展起来的，作者多为下层文人，词语通俗，不为士大夫所重视，主要流行于今浙东、福建地区。后吸收杂剧及其他民间技艺，兼采众长，后来者居上，演员队伍迅速扩大，到南宋末年，渐由民间繁衍而盛行于都下。最早的作品有《赵贞女蔡二郎》和《王魁负桂英》。

宋元话本

宋代"说话"（说书）人的底本，也称为"话文"或简称"话"。"说话"就是讲故事，类似现代的说书。话本的内容有佛经故事（说经）、历史故事（讲史），脂粉、灵怪、传奇、公案、武打、人物（小说）等。其中，最为世人喜欢的是小说。

宋代传到今天的"话本"有《大唐三藏取经诗话》、《国志平话》、《五代史平话》、《大宋宣和遗事》及《京本通俗小说》等。

以"说话"为主的艺人称"说话人"，"话本"各有独立的科目。宋代各大城市都有不少娱乐场所，如瓦子、勾栏等。"说话人"不仅在这些场所表演，还经常深入到乡村。陆游曾以诗记述宋代"说话"艺术的景况：

"斜阳古柳赵家庄，负鼓盲翁正作场。身后是非谁管得，满村听说蔡中郎。"

宋金诸宫调

诸宫调是宋金元时流行的说唱体文学形式之一，它取同一宫调的若干曲牌联成短套，首尾一韵，再用不同宫调的许多短套联成长篇，以说唱长篇故事，因此称为"诸宫调"或"诸般宫调"。又因为它用琵琶等乐器伴奏，故又称"挡弹词"或"弦索"。诸宫调由韵文和散文两部分组成，演唱时采取歌唱和说白相间的方式，基本上属叙事体。由于它交互使用具有不同宫调、声情的曲子，又为表达比较丰富的感情内容提供了条件，可以说是由说唱、歌舞到戏曲的演化过程中的过渡形式。

宋代笔记文

笔记文是一种随笔记录的文体，"笔记"之"笔"意即散记、随笔、琐记。在魏晋南北朝时已有此体，唐代笔记已多，到宋代又有发展。用"笔记"两个字做书名，则始于北宋宋祁的《笔记》3 卷。笔记文包括史料笔记、考据笔记和笔记小说。

元杂剧

元杂剧是用北曲演唱的一种戏曲形式，又称北杂剧、北曲。金末元初产生于中国北方，是在金院本基础上发展起来的。代表人物有关汉卿等。

其主要特点有四折一楔子的结构形式。所谓的"折"相当于现在的"幕"，四折即是开端、发展、高潮、结尾四个阶段。为了交代情节或贯穿线索，元杂剧往往在四折戏外，即全剧之首或折与折之间，加上一小段独立的戏，称为"楔子"。其显著特色是"一人主唱"。另外音乐曲调方面元杂剧以北方音乐为基础，角色分为旦、末、净、杂。

诗话

诗话是中国古代的一种独特的论诗文体。狭义的诗话是指诗歌的话本，即关于诗歌的故事，随笔体，广义的是指诗歌的评论样式。写作诗话之风，始于宋代欧阳修的《六一诗话》，盛行于宋代，是中国古代诗歌体制，特别是唐代律诗高度发展的产物，改变了中国古代文学批评原有的格局。

另外古代的一种说唱艺术也称为"诗话"。宋、元时印行的《大唐三藏取经诗话》是现存最早的一部作品，它的特点为韵文与散文并用，韵文大都为浅近通俗的七言诗。

拟话本

拟话本是由文人模仿话本形式编写的小说，鲁迅在《中国小说史略》中最早采用这一名称，认为这是由话本向后代文人小说过渡的一种中间形态，与话本有所不同，"近讲史而非口谈，似小说而无捏合"，"故形式仅存，而精采遂逊"。

后来拟话本专指明末文人模仿话本形式编写的白话短篇小说，即鲁迅称之为"拟宋市人小说"的作品。如"三言"中的部分小说，以及"二拍"、"西湖二集"等。

八股文

八股文也称"时文"、"时艺"、"制艺"、"制义"、"八比文"、"回书文"。它是明朝考试制度所规定的一种特殊的文体。它以四书（即《大学》、《中庸》、《论语》、《孟子》）、五经（即《诗经》、《尚书》、《礼记》、《周易》、《春秋》）中的文句命题，解释要以朱熹的注释为依据。它专讲形式，没有内容，文章的每个段落，死守在固定的格式里面，连字数都有一定的限制，人们只是按照题目的字义敷衍成文。文章的格式必须包括规定的破题、承题、起讲、入手、起股、中股、后股和束股八个部分。历史上，把这种文章叫作"八股文"。

建安文学

建安是东汉末年汉献帝的年号，即公元196～220年。在这前后的文学统称为建安文学。重要的作家有"三曹"、"七子"和女诗人蔡琰。"三曹"指曹操、曹丕、曹植；"七子"之称最早见于曹丕的《典论·论文》，指孔融、陈琳、王粲、徐干、阮瑀、应场、刘桢七人，成就最高的是王粲。他们所创作的诗歌因事而发，悲壮慷慨，具有鲜明的时代色彩。他们在感伤离乱中，悲悯百姓，激发及时建功立业的豪情，显得"志沉笔长"、"慷慨多气"。建安文学对后世产生深远影响，李白有"蓬莱文章建安骨"之句，表现出对其的追慕之情。

建安七子图

南北朝民歌

南北朝长期处于对峙的局面，在政治、经济、文化以及民族风尚、自然环境等方面又存在着明显的差异，因而南北朝民歌也呈现出不同的情调与风格。

南朝民歌清丽缠绵，更多地反映了人民真挚纯洁的爱情生活；北朝民歌粗犷豪放，广泛地反映了北方动乱不安的社会现实和人民的生活风习。南朝民歌中的抒情长诗《西洲曲》和北朝民歌中的叙事长诗《木兰诗》，分别代表了南北朝民歌的最高成就。

南朝乐府民歌大部分保存在清商曲辞中，其中最重要的是"吴声歌曲"和"西曲歌"两类。"吴声歌曲"产生于江南吴地；"西曲歌"产生于长江中游和汉水两岸的城市。北朝乐府民歌保存于乐府横吹曲辞的横吹曲中。横吹曲是军队中应用的音乐，要求雄伟悲壮。

南朝的吴声西曲，在北魏孝文帝宣武帝时即已传入北朝，成为北朝上层阶级常常欣赏的娱乐品。北朝的乐曲，也自东晋时代开始陆续传入南朝。横吹曲中的梁鼓角横吹曲，就是长时期从北入南的乐歌被梁代乐府官署所采用演唱的部分。

玄言诗

玄言诗是东晋的诗歌流派，约起于西晋之末而盛行于东晋。其特点是玄理入诗，以诗为老庄哲学的说教和注解，严重脱离社会生活。

自魏晋以后，社会动荡不安，士大夫托意玄虚以求全身远祸。到了西晋后期，这种风气逐步影响到诗歌创作。尤其是东晋时代，更因佛教的盛行，玄学与佛教逐步结合，许多诗人都用诗歌的形式来表达自己对玄理的领悟。玄言诗的代表作家有孙绰、许询等。由于他们的诗大多"理过其辞，淡乎寡味"，缺乏艺术形象及真挚感情，文学价值不高，所以作品绝大多数失传。

山水诗

山水诗渊源于先秦两汉，产生于魏晋时期，并在南朝至晚唐随着中国诗歌发展与文学环境变迁而不断演变。

山水诗脱胎于玄言诗，由谢灵运开创，把自然界的美景引进诗中，使山水成为独立的审美对象。他的创作，不仅把诗歌从"淡乎寡味"的玄理中解放了出来，而且加强了诗歌的艺术技巧和表现力，并影响了一代诗风。山水诗的出现，为中国诗歌增加了一种题材，而且开启了南朝一代新的诗歌风貌。山水诗标志着人与自然进一步的沟通与和谐，标志着一种新的自然审美观念和审美趣味的产生。

田园诗

田园诗是盛唐诗歌的主要流派之一。其融诗歌画于一体，优美清丽，情趣盎然，描绘出乡间生活和田园山水景色，表现了远离尘世、倾情自然地出世心态。王维、孟浩然是盛唐田园诗派的杰出代表。

在中国诗歌发展史上，田园诗具有独特的地位，体现了传统的文人精神。从东晋时代的陶渊明到盛唐时代的王维、孟浩然，一直到南宋的范成大，田园诗形成了一个"美的历程"。它以其颇有"意味"的内容和形式引起了古往今来不知多少文人骚客的赞叹和共鸣。

边塞诗

边塞诗是唐代诗歌的主要题材，是唐诗当中思想性最深刻、想象力最丰富、艺术性最强的一部分。边塞诗创作主要来源于两个渠道，一些有切身边塞生活经历和军旅生活体验的作家，以亲历的见闻来写作；另一些诗人用乐府旧题来进行翻新的创作。

边塞诗创作贯穿初唐、盛唐、中唐、晚唐四个阶段，一时蔚为风气。著名的边塞诗人有高适、岑参、王昌龄、李颀、王维，代表的诗篇有高适《燕歌行》，岑参《白雪歌送武判官归京》、《走马川行奉送封大夫出师西征》等。七言长篇歌行代表了盛唐边塞诗的美学风格，即雄浑、磅礴、豪放、浪漫、悲壮、瑰丽。

新乐府运动

新乐府运动，是中唐时期由白居易、元稹倡导的，以创作新题乐府诗为中心的诗歌革新运动。

所谓新乐府，是相对古乐府而言的。这一概念首先由白居易提出来。其含义就是以自创的新的乐府题目咏写时事。体现了汉乐府的现实主义精神。

除白居易而外，元稹、李绅、张籍、王建也是这一运动中的重要作家。白居易的《新乐府》50 首、《秦中吟》10 首，元稹的《田家词》、《织妇词》，张籍的《野老歌》，王建的《水夫谣》，都是新乐府运动中的优秀作品。新乐府运动的精神，为晚唐诗人皮日休、聂夷中、杜荀鹤所继承。他们的诗作深刻地揭露了唐朝末年的社会现实。

江西诗派

江西诗派是中国文学史上第一个有正式名称的诗文派别。

北宋后期，黄庭坚在诗坛上影响很大，追随和效法黄庭坚的诗人颇多，逐渐形成以黄庭坚为中心的诗歌流派。宋徽宗时，吕本中作《江西诗社宗派图》，认为陈师道等 25 人与黄庭坚是一脉相承的，因为他们大部分的籍贯为江西，故称其为"江西诗派"。

宋末，方回因为诗派成员多学杜甫，就把杜甫称为江西诗派之"祖"，而把黄庭坚、陈师道、陈与义三人称为诗派之"宗"，提出了江西诗派的"一祖三宗"之说。

江西诗派的诗歌理论强调"夺胎换骨"、"点铁成金"，即或师承前人之辞，或师承前人之意；崇尚瘦硬奇拗的诗风；追求字字有出处。在创作实践中，"以故为新"。作为宋代最有影响的诗歌流派，它的影响遍及整个南宋诗坛，余波一直延及近代的同光体诗人。

台阁体

"台阁体"是明朝永乐年间出现的一种诗体，其倡导人即杨士奇、杨荣、杨溥，号称"三杨"，都是"台阁重臣"，故称其诗为"台阁体"。

他们要求创作必须起到"施政教，适性情"的功能，内容上要歌颂圣德，在表达一己的感情时，要"适性情之正"，抒写爱亲忠君的思想。这种由压抑的道德和平庸的人格出发的文学，既缺乏对自我内在情感的切入，也缺乏艺术创造的热情，更缺乏对社会生活的关怀。

宋诗派

宋诗派是中国近代诗流派之一。清代，由于改良运动对封建的政治和思想文化的冲击力的不足，随着新派诗、新体文的出现和发展，各种拟古主义与形式主义的诗派、文派也争立门户，愈来愈多。势力最大的是宋诗派，即所谓的"同光体"诗人，代表作家有陈三立、陈衍等。其中成就较高的是陈三立。但是同光体诗人更多是注重艺术趣味，或者生涩奥衍，或者清苍幽峭，大量诗作缺乏时代的内容与气息。

花间派

花间派是中国晚唐五代词派。五代后蜀赵崇祚选录唐末五代词人18家作品500首编成《花间集》，其中词人都是集中在蜀地的文人，他们的词风大体相近，后世因而称之为花间派。

温庭筠、韦庄是其代表作家，二人虽都侧重写艳情离愁，但风格不同，温词浓艳华美，韦词疏淡明秀。其余词人，内容不外歌咏旅愁闺怨、合欢离恨，多局限于男女燕婉之私，格调不高。但花间词文字富艳精工，艺术成就较高，对后世词作影响较大。

婉约派

婉约派是中国宋词流派之一。明人张綖明确提出词分婉约、豪放。婉约，即婉转含蓄。词本为合乐而歌，娱宾遣兴，内容不外离愁别绪，闺情绮怨。

五代即已形成以《花间集》和李煜词为代表的香软词风。北宋词家承其余绪，代表作家有晏殊、欧阳修、柳永、秦观、周邦彦、李清照等，他们的词作虽在内容上有所开拓，运笔更精妙，且各具风韵，自成一家，但仍未脱离婉转柔美之风。故明人以婉约派来概括这一类型的词风。其特点主要是内容侧重儿女风情，结构深细缜密，音律婉转和谐，语言圆润清丽，有一种柔婉之美。

豪放派

豪放派是中国宋词风格流派之一。第一个用"豪放"评词的是苏轼。据南宋俞文豹《吹剑续录》载："东坡在玉堂，有幕士善讴，因问：'我词比柳词何如？'对曰：'柳郎中词，只合十七八女孩儿执红牙拍板，唱杨柳岸晓风残月。学士词，须关西大汉，执铁板，唱大江东去。'公为之绝倒。"这则故事，表明两种不同词风的对比。苏轼、辛弃疾可以说是豪放派的代表。

豪放派特点大体是创作视野较为广阔，气象恢弘雄放，喜用诗文的手法、句法写词，语词宏博，用事较多，不拘守音律。南渡之后，悲壮慷慨的高亢之调应运发展，陈与义、张孝祥、陈亮等人承流接响，蔚然成风。豪放词派不但震烁宋代词坛，而且广泛地影响了词林后学。

古文运动

古文运动是唐代中叶及北宋时期以提倡古文、反对骈文为特点的文体改革运动。因同时涉及文学的思想内容，所以兼有思想运动和社会运动的性质。这一运动发起于中唐，但它的成功却在北宋。先秦两汉通行散文体文言文，唐人把散文称为古文。魏晋南北朝以来盛行骈文。这种文体讲究声韵、辞藻、对偶、典故，以四字句和六字句组成；形式僵化，内容空洞，不能自由表达思想、反映现实。古文运动名义上是要恢复先秦两汉的古文，实际上是在继承古代优秀散文的基础上，创造一种适于反映现实、表达思想的新文体。其主要代表人物是韩愈和柳宗元。

公安派

公安派是明代后期以袁宏道及其兄袁宗道、弟袁中道三人为代表的文学流派，因三人是湖北公安人而得名。他们提出"世道既变，文亦因之"的文学发展观，又提出"性灵说"，要求作品能直抒胸臆，不事雕琢。他们的散文以清新活泼之笔，开拓了中国小品文的新领域。在晚明的诗歌、散文领域中，以"公安派"的声势最为浩大。其中袁宏道声誉最高，成绩最大。

桐城派

桐城派，又称桐城古文派、桐城散文派。因其主要代表人物戴名世、方苞、刘大櫆、姚鼐等均为安徽省桐城人，故名。桐城派是清代文坛最大散文流派，其作家之多、播布地域之广、绵延时间之久，为文学史所罕见。方苞、刘大櫆、姚鼐被尊为"桐城三祖"。

桐城派的文章，内容多是宣传儒家思想，尤其是程朱理学；语言则力求简明达意，条理清晰；不重罗列材料、堆砌辞藻，不用诗词与骈句，力求"清真雅正"，颇有特色。桐城派的文章一般都清顺通畅，尤其是一些记叙文，如方苞的《狱中杂记》、《左忠毅公逸事》，姚鼐的《登泰山记》等，都是著名的代表作品。

章回小说

章回小说是中国古典小说的主要形式，其特点是分回标目，段落整齐，首尾完整。它是由宋元讲史话本发展而来。说话人不能把每段故事有头有尾地在一两次说完，必须连续讲若干次，每讲一次就等于后来的一回。在每次讲话以前，要用题目向听众揭示主要内容，这就是章回小说回目的起源。从章回小说中经常出现的"话说"和"看官"字样，可以看出它和话本之间的继承关系。

章回小说到明代中叶，小说的回目正式创立，采用工整的偶句，逐渐成为固定的形式。自此以后直至近代，中国的长篇小说和中篇小说，普遍采用这种形式。

讲史小说

讲史小说是中国古代话本小说的一种，产生于宋元时期，成熟于明代。它以记叙历史故事、描写历史人物为主要内容，往往以前代正史、野史和民间故事传说为素材进行艺术加工而成。

宋元时期讲史小说一般称"平话"，如《三国志平话》。这类小说作品在产生之初情节结构比较松散，缺乏完整性，到明代逐渐定型，出现了成就较高的作品。明代讲史小说主要有两种形式：一是历史演义，以《三国演义》为代表；二是英雄传奇，以《水浒传》为代表。

神魔小说

神魔小说，又称神怪小说。这一说法最早是鲁迅提出的，该类小说在明清时期较为兴盛，优秀作品有《西游记》、《封神演义》、《镜花缘》等。其语言风格不拘一格，想象力丰富，背景或为虚幻或为海外某地假托，综合宗教、神话等民间喜闻乐见的形式，至今广为传颂。

世情小说

世情小说是中国古典白话小说的一种，就是以"极摹人情世态之歧，备写悲欢离合之致"为主要特点的小说。

小说涉及世情，可追溯到魏晋以前，但从晚明批评界开始流行的"世情书"的概念来看，主要是指宋元以后内容世俗化、语言通俗化的一类小说。从鲁迅《中国小说史略》起，学术界一般又用世情小说专指描写世俗人情的长篇。于是，鲁迅称之为"最有名"的《金瓶梅》，就常常被看

作是世情小说的开山之作。之后明清两代的世情小说，或写情爱婚姻，或描绘广阔的社会生活，或专注于讥刺儒林、官场、青楼，内容丰富，色彩斑斓。

才子佳人小说

才子佳人小说是以青年男女爱情婚姻为题材的小说，在明末清初之际，大约七八十年间，极度繁荣。才子佳人小说从内容上看，多为有才华的读书人与才貌双全的官宦富家小姐的爱情婚姻故事。常见的如《玉娇梨》、《平山冷燕》、《娇红记》等。

从叙事情节的形式上来看，有4种模式：

一见钟情式。男女主人公偶然相遇，都惊羡对方的才貌，暗生情谊。

私订终身式。相遇之后，男女主人公以诗词为媒，传达爱慕之情，私订终身。

及第团圆式。即使处于困顿潦倒的生活中，男主人公依然努力寻求功名，最终金榜题名，或者奉旨完婚，或者取得双方父母认可，结局都是皆大欢喜的大团圆。

拨乱离散式。私订终身之后，或者是由于小人搬弄是非，挑拨离间，或者是由于一方父母坚决反对，或者是由于一方的家庭遭遇重大变故，使得男女主人公从此天各一方，饱尝艰辛。

公案小说

公案小说是中国古典白话小说的一种，由宋公案类话本演义而成，盛行于明末。

以反映冤狱为其主要情节，以颂扬和赞誉"清官"为主题。

公案小说中的清官不仅清廉不苟，而且能持法平慎、秉公执法。崇"法"是清官文化的代表，清官一定意义上成为了"理"

的代表，替天行道。公案小说的创作素材，许多袭自前代的法律文书、案例汇编，而这些小说很多成为封建官吏案头阅读之物，许多还明确表明是为官员审案理刑而编写的，供他们参考，并且有许多官员能够从中受到启示，获益匪浅。这一类小说主要有《包公案》、《施公案》、《狄公案》、《海公案》等，小说情节生动曲折，人物形象丰满，艺术技巧圆熟，代表了明清公案小说的最高成就。

中国最早的民歌

中国古代最早的民歌是《击壤歌》。《击壤歌》最早见于东汉王充的《论衡》一书。相传唐尧时有老人击壤而歌，词云：

吾日出而作，日入而息。凿井而饮，耕田而食。帝力于我何哉？

其大意是：我每天太阳一出就开始劳动，太阳落山才回家休息。自己动手凿井而得到水饮，自己动手耕作才得到饭吃。帝王对我又能怎么样呢？

这首民歌，文字简朴，明白晓畅，抒发了劳动者的自豪之情。

三曹

三曹是指汉魏间曹操、曹丕、曹植三父子。因他们政治上的地位和文学上的成就对当时的文坛很有影响，所以后人合称之为"三曹"。

曹操是建安时期杰出的文学家，开创了建安文学的新风气。曹丕擅长诗文及辞赋，代表作《燕歌行》全诗均用七言，句句押韵，在中国七言诗的发展史上占有重要地位。曹植是第一个大力创作五言诗的文人，把文人五言诗推到了一个前所未有的高峰，他的五言诗作品标志着文人五言

诗的完全成熟，他的散文和辞赋也表现出了很高的思想性和艺术性，最著名的就是《洛神赋》。

建安七子

"建安七子"是东汉末年建安时期七位文学家的合称。"七子"之称始自曹丕的《典论·论文》。他们分别是鲁国孔融、广陵陈琳、山阳王粲、北海徐干、陈留阮瑀、汝南应玚、东平刘桢。又因七人同居当时的邺中，故又称"邺中七子"。

"七子"的创作各有其独特的风貌。孔融长于奏议散文，作品体气高妙。王粲诗、赋、散文号称"兼善"，其作品长于抒情。刘桢擅长诗歌，所作气势高峻，格调苍凉。陈琳、阮瑀，以章表书记闻名当时。徐干诗、赋皆能，文笔细腻、体气舒缓。应玚能诗、赋，其作品和谐而多文采。

这七人大体上代表了建安时期除曹氏父子而外的优秀作者，所以"七子"之说得到后世的普遍认可。

竹林七贤

"竹林七贤"是指魏晋时期的嵇康、阮籍、山涛、阮咸、向秀、刘伶、王戎七位文士。他们经常在竹林里携手共游，开怀畅饮，高谈阔论，所以被人们称为"竹林七贤"。

当时的社会动荡不安，司马氏和曹氏争夺政权的斗争异常激烈，民不聊生。文士们不仅无法施展才华，而且时时担忧性命安全，因此崇尚老庄哲学，从虚无缥缈的神仙境界中去寻找精神寄托，用清谈、饮酒、佯狂等方式来排遣苦闷的心情。"竹林七贤"就是这些文士们的代表。在文学上，竹林七贤的作品基本上继承了建安文学的

精神，但由于当时的血腥统治，作家不能直抒胸臆，所以不得不采用比兴、象征、神话等手法，隐晦曲折地表达自己的思想感情。

初唐四杰

初唐文学家王勃、杨炯、卢照邻、骆宾王的合称。《旧唐书·杨炯传》说：杨炯与王勃、卢照邻、骆宾王以文诗齐名，海内称为王杨卢骆，亦号为"四杰"。

他们都是官小而名大、年少而才高的诗人，在初唐诗坛的地位很重要，上承梁陈，下启沈宋，其中卢、骆长于歌行，王、杨长于五律。后人所说的声律风骨兼备的唐诗，从他们才开始定型。

高岑

盛唐诗人高适和岑参的合称。"高岑"并称，始于杜甫的一首诗："高岑殊缓步，沈鲍得同行。"是说他们两人成名较晚，而才学堪比沈约、鲍照。

高适、岑参的诗以"悲壮为宗"。他们都积极进取，但长期功名失意。一再出塞谋求报国立功，对仕途坎坷和边塞生活有着深刻体验。所作主要以边塞战争、塞上风光和仕途艰难为题材，善于运用七言古诗等体裁，表现报国安边、治国安民的壮志和奋发进取的精神，或抒发怀才不遇、功业无成的悲愤。其诗意气豪迈，情辞慷慨，奇偶相生，手法多样。

高适善于反映战士和农民的疾苦，暴露现实，笔调严谨，直抒胸臆，以常语感人；岑参擅长描绘奇境，抒发豪情，寓情于景，以奇语动人。

大历十才子

大历十才子是唐代宗大历年间10位诗人所代表的一个诗歌流派。据姚合《极玄集》和《新唐书》载，十才子为李益、卢纶、吉中孚、韩翃、钱起、司空曙、苗发、崔峒、耿沣、夏侯审。格律规整、字句精工也是他们作品中最明显的特点。

大历十才子大多是失意的中下层士大夫，他们大都以王维为宗，秉承山水田园诗派的风格，歌颂升平、吟咏山水、称道隐逸是其诗歌的基本主题。但他们在仕途失意和战乱宦旅生活中，也间有反映现实和体验真实的作品。

郊寒岛瘦

郊寒岛瘦指唐朝著名的两位诗人孟郊和贾岛，二人以苦吟著称，因其平生遭际大体相当，诗之风格清奇悲凄，幽峭枯寂，格局狭隘窄小，破碎急促，且讲究苦吟推敲，锤字炼句，往往给人以寒瘦窘迫之感，故被后世并称为"郊寒岛瘦"。最早提出这一评语的是苏轼："元轻白俗，郊寒岛瘦。"

元白

中唐诗人元稹、白居易的并称。二人同为新乐府运动的倡导者，文学观点相同，都强调诗歌的讽喻作用，写有大量反映现实的作品，都擅长于新乐府、七言歌行、长篇排律等诗体，注意诗歌语言的平易浅切和通俗性，在中唐诗坛影响很大。对元白的评价，历来有扬有抑。扬者始自张为，抑者始自杜牧。

唐宋八大家

唐宋八大家包括唐朝的韩愈、柳宗元，宋朝的欧阳修、苏洵、苏轼、苏辙、曾巩、王安石。

八大家之名始于明初朱右，他将以上八大家的文章编成《八先生文集》。明中叶唐顺之所纂的《文编》，仅取唐宋八位散文家的文章，其他作家的文章一律不收。以后不久，推崇唐顺之的古文家茅坤根据朱、唐的编法选了八家的文章，并加以整理和编选，辑为《唐宋八大家文钞》。唐宋八大家之称遂固定下来。

三苏

三苏指北宋散文家苏洵和他的儿子苏轼、苏辙。

宋仁宗嘉定初年，苏洵和苏轼、苏辙父子三人都到了京城东京（今河南开封市）。由于欧阳修的赏识和推誉，他们的文章很快著称于世。士大夫争相传诵，一时学者竞相仿效。宋人王辟之《渑水燕谈录·才识》记载："苏氏文章擅天下，目其文曰三苏。盖洵为老苏、轼为大苏、辙为小也。""三苏"的称号即由此而来。

三苏之中，苏洵和苏辙主要以散文著称；苏轼则不但在散文创作上成果甚丰，而且在诗、词、书、画等各个领域中都有重要地位。

苏门四学士

"苏门四学士"是北宋文学家黄庭坚、秦观、晁补之和张耒的并称，他们都是苏轼的门生，受到过苏轼的指导。

《宋史·文苑(六)黄庭坚传》记载："(黄庭坚)与张耒、晁补之、秦观俱游苏轼门，天下称为四学士。"在众多门生中，苏轼最欣赏并重视的就是这四个人。他自己也说："如黄庭坚鲁直、晁补之无咎、秦观太虚、张耒文潜之流，皆世未之知，而轼独先知。"由于苏轼的推誉，四人很快名满天下。

四学士造诣各异，受苏轼影响的程度有差别，文学风格也大不相同。黄庭坚的诗自

创流派，与苏轼并称苏黄；秦观的主要成就在词，多抒情，亦有感伤身世之作，风调婉约清丽，辞情兼胜；晁补之的词作，以伤春惜别、相思忆旧之传统题材居多，并颇具清新蕴藉韵味与柔丽绵邈情调；张耒对诗文亦有自己的观点，其核心则是以理为主，辞情翼之。

永嘉四灵

永嘉四灵指南宋中叶生长于浙江永嘉（今浙江温州）的4位诗人：徐照（字灵晖）、徐玑（号灵渊）、赵师秀（字灵秀）、翁卷（字灵舒）。因他们同出永嘉学派叶适之门，其字或号中又都带有"灵"字，故称永嘉四灵。他们是中国南宋中叶的诗歌流派，代表了南宋后期诗歌创作上的一种倾向。其中赵师秀为"四灵"之冠，声望地位最高。

他们的诗风承袭晚唐，以清新刻露之词写野逸清瘦之趣。同时继承了山水诗人、田园诗人的传统，满足于啸傲田园、寄情泉石的闲逸生活。在艺术上，又能刻意求工，忌用典，尚白描，轻古体而重近体，尤重五律。他们的成熟极有限，但在当时的诗坛却得到广泛的反应。

元曲四大家

元曲四大家指关汉卿、郑光祖、马致远和白朴。

关汉卿，号已斋叟，为元曲四大家之首。作品内容具有强烈的现实性，弥漫着昂扬的战斗精神。慷慨悲歌，乐观奋争，构成其剧作的基调。贾仲明在《录鬼簿》中称他为"驱梨园领袖，总编修师首，捻杂剧班头"，代表作为《窦娥冤》、《救风尘》、《拜月亭》、《单刀会》、《调风月》等。

马致远，字千里，晚号东篱，以示效

陶渊明之志，有"曲状元"之誉。青年时期仕途坎坷，中年中进士，后在大都（今北京）任工部主事，晚年隐居田园。其作品以《汉宫秋》最为著名。

白朴，字太素，号兰谷。作品题材多出自历史传说，剧情多为才人韵事。现存的《唐明皇秋夜梧桐雨》，写的是唐明皇与杨贵妃的爱情故事，《鸳鸯间墙头马上》描写的是一个"志量过人"的女性李千金冲破名教，自择配偶的故事。前者是悲剧，写得悲哀恒恻，雄浑悲壮；后者是喜剧，写得起伏跌宕，热情奔放。这两部作品，历来被认为是爱情剧中的成功之作，具有极强的艺术生命力，对后代戏曲的发展具有深远的影响。

郑光祖，字德辉，他的剧目主要有两个主题，一是青年男女的爱情故事，一是历史题材故事。其代表作为《迷青琐倩女离魂》。

江左三大家

江左三大家是明末清初人们对当时著名文学家钱谦益（字牧斋）、吴伟业（字梅村）、龚鼎孳（字芝麓）三人的并称。三人皆由明臣仕清，籍贯都属旧江左地区，诗名并著，故时人称江左三大家。

在诗歌创作上，他们都宗唐，反对宋诗及宋、元、明以来的剽窃模拟的萎靡诗风。

钱谦益崇尚杜甫，其《投笔集》中几乎全是杜甫《秋兴》8首的和韵，是最有工力的代表作。吴伟业的诗，辞藻优美，音调铿锵，尤长于七言歌行，创制了"梅村体"的叙事诗风格。龚鼎孳也工于诗、词、文，但在当时和后世，影响都不是很大。

岭南三家

清初广东诗人屈大均、陈恭尹、梁佩兰的合称。三人在创作上互相推重，在当时岭南地区最享盛名。

在诗歌的内容和风格上，屈、陈有共同的民族思想，诗歌有郁愤不平之气，他们本人也终生不仕清廷；梁则热衷功名，其诗多酬赠和吟咏景物之作，风格平淡。唯有在浓厚的地方色彩方面，三家则有共同之处。

屈原

屈原（前340～前278年），名平，字原；又自名正则，字灵均。战国时期楚国人，是中国文学史上第一位伟大的爱国主义诗人。其作品文字华丽，想象奇特，比喻新奇，内涵深刻。主要代表作有《九章》、《九歌》、《离骚》、《天问》等，其中《离骚》是中国最长的抒情诗。

屈原早年为楚怀王所信任，任左徒、三闾大夫，常与怀王商议国事，主张章明法度，举贤任能，改革政治，联齐抗秦。同时主持外交事务。但由于他人谗言与排挤，屈原逐渐被楚怀王疏远，并被逐出郢都，流落到汉北。怀王三十年，屈原回到郢都。后怀王客死秦国，楚襄王即位实施投降政策，屈原再次流放江南。公元前278年，秦国大将白起挥兵南下，攻破了郢都，屈原在绝望和悲愤之下怀抱大石投汨罗江而死。

贾谊

贾谊（前200～前168年），西汉初年著名的政论家、文学家。18岁即有才名，20余岁被文帝召为博士。不到一年被破格提为太中大夫。但是在23岁时，因遭群臣忌恨，被贬为长沙王的太傅。后被召回长安，为梁怀王太傅。梁怀王坠马而死后，贾谊深自歉疚，抑郁而死。其著作主要有散文和辞赋两类。散文如《过秦论》、《论积贮疏》、《治安策》等；辞赋以《吊屈原赋》、《鹏鸟赋》最为著名。

司马相如

司马相如（约前 179 ~ 前 117 年），原名司马长卿，因为仰慕战国时代的名相蔺相如而改名。西汉大辞赋家，代表作品为《子虚赋》。其作品辞藻富丽，结构宏大。司马相如是汉赋的代表作家，后人称之为"赋圣"。他与卓文君的故事也广为流传。

班固

班固（32 ~ 92 年），字孟坚。东汉史学家班彪之子，在父亲的影响下研究史学。居丧在家时，着手整理父亲的《史记后传》，并开始撰写《汉书》。东汉明帝永平年间，被告私改国史，入狱。其弟班超将书稿送至京师，明帝阅后，很赏识班固的才学，召为兰台令史，成《汉书》，开创了"包举一代"的断代史体例，为后世"正史"之楷模。

蔡文姬

蔡文姬（约 177 ~ ？），名琰，东汉末年大名士蔡邕之女。她自幼就聪颖过人，博学多才，尤其在文学和音律方面更是出众，是个出了名的才女。父亲死于狱中以后，文姬孤苦无依，只好跟着难民到处逃亡。有一天文姬在逃难中正好碰上匈奴兵，被其掠去。从此，她流落匈奴成了左贤王的夫人。

左贤王很宠爱文姬，夫妻感情很好。蔡文姬在南匈奴一住就 12 年，生有两个孩子，但是仍然十分思念故乡。她靠着自己的音乐天赋创作了《胡笳十八拍》，并且经常演奏，借以抒发自己的思乡之情。琴曲中有《大胡笳》、《小胡笳》、《胡笳十八拍》琴歌等版本。曲调虽然各有不同，但都反映了蔡文姬思念故乡而又不忍骨肉分离的极端矛盾的痛苦心情。音乐委婉悲伤，使人陶醉。

后来，曹操派朝臣周近出使南匈奴并赎迎文姬。文姬经过激烈的思想斗争，挥泪与左贤王和两个孩子告别后踏上了归乡的道路。经过长途跋涉，数月之后，她终于回到了曹操的大本营邺城。

陶渊明

陶渊明（约 365 ~ 427 年），字元亮，号五柳先生，谥号靖节先生。东晋末期南朝宋初期文学家。曾做过几年小官，后辞官回家，从此隐居，田园生活是陶渊明诗的主要题材，文学史上称其为"田园诗人"。

诗多描绘自然景色及其在农村生活的情景，兼有平淡与爽朗之胜，语言质朴自然，而又极为精炼，具有独特风格。

代表作品有《饮酒》、《归园田居》、《桃花源记》、《五柳先生传》、《归去来兮辞》、《桃花源诗》等。

谢灵运

谢灵运（385 ~ 433 年），东晋末期刘宋初年的文学家。中国山水诗的开创者，第一个大量创作山水诗的诗人。与颜延之齐名，并称"颜谢"。

《宋书》本传称其"少好学，博览群书，文章之美，江左莫逮"。与族弟谢惠连、东海何长瑜、颍川荀雍、泰山羊璿之，以文章赏会，共为山泽之游，时人谓之四友。因被诬"谋叛"之罪诛于广州，后当街斩首。

陈子昂

陈子昂（659 ~ 700 年），初唐诗文革新人物之一。字伯玉。因曾任右拾遗，后世称为陈拾遗。其诗风骨峥嵘，寓意深远，苍劲有力。

陈子昂青少年时家庭较富裕，轻财好施，慷慨仁侠。成年后始发愤攻读，博览群书。24岁时举进士，升右拾遗，直言敢谏。父死居丧期间，权臣武三思指使射洪县令段简罗织罪名，加以迫害，致使陈子昂冤死狱中。

在文学方面针对初唐的浮艳诗风，他力主恢复汉魏风骨，反对齐、梁以来的形式主义文风。他自己的创作，如《登幽州台歌》、《感遇》等共38首诗，风格朴质而明朗，格调苍凉激越，标志着初唐诗风的转变。《登幽州台歌》："前不见古人，后不见来者。念天地之悠悠，独怆然而涕下！"独步千古。

孟浩然

孟浩然 (689～740年)，唐代诗人。襄州襄阳（今湖北襄樊）人，世称孟襄阳。前半生主要居家侍亲读书，以诗自适。曾隐居鹿门山。40岁游京师，应进士不第，返襄阳。在长安时，与张九龄、王维交谊甚笃。有诗名。后漫游吴越，穷极山水，以排遣仕途的失意。因纵情宴饮，食鲜疾发而亡。

孟浩然诗歌绝大部分为五言短篇，题材不宽，多写山水田园和隐逸、行旅等内容。虽不无愤世嫉俗之作，但更多属于诗人的自我表现。他和王维并称，其诗虽不如王诗境界广阔，但在艺术上有独特造诣，而且继陶渊明、谢灵运、谢朓之后，开盛唐田园山水诗派之先声。孟诗不事雕饰，清淡简朴，感受亲切真实，生活气息浓厚，富有超妙自得之趣。如《秋登万山寄张五》、《过故人庄》、《春晓》等篇，淡而有味，

浑然一体，韵致飘逸，意境清旷。孟诗以清旷冲澹为基调，但冲澹中有壮逸之气，如《望洞庭湖赠张丞相》"气蒸云梦泽，波撼岳阳城"一联，精力浑健，俯视一切。但这类诗在孟诗中不多见。总的来说，孟诗内容单薄，不免窘于篇幅。现通行的《孟浩然集》收诗263首，但窜有别人作品。

王维

王维（701～761年），盛唐山水田园诗派代表人物。他继承和发扬了谢灵运开创的山水诗而独树一帜，使山水田园诗成就达到高峰，在中国诗歌史上具有重要的地位。

王维五律和五绝、七绝造诣最高，亦擅其他各体，在唐代诗坛很突出。其七律或雄浑华丽，或澄净秀雅，为明七子师法。七古形式整饬，气势流荡。散文清幽隽永，极富诗情画意，如《山中与裴秀才迪书》。王维生前身后均享有盛名，有"天下文宗"、"诗佛"美称。对后人影响巨大。

正是由于他常以一位禅者的目光览观万物，才使他的诗有了一种其他诗人难以企及的静美、澄旷、寂悦。特别是他描写的大自然一刹那间的纷纭动象，是那样的清净、静谧，禅韵盎然，如："人闲桂花落，夜静春山空。月出惊飞鸟，时鸣春涧中。"

李白

李白（701～762年），字太白，号青莲居士，又号"谪仙人"，中国唐代伟大的浪漫主义诗人，被后人称为"诗仙"，与杜甫并称为"李杜"。

李白生活在唐代极盛时期，怀有"济苍生"、"安黎元"的理想，他的大量诗篇，既反映了那个时代的繁荣气象，也揭露和

诗仙李白像

批判了统治集团的荒淫和腐败，表现出蔑视权贵，反抗传统束缚，追求自由和理想的精神。在艺术上，他的诗想象新奇，构思奇特，感情强烈，意境奇伟瑰丽，语言清新明快，气势雄浑瑰丽，形成豪放、超迈的艺术风格，达到了中国古代浪漫主义诗歌艺术的高峰。唐朝文宗御封李白的诗歌、裴旻的剑舞、张旭的草书为"三绝"。

杜甫

杜甫（712～770年），字子美，自号少陵野老，世称杜少陵，曾任左拾遗、检校工部员外郎，因此后世称其为杜工部。杜甫是伟大的现实主义诗人，与李白并称"李杜"。

杜甫以古体、律诗见长，作品的风格"沉郁顿挫"。杜甫生活在唐朝由盛转衰的历史时期，其诗多涉笔社会动荡、政治黑暗、人民疾苦，一生写诗 1400 多首，其中很多是传颂千古的名篇，他的诗被誉为"诗史"，后人尊称他为"诗圣"。对后世影响深远。

名篇有"三吏"和"三别"，其中"三吏"为《石壕吏》、《新安吏》和《潼关吏》，"三别"为《新婚别》、《无家别》和《垂老别》。

韩愈

韩愈（768～824年），字退之，唐代文学家、哲学家、思想家。祖籍河北昌黎，世称韩昌黎。晚年任吏部侍郎，又称韩吏部。

在散文方面，韩愈与柳宗元同为唐代古文运动的倡导者，他们反对过分追求形式的骈文，提倡散文，强调文章内容的重要性。宋代苏轼称他"文起八代之衰"，明人推他为唐宋八大家之首，与柳宗元并称"韩柳"，有"文章巨公"和"百代文宗"之名。

在诗歌方面，韩愈善于用强健而有力的笔触，驱使纵横磅礴的气势，夹杂着恢奇诡谲的情趣，渲染上一层浓郁瑰丽的色彩，造成奔雷掣电的壮观。

柳宗元

柳宗元（773～819年），字子厚，唐代文学家、哲学家。与韩愈共同倡导唐代古文运动，并称为"韩柳"。与刘禹锡并称"刘柳"。王维、孟浩然、韦应物与之并称"王孟韦柳"。

柳宗元出身于官宦家庭，后入朝为官，积极参与王叔文集团政治革新，迁礼部员外郎。永贞元年（805）九月，革新失败，贬永州司马，在此期间，写下了著名的《永州八记》（《始得西山宴游记》、《钻鉧潭记》、《钻鉧潭西小丘记》、《小石潭记》、《袁家渴记》、《石渠记》、《石涧记》、《小石城山记》）。柳宗元的散文论说性强，笔锋犀利，讽刺辛辣，富于战斗性。游记写景状物，多所寄托。

李贺

李贺（790 ~ 816 年），字长吉，祖籍陇西，体貌细瘦，巨鼻，通眉，长指爪。因避父讳，不得举进士，虽然韩愈为此作《讳辩》，李贺仍未能应试，遭谗落第。一生愁苦多病，仅做过 3 年从九品微官奉礼郎，因病 27 岁卒。

李贺诗多揭露时弊，发愤懑不平之音。既有昂扬奋发之气，也有感伤低沉之情；既有热烈奔放的抒怀，也有凄冷虚幻的意境。他的诗属意创新，形成了想象奇特、思维奇谲、辞采奇丽的独特风格，启迪了晚唐的诗歌创作。

杜牧

杜牧（803 ~ 约852 年），晚唐杰出诗人，字牧之，号樊川居士，官至中书舍人。有抱负，好言兵，以济世之才自诩，曾注释《孙子》。

杜牧主张为文以意为主，以气为辅，以辞采章句为兵卫，对作品内容与形式的关系有比较正确的理解，并能融化、吸收前人的长处，以形成自己独特的风貌。在诗歌创作上，尤以七言绝句著称，与李商隐齐名，并称"小李杜"。他的古体诗受杜甫、韩愈的影响，题材广阔，笔力峭健；他的近体诗则以文词清丽、情韵跌宕见长。擅长文赋，所作《阿房宫赋》为后世传诵。

李商隐

李商隐（约812 ~ 约858 年），字义山，号玉溪生，又号樊南生、樊南子，晚唐著名诗人。因处于"牛李党争"的夹缝之中，一生不得志。

在诗歌创作上，构思新奇，风格浓丽，尤其是一些爱情诗写得缠绵悱恻，为人传诵。包括大多数无题诗在内的吟咏内心感情的作品是李商隐诗歌中最有特色的部分，也获得了后世最多的关注。李商隐和杜牧合称"小李杜"，与温庭筠合称"温李"，因诗文与同时期的段成式、温庭筠风格相近，且三人都在家族里排行第十六，故并称为"三十六体"。

温庭筠

温庭筠（约812 ~ 866 年），字飞卿，唐代花间派的重要作家之一。官终国子助教，性喜讥刺权贵，多触忌讳，又不受羁束，纵酒放浪。因此一生坎坷，终身潦倒。其诗词工于体物，有声调色彩之美。诗辞藻华丽，多写个人遭际，于时政亦有所反映，吊古行旅之作感慨深切，气韵清新，犹存风骨。词多写女子闺情，风格浓艳精巧，清新明快，被称为花间鼻祖。其诗与李商隐齐名，并称"温李"；词与韦庄齐名，并称"温韦"。

李煜

李煜(937 ~ 978 年)，字重光，五代十国时南唐国君，史称李后主。诗文均有一定造诣，以词的成就最突出。

其作品内容主要可分作两类：第一类为降宋之前所写，主要反映宫廷生活和男女情爱，题材较窄；第二类为降宋后，李煜因亡国的沉痛，对往事的追忆，以自身感情而作。此时期的词作大都哀婉凄绝，主要抒写了自己凭栏远望、梦里重归的情景，表达了对"故国"、对"往事"的无限留恋。千古杰作《虞美人》、《浪淘沙》、《乌夜啼》皆成于此时。

他继承了晚唐以来花间派词人的传统，但又通过具体可感的个性形象，反映现实

生活中具有一般意义的某种意境，将词的创作向前推进了一大步，扩大了词的表现领域。李煜在中国词史上占有重要的地位，被称为"千古词帝"，对后世影响亦甚大。

柳永

柳永（约 987～约 1053 年），北宋词婉约派最具代表性的人物之一。原名三变，后改名永，字耆卿。官至屯田员外郎，故世称柳屯田。他自称"奉旨填词柳三变"，以毕生精力作词，并以"白衣卿相"自许。

由于仕途坎坷、生活潦倒，他由追求功名转而厌倦官场，沉溺于旖旎繁华的都市生活，在"倚红偎翠"、"浅斟低唱"中寻找寄托。作为北宋第一个专力作词的词人，他不仅开拓了词的题材内容，而且制作了大量的慢词，发展了铺叙手法，促进了词的通俗化、口语化，在词史上产生了较大的影响。

晏殊

晏殊（991～1055 年），字同叔。北宋著名词人。14 岁以神童入试，赐同进士出身，历任要职，更兼提拔后进，如范仲淹、韩琦、欧阳修等，皆出其门下。

他以词著于文坛，尤擅小令，风格含蓄婉丽，多表现诗酒生活和悠闲情致，颇受南唐冯延巳的影响，与欧阳修并称"晏欧"。其代表作为《浣溪沙》、《蝶恋花》、《踏莎行》、《破阵子》、《鹊踏枝》等，其中《浣溪沙》"无可奈何花落去，似曾相识燕归来"为千古传诵的名句。

欧阳修

欧阳修（1007～1072 年），字永叔，自号醉翁，晚年号六一居士，谥号文忠，世称欧阳文忠公，北宋时期政治家、文学家。

在政治和文学方面都主张革新，既是范仲淹庆历新政的支持者，也是北宋诗文革新运动的领导者。又奖掖后进，苏轼兄弟及曾巩、王安石皆出其门下。

诗、词、散文均为一时之冠。散文说理畅达，抒情委婉；诗风与散文近似，重气势而能流畅自然；其词深婉清丽，承袭南唐余风。

苏轼

苏轼（1037～1101 年），字子瞻，号东坡居士，世人称其为"苏东坡"。北宋著名文学家、书画家、诗人，豪放派词人代表。

嘉祐二年（1057 年）与弟苏辙同登进士。熙宁二年（1069 年），父丧守制期满还朝，为判官告院。与王安石政见不合，反对推行新法，出为杭州通判。迁知密州，移知徐州。元丰二年（1079 年），罹"乌台诗案"，责授黄州团练副使。哲宗立，高太后临朝，被复为朝奉郎知登州；4 个月后，迁为礼部郎中；任未旬日，除起居舍人，迁中书舍人，又迁翰林学士知制诰，知礼部贡举。元祐四年（1089 年）出知杭州，后改知颍州、知扬州、定州。元祐八年（1093 年）哲宗亲政，被远贬惠州，再贬昌化军。徽宗即位，遇赦北归，建中靖国元年（1101 年）卒于常州。

作为杰出的词人，苏轼开辟了豪放词风，同杰出词人辛弃疾并称为"苏辛"。在诗歌上，与黄庭坚并称"苏黄"。

李清照

李清照（1084～1155 年），号易安居士，宋代女词人，婉约派代表词人。父李格非，为元祐后四学士之一，夫赵明诚为金石考据家。李清照创词"别是一家"之说，创"易安体"，为宋词大家。

李清照的词可以南渡为界，分为前后两期。前期词主要描写伤春怨别和闺阁生活的题材，表现了女词人多情善感的个性。后期的词则充满了"物是人非事事休"的浓重感伤情调，从而表达了她对故国、旧事的深情眷恋。

辛弃疾

辛弃疾（1140～1207年），字幼安，号稼轩，中国历史上伟大的豪放派词人，与苏轼齐名，号称"苏辛"，与李清照一起并称"济南二安"。有人这样赞美过他：稼轩者，人中之杰，词中之龙。

其词热情洋溢，慷慨悲壮。笔力雄厚，艺术风格多样，而以豪放为主，独特的词作风格被称为"稼轩体"，成为南宋词坛一代大家。有集《稼轩长短句》流传后世。

陆游

陆游（1125～1210年），南宋诗人。字务观，号放翁。虽然仕途不断受到当权派的排斥打击，在政治上始终坚持抗金。中年入蜀抗金，长期的军事生活丰富了他的文学内容，作品吐露出万丈光芒，"气吞残虏"。

陆游12岁即能诗文，一生作品丰富，自言"六十年间万首诗"，今尚存9300余首，是中国现有存诗最多的诗人。他的作品内容主要有两方面：一方面是悲愤激昂，要为国家报仇雪耻，恢复丧失的疆土，解放沦陷的人民；一方面是闲适细腻，咀嚼出日常生活的深永的滋味，熨帖出当前景物的曲折的情状。许多诗篇抒写了抗金杀敌的豪情和对敌人、卖国贼的仇恨，风格雄奇奔放，沉郁悲壮，洋溢着强烈的爱国主义激情，在思想上、艺术上取得了卓越成就，不仅成为南宋一代诗坛领袖，而且在中国文学史上享有崇高地位，是中国伟大的爱国诗人。

关汉卿

关汉卿（约1220～1300年），号已斋叟，元代杂剧作家。是中国古代戏曲创作的代表人物。与马致远、郑光祖、白朴并称为"元曲四大家"，列"元曲四大家"之首。

关汉卿的杂剧内容具有强烈的现实性和昂扬的战斗精神，反映生活面十分广阔；既有对官场黑暗的无情揭露，又热情讴歌了人民的反抗斗争。慷慨悲歌，乐观奋争，构成关汉卿剧作的基调。其中《窦娥冤》、《救风尘》、《望江亭》、《拜月亭》、《鲁斋郎》、《单刀会》、《调风月》等，是他的代表作。

汤显祖

汤显祖（1550～1616年），明代戏曲作家。字义仍，号海若，又号若士，晚号茧翁，自署清远道人。

汤显祖出身书香门第，早有才名。在文学思想上，汤显祖与公安派反复古思潮相呼应，明确提出文学创作首先要"立意"的主张，把思想内容放在首位。

汤显祖虽然也创作过诗文等，但成就最高的还是传奇。他是继关汉卿之后的又一位伟大的戏剧家。他的戏剧创作现存主要有"玉茗堂四梦"（或称"临川四梦"）及《紫箫记》。"玉茗堂四梦"即《紫钗记》、《牡丹亭》、《邯郸记》、《南柯记》。这四部作品中，影响最大的当数《牡丹亭》。

吴敬梓

吴敬梓（1701～1754年），字敏轩，晚年自号文木老人，清代小说家。

吴敬梓既无心做官，对虚伪的人际关系又深感厌恶，无意进取功名。安徽巡抚推荐他应博学鸿词考试，他竟装病不去。他不善持家，遇贫即施，家产卖尽，一直过着清贫的生活。吴敬梓一生创作了大量的诗歌、散文和史学研究著作，确立他在中国文学史上的杰出地位的，是他创作的长篇讽刺小说《儒林外史》。

曹雪芹

曹雪芹（1715～1763年，一说为1724～1764年），名霑，字梦阮，号雪芹、芹圃。他出生于号称"百年望族"的大官僚地主家庭，从曾祖父起三代世袭江宁织造一职达60年之久。后来父亲因事受株连，被革职抄家。家族的衰败使曹雪芹饱尝人生的辛酸，他以坚韧不拔的毅力，"披阅十载，增删五次"创作的旷世杰作《红楼梦》"字字看来皆是血，十年辛苦不寻常"。《红楼梦》内容丰富，思想深刻，艺术精湛，把中国古典小说创作推向最高峰，在世界文学发展史上占有十分重要的地位。

《诗经》

《诗经》是中国第一部诗歌总集，共收入自西周初年至春秋中叶大约500多年的诗歌305篇。另有6篇为笙诗，只有标题，没有内容。先秦称为《诗》，或取其整数称《诗三百》。西汉时被尊为儒家经典，始称《诗经》，并沿用至今。

《诗经》共分风、雅、颂三大部分。

风，是不同地区的地方音乐，多为民间的歌谣。共160篇。大部分是民歌。

雅，即朝廷之乐，是周王朝直辖地区的音乐，大部分为贵族的作品，即所谓正声雅乐。《雅》诗是宫廷宴享或朝会时的乐歌，按音乐的不同又分为《大雅》、《小雅》，共105篇。

颂，是宗庙祭祀的乐歌和史诗，内容多是歌颂祖先的功业的。《颂》诗又分为《周颂》、《鲁颂》、《商颂》，共40篇。全部是贵族文人的作品。

汉初传授《诗》学的共有四家：齐之辕固生，鲁之申培，燕之韩婴，赵之毛亨、毛苌，简称齐诗、鲁诗、韩诗、毛诗。齐、鲁、韩三家属今文经学，是官方承认的学派，毛诗属古文经学，是民间学派。但到了东汉以后，毛诗反而日渐兴盛，并为官方所承认；前三家则逐渐衰落，到南宋，就完全失传了。今天我们看到的《诗经》，就是毛诗一派的传本。

《楚辞》

"楚辞"，是战国时代的伟大诗人屈原创造的一种诗体。作品运用楚地的文学样式、方言声韵，叙写楚地的山川人物、历史风情，具有浓厚的地方特色。如宋人黄伯思所说，"皆书楚语，作楚声，纪楚地，名楚物"。

西汉末年，刘向将屈原、宋玉的作品以及汉代淮南小山、东方朔、王褒、刘向等人承袭模仿屈原、宋玉的作品共16篇辑录成集，定名为《楚辞》。楚辞遂又成为诗歌总集的名称。并成为继《诗经》以后，对中国文学具有深远影响的一部诗歌总集。由于屈原的《离骚》是《楚辞》的代表作，故楚辞又称为"骚"或"骚体"。

《古诗十九首》

《古诗十九首》，组诗名，汉无名氏作，非一时一人所为，一般认为产生于东汉末年。南朝梁萧统合为一组，收入《文选》，题为《古诗十九首》。《古诗十九首》的作者既非一人，所以它们反映的思想内容是很复杂的，其主题有闺人怨别、游子怀乡、游宦无成、追求享乐等，但有一个共同的特征，就是对人生易逝、节序如流的感伤，大有汲汲皇皇如恐不及的忧虑，这些都反映了社会大动乱的前夕，失意士人对于现实生活和内心要求的矛盾和苦闷。

《古诗十九首》的艺术成就十分突出，被誉为"惊心动魄，一字千金"。其主要艺术特色是长于抒情：融情入景，寓情于景；又善于通过某种生活情节抒写作者的内心活动，抒情中带有叙事意味；同时善于运用比兴手法，着墨不多而能言近旨远，语短情长；语言不假雕琢，浅近自然，但又非常精炼，含蓄蕴藉，余味无穷。《古诗十九首》是五言诗已经达到成熟阶段的标志，被刘勰誉为"五言之冠冕"。

"十九首"以句首为标题，分别为：《行行重行行》、《青青河畔草》、《青青陵上柏》、《今日良宴会》、《西北有高楼》、《涉江采芙蓉》、《明月皎夜光》、《冉冉孤生竹》、《庭中有奇树》、《迢迢牵牛星》、《回车驾言迈》、《东城高且长》、《驱车上东门》、《去者回以疏》、《生年不满白》、《凛凛步云暮》、《孟冬寒气至》、《客从远方来》、《明月何皎皎》。

《玉台新咏》

《玉台新咏》是东周至南朝梁代的诗歌总集，历来认为是南朝徐陵在梁中叶时所编。收诗769篇，计有五言诗8卷，歌行1卷，五言四句诗1卷，共为10卷。除第9卷的《越人歌》相传作于春秋战国之间外，其余都是自汉迄梁的作品。

据徐陵《玉台新咏序》说，本书编纂的宗旨是"选录艳歌"，即主要收男女闺情之作。入选各篇，皆取语言明白，而弃深奥典重者。同时又比较重视民间文学，如中国古代长篇叙事诗《孔雀东南飞》就首见此书。它重视南朝时兴起的五言四句的短歌句，对于唐代五言绝句这一诗体的发展有一定推动作用。同时选录了梁中叶以后不少诗人的作品。这些诗作比"永明体"更讲究声律和对仗，可以较清楚地看出近体诗的成熟过程。

《世说新语》

《世说新语》是中国南北朝时期的一部主要记述魏晋人物言谈轶事的笔记小说，由南朝刘宋宗室临川王刘义庆组织一批文人编写的。《宋书·刘道规传》称刘义庆"性简素"、"爱好文义"、"招聚文学之士，近远必至"。

该书原名《世说》，因汉代刘向曾著《世说》，后人为将此书与刘向所著相别，故又名《世说新书》，大约宋代以后才改称今名。全书原8卷，刘孝标注本分为10卷，分为德行、言语、政事、文学、方正、雅量等36门。

《世说新语》主要记叙了士人的生活、思想及统治阶级的情况，反映了魏晋时期文人的思想言行、上层社会的生活面貌，记载颇为丰富真实，这样的描写有助于读者了解当时士人所处的时代状况及政治社会环境，更让我们明确地看到了所谓"魏晋清谈"的风貌。

《搜神记》

《搜神记》是一部记录古代民间传说中神奇怪异故事的小说集，为晋代干宝所著，原本已散，今本系后人缀辑增益而成。

《搜神记》内容十分丰富，有神仙术士的变幻，有精灵物怪的神异，有妖祥卜梦的感应，有佛道信仰的因果报应，还有人神、人鬼的交通恋爱，等等。其中保留了相当一部分西汉传下来的历史神话传说和魏晋时期的民间故事，优美动人，深受人们喜爱。

《搜神记》语言雅致清峻、曲尽幽情，确是"直而能婉"的典范。其艺术成就在两晋志怪中独占鳌头，对后世影响极大。它不但成为了后世志怪小说的模物，又是后人取材之渊薮，传奇、话本、戏曲、通俗小说每每从中选材；至于其中故事被用为典故者，更是不可胜计。如唐代传奇故事，蒲松龄的《聊斋志异》，神话戏《天仙配》及后世的许多小说、戏曲，都和它有着密切的联系。

《窦娥冤》

《窦娥冤》，元代关汉卿的代表作，是中国十大悲剧之一的传统剧目。是一部具有较高文化价值和广泛群众基础的名剧。据统计，中国约 86 个剧种上演过此剧。

《窦娥冤》全名《感天动地窦娥冤》，故事渊源于《列女传》中的《东海孝妇》。主要讲述的是窦娥被无赖诬陷，又被官府错判斩刑的冤屈故事。

《窦娥冤》插图

全剧四折一楔子。楚州贫儒窦天章因无钱进京赶考，无奈之下将幼女窦娥卖给蔡婆家为童养媳。窦娥婚后丈夫去世，婆媳相依为命。蔡婆外出讨债时遇到流氓张驴儿父子，被其胁迫。张驴儿企图霸占窦娥，见她不从便想毒死蔡婆以要挟窦娥，不料误毙其父。张驴儿诬告窦娥杀人，官府严刑逼讯婆媳二人，窦娥为救蔡婆自认杀人，被判斩刑。窦娥在临刑之时指天为誓，死后将血溅白绫、六月降雪、大旱三年，以明己冤，后来果然一一应验。三年后窦天章任廉访使至楚州，见窦娥鬼魂出现，于是重审此案，为窦娥申冤。

本剧成功塑造了"窦娥"这一悲剧主人公形象，使其成为元代被压迫、被剥削、被损害的妇女的代表，成为底层善良、坚强而走向反抗的妇女典型。

荆刘拜杀

"荆刘拜杀"是元代南戏《荆钗记》、《刘知远白兔记》、《拜月亭》、《杀狗记》的合称。

《荆钗记》一般认为是柯丹丘作。写王十朋与钱玉莲的婚姻故事：钱玉莲鄙弃富豪孙汝权的求聘，宁嫁一贫如洗、以荆钗为聘的书生王十朋。婚后半年，十朋赴京考中状元，因拒绝丞相逼婚，被改调烟瘴之地潮阳任职。孙汝权偷改十朋家书为"休书"，继续纠缠玉莲不止。后母逼迫改嫁，玉莲不从，投河遇救，跟随恩人远去他乡。十朋闻玉莲"死"讯后，决意终身不另娶。玉莲误听十朋病亡噩耗，也执意不再嫁。数年之后，于吉安重逢，夫妻团圆。

《白兔记》为永嘉书会才人编撰。写后汉开国皇帝刘知远幼年失父，落魄马王庙中，李文奎见他相貌不凡，收留家中牧马，并将女儿三娘许配给他。李文奎夫妇去世后，三娘兄嫂不容他。知远只得弃家投军，又被岳节度使招赘为婿，后成就功名。三娘不肯改嫁，被兄嫂逼迫，日挑水，夜推磨，受尽苦辛。她磨房咬脐产子，托窦公送往军营。十六载后，咬脐郎猎白兔而遇三娘，母子夫妻得以团圆。

《拜月亭》一般认为是元人施惠作。全剧以蒋世隆与王瑞兰的爱情婚姻波折为主线。写金朝末年，蒙古兵南下，金迁都汴梁。兵荒马乱中，书生蒋世隆与兵部尚书王镇女儿瑞兰旷野相逢，结伴同行，患难中结为夫妇。王镇议和归来，强行拆散恩爱夫妻。瑞兰思念丈夫，幽闺拜月祷祝重聚。后蒋世隆考中状元，破镜重圆。

《杀狗记》作者未详。写财主孙华与市井小人柳龙卿、胡子传结为兄弟，受二人调唆，视胞弟孙荣为仇敌，致使孙荣寄身破窑，乞食街头。华妻杨氏多方劝说无用，设杀狗劝夫之计，暴露结义兄弟危难时不肯相救的真面目，才使孙华醒悟，兄弟和好，共受旌表。

临川四梦

"临川四梦"，又称"玉茗堂四梦"，指明代剧作家汤显祖的《牡丹亭》、《紫钗记》、《邯郸记》和《南柯记》。前两者是儿女风情戏，后两个是社会风情剧。

"临川四梦"是汤显祖毕生思考人世现实与生命意义的结晶。文辞优美，对人生的深刻反思亦超越了同时代的文学著作。汤显祖同时代人王思任在概括"临川四梦"的"立言神旨"时说："《邯郸》，仙也；《南柯》，佛也；《紫钗》，侠也；《牡丹亭》，情也。"

"临川四梦"的四个梦境演绎了纷繁世间事。《紫钗记》描写的是霍小玉与书生李益喜结良缘、被卢太尉设局陷害、豪侠黄衫客从中帮助，终于解开猜疑，消除误会的悲欢离合的幻梦。《牡丹亭》描写杜丽娘因梦生情，伤情而死，人鬼相恋，起死回生，终于与柳梦梅永结同心的痴情。《南柯记》讲述了书生淳于梦于梦中做大槐安国驸马，任南柯太守，荣华富贵梦醒而皈佛的故事。《邯郸记》则表现了卢生梦中娶妻，中状元，建功勋于朝廷，后遭陷害被放逐，再度返朝做宰相，享尽荣华富贵，死后醒来，方知是一场黄粱梦，因此而悟道的警醒。

《西厢记》

《西厢记》全名《崔莺莺待月西厢记》，元代著名杂剧作家王实甫的代表作。这个剧一上舞台就震惊四座，被誉为"西厢记天下夺魁"。

《西厢记》故事最早起源于唐代元稹的传奇小说《莺莺传》，叙述书生张生与同时寓居在普救寺的已故相国之女崔莺莺相爱，在婢女红娘的帮助下，两人在西厢约会，莺莺终于以身相许。后来张生赴京应试，得了高官，却抛弃了莺莺，酿成爱情悲剧。亦相传为元稹假借张生的自传体小说或故事。这个故事到宋金时代流传更广，一些文人、民间艺人纷纷改编成说唱和戏剧，王实甫的改编使故事情节更加紧凑，融合了古典诗词，文学性大大提高，并将结尾改成老夫人妥协，答应其婚事，以大团圆结局。

《牡丹亭》

《牡丹亭》全名《牡丹亭还魂记》，即《还魂记》，也称《还魂梦》或《牡丹亭梦》，是明朝剧作家汤显祖的代表作之一。

贫寒书生柳梦梅与南安太守之女丽娘于梦中在牡丹亭畔幽会。杜丽娘从此愁闷消瘦，一病不起。她在弥留之际要求母亲把她葬在花园的梅树下，嘱咐丫环春香将其自画像藏在太湖石底。三年后，柳梦梅赴京应试，借宿梅花庵观中，在太湖石下拾得杜丽娘画像，发现杜丽娘就是他梦中见到的佳人。杜丽娘魂游后园，和柳梦梅再度幽会。柳梦梅掘墓开棺，杜丽娘起死回生，两人结为夫妻，前往临安。陈最良看到杜丽娘的坟墓被发掘，就告发柳梦梅盗墓之罪。发榜后，柳梦梅由阶下囚一变而为状元，经皇帝恩准，杜丽娘和柳梦梅二人终成眷属。

汤显祖曾说："一生四梦，得意处惟在牡丹。"明朝人沈德符称："汤义仍《牡丹亭梦》一出，家传户诵，几令《西厢》减价。"

《桃花扇》

《桃花扇》是清初作家孔尚任经十余年苦心经营，三易其稿写出的一部传奇剧本。

通过男女主人公侯方域（朝宗）和李香君的爱情故事反映明末南明灭亡的历史戏剧。所谓："借离合之情，写兴亡之感，实事实人，有凭有据。"剧本中绝大部分人物是真人真事，从深度和广度反映现实，并且有很高的艺术表现力，是一部对后来影响很深的历史剧。

明末，东林党人逃难到南京，重新组织"复社"，和曾经专权的太监魏忠贤余党、已被罢官的阮大铖斗争。其中复社中坚侯方域邂逅秦淮歌妓李香君，两人陷入爱河，侯方域送李香君一把题诗扇。阮大铖匿名托人赠送重金以拉拢侯方域，被李香君知晓坚决退回。弘光帝即位后，起用阮大铖。阮大铖趁机陷害侯方域，并强将李香君许配他人，李香君坚决不从，撞头欲自尽未遂，血溅诗扇，侯方域的朋友杨龙友利用血点在扇中画出一树桃花。南明灭亡后，李香君入山出家，侯方域也出家学道。

《长生殿》

《长生殿》，清初洪昇历十余年，三易其稿始成，初名《沉香亭》，继改称《舞霓裳》，三稿始定今名。

剧写唐明皇与杨贵妃的爱情故事：唐明皇继位以来，励精图治，国势强盛，但他却从此寄情声色，下旨选美。因宫女杨玉环才貌出众，于是册封为贵妃，两人对天盟誓，并以金钗钿盒为定情之物。

但后来唐玄宗又宠幸杨玉环的妹妹虢国夫人，私召梅妃，引起杨玉环不快，最终两人和好，于七夕之夜在长生殿对着牛郎织女星密誓永不分离。为讨杨玉环的欢心，唐玄宗不惜耗费大量人力物力从海南岛为杨玉环采集新鲜荔枝，一路踏坏庄稼，踏死路人。

安禄山反叛，唐明皇奔逃蜀中避难，在马嵬坡，军士哗变。唐明皇被迫赐杨玉环自尽。自此他心灰意冷，有一天做了一场噩梦后，访得异人为杨玉环招魂。临邛道士杨通幽奉旨作法，找到杨玉环幽魂。八月十五夜，杨通幽引唐明皇魂魄来到月宫与杨玉环相会。玉帝传旨，让二人永为夫妇。

《聊斋志异》

《聊斋志异》，清代文言短篇小说集，是蒲松龄的代表作。"聊斋"是他的书屋名称，"志"是记述的意思，"异"指奇异的故事。全书共有短篇小说 491 篇。题材非常广泛，内容极其丰富。多数作品通过谈狐说鬼的手法，对当时社会的腐败、黑暗进行了有力批判，在一定程度上揭露了社会矛盾，表达了人民的愿望。蒲松龄的同乡好友王士祯为《聊斋志异》题诗："姑妄言之姑听之，豆棚瓜架雨如丝。料应厌作人间语，爱听秋坟鬼唱诗。"

《聊斋志异》的艺术成就很高。它成功地塑造了众多的艺术典型，人物形象鲜明生动，故事情节曲折离奇，结构布局严谨巧妙，文笔简练，描写细腻，堪称中国古典短篇小说之巅峰。

《儒林外史》

在浩若星海的中国古典小说中，被鲁迅许以"伟大"二字的，只有两部书，其中之一便是吴敬梓的《儒林外史》。

《儒林外史》是中国清代杰出的现实主义长篇讽刺小说，全书共56回，约40万字，描述了近200个人物，主要描写封建社会后期知识分子及官绅的活动和精神面貌。

全书故事情节虽没有一个主干，可是有一个中心贯穿其间——反对科举制度和封建礼教的毒害，讽刺因热衷功名富贵而造成的极端虚伪、恶劣的社会风习。这样的思想内容，加上它那准确、生动、洗练的白话语言，栩栩如生的人物形象塑造，优美细腻的景物描写，出色的讽刺手法，艺术上也获得了巨大的成功。

这是一部讽刺迂腐与卖弄的作品，是世界上最不引经据典、最饶诗意的散文叙述体之典范。它可与意大利薄伽丘、西班牙塞万提斯、法国巴尔扎克等人的作品相媲美。

《水浒传》

《水浒传》为元末明初施耐庵所作，取材于北宋末年宋江起义的故事。

宋代说书伎艺兴盛，民间流传的宋江等36人故事，很快就被说书人采来作为创作话本的素材，南宋末龚开的《宋江三十六人赞并序》里说："宋江事见于街谈巷语。"现在看到的最早写水浒故事的作品，是《大宋宣和遗事》，这时的水浒故事已由许多分散独立的单篇，发展为系统连贯的整体。

《水浒传》的艺术成就，最突出地表现在英雄人物的塑造上。全书巨大的历史主题，主要是通过对起义英雄的歌颂和对他们斗争的描绘中具体表现出来的。

清初文学批评家金圣叹将《水浒传》与《离骚》、《庄子》、《史记》、《杜诗》、《西厢记》合称为"六才子书"。冯梦龙将《水浒传》与《三国演义》、《西游记》、《金瓶梅》定为"四大奇书"。后世将其与《三国演义》、《西游记》、《红楼梦》并称为"中国古典四大名著"。

《西游记》

《西游记》于明朝中叶，由明代吴承恩编撰而成。此书描写的是孙悟空保唐僧西天取经、历经九九八十一难的故事。

小说以整整七回的"大闹天宫"故事开始，第八至十二回写如来说法、观音访僧、魏徵斩龙、唐僧出世等故事，交代取经的缘起。从十三回到全书结束，讲述仙界一只由仙石生出的猴子拜到菩提门下，命名孙悟空，苦练成一身法术，却因醉酒闯下大祸，被压于五指山下。500年后，观音向孙悟空道出自救的方法：他须随唐三藏到西方取经，做其徒弟，修成正果之日便得救。孙悟空遂紧随唐三藏上路，途中屡遇妖魔鬼怪，二人与猪八戒、沙僧等合力对付，展开一段艰辛的取西经之旅。

《西游记》向人们展示了一个绚丽多彩的神魔世界，人们无不在作者丰富而大胆的艺术想象面前惊叹不已。

《三国演义》

《三国演义》为元末明初小说家、戏曲家罗贯中所作，是中国古代历史演义小说的经典之作。小说描写了东汉末年和整个三国时代以曹操、刘备、孙权为首的魏、蜀、吴三个政治、军事集团之间的矛盾和斗争。在广阔的社会历史背景上，展示出那个时代尖锐复杂又极具特色的政治军事冲突，在政治、军事谋略方面，对后世产生了深远的影响。

《三国演义》不仅是较早的一部历史小说，而且代表着古代历史小说的最高成就。小说采用浅近的文言，明快流畅，雅俗共赏；笔法富于变化，对比映衬，旁冗侧出，波澜曲折，摇曳多姿。又以宏伟的结构，把百年来头绪纷繁、错综复杂的事件和众多的人物组织得完整严密，叙述得有条不紊、前后呼应，彼此关联，环环紧扣，层层推进。

《三国演义》的艺术成就更主要的是在战争描写和人物塑造上。小说最擅长描写战争，并能写出每次战争的特点。注意描写在具体条件下不同战略战术的运用、指导作战的主观能动性的发挥，而不把主要笔墨花在单纯的实力和武艺较量上。如官渡之战、赤壁之战、彝陵之战等。在人物塑造上，小说特别注意把人物放在现实斗争的尖锐矛盾中，通过各自的言行和周围环境，表现其思想性格。如曹操的奸诈，一举一动都似隐伏着阴谋诡计；张飞心直口快，无不带有天真、莽撞的色彩。

《金瓶梅》

《金瓶梅》是明代长篇世情小说，成书约在隆庆至万历年间，作者署名兰陵笑笑生。它是中国文学史上第一部由文人独立创作的长篇小说。《金瓶梅》的书名，一般认为是各取书中女主角潘金莲、李瓶儿、庞春梅三人名字中的一个字而成的，但还有

更深层的含义。

这部小说通过西门庆一家荣辱盛衰的始末，实际上反映了一个新旧交替的历史转折时期。西门庆这个集官僚、富商、恶霸于一身的典型，是那个时代的畸形儿。在他身上，读者看到了旧时代的末日即将来临，新时代的曙光已经升起，好像最早报告春天信息的梅花。可是，这枝梅花并没有在大自然里风餐露宿，却安插在豪华富丽的金瓶之中，生活在骄奢淫逸的氛围中，因而显得缺乏生机和活力，终于不免过早地夭折，这就是小说全部的悲剧意义所在。

《红楼梦》

《红楼梦》为清代曹雪芹所作。原名《石头记》，又名《情僧录》、《风月宝鉴》、《金陵十二钗》等。是中国古代最伟大的长篇小说，也是世界文学经典巨著之一。书中以贾、史、王、薛四大家族为背景，以贾宝玉、林黛玉爱情悲剧为主线，着重描写荣、宁二府由盛到衰的过程。全面地描写封建社会末世的人性生态及种种无法调和的矛盾。

《中国大百科全书》评价说，红楼梦的价值怎么估计都不为过。《大英百科》评价说，《红楼梦》的价值等于一整个的欧洲。

《文赋》

《文赋》是西晋著名文学家陆机所作，是中国最早系统探讨文学创作问题的论著。

在《文赋》中，陆机生动地描述和分析了创作的心理特征和过程，表达了他的美学美育思想。主要包括：

1. "情因物感，文以情生。"《文赋》认为，情感是文学创作冲动的来由和起点。

2. "笼天地于形内，挫万物于笔端。"《文赋》充分肯定了艺术想象的作用，即"观

古今于须臾，扶四海于一瞬"，"笼天地于形内，挫万物于笔端"。

3."应感之会，通塞之纪。"《文赋》强调灵感在文学创作中的作用，认为灵感具有"来不可遏，去不可止"的特征。

4."其会意也尚巧，其遣言也贵妍。"《文赋》在艺术风格上，崇尚华丽之美，强调"丽辞"。

《文心雕龙》

《文心雕龙》是刘勰所撰的文学理论著作，成书于南朝齐，是中国文学理论批评史上第一部有严密体系的"体大而虑周"的文学理论专著。

《文心雕龙》全书包括4个重要方面。

上部《原道》至《辨骚》的5篇，是全书的纲领，而其核心则是《原道》《征圣》、《宗经》3篇，要求一切本之于道，稽诸于圣，宗之于经。从《明诗》到《书记》的20篇，以"论文序笔"为中心，对各种文体源流及作家、作品逐一进行研究和评价。以有韵文为对象的"论文"部分中，以《明诗》、《乐府》、《诠赋》等篇较重要；以无韵文为对象的"序笔"部分中，则以《史传》、《诸子》、《论说》等篇意义较大。

下部《神思》到《物色》的20篇，以"剖情析采"为中心，重点研究有关创作过程中各个方面的问题，是创作论。《时序》、《才略》、《知音》、《程器》等4篇，则主要是文学史论和批评鉴赏论。下部的这两个部分，是全书最主要的精华所在。

以上四个方面共49篇，加上最后叙述作者写作此书的动机、态度、原则，共50篇。

《昭明文选》

《昭明文选》即《文选》，是中国现存的最早一部诗文总集，由南朝梁武帝的长子萧统组织文人共同编选。萧统死后谥"昭明"，所以他主编的这部文选称作《昭明文选》。

全书共60卷，分为赋、诗、骚、墓志、行状等38类。书中选录先秦至梁的诗文辞赋，不选经子，编者已初步注意到文学与其他类型著作的区分，认为只有"事出于沉思，义归于翰藻"者方可入为文学作品，在艺术形式上，尤注重骈俪、华藻。

首先对《文选》作注释的是《文选音》，这是萧统的侄子萧该对《文选》语词作的音义解释。隋唐时期的曹宪、许淹、李善、公孙罗等人将其发展成为了一门"文选学"。唐玄宗开元年间，吕延济、刘良、张铣、吕向和李周翰五位文臣又作五臣注。所有的注中以唐高宗显庆年间的李善注被认为最好。

"选学"在唐朝与《五经》并驾齐驱，盛极一时士子必须精通《文选》。时至北宋年间，民间尚传谣曰：《文选》烂、秀才半。《文选》在宋代有"文章祖宗"之说。

《诗品》

钟嵘，字仲伟，在齐梁时代曾作过参军、记室等小官。《诗品》是钟嵘品评诗歌的一部文学批评名著。

《诗品》所论的范围主要是五言诗。全书共品评了两汉至梁代的诗人122人，计上品11人，中品39人，下品72人。他强调赋和比兴的相济为用，并坚决反对用典，以及沈约等人四声八病的主张。

钟嵘论诗善于概括诗人独特的艺术风格。他概括诗歌风格主要是从以下几方面着眼：一是论赋比兴，例如评阮籍的诗"言在耳目之内，情寄八荒之表"；二是论风骨和词采，例如论曹植诗"骨气奇高，词采华茂"；三是重视诗味，认为诗应该使人"味之者无极，闻之者动心"；四是注意摘引和称道诗中佳句，谈到曹操诗时，说他"甚有悲凉之句"。

《容斋随笔》

《容斋随笔》是南宋洪迈著的史料笔记，被历史学家公认为研究宋代历史必读之书。

《容斋随笔》是全书的总名，分为《随笔》、《续笔》、《三笔》、《四笔》、《五笔》。是积 40 多年时间写出的一部巨著。其内容繁富，议论精当。有对宋代典章制度、官场见闻、社会风尚的记述；对宋以前王朝废兴、人物轶事、制度沿革的记述。其中对一些历史经验的总结颇有见地，许多资料为官方史志所不载，是中国古代笔记小说中不可多得的珍品。

明人李翰说："洪迈聚天下之书而遍阅之，搜悉异闻，考核经史，捃拾典故，值言之最者必札之，遇事之奇者必摘之，虽诗词、文翰、历谶、卜医，钩纂不遗，从而评之。"被《四库全书总目提要》推为南宋笔记小说之冠。

《太平广记》

《太平广记》是宋代李昉、扈蒙等 12 人奉宋太宗之命编纂。开始于太平兴国二年（977 年），次年完成。因成书于宋太平兴国年间，和《太平御览》同时编纂，所以叫作《太平广记》。

全书 500 卷，目录 10 卷，取材于汉代至宋初的野史小说及释藏、道经等和以小说家为主的杂著，属于类书。

《太平广记》引书大约 400 多种，一般在每篇之末都注明了来源。许多唐代和唐代以前的小说，就靠《太平广记》而保存了下来。

《录鬼簿》

元代的戏曲史料性著作。作者钟嗣成（约 1279～约 1360 年），号丑斋。曾多次参加"明经"考试，不中。后在江浙行省任掾史，但是不得升擢，他也不屑于去追求官禄，于是杜门著书。《录鬼簿》反映了钟嗣成比较进步的文艺观点。它是元杂剧蓬勃发展形势下的产物，适应了中国戏剧发展的需要。

《录鬼簿》分上下两卷，共记述 152 位杂剧及散曲作家，大略以年代先后排列，录 400 余种剧目。整个元代曲家的情况，都赖以传世。同时，在书中一些零星的记载中，还揭示了元代杂剧作家的活动和组织情况，并且透露了元代戏曲发展的线索。

《录鬼簿》为元代戏曲的研究提供了宝贵资料，至明初戏曲家贾仲明又增补了吊词。

《古文观止》

《古文观止》是清初吴楚材、吴调侯两人编选的一部古文选本。这本书选材十分广泛，兼顾到各种文章体裁的艺术风格。

"观止"二字最早出自《左传》：春秋时吴国季札在鲁国观乐，见舞《韶箾》，称赞说："观止矣！若有他乐！吾不敢请已。"意思是说，这些音乐舞蹈妙极了！其他的不必看了。后来人们便用"观止"称赞所见事物尽善尽美，无以复加。

《古文观止》的意思是指这部书所选辑的古代文章都是最好的，其他文章都超不过这些文章水平。

述各类文体的特点。

《随园诗话》

袁枚（1716～1797年），清代诗人、诗论家。字子才，号简斋，晚年自号苍山居士，与赵翼、蒋士铨合称为"乾隆三大家"。

袁枚倡导"性灵说"，代表作《随园诗话》有很强的针对性。从诗人的先天资质，到后天的品德修养、读书学习及社会实践；从写景、言情，到咏物、咏史；从立意构思，到谋篇炼句；从辞采、韵律，到比兴、寄托、自然、空灵、曲折等各种表现手法和艺术风格，以及诗的修改、诗的鉴赏、诗的编选，乃至诗话的撰写，凡是与诗相关的方方面面，无所不包。

他主张写诗要写出自己的个性，直抒胸臆，写出个人的"性情遭际"。以性情、天分和学历作为创作基本，以"真、新、活"为创作追求，这样才能将先天条件和后天努力相结合，创作出佳品，认为"诗文之作意用笔，如美人之发肤巧笑，先天也；诗文之征文用典，如美人之衣裳首饰，后天也"。主张文学应有时代特色，反对宗唐宗宋。主张骈文和散文并重，认为骈文与散文正如自然界的偶与奇一样不可偏废，二者同源而异流，它们的关系是双峰并峙，两水分流。

《古文辞类纂》

清代姚鼐编的各类文章总集。全书75卷，选录战国至清代的古文，依文体分为论辩、序跋、奏议、书说、赠序、诏令、传状、碑志、杂记、箴铭、颂赞、辞赋、哀祭等13类。所选作品主要是《战国策》、《史记》、两汉散文家、唐宋八大家及明代归有光，清代方苞、刘大櫆等的文章。书首有序目，略

《艺概》

刘熙载（1813～1881年），字伯简，号融斋，"自六经、子、史外，凡天文、算术、字学、韵学及仙释家言，靡不通晓。而尤以躬行为重"。清道光二十四年（1844）进士，官拜翰林院庶吉士，后改授编修。晚年寓居上海，一直担任龙门书院主讲。

《艺概》是刘熙载平时论文谈艺的汇编，成书于其晚年。全书共6卷，分为《文概》、《诗概》、《赋概》、《词曲概》、《书概》、《经义概》，分别论述文、诗、赋、词、书法及八股文等的体制流变、性质特征、表现技巧和评论重要作家作品等，是中国近代文学史上的一部经典性的文艺理论著作。

作者自谓谈艺好言其概，故以"概"名书。"概"的含义是，得其大意，言其概要，以简驭繁，使人明其指要，触类旁通。这是《艺概》一书的特色。

《人间词话》

《人间词话》是王国维关于文学批评的著述中最为人所重视的一部作品，也是晚清以来最有影响的著作之一。"境界说"是《人间词话》的核心，统领其他论点，又是全书的脉络，沟通全部主张。

这是接受了西洋美学思想洗礼后，以崭新的眼光对中国旧文学所作的评论，但又脱弃西方理论之局限，力求运用自己的思想见解，尝试将某些西方思想中之重要概念，融入中国固有的传统批评中。

《人间词话》已初具理论体系，在旧日诗词论著中，称得上屈指可数。许多人把它奉为圭臬，把它的论点作为词学、美

学的根据，影响深远。

人文主义

人文主义是 14 世纪至 16 世纪欧洲文艺复兴的主导思想。在意大利佛罗伦萨文学家彼特拉克和薄伽丘等人的倡导下，欧洲的新文化人士以"人文学者"自居，树起个性解放、自由思想的旗帜。提倡人权以反对君权，提倡人道以反对神道，掀起了一股研究古典学术、重视现实人生的新思潮。这不但为欧洲宗教改革和自然科学兴起提供了思想武器，而且也激活了近代西方艺术。

古典主义

古典主义是指产生于欧洲文艺复兴后的一种文艺思潮。由于在文艺理论和创作实践上都以古希腊、古罗马文艺为典范，因而被称为"古典主义"。

古典主义在 17 世纪的法国最为盛行，发展也最为完备。法国古典主义以中央集权的君主专制为政治基础，笛卡儿的唯理主义理论为哲学基础。在创作和理论上强调模仿古代，主张用民族规范语言，按照规定的创作原则，如戏剧的"三一律"，进行创作，追求艺术完美。

古典主义在欧洲几乎流行了两个世纪，对近代欧洲各国文学艺术，尤其是戏剧的发展影响很大。

感伤主义

感伤主义又称主情主义。因排斥理性，崇尚感情，也称前浪漫主义。18 世纪后期欧洲资产阶级启蒙运动中产生的一种文艺思潮。发源地在英国，因英国作家斯特恩的小说《在法国和意大利的感伤旅行》而得名。这派作家夸大感情的作用，细致地描写人物的心情和不幸遭遇，以引起读者的同情和共鸣，表现了对社会现实的不满和对劳动人民的怜悯之心。

象征主义

象征主义是欧美现代文学中出现最早、影响最大的一个诗歌流派。象征主义分为前象征主义和后象征主义，前象征主义在 19 世纪 70 年代兴起于法国。法国诗人莫雷亚斯 1886 年 9 月在巴黎《费加罗报》上发表的《象征主义宣言》中首先提出这一名称。他主张用"象征主义"称呼当时的前卫诗人，并阐述了象征主义的基本原则。象征主义的先驱是法国的波德莱尔，他发展了浪漫派诗人在创作中的象征、朦胧因素，在诗歌创作中以外界"对应物"暗示内心的微妙世界，即强调用有物质感的形象，通过暗示、对比、烘托等方法表现个人感受和某种理念。后象征主义是出现于第一次世界大战后的世界性文学潮流，20 年代达到高潮，40 年代接近尾声。创作的主要特点是：创造病态的"美"，表现内心的"最高真实"，运用象征暗示，在幻觉中构筑意象，用音乐性增加冥想效应。

表现主义

表现主义是 20 世纪初盛行于西方的一种由绘画扩展至音乐、文学的文艺思潮，其中心在德国。

"表现主义"一词最初是 1901 年在法国巴黎举办的马蒂斯画展上朱利安·奥古斯特·埃尔维一组油画的总题名。1911 年希勒尔在《暴风》杂志上刊登文章，首次用"表现主义"一词来称呼柏林的先锋派作家。1914 年后，"表现主义"一词逐渐为人们所普遍承认和采用。

表现主义文学的特点是反对客观地表

现自然和社会，提倡表现主观现实或内在现实，认为"自我是宇宙的中心和真实的源泉"。表现主义由于没有追求更美好社会的目标，在上世纪20年代中期逐渐衰落下去。托勒的《群众与人》、卡夫卡的《变形记》、奥古斯特·斯特林堡的《鬼魂奏鸣曲》等都是著名的表现主义作品。

达达主义

达达主义是20世纪初现代资产阶级文艺流派之一，它首先出现在瑞士，继而流行于法国、德国和美国。达达主义语源法语"达达"，原意是木马。1916年法国诗人特里斯坦·查拉在苏黎世以"达达"为名成立文学团体，表示他们的主张是"毫无意义"和"无所谓"的。

达达主义对现实世界的一切都持否定态度，标榜艺术无思想性，主张以"自我"为中心，强调人类神秘多样的潜意识活动。在文艺手法上，他们否定一切文化传统，否定一切艺术规律，否定艺术的目的性和思想性，崇拜虚无主义，主张文艺创作应像婴儿喃喃呓语般莫名其妙，提倡以混乱的梦呓和荒诞的形象来表现不可思议的事物。

超现实主义

超现实主义是在法国开始的文学艺术流派，源于达达主义，对于视觉艺术的影响力深远。于1920年至1930年间盛行于欧洲文学及艺术界中。

1924年法国作家布雷东等人在巴黎创立"超现实主义研究室"，宣布了这一流派的思想倾向和艺术观点。他们以柏格森的直觉主义和弗洛伊德的精神分析学说为哲学基础，否定文艺反映现实生活的基本创作规律，鼓吹超越现实，超越理智，用"自然写作"的方法来表现思想的真实活动，即不受理性、道德准则制约的写作法。

超现实主义作品大多杂乱无章，荒谬混乱，有的甚至用晦涩难懂的符号来代替文字，反映了当时欧洲青年一代苦闷彷徨和找不到出路的狂乱不安的精神状态。代表作家有法国的艾吕雅和阿拉贡、英国的托马斯等人。

魔幻现实主义

魔幻现实主义是20世纪60年代拉丁美洲小说创作中出现的一个流派。最早提出"魔幻现实主义"一词的是德国文艺评论家弗朗茨·罗。1925年，他发表了一本评论绘画的专著，书名为《魔幻现实主义，后期表现派与当前欧洲绘画的若干问题》。

"魔幻现实主义"一词最早被应用到拉丁美洲的文学上，则是哥伦比亚作家加西亚·马尔克斯于1967年出版的长篇小说《百年孤独》。这部小说借虚构的小镇马孔多以及居住在马孔多的布恩迪亚一家一百年间的变迁，反映了哥伦比亚的历史。小说中有不少离奇怪诞的情节和人物，带有浓烈的神话色彩和象征意味。评论界认为此书是当代拉丁美洲小说中一种新流派的代表，因此便借用了在美术界与此相近的新流派的名词，称之为魔幻现实主义。

马尔克斯像

该流派的主要特点是在反映现实的叙事和描写中，插入离奇怪诞的情节、人物和意境，以及种种超自然现象。代表作家有马尔克斯、博尔赫斯和阿斯图里亚斯等。

迷惘的一代

迷惘的一代是 20 世纪 20 年代出现在美国的一个文学流派。20 年代初，侨居巴黎的美国作家格·斯泰因对海明威说："你们都是迷惘的一代。"海明威把这句话作为他第一部长篇小说《太阳照常升起》的题词，"迷惘的一代"从此成为这批虽无纲领和组织但有相同的创作倾向的作家的称谓。

他们大都是亲身经历过第一次世界大战并开始成熟起来的作家。战争在他们的肉体和精神上都留下了严重的创伤，以至于产生了心灰意懒的迷惘失望之感，表现在作品中，则是主人公的反战情绪强烈，否定资产阶级传统的道德、理想和信仰。他们都才华出众，创作形式和表现手法也具有开拓精神，各自形成独特的艺术风格。代表作家有海明威、菲茨杰拉尔德、福克纳等。

垮掉的一代

垮掉的一代是第二次世界大战之后出现于美国的一群松散结合在一起的年轻诗人和作家的集合体。这一名称最早是由作家杰克·克鲁亚克于 1948 年前后提出的。在英语中，形容词"beat"一词有"疲惫"或"潦倒"之意，而克鲁亚克赋予其新的含义"欢腾"或"幸福"，和音乐中"节拍"的概念联结在一起。此后，"垮掉的一代"的称谓才借助各种媒体流传开去。"垮掉的一代"实际上是"迷惘的一代"

的对照。

该流派的作家都是男女青年，他们以否定一切的无政府主义态度反对现存的社会秩序和风尚习俗，要求摆脱一切传统的束缚，拒绝承担任何家庭和社会义务，追求绝对自由的生活。他们反对垄断资本统治，抵制对外侵略，厌弃机器文明。他们逃避现实，吸毒、酗酒、偷窃，无所顾忌，不停地追求各种刺激，提倡同性恋和佛教禅宗，以躲进超现实的幻境寻求神秘主义的灵感。

他们在艺术上"以全盘否定高雅文化为特点"，发明了"自发式散文"、"放射诗"，不求文饰，粗糙散漫。该流派重要文学作品包括杰克·克鲁亚克的《在路上》、艾伦·金斯堡的《嚎叫》和威廉·博罗斯的《裸体午餐》等。

百科全书派

在法国的启蒙运动中，百科全书派是一面色彩鲜艳的旗帜。它区别于一般的文学流派，因大部分人参加编纂、出版《百科全书》的活动而得名。

参加这项工作的人员极为广泛，其中有文学家、医师、工程师、旅行家、航海家和军事家等，几乎包括各个知识领域具有先进思想的一切杰出的代表人物。除该书的主编狄德罗和副主编达朗贝外，启蒙主义作家孟德斯鸠和伏尔泰为它写过文艺批评和历史的稿件，卢梭写过音乐方面的条目，哲学家爱尔维休、霍尔巴哈和空想社会主义者摩莱里、马布利等人，都是《百科全书》哲学方面的撰稿人。他们的观点不尽相同，但能相互协作，其中积极参加过《百科全书》的编纂工作的还有唯物主义启蒙思想的人士，在历史上就被称为百科全书派。《百科全书》的编纂、出版工作，从1751年开始，至1772年完成，历时20年。期间曾两度遭到当局勒令中止，有的人被关进监狱，有的被迫流亡国外，达朗贝因恐受连累，于1759年宣布辞退，由狄德罗一人主持此项艰巨而繁重的工作。当时，检察官曾在最高法院对百科全书派提出公诉，其罪名是"他们形成一个集团，为着拥护唯物主义，摧毁宗教，鼓吹独立自由和败坏风俗"。反动当局把《百科全书》称之为"魔鬼的新巴别塔"和"异教徒以及神和国王与教会敌人的大集合"。但是，在狄德罗等人的据理力争下，《百科全书》虽几经周折，终于在1772年问世。全书共32卷，包括正文17卷，附录4卷，图片11卷。

新感觉派

新感觉派是日本20世纪20年代初出现的一个文学流派。

1924年，川端康成、铃木彦次郎等14名新作家在菊池宽的支持下，以《文艺春秋》为后盾，创办了杂志《文艺时代》，以对抗自然主义文学的衰落和无产阶级文学的兴起。一般认为新感觉派属于日本第一批现代派。著名评论家千叶龟雄在1924年11月号《世纪》杂志上，以《新感觉派的诞生》为题发表文章，指出"所谓'文艺时代'派所具有的感觉，远比以往表现出来的任何感觉艺术都新颖，无论在语汇、诗或韵律节奏感方面都很生动"。这一流派因此被称为新感觉派。

新感觉派于1925至1926年发展到高峰，后来由于无产阶级文学运动蓬勃兴起，铃木彦次郎等青年作家纷纷转向左翼文学，川端康成倾向新心理主义，中河与一等则

主张形式主义。《文艺时代》也于1927年4月停刊。新感觉派的活动遂告结束。

意识流

"意识流"的概念最早由美国心理学家威廉·詹姆斯于1890年提出，他认为人类思维活动是一种斩不断的"流"，因而称之为思想流，意识流，或主观生活之流，并且认为这种"意识流"具有变化多端和错综复杂的特点。

法国哲学家亨利·柏格森进一步提出"真实"存在于"意识的不可分割的波动之中"的见解，劝小说家进入人物的内心中去，跟着人物意识的流动来刻画人物。这种理论正符合了19世纪末20世纪初一些侧重描写人物内心活动的作家的需求。1887年，法国小说家艾杜阿·杜夏丹在《月桂树被砍掉了》一书中，首先运用了"内心独白"的写作方法，开意识流小说的先河。

1915～1940年间，英、美、法等国的小说家在文学创作中大量应用意识流技巧，从而形成了一种文学流派—意识流文学。爱尔兰作家詹姆士·乔伊斯的《尤利西斯》、英国女作家沃尔芙的长篇小说《到灯塔去》、美国著名小说家威廉·福克纳的《喧哗和骚动》、海明威的短篇小说《乞力马扎罗的雪》都是这一文学流派的代表作。

新小说派

新小说派又称"反传统小说派"，是指20世纪50年代兴起于法国、60年代在法国影响最大的一个文学流派。因标新立异地反对有人物、有情节、有社会意义的巴尔扎克式小说，拒绝一切小说传统，要求新的小说形式而得名为"新小说派"。

新小说派以反对传统的小说创作方法

为宗旨，主张作者退出小说，摆脱作家的道德观念和思想感情，打破传统小说对时空结构和叙述顺序的限制，采用意识流和虚实交错、时空颠倒等手法，对物的世界进行纯客观的描绘。这类小说回避社会问题，重在揭示世界和人生的荒诞，在欧洲和世界曾产生较大的影响。

黑色幽默

20 世纪 60 年代美国出现的一种文学流派。所谓"黑色幽默"是指一种荒诞的病态的幽默。它以笑当哭，把可笑和可怕结合在一起，是悲剧内容和喜剧形式交织混杂的新品种。"黑色幽默"的作品正是通过这种含蓄的形式来表现"当今世界的荒谬、冷漠、自相矛盾和残酷无情"。

1965 年，美国作家布鲁斯·杰伊·弗里德曼将 60 年代以来的美国报刊上发表的具有黑色幽默风格的 12 名作家的作品编成一本小书出版，取名为《黑色幽默》。同年，美国评论家尼克伯克发表《致命一蜇的幽默》一文，明确将这类作家称为"黑色幽默"派，于是以"黑色幽默"命名的现代主义文学流派在美国诞生。

这一流派的作家经常是通过离奇、怪诞的情节，运用嘲讽的手法对人物和环境进行漫画式的夸张，来表现恐怖的主题，如死亡、污染、战争等。

狂飙运动

"狂飙运动"是指 18 世纪 70 年代在德国兴起的一场声势浩大的文学运动。它是文艺形式从古典主义向浪漫主义过渡的阶段，也可以说是幼稚时期的浪漫主义。其名称来源于音乐家克林格的歌剧《狂飙突进》。

"狂飙突进"，象征着一种力量，含有摧枯拉朽之意。强调实现个性解放，反对阻碍人的发展的一切僵化保守的教条和遵循传统精神的处世态度，在艺术领域则否定任何因袭的陈规；倡导民族风格，主张从本民族历史中汲取题材；他们推崇"天才"，强调"天才"。以"天才、精力、自由、创造"为中心口号，赞成卢梭倡导的"返归自然"的观点。

参加狂飙运动的青年作家大都富有狂热的幻想和奔放的激情，他们的作品往往充满着浪漫的气息和感伤的成分。狂飙运动文学的代表作品为歌德的《少年维特之烦恼》和席勒的《阴谋与爱情》。

宪章运动文学

19 世纪 40 至 50 年代，在英国产生了宪章运动，这是一次无产阶级争取政治权利的运动，从而也产生了世界上最早的无产阶级文学，即宪章运动文学。

宪章运动者为了进行鼓动宣传，经常在群众集会上发表演说，创办报刊，撰写诗歌、小说、杂文和文艺评论文章。宪章派文学的形式多种多样，但诗歌为其最主要的组成部分。其中比较著名的诗人有林顿、琼斯、惠勒、麦西等人。他们的诗短小精悍，带有明显的政治鼓动性。其中，较有影响的有琼斯的《我们的号召》、《人民之歌》、《自由进行曲》、《未来之歌》，还有林顿的组诗《献给尚未解放的人们的赞歌》、《各民族的挽歌》等。

比较文学

比较文学产生于 19 世纪。"比较文学"一词最早出现于法国学者诺埃尔和拉普拉斯合编的《比较文学教程》（1816 年）中，但该著作未涉及它的方法与理论。使这一术语得以流行的，是法国文学批评家、巴黎大学教授维尔曼。1827 年他在讲授中世纪和 18 世纪法国文学课时，曾几次使用"比较文学"和"比较分析"等术语，两年以后他将题名为《18 世纪法国文学综览》的讲稿出版。1865 年后，"比较文学"作为专门术语而被普遍接受。

比较文学是专指跨越国界和语言界限的文学比较研究，即用比较的方法来研究民族与民族、国家与国家之间文学与文学，或者文学与其他的艺术形式、意识形态的关系的新型边缘学科。歌德是比较文学的先驱。比较文学在世界上主要有法、美两派。前者注重研究一国文学对另一国文学的影响；后者注重研究在相同的历史条件下不同民族文化的比较，找出异同以及缘由，进而找出共同规律。

文艺复兴

文艺复兴是指发端于 14 世纪的意大利的文化和思想发展潮流，以后逐渐扩展到德意志、英国、法国和西班牙等国，于 16 世纪达到鼎盛。

文艺复兴最根本的指导思想就是人文主义，其核心是"人为万物之本"，复兴运动主张以个人作为衡量一切事物的标尺，这样，就发现了人的伟大，肯定了人的价值和创造力。复兴运动还提出了人要获得解放，个性就应该得到自由，就要重视现世生活，藐视关于来世或天堂的虚无缥缈的神话。复兴运动还反对中世纪消极的无所作为的人生态度，提倡积极的冒险奋斗精神。

文艺复兴时期的作品，集中体现了人文主义思想：主张个性解放，反对中世纪

的禁欲主义和宗教观；提倡科学文化，反对蒙昧主义，摆脱教会对人们思想的束缚；肯定人权，反对神权，摒弃作为神学和经院哲学基础的一切权威和传统教条；拥护中央集权，反对封建割据，这是人文主义的主要思想。其中，代表性作品有：但丁的《神曲》、薄伽丘的《十日谈》、马基雅维利的《君主论》、拉伯雷的《巨人传》等。

骑士文学

骑士文学是西欧中世纪反映骑士阶层生活和理想的文学。它的主要体裁分骑士抒情诗和骑士传奇两种。

骑士抒情诗以法国南部普罗旺斯为中心，主要内容是描写骑士的业绩、冒险经历，及其对贵妇人的爱慕和忠诚。其中以《破晓歌》最为著名。

骑士传奇按题材可分三个系统：（1）取材于希腊、罗马故事的古代系统，如《亚历山大传奇》和《特洛伊传奇》等；（2）以英国亚瑟王和他的圆桌骑士的故事为中心的不列颠系统，如《郎斯洛》、《伊凡》、《特里斯丹和伊瑟》、《圣杯》等；（3）取材于东方拜占庭题材的拜占庭系统，如《奥迦生和尼哥雷特》等。

骑士文学在创作方法上，以浪漫主义为主要特征，注重人物肖像、内心活动、生活等方面的细节描写，对以后欧洲浪漫主义诗歌和小说的形成和发展有较大影响。

物语文学

物语文学是日本古典文学的一种体裁，产生于平安时代（公元 10 世纪初）。它是在日本民间评说的基础上形成的，脱胎于神话故事和民间传说，并在形式上受到了

中国六朝和隋唐传奇文学的影响。

创作于 10 世纪初的《竹取物语》是日本最早一部物语文学。故事写一位伐竹翁在竹心中取到一个美貌的小女孩，经 3 个月就长大成人，取名"细竹赫映姬"。5 个贵族子弟向她求婚，她答应嫁给能寻得她喜爱的宝物的人，可是这些求婚者都遭到失败。这时皇帝想凭借权势来强娶她，也遭到拒绝。赫映姬在这些凡夫俗子茫然失措之中突然升天。

物语文学在产生之初就分为两大类，一为虚构物语，它是将民间流传的故事经过有意识的虚构，并加以润色，提炼成完整的故事，具有传奇的色彩，以《竹取物语》、《落洼物语》为代表。另一类为歌物语，以《伊势物语》、《大和物语》为代表，以和歌为主，使和歌与散文完全融为一体，成为整部小说的有机组成部分。产生于 11 世纪初的《源氏物语》是物语文学之高峰。

吠陀文学

吠陀时代是印度从原始社会到阶级社会的过渡期，这个时期的印度文学称为吠陀文学，指早期的以"吠陀"为名的文献集及其所附录的文献。吠陀是音译，意思是学问。吠陀所用语言比古典梵语更为古老，语形变化的分歧较多，称为吠陀语，但较晚的文献的语言已接近古典梵语。

最古的集子名为《梨俱吠陀》和《阿闼婆吠陀》，其中保存了一些优美的古诗。稍晚的《夜柔吠陀》和一些"梵书"，已发展了散文文体。

解冻文学

斯大林时代的苏联文坛大都是歌颂文学，宣扬"无冲突论"，造成了文学作品公式化、概念化、粉饰生活、回避矛盾的状况，并且粗暴批判一些触及现实的作家作品。斯大林逝世后，苏联第二次作代会召开，彻底纠正"左"的偏向，作家们开始大胆地表现生活矛盾和冲突以及黑暗面。爱伦堡的中篇小说《解冻》一书结尾有"你看，到解冻的时节了"的句子，因此西方评论界认为《解冻》影射斯大林个人崇拜时代已经结束，因此将这股新的文学潮流称作"解冻文学"。

"解冻文学"倾向于对过去的僵化的文学模式的反叛，更多的是以一种理性的、清醒的态度来对待历史，对待现实生活。他们要求重视人，呼唤人性的复归，要求重新确认"人"的地位，要求文学站在"人性本位"的高度，直面和批判历史和现实中存在的种种弊端。重新发掘文学的现实主义传统，打碎以往虚伪的、矫饰的政治口号式的创作模式。

十四行诗

十四行诗，又译"商籁体"，为意大利文 sonetto、英文 Sonnet、法文 sonnet 的音译。十四行诗是欧洲一种格律严谨的抒情诗体，最初流行于意大利，中世纪诗人彼特拉克的创作使其臻于完美，又称"彼特拉克体"，其后风行全欧。

彼特拉克的十四行诗是两节四行、一节六行的意大利体，押韵法采用五韵。后来，英国诗人莎士比亚将十四行诗改为三节四行、一节两行的英国体，仍然以抒情为主，末两行往往点出全诗内容的结论，其押韵法也改为七韵，形成了莎士比亚十四行诗体。

七星诗社

七星诗社是 16 世纪中期法国的一个文

学团体，由龙沙、杜·贝雷、贝罗、左台尔、巴依夫、狄亚尔等人文主义作家和他们的老师、希腊语文学者多拉共 7 人组成。他们大都出身上层社会，主张统一法兰西民族语言，反对用拉丁语等外国语进行创作。

艺术上他们提出要创造出可以和希腊、罗马文学媲美的民族文学，摒弃民间诗体，主张采用希腊、罗马文学诗体和意大利十四行诗体，而忽略了文学的创造性和反映生活真实的任务。七星诗社歧视劳动人民的语言，蔑视民族文学，把文学创作看成是贵族阶级专有的活动。

七星诗社在两方面对法国文学作出了贡献：第一，为法兰西语言的丰富和纯洁作出了贡献；第二，在诗歌理论方面，提出要创造法兰西自己的大型史诗和能与希腊罗马文学媲美的民族文学，在诗歌风格上，提倡自然朴实，反对矫揉造作，要求韵律和谐响亮而富有变化。大力提倡亚历山大诗体，认为它最能代表法国诗歌的特色。

墓园诗派

墓园诗派是 18 世纪中期英国出现的一个诗歌派别，属于英国感伤主义文学的分支，得名于诗人托马斯·格雷的诗作《墓园哀歌》。

这一流派诗人常以死亡、坟墓为创作题材，格调低沉，充满悲观失望的感伤情绪和神秘主义思想，令人窒息。它虽然具有感伤主义文学的基本特征，但更多的只是反映感伤主义文学的消极面。代表作家有爱德华·杨格、托马斯·格雷等。

湖畔诗派

湖畔诗派是 18 ～ 19 世纪的英国浪漫主义诗歌流派。主要成员有华兹华斯、柯尔律治和骚塞。他们都在华兹华斯的故乡英格兰西北部坎布里亚郡内的湖区居住过多年，都写过不少歌咏湖光山色的田园诗，都有"回到大自然中去"的思想倾向，因而得名"湖畔诗人"。

古希腊三大悲剧家

古希腊三大悲剧家是指埃斯库罗斯、索福克勒斯和欧里庇得斯。埃斯库里斯（约前 525 ～前 456 年），史称"悲剧之父"。他的悲剧创作提倡民主精神，反对专制暴政。他一生写了 70 个剧本，流传下来的只有 7 部完整的悲剧。其中对后世影响较大的是《被缚的普罗米修斯》。《被缚的普罗米修斯》描写了普罗米修斯为人类盗取火种而被天神责罚的英雄传说。

索福克勒斯（约前 496 ～ 前 406 年），据传他创作了 120 余部悲剧，现存的只有 7部，代表作是《俄狄浦斯王》。《俄狄浦斯王》是古希腊最典型的命运悲剧，着力表现了个人意志与不可抗拒的命运的冲突。

欧里庇得斯（约前 485 ～ 前 406 年），据传他写过 92 部剧本，有 17 部流传下来，代表作是《美狄亚》。《美狄亚》是一部描写家庭问题的悲剧，取材于神话中关于伊阿宋的英雄传说。

英国诗坛的三颗巨星

英国诗坛的三颗巨星指拜伦（1788 ～ 1824 年）、雪莱（1792 ～ 1822 年）、济慈（1795 ～ 1821 年）。

拜伦反对专制压迫，支持人民革命的民主思想。20 岁时，他出国游历，先后去许多国家。1811 年回国。这次旅行大开他的眼界，使他看到西班牙人民抗击拿破仑侵略军的壮烈景象和希腊人民在土耳其奴役下的痛苦生活。在旅途中写下的长诗《恰尔德·哈罗尔德游记》，震动了欧洲的诗坛。

雪莱的诗歌热情而富哲理思辨，诗风自由不羁，常任天上地下、时间空间、神怪精灵往来变幻驰骋，又惯用梦幻象征手法和远古神话题材。其最优秀的作品有支持意大利民族解放斗争的政治诗《自由颂》，表现革命热情及胜利信念的《西风颂》，以及取材于古希腊神话、表现人民反暴政胜利后瞻望空想社会主义前景的代表诗剧《解放了的普罗米修斯》等。恩格斯赞美雪莱是"天才的预言家"。

济慈1816年发表处女作《哦，孤独》。1817年出版第一部诗集《诗歌》。他的诗想象丰富，绚丽多彩，诗中有画，色彩感和立体感强，具有一种永恒的美，一如温柔、清丽而又梦幻般恬静的月光，洋溢着进步的自由精神和人类的崇高理想。他的诗对英国维多利亚时代的诗人、后来的唯美派诗人以及20世纪的意象派诗人都有很大影响。他留下的墓志铭是："这里安息着一个把名字写在水上的人。"

世界三大短篇小说之王

世界三大短篇小说之王是指主要活动于19世纪的三位小说家，即法国的莫泊桑、俄国的契诃夫和美国作家欧·亨利。

莫泊桑（1850～1893年），法国作家，一生共写作短篇小说340余篇。其作品题材广泛，情节生动曲折，语言准确优美。代表作有《羊脂球》、《项链》等。

契诃夫（1860～1904年），俄国作家，一生共写作短篇小说400余篇。其作品既有普希金式的单纯朴实，又具备果戈理式的无情暴露。简洁、凝练是他的主要风格和特色。代表作有《套中人》、《变色龙》等。

欧·亨利（1862～1910年），美国作家，一生共创作了近300篇短篇小说。其小说构思巧妙，情节跌宕多姿，结局出人意料，又符合生活的情理。其作品语言风格幽默，有"含泪的微笑"之效果，因此人们称他的作品为"美国生活的幽默百科全书"。代表作有《警察与赞美诗》、《麦琪的礼物》、《最后一片绿叶》等。

但丁

但丁（1265～1321年），意大利诗人，欧洲文艺复兴时代的开拓人物之一。恩格斯评价他说："封建的中世纪的终结和现代资本主义纪元的开端，是以一位大人物为标志的，这位人物就是意大利人但丁，他是中世纪的最后一位诗人，同时又是新时代的最初一位诗人。"

但丁出生在意大利的佛罗伦萨一个没落的贵族家庭，一生著作甚丰，其中最有价值的无疑是《神曲》。这部作品通过作者与地狱、炼狱及天国中著名人物的对话，反映出中古文化领域的成就和一些重大的问题，带有"百科全书"性质，从中也可隐约窥见文艺复兴时期人文主义思想的曙光。在这部长达14000余行的史诗中，但丁坚决反对中世纪的蒙昧主义，表达了执着追求真理的思想，对欧洲后世的诗歌创作有极其深远的影响。

除《神曲》外，但丁还写了《新生》、《诗集》等著作。《新生》中包括31首抒情诗，主要抒发对贝阿特丽采的眷恋之情，质朴清丽，优美动人，在"温柔的新体"这一诗派的诗歌中，它达到了最高成就。

莎士比亚

莎士比亚（1564～1616年），英国文艺复兴时期伟大的剧作家、诗人。代表作有四大悲剧《哈姆雷特》《奥赛罗》《李尔王》《麦克白》,四大喜剧《第十二夜》《仲夏夜之梦》、《威尼斯商人》、《无事生非》,历史剧《亨利四世》、《亨利五世》、《理查二世》等。

他的戏剧不受三一律束缚,突破悲剧、喜剧局限,努力反映生活本来面目,深入探索人物内心奥秘,从而塑造出众多性格复杂多样、形象真实生动的人物典型,描绘了广阔的社会生活图景。他的戏剧在欧洲戏剧发展史和文学发展史上占有重要地位。本·琼斯称他为"时代的灵魂",马克思称他为"人类最伟大的天才之一"。

歌德

歌德(1749 ~ 1832 年),18 世纪中叶到 19 世纪初德国和欧洲最重要的剧作家、诗人、思想家。

歌德出生于法兰克福镇的一个富裕的市民家庭,曾先后在莱比锡大学和斯特拉斯堡大学学习法律,1775 ~ 1786 年他为改良现实社会,应聘到魏玛公国做官,但一事无成。1786 年 6 月他前往意大利,专心研究自然科学,从事绘画和文学创作。

歌德是德国狂飙突进运动的主将。他的作品充满了狂飙突进运动的反叛精神,在诗歌、戏剧、散文等方面都有较高的成就,主要作品有剧本《葛兹·冯·伯里欣根》、中篇小说《少年维特之烦恼》、诗剧《浮士德》,此外还写了许多杼情诗和评论文章。

歌德是德国民族文学的最杰出的代表,他的创作把德国文学提高到全欧的先进水平,并对欧洲文学的发展作出了巨大的贡献。

安徒生

安徒生(1805 ~ 1875 年),丹麦作家,被尊为"现代童话之父"。

安徒生像

1805 年 4 月 2 日生于丹麦菲英岛欧登塞的贫民区。少年时代即对舞台发生兴趣,幻想当一名歌唱家、演员或剧作家。1822 年得到剧院导演约纳斯·科林的资助,就读于斯莱厄尔瑟的一所文法学校。

安徒生童话具有独特的艺术风格:即诗意的美和喜剧性的幽默。前者为主导风格,多体现在歌颂性的童话中,后者多体现在讽刺性的童话中。

安徒生一生坚持不懈地进行创作,把他的天才和生命献给"未来的一代",直到去世前三年,共写了 168 篇童话和故事。他的作品被译成 80 多种语言。他以诗意而又幽默的笔调,改变了现代童话的面貌,并开启了创作童话的先河。安徒生童话所取得的巨大艺术成就和思想成就,至今仍无人能够企及。

泰戈尔

罗宾德拉纳特·泰戈尔(1861 ~ 1941 年),印度著名诗人、文学家、艺术家、社会活动家、哲学家和印度民族主义者,生于加尔各答市一个有深厚文化教养的家庭,属于婆罗门种姓。1913 年他凭借宗教抒情诗《吉檀迦利》获得诺贝尔文学奖,是首位获得诺贝尔文学奖的印度人。他与黎巴嫩诗人纪伯伦齐名,并称为"站在东西方文化桥梁的两位巨人"。

泰戈尔是新孟加拉文学的奠基人和最伟大的代表。他思想开放，知识渊博，多才多艺。泰戈尔的诗充满浪漫的风情和深邃的哲思，语言像流畅的溪水，自然、开放，而又奔涌不息。诗人礼赞生命，浅吟低唱着生命之歌，表达了诗人热爱人生、热爱自然、不断追求、不断进取的人生哲学。

泰戈尔一生长达 60 多年的文学创作中，总共留下了 50 多部诗集，多部中篇和长篇小说，100 多部短篇小说，30 多部散文作品，20 多部剧本，1500 多幅美术作品和 2000 多首歌曲。这些作品激励过无数青年，被称为"精神生活的灯塔"。其中，歌曲《人民的意志》，在印度独立后被定为国歌。

卡夫卡

卡夫卡（1883 ~ 1924 年），生于奥地利，20 世纪德语小说家。

1904 年，卡夫卡开始发表小说，早期的作品颇受表现主义的影响。1912 年的一个晚上，通宵写出短篇《教父》，从此建立起自己独特的风格。他与法国作家马赛尔·普鲁斯特、爱尔兰作家詹姆斯·乔伊斯并称为西方现代主义文学的先驱和大师。卡夫卡生前默默无闻，孤独地奋斗，随着时间的流逝，他的价值才逐渐为人们所认识，《审判》、《变形记》、《城堡》等作品引起了世界的震动，并在世界范围内形成一股"卡夫卡热"，经久不衰。

卡夫卡小说的卓越成就主要是表现出对现实世界的逃避，追求纯粹的内心世界和精神慰藉，表现客观世界在个人内心心理所引起的反映。而那种陌生孤独、忧郁痛苦以及个性消失、人性异化的感受，正是当时社会心态的反映。因而美国诗人奥登说："如果要举出一个作家，他与我们时代的关系最近似但丁、莎士比亚和歌德与他们时代的关系的话，那么人们首先想到的也许就是卡夫卡。"

卡夫卡的小说揭示了一种荒诞的、充满非理性色彩的景象，个人式的、忧郁的、孤独的情绪，运用的是象征式的手法。后世的许多现代主义文学流派如"荒诞派戏剧"、法国的"新小说"等都把卡夫卡奉为自己的鼻祖。

印度两大史诗

《摩诃婆罗多》和《罗摩衍那》并称为印度古代两大史诗。

两大史诗是在长达数世纪的时间内，在民间口头流传的基础上发展起来的，因此，史诗中纳入了许多各具特色的诗篇，汇集了大量的民间口头创作。两大史诗在印度文学史上占有极重要的地位，它们是印度人民拥有的巨大而宝贵的精神财富，成为印度后世各类文学艺术创作汲取素材的一个重要来源。

印度传统认为，《摩诃婆罗多》是"历史传说"。《罗摩衍那》在印度则被称作"最初的诗"，成为后世诗歌的典范。

《摩诃婆罗多》全诗共 18 篇，约 10 万颂（颂是一种印度诗体，一颂两行诗，每行 16 个音）。相当于希腊荷马史诗（《伊利亚特》和《奥德赛》）总和的 8 倍，曾被认为是世界上最长的诗。中心内容是写婆罗多的后代堂兄弟之间的内部斗争。作品以倒叙手法，先让歌人唱出原诗的内容，中间插入"蛇祭缘起"作楔子，然后正式开篇。《罗摩衍那》全书都是诗体，约有 2 万颂。写的是罗摩与妻子悉多悲欢离合的故事，中间穿插了不少小故事，描写自然景色和打仗的场面占了相当大的篇幅。

荷马史诗

公元前 11 世纪到公元前 9 世纪的希腊史称作"荷马时代"，因荷马史诗而得名。荷马史诗是这一时期唯一的文字史料。

荷马史诗相传是由盲诗人荷马写成，实际上它是许多民间行吟歌手的集体口头创作。史诗包括迈锡尼文明以来数世纪的口头传说，到公元前 6 世纪才写成文字。它作为史料，不仅反映了公元前 11 世纪到公元前 9 世纪的社会情况，而且反映了迈锡尼文明的盛况。

荷马史诗记载了古希腊先民在同异民族的战争中和同大自然的斗争中所创造的英雄业绩。分为两部分：一是《伊利亚特》，叙述了古希腊人征服特洛伊人的经过；二是《奥德赛》，描写了参加特洛伊战争的希腊英雄奥德修斯在班师途中迷失道路、辗转漂流 10 年重返故乡的经过及其沿途所见所闻。这两部分内容，每部都长达万行以上：《伊利亚特》共有 15693 行，《奥德赛》共有 12110 行，各 24 卷。

荷马史诗的内容非常丰富，无论从艺术技巧还是从历史、地理、考古学和民俗学方面都有许多值得探讨的东西。它在西方古典文学中一直享有最高的地位。从公元前 8 世纪起，就已经有许多希腊诗人模仿它，公认它是文学的楷模。两千多年来，西方人一直认为它是古代最伟大的史诗。

诺贝尔文学奖

根据瑞典化学家阿尔弗雷德·诺贝尔的遗嘱设立的诺贝尔奖中的一个奖项。诺贝尔在遗嘱中说，奖金的一部分应该"奖给在文学界创作出具有理想倾向的最佳作品的人"。诺贝尔文学奖由瑞典文学院颁奖，奖金约 100 万美元。享有诺贝尔文学奖获奖候选人推荐权的人员为：瑞典科学院和其他在体制与目的方面与它相似的科学院、研究所和学会的成员，大学和大学学院的文学和语言学教授，以前得过诺贝尔文学奖金的人，在本国文学创作界有代表性的作家协会的主席。首届诺贝尔文学奖于 1901 年颁发，获奖者是法国诗人苏利·普吕多姆，因为他的诗作《孤独与深思》是"高尚的理想、完美的艺术和罕有的心灵与智慧的实证"。此后，除 1914 年、1918 年、1940 ~ 1943 年因战争没有颁奖外，每年颁发一次。

国际安徒生奖

国际安徒生奖是全球儿童文学界的最高荣誉，素有"小诺贝尔奖"之称。为了纪念著名丹麦童话作家汉斯·安徒生，于 1956 年设立。它的创始人是莱普曼夫人。

莱普曼夫人生在德国，二战期间，被迫流亡国外。战后不久，她返回到成为一片废墟的祖国，深感应加强各国青少年之间的相互了解，也深深懂得优秀的读物是陶冶孩子们美好心灵和相互沟通的有力工具。她争取到洛克菲勒基金会和联合国教科文组织的资助，于 1948 年在慕尼黑首创了世界上唯一的新国际青少年图书馆；1951 年，又创建了国际青少年读物委员会，总部设在瑞士。该委员会为提高青少年读物的艺术和文学水平而积极工作。1956 年设立了国际安徒生奖，每两年评选一次。

茅盾文学奖

茅盾文学奖是中国第一次设立的以个人名字命名的文学奖，根据茅盾先生生前遗愿，将自己的 25 万元稿费捐献出来，鼓励优秀长篇小说的创作，于 1981 年设立，是中国长篇小说的最高文学奖项之一。

当时规定每三年评选一次，参与首评而未获奖的作品，在下一届以至将来历届评选中仍可获奖。首届评选在 1982 年确定，评选范围限于 1977 年至 1981 年的长篇小说。

爱尔兰都柏林文学奖

爱尔兰都柏林文学奖，即"国际 IMPAC 都柏林文学奖"。由爱尔兰都柏林市政府主办，都柏林市立图书馆承办，美国企业管理顾问公司 IMPAC 所赞助的世界性文学奖，成立于 1996 年，是世界上奖金最高的单一文学奖（得奖者可获 10 万欧元），只要是英语小说或任何语言有英译本的小说皆可角逐这个奖项。

都柏林文学奖拥有一套独特的评选体系：都柏林市图书馆和世界各地的一百多个公立图书馆都建立了联系，由它们负责推荐参选作品，每家每年最多可以推荐三部。参选的小说必须是英文的，且必须在颁奖年度的前一年内出版。如果是其他语种的作品，只要它在颁奖年度的前四年内出版了英文译本，那么也可以被推荐。

超过百部的入选作品名单将在每年的 10 月份或 11 月份公布，评委会从中筛选出复选作品（最多不会超过 10 部），将这一份名单在转年的三四月份公布，之后从中确定最终获奖者，于 6 月份中旬举行颁奖仪式。

毕希纳文学奖

毕希纳奖以德国历史上著名的革命者和剧作家格奥尔格·毕希纳（1813～1837年）的名字命名，由德国语言与文学学院创办于 1923 年，每年颁发给对当代德语文学作出优异贡献的一位作家或诗人，现在的奖金额为 4 万欧元。

1958 年制定的章程中确定评奖标准为："该奖项颁发给用德语写作并表现突出的作家和诗人，获奖者本人要对现今德语文学界的发展起到巨大的推动作用。"正式颁奖仪式在德国语言文学科学院的所在地达姆施塔特举行。

塞万提斯奖

塞万提斯奖是西班牙文化部以小说《堂吉诃德》的作者塞万提斯命名，表彰在西班牙语文学领域做出突出贡献的西班牙和拉丁美洲作家的文学奖项。

每年 12 月评出年度得主，次年 4 月 23 日（塞万提斯逝世的纪念日）在塞万提斯故乡的阿卡拉大学由西班牙国王亲自颁授，是西班牙语世界的文学最高荣誉，有评论说本奖是西班牙语世界的诺贝尔文学奖。

塞万提斯像

哲学思想篇

"哲学"一词的由来

"哲学"一词源于古希腊文，由"爱"和"智慧"两个单词所组成，意思就是"爱智慧"，这是一门使人聪明、给人智慧的学问。黑格尔认为，古希腊哲学家毕达哥拉斯首次使用"哲学"一词。后来，哲学的"爱智慧"的含义在世界各国中得到广泛的认可和使用。

百家争鸣

从春秋末年到战国时期，是中国社会由奴隶社会向封建社会过渡的时期，从政治到经济都发生了剧烈的变化。这种变化带来了学术思想的空前活跃，不同阶段、不同阶层的各个学派，展开了激烈的论争，形成了百家争鸣的局面。

据记载，至汉代(前 206 ~ 220 年)初期，以著作形式表述自己学术观点的有 189 家。汉代史学家将它们分门别类，归为十家，即儒家、道家、名家、法家、墨家、阴阳家、纵横家、杂家、农家和小说家。在这十家之中，杂家、农家、小说家所讨论的问题很少涉及哲学。在这些学派中尤以儒、墨、道、法家四家影响最大。在这十家之外，对《周易》的研究当时已经形成了一种独特的哲学，可以称为易家；对军事和兵法的研究当时也已形成了一种含有丰富哲学思想的学说，可以称为兵家。

道家

道家是春秋战国时期最主要的学派之一。道家学派以春秋时期老子关于"道"的学说为理论基础，并以此说明宇宙及社会万象的本质、根源、构成及其变化。道家学说的核心

老子出关图 明

内容，是以老子的"道法自然"为基点，主张人们在思想上遵循"生而不有，为而不恃，长而不宰"、"清静无为"的"道"理；政治上"无为而治"、"小国寡民"、"不尚贤，使民不争"；伦理上主张"绝仁弃义"，认为"夫礼者，忠信之薄，而乱之首"；行为上主张顺乎自然、守雌守柔、以柔克刚。由于各自阐发重点不同，战国时期的道家分化成若干派，其中以杨朱学派、宋尹学派和黄老学派最为著名。道家学派对后世影响极深，并成为中国传统文化的基干之一。

儒家

儒家是春秋末期、战国时期的主要学

派之一。其创立者为孔子，他以六艺为法，借助对传统伦理制度的发掘，推进人文精神文明建设，以大同社会为理想目标。学说核心以"仁"、"礼"为两端，反对偏执与极端，主张中庸与义、恕。强调教育的重要性，主张"有教无类"，通过教育使全社会都成为道德高尚的人。据史书记载，孔子有弟子三千，身通六艺（礼、乐、射、御、书、数）的有七十二人。

法家

法家是战国时期诸子百家中重要的思想流派之一，法家的前期代表人物除了商鞅之外，还有李悝、申不害、慎到这三位思想家。法家后期的代表人物主要有两位：韩非和李斯。

法家主张以君主为核心，法制为手段，强调君主要用自己的力量控制臣民，推行耕战策略管治国家。对秦王朝的统治影响极大。

名家

名家也称辩者、察士或刑名家。代表人物为惠施与公孙龙。名家分为两大派，一派是以惠施为首的合同异派，该派认为事物不论性质上的同异，都可在大同的基础上，不计小异而混合于一。另一派是以公孙龙为代表的离坚白派，该派认为事物的概念可以脱离事物本身而独立，有著名的"白马非马"辩。名家的学术活动，极大地促进了中国古代逻辑学的发展。

黄老学派

黄老学派是战国时期道家学派的一个分支，代表人物有慎到、田骈、环渊等。他们以老子天道自然、无为而治的道本体思想为立足点，融合儒家德治思想、法家法治思想，形成一种以清静无为、爱民惠民、刑名法术为核心的新学说体系。该学派奉黄帝为始祖，以老子为近祖，因而被称为黄老学派。

魏晋玄学

汉末黄巾之乱，中央集权瓦解，儒家经术也随之衰落。乱世之中，老庄思想抬头，加上曹操等人崇法术刑名，便产生了尚论玄理的玄学。这一时期的学者，大多从老子、庄子的学说，甚至从《周易》的理论中，寻找"玄"的道理，从而促成玄学的流行。魏晋玄学寻求顺时应变的处世之道，在乱世中保存自己，甚至重建或再创社会秩序。

魏晋玄学的主要代表人物有何晏、阮籍、嵇康、王弼、向秀、郭象等。

它的发展经过四个时期：第一是曹魏正始时期。玄学家以何晏、王弼为代表，以《易经》《老子》为理论论据，盛倡"贵无"，鼓吹"言不尽意"，主张"名教出于自然"。第二是西晋初至元康时期。玄学家以竹林名士阮籍、嵇康为代表，思想上与何王学派对立，主张"越名教而任自然"。第三是晋元康时期。玄学家以裴頠为代表，提倡"崇有论"，反对"贵无论"。第四是晋永嘉时期。玄学家以向秀、郭象为代表，是玄学的综合和完成时期。

程朱学派

北宋二程（程颢、程颐）和南宋朱熹理学派别的合称。又称"程朱理学"。首创者为北宋程颢、程颐，集大成者为南宋朱熹。

他们提倡性理，认为理为宇宙之本原，人性为理的体现。主张为学之道在"穷天理，去人欲"，其方法为"居敬穷理"，既作"敬"

的修养功夫，又穷天下万物之理以致知。

永康学派

中国南宋以陈亮为代表的学派。因陈亮为婺州永康（今属浙江）人，故有此称。此学派哲学上承认客观规律之实在，强调道存在于实事实物之中。反对道学家空谈义理，以为道义不能脱离功利。陈亮弟子喻偲、喻南强均严守师说。

鹅湖之会

南宋淳熙二年（1175 年）在信州（今江西上饶）鹅湖寺举行的一次著名的哲学辩论会。吕祖谦为了调和朱熹"理学"和陆九渊"心学"之间的理论分歧，使两人的哲学观点"会归于一"，于是出面邀请陆九龄、陆九渊兄弟前来与朱熹见面。实质上是朱熹的客观唯心主义和陆九渊的主观唯心主义的一场争论。

理学

理学是宋元明清时期的哲学思潮。又称道学。它产生于北宋，盛行于南宋与元、明时代，清中期以后逐渐衰落，但其影响一直延续到近代。广义的理学，泛指以讨论天道性命问题为中心的整个哲学思潮，包括各种不同学派；狭义的理学，专指程颢、程颐、朱熹为代表的，以理为最高哲学范畴的学说，即程朱理学。理学是北宋以后社会经济、政治发展的理论表现，是中国古代哲学长期发展的结果，特别是批判佛、道哲学的直接产物。

理学讨论的问题主要有：本体论问题，即世界的本原问题；心性论问题，即人性的来源和心、性、情的关系问题；认识论问题，即认识的来源和认识的方法问题。

理学流派纷纭复杂，尽管这些学派具有不同的理论体系和特点，但按其基本观点和影响来分，主要有三大派别，即张载为代表的气元论哲学；二程、朱熹为代表的理元论哲学；陆九渊、王守仁为代表的心元论哲学。

三玄

三玄是魏晋时对《老子》、《庄子》、《周易》三部书的合称。《易经》（《周易》）为群经之首，光耀千古；《道德经》（《老子》）神随其后，直源易经，"一部老子道德经乃易经之注文"；《南华经》（《庄子》）"其学无所不窥，然其要本归老子之言"。三经一脉相承，浑然一体，南朝宋时，成为玄学经典。

周公

周公姓姬，名旦，又称叔旦，因以周地（今陕西岐山北）为其采邑，故又称周公。生年不可考，卒年约为公元前 1095 年。他是周朝的创立者武王姬发的弟弟，周公是西周初期的政治家和思想家，可以说是中国古代的第一位哲学家。

孔子非常推崇周公，认为他是古代最伟大的圣人。孔子反复说："如有周公之才之美，使骄且吝，其余不足观也已。"孔子到了晚年，还感叹："甚矣吾衰也！久矣，吾不复梦见周公！"后来的儒者也和孔子一样，把周公奉为古代最伟大的圣人。

老子

老子（约前 580 ~ 前 500 年之后），姓李名耳，字聃，春秋时期楚国人，道家学派创始人。曾在东周国都洛邑（今河南洛阳）任守藏史（相当于国家图书馆馆长）。他博学多才，晚年乘青牛西去，在函谷关前写成《道德经》。

老子主张"无为而治"，他的理想政治境界是"邻国相望，鸡犬之声相闻，民至老死不相往来"。"道"是老子哲学思想的理论基础，是由人生论、社会论和政治论上升到本体论的高度概括。"德"则是道的展开，以及在人生、社会与政治生活中具体的指导和应用。

老子认为"道"是无状之状、无物之象，独立于任何其他东西之外。而且，它不断地发生变化，周而复始。道不仅创生万物，使万物发育成长，还对其进行爱护调养、使其开花结果。并且不据为己有，不自恃己能，不为其主宰，强调复初、归根、守静、复命。

"德"最本初的意义似乎是一套重大的政治行为，是道的显现，道的作用。"道"和"德"是体与用之间的关系。道是指未曾渗入一丝一毫人为因素的自然状态，德是指参与了人为的因素而仍然返回到自然的状态。

孔子

孔子（前551～前479年），名丘，字仲尼。鲁国陬邑（今山东曲阜）人，祖先为殷商后裔。春秋末期思想家、政治家、教育家，儒家学说创始者。

孔子曾任司寇，摄行相事，后率弟子周游列国。晚年在鲁国致力于教育事业，并编订《诗》、

孔子

《书》、《易》、《礼》等文献。孔子及其弟子的言行被编录为《论语》一书。

孔子思想以"仁"为核心，认为"仁"即"爱人"。他提出"己所不欲，勿施于人"、"己欲立而立人，己欲达而达人"等论点，提倡"忠恕"之道，又以为推行"仁政"应以"礼"为规范，"克己复礼为仁"。政治上主张"正名"，以为"君君、臣臣、父父、子子"，都应实副其"名"。自西汉以后，孔子学说成为中国两千余年封建社会的文化正统，影响极大。

墨子

墨子（约前468～前376年），名翟，战国时期著名的思想家、教育家、军事家，墨家学派的创始人。墨家学派创建了中国第一个逻辑思想体系。

墨子的主要哲学观点是"实"与"名"，主张"实"是第一性，"名"是第二性，他以"耳目之实"的直接感觉经验为认识的唯一来源。这一观点是人类认识发展史上一个很大的进步。他认为，判断事物的有与无，不能凭个人的臆想，而要以所看到的和所听到的为依据。从这一朴素唯物主义经验论出发，墨子提出了检验认识真伪的标准，即三表："上本之于古者圣王之事"，"下原察百姓耳目之实"，"废以为刑政，观其中国家百姓人民之利"。墨子把"事"、"实"、"利"综合起来，以间接经验、直接经验和社会效果为准绳，努力排除主观成见。在名实关系上，他提出"非以其名也，以其取也"的命题，主张以实正名，名副其实。

孟子

孟子（前372～前289年），山东邹城人。

名轲，字子舆，战国时期儒家代表人物之一。有"亚圣"之称，与孔子并称为"孔孟"。其言行以及政治主张集中于《孟子》一书。

孟子继承和发展了孔子的"仁"的思想，提出了"仁政"学说。"民为贵，社稷次之，君为轻。"

孟子"仁政"学说的一个重要的理论基础就是"性善论"。他认为："恻隐之心，人皆有之；羞恶之心，人皆有之；恭敬之心，人皆有之；是非之心，人皆有之。恻隐之心，仁也；羞恶之心，义也；恭敬之心，礼也；是非之心，智也。仁义礼智非由外铄我也，我固有之也。"性善可以通过每一个人都具有的心理活动加以验证。既然这种心理活动是普遍的，因此性善就是有根据的，是出于人的本性、天性的，孟子称之为"良知"、"良能"，也就是肯定人性生来是善的。

在主客观作用方面，他强调人的主观精神作用，断言"万物皆备于我"，在儒家哲学中形成一个唯心主义的理论体系，对宋儒影响尤深。

庄子

庄子（约前 369 ~ 前 286 年），名周，战国时期宋国蒙（今安徽省蒙城县）人，道家学派的代表人物，老子哲学思想的继承者和发展者，后世将他与老子并称为"老庄"，他们的哲学称为"老庄哲学"。

庄子认为"道"是"先天地生"的，强调事物的自生自灭。他认为，儒家所宣扬的仁、义、礼、智恰恰是违背"民之常性"，即人的自然本性的，应当全部抛弃，以使人们能按本性生活。庄子在《逍遥游》中描述了超越"有所待"，不为俗累，宛若大鹏神鸟，遗世独立，飘然远行，背云气，负苍天，翱翔太虚样的人生境界。

荀子

荀子（约前 313 ~ 前 238 年），名况，战国时儒家重要代表人物之一。荀子五十岁时游学于齐，曾三任祭酒。后赴楚国，任兰陵令，著书教学。韩非、李斯均为其学生。著有《荀子》一书。其学说总结先秦诸子学术思想，对古代唯物主义的发展起到了重要作用。

荀子认为"天"就是客观存在的自然界，自然界具有不以人的意志为转移的规律性，"天行有常，不为尧存，不为桀亡"，从而进一步提出了"天人相分"的观点，在主张尊重自然规律的基础上，提出发挥人的主观能动性，征服自然的思想。

荀子反对神秘主义思想，重视人为的努力。重视社会秩序以及人的行为规范，提出"礼"的主张。他认为人与生俱来就想满足欲望，若欲望得不到满足便会发生争执，因此主张人性本恶，须要由圣王及礼法的教化来"化性起伪"，使人格提高。他重视环境和教育对人的影响，把道德意识、道德行为看作是后天人为的结果，要有"师法之化，礼义之道"，才可以为善。

韩非子

韩非子（约前 280 ~ 前 233 年），战国晚期韩国人，出身贵族，法家思想的集大成者。他不善言谈，而善于著述。韩非与李斯同是荀卿的学生，他博学多能，才学超人。他多次向韩王提出富强的计策，但未被韩王采纳。公元前 234 年，韩非作为韩国的使臣来到秦国，上书秦王，劝其先伐赵而缓伐韩。李斯妒忌韩非的才能，进谗加以陷害，韩非被迫服毒自杀。

韩非子"喜刑名法术之学"，并"归本于黄、老"。他认为历史是不断发展进步的，主张"不期修古，不法常可"、"世异则事异"、"事异则备变"，要根据今天的实际来制定政策。

韩非子主张"法治"，并提出了"法、术、势"相结合的封建君主统治术，为封建中央集权奠定了理论基础。

董仲舒

董仲舒（前179～前104年），西汉哲学家。曾任博士、江都相和胶西王相。

董仲舒非常重视天人关系的问题。在他看来，天人并非不相干，而是相互交涉、相互影响的，阴阳五行、自然现象及人类社会都是根据天意构成的一个相互制约、动态协调的大系统。

为了论证一统专制的合理性，董仲舒把君主说成"天命"或"天意"的执行者。他认为一个人成为君主，并非人力所能决定，而是自然如此的，这就表明那个人是由于禀受了天命才成为君主；君主执掌生杀大权，发号施令，统治天下，他的权力是"天意之所予"；君主居于上天和人民之间，上天的意思通过君主而贯彻到人间；君主号称为"天子"，上天与天子就如同父亲和儿子，儿子遵从父命，君主服从天命；君主和人民的关系也是一样，天下之人都要服从于君主，这就好比孩子归顺父母。这种"君权神授"的思想成为中国封建社会的正统思想，影响中国两千多年。

王充

王充（27～99年），字仲任，东汉上虞人，唯物主义思想家和哲学家。他倾毕生精力写成巨著《论衡》。全书85篇，共20余万字，内容涉猎天文、物理、史地、文学艺术等各个方面。王充是一个富有批

判精神的思想家。在东汉前期谶纬神学猖獗的年代里，他以"重效验"、"疾虚妄"的求实精神，对"天人感应"、谶纬神学等迷信思想进行了尖锐的揭露和抨击。在哲学上，他提出了以"天道无为自然"为基本特征的一系列唯物主义的观点，根据客观事物的真实情况和当时自然科学研究的成果，否定了天有意志，揭露了封建统治阶级宣扬的"天人合一"的欺骗性。他还抨击了"人死为鬼，有知，能害人"的迷信邪说，对后世产生了很大的影响。

范缜

范缜（约450～约515年），字子真，南乡舞阴（今河南泌阳）人。南朝齐梁间著名哲学家、思想家。他出身寒微，幼年丧父，少孤家贫，却养成了朴实直爽、"好危言高论"、不畏权贵的品格。他曾同佛教有神论者进行了两次公开的论战，并著有《神灭论》。

范缜反对佛教的因果报应，认为因果报应是虚构的，人生的富贵贫贱完全是一种偶然的遭遇，同善恶没有必然联系。

范缜认为，形神不能分离，"神即形也，形即神也"。因此，形和神是同一实体的不同表现。也就是说，形与神是既相区别又相联系的不可分离的统一体。"形存则神存，形谢则神灭。"这就明确肯定了形体是第一性的，精神是第二性的，属于唯物的形神一元论，这是范缜"神灭论"的出发点。

他还说"形者神之质，神者形之用"，就是说，形是实体，而神只是实体的作用，不能离开实体而独立存在。精神不是实体，但又依赖于形体，不能脱离形体这个物质实体而存在。"形质神用"的观点是中国

唯物论无神论发展的重大成就。

朱熹

朱熹（1130～1200 年），字元晦，号晦庵，别称紫阳，世称朱子，徽州婺源（今属江西）人。他是南宋最博学的哲学家、教育家和学者，是程朱理学最有代表性的人物。

朱熹专心儒学，成为程颢、程颐之后儒学的重要人物。他的学问渊博，于学无所不窥，在先秦诸子、佛道思想、史学文学、天文地理、文字音韵、训诂孝据、典章乐律乃至自然科学等许多方面，都有相当深入的研究及不小的成就。朱熹哲学发展了程颐等人的思想，集理学之大成，构建起了一个规模庞杂而又不失缜密的思想体系。他认为"理"、"气"不相离，但"理在先，气在后"，"理"是物质世界的基础和根源。

陆九渊

陆九渊（1139～1192 年），字子静，号存斋，南宋金溪县人。理学家、教育家，曾讲学于象山（今贵溪县南），人称"象山先生"。

陆九渊在哲学上，提出"心即理"的命题，断言天理、人理、物理只在"吾心"中，心是唯一实在，"宇宙是吾心，吾心便是宇宙"。认为心即理，是永恒不变的，把心和理、心和封建伦理纲常等同起来。陆九渊的思想经后人充实、发挥成为明清以来的主要哲学思潮，一直影响到近现代中国的思想界。

王守仁

王守仁（1472～1529 年），浙江余姚人，因为他曾经筑室于绍兴阳明洞中，后又创办阳明书院，所以被称为阳明先生，是明

代著名哲学家、教育家，集心学之大成。

他提出"心外无物"，认为，人心是一切事物的本源，没有人的意念活动，就没有客观事物。他说："心之所发便是意"，"意之所在便是物"。他还提出"心外无理"的命题。在他看来，事物的"理"，不存在于客观事物之中，而是存在于人们的心中，所以说"心即理"。比如，封建的伦理道德观念，原是封建社会的产物，而他却认为是人们心中所固有的，这就是他所谓的"良知"。他主张，要认识"理"，即所谓"知良知"，其途径不是通过实践，而是到心中去体会先验的伦理道德观念。

戴震

戴震（约 1724～约 1777 年），字东原，清代思想家。

戴震认为物质的气是宇宙本原，阴阳、五行、道都是物质性的气。认为理是事物的条理，是事物的规律，不能脱离具体事物而存在。在认识论方面，他提出"血气心知"说，"血气"指活的身体，是人的认识能力得以产生的基础。他认为人的认识能力是"天地之化"，通过耳目鼻口之官接触外物，心就能发现外物的规则，格物致知就是对事物进行考察研究，只有经过观察和分析，才能认识事物的道理。

在伦理思想方面，认为人"有欲、有情、有知"，这是人的本性，否定情欲，也就否定了"人之为人"。认为私是"欲之失"，不能"因私而咎欲"。要"理存乎欲"，使人的自然情欲得到合理的满足，而不能只"存理灭欲"。他还提出"以情洁情"的主张，反对道学家"以理杀人"的伪善。

黄宗羲

黄宗羲（1610～1695年），字太冲，号南雷，晚年自称梨洲老人。浙江余姚人。明末清初思想家。

黄宗羲学问极博，思想深邃，著作宏富，与顾炎武、王夫之并称明末清初三大思想家；与弟黄宗炎、黄宗会号称浙东三黄；与顾炎武、方以智、王夫之、朱舜水并称为"清初五大师"。他的政治理想主要集中在《明夷待访录》一书中。

"明夷"为《周易》中的一卦，其爻辞曰："明夷于飞垂其翼，君子于行三日不食。人攸往，主人有言。""待访"是等待贤者来访，让此书成为后人之师的意思。该书通过抨击"家天下"的专制君主制度，向世人传递了光芒四射的民主精神。

顾炎武

顾炎武（1613～1682年），字忠清，尊称为亭林先生，明末清初著名的思想家。曾参加抗清斗争，后来致力于学术研究。顾亭林学术的最大特色，是反对宋明理学的唯心主义玄学，而强调客观的调查研究，开一代之新风，提出"君子为学，以明道也，以救世也。徒以诗文而已，所谓雕虫篆刻，亦何益哉？"强调做学问必须先立人格，提倡"天下兴亡，匹夫有责"。

王夫之

王夫之(1619～1692年)，湖南衡阳人。晚年居衡阳之石船山，世称"船山先生"。明末清初杰出的思想家。

明亡后，王夫之举兵抗清，战败后回到家乡衡阳潜心治学，在石船山下筑草堂而居，撰写了许多重要的学术著作。

哲学上，王夫之总结并发展了中国传统的唯物主义。认为"尽天地之间，无不是气，即无不是理也"，以为"气"是物质实体，而"理"则为客观规律。在知行关系上，强调行是知的基础，反对陆王"以知为行"的观点。

魏源

魏源（1794～1857年），名远达，字默深，清代著名学者，中国近代启蒙思想家。主张"经世致用"的哲学思想。他继承了法家的传统，认为世界是不断向前发展的，并主张通过改革来发愤图强。

《海国图志》一书就集中体现了他"经世致用"的思想。该书于1852年完成，共100卷。它是近代第一部由中国人自己编的介绍世界各国国情的著作，包括政治、经济、军事、历史、地理、文化等方面。而且在书中，魏源还重点介绍了自己抵抗侵略、民族自强的重要思想。后来这本书传到日本，备受重视，成为日本近代抵抗西方殖民者的重要参考资料。

米利都学派

米利都位于爱琴海东岸，是希腊人在亚细亚殖民地的一个城市。大约公元前6世纪，这个城市孕育的一批哲学家以及他们的哲学思想，被称为米利都学派。

米利都学派的主要代表人物有泰勒斯、阿那克西曼德和阿那克西米尼。

他们把自然作为研究对象，探索宇宙万物的本原。把某种有形体的东西，如水、气作为万物的始点，宇宙之本原。自然中的一切东西，软的、硬的、冷的、热的，都是通过转化从同一个本原中派生出来的。他们第一个提出宇宙本原问题，所以他们不仅是古希腊哲学中的第一个学派，而且也被公认为西方第一代哲学家。

毕达哥拉斯学派

　　毕达哥拉斯（约前 572 ~ 约前 500 年）是古希腊著名哲学家，古代作家常把他描绘成一个半人半神的形象。他在南意大利学派招收门徒，成立了一个集哲学、宗教和政治于一体的团体，被称为毕达哥拉斯学派，亦称"南意大利学派"。

　　毕达哥拉斯学派的主要哲学思想是数本原说和灵魂不死论。他们认为一切皆源于"数"，一切可以认识的事物都包含着数，没有数，任何事物都不可能被思考或被认识。

　　他们还认为，灵魂是一种永恒运动的自动的实体，所以它是不朽的，并类似于神，而且灵魂能够转移到其他生物体中。当人的肉体死亡后，他的灵魂则进入正在此时降生的另一人体内。另外，毕达哥拉斯学派还是西方美学史上最早探讨美的本质的学派。

　　毕达哥拉斯学派的影响广泛而久远。毕达哥拉斯之后，该学派分为数理派和信条派。

麦加拉学派

　　创立者为麦加拉人欧几里得。该派深受苏格拉底和爱利亚学派的影响，认为善是唯一的存在，是永恒不变的"一"，除此之外都是非存在。"善"就是美德。该派长于辩论，提出了"说谎者"（一个说谎的人说"我在说谎"，他是在说谎还是说真话？）、"秃头"（拔去一两根头发不能为秃头，拔多少根可以是秃头？）、"谷堆"（一两粒谷不能成为堆，多少粒可以？）3 个著名的悖论，从中揭示了事物内在的矛

盾性。

学园派

　　以古希腊柏拉图所创办的学园为中心而形成的唯心主义哲学学派。该学派的发展大体可以分为 3 个时期。

　　1. 老学园派（约前 347 ~ 前 247 年），主要代表是斯彪西波，其特点是重视柏拉图学说中的毕达哥拉斯主义因素。

　　2. 中期学园派（约前 247 ~ 约前 81 年），主要代表是阿尔克西劳，其特点是引入皮浪派的怀疑论。

　　3. 新学园派（约前 81 ~ 529 年），主要代表是普鲁塔克，其特点是提倡新柏拉图主义。

斯多阿学派

　　约于公元前 300 年，由基底恩的芝诺创立于雅典城内的斯多阿画廊，故称斯多阿学派。主要是宣扬服从命运的泛神论思想，带有浓厚的宗教色彩。

　　该学派早期在哲学认识论等方面带有唯物主义倾向；中期注重道德等方面的实际问题和宗教问题；晚期则只重视伦理学，宣扬服从命运，完全成了道德说教的学派。

柏拉图主义

　　柏拉图主义是古希腊哲学家柏拉图建立的以其"理念论"为基础的哲学思想。

　　其基本理论是：

　　1. 理念是独立于个别事物和人类意识之外的实体。

　　2. 各种理念构成客观上独立存在的理念世界。

　　3. 具体事物构成的现实世界是理念世界的"影子"或"摹本"。

　　4. 人性由各有其德行的三个部分组成，

即情欲、意志和理性。

5. 为了不使这三个部分互相冲突，需要有正义的美德在意志的作用下控制情欲，这也是受教育者应该具有的基本禀性。

犬儒主义

"犬儒主义"一般认为是苏格拉底的弟子安提斯泰尼创立的，另一人物第欧根尼则因为住在木桶里的怪异行为而成为更有名的犬儒主义者。当时奉行这一主义的哲学家或思想家，他们的举止言谈、行为方式甚至生活态度与狗的某些特征很相似，他们旁若无人、放浪形骸、不知廉耻，却忠诚可靠、感觉灵敏、敌我分明、敢咬敢斗。于是人们就称这些人为"犬儒"，意思是"像狗一样的人"。至于这个称谓是不是肯定来源于此，学界的观点并不一致。

犬儒学派的主要教条是，人要摆脱世俗的利益而追求唯一值得拥有的善。犬儒学者相信，真正的幸福并不是建立在稍纵即逝的外部环境的优势。每人都可以获得幸福，而且一旦拥有，就绝对不会再失去。人无须担心自己的健康，也不必担心别人的痛苦。犬儒学派对之后的斯多噶学派产生了深远的影响。

怀疑论

希腊哲学的一个流派，大约创立在公元前 3 世纪初。

怀疑论对人能否发现真理既不加以肯定，也不加以否定，而是持一种怀疑的态度。所以怀疑论是对客观世界和客观真理是否存在、能否认识表示怀疑的学说。18 世纪英国哲学家休谟怀疑知觉是由外物引起的，德国哲学家康德怀疑人能够认识物自体。现代西方的怀疑论者承袭休谟和康德的思想，拒绝研究感觉之外的实在。

原子论

原子论是古希腊早期自然哲学的最高成就。它认为万物的本原是原子和虚空，通过具有不同形体的不可分割的原子和虚空的组合，解释自然现象的五光十色和千变万化，是西方哲学史中唯物主义观点的最早代表。原子论的奠基人分别是留基伯和德谟克利特。

原子论者认为原子和虚空是本原。充实是存在，虚空是不存在的。这二者一起构成了万物的质料因。原子间的区别是生成不同事物的原因。这种区别共有三种，即形状、次序和位置。原子非常小，以至于它们不能为感官所感知。它们在数量上是无限的。

无神论

在古希腊无神论哲学家伊壁鸠鲁证明神不存在之前，整个世界早期人类的思想几乎都被有神论支配着。

伊壁鸠鲁认为：神或是愿意但没有能力除掉世间的丑恶；或是有能力而不愿意除掉世间的丑恶；或是既有能力又愿意除掉世间的丑恶。如果神愿意而没有能力除掉世间的丑恶，那就不算是万能的，而这种无能力是和神的本性相矛盾的。如果神有能力而不愿意除掉世间的丑恶，那么这就证明神的恶意，而这种恶意同样是和神的本性相矛盾的。如果神愿意又有能力除掉世间的丑恶（这是唯一能够适合于神的本性的一种假定），那么为什么在这种情况下世间还有丑恶呢？因此，神根本不存在。

逍遥学派

公元前 335 年，亚里士多德在雅典创

办了一所学校，从事教学十多年。他常和学生一起在林荫道上边散步边讲学，因此被称为"逍遥学派"。因该学派为亚里士多德所创立，因此又称亚里士多德学派。

亚里士多德死后，其学生继承了他的思想，其中许多人能够独立思考，"逍遥学派"兴盛一时。公元前 269 年，吕科接替斯特拉图作为领导人以后，"逍遥学派"失去了重要地位，亚里士多德的著作被人忽视。到公元前 1 世纪，该派继承者安德罗尼科重新开始了对亚里士多德学说的研究，对亚里士多德著作进行校勘、整理、编纂和注释。6 世纪初，拜占庭皇帝尤斯底年下令禁止亚里士多德学说的传播，该派因而瓦解。

社会契约说

"社会契约说"是一种主张国家和法起源于社会契约的政治学说，解释了国家的起源，规定了统治者及被统治者相互间的权利和义务。

社会契约的学说可以追溯到古希腊哲学，近代自然法学派的一些思想家详尽地论述了社会契约说，其代表人物有霍布斯、洛克、卢梭。其中，尤以卢梭最为著名。他在《社会契约论》中认为，国家及公共权力起源于人们的契约。在自然状态中，人人平等，社会上并不存在国家或其他公共权力。后来随着社会生产技术的发展，生产力的提高，社会出现了剩余财产，进而出现了私有制和不平等，人类脱离了自然状态而展开激烈竞争与倾轧。人们为了维护各自的利益和社会秩序就缔结契约，制定法律，把自己权利中的一部分交给集体或公共部分，组成公共权力以换取对个人权利的保障，这样就产生了国家，出现

了权力集中的君主和平等享有权益的臣民，社会由此走上了文明的道路。

"社会契约说"是针对"君权神授说"而提出的，并主张"从理性和经验中而不是从神学中引申出国家的自然规律"，对后来的资本主义政治思想影响极大。

美国的《独立宣言》和法国的《人权宣言》及两国的宪法均体现了《社会契约论》的民主思想。

快乐主义

又称享乐主义。源于古希腊哲学家德谟克利特的道德哲学，伊壁鸠鲁将其发展为理论体系。该学说倾向于用纯粹生物学的或心理学的观点来解释人的行为与需要，认为人们以求得快乐为生活目的，快乐包括肉体与心灵的快乐。趋乐避苦、追求快乐是道德的基础和内容，是人类一切行为的动因，也是人生的目的。

禁欲主义

禁欲主义是要求人们严酷节制肉体欲望的一种道德理论。那些实践禁欲主义生活方式的人，通常会感到他们的所作所为具备高尚的道德情操，他们不断地追求这种生活，以达到更高的精神层次。

禁欲主义源于古代人忍受现世生活困苦的宗教教义和苦行仪式，公元前 6 世纪后，通过东西方的宗教教义和道德哲学的概括逐渐形成为一种理论。认为人的肉体欲望是罪恶之源，强调节制肉体欲望和享乐，甚至弃绝一切欲望，如此才能实现道德的自我完善。

人道主义

人道主义是起源于欧洲文艺复兴时期的一种思想体系，提倡关怀人、爱护人、

尊重人，做到以人为本、以人为中心的这样一种世界观。

人道主义主张每一个人是一个独立的实体，尊重个人的平等和自由权利，承认人的价值和尊严，把人当作人看待，而不把人看作人的工具。在反封建中起过巨大的进步作用。

个人主义

个人主义是一种道德的、政治的和社会的哲学，强调个人自由和个人的重要性，是自由主义的基础。个人主义反抗权威以及所有试图控制个人的行动，尤其是那些由国家或"社会"施加的强迫力量。

利己主义

"利己主义"一词源于拉丁语 ego，意为"我"。利己主义的基本特点是以自我为中心，以个人利益作为思想、行为的原则和道德评价的标准。

近代西方资产阶级革命时期，利己主义被发展成为一种系统完整的道德学说。资产阶级的思想家霍布斯、孟德维尔、爱尔维修等人，从抽象的人性论出发，把"人不为己，天诛地灭"的道德观念，看作是人的不变的利己本性，并作为一种普遍的道德原则。

利他主义

利他主义泛指把社会利益放在第一位，为了社会利益而牺牲个人利益的生活态度和行为原则。

19 世纪法国哲学家和伦理学家孔德首先把这个概念引进道德理论，并以它作为伦理学体系的基础。孔德认为，人类既有利己的冲动，又有利他的冲动。所谓道德，就是使前者从属于后者。利他又必然以利己为基础。

弗洛伊德主义

弗洛伊德主义产生于 19 世纪末 20 世纪初，创始人是奥地利的精神病学家弗洛伊德。在心理学界，这个理论是指精神分析和无意识心理学体系，也称为精神病学和深蕴心理学。

弗洛伊德认为，在人的正常意识背后，还隐藏着另外一种强有力的心理能量，因而，人的心理结构是由意识、前意识、无意识三个不同的层次构成的。

无意识是人类精神中最原始的因素，是先天的本能、欲望，总是按照"快乐原则"寻求发泄的出路以满足自身。因此，它是人类行为最根本的动力和源泉，这种强大的内驻力决定着人的全部精神生活。

从根本上说，无意识的心理能量是性的本能冲动，人体内与生俱来的"利比多"（性冲动）随着人的成长而发展。如果"利比多"在某一发展阶段上遇阻受挫，出现停滞或倒退，就会引起性变态，这就是歇斯底里的病因。但是人类为了维持社会的稳定发展，又不得不对个人的本能欲望施以限制以至于压抑。如果被压抑的性本能转变为科学文化领域中的创造力，就表现为社

1885 年弗洛伊德和妻子玛莎在一起

弗洛伊德是 20 世纪最有影响、最有才智的心理学家，精神分析学说的奠基人。

会所能接受的方式——升华。

精神分析学说对无意识的探讨，开拓了一个全新的认识领域。尤其是从个体心理发展史的角度对世人讳莫如深的性心理活动的研究，对精神科学和实用医学都是有价值的。

新康德主义

新康德主义产生于 19 世纪 60 年代的德国，是从康德哲学体系的内在矛盾出发向右转的，是一种主观唯心主义的哲学派别。70 年代以后，发展为许多学派，其中最主要的是马堡学派和弗赖堡学派。

新康德主义的主要特征是打着"回到康德那里去"的旗号，利用当时数学、物理学、神经心理学等自然科学的成果，从先验的"心理—生理"、"先验逻辑"或先验的"普遍价值"等角度对康德哲学进行诠释，使其彻底唯心主义化。

物竞天择

"物竞天择"是英国著名生物学家达尔文的进化论观点。物竞天择、适者生存是自然和人类社会共同的规律。"物"是指各种生物，"天"是指自然界。达尔文认为，自然界的各种动植物为了自身生存，势必争夺生存必需的空间、阳光和食物。在种与种、群与群的相互竞争中，优胜劣汰，具有良好品质的、适应自然环境的物种得以生存繁衍，反之则被淘汰，直到灭绝。

"物竞天择"不仅是生物进化的规律，而且适用于人类社会。在世界各国、各民族之间同样存在竞争和淘汰，同样是适者生存。

结构主义

结构主义源于瑞士语言学家索绪尔的结构主义语言学派，其典型代表是法国的人类学家列维·斯特劳斯。兴起于 20 世纪 60 年代的法国。

结构主义者一般都是先验主义者。他们认为，决定社会生活现象性质和变化的内部结构不是客观社会生活自身固有的，而是由人的心灵无意识地投射于社会文化现象之中的，因而人的心灵的构造能力是第一性的，社会生活的内在结构或秩序是第二性的。

分析哲学

分析哲学的创建者是英国的穆尔。"分析学派"又称为"牛津学派"，因为分析哲学的主要代表人物莱伊尔、敖姆森、瓦诺克等均任教于牛津。

分析哲学家们的主要主张是：

1. 哲学的任务在于"清思"，用尽可能客观的方法对语言进行逻辑分析并阐明其意义。

2. 过去许多所谓的"哲学问题"根本就不是问题，主要是由于它所运用的语言同语言的"通常用法"发生了"出入"和"偏差"所致。

3. 哲学的正当职责是将传统的哲学化为乌有，唯一的任务是解决由混乱的语言所引起的困惑。

4. 哲学家对世界不必下任何断语，对伦理、宗教等问题要保持一种"中立的态度"，因为这些都不在哲学家的"势力范围"之内。

实证主义哲学

实证主义哲学的创始人是法国哲学家孔德。他的基本主张是：从事实或曰"实证的东西"出发，从哲学中把给定的东西的本质问题即原因问题当作无用的问题排除出去。

孔德从上述观点出发所创立的三阶段规律是：

1. 神学的或虚构的状态。

2. 形而上学的或抽象的状态。

3. 科学的或实证的状态。

穆勒、斯宾塞、哥德尔、门格尔、考夫曼等哲学家接受并发展了孔德实证主义哲学的观点。

"新实在论"哲学

"新实在论"哲学流派的形成受到了苏格兰学派以及迈农、马赫、罗苏的影响。最早表述"新实在论"理论的是穆尔的《驳唯心主义》。

"新实在论"批判的重点是：

1. 把现实归结为主体意识的主观唯心主义。

2. 把现实和世界意识混为一谈的绝对唯心主义。

3. 把主体和客体彼此对立起来的"二元论"的唯物主义。

"新实在论"的主张是：

1. 存在既不具有唯物主义性质，也不具有唯心主义性质。

2. 存在是"中性元素"的总和。

3. 这些元素视情况而异，或者具有物理意义，或者具有心理意义。

4. "中性的"客体直接进入主体的意识，就变成了"心理的"客体。

5. 当客体不包括到认识论的情况之中时，便作为"物理的"客体表现出来。

存在主义

存在主义哲学认为哲学的基本问题是个人的生存问题。哲学研究的出发点是，"存在"而非"本质"，因为"存在先于本质"。

存在主义的主要观点是：

1. 真正的知识通过直觉来源于个人的情感。

2. 真理不是人们的发现，而是个人选择的结果。

3. 知识的可靠性不能用一般概念加以衡量。

4. 做人就是谋求自由，也就是进行选择。

5. 人在他自己的选择中变成他自己，从而获得人的价值。

6. 因为人自由地进行选择，所以他从属或生活于某一团体，而仍不失为一个个体的真正的自我。

存在主义道德哲学的主要代表人物有：德国的海德格尔、雅斯贝尔斯，法国的萨特、马塞尔、加缪等。

经验主义

经验主义又称经验论，它是认识论学说，与理性主义相对立。

恩培多克勒是历史上的第一位经验论者，他认为，理性主义者所谓人为自身心灵的神秘内涵所吸引而进行实质为记忆的学习，并通过这种学习而获得知识的天赋主张，难以成立。经验主义哲学的核心思想是：认为感性经验是知识的唯一来源，一切知识都是通过经验而获得的。

经验主义还分为唯物主义的经验论和唯心主义的经验论。

人本主义

人本主义通常是指人本学唯物主义。它是一种把人生物学化了的形而上学唯物主义学说。其主要代表人物是：德国哲学家费尔巴哈。

其主要哲学观点是：

1. 反对宗教神学和思辨哲学，把自然和人看作是由某种神秘的、虚幻的和超自然的力量所支配，要求恢复人和自然的真面目。

2. 人是自然的一部分，心灵不能脱离肉体而存在。

3. 人是生物学意义上的人，而不是社会学意义上的人。

实用主义

实用主义哲学起源于美国。它的主要哲学观点是：

1. 客观经验与现实等同。

2. 任何事物都处于变化的过程中。

3. 事物变化并非向着预定的遥远的目标，而是向着切近的目的，而它又将成为下一个切近目的的手段。

4. 目的是完成了的手段，手段是未完成的目的。

实用主义的代表人物有皮尔士、詹姆士、杜威等。

折衷主义

折衷主义（Eclecticism）源于希腊文，意为"选择的"，"有选择能力的"。后来，人们用这一术语来表示那些认同某一学派的学说，又接受其他学派的某些观点，表现出折衷主义特点的哲学家及其观点。

在西方哲学史上，第一个明确把自己的哲学称作折衷主义的是亚历山大里亚人波大谟。19 世纪法国哲学家库桑也称自己的哲学体系为折衷主义，声称一切哲学上的真理已为过去的哲学家们阐明了，不可能再发现新的真理了，哲学的任务只在于从过去的体系中批判地选择真理。

马克思主义

马克思（1818 ~ 1883 年），辩证唯物主义和历史唯物主义的创始人。马克思主义是马克思、恩格斯在 19 世纪工人运动实践基础上创立的理论体系，以唯物主义角度编写而成。包括 3 部分：马克思主义哲学、马克思主义政治经济学、科学社会主义。

科学归纳法

科学归纳法是培根在亚里士多德"三段论"基础上提出的认识自然的新工具，是近代归纳逻辑的主要代表。其主要内容为：

第一步，尽可能充分地搜集事实材料。

第二步，对材料进行整理，用"立表法"对它们进行排列，即具有表用以罗列具有被研究性质的实例；缺乏表用以罗列不出现被研究性质的实例；程度表用以罗列被研究性质出现变化的实例。

第三步，排斥法，排除掉表上罗列的实例中的不相干因素，剩下的唯一因素被断定为是被研究性质的形式即原因。

第四步，归纳，发现罗列实例中本质的、共同的、必然的东西。

历史考古篇

中国皇帝之最

最长命的皇帝是清高宗乾隆皇帝爱新觉罗·弘历，享年 88 岁。

最短命的皇帝是东汉殇帝，不到 1 岁即夭折。

即位时年龄最小的是东汉殇帝，刚过 100 天。

即位时年龄最大的是女皇帝武则天，67 岁即位。五代十国的荆南王高季兴即位时也是 67 岁。

在位时间最长的是清康熙皇帝，跨 62 个年头。

在位时间最短的是金末帝完颜承麟，仅仅 1 天即战死。

嫔妃最多的是晋武帝，后宫佳丽达 10000 多人。

子女最多的是清康熙皇帝，有男孩 36 人，女孩 20 人。

中国历史上第一个女皇帝

北魏时，中国出现过一个女皇帝，她就是北魏孝明帝元诩的女儿元姑娘。元姑娘的登基完全是她的祖母——北魏宣武帝之妃、孝明帝之母胡太后一手导演的。

北魏孝明帝登基后，其母胡氏被尊为太后，因孝明帝年幼而临朝听政，胡太后政治上恣意专权，生活上十分淫乱，结果

被大臣幽禁于北宫。

适逢孝明帝之妃潘氏生了个女孩，为了重新掌权，胡氏假称潘氏所生是个男孩，大赦天下，改年号"孝昌"为"武泰"，接着暗下鸠毒，将孝明帝毒死。孝明帝死后，胡太后便奉元翙的女儿——元姑娘当皇帝，言太子即位，中国历史上第一个女皇帝就这样登基了。这一年是公元 528 年。但元姑娘在位时间极短，历史上连她的名字也未留下。

中国历史上四次民族大融合

中国历史上四次民族大融合发生于以下四个时期：

1. 春秋战国时期。特点是在中国腹心地区进行的，形成中华民族的主体民族——汉民族。

2. 魏晋南北朝时期。特点是民族迁徙出现对流，一部分汉族往周边去，周边少数民族也往内地来。

3. 宋辽金元时期。特点是在边疆地区进行的，不仅少数民族融入汉族，而且大量的汉族融合少数民族。

4. 清代。这一时期奠定了现在中国疆域和以汉族为主体的中华民族的基础。

正史

正史，就是被官方认定为正宗和正统的史书，最早将正史作为史籍类名的是《隋

书·经籍志》。正史有确定的范畴，宋代时有十七史，就是《史记》、《汉书》、《后汉书》、《三国志》、《晋书》、《宋书》、《南齐书》、《梁书》、《陈书》、《魏书》、《北齐书》、《周书》、《隋书》、《南史》、《北史》、《新唐书》、《新五代史》；到明代，增加了《宋史》、《辽史》、《金史》和《元史》，成为二十一史；清代又增加《旧唐书》、《旧五代史》和《明史》，遂成二十四史，二十四史是正史最为通行的说法；民国时，增列《新元史》，而有的地方则是将《清史稿》列入，于是又有二十五史之称，如果将这两部书都加进去，就是二十六史。在唐代以前，正史一般为私人撰写，如《史记》为司马迁所著，《汉书》为班固所著，《后汉书》为范晔所著，《三国志》为陈寿所著。自唐代以后，正史就开始由官方组织编写，如《晋书》，由房玄龄、褚遂良、许敬宗监修，编者共有21人；再如《隋书》，先由魏徵监修，后由长孙无忌接续，编写者则有孔颖达、许敬宗、于志宁、颜师古等一大批知名的学者；唐代以后的正史中，私修的仅有欧阳修的《新五代史》等很少数的几部。官修的正史往往由当朝宰相担任主编，因为其中涉及到的一些敏感的政治问题，宰相依凭自己的身份可以进行裁夺。虽然正史中难免存有部分曲笔和隐讳，但是它的权威性仍是其他史书所无法比拟的。正史的撰写所依据的资料是最原始的，也是最全面的，而且正史的编撰者一般是当时第一流的学者和史学家，所以在历史研究中，正史占有基本性的地位。

杂史

杂史的提法，最早见于《隋书·经籍志》。杂史之杂，体现在两个方面：在形式上，

杂史的体例不像正史和别史那么严谨，往往不同于正史和别史常用的纪传、编年、典志等体例；在内容上，杂史不限于以一朝一代或者某一历史阶段的政治大事为主，而是涉及得非常广泛，包括学术史、科技史、方域史、地理志等多种具有专属领域的史著。杂史或者因为在体例上和内容上都较为随便，有着更大的灵活性，从而记录了许多不见于正史和别史的珍贵资料，或者因为有着专攻的对象，而比正史和别史中相关方面的内容记载、讲述得更加细致，由此体现出自身独特的价值。《国语》、《战国策》、《竹书纪年》、《逸周书》、《越绝书》、《吴越春秋》、《列女传》、《大唐西域记》、《明儒学案》、《大清一统志》等都是非常著名的杂史。

别史

别史，指的是官定的正史之外有体例、有系统、有组织的史书。"别史"之称最早由南宋的陈振孙在《直斋书录解题》中提出，别史与正史区分的标志就是是否经过官方的命定，例如，在清朝乾隆皇帝钦定二十四史之前，《旧唐书》和《旧五代史》只能算别史，而经过乾隆的谕旨，这两部书则跻身于正史之列。至于别史与杂史的区别，张之洞在《书目答问》中说："关系一朝大政者入别史，私家记录中多碎事者入杂史。"正史的体裁均为纪传体，而别史的题材则较为多样，如《续汉书》为纪传体，《资治通鉴》为编年体，《通典》为典志体，《宋史纪事本末》为纪事本末体，《明实录》为实录体，《唐会要》为会要体等。

野史

野史是一种习惯的称谓，并非史籍中

正式的分类，一般指私家所撰的涉及史实记录的笔记、史传、杂录等。野史的内容，大多为作者耳闻目睹或者道听途说的逸闻趣事，往往不见于正宗的史籍，虽然野史的记载充斥着相当多的讹误和谬传，但是这并不能掩盖其所反映出的历史真实的一面，其中蕴藏着大量正规史书中难以见到的方方面面的社会生活的细节，可以为后人了解历史提供另一种角度的观照，因而自有其不凡的价值。鲁迅先生就非常看重野史，甚至认为若要正确地了解中国历史的真相，是非得读一读历代的野史不可的。

纪传体

纪传体，是以人物传记为中心来反映历史情景的史书体裁，首创于司马迁的《史记》。司马迁将先秦时期的史书所具的各种体裁融于一书，分作"本纪"、"表"、"书"、"世家"、"列传"5 个部分，其中"本纪"、"世家"和"列传"构成书的主体。"本纪"以历代帝王为中心，是全书的总纲；"世家"记载的是诸侯和一部分虽然不是诸侯但在历史上有着特殊地位和特殊影响的人物（如孔子、陈胜）；"列传"又分为专传和类传，记载历代名人、三教九流的事迹，并且涉及到民族关系和中外关系方面的内容。班固作《汉书》，沿用了《史记》的体例，而又有所改造，将"本纪"改称为"纪"，取消"世家"，将"列传"改称为"传"，将"书"改称为"志"，于是形成了"纪"、"传"、"表"、"志"为历代正史所遵循的史书体例。

编年体

编年体，是一种以时间为线索的史书体裁。相传为孔子编写的《春秋》就是鲁国的一部编年史。编年体起源很早，而且

历代延续，是许多重要的别史所采用的体例，如最为著名的《资治通鉴》。编年体具有时间连续的优点，给人一种清晰的历史时序感，但是也容易造成对一些具有前后相续性质的历史事件的分割，因此相关事件的原委难以叙述完整，而这方面正是纪传体的长处所在，所以历代正史采用的不是编年体，而是纪传体。当然，纪传体也有缺点，可以说编年体与纪传体在优缺方面恰为互补。

纪事本末体

纪事本末体，是一种以历史事件为纲的史书体例，首创于南宋袁枢的《通鉴纪事本末》。《通鉴纪事本末》，就是将《资治通鉴》中分年记载的一个体系的事迹集中在一起，自成一个单元，以显事情的本末。这样一来，就消除了《资治通鉴》原书中记事不连贯的缺点，而体现出鲜明的条理性，这也就是纪事本末体的优长之处。袁枢撰写《通鉴纪事本末》，在内容上并没有进行增改和修订，可是他所创造的这种新的史书体裁问世之后却备受欢迎，此后，纪事本末体的史书蔚为大观，基本上各代的历史都有与其相对应的纪事本末体的史书出现。

典志体

典志体，是以典章制度为中心的史书体裁。司马迁创作的《史记》中有"八书"，其中就有典章制度方面的记录；班固著的《汉书》中有"十志"，记载的内容与《史记》中的"八书"基本上是相对应的。东汉以后，出现了典章制度的专史，如应劭的《汉官仪》、丘仲孚的《皇典》、何胤的《政礼》等。唐代前期出现了很多典志方面的书籍，如李林甫的《唐六典》、王颜威的《唐典》、

刘秩的《政典》等。但这些都是关于某一朝代的典章制度的记叙，从单独的某部书中并不能窥知历代典章制度的发展和演变的情况。中唐时期杜佑在刘秩《政典》的基础上进行扩展，编成了一部上起黄帝、下至唐代宗的典章制度的通史——《通典》，这是典志体正式创立的标志。南宋郑樵又编纂了一部纪传体的《通史》，后改名为《通志》。尽管《通志》并非典章制度的专史，但是其中作者用力最多也是最受人看重的精华部分是反映历代典章制度的"二十略"，因而史学家们将其与《通典》和《文献通考》这两部专史合称为"三通"。《文献通考》是元代马端林所撰写的又一部通史式的典章制度的专史，其创新之处在于采取了"文"（历史资料）、"献"（史家评论）、"注"（编者注解）三结合的方法。清朝乾隆年间组织学者续编"三通"，纂成"续三通"，而后又有《清通典》、《清通志》和《清文献通考》这"清三通"，共成为"九通"，再加上民国时刘锦藻编写的《清朝续文献通考》，就是学界习惯称谓的"十通"。

会要体

会要体是典志史书的一种体裁，"会要"就是会聚朝廷典章制度之要的意思。会要体创始于唐德宗年间苏冕编纂的《会要》。《会要》记载了唐高宗到唐代宗这一段历史时期的典章制度。唐宣宗时，崔铉等人又奉诏编写《续会要》，续增了唐德宗到唐宣宗时期的相关内容。北宋初年，王溥在这两部会要的基础上，编成《唐会要》，后来又编写了《五代会要》，使得会要体史书趋于完善。宋代以后，官方都要组织学者编纂当朝的会要，如《宋会要》（原本已佚，清代学者徐松从《永乐大典》中辑录

出《宋会要辑稿》）、《元经世大典》、《明会典》、《清会典》等。另外，一些学者又私下编写了此前历代的会要，如南宋徐天麟的《西汉会要》和《东汉会要》、明代董说的《七国考》、清代姚彦渠的《春秋会要》、孙楷的《秦会要》等等。会要体史书，基本上是以 15 个左右的门类再具分为 300 余个子目，记载政治、经济、军事、外交、法律、教育、礼乐、文化等各方面的制度及其沿革情况，兼有工具书和资料汇编的功能。

学案体

学案体，是一种记述学术源流的史书体裁，是继编年体、纪传体、纪事本末体、典志体等主要史书体裁之后出现的又一新的史书体例。始创于明末清初，黄宗羲撰写的《明儒学案》即为学案体的代表作品。学案体例大致为：每学案前先设一表，详细地列举该学派的师友弟子，标明学派的渊源及其传授系统；每一案主均立小传，叙述其生平概况及学术宗旨；对案主的学术论著，均一一注明出处，并且材料的采选非常广泛；案主小传后，另有附录，记载其趣闻逸事；还附有时人及后学的相关评论，备录其短长得失，以供后来的学者自行做出判断。学案体史书是学术思想史的专著，为学者研究学术思想的沿革提供了翔实可靠的文献资料。

起居注

起居注，是由史官撰写的关于皇帝的日常言行与生活的记录。《汉书·艺文志》记载："古之王者，世有史官，君举必书，所以慎言行，昭法式也。左史记言，右史记事，事为《春秋》，言为《尚书》。"这段话可以看作是对起居注的说明。完善

的起居注始于汉武帝时期，到北魏时，正式设立专官，称"起居注令史"，专门负责撰写皇帝的起居注，后代沿袭了这一制度。起居注并不是严格意义上的史著，但却是最原始的历史资料。皇帝驾崩之后，就由史官根据起居注来撰写实录，实录写成，起居注就被焚毁，也即是说起居注是不予保存和流传的，在当时是绝密的，甚至连皇帝也见不到，这是为了保证起居注的真实性。可是宋代以后，皇帝本人开始过目起居注，相应地，史官的笔讳也就多了起来，从而影响到起居注的本真价值。

实录

实录，是历朝皇帝的编年大事记。史官在皇帝死后，会根据起居注、时政记等资料，按时间顺序编写这位皇帝的"实录"。实录出现于南北朝时期，《隋书·经籍志》著录有《梁武帝实录》、《梁元帝实录》等，现存最早的一部完整的实录是唐代韩愈编纂的《顺宗实录》。唐代开始，为前君纂写实录成为定制，但是明代以前的历代皇帝的实录大多都已佚失。因为实录只有抄本存于宫中，并不刊刻，也不公布，现在流传下来的较为完整的只有《明实录》和《清实录》。但是由于皇帝的顾忌较多，故所谓的实录也有诸多的不实之处，例如，永乐时期就曾多次修改《明太祖实录》，为朱棣的篡位进行讳饰。当然，尽管如此，实录中所记载的历史资料仍是相当宝贵的，而且一些正史中的很多内容就是依照实录写成的。

方志

方志，又称地方志，是记载地方情况的史书，因为内容专对地方，所以记叙详备，是深入了解地方历史的重要资料。先秦时期的《尚书·禹贡》和《山海经》就具有方志的特点。汉代以后，方志开始大量出现，既有官修，也有私修的。方志依记载范围的不同，可以分为总志、省志、府志、州志、县志等，另外也有专门记载一处山川，或名胜，或寺庙等更为专一的方志。

类书

类书是分类编排各种资料以供检索的工具书，类似于后来的"百科全书"。魏文帝曹丕使诸儒撰集的《皇览》被认作是类书之祖，但是此书早已佚失。南北朝时期，编纂类书开始风行，出现了《古今注》、《集林》、《四部要略》、《类苑》、《北堂书钞》等一批类书，这些类书大多也都没有流传下来。唐代开始，官方组织编写类书成为一种惯例，如唐代有《艺文类聚》、《初学记》，宋代有《太平御览》、《太平广记》、《册府元龟》，明代有《永乐大典》，清代有《古今图书集成》。这些官修的类书大多编纂于一个朝代立国之初并逐渐走向兴盛的时期。《永乐大典》是历史上规模最大的一部类书，可惜的是在清末八国联军入侵的时候被洗劫焚毁，仅余下少量残卷，另有部分残卷散佚于多个国家。现存的最大的一部类书是清代康熙年间编成的《古今图书集成》。类书与丛书不同，并不是对书籍的全部内容的辑录，而是分门别类地选取其中相关的部分内容辑入，但是有的资料在类书中体现得较为完整，使得从中提取已经佚失的书籍成为一种可能。乾隆年间编纂《四库全书》时就从《永乐大典》中辑录了多部佚书，后《永乐大典》被毁劫，这次辑录工作算是意义重大。

丛书

　　丛书，就是各种书籍的汇集和丛编。编刻丛书始于南宋后期，现在已知最早的丛书是宋宁宗嘉泰元年（1201年）俞鼎孙及其兄俞经编辑的《儒学警悟》，收有宋代的著作六种，但是此丛书在当时并没有刻本，宋度宗咸淳九年（1273年）左圭辑刊的《百川学海》是中国最早刻印的丛书。明代的时候，"丛书"的名称正式出现，而编刻丛书的高峰是清代，乾隆年间官修的《四库全书》是一部规模最大的丛书，同一时期私家汇刻的丛书也非常之多。丛书的编辑，一方面给学者的学习和研究提供了方便，一方面也使许多古籍得以保存和流传，不至佚失。1959年，上海图书馆编写的《中国丛书综录》，成为读者使用丛书的得力助手。

二十四史

　　"二十四史"是乾隆皇帝钦定的24部纪传体正史的总称。这些史书记载了上起黄帝时代，下到明朝崇祯十七年（1644年）4000多年的历史。"二十四史"共3213卷，约4000万字，使用统一的本纪、列传的纪传体的形式编写。它们分别是：《史记》（西汉·司马迁）、《汉书》（东汉·班固）、《后汉书》（南朝宋·范晔）、《三国志》（西晋·陈寿）、《晋书》（唐·房玄龄等）、《宋书》（南朝梁·沈约）、《南齐书》（南朝梁·萧子显）、《梁书》（唐·姚思廉）、《陈书》（唐·姚思廉）、《魏书》（北齐·魏收）、《北齐书》（唐·李百药）、《周书》（唐·令狐德棻等）、《隋书》（唐·魏徵等）、《南史》（唐·李延寿）、《北史》（唐·李延寿）、《旧唐书》（后晋·刘昫等）、《新唐书》（宋·欧阳修、宋祁）、《旧五代史》（宋·薛居正等）、《新五代史》（宋·欧阳修）、《宋史》（元·脱脱等）、《辽史》（元·脱脱等）、《金史》（元·脱脱等）、《元史》（明·宋濂等）和《明史》（清·张廷玉等）。这些史书勾勒出中国历史的主干，是中国古代史的权威读本。

三通四史

　　三通指的是《通典》、《通志》和《文献通考》，四史是《史记》、《汉书》、《后汉书》、《三国志》4部史书的合称。三通四史是中国史学的典范，是历史著作中的代表作。

　　《通典》是中国第一部典章制度通史，唐朝杜佑撰。它讲述了历代典章制度的沿革变迁，上起黄帝，下到唐玄宗天宝末年。《通志》是宋朝郑樵所撰，它是继司马迁之后纪传体通史的续作，对封建时代史学的发展产生了重大影响。《文献通考》由宋元之际的马端临所撰，是记载历史典章制度的巨著，记事上起远古传说时代，下至南宋宁宗嘉定年间。

　　《史记》作者是西汉司马迁，记载了上自黄帝时代，下至汉武帝元狩元年的历史，是中国第一部纪传体通史。《汉书》作者是东汉班固，记载了刘邦起义反秦，到王莽地皇四年（公元23年）的历史。《后汉书》作者是南朝宋范晔，是一部记载东汉历史的纪传史书，记载了从王莽到汉献帝共195年的史实。《三国志》由晋陈寿撰，南朝宋裴松之注，是一部记载魏蜀吴三国历史的纪传体史书。

《史记》

　　《史记》，又名《太史公书》，"正史"之首，二十四史之一，中国第一部纪传体

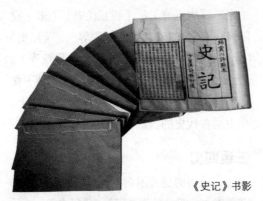

《史记》书影

通史。其作者是西汉时期著名史学家、文学家司马迁。《史记》共 130 篇，含 8 书、10 表、12 本纪、30 世家、70 列传，共 52 万余字，记事上起黄帝，下至汉武帝年间，共计 3000 多年。《史记》以"究天人之际，通古今之变，成一家之言"为宗旨，所记载之人物众多、庞杂，既有王侯将相，又有奇人义士及平民百姓；既有中原地区的人物，又有边疆少数民族的人物。《史记》不仅是一部不朽的史学巨著，也是一部杰出的文学著作。《史记》将史学与文学结合起来，语言生动，情节引人入胜，塑造人物形象鲜明，具有很高的文学价值。《史记》在中国历史上有着极其重要的地位，书中所载史实大都翔实可靠，对我们研究汉代及其以前的历史具有很高的价值。同时，它开创了中国采用纪传体手法记载历史的先河，为后代史书的撰写奠定了基础，鲁迅赞之为"史家之绝唱，无韵之离骚"。

母系氏族时期

氏族社会的早、中期为母系氏族，即建立在母系血缘关系上的社会组织。母系氏族实行原始共产制与平均分配劳动产品。早期母系氏族就有自己的语言、名称。同一氏族有共同的血缘，崇拜共同的祖先。氏族成员生前共同生活，死后葬于共同的氏族墓地。随着原始农业及家畜饲养的出现，作为其发明者的妇女在生产和经济生活中、在社会上受到尊敬，取得主导地位和支配地位。

由于全体成员只能确认各自的生母，所以成年的妇女一代一代地成为确定本氏族班辈世系的主体。成年的男子则分散到其他氏族寻求配偶，实行群婚。每个氏族公社内部，存在着按性别和年龄的不稳定分工。壮年男子担任打猎、捕鱼和保护集体安全等需要较大体力的事务，而采集食物、看守住地、烧烤食物、缝制衣物、养老育幼等繁重任务，落在妇女的肩上。她们是氏族公社原始共产制经济的主持者，又对确定氏族的血亲关系起着主导作用。母系氏族公社经历了漫长的发展过程，在全盛时期普遍形成了人口较多、规模较大的长期定居的村落。

父系氏族时期

母系氏族公社经历了全盛时期，社会生产力的发展日渐加速，男子在农业、畜牧业和手工业等主要的生产部门中逐渐占据主导的地位，于是母权制自然过渡为父权制。父系氏族公社逐渐形成了。从此，以父权为中心的个体家庭成为与氏族对抗的力量，原始社会逐渐趋于解体。男子依靠经济上的优势，在社会生产和生活中占据了统治地位。他们必然要求按照男系计算世系、继承财产，母权制的婚姻秩序被打破了，原来对偶婚制下的从妻而居的传统，为一夫一妻制所取代。在一夫一妻制下，妇女的劳动局限在家庭之内，以家务劳动和家庭副业为主，女子在家庭经济中退居于从属地位。最初，这种小家庭依附于父系大家庭。生产进一步发展后，小家庭便有了更多的独立性和自主性。氏族社会走到了瓦解的边缘。

"北京人"化石

1929 年 12 月 2 日，中国考古学者裴文中在周口店发现了第一个完整的"北京人"头盖骨，从此以后，周口店就以中国"猿人之家"闻名全球。1933 年，在北京龙骨山山顶洞发现了生存在 18000 年前的山顶洞人的遗址。"北京人"遗址及化石的发现，奠定了"北京人"在科学上的坚实基础，是世界古人类学研究史上的大事，为人类发展史提供了重要的证据。迄今为止，还没有哪一个古人类遗址像周口店"北京人"遗址这样拥有如此众多的古人类、古文化、古动物化石和其他资料。"北京人"的发现，为中国古人类及其文化的研究奠定了基础。"北京人"的发现，为人类进化理论提供了有利实证，是中国科学家为世界考古史做出的伟大贡献。

殷墟

殷墟是中国商代晚期的都城遗址，横跨安阳洹河南北两岸，现存有宫殿宗庙区、王陵区和众多族邑聚落遗址、家族墓地群、甲骨窖穴、铸铜遗址、制玉作坊、制骨作坊等众多遗迹，是中国历史上第一个有文献可考、并为甲骨文和考古发掘所证实的古代都城遗址，距今已有 3300 年的历史。

"后母戊"大方鼎，是商王祭祀母亲"戊"用的祭器。这件珍品是从河南安阳武官村殷王陵墓发掘出来的，它的出现可以证明商朝青铜器的制作技术已经达到比较纯熟的地步，标志着中国古代青铜制造工艺的高峰。

人祭和人殉

商朝的社会是由贵族、平民和奴隶构成。奴隶处在社会的最底层。贵族不仅无偿占有奴隶的劳动，而且可以随意地施以杀戮。最为典型的杀戮就是杀人祭祀和活人殉葬。商王和贵族在祭祀天帝、祖先、鬼神和山川河流的时候，除了宰杀猪、牛、羊等牲畜之外，还经常屠杀战俘和奴隶。此外，统治者死后，都要用活人殉葬，少者一两个人，多的有数十人或数百人，他们企图在所谓的"阴间"继续奴役这些奴隶为其服务。人祭和人殉在整个商朝都非常普遍，数量之多，手段之残忍，令人发指。

"后母戊"大方鼎

"后母戊"大方鼎呈长方形，长 110 厘米，宽 78 厘米，高 133 厘米，重 875 千克。这个巨型的青铜器，造型雄伟，花纹华丽，结构复杂。大鼎腹部铸有蟠龙纹和饕餮纹，脚部刻有蝉纹。整个鼎的神秘感非常强烈。

在目前出土的数千件商代青铜器中，"后母戊"大方鼎是最大的，也是世界古代青铜器史上绝无仅有的。

秦始皇陵兵马俑的发现

1974 年，在陕西省临潼发现了被誉为"世界奇迹"的秦始皇兵马俑。这个让人为之震撼、感叹的历史文化瑰宝，有着难以估量的价值。它所折射的历史层面既多又广，无论是建筑史、服饰史还是王陵制度史，都值得人们去探究。1979 年 10 月，位于西安市区 42 公里处的秦始皇兵马俑博物馆正式对外开放。

三星堆

三星堆遗址距成都 40 公里，是中国迄今为止已发现的历史最早、规模最大的古蜀都城遗址。因有三座突兀在成都平原上的黄土堆而得名。发掘出的珍贵文物前所未闻，不少属国家级珍品，迥异于我们熟知的任何古代中原文明：高鼻深目、阔嘴大耳、神态诡异的大型青铜纵目面具，与真人头部大小相似的青铜人头像，高 260 厘米、重达 300 余斤的大铜人立像，雕有精美纹饰、长 142 厘米的纯金杖，等等。三星堆是远古人类最大最辉煌的都城，遗址面积为 350 万平方米，比它晚修建 1500 年的古希腊荷马时代的名城——迈锡尼，其面积仅为三星堆古城的百分之一。三星堆目前尚未完全发掘，在族属来源、文化渊源、文明起源与国家形成等方面，深藏无数待破之谜，一旦揭开，将是空前的"文化原子弹"大爆炸。

马王堆汉墓

20 世纪 70 年代，中国南部长沙马王堆汉墓的发掘，震惊了中国乃至全世界。该墓在湖南长沙市东郊五里牌，据地方志记载为五代时期楚王马殷家族的墓地，故名为马王堆。1972～1974 年相继发掘，先后出土 3 座墓葬。其墓葬结构非常宏伟复杂，其中一、三号墓棺椁葬具保存完好。一号墓由墓顶至椁室深达 20 米。椁室构筑在墓坑底部，由三椁（外椁、中椁、内椁）、三棺（外棺、中棺、内棺），以及垫木所组成。棺内女尸一具，保存十分完整，为国内所仅见。随葬物品非常丰富，达 3000 余件，有丝织品、帛书、帛画、漆器、陶器、竹简、竹木器、木桶、农畜产品、中草药等。其中覆盖在内棺上的一幅彩绘帛画，花纹鲜艳、色彩绚丽，画面内容想象丰富，是中国现存 2100 多年前的丝织品绘画珍品。

马王堆汉墓的发掘，对中国的历史和科学研究均有巨大价值，其出土文物异常珍贵。如从三号墓中出土的帛书《五十二病方》是中国现在所能看到的最早的方剂。

它的发现，补充了《内经》以前临床医学的内容，是一份非常珍贵的医学遗产。

法门寺地宫

地宫，是中国佛塔构造特有的一部分，用以瘗藏佛舍利、佛的遗物、经卷等法物的密室，与中国古代的深藏制度结合。因系盛唐皇家寺院，法门寺地宫，又与帝王陵寝的地下宫殿相仿。

法门寺始建于北魏时期（499 年前后），西安法门寺地宫，打开了佛教和盛唐王朝的宝藏，是世界上迄今为止发现的年代最久远、规模最大、等级最高的佛塔地宫，面积仅 31.48 平方米。地宫出土文物 2499 件，其中还有目前世界上有文献记载和碑文证实的释迦牟尼佛真身舍利。

楼兰古国

在中国的西部，有一片浩瀚无垠的沙漠戈壁，这就是有名的塔克拉玛干沙漠。在塔克拉玛干的沙漠深处，考古学家发现了闻名世界的楼兰古城。

楼兰古城遗址在罗布泊附近，考古学家们推测，在几千年前，包括罗布泊在内的楼兰是一个生机勃勃的绿洲城市。那时候，这里烟波浩渺，碧水万顷，水鸟嬉戏，渔歌悠扬，一派兴旺繁荣景象，可惜后来楼兰古城神秘地失踪了。

楼兰怎么会从文明的巅峰突然消失得无踪无影呢？

对于这个问题，100 年来，人们有过各种各样的猜测和解释：有人说楼兰是因为外族人入侵引起的战争毁灭的；也有人说，由于魏晋以后"丝绸之路"的改道，过往的商队不再从楼兰经过，造成了楼兰的萧条以至荒芜。但这些说法都因为拿不出强有力的证据而难以让人信服。

世界十大古文明

苏美尔文明：位于底格里斯河和幼发拉底河之间（现在伊拉克境内）。持续时间是公元前 3500～前 2000 年。主要成就是在公元前 3000 年以前最早发明楔形文字（写于泥块之上）。

埃及文明：位于尼罗河沿岸。持续时间是公元前 3100～前 525 年，主要成就是用石块建大庙宇和金字塔，发明象形文字。

巴比伦文明：位于底格里斯河和幼发拉底河之间（现在伊拉克境内），持续时间是公元前 1900～前 538 年。主要成就是制定法律，《汉谟拉比法典》是最古老的书面法律之一；最早以 60 进制计算分和秒。

腓尼基文明：位于地中海东海岸。持续时间是公元前 1100～前 842 年。主要成就是发明一种字母系统（以后希腊字母即是根据腓尼基字母编成的）。

希伯来文明：位于现在以色列和约旦境内。持续时间是公元前 1000～前 587 年。主要成就是创造了伟大的文学，最重要的是《圣经》中的《旧约全书》，大约写于公元前 900～前 150 年之间。

亚述文明：位于现在伊拉克境内的底格里斯河流域，持续时间是公元前 800～前 612 年。主要成就就是组建使用铁器的最伟大军队。

希腊文明：位于现在希腊的南部地区。持续时间是公元前 800～前 197 年。主要成就是建造许多雄伟壮丽的建筑物；写出了许多伟大的诗歌和戏剧；产生了许多杰出的科学家和哲学家；首创民主概念。

波斯文明：位于从印度河到爱琴海这广阔地域（在帝国最强盛时期）。持续时间是公元前 700～前 331 年。主要成就是用泥、砖和石块建了许多雄伟的大宫殿；在他们的壁画品中出现了许多传说中的野兽；创立了用小马快递的邮政制度。主要城市是波斯波利斯。

罗马文明：位于从罗马往西到英格兰和往东到美索不达米亚这十分辽阔的土地上，在古罗马的鼎盛时期，罗马文化遍及地中海周围的所有国家，持续时期是从公元前 735 年到公元前 476 年。主要成就是培养出许多优秀的行政官员；首创从中心突破，从而控制周围地区的战略战术。

除了以上九大古文明，还包括中国古文明。

世界四大文明古国

四大文明古国是世界古代历史上最早进入文明社会的 4 个国家。依顺序分别为古巴比伦、古埃及、古代中国、古印度。

四大文明古国都是建立在容易生存的河川附近。在北半球的两河流域、尼罗河、黄河和长江流域，以及印度河、恒河流域相继产生了世界四大文明古国。

四大文明古国都有自己的历法，一年都分 12 个月并且有闰月。各个文明都创造了自己的文字。印度河、黄河、两河流域的文明都使用陶轮制陶，埃及和两河流域都计算了圆周率，巴比伦和中国都发现了勾股定理，印度则发明了阿拉伯数字。

古巴比伦文明

大约在公元前 19 世纪（中国夏朝的时候），底格里斯河与幼发拉底河流域的美索不达米亚就孕育了人类有史以来最早的文明之一——古巴比伦文明。底格里斯河和幼发拉底河中间的地方叫"美索不达米亚"，意思就是"两河之间"。每年春天，高原地区的积雪融化，这两条河就在美索不达米亚泛滥成灾。特别是下游一带，地势低凹，几乎全被淹没。

巴比伦人在和洪水斗争中，学会了修堤筑坝，开渠造河。当洪水被制服以后，他们和埃及人一样，也享受到了河流定期泛滥的好处。泛滥的洪水带来大量淤泥，使两岸的土壤变得十分肥沃。再加上这里阳光强烈，水量充足，庄稼年年丰收。据说，小麦最早就是生长在巴比伦的。古巴比伦王国时的农业、手工业、商业都较发达。

公元前689年，巴比伦王国被亚述所灭。公元前605年，新巴比伦王国灭掉了亚述。后来，神庙祭司集团当权，公元前538年，被位于伊朗高原的波斯所灭，古代两河流域的文明作为一个独立的整体宣告结束。

古代埃及文明

埃及位于非洲东北部尼罗河中下游地区的一段时间跨度近3000年的古代文明，开始于公元前32世纪左右时美尼斯统一上下埃及建立第一王朝，终止于公元前343年波斯灭亡埃及。埃及是世界文明古国之一，受宗教影响极大，举世闻名的金字塔就是古埃及人对永恒观念的一种崇拜产物，也是法老王的陵墓，目前埃及共有80余座金字塔，其中最大的一座是胡夫金字塔。除了金字塔以外，狮身人面像、木乃伊也是埃及的象征。

尼罗河流域文明

尼罗河流域文明是世界上发展较早和对世界文化影响较大的一个文明。每年，尼罗河水的泛滥，给河谷披上一层厚厚的淤泥，使河谷区土地极其肥沃，庄稼可以一年三熟。从事农业生产就要准确地预测泛滥时间，所以很早尼罗河流域居民就能准确地观察、研究天文现象。从植物每年的死亡复生现象中产生了死而复活的神话。

尼罗河流域文化为人类制定了第一部每年365日的历法；发明了复活和末日审判的神话；创立了世界上第一个大帝国；建立了在几千年内都是世界上最高的人工建筑物——大金字塔；留下了不可计数的木乃伊和纸草书文献。

美洲古代文明

美洲是世界古文明的重要发祥地之一。美洲古代文明大致可分为3个时期：前古典时期（前2000年左右～250年左右），古典时期（250年左右～900年左右），后古典时期（900年左右～1500年左右）。

美洲古代印第安文明发展水平最高的为两大地区：一个在中部美洲，包括今墨西哥和中美洲国家，被称为"中部美洲文明"。另一个在南美洲安第斯高原及太平洋沿岸一带，被称为"安第斯文明"。在此基础上最后形成了3个主要文明中心：以现今墨西哥尤卡坦半岛和中美洲危地马拉、洪都拉斯等国为中心的古代玛雅文明；以墨西哥高原盆地为中心的古代阿兹特克文明和分布在南美洲安第斯地区的秘鲁、玻利维亚和厄瓜多尔等国广大地区的古代印加文明。

印加文明

印加文明分布在南美洲安第斯地区的秘鲁、玻利维亚和厄瓜多尔等国的广大地区，形成于13世纪，15世纪末是它的鼎盛时期，1532年西班牙殖民者侵入印加国，占领首都库斯科，1533年杀害印加王阿塔瓦尔帕，印加国灭亡。

印加王被称为"太阳之子"，国王在政治、宗教和军事上都拥有至高无上的权力，其下有贵族、祭司充任各级军政、宗教职务，组成严密的行政体系和统治机构。印加社会的基层结构是"艾柳"，相当于氏族公社。古代印加人有发达的农业，培育了玉米、马铃薯等40多种作物。印加人在深谷陡壁、气候干燥的安第斯山区修建了庞大的梯田系统和引水工程；用巨石建成雄伟的宫殿和城堡，石块之间结合紧密，以致刀片也难以插入。此外，在冶炼浇铸、纺织制陶、天文历法、外科医术、文学音乐等多个领域，印加人都取得了杰出的成就。印加人还创造了被称为"基普"的结绳记事法。

古代印第安文明

早在哥伦布发现新大陆之前的许多世纪，拉丁美洲辽阔的土地上繁衍生息着为数众多的各族印第安人。至15世纪形成了3个文化中心：玛雅文化（今洪都拉斯、危地马拉和尤卡坦半岛一带）、阿兹特克文化（今墨西哥中南部一带）以及印加文化（今秘鲁、玻利维亚和厄瓜多尔一带）。这些文化发达、人口集中的印第安民族，在西班牙征服者到来之前，已经创造了丰富的物质财富和精神文明，其中有多种形式的文学作品，如反映本民族历史的神话传说、颂扬英雄事迹的戏剧、敬神的诗歌和抒情诗等，但大多已经失传。这主要因为印第安人的语言种类纷繁，没有发展完备的文字，而西班牙入侵者对印第安文化又进行了摧残破坏。

玛雅文化

玛雅文化是世界上重要的古文化之一，更是美洲重大的古典文化。5000年前，玛雅人就出现在墨西哥合众国和中美洲危地马拉的太平洋海岸，在美洲远古的石器时代就开始了他们的生产活动，所以和世界上的其他人类一样，他们的古代史经历了采集、渔猎向农耕过渡的发展阶段。玛雅文明的孕育、起源和发展是在今墨西哥合众国的尤卡坦半岛、恰帕斯和塔帕斯科两州和中美洲的一些地方，包括今天的伯里兹、危地马拉的大部分地区、洪都拉斯西部地区和萨尔瓦的一些地方。这一地区的总面积达32.4万平方公里。

公元前2000年左右，玛雅人进入了定点群居时期，并从采集、渔猎时期进入了农耕时期。玛雅文明从此开始了。

如今研究玛雅文明的学者有很多，对玛雅文明比较公认的历史分期是：从公元前1500年到317年为玛雅文明发展的前古典时期，从317年到889年为古典时期，从889年到1697年为后古典时期，也被叫作早期阶段、中期阶段和晚期阶段。

体现玛雅人高度发达文明的天文观测台

前古典文明出现在危地马拉的太平洋沿岸和高原地带。这时，玛雅文化的主要特点是在出现的城市广场上建立了许多大型的石碑，石碑上雕刻有历朝历代的统治者形象。因为在 1～2 世纪时出现了象形文字，所以石碑上就有了记述统治者历史的文字。此外，城市里还出现了大型石料建筑物（如金字塔和城市的卫城）。大型石铺广场和堤道反映了这时候的建筑已有了一定的规模和水平。前古典时期的文明中心在中美洲的纳克贝和埃尔米拉多尔。古典时期文明发展的中心在危地马拉一带的蒂卡尔、帕伦克、博南帕克和科潘等地。这时的文化特征主要反映在建筑、雕刻和绘画上，其中博南帕克壁画是世界有名的艺术宝库。位于中美洲的玛雅古典文明中心，到 9 世纪时衰落了，原因不为人知。此后，玛雅文化北移到了墨西哥合众国的尤卡坦半岛，在那里进入了后古典文明时期。玛雅的后古典文明有奇钦伊察、乌斯马尔和玛雅潘三大中心。

迈锡尼文明

迈锡尼文明是希腊青铜时代晚期的文明，它由伯罗奔尼撒半岛的迈锡尼城而得名。约公元前 2000 年左右，希腊人开始在巴尔干半岛南端定居。从公元前 16 世纪上半叶起逐渐形成一些奴隶占有制国家，出现了迈锡尼文明。在伯罗奔尼撒半岛的迈锡尼、梯林斯、皮洛斯，中部希腊的忒拜、奥尔霍迈诺斯、格拉斯和雅典以及帖撒利亚的约尔科斯等地陆续出现过卫城、宫殿和规模宏大的圆顶墓；其中尤以迈锡尼的这类建筑最为雄伟，它的卫城入口是著名的狮子门。

古印度“哈拉巴文化”

20 世纪 90 年代，印度考古学家在印度河下游的摩亨佐·达罗土丘，发现了沉睡了几千年的古城遗址。后来，学者们在印度河上游的哈拉巴又发现了一座同时代的古城。两座古城的城址设计复杂，里面的文物宛如一幅幅迷人的画卷，使人们看到了作为世界文明发源地之一的古代印度高度发展的文化。这些古城文化被称为“哈拉巴文化”。

哈拉巴文化的中心是雄伟、庄严的哈拉巴和摩亨佐·达罗两座城市。它们是上古印度文明的见证。哈拉巴城址位于旁遮普地区拉维河（印度河的支流）的左岸。摩亨佐·达罗城址位于信德省（今巴基斯坦境内）的拉尔卡纳县，靠近印度河的右岸。两城所保留下来的文化遗物丰富多彩，在这里，既有刻有文字、图画的精美印章，也有计量重量的石头砝码、计算长度的介壳尺和青铜杆尺，还有金银珠宝、象牙装饰，以及各种青铜工具、武器等。这些令人惊叹的文物，显示出上古印度人民高度的创造才能。

光辉灿烂的哈拉巴文化是举世罕见的，它表明印度河流域当时已经具有高度的文明。然而，就是这样灿烂的文化在兴旺发达了几个世纪后，到公元前 1750 年，却突然衰落，有些地区还遭到了巨大的破坏。从此，印度河流域哈拉巴文明之光熄灭了。

犹太王国

公元前 12 世纪，从事游牧的希伯来人进入巴勒斯坦，形成部落联盟。后来北方各部落统一为以色列王国，南方各部落统一为犹太王国。大约公元前 10 世纪，犹太国王大卫统一两王国，建立以色列犹太国家，定都耶路撒冷。这是最早的犹太王国。大约公元前935年，国王所罗门死后，又分裂为两个国家，北部独立为以色列王国，南部由所罗门继承者统治，称犹太王国。公元前722年，以色列王国被亚述所消灭。公元前597年，新巴比伦和犹太之间的战争爆发。公元前586年，耶路撒冷被攻破，犹太王国灭亡。

波斯帝国

波斯位于今伊朗高原的西南部，波斯帝国曾是古代西亚地区的奴隶制国家。波斯商人的足迹遍及亚、欧、非三大洲。

在波斯帝国兴起前，伊朗高原先后出现过巴比伦和米堤亚两个国家。公元前558年，居鲁士二世统一了波斯各部落，打败了米堤亚王国，建立起了阿契美尼德王朝。公元前550年，居鲁士二世成为波斯王。公元前538年，波斯攻陷巴比伦，统一了整个西亚地区，同时不断对外扩张，波斯帝国在大流士一世统治时期达到极盛。它的疆域东起印度河，西至爱琴海，北达里海，南到埃及，成为当时地域空前的大帝国。

马其顿帝国

公元前5世纪至前4世纪，位于希腊北部的马其顿逐渐形成了统一的奴隶制王国。马其顿在腓力二世统治时期成为军事强国。公元前337年，腓力二世在科林斯召开希腊会议，确立了马其顿在希腊的霸权。后来在亚历山大当政期间，马其顿又先后消灭了波斯帝国，攻占埃及，远征印度，建立起了马其顿大帝国。公元前323年，亚历山大病逝，帝国随即分裂，埃及建立了托勒密王朝，西亚建立了塞琉西王朝，马其顿本土建立了安提柯王朝。

神圣罗马帝国

814年，被称为"罗马人的皇帝"的查理曼帝国国王查理大帝死了。30年后，他的3个孙子在凡尔登缔结了三分帝国的和约，莱茵河以东地区划归日耳曼路易，称东法兰克王国。919年，萨克森公爵亨利一世取得了东法兰克王国的政权，正式建立了德意志王国，开始了萨克森王朝在德意志的统治。961年，他出兵帮助教皇约翰十二镇压了反抗教皇的运动。教皇于962年加冕他为皇帝，并宣布新帝国为"神圣罗马帝国"。

卡叠什之战

公元前1299年，古埃及和赫梯为了争夺对西亚的控制权，在卡叠什展开的一场大战。卡叠什之战是历史最早的有记载的战争之一。

公元前1299年，埃及法老拉美西斯二世率领4个军团（共2万人）远征叙利亚。赫梯国王牟瓦塔尔也组织了约2万人的军队，埋伏在军事重镇卡叠什（今叙利亚首都大马士革东北）周围，然后派出奸细，诱使法老孤军深入。结果拉美西斯二世在卡迭石附近陷入了重围之中。

赫梯人以数倍的优势兵力对埃及军队发起了猛攻。拉美西斯二世一面派人去求援，一面组织人员拼死抵抗。不久，埃及援军赶到，拉美西斯二世将埃及军队排为三线：一线是战车，并有步兵配合；二线是步兵；三线战车和步兵各半，发起反攻。赫梯军队动用了后备的步兵和战车，并命令卡叠什中的8000守军也出城参战。双方杀得难分难解，最后赫梯军队退守卡叠什，埃及军队撤走。公元前1283年，双方签定了《卡叠什合约》，这是历史上第一个合约。

亚述的征服

亚述战争指的是公元前 8～前 7 世纪，西亚强国亚述发动的一系列对外扩张战争。

公元前 745 年，亚述王国进行了一系列的军事改革，亚述的军事力量迅速强大起来。亚述军队不仅装备了当时先进的铁制兵器，而且建成了一支兵种齐全的军队。

公元前 744 年，亚述军队征服了死敌乌拉尔图的东北同盟者米底部落。公元前 736 年，亚述军队南下围攻乌拉尔图的首都，但没有攻克。公元前 714 年，亚述军队攻陷乌拉尔图的宗教中心穆萨西尔，大肆掠夺，乌拉尔图元气大伤，再也无力与亚述抗衡，成为亚述的一个附属国。

为了争夺富饶的两河流域，亚述又将矛头指向了占据巴比伦城的迦勒底人。公元前 649 年，亚述军队苦战 3 后， 终于击败了巴比伦和埃兰联军。公元前 639 年，亚述攻入埃兰首都苏萨，埃兰沦为亚述属地。不久，亚述再次攻陷巴比伦。后来，亚述又击败了埃及，国力达到极盛。

由于亚述对西亚民族实行残暴的统治，激起了他们的强烈反抗。公元前 614 年，亚述被米底和迦勒底联军所灭。

阿克苏姆帝国

阿克苏姆帝国建于 2 世纪，它位于非洲东北部红海岸边。到 4 世纪时，阿克苏姆王埃扎纳统一了埃塞俄比亚北部，征服了苏丹的麦罗埃王国，成为东非和红海地区的统治者。阿克苏姆国盛行基督教，在埃扎纳统治时期，兴建了许多高大的独石柱尖顶塔。570 年，萨珊波斯侵占了阿克苏姆部分海岸属地和通商城市。7 世纪以后，阿拉伯国家兴起，东、西方贸易商路北移，红海贸易趋于衰落。再加上北方游牧民族贝扎人的侵扰，阿克苏姆国势日衰。1000 年左右，阿克苏姆国灭亡。

特洛伊战争

公元前 1500 年左右，希腊人的一支阿卡厘人在南希腊建立一些城邦，其中以迈锡尼最强。公元前 12 世纪初，迈锡尼联合其他城邦出征特洛伊城，特洛伊人顽强抵抗。该战争持续了 10 年，最后在“木马计”中结束。希腊人获胜后，毁灭了特洛伊城并大肆掳掠。希腊人虽胜，但也消耗了自己的力量，从此，迈锡尼诸城邦走向衰落。不久，另一支希腊人——多利亚人南下，征服了迈锡尼诸城邦。

波希战争

波希战争是古代波斯帝国为了扩张版图而入侵希腊的战争，战争以希腊获胜、波斯战败而告结束。

公元前 492 年，大流士一世率陆海大军远征希腊，但是海军在阿索斯海角遇到大风暴，陆军也遭到色雷斯人的袭击，出师不利，只好退回小亚细亚。公元前 490 年，大流士一世第二次入侵希腊，在马拉松会战中被击败。之后，双方积极扩军备战。公元前 480 年，大流士一世之子薛西斯一世率军第三次出征希腊，虽然人数之多、规模之大与前两次相比有过之而无不及，但是仍然惨遭挫败。波斯军第三次远征失败后，以雅典为首的希腊联军乘胜展开反攻。公元前 478 年，雅典联合爱琴海沿岸各城邦成立提洛同盟，之后连连挫败波斯军队。公元前 449 年，希波双方媾和，签订《卡利亚斯和约》，长达 40 余年的波希战争至此结束，雅典成为爱琴海地区的霸主。战争结束后，希腊进入奴隶社会繁荣时期，提洛同盟盟主更是进入了强盛时期。

希腊在波希战争里取胜，使得西方世界的中心由两河流域向地中海地区推移，希腊文明得以保存并发扬光大，成为日后西方文明的基础。而且希腊战胜亦确保了希腊诸城邦的独立及安全，使得希腊继续称霸东地中海数百年。波斯在这场战争里战败，使其对外扩张的气焰受挫，并逐渐走向衰落，最后被马其顿的亚历山大大帝所灭。

布匿战争

公元前 264 ~ 前 146 年，古代罗马与迦太基之间爆发了 3 次大规模的战争。因罗马人称迦太基人为"布匿"，所以这 3 次战争都被称为布匿战争。第一、二次布匿战争是交战双方为争夺西部地中海霸权而进行的扩张战争，第三次布匿战争则是罗马以强凌弱的侵略战争。

公元前 3 世纪时，迦太基是地中海西部强大的奴隶占有制国家。罗马于公元前 3 世纪上半叶统一意大利后，与迦太基形成对峙之势。两国因争夺西西里岛，引发第一次布匿战争爆发。公元前 219 年，汉尼拔攻击罗马在西班牙的盟友，罗马出面干涉，迦太基不肯退让。于是，第二次布匿战争爆发。

公元前 216 年，罗马选出了两位新的执政官——包路斯和瓦罗，他俩是主战派。这年 8 月，两位主帅与汉尼拔在坎尼决战。结果，罗马军大部分阵亡，被俘万余人，溃散逃脱者极少；汉尼拔损失仅 6000 人。这是西方军事史上的一个经典战例，充分体现了汉尼拔的天才。然而，罗马没有崩溃，他们一面紧急征召新的兵员（甚至包括奴隶），一面避开汉尼拔的锋芒，全力打击那些敢于投靠汉尼拔的意大利盟邦，连续毁灭了几个城市。汉尼拔不积极支持盟友，使他声名大损，整个意大利又倒向罗马。

公元前 210 年，罗马名将西庇阿使出釜底抽薪之计，直扑西班牙，占领了汉尼拔的基地。公元前 204 年，西庇阿又率军登陆北非，攻击迦太基本土，汉尼拔被迫撤离待了 15 年的意大利，率军回援。公元前 202 年，两军展开决战，汉尼拔战败并投降。第二年，双方签署合约，迦太基失去了军队，丧失了北非以外的所有领土，欠下了一笔分 50 年还清的巨额赔款。更屈辱的是，条约规定汉尼拔任凭罗马处置，汉尼拔被迫自杀。

尽管如此，罗马人仍然不愿放过迦太基，他们念念不忘的，就是彻底毁灭这个敌人。公元前 149 年，第三次布匿战争爆发，罗马人的刀锋直指迦太基城。已经没什么军力的迦太基人仍然奋勇抵抗了 2 年。第三年，瘟疫降临，迦太基人口锐减，罗马军队破城而入。经过六天六夜的巷战，迦太基陷落了，8.5 万人殉国。战后，60 万迦太基人中的 5 万幸存者沦为奴隶，城市被夷平。

至此，一个伟大的文明古国、一座辉煌数百年的名城、一群勤劳智慧的人民，便不复存在了。

斯巴达克起义

斯巴达克起义是公元前 73 年罗马爆发的一次奴隶大起义，是世界古代史上最大的一次奴隶起义。

斯巴达克是色雷斯（今保加利亚一带）人，在战斗中被罗马人俘虏，被卖到卡普亚城一所角斗士学校当角斗士。斯巴达克不堪忍受角斗士学校里非人的待遇，率领

70 多名角斗士发动起义，逃往维苏威山区。周围许多逃亡奴隶和破产农民都纷纷前来投奔，起义队伍不断发展壮大，多次击败罗马人的军队。

斯巴达克希望率领起义军北上翻越阿尔卑斯山，返回家园。但在翻越阿尔卑斯山时遇到了困难，斯巴达克改变计划，挥师南下，希望前往西西里岛。但由于缺乏船只也只好作罢。在阿普里亚省南部，起义军和罗马军队展开了总决战。由于寡不敌众，斯巴达克战死，起义失败。

斯巴达克起义军在战斗中能组织好步兵和骑兵的协同进攻，力求夺取和掌握主动权。行军时隐蔽迅速，设置埋伏，实施突袭，对敌人实行各个击破战术，多次打退罗马精锐部队，对后来的奴隶起义提供了许多宝贵的经验。

英法百年战争

自从 1066 年法国诺曼底公爵征服英国成为英国国王以后，英法两国的封建主在王位继承和领地归属的问题上分歧不断，最终引起了一场持续 100 多年的战争，史称"百年战争"。

英国王室在法国占有大量的领土，法国国王在 12、13 世纪逐渐夺回一部分，但英国仍占据法国南部部分地区，成为阻碍法国政治统一的最大障碍。另外，富庶的佛兰德尔是当时欧洲商业和手工业最发达的地区，也是两国争夺的焦点。

1337 年，法王腓力六世宣布收回英王在法国的领地，而英王爱德华三世也以法王腓力四世外孙的资格，争夺法国王位，战争由此爆发了。

1428 年，英军再度入侵法国，席卷法国北部，包围了通往南方门户的奥尔良。

就在这时，法国民众在女英雄贞德的率领下奋起抗战。在贞德率领的农民军的支持下，查理七世转败为胜，于 1436 年收复巴黎。1453 年，英法两军在波尔多附近决战，法国大获全胜。英国在法国的领地除加来港外全部被法国收回，英法百年战争结束。

百年战争，不论对英国还是法国人民来说都是一场灾难，当时又是黑死病流行的时代，在战争和疫病的双重打击下，英法两国的经济大受创伤，民不聊生。百年战争结束之年也被认为是中世纪结束的标志之一。

普奥鲁腾之战

18 世纪的普鲁士，在地理上处于法、奥、俄、瑞等欧洲列强的包围之中。1740 年 5 月，新国王腓特烈总想改变这种战略上的不利态势，便派兵夺取了奥国的西里西亚。以奥为首的 5 国迅速组成联盟，出动 50 万大军，从各方面围剿普鲁士。在奥地利的鲁腾，腓特烈指挥有方，以劣势兵力，歼灭了 3 倍于自己的奥军，重新获得了西里西亚，也彻底瓦解了联军的战略包围，拯救了危亡中的普鲁士。这一战唤起了普鲁士人的德意志民族意识，增强了他们的民族凝聚力，从此，普鲁士走上了统一的建国之路。

美国南北战争

美国的南北战争是 1861 年 4 月到 1865 年 4 月，美国南方与北方之间进行的战争，又称美国内战。在南方，坚持战争的只是种植场奴隶主，他们进行战争的目的是把奴隶制度扩大到全国，而北方资产阶级的目的在于打败南方，以便恢复全国的统一。

19 世纪中叶，美国北部自由劳动制度与南部奴隶制度之间的矛盾发展到不可调和的地步，南部奴隶制度成为美国社会经济发展的主要障碍，南北之间的斗争在西部土地的争夺中表现得最为激烈。

林肯就任总统后，曾试图同奴隶主谋求和解，劝告不要破坏联邦的统一，但是南方人不愿做任何妥协。1860年4月12日，南部同盟开炮轰击塞姆特要塞，公开挑起内战。1861年4月15日，林肯发布宣言，宣布南部各州叛乱，号召人民为恢复联邦的统一而战。

战争分为两个阶段，第一阶段由于南方军事准备比较充分及北方的轻敌，南方奴隶主控制着战局的主动权。第二阶段由于林肯政府采取了解放奴隶、实施《宅地法》等一系列革命性措施，战局向有利于北方的方向发展。1865年4月3日，北方攻占南部同盟的首都里士满，9日，南军总司令李将军在弗吉尼亚州的阿波马托克斯法院小村向格兰特将军投降。历时4年之久的南北战争宣告结束。

南北战争是美国历史上的第二次革命，扫除了奴隶制障碍，美国完全确立了资本主义制度的统治地位。从此，美国资本主义经济以前所未有的速度发展起来，逐渐成为世界上经济力量最强大的国家。

巴黎公社

1871年3月18日巴黎工人起义，夺取了政权，梯也尔政府逃往凡尔赛。26日进行了巴黎公社委员会的选举，28日正式成立巴黎公社。布朗基派、新雅各宾派（多数派）和蒲鲁东派（少数派）掌握公社委员会的领导权。公社砸碎资产阶级军事官僚机器，废除征兵制，取消旧的警察机构、法院、旧官僚制度等；建立了公社委员会及其分工领导的10个委员会作为无产阶级自己的政府，兼管立法与行政权。公社颁

布一系列法令保护工人利益，重视发展人民的文化教育事业。5月27日，凡尔赛反革命军在普鲁士军队的帮助下，攻入巴黎。经过激烈的巷战，28日公社失败。巴黎公社在工人运动和共产主义运动史上占有极其重要的地位，为国际共产主义运动留下了极宝贵的经验。

十月革命

1917年11月7日，随着"阿芙乐尔"号的一声炮响，攻打冬宫这座沙皇专制统治的堡垒的战斗开始了，十月革命爆发。

攻占冬宫是一场非常艰苦的战斗。从11月7日清晨起，守卫冬宫的2000多人，用成垛的木头排成坚固的街垒，街垒里布置着机枪巢，堵住了冬宫的全部出入口。但攻打冬宫战役的指挥官安东诺夫不惧危难，亲自率领起义部队，冲进广场，冲向宫门。经过激战，起义部队终于攻占了冬宫。

11月8日晚上9点钟，苏维埃代表大会第二次会议在斯莫尔尼宫开幕。代表大会通过了列宁起草的《和平法令》和《土地法令》，发表了《告工人、士兵和农民书》，庄严宣告俄国一切政权归苏维埃。列宁当选为苏维埃政府人民委员会主席。斯大林、安东诺夫等被选为人民委员。十月革命取得了胜利，人类历史上第一个工农政府诞生了。

第一次世界大战

第一次世界大战是一场主要发生在欧洲但波及到全世界的世界大战。当时世界上大多数国家都卷入了这场战争。

战争过程主要是同盟国和协约国之间的战斗。德意志帝国和奥匈帝国是同盟国，英国、法国、意大利、俄罗斯帝国和塞尔维亚是协约国。在1914年至1918年间，亚

洲、欧洲和美洲的很多其他国家都加入了协约国。战场主要在欧洲。值得注意的是意大利虽是同盟国，但是后来英国、法国及俄国与意大利签订密约，承诺给予意大利某些土地，意大利也加入了协约国对抗同盟国。

这场战争是欧洲历史上破坏性最强的战争之一。大约有 6500 万人参战，1000 万人失去了生命，2000 万人受伤。

战争的导火索是 1914 年 6 月的萨拉热窝事件，战线主要分为东线（俄国对德奥作战）、西线（英法比对德作战）和南线（又称巴尔干战线，塞尔维亚对奥匈帝国作战）。其中西线最惨烈，著名的战役有马恩河战役、凡尔登战役和索姆河战役。

第二次世界大战

1939 年 8 月 31 日，一队化装成波兰军队的德国法西斯党卫队队员，袭击并"占领"了德国自己的格兰茨电台，于是，希特勒宣称波兰侵略了德国。9 月 1 日凌晨 4 时 45 分，德国出动大军——62 个师、2800 辆坦克、2000 架飞机和 6000 门大炮，袭击波兰。希特勒的"闪电"战术，使波兰军队措手不及，波兰陷入一片混乱。9 月底，波兰军队全军覆没，德军占领波兰。

英、法是波兰的盟国，两国政府要求德

第二次世界大战中，盟军在诺曼底登陆的场面。

国停止军事行动，遭到拒绝后，不得不于 9 月 3 日对德宣战。第二次世界大战爆发，直至 1945 年 8 月 15 日法西斯的投降才宣告结束。

第二次世界大战是一场规模空前的战争，给全世界人民带来了空前的巨大灾难。据统计，全球 60% 的国家、4/5 的人口卷入战争，战火遍及亚洲、欧洲、美洲及大洋洲，大战造成约 6000 万人死亡，物资损失超过 40000 亿美元。但最终，正义战胜邪恶，横扫一时的德、日、意三个法西斯国家被彻底打败，人类文明得以拯救，世界恢复了和平。从此，世界历史进入一个新阶段。

"冷战"

"冷战"指西方资本主义集团对社会主义国家进行的封锁等非武装的对抗行为，后来逐渐发展成为苏联、美国两个超级大国的争霸。第二次世界大战结束后不久，以美国为首的西方政治集团，竭力想颠覆新生的社会主义国家。他们不仅通过战争，即所谓"热战"，还依靠除军事对抗形式之外的一切形式反对社会主义的活动，其表现为组建军事集团、进行军备竞赛、在国外建立军事基地、干涉他国内政、扶植代理人进行局部战争等。"冷战"成为特定历史条件下的一种状态，与"热战"一词相对应。

"冷战"这个词起源于 1947 年 4 月 16 日伯纳德·巴鲁克在南卡罗纳奇伦比亚的一次演说。此外，1946 年丘吉尔访问美国，在这次访问中他发表了著名的"铁幕"演说："从波罗的海边的什切青到亚得里亚海边的里维斯特，一幅横跨欧洲大陆的铁幕已经拉下。"由此间接表示"冷战"的开始。

到 20 世纪 90 年代苏联解体、东欧剧变之后，国际社会几乎一致认为"冷战"时期已基本结束。

天文历法篇

北斗七星

北斗是由天枢、天璇、天玑、天权、玉衡、开阳、摇光七星组成的。古人把这七星联系起来想象成为古代舀酒的斗形。天枢、天璇、天玑、天权组成为斗身，古曰魁；玉衡、开阳、摇光组成为斗柄，古曰杓。

北斗星在不同的季节和夜晚不同的时间，出现于天空不同的方位，所以古人就根据初昏时斗柄所指的方向来决定季节：斗柄指东，天下皆春；斗柄指南，天下皆夏；斗柄指西，天下皆秋；斗柄指北，天下皆冬。

观象授时

观象授时，即通过观察天象来确定时间和创制历法。因为节令的测定与农业生产直接相关，所以制定准确的历法是农业社会的一件大事，而考察时序的基本途径就是观测天象，因此古人对其极为重视。《尚书·尧典》在叙述尧治理天下的具体活动时，所记载的首要一项就是派人观测天象，制定历法："乃命羲、和，钦若昊天，历象日月星辰，敬授民时……期三百有六旬有六日，以闰月定四时成岁。"这段话还表明，在尧的时期，观象授时的方法已经成熟，原始的历法在那个时期也已经形成，人们在从事农业生产的时候可以不再依凭直觉，或者随机行事，而是有了可靠的指导，这意味着农业生产已经

进入了一个相对发达的阶段。

天文历法与政权

中国是一个历史悠久的农业国家，向来以农立国，而农业生产发展的最初一次跨越就是历法的制定，因为这意味着人们从事农业活动有了可靠的规律性的指导，避免了劳作的盲目性，从而大大提高了生产效率。统治者治理天下的一项根本的任务就是促成自身治下的社会生产的发展，由是，历法也就与政权密切关联，掌握优越的历法可以说是执掌政权的一项基础。《论语·尧曰第二十》记载："尧曰：'咨！尔舜！天之历数在尔躬，允执其中。四海困穷，天禄永终。'舜亦以命禹。"这是尧在准备将治理天下的大任交给舜的时候所做的交代，其中特别强调的一点就是"天之历数"，而舜在禅位给禹的时候也是如此传教，可见历法在当时对于治理天下的极端重要性。建安七子之一徐幹所著的《中论·历数篇》亦说："昔者圣王之造历数也，察纪律之行，观运机之动，原星辰之迭中，瘄暑景之长短……然后元首齐乎上，中朔正乎下，寒暑顺序，四时不忒。"然后又着重指出："夫历数者，先王以宪杀生之萌，而诏作事之节也，使万国不失其业者也。"《史记·历书》也说："盖黄帝考定星历，

建立五行，起消息，正闰馀，于是有天地神祇物类之官，是谓五官。各司其序，不相乱也。民是以能有信，神是以能有明德。民神异业，敬而不渎，故神降之嘉生，民以物享，灾祸不生，所求不匮。"黄帝考定星历，制定历法，由此而奠定了天下之清明有序的基础。这些记载和论述无一不表明了天文历法与政权之间的密切关系。

灾异与人事

中国分布着广泛的地震带，又位于东亚季风区，地震和水旱灾害十分频繁，而且程度相当严重，历代关于灾异的记载可谓不绝史篇。中国古代对于灾异所持的一项基本观点就是"天人感应"，或者说是"天人合一"，就是认为灾异的发生与人事密切相关。古人将祥瑞和灾异都看作是上天旨意的显示，而帝王被称为天子，是秉承天意来治理万民的，所以天象就与帝王的作为有着直接的关系。有祥瑞出现，当然是大吉之象，彪炳着帝王的德政，而发生灾异的时候，则意味着帝王的失德，因而遭到了上天的谴告，这个时候皇帝往往就要躬身自省，并且下罪己诏扬布天下，以示悔过，请求上天的宽恕。天人感应的思想在先秦时期就已萌生，而西汉的董仲舒则将其发展成为一套理论体系。他说："美事召美类，恶事召恶类，类之相应而起也……帝王之将兴也，其美祥亦先见；其将亡也，妖孽亦先见。物故以类相召也。"又说："天地之物，有不常之变者，谓之异。小者谓之灾。灾常先至，而异乃随之。灾者，天之谴也；异者，天之威也。谴之而不知，乃畏之以威。《诗》云：'畏天之威。'殆此谓也。'"他还进一步指出："《春秋》之中，视前世已行之事，以观天人相与之际，

甚可畏也。国家将有失道之败，而天乃先出灾害以谴告之，不知自省，又出怪异以警惧之，尚不知变，而伤败乃至。"这种人事决定灾异而灾异昭谴人事的观念当然是一种谬见，但是在历史上也确曾发挥过一定的积极影响，对某些统治者的行为起到了一定的约束作用。

受天命，改正朔

正，指的是一年之首。朔，指的是一月之首。"正朔"合称，代指历法。"受天命，改正朔"，说的是每当改朝换代的时候要取用新的历法，而这种改变是秉承天意的。《礼记·大传》记载："立权度量，考文章，改正朔，易服色，殊徽号，异器械，别衣服，此其所得与民变革者也。"讲的是立朝之初新王所要进行的一系列改革内容，改正朔是其中之一。孔颖达注疏说："改正朔者，正谓年始，朔谓月初，言王者得政，示从我始，改故用新，随寅、丑、子所建也。周子，殷丑，夏寅，是改正也；周夜半，殷鸡鸣，夏平旦，是易朔也。"之所以要进行这些改革，是因为这意味着新王朝的建立是一个新的开始，也就是所谓的"革故鼎新"。夏代是以寅月为正的，也就是当今所讲的正月（因为现在的农历沿用的就是夏正）；而商代是以丑月为正的，即夏历的十二月；周代又以子月为正，就是夏历的十一月；到了秦代，又改为以夏历的十月为正。汉初袭用秦代的正朔，汉武帝元封六年（前104年），改用太初历，取夏正，此后历代都沿用夏正，仅在武则天称帝时取用周正。

日、气、朔

日、气、朔，是中国古代历法的3种

基本元素。"日"，就是一个太阳日，为24小时。"气"，指的是二十四节气，也就是从冬至开始，到下一个冬至，是一个回归年，一个回归年划为24份，称为二十四节气。其中，冬至和其后依次相隔一位的节气，如大寒、雨水、春分等叫作"中气"，相应的，小寒、立春、惊蛰等则叫作"节气"（有时为了简洁，也将中气称为"气"，而将节气称为"节"）。"气"又分作两种，按时间等分的叫"平气"，按一年中太阳所走的路程等分的叫"定气"。"气"体现着历法中阳历的成分，而"朔"则体现着历法中阴历的成分。"朔"指的是日、月的黄道经度相同的时刻，也就是阴历每月初一的时候日、月之间的位置关系所体现出来的月相。月亮绕地球运动的速度是不均匀的，太阳周年视运动的速度也是不均匀的，因此，朔出现的时间也是不相等的，但是凭借长期的观测统计，可以求得一个相对稳定的平均值，这个平均值就称为一个朔望月。根据朔望月推算出来的朔，叫"平朔"；对平朔由日、月不均匀运动所造成的偏差进行修正而得到的真实的朔，称为"定朔"。中国古代历法自有"气"、"朔"以来，从春秋、战国时代到唐初，使用的是平气和平朔；从唐初到明末，使用的是平气和定朔；清代以后，使用的就是定气和定朔。

干支计时纪年

干是指天干，支是指地支。天干共10个，所以又称为"十干"，顺序为：甲、乙、丙、丁、戊、己、庚、辛、壬、癸；地支共12个，顺序为：子、丑、寅、卯、辰、巳、午、未、申、酉、戊、亥。其中甲、丙、戊、庚、壬是阳干，乙、丁、己、辛、癸是阴干。子、寅、辰、

午、申、戊是阳支，丑、卯、巳、未、酉、亥是阴支。

在夏历中，干支用来编排年号和日期。具体方法为以一个天干和一个地支相配，天干在前，地支在后，天干从甲开始，地支从子开始，阳干对阳支，阴干对阴支（阳干不配阴支，阴干不配阳支），60年一周期，称为"六十甲子"或"花甲子"。天干表示年、月、日、时的次序，地支用来纪月、纪时。地支纪月就是把冬至所在的月称为子月，以下依次排列。地支纪时就是把一日分为12个时段，分别以十二地支表示，称十二时辰。

古人就是以六十甲子循环来纪年、纪月、纪日、纪时。

"天文志"与"五行志"

"天文志"和"五行志"为正史之中志类的两种，开创于《汉书》，为后代史书所继承。

"天文志"是对包括星运、日食、月食等各种天文现象的记录，而在《汉书》之前，《史记》中就已经有了《天官书》，系统地总结了汉代以前的天文知识和天文事件。《汉书》中的"天文志"秉承而来，保存了上古至汉哀帝元寿年间的丰富的天文资料，具有极高的史学和科学价值。此后的史家也保持了这一优秀的传统，使得历代的"天文志"一脉相承，使中国成为世界上古代天文文献最为丰富的国家。

"五行志"记载的是各种自然灾害和奇异现象，配以五行学说进行论述，具有浓厚的迷信色彩，因而遭致了猛烈的批评，可是这并不能掩盖"五行志"的宝贵价值，虽然其中的论说有相当大的一部分是虚妄的，但是这些论说都是以事实为依托的，

也就是说，"五行志"保存了大量的自然科技史的原始材料，其中涉及到地震、水灾、旱灾、雹灾、蝗灾、怪雨、日食、彗星、太阳黑子、陨石、奇异的生命现象、冶炼事故等十分广泛的内容，许多为后世所重视的科学现象最初都是记载于"五行志"中的。另一方面，"五行志"还具有重要的思想史价值，从一个特别的角度为人们研究各个时期的社会思想提供了宝贵的文献资料。

三垣与四象

三垣，即紫微垣、太微垣和天市垣，是中国古代划分星空的星官，每垣都是一个比较大的天区，内含若干小的星官（或称为星座）。紫微垣是三垣的中垣，包括北天极附近的天区，在北斗东北，居于北天中央，所以又称中宫，或紫微宫，即皇宫的意思；以北极星为中枢，有星15颗，东西排列，成屏藩形状，各星多数以官名命名。它的天区大致相当于现今国际通用的小熊、大熊、天龙、猎犬、牧夫、武仙、仙王、仙后、英仙、鹿豹等星座。太微垣是三垣的上垣，位居于紫微垣之下的东北方，在北斗之南，轸宿和翼宿之北，有星10颗，以五帝座为中枢，成屏藩形状。太微即政府的意思，星名亦多用官名命名，它的天区包含室女、后发、狮子等星座。天市垣是三垣的下垣，位居紫微垣之下的东南方向，在房宿和心宿东北，有星22颗，以帝座为中枢，成屏藩形状，它的天区包括蛇夫、武仙、巨蛇、天鹰等星座。四象，即青龙（又称苍龙）、白虎、朱雀、玄武，分别代表东、西、南、北四个方向，用来划分天上的星区。这是古人把二十八宿中每一个方位的七个星宿联系起来加以想象

而成的四种动物的形象而得来的。

二十八宿

二十八宿是中国古人认识星辰和观测天象对天上恒星的划分，类似西方的星座，又称为二十八星或二十八舍。"宿"表示日月五星所在的位置。古时候的人们根据它们的出没和中天时间定四时，安排农事活动。

二十八宿分成4组，与东、北、西、南四宫和动物命名的四象相配。它们是东宫青龙，包括角、亢、氐、房、心、尾、箕七宿；西宫白虎，包括奎、娄、胃、昴、毕、觜、参七宿；南宫朱雀，包括井、鬼、柳、星、张、翼、轸七宿。北宫玄武，包括斗、牛、女、虚、危、室、壁七宿。与它们关系密切的一些星官（意为一组星），如坟墓、离宫、附耳、伐、钺、积尸、右辖、左辖、长沙、神宫等，分别附属于房、危、室、毕、参、井、鬼、轸、尾等宿，称辅官或辅座。唐朝时，包括二十八宿和辅官在内的星共有183颗。

最早记录二十八宿的是春秋时期的《尚书·尧典》。现存对二十八宿最完整的记录发现于湖北省随县战国古墓（葬于公元前433年）的漆箱盖上，它记录了二十八宿的全部名称。

星野

星野指的是与天上的星象相对应的地面的区域。《史记·天官书》说："天则有列宿，地则有州域。"人们用天上二十八宿的方位来对照地面的区域，某个星宿对着地面的某个区域，叫作某地在某星的分野。王勃在《滕王阁序》中说："豫章故郡，洪都新府。星分翼轸，地接衡庐。""翼"和"轸"分别是南方朱雀七

宿中的第六宿和第七宿，"星分翼轸"的意思就是洪州属于翼、轸二宿所对应的地面区域。李白的《蜀道难》中有"扪参历井仰胁息"的句子，其中的"参"和"井"指的是星宿，参宿是秦的分野，井宿是蜀的分野，李白由秦入蜀，所以说"扪参历井"。二十八宿是人们对于天空星区的划分，东西南北四个方向各有七宿，而又将其更为具体地分成九野。即中央钧天：角宿、亢宿、氐宿，东方苍天：房宿、心宿、尾宿，东北变天：箕宿、斗宿、牛宿，北方玄天：女宿、虚宿、危宿、室宿，西北幽天：壁宿、奎宿、娄宿，西方颢天：胃宿、昴宿、毕宿，西南朱天：觜宿、参宿、井宿，南方炎天：鬼宿、柳宿、星宿，东南阳天：张宿、翼宿、轸宿。这九野的方位分别对应于地上的方位，就构成了星野的划分，如前面提到的翼、轸二宿，属于东南阳天，洪州位于中国的东南，正与翼、轸二宿相对应，而参、井二宿则属于西南朱天，与秦、蜀地区相对应。

古代的星图

星图是观测恒星的一种形象记录，是天文学上用来认星和指示位置的一种重要工具。中国古代天文学非常先进，有绘制星图的传统。

世界上最早的星图是唐中宗时期（705～710 年）绘制的敦煌星图，上面绘有 1350 多颗星。1907 年被斯坦因盗走，现藏于英国伦敦博物馆。

最早的石刻星图是从五代（907～960 年）吴越王钱元瓘的墓中出土的。石刻星象图刻有二十八宿和拱极星等星宿。1247 年，南宋天文学家根据北宋年间的观测结果，刻制了一副比较齐全的石刻星图，图中共有 1440 颗星，以及银河和二十八宿距星的经线 28 条，现藏于江苏省苏州市博物馆。

现在发现的最早的彗星图是 1973 年从湖南长沙马王堆三号汉墓中出土的一部帛书。在这部帛书中，绘制了 29 幅不同形状的彗星图。每幅彗星图下面都写有占卜的文字，每条占卜文字的开头都写着彗星的名称。这部帛书距今已有 2200 多年，是世界上最早的彗星图。

彗星、行星的运行记载

彗星，在中国古代称为星孛、蓬星、长星等，据《春秋》记载，鲁文公十四年（前 613 年）"秋七月，有星孛入于北斗"。这是世界上最早的关于彗星的记载，此星孛即哈雷彗星。哈雷彗星的运行周期为 76 年，从秦王嬴政七年到清宣统二年（前 240～1910 年）的 2000 多年间，哈雷彗星共回归过 29 次，每一次中国都进行了记录，并且记录得很详细。例如《汉书·五行志》对出现于汉成帝元延元年（前 12 年）的彗星做了这样的记载："元延元年七月辛未，有星孛于东井，践五诸侯，出河戍北，行轩辕、太微，后日六度有余，晨出东方。十三日，夕见西方……南游度犯大角、摄提，至天市而按节徐行，炎入市中，旬而后西去；五十六日与苍龙俱伏。"据统计，中国古代对彗星的记载多达 500 次以上，是世界上古代彗星记录资料最为完备的国家。

在古代，行星指的就是金星、木星、水星、火星和土星。中国对行星的观测也有着久远的历史，在甲骨文中就有了关于木星的记载，而到了秦汉时期，人们已经观测和推算出五大行星的运行周期。马王堆汉墓出土的帛书《五星占》中详细地记载着从秦王嬴政元年（前 246 年）至汉吕后元年（前187年）这60年间木星的位置和从秦王嬴政元年至汉文帝三年（前177年）这70年中土星与金星的位置，还记录了五大行星的回合周期。例如，土星"日行八分，卅日而行一度……卅岁一周于天"，意思是说，土星的会合周期为377日，这比当今的测量值378.09日小1.09日；再如，帛书上记载的金星的会合期折算之后为584.4日，这比现在的精确数据只多了0.48日。总之，史籍中关于彗星和行星的记载标志着中国古代天文学卓越的成就。

黄道与黄道吉日

黄道，指的是一年当中太阳在天球（即一个假想的与地球同心的无限大半径的圆球）中的视路径，或者说是太阳在天空中穿行的视觉轨迹的大圆，从另一个角度来说，也就是地球公转轨道面在地球上的投影。平常所说的12星座，指的就是黄道十二宫，即位于黄道带上的十二个星座，人们可以根据太阳处于黄道上的何种位置来判断季节和日期。古时，星象不仅用来推算历法，还用来预测吉凶，人们把日辰的十二地支分别与十二星宿天神相配，称之为某神值日。即子日青龙、丑日明堂、寅日天刑、卯日朱雀、辰日金匮、巳日天德、午日白虎、未日玉堂、申日天牢、酉日玄武、戌日司命、亥日勾陈，其中青龙、明堂、金匮、天德、玉堂、司命这六个星宿是吉神，称其为"六黄道"，其余的则为"六黑道"。当"六黄道"值日之时，诸事皆宜，不避凶忌，也就是所谓的"黄道吉日"。黄道吉日后来又泛指宜于办事的好日子。

古人对地震的解释

中国有文字记载的最早一次地震发生在周幽王二年，即公元前780年，震中位于陕西的岐山，正是周朝的国都区域所在，这是一次非常严重的地震，引起国人的强烈震恐。《史记·周本纪》记载，当时的太史伯阳甫认为："周将亡矣。夫天地之气，不失其序；若过其序，民乱之也。阳伏而不能出，阴迫而不能蒸，于是有地震。今三川实震，是阳失其所而填阴也。"伯阳甫认为这次地震灾异是由"阴阳失衡"所导致的，这也是中国古代关于地震成因的主流观点，此种解释在史籍中屡见不鲜，如《汉书·杜钦传》记载："臣闻日蚀、地震，阳微阴盛也。臣者，君之阴也；子者，父之阴也；妻者，夫之阴也。"强度高的地震有着巨大的破坏性，古人尚未能够揭示地震发生的客观成因，于是纷纷附以"天人感应"之说，认为这是上天对人类的一种警示，是对人类为恶的一种惩罚，而承担主要责任的则是君王，于是每当地震发生的时候，皇帝往往引以自责，例如《清史稿·世祖本纪二》记载："自古变不虚生，率由人事。朕亲政七载，政事有乖，致灾谴见告，地震有声。朕躬修省，文武群臣

地动仪模型

亦宜协心尽职。朕有阙失,辅臣陈奏毋隐。"这里讲的就是清朝顺治皇帝在地震发生之后所作的自谴。古人还经常把地震与许多怪异的现象联系在一起,有时也把地震所引发的某些自然现象当成一种信号来看待,以为上天显灵,指意于人,例如《晋书·冯跋载记》记载,闵尚看到地震中的建筑物都向右倒,便据此认为人们都应当向西方逃移。当然,在这种"阴阳失衡"、"天人感应"的主流解释之外,也有人提出了其他的看法,例如《晏子春秋·外篇》记载:"吾见勾星在房、心之间,地其动乎?"也就是说晏子认为地震的发生与勾星位于房宿和心宿之间的这种天象有关。众所周知,月球的运行与地球上的潮汐现象有关,那么其他星球的运行是否可能会与地震的发生有关呢?尽管这只是一种猜测,没有得到科学的验证,但是为人们认识地震的成因打开了另一种思路。再如,《艺文类聚·海水》记载了庄子的有关看法,他说:"海水三岁一周流,波相薄(搏),故地动。"就是说,大海三年周流一遭,海波相搏击而积聚了巨大的能量,这种能量传递给了大地,因而造成了地震。这也可以看作是关于地震成因的另一种假说。事实上,地震的成因非常复杂,当今地震研究虽然已经摆脱了古人只能进行臆测的初级阶段,但是远远没有将其中的奥秘完全探究清楚,这还有待于人们的进一步努力和科学的进一步发展。

二十四节气

古人根据季节更替和气候变化的规律,把一年分为 24 个节气。

立春:即春季的开始。雨水:降雨开始。惊蛰:指春雷惊醒了蛰伏在土中冬眠的动物。春分:表示昼夜平分。清明:天气晴朗。谷雨:雨生百谷。立夏:夏季开始。小满:麦类等作物籽粒开始饱满。芒种:麦类等有芒作物成熟。夏至:夏天来临。小暑:气候开始炎热。大暑:一年中最热的时候。立秋:秋季开始。处暑:暑天结束。白露:天气转凉,露凝而白。秋分:昼夜平分。寒露:露水以寒,将要结冰。霜降:开始有霜。立冬:冬季开始。小雪:开始下雪。大雪:降雪增多。冬至:冬天来临。小寒:气候开始寒冷。大寒:一年中最冷的时候。

为了便于记忆,人们编了二十四节气歌诀:春雨惊春清谷天,夏满芒夏暑相连。秋处露秋寒霜降,冬雪雪冬小大寒。

二十四节气最早出现在商朝,是中国历法的独创,几千年来对中国农业发展起了重要作用。

黄历

黄历,即黄帝历,相传为黄帝创制,为中国最早的历法。因为黄历的使用范围很广,在上古时期通行时间又很长,所以人们以后也把其他历书习称为"黄历",并且这一称呼一直沿用下来。黄历的制定以天象观测和农时经验为基础,是一种阴阳合历,将一年分为春、夏、秋、冬四季,以子建月,也就是以阴历十一月为岁首。黄历对于指导人们的农业生产有着重要的作用,也奠定了后世历书的基础,但是在流传过程中也加入了诸如吉凶、宜忌、冲煞、方位、流年、太岁等迷信的内容,尽管在历史上曾被禁止,然而这些内容在当今的历书中依然流行。在历法中还有一个"皇历"的概念,经常与"黄历"相混淆,"皇历"指的是官方颁布的历书。唐文宗大和(又作"太和")九年(835 年),皇帝下令编制了中国最早雕版印刷的历书宣明历，并且规定今后历书必须由皇帝亲自审定，同时由官方印刷。从此，历书就被称为"皇历"。"黄历"与"皇历"的原本含义截然不同，但是由于都用作历书的代称，两者读音又相同，所以后来就被混同起来，当今提起传统历书的时候，有时写作"黄历"，有时又写为"皇历"，但是都脱离了原来的含义，变得不相区分了。

阴历与阳历

按月相周期来排定的历法，叫作太阴历，简称为阴历；以太阳视运动为依据而设置的历法，叫作太阳历，简称为阳历。阴历定月的依据是月球的运动规律：月球运行的轨道，叫作白道；太阳在地球上的周年视运动轨迹，叫作黄道。白道与黄道以五度九分而斜交，月球绕地球一周，出没于黄道两次，用时二十七日七小时四十三分十一秒半，这是月球公转一周所需的时间，天文学上称为"恒星月"。而当月球环绕地球运动的时候，地球的位置因公转也发生变动，因此，月球从朔到望，实际所需的时间是二十九日十二时四十四分二秒八，这一时间称为"朔望月"，也就是阴历的一个月。现在通常所说的阴历指的是夏历，因于农时密切相关，所以又叫农历，但是夏历有闰月的设置，并不是一种纯粹的阴历。阳历是根据太阳直射点的运行周期而制定的，其平均历年为一个回归年，分为平年和闰年两种，闰年比平年多出一天。通常所说的阳历，即格里历，是现代国际通行的历法，因而又称之为公历。阳历的一年实际上并非刚好是365日，而是365.242199174日，因此每四年设置一次闰年，这样就将年度的平均时间修正

为365.25日，但仍有一定的误差，因此每一百年再减少一个闰年，而每四百年再加回一个闰年，最后修正为365.2425日，这样出现一天时间的误差大约需要3000年，可以说是已经相当精确的了。

夏历、周历和秦历

夏历，即夏朝制定和应用的历法，习惯上也称为农历、阴历，但实际上属于一种阴阳合历，因为夏历在朔望月这一方面取用的是阴历的原则，而在设置闰月以使平均历年为一个回归年这一方面则显示出阳历的成分。当今仍在使用的阴历常常被认为是夏历，而实际上取用的只是夏正，也就是一年的开始一天与夏历是一致的，至于每月的设置情况与夏历是有着一定差异的，即使称之为夏历，也并非是4000年前夏朝时候历法的原初面貌的，而是经过修正和改订过的夏历。周历和秦历与夏历基本上是一致的，区别在于岁首的不同，周历以夏历的十一月为岁首，而秦历则以夏历的十月为岁首。先秦时期，几种历法并用，所以在古籍中常常会见到因所依历法不同而产生的记月的差异，这是值得注意之处。

太初历

太初历创制于西汉，中国第一部完整的历法，也是当时世界上最先进的历法。元封六年（公元前104年），经司马迁等人提议，汉武帝下令改定历法，将先前沿用的误差较大的颛顼历改为太初历。太初历由天文学家落下闳、邓平等人制订，这部历法规定，一年为365.2502日，一月为29.53086日，将原来的以十月为岁首改为以正月为岁首，开始采用有利于农业生产

的二十四节气，以没有中气（即雨水、春分、谷雨等二十四节气中偶数位的节气）的月份为闰月，由此调整了太阳周天与阴历纪月不相合的矛盾，并且根据天象实测和多年来史官的记录，推算出 135 个月的日食周期。太初历在刚刚行用时，受到一些人的反对，为了验证太初历是否符合实际的天象，朝廷组织了一次为期 3 年的天文观测，同时校验太初历和古六历（即黄帝历、颛顼历、夏历、殷历、周历和鲁历）的数据，结果表明，太初历更具优越性，于是得以长期沿用，直至汉章帝元和二年（85 年），前后应用了 189 年。

授时历

元世祖至元十七年（1280 年），郭守敬（1231 ~ 1281 年）与王恂、杨恭懿、许衡等人编写完成授时历。

授时历通过对前代 40 多部天文历法著作的细致研究，推算出一年有 365.2425 天，与地球绕太阳一圈的时间仅差 26 秒，与现在实行的公历所采用的平均年的长度是一样的。书中还废除了前代采用的上元积年以及采用复杂分数表示天文资料的办法，而是精简了计算方法，大大提高了准确度。计算方法上，授时历采用 3 次差分的内插法来计算太阳、月亮的不均匀运动；同时，还运用了类似球面三角法的数学方法计算黄道和赤道宿度之间的转化以及太阳视赤纬的转化。

授时历是中国古代最优秀也是实际实施时间最长的一部天文历法，从元末颁布实行开始直到清朝中期，共实施了 364 年。

浑天仪

浑天仪是浑仪和浑象二者合一的总称，

东汉张衡所创。浑仪是测量天体球面坐标的一种仪器，它模仿肉眼所见的天球形状，把仪器制成多个同心圆环，整体看犹如一个圆球，然后通过可绕中心旋转的窥管观测天体。浑象是古代用来演示天象的仪表，最早为西汉耿寿昌所创制，张衡对其进行了改进，它的构造是一个大圆球，上面刻画或镶嵌星宿、赤道、黄道、恒稳圈、恒显圈等天象标志，类似于现今的天球仪。张衡制造的浑天仪，几乎囊括了当时所有先进的天文学知识，能够把天象变化形象地演示出来，人们可以从浑天仪上面观察到日月星辰运行的现象，代表着中国古代天文学发展的卓越成就。

漏刻、日晷和圭表

漏刻、日晷和圭表，都是古代用于计量时间的工具。漏刻，"漏"指漏壶，"刻"指刻箭。人们专门制造出一种有小孔的漏壶，把水注入漏壶内，水便从壶孔中流出来，再用一个容器收集漏下来的水，在其中放置一根刻有标记的箭杆，也就是刻箭，相当于现代钟表上显示时刻的钟面。刻箭被一个竹片或木块托着浮在水面上，从容器盖中心的小孔中穿出，随着容器内收集的水逐渐增多，刻箭也逐渐地往上浮，从盖孔处看刻箭上的标记就能知道具体的时刻。后来人们发现漏壶内的水多时，流水较快，水少时则较慢，这显然会影响计量时间的精度，于是在漏壶上再加一只漏壶，水从下面漏壶流出去的同时，上面漏壶的水又同步地补充进来，使下面漏壶内的水均匀地流入箭壶，从而取得比较精确的时刻。

日晷，又称日规，原理是利用太阳投射的影子来测定和划分时刻。日晷通常由铜制的晷针和石制的圆盘状晷面组成。晷针垂直穿过晷面中心，而晷面安放在石台上，南高北低，平行于天赤道面，这样，晷针的上端正好指向北天极，下端正好指向南天极。在晷面的正反两面刻出12个大格，每个大格代表一个时辰。当太阳光照在日晷上时，晷针的影子就会投向晷面，太阳由东向西移动，投向晷面的晷针影子也慢慢地由西向东移动，移动着的晷针影子和晷面就分别相当于现代钟表的指针和表面。

圭表，由"圭"和"表"两个部件组成，正南正北方向平放的测定表影长度的刻板，叫作"圭"，直立于平地上测日影的标杆和石柱，叫作"表"。圭表的发明是由人们对事物在太阳光下影子的变化规律的感知而得来的。正午时的表影总是投向正北方向，而且此时的表影最短，对于一年之中各日中午的表影，又以夏至日最短，而冬至日最长，通过这种观察，人们就可以确定节气的日期和一年的长度。

一行测算子午线

一行（约673～727年），唐代僧人，俗名张遂，魏州昌乐（今河南南乐）人，一说河北巨鹿人，是著名的天文学家、数学家和佛学家。开元五年（717年），唐玄宗召一行入京制定新历法。一行与机械制造师梁令瓒合作，创制出了黄道游仪和水运浑象仪，改进了观测仪器，掌握了大量的天文实测资料。一行由此发现古籍上记载的有些恒星的位置与实际不符，于是重新测定了150多颗恒星的位置，这大大提高了新历法的精度。为了使新历法适用于全国各地，一行还组织领导了规模宏大的天文地理测量，开展了实地测算子午线的

工作。所谓"子午线"，指的就是人们假设的一条通过地球南北两极的经线，测定出子午线的长度，就可以测知地球的大小。一行在全国选了13个观测地点，其中最北端的观测点在今天蒙古的乌兰巴托西南，最南端的观测点则在今天的越南中部。通过艰巨而严谨的实测工作，一行推翻了过去一直沿用的"日影千里差一寸"的错误结论，得出"三百五十一里八十步，而极差一度"的新结果，指出子午线一弧度的距离为129.22公里，而现代用精密仪器测量的结果是111.2公里，虽然两者差异是比较大的，但是作为世界上对子午线长度的第一次实地测量，一行的这一成就在中国以及世界天文学发展史上都有着重大的意义。

《夏小正》

《夏小正》是中国现存最早的历书。《夏小正》中所用的月份是"夏历"的月份，把一年分为12个月，对每个月的物候、气象、天文、农事、田猎以及相关的农事活动都有比较具体的记载。因为《夏小正》中所记载的历法是与农业生产的季节变化密切相关的，为农民安排各个季节的农事提供了重要依据，所以人们就把夏历也叫作"农历"（俗称阴历），现在我们每年过的春节，就是夏历年的第一天。

《甘石星经》

战国时齐国的天文学家甘德写了一本《天文星占》，魏国的天文学家石申写了一本《天文》，后人将他们的著作合二为一，称作《甘石星经》。这是中国历史上最早的一部天文学著作。

这部书中记载了许多重要的天文学成

就：天文学家已经掌握了月亮和月食的关系，日食肯定发生在每月初一或每月的最后一天；书中还记载了木星有卫星，这比意大利人用望远镜观察到木星有卫星早将近 2000 年；书中保留了中国历史上最早的星表，把测量出来的许多恒星的位置坐标和其他都汇集起来。星表中记载了二十八星宿和一些恒星，一共有 120 多颗星的赤道坐标，这个星表比欧洲最早的星表要早 200 年左右。

《大明历》

《大明历》是南北朝一部先进的历法，由祖冲之创制。成历于刘宋大明六年（公元 462 年），祖冲之时年 33 岁。规定一回归年为 365.2428 日，是中国赵宋统天历（1199 年）以前最理想的一个数据。在制历时首先考虑岁差。所谓"岁差"就是由于地球在运行过程中受到其他天体的吸引作用，地球自转轴的方向发生缓慢而微小的变化。因此从这一年的冬至到下一年的冬至，从地球上看，太阳并没有回到原来的位置，而是岁岁后移，这也就引起了 24 节气位置的变动。祖冲之确定每 45 年零 11 月差 1°，这个"岁差值"虽很不精确，但引进"岁差"编制历法，是历法有了更科学的基础，而且在天文学中"回归年"和"恒星年"两个概念被区分开来。

这是中国历法史上第二次大改革。《大明历》还改进闰法，把天文学家何承天提出的旧历中每 19 年 7 闰改为每 391 年 144 闰，使之更符合天象的实际。在中国首次求出历法中通常称为"交点月"的日数为 27.21223 日，与近代测得的数据（27.21222）极其相近。所谓"交点月"就是月亮在天体上运行的路线有 2 个交点（也叫黄白交点），月亮 2 次经过同一交点的时间叫交月点。历成后，祖冲之上表给宋孝武帝刘骏，却遭到宠臣戴法兴之流的压制和反对，祖冲之著《历议》一文予以驳斥。祖冲之死后 10 年即天监九年（510 年），《大明历》得以施行，达 80 年之久。《南齐书·文学传》："宋元嘉中，用何承天所制历，比古十一家为密，总之以为尚疏，乃更造新法（大明历）。"《隋书·律历志中》："至九年正月用祖冲之所造甲子元历颁朔……陈氏历梁，亦用祖冲之历，更无所创改。"

《大衍历》

亦称"开元大衍历"。唐开元十七年（729 年）起施行 29 年的历法。一行撰。因立法依据《易》象大衍之数而得名。一行测各地纬度，南至交州北尽铁勒，并步九服日晷，定各地见食分数，复测见恒星移动。开元十五年而历成。共分 7 篇，包括平朔望和平气、七十二候，日月每天的位置与运动、每天见到的星象和昼夜时刻、日食、月食和五大行星的位置。后世历家遂沿袭其格式来编历。

该历法系统周密，比较准确地反映了太阳运行的规律，表明中国古代历法体系的成熟。一行还是世界上用科学方法实测地球子午线长度的创始人。一行从实测中意识到，在小范围有限的空间里得到的认识，不能任意向大范围甚至无际的空间推演，这是中国科学思想史上的一大进步。

"公元"纪年法

公元是"公历纪元"的简称，是国际通行的纪年体系。以传说中耶稣基督诞生的那年为公历元年，相当于中国西汉末期平帝的元始元年。

"公元"产生于基督教盛行的6世纪。当时，为了扩大教会的统治势力，僧侣们把任何事情都附在基督教上。公元525年，一个叫狄奥尼西的僧侣为了预先推算7年后"复活节"的日期，提出了所谓耶稣诞生在狄奥克列颠纪元之前284年的说法，并主张以耶稣诞生作为纪元。这一主张得到了教会的大力支持。公元532年，教会把狄奥克列颠纪元之前的284年作为公元元年，并在教会中使用。到1582年，罗马教皇制定格里高利历时，继续采用了这种纪年法。

中国是辛亥革命后开始引入公历的，直到1949年新中国成立以后，中国才完全使用公元纪年。

星期的由来

据说，"星期"是古代两河（底格里斯河、幼发拉底河）流域的人发明的。早在公元前2000年左右，两河流域的人就能区分恒星和行星，但限于当时的知识水平，他们认为行星一共有7个：金、木、水、火、土、太阳、月亮。在他们眼里，地球是宇宙的中心，只有地球是不动的，其余星球全围绕地球运转。

古巴比伦人从月亮的盈亏，发现了大体合乎规律的太阳历：一年为12个月，6个大月，每月30天，6个小月，每月29天，全年共354天。同时他们根据月象的变化，将7天定为一周，故一星期又叫一周。他们还把一个月分为4周，每周7天。他们认为，在这7天中，上苍每天派一个星神光临人间值班，7星共值一周，故称为"星期"。

共和历

共和历是在法国大革命时期采用的，又称法国大革命历法。

法国大革命历法是于1793年10月24日雅各宾党全国大会上确定的，他们规定法兰西第一共和国诞生之日为"共和国元年元月元日"，将一年分为12个月，每月30天，每月分为3周，每周10天，废除星期日，每年最后加5天，闰年加6天。

以前天主教教廷将每一天都用一位圣人名字命名的形式，全部被共和国废弃，另采纳植物名称命名，冬季雪月由于大部分植物都不生长，改为用矿物名称命名，全年每逢周五，用动物命名，第十天周日休息，用一种工具命名。由于规定每年第一天都从秋分日开始，所以闰年设置和格里高利历有差距，每年可能在日期上有一两天浮动差距。

十二星座

十二星座即黄道十二宫，是占星学描述太阳在天球上经过黄道的12个区域，分别是白羊座、金牛座、巨蟹座、狮子座、处女座、天秤座、天蝎座、射手座、摩羯座、水瓶座、双鱼座。

埃及太阳历

早在公元前3000年，生活在尼罗河畔的古埃及人在农业生产的长期实践过程中，注意到尼罗河水泛滥与天象有关，并发现两次泛滥之间大约相隔365天。于是，古埃及人就把一年定为365日，以此为根据，把一年分成泛滥期（7～10月）、播种期（11～2月）、收获期（3～6月）。把天狼星与太阳同时升起的那一天作为每年的第1天，1年又划分为12个月，每月30日，余

5 日作为年终节日。这就是古埃及的太阳历。这种历法的 1 年比回归年短近 6 个小时，4 年相差近 1 天，虽然每隔 4 年就误差一天，但它使用起来简单方便，后来埃及的太阳历传入欧洲，经过罗马恺撒和教皇格列高利十三世的不断改进，成为今天通用的公历。

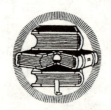

名胜古迹篇

中国六大古都

中国古代的都城通常是政治中心和经济中心的结合体,同时还是文化中心。我们通常所说的"六大古都",分别是西安、开封、洛阳、北京、南京、杭州。从实际情况看,西安、北京和南京对古城风貌保持得较好,存留了大量古代文物和各种建筑遗迹,比较能体现古都各方面的特点。

西安位居六大古都之首,它在中国古代历史上建都最早、时间最长、定都朝代最多。在西安建立都城的朝代包括西汉、前秦、隋、唐等。而明清时期的西安,已成为军事指挥中心和西北区域的政治军事中心。西安的城市布局是北方平原地带城市的典型代表,特色是方整规则,道路宽敞笔直。我们今天见到的钟楼和鼓楼,是明代的遗留。

洛阳乃天下之中,西周初年,周公营建东都洛邑,就在此地。西周灭后,周平王迁都于此,揭开了它作为首都的序幕,此后,东汉、曹魏、西晋、北魏都在这里定都,隋朝和唐朝把这里称为东都,以掌控天下。后来,后梁和后唐也曾于此建都,所以洛阳有"九朝古都"之称。

开封乃是七朝古都,最早在此定都的是战国时期的魏国,当时称大梁,魏灭后衰落;隋代大运河开凿后,开封再次繁荣,后梁、后晋、后汉、后周和北宋都在此定都,称为东京。特别是在北宋时期,开封城达到鼎盛,当时它是大运河的中枢,城内交通方便,舟桥林立,非常繁华。宋亡后金朝曾迁都于此。

南京最初为三国时期东吴都城。后成为东晋及南朝宋、齐、梁、陈的国都,五代的南唐、明代早期、太平天国、中华民国均建都于此。南京城虎踞龙盘,但却饱受磨难,战争的破坏尤其严重,数度繁华的东南大都会,并没有留下太多的古迹。

北京位于华北平原北部,战国时为燕国国都,金时正式建都,称"中都"。元大都坐北朝南,分为大城、皇城和宫城部分,城墙为夯土筑造,共有 11 座城门,东西南各 3 门,元大都划定南北中轴,布局围绕这个中轴展开,显示出与前代不同的特点。明清时期的北京,在元大都的基础上加以改建而建都,其布局近乎完整地保存到现代。

在六大古都中,杭州资历最浅,但以风光秀丽驰名天下,正所谓"上有天堂,下有苏杭"。杭州始建于秦朝,到唐朝才繁荣起来。唐末,吴越王钱镠在此建都。金兵灭掉北宋后,赵构南渡定都于此。虽然作为都城的历史不长,但杭州却拥有大批闻名世界的名胜古迹,引得天下游客流连忘返。

四大碑林

西安碑林：建于宋元祐五年，现存碑石 1700 多块，汉魏及唐代著名书法家的碑石多集中于此，其中《开成石经》是一座大型石质书库。

曲阜孔庙碑林：集碑石 2000 多块，其数量居世界碑林之首。碑石大者逾丈，小者却不过盈尺，其中 2000 多年前的史晟、乙瑛、礼器等 3 块汉碑是名闻中外的碑石珍品。

曲阜孔庙碑林

高雄市南门碑林：集碑石 1000 多块，其碑刻书法深厚谨严，气势磅礴，是书法艺术的至宝。

四川南昌市地震碑林：有碑石 100 余块，专门记载南昌、冕宁、甘泉、宁南等地地震资料，明、清时西昌发生过的 3 次地震均有记载。

四大古桥

中国的四大古桥是河北的赵州桥、北京的卢沟桥、福建的洛阳桥和广东的湘子桥。

赵州桥：赵州桥又名"安济桥"，位于河北省赵县城南的洨河上，为隋代开皇大业年间李春创建。桥梁全长 50.82 米，桥面宽约 10 米，跨径 37.02 米，拱圈矢高 7.23 米，由 28 条并列的石条组成，弧形平缓，上设 4 个小拱。

卢沟桥：位于北京至周口店的公路与永定河的交汇处，始建于金代大定二十九年。该桥全长 265 米，宽约 8 米，由 11 孔石拱组成。桥旁建有石栏，其上共有精刻石狮 485 个。"卢沟晓月"是著名的"燕京八景"之一。

洛阳桥：位于福建省泉州市东约 10 公里的洛阳万安渡口，为著名的梁式古石桥，始建于北宋皇祐五年（1053 年），历时 6 年零 8 个月，由北宋名臣蔡襄主持修建。

湘子桥：湘子桥又名广济桥，坐落在潮州城东，横跨韩江，全长 500 多米，因传有韩愈的侄孙韩湘子手书"洪水止此"的石碣竖于桥畔，故名。湘子桥始建于南宋，历时 57 年建成，东西两段共 18 墩，桥墩用花岗岩块铆榫砌成。东西桥墩之间江水湍急，未能合拢，只能用小舟摆渡。到明代中期增筑一墩，缩短了未合拢部分的距离，改用 18 艘梭船联成浮桥，贯通东西，便成了"十八梭船扩四洲"。

中国三大殿

中国三大殿指北京紫禁城的太和殿、曲阜孔庙的大成殿和泰山岱庙的天贶殿。

北京故宫的太和殿俗称"金銮殿"，位于北京紫禁城南北主轴线的显要位置，明永乐十八年（1420 年）建成，称奉天殿。明嘉靖四十一年（1562 年）改称皇极殿。清顺治二年（1645 年）改称今名。自建成后屡遭焚毁，又多次重建，今天所见为清代康熙三十四年（1695 年）重建后的形制。太和殿是中国现存最大的木结构大殿。太和殿"建极绥猷"匾，为乾隆皇帝御笔。

大成殿位于曲阜城区的中心，是祀孔庙堂中建造年代最早、规模最大的一座，又称至圣庙。大成殿为曲阜孔庙的主殿，后设寝殿，仍是前朝后殿的传统形式。前庭中设杏坛，此处原是孔子故宅的讲学堂，后世将它改为孔庙正殿。

天贶殿为岱庙的主体建筑，位于岱庙仁安门北侧，元称仁安殿，明称峻极殿，民国始称今名。"天贶"即天赐的意思。相传北宋大中祥符元年（1008 年）六月初六有"天书"降于泰山，宋真宗即于次年在泰山兴建天贶殿，以谢上天。

四大古塔

中国四大古塔为河南登封嵩岳塔、山西应县佛宫塔、山东济南四门塔和河南开封铁塔。

嵩岳寺塔位于登封县城西北，建于北魏孝明帝正光元年（520 年），距今已有 1470 年的历史，是中国现存最古老的多角形密檐式砖塔。

佛宫寺释迦塔位于山西省应县城内西北佛宫寺内，俗称应县木塔，是中国现存时代最早的木结构高层建筑。建于后晋天福年间，辽清宁二年（1056 年）重修。

四门塔位于济南南部山区，是中国现存最早的全石结构佛教塔，全以青石砌成，是中国现存最早、保存最完整的单层庭阁式石塔，也是现存最早的亭式塔，建于隋大业七年（611 年），距今已有 1400 年。

开封铁塔又名"开宝寺塔"，坐落在开封城东北，因塔身全部以褐色琉璃瓦镶嵌，远看酷似铁色，故称为"铁塔"。建于北宋皇祐元年（1049 年），距今已有 900 多年的历史。

四大道教名观

道教四大名观指北京白云观、山西永乐宫、南阳玄妙观、陕西楼台观。

北京白云观，始建于唐，名天长观。金世宗时，大加扩建，更名十方大天长观，是当时北方道教的最大丛林，并藏有《大金玄都宝藏》。金末毁于火灾，后又重建为太极殿。

山西永乐宫是中国道教三大祖庭之一，是为纪念八仙之一吕洞宾而建，是现存最大的元代道教宫观。始建于 1247 年，1358 年竣工，历时 111 年。

南阳玄妙观位于南阳故城外西北角，奉全真道清净派，明天启七年（1627 年）重修庙宇碑记："上古所建，历汉、唐、宋，其代远矣。"

陕西楼台观位于陕西周至县，毗邻西安，交通便捷，区位优越。历史上，古楼观是中国道教的祖庭圣地，盛唐时为国内著名的道观，历史悠久，闻名遐迩。

四大道教名山

中国四大道教名山为中国四处最主要的道教圣地，分别是位于湖北十堰的武当山、位于江西鹰潭的龙虎山、位于安徽黄山的齐云山和位于四川都江堰的青城山。

武当山又名太和山，位于鄂西北的丹江口市境内，列中国"四大道教名山"之首，又是武当武术的发源地。主峰紫霄峰海拔 1612 米。武当山山势奇特，雄浑壮阔。有 72 峰、36 岩、24 涧、3 潭、9 泉，构成了"七十二峰朝大顶，二十四涧水长流"的秀丽画境。被列入世界遗产名录。

青城山古称丈人山，又名赤城山，位于都江堰市西南 15 千米处，海拔 1600 米，其 36 座山峰，如苍翠四合的城郭，故名青城山。青城为中国道教发祥地之一，相传东汉张道陵（张天师）曾在此创立五斗米道。

龙虎山位于江西鹰潭市西南郊，源远流传的道教文化，独具特色的碧水丹山，以及现今所知历史最悠久、规模最大、出土文物最多的崖墓群，构成了这里自然、人文景观的"三绝"。

齐云山又称白岳，位于徽州盆地，黄山脚下，因其"一石插天，与云并齐"，故名齐云山。该山道教始于唐乾元年间（758～760年），至明代道教盛行，香火旺盛，成为中国四大道教名山之一。

洛阳白马寺

白马寺坐落于河南省洛阳市东 12 公里处，北依邙山，南望洛水。始建于东汉永平十一年（68 年），是佛教传入中国后建造的第一座寺院。它对中国佛教的传播和发展，以及中外文化交流，有着重要的意义，在中国佛教史上具有特殊的地位，被尊为"释源"和"祖庭"。

它的营建与中国佛教史上著名的"永平求法"紧密相连。相传汉明帝刘庄夜寝南宫，梦见金神头放白光，飞绕殿庭。次日得知梦中之物为佛，遂遣使臣蔡音、秦景等前往西域拜求佛法。蔡、秦等人在月氏（今阿富汗一带）遇到了在该地游化宣教的天竺（古印度）高僧迦什摩腾、竺法兰。蔡、秦等于是邀请佛僧到中国宣讲佛法，并用白马驮载佛经、佛像，跋山涉水，于永平十年（67 年）回到京城洛阳。汉明帝敕令仿天竺式样修建寺院。为铭记白马驮经之功，遂将寺院取名"白马寺"。

少林寺

河南嵩山少林寺是中国的佛教圣地，因其在佛教禅宗中的重要地位和少林武术而著名。少林寺创建于北魏孝文帝太和

十九年（495 年），距现在已有 1500 多年的历史了。当时印度沙门和尚长途跋涉来到中国北方，受到笃信佛教的北魏孝文帝的敬重，给他设立禅林。后来他随帝南迁，在洛阳复设静院，敕以居之。他见嵩山很像一朵盛开的莲花，有意在"花"中立寺。孝文帝便令登封知县在少室山阴，五乳峰下松柏叠翠的幽谷茂林之中，依山辟基，修建寺院。"少林者，少室之林也。"因而取名"少林寺"。

云冈石窟

云冈石窟在山西省大同市城西 16 公里的武州山南麓，是北魏时期开凿的。石窟依山而建，东南绵延约 1 公里，现在主要洞窟 53 个，小神龛 1100 多个，造像 5.1 万余具，分东、西、中三大区。石窟的建造贯穿整个北魏时期。

云冈石窟的艺术成就很高，它与敦煌石窟、龙门石窟一并成为中国石窟艺术的代表。

云冈石窟所雕凿的成千上万尊佛像变化万千，神态各异，有的高大魁伟，有的相貌庄严，有的体态安详。在第 19 窟里，有一主佛像高达 16.8 米，其左右二佛分处二耳洞；第 20 窟里的一尊大佛也高达 13.7 米，面部丰满，两肩宽厚，造型雄伟，是云冈石窟的代表作品。

石窟周围的壁上还刻画了浮雕，顶部有姿态优美的天女凌空飞舞。许多中外游客都会在这些精美的艺术品前驻足流连，为这些宏伟而精美的石雕而而赞叹不已。

莫高窟

莫高窟俗称千佛洞，位于甘肃敦煌市东南 25 公里的鸣沙山东麓崖壁上，上下 5

层，南北长约 1600 米。始凿于 366 年，后经十六国至元十几个朝代的开凿，形成一座内容丰富、规模宏大的石窟群。是世界上现存规模最宏大、保存最完好的佛教艺术宝库，被誉为"东方艺术明珠"。

敦煌石窟，包括莫高窟、西千佛洞和榆林窟。其中的莫高窟，俗称千佛洞，是敦煌石窟的代表。它始建于前秦建元二年（366年），现存十六国、北魏、西魏、北周、隋、唐、五代、宋、西夏、元等 16 个朝代的洞窟 492 个。拥有壁画 45000 多平方米，彩塑 2415 余身，唐代木构建筑 5 座，文画、文物 5 万余件。

莫高窟在明代一度荒废，至清康熙五十四年（1715 年）以后，又受到人们的注意。光绪二十六年（1900 年）道士王圆箓发现"藏经洞"，洞内藏有写经、文书和文物 4 万多件。此后莫高窟更为引人注目。1907 年和 1914 年，英国的斯坦因两次掠走遗书、文物一万多件。1908 年，法国人伯希和从藏经洞中拣选文书中的精品，掠走约 5000 件。1910 年，藏经洞中的劫余写经，大部分运至北京，交京师图书馆收藏。1911 年，日本人橘瑞超和吉川小一郎从王道士处，弄走约 600 件经卷。1914 年，俄国人奥尔登堡又从敦煌拿走一批经卷写本，并进行洞窟测绘，还盗走了第 263 窟的壁画。1924 年，美国人华尔纳用特制的化学胶液，粘揭盗走莫高窟壁画 26 块。这些盗窃和破坏，使敦煌文物受到很大损失。

中国从 20 世纪 40 年代起成立了莫高窟的学术研究和保护机构；60 年代对石窟进行了全面的加固；80 年代开始，莫高窟进入了现代科学保护时期。

龙门石窟

龙门石窟位于河南洛阳市区南面 12 公里处，是与大同云冈石窟、敦煌千佛洞石窟齐名的中国三大石窟之一。

龙门石窟始开凿于北魏孝文帝迁都洛阳（494 年）前后，迄今已有 1500 多年的历史。后来，历经东西魏、北齐、北周，到隋唐至宋等朝代又连续大规模营造达 400 余年之久。密布于伊水东西两山的峭壁上，南北长 1000 多米，现存石窟 1300 多个，佛洞、佛龛 2345 个，佛塔 50 多座，佛像 10 万多尊。其中最大的佛像高达 17.14 米，最小的仅有 2 厘米。另有历代造像题记和碑刻 3600 多品。

龙门石窟规模宏大，气势磅礴，窟内造像雕刻精湛，内容题材丰富，被誉为世界最伟大的古典艺术宝库之一。它以自身系统、独到的雕塑艺术语言，揭示了雕塑艺术创作的各种规律和法则。龙门石窟远承印度石窟艺术，近继云冈石窟风范，与魏晋洛阳和南朝先进深厚的汉族历史文化相融合开凿而成。所以龙门石窟的造像艺术一开始就融入了对本民族审美意识和形式的悟性与强烈追求，使石窟艺术呈现出了中国化、世俗化的趋势，堪称展现中国石窟艺术变革的里程碑。

长城

早在春秋时期，为抵御北方游牧民族的侵略，楚国修建了一段长城。到了战国，燕、赵、秦等诸侯国更是大规模修建。秦统一六国后，秦始皇派人把北方各诸侯国所筑长城连结起来，西起临姚，东到辽东，绵延一万多里，这就是"万里长城"名称的由来。之后，各朝各代都曾对万里长城进行过修缮，现今我们所看到的，主要是明代修建的长城。

长城依地形而建，就地取材。在有山

的地方，长城就建在陡峭的山脊上，并开采山石，凿成巨大的条形，堆砌城墙，内填灰土，非常坚固；在黄土地上，长城主要用土夯筑；在沙漠里，则用沙砾作主要材料，层层铺设红柳和芦苇以使城墙更加稳固。长城是一个军事防御建筑，城墙顶上铺有方砖，非常平整，宽的地方可以并行五六匹马，可供兵马顺畅通行。城墙的外沿则排列着两米多高的垛子，垛子上部有方形的望口和射口，用来瞭望敌情和射击敌人。城墙顶上每隔300余米设有一个屯兵的堡垒，打仗的时候，各堡垒之间可以互相接应。另外，长城的两边还有烽火台，有的紧靠长城两侧，有的则在长城以外，一旦有紧急情况，白天放烟，晚上点火，以提供警报和请求救援。长城规模宏大、气魄雄伟、建筑艺术精妙，是世界上最伟大的奇迹之一，它凝聚着先民的血汗和智慧，是中华民族的骄傲和象征。

圆明园

圆明园位于北京海淀区，原为清代的一座大型皇家园林，与附园长春、绮春（万春）合称圆明三园。1860年，被英法联军焚毁。

圆明园始建于清朝康熙四十八年（1709年），乾隆九年（1744年）完工。附园长春和绮春两园分别建成于乾隆十六年和乾隆三十七年，时间长达150多年。圆明园不仅是清朝皇帝休息的地方，也是他们会见大臣、接见外国使节、处理政务的地方，与紫禁城同为当时的全国政治中心，有"御园"之称。全园占地347万平方米，有建筑150多处，其中凿湖造山，遍植奇花异草，集中外园林建筑之精华，构筑有圆明园四十景。三园的平面布局呈一个"品"字形，

有园门相通。全园以福海为中心，海中有"蓬岛瑶台"等三个小岛，象征道家"一池三仙山"之说。另外，长春园还有海晏堂、远瀛观等西洋风格的建筑。它还是一座大型的皇家博物馆，藏有许多珍宝、图书等，被誉为万园之园。1860年，英法联军攻入北京，抢劫了园中珍宝，并纵火焚毁，现仅有遗址存在。

颐和园

颐和园位于北京市西北郊，原为清朝皇帝的行宫御苑，原名清漪园，是保存最完整的一座行宫御苑，始建于清乾隆十五年（1750年），咸丰十年（1860年）被英法侵略军焚毁，光绪十二年至二十一年（1886～1895年），慈禧挪用海军经费进行了重建，光绪十四年（1888年）改名颐和园。

颐和园以杭州西湖为蓝本，吸取了江南园林的设计手法和意境建造而成。全园占地面积约290万平方米，分为宫廷区和苑林区。宫廷区以仁寿殿为主，是政务活动区。苑林区以万寿山、昆明湖为主体。万寿山东西长约1000米，高60米，山上建有排云殿、德辉殿、佛香阁、智慧海等。昆明湖约占全园面积的78%，湖中有一模仿杭州西湖的苏堤而建的西堤。湖中有南湖岛，又称龙王庙，与东岸一座长150米的十七孔桥相连。湖北岸有一条东西走向的"长廊"，全长728米，共273间，是中国园林中最长的长廊。万寿山东麓的谐趣园原名惠山园，是一座园中园，是模仿无锡寄畅园而建的。

避暑山庄

避暑山庄又名承德离宫、热河行宫，

是清朝皇帝的夏宫，也是中国现存最大的古代离宫和皇家园林，位于河北省承德市北部。

始建于清朝康熙四十二年（1703 年），后多次改扩建，乾隆五十五年（1790 年）建成。清朝前期，每年夏天，清朝皇帝都会到这里避暑并处理政务，避暑山庄成了清朝第二政治中心。避暑山庄占地 560 万平方米，分宫殿区和苑景区两大部分。苑景区又分湖区、平原、山峦三部分。这些风景都是仿照中国各地风景园林艺术风格而建，所以避暑山庄成为中国各地胜迹的缩影。宫殿区在山庄南端，主要建筑澹泊敬诚殿（正宫）是节日举行大典的地方。后面的依清旷殿是皇帝召见朝臣的地方。另外还有烟波致爽殿和云山胜地殿。正宫东侧的松鹤斋是后妃们居住的地方。避暑山庄周围是博仁寺、博善寺、普乐寺、安远庙、普宁寺、普佑寺、广缘寺、须弥福寿之庙、普陀宗乘之庙、广安寺、罗汉堂和殊像寺 12 座喇嘛庙群。避暑山庄是清帝为处理中央政府与蒙、回、藏等少数民族关系而建，因此，具有浓厚的多民族色彩和宗教色彩。

苏州园林

私家园林是古代官僚、文人、富商、地主所拥有的私人宅院。中国的私家园林以江南的私家园林数量最多、艺术价值最高，其中又以苏州园林最具代表性。

与皇家园林相比，江南私家园林的规模较小，一般只有几亩至几十亩，最小的仅一亩半亩，但造园家却能在这有限的空间内，运用多种艺术技巧，造成一种好像深邃不尽的景象，给人一种空间很大的感觉。院子以水面为中心，四周散布着精美的建筑，构成一个个小的景点，几个小景点又围合成大的景区。院子的主人一般都具有较高的文化素养，能诗善画，善于品评，园林追求超凡脱俗、清高淡雅的风格。院子主要供主人修身养性、闲适时自娱自乐所用。苏州的古典园林极具特色，建筑布局、结构、造型、风格，都运用了巧妙的衬托、对景、借景、尺度变换、层次配合、小中见大等种种造园艺术技巧和手法，将亭、台、楼、阁、泉、石、花、木有机地融合为一体，浑然天成，毫无斧凿的痕迹。

苏州拙政园是私家园林中的经典之作，它始建于明朝正德四年（1509 年），之后几经雕琢，现存的园貌主要形成于清朝末期。全园分为西、中、东三部分，以中部为主。中部的园子呈矩形，水面较多，也呈横长的矩形，水池内建有东、西两座假山，又有几条小桥和堤坝把水面分成几个部分。水池的南岸有较大面积的平地，建筑物多集中在此，由宅入园的小门就开在南岸的院墙上。入园以后，迎面有一座假山挡住视线，使园内景物不至一览无余，这种手法称之为"障景"。岸西有一座名叫"别有洞天"的凉亭，透过清澈的水面，东岸有一座方亭与之遥相呼应，水中的荷香四面亭和曲折的小桥更增加了景观的层次感，这种手法称之为"隔景"。北岸以土为主，遍植柳树、芦苇，别有一番风趣。东岸有梧竹幽居亭，由此西望，透过水池亭阁，在树梢上可遥见远处的苏州报恩寺塔，将塔景引入园内，称为"借景"。院内粉墙、绿水、几处怪石、数竿细竹，不尽的美景组合成一幅完美的画卷。

拙政园与沧浪亭、狮子林、留园分别代表着宋元明清四个朝代的艺术风格，被称为苏州"四大名园"。其他名园还有网师园、环秀山庄、艺圃、耦园、退思园等。

江南三大名楼

江南三大名楼指的是黄鹤楼、岳阳楼和滕王阁。黄鹤楼位于湖北武汉长江边的蛇山上，始建于公元223年，传费文伟在此驾黄鹤成仙而得名。现楼为1986年重建，高51.4米，共5层，黄瓦红柱，层层飞檐。咏黄鹤楼的诗文以崔颢的《黄鹤楼》和李白的《黄鹤楼送孟浩然之广陵》最为著名。

岳阳楼位于湖南岳阳的洞庭湖畔，原是三国时期吴国的阅兵台，唐开元四年（716年）建岳阳楼，现在的岳阳楼为1984年重修。主楼平面呈长方形，宽17.24米，深14.57米，高19.72米，楼顶为黄色琉璃瓦，金碧辉煌。主楼右有"三醉亭"，左有"仙梅亭"。楼内陈列着杜甫的《登岳阳楼》诗、范仲淹的《岳阳楼记》和历代名人的对联。

滕王阁在江西南昌赣江边，是唐太宗之弟滕王李元婴于公元675年所建，故名，为三大名楼之首。现楼为1989年重建，楼高57.5米，共9层，主体建筑面积为1.3万平方米，是一座仿宋建筑。咏滕王阁的诗文以王勃的《滕王阁序》和《滕王阁》诗最著名。

故宫

故宫旧称紫禁城，是明清两代皇宫，中国现存最大最完整的古建筑群，也是现存的最大宫殿群，现为故宫博物院。

兴建于明朝永乐年间（1406～1420年），设计者是蒯祥。故宫是一个长方形城池，墙外有护城河环绕，占地72万平方米，建筑面积约15万平方米，拥有殿宇9999间半。故宫严格按照《周礼·考工记》中"前朝后市，左祖右社"的帝都营建原则建造。故宫有4个大门，正门（南门）名为午门，俗称五凤楼，午门后有5座汉白玉拱桥通往太和门。东门名东华门，西门名西华门，北门名神武门。故宫宫殿的建筑布局有外朝内廷之分。外朝是明清皇帝行使权力、举行盛典的地方，以太和、中和、保和三大殿为中心，文华、武英两殿为两翼。太和殿（又称金銮殿）是皇帝即位、举行节日庆典和出兵征伐等大典的地方。中和殿是皇帝休息和接受大典中执事官员参拜的地方。保和殿是科举考试举行殿试的地方。内廷是封建帝王和后妃居住的地方，以乾清宫、交泰殿、坤宁宫为中心，东西六宫为两翼。

布达拉宫

布达拉宫位于中国西藏拉萨的红山之巅，建于7世纪唐代初年松赞干布时。布达拉宫海拔3700多米，占地总面积36万余平方米，东西长360米，南北宽270米，主楼13层，高117米，是世界上海拔最高，集宫殿、城堡和寺院于一体的宏伟建筑。

布达拉宫依山而筑，宫宇叠砌，气势磅礴，其建筑艺术体现了藏族传统的石木结构碉楼形式和汉族传统的梁架、金顶、藻井的特点，在空间组合上，院落重叠，回廊曲槛，因地制宜，主次分明，既突出了主体建筑，又协调了附属的各组建筑，上下错落，前后参差，形成较多空间层次，富有节奏美感，又在视觉上加强了高耸向上的感觉，是世界建筑史上的奇迹。现在，布达拉宫已被联合国教科文组织列入"世界文化遗产"名录。

平遥古城

平遥位于山西省中部，是一座具有2700多年历史的古城，现在的城墙建于明

平遥古城西城墙雄姿

洪武三年（1370 年），是中国现存最完整的明清县城，是中国汉民族中原地区古县城的典型代表。

平遥古城基本上还是明初的形制和构造。城池为方形，面积 2.25 平方千米，城墙高 12 米，周长 6157.7 米，外表全部砖砌。墙上垛口，墙外有护城河，深宽各 4 米。城池有 6 座城门，东西各二，南北各一。城门上原建城楼，四角各建有一座角楼，大多已残坏。城内的街道、铺面、市楼保留明清形制。城内主要街道是十字形，商店沿街而立，住宅位于小街巷内。其中大型建筑有：古城北门的镇国寺和古城西南的双林寺。镇国寺建于五代时期，是全国排名第三位的古老木结构建筑。双林寺建于北齐武平二年（571 年），寺内 10 多座大殿内保存有元代至明代的彩塑造像 2000余尊，被誉为"彩塑艺术的宝库"。古城内现保存着 3997 处传统四合院民居，其中有 400 处保存相当完好。

古罗马角斗场

古罗马角斗场位于意大利首都罗马的威尼斯广场南面，是古罗马建筑的典型代表，也是古罗马帝国的象征。

角斗场又名斗兽场、露天竞技场。因它建于弗拉维王朝（69 ~ 96 年）时期，故又称弗拉维露天剧场。

这座椭圆形的建筑物是由维斯帕西安皇帝于 72 年开始修建，其子提图斯皇帝于 80 年隆重揭幕。据说是为了纪念罗马帝国征服耶路撒冷的胜利，强迫 8 万名犹太俘虏服了 10 年苦役建成的。3 世纪和 5 世纪时重加修葺。

角斗场是斗兽、赛马、竞技、阅兵、歌舞等的场所，用淡黄色巨石垒砌，外观为椭圆形，占地 2 万平方米，外部高 48.5米，周长 527 米，椭圆长径 188 米，短径 155 米，四周可容观众 5 万人。分为 4层，一、二、三层有半露圆柱装饰，每两根半露圆柱之间即为一座拱门。第四层由长方形窗户和长方形半露方柱构成。场中心的竞技和斗兽处，也呈椭圆形，长、宽分别为 86 米和 57 米。当初为观赏水中斗兽情景，还采用了引湖淹灌的办法。后来在台下改建成许多地窖，供角斗士化装准备搏斗和关闭猛兽之用。据记载，角斗场竣工后，各种表演持续了 100 天，动用了 5000 头狮子、老虎和其他猛兽，还有 3000 名由奴隶、俘虏、罪犯和基督徒组成的角斗士。

经历了 2000 年风雨侵袭的圆形角斗场，其围墙已有半壁倒塌。角斗士和猛兽生死搏斗的场地，也已破残不堪，当年建成的地窖也露出地面。然而其四周的看台还保存得相当完整。

雅典卫城遗址

雅典奴隶制城邦在一系列扩张战争中取胜后，于公元前 5 世纪初确立了霸主地位，此后，其经济飞速发展，社会财富迅速增加。在一片繁盛的社会景象中，奴隶主集团制定了雄心勃勃的城邦发展规划，雅典卫城在这样的背景下应运而生。

卫城的建筑开始于公元前 448 年。它坐落于雅典城中心的一个山冈上。东西长约 280 米，南北宽约 130 米。卫城中的建筑物有 4 种：山门、胜利女神尼开神庙、伊瑞克提翁神庙和帕特农神庙。

在卫城广场上，矗立着一尊高大的雅典娜像，这是一个全副武装的女战神形象。雕像高 9 米，女神手持长矛，头戴钢盔，沉着而威严地注视着她脚下的城市。

雅典卫城是希腊古典建筑艺术的顶峰之作。遗憾的是，雅典卫城后来毁于战火之中，现在留下的只是杂草丛生的废墟。

埃及金字塔

埃及人相信灵魂不灭，所以制干尸、修陵墓之风盛行。大约从第三王朝起，法老（国王）开始为自己修建金字塔形的陵墓，到第四王朝时就出现了胡夫、哈夫拉和孟考拉三大金字塔。

金字塔不仅外观巍峨雄伟，而且内部结构复杂，并饰以雕刻、绘画等艺术品，宛如巨大的"永久宫殿"。金字塔所用的全部石块没有使用任何灰浆粘连，完全是靠石块本身的结构堆砌在一起，这是世界古代建筑史上的奇迹。

狮身人面像

埃及的狮身人面像离胡夫金字塔约 350 米远，坐落在哈夫拉金字塔（胡夫之子哈夫拉的陵墓）的东侧，似乎是陵墓的守护者，但更可能是死后与太阳神结为一体的哈夫拉王的象征。它高约 20 米，长为 57 米，如果把匍匐在地的两只前爪计算在内，共有 73.5 米长。它的耳、鼻长度超过一个普通人的身长。其胡须据说全长 4 米，重约 30 吨。千百年来，这座半人半兽的怪物不断引起人们的遐想，认为它的形象很可能象征着人的智慧和狮子的勇敢的结合，象征着国王凛然不可侵犯和凌驾一切的权威。它表现了古代埃及人的伟大智慧和创造力。

狮身人面像

帕特农神庙

帕特农神庙建于 5 世纪，是为雅典城邦守护神雅典娜而建造的祭殿。神庙背面朝东，长近 100 米，宽约 30 米，耸立在 3 层台阶之上。整座庙宇由 46 根有雕槽的巨大石柱环绕，柱间大理石砌成的 92 堵殿墙上，雕刻着栩栩如生的各种神像和奇珍异兽。神庙主殿是祭殿和女神殿。其中女神殿中墙上雕有智慧女神雅典娜从宇宙之王宙斯头里诞生的情景和雅典娜与海神波塞冬争当雅典守护神的场面。

神庙里原来还供奉着一尊高 12 米、由黄金宝石制成的雅典娜女神像，后遭劫失落。神庙几经天灾人祸，如今庙顶已坍塌，雕像荡然无存，浮雕剥蚀严重，但从巍然屹立的柱廊中，还可以看出神庙当年的风姿。

亚历山大灯塔

世界公认的古代七大奇观有两个在埃及，一个是名列七大奇迹之首的吉萨金字塔，另一个就是名列第七位的亚历山大灯塔。亚历山大灯塔不带有任何宗教色彩，纯粹为人民实际生活而建，它的烛光在晚上照耀着整个亚历山大港，保护着海上的船只，另外，它亦是当时世上最高的建筑物。亚历山大灯塔的遗址在埃及亚历山大城边的法洛斯岛上。公元前 330 年，不可一世的马其顿国王亚历山大大帝攻占了埃及，并在尼罗河三角洲西北端即地中海南岸，建立了一座以他名字命名的城市。这是一座战略地位十分重要的城市，在以后的 100 年间，它成了埃及的首都，是世界上最繁华的城市之一，而且也是整个地中海世界和中东地区最大最重要的一个国际转运港。

卢浮宫

卢浮宫是世界上最古老、最大、最著名的博物馆之一。位于法国巴黎塞纳河畔，是一组非常宏伟壮丽的宫殿建筑群。其旧址原为中世纪一个城堡，16 世纪改建为皇宫。1793 年法国大革命中，卢浮宫改为国立美术博物馆，是世界上最大的美术博物馆。占地 19.8 万平方米，全长 680 米。

藏品中有被誉为世界三宝的《维纳斯》雕像、《蒙娜丽莎》油画和《胜利女神》石雕，更有大量来自希腊、罗马、埃及及东方的古董，还有法国、意大利的远古遗物。陈列面积 5.5 万平方米，藏品 2.5 万件。

克里姆林宫

享有"世界第八奇景"美誉的克里姆林宫位于俄罗斯首都莫斯科，曾是俄国历代沙皇的宫殿，自 1917 年十月革命胜利后，便成为国家党政领导机关所在地。

克里姆林宫包括寺院教堂、皇宫、钟楼和办公大楼。700 年前，这里还是一座城堡，相传，伊凡三世企图以莫斯科取代土耳其的君士坦丁堡，成为东正教的中心，不惜重金聘请意大利巨匠设计。宫墙为三角形，上有 20 座塔楼，其中斯巴斯基塔最漂亮，塔尖镶着红色五角星，下面有直径 6 米的大钟，字盘以黄金铸成，每一刻报时一次，12 时鸣奏鸣曲。西大门的托洛尼兹雅塔高 80 米，被誉为俄国的"凯旋门"。

宫内教堂广场四周绕有 4 座教堂：十二使教堂、圣母升天堂、天使报喜堂及圣弥额尔堂。最美的教堂是与斯巴斯基相对的华西罗·伯拉仁内教堂，它有"石头描绘的童话"之称。

悉尼歌剧院

歌剧院位于澳大利亚悉尼大桥附近的奔尼浪岛上，是悉尼港的标志。歌剧院建在距海面 19 米的花岗岩基座上，占地 1.8 万平方米，最高的壳顶距海面 60 米，总建筑面积 8800 平方米。

悉尼歌剧院的外观为 3 组巨大的壳片，耸立在南北长 186 米、东西最宽处为 97 米的现浇钢筋混凝土结构的基座上。第一组壳片在地段西侧，四对壳片成串排列，三对朝北，一对朝南，内部是大音乐厅。第二组在地段东侧，与第一组大致平行，形式相同而规模略小，内部是歌剧厅。第三组在它们的西南方，规模最小，由两对壳片组成，里面是餐厅。其他房间都巧妙地布置在基座内。

悉尼歌剧院坐落在悉尼港湾，三面临水，环境开阔，以特色的建筑设计闻名于世，它的外形像三个三角形翘首于河边，屋顶是白色的形状犹如贝壳，因而有"翘首遐观的恬静修女"之美称。

歌剧院由丹麦建筑师伍重设计，1959年破土动工，历时17年建成，耗资为原估价的14倍。歌剧院落成时，英国女王伊丽莎白二世专程来此揭幕。现在，歌剧院不仅是表演艺术中心，也是著名游览胜地。

比萨斜塔

比萨斜塔位于意大利托斯卡纳省比萨城北面的奇迹广场上。广场的大片草坪上散布着一组宗教建筑，它们是大教堂（建造于1063年~13世纪）、洗礼堂（建造于1153年~14世纪）、钟楼（即比萨斜塔）和墓园（建造于1174年），它们的外墙面均为乳白色大理石砌成，各自相对独立但又形成统一罗马式建筑风格。比萨斜塔位于比萨大教堂的后面。

比萨斜塔始建于1173年，设计为垂直建造，但是在工程开始后不久（1178年）便由于地基不均匀和土层松软而倾斜，1372年完工，塔身倾斜向东南。

比萨斜塔是比萨城的标志，1987年它和相邻的大教堂、洗礼堂、墓园一起，因对11~14世纪意大利建筑艺术产生了巨大影响，而被联合国教育科学文化组织评选为世界遗产。

埃菲尔铁塔

埃菲尔铁塔位于法国巴黎市塞纳河南岸，是法国最高建筑，也是巴黎的标志之一。

1884年，法国政府为了纪念1789年法国资产阶级大革命100周年，决定举办万国博览会，并修建一座纪念塔，评选会最后选择了著名建筑家居斯塔夫·埃菲尔的设计方案。

埃菲尔铁塔高327.7米，相当于100层楼高。塔身全部是钢铁，重达9000吨，由1.2万个金属构件焊接而成。塔上有上、中、下3个瞭望台，可同时容纳1万人。从地面到塔顶有电梯，人们也可以沿着1710个台阶步行登上塔顶。最高层瞭望台离地276米，面积350平方米；中层台离地115米。从塔上望去，整个巴黎尽收眼底。

埃菲尔铁塔历时26.5个月，花费了80多万金法郎，于1889年3月完工。它的设计非常精确、严密、周到。在两年多的工程施工中，从来没有发生过任何伤亡事故。在组调部件时，钻眼都能准确合上，这在建筑史上是一个了不起的奇迹。

凡尔赛宫

凡尔赛宫位于法国巴黎凡尔赛镇，是欧洲大陆上最宽大、最辉煌的皇家宫苑，始建于1661年。

1660年，法王路易十四参观财政大臣富凯的沃子爵城堡，为其房屋与花园的宏伟壮丽所折服。当时，王室在巴黎郊外的行宫等无一可以与其相比。于是，路易十四以贪污罪将富凯投入巴士底狱，并命令沃子爵城堡的设计师勒诺特和著名建筑师勒沃为其设计新的行宫，即现在的凡尔赛宫。

凡尔赛宫长580米，气势磅礴，结构

严谨协调。外墙雕塑着许多大理石人物像，栩栩如生。500 多间大殿小厅内，处处金碧辉煌，内壁装饰以雕刻、巨幅油画及挂毯为主，配有 17 ~ 18 世纪名贵家具精品。宫内还有许多长廊，其中最负盛名的是镜廊，长 76 米、宽 10 米，长廊一面是朝花园而开的 17 扇巨大的窗门，另一面与窗门相对的是 17 面镜子，廊顶是伦勃朗的巨幅油画。宫外有面积 100 万平方米的"法兰式"大花园，花园内有草地、花坛、喷泉和雕像等，景色绚丽。

自由女神像

自由女神像是 1884 年 7 月 6 日法国人民赠给美国人民的礼物，她是自由的象征。女神像高 46 米，连同底座总高约 100 米，是当时世界上最高的纪念性建筑，其全称为"自由女神铜像国家纪念碑"，正式名称是"照耀世界的自由女神"。

创造这一艺术杰作的是法国雕塑家巴特尔迪，女神的形象源于他在 17 岁时亲眼目睹的激动人心的一幕：1851 年，路易·波拿巴发动了推翻法兰西第二共和国的政变。一天，一群共和国党人在街头筑起防御公事，与政变者展开巷战。暮色时分，一位忠于共和政权的年轻姑娘，手持燃烧的火炬，跃过障碍物，高呼"前进"的口号向敌人冲去，不幸中弹牺牲。从此，这位高擎火炬的勇敢姑娘就成了雕塑家心中追求自由的象征。

女神双唇紧闭，戴光芒四射的冠冕，身着罗马式宽松长袍，右手高擎象征自由的几米长的火炬，左手紧握一铜板，上面用罗马数字刻着《美国独立宣言》发表的日期——1776 年 7 月 4 日。女神脚上散落着已断裂的锁链，右脚跟抬起做行进状，整体为挣脱枷锁、挺身前行的反抗者形象。女神气宇轩昂、神态刚毅，给人以凛然不可侵犯之感。而其端庄丰盈的体态又似一位古希腊美女，使人感到亲切而自然。

巴黎凯旋门

巴黎凯旋门位于法国巴黎爱丽舍田园大街西角，是拿破仑一世为纪念他在奥斯特利茨战役中大败奥俄联军的功绩，于 1806 年 2 月下令兴建的。它是欧洲 100 多座凯旋门中最大的一座。

凯旋门全部由石材建成，高约 50 米，宽约 45 米，厚约 22 米。四面各有一门，中心拱门宽 14.6 米，门上有许多精美的雕刻。内壁刻的是曾经跟随拿破仑东征西讨的数百名将军的名字和宣扬拿破仑赫赫战功的上百次胜利战役的浮雕。

所有雕像各具特色，同门楣上花饰浮雕构成一个有机的整体，俨然是一件精美动人的艺术品。正面有 4 幅浮雕——《马赛曲》、《胜利》、《抵抗》、《和平》。这其中最吸引人的是刻在右侧（面向田园大街）石柱上的"1792 年志愿军出发远征"，即《马赛曲》的浮雕，是世界美术史上的不朽艺术杰作。

泰姬陵

泰姬陵，全称为"泰吉·玛哈尔陵"，是印度知名度最高的古迹之一，在今距新德里 200 多公里外的北方邦的阿格拉城内，亚穆纳河右侧。泰姬陵是莫卧儿王朝第 5 代皇帝沙贾汗为了纪念他已故皇后阿姬曼·芭奴而建立的陵墓，被誉为"完美建筑"。2007 年 7 月 7 日，成为世界新七大奇迹之一。

泰姬陵建于 1631 年，由土耳其建筑大师乌斯塔德·伊萨总揽全局，每天投入 2.3

万个劳动力，耗资 4000 万卢比，历时 22 年完成。

泰姬陵布局严谨，造型优雅，整体分为 3 大部分：陵墓位于最北端，中间是一个正方形的花园，南边是种植着花木的庭院和大门。

从大门到陵寝，有一条宽阔的红沙石铺成的通道，中间贯穿着前院、花园。通道两侧是人行道，一连串的喷泉组成的水池一路相伴，四周铺满鲜花和青草。池水倒映着洁白的陵墓，相映生辉。

整座陵墓修建在一座白色大理石的正方形台基之上，台基高约 7 米，边长约 95 米，寝宫居中。陵墓高约 74 米，为一座有 12 个面的复杂形体。陵墓平面为边长 56.7 米的抹角正方形，上空为一个直径 17.7 米的高耸、重叠的圆穹隆，在穹顶四角还环立着 4 座小圆顶凉亭，以苍天为背衬，形状优美大方，犹如一朵朵飘浮的白云，人称"大理石之梦"。

吴哥窟

吴哥窟（又称吴哥寺）修建于柬埔寨吴哥王朝苏耶跋摩二世（1113～1150 年）在位时，位于今柬埔寨北部暹粒市。

吴哥窟是高棉古典建筑艺术的高峰，它结合了高棉寺庙建筑学的两个基本的布局：祭坛和回廊。祭坛由 3 层长方形有回廊环绕须弥台组成，一层比一层高，象征印度神话中位于世界中心的须弥山。在祭坛顶部矗立着按五点梅花式排列的 5 座宝塔，象征须弥山的 5 座山峰。寺庙外围环绕一道护城河，象征环绕须弥山的咸海。

吴哥窟建筑构思巧妙、布局匀称、雕刻精细，寺内的浮雕艺术既富有印度色彩，又具有民族特色，雕刻技艺精湛绝伦，是石结构建筑和石刻浮雕的艺术宝库。被誉为东方四大建筑奇迹之一。

庞贝古城

在意大利那不勒斯附近的维苏威火山脚下，有座著名的古罗马城市庞贝。它始建于公元前 8 世纪，曾拥有 2.5 万人口，后来成为古罗马帝国的重要行政中心。庞贝城之所以闻名于世，是因为它曾被突然喷发的维苏威火山的灰尘埋在地下十几个世纪，从而成为一座真正的死城。经历了尘封土埋的漫长岁月以后，庞贝城已经变成一座地地道道的"化石城"。城内有 4 条交叉成"井"字形的主要街道，将全城分成 9 个区。街道用石板铺筑，街石的上面留有两道深深的车辙印。庞贝城当年城内有政府机构、法庭、太阳神庙、女神庙、公共浴室、角斗场、商店、酒店等。在一家小酒店的遗址上，火山喷发那天老板记账的营业额和一些顾客赊数还依稀可辨。一个面包房的烤炉中还有一块印有面包商名字的烤熟的面包……这些场景作为庞贝城末日的瞬间凝固于历史长河。

庞贝古城

神秘的巨石阵

巨石阵又称索尔兹伯里石环、环状列石等，是欧洲著名的史前时代文化神庙遗址，位于英格兰威尔特郡索尔兹伯里平原，约建于公元前 4000 ~ 前 2000 年，属新石器时代末期至青铜时代。

这个巨大的石建筑群位于一个空旷的原野上，占地大约 11 万平方米，由许多整块的蓝砂岩组成，每块约重 50 吨。巨石阵的主轴线、通往石柱的古道和夏至日早晨初升的太阳在同一条线上。另外，其中还有两块石头的连线指向冬至日落的方向。

巨石阵的主体由几十块巨大的石柱组成，这些石柱排成几个完整的同心圆，巨石阵的外围是直径约 90 米的环形土沟与土岗，内侧紧挨着的是 56 个圆形坑，由于这一些坑是由英国考古学家约翰·奥布里发现的，因此又叫"奥布里坑"。

巨石阵最不可思议的是石阵中心的巨石，这些巨石最高的有 8 米，平均重量近 30 吨，而且有不少重达 7 吨的巨石是横架在两根竖着的石柱上的。

早在 20 世纪 50 年代，考古工作者就推断，巨石阵至少已有几千年的历史。几个世纪以来，没有人知道巨石阵的真正用途，也没有人知道是谁建造了巨石阵，而古老的传说和人们的种种推测，更为巨石阵增加了神秘的氛围。

复活节岛石像

复活节岛是南太平洋上一个面积仅 117 平方千米的三角形小岛。

在复活节岛的四周海岸边，屹立着 600 多尊巨人石像。这些石像一般高 7 ~ 10 米，重 50 ~ 60 吨，有的重达 90 吨。石像竖立在 100 多座石台上，石台由巨大的石块砌成，最大的高 4 米左右，长 90 米，每座石台一般都安放 4 ~ 6 尊石像，最多的放了 15 尊。石像的头部都有用红色岩石雕刻的重达几吨的圆柱形帽子，可以戴上去，也可以卸下来。

另外，在小岛东南部的山里，还横七竖八地躺着 300 多个未完工的石像，其中最高大的达 22 米，重 400 多吨，看上去整个工作像是在匆忙中突然停顿下来。从山里通向海边的路上，还零零散散地乱放着几十个已完工的石像，不知为什么，这些成品没有运到目的地，就被抛弃在途中。

石像虽然不太合乎比例，但有一种粗犷质朴的美。经过长年的风雨侵蚀，石雕的脸形有些模糊，但仍不失其诱人的魅力：长脸、高鼻、长耳垂肩、嘴唇紧闭、下巴有点突出，双臂平放在腹部。每尊石像都以独特的方式表达着各种情感：高傲、愤怒、快乐、忧伤、自在。

这些神秘的石雕像是什么人创作的？为什么目的而作？石像又代表什么？对于这些疑问可谓众说纷纭，谁也没有确切的答案。

政治法律篇

三公九卿

三公九卿乃是秦朝时确立的中央官制，三公是古时辅助国君的 3 个最高官员，九卿是中央政府的 9 个高级官员。周代曾经出现过"三公六卿"，分别以辅佐皇帝的太师、太保、太傅为三公，以冢宰（总管军政）、司马（负责军务）、司寇（分管刑罚）、司空（负责工程）、司徒（负责民政）、宗伯（负责礼仪）为六卿。后来秦始皇统一六国后，听从李斯建议，建立了以皇帝为尊，以三公九卿为中央官制的中央集权制。三公分别是丞相、太尉、御史大夫。其中，丞相主管全国行政；太尉负责总揽全国军政；御史大夫则负责皇帝与群臣的沟通并监督群臣。九卿分别是：奉常（掌管宗庙礼仪，为九卿之首）、郎中令（领导宫廷侍卫）、卫尉（掌管宫门警卫）、太仆（掌管宫廷御马和国家马政）、廷尉（负责司法）、典客（负责外交事务）、宗正（分管皇族事务）、治粟内史（掌管赋税徭役）、少府（负责宫廷财政）。三公九卿的基本构架被汉代沿用，只是具体名称有所变化。丞相被改为"大司徒"，太尉改为"大司马"，御史大夫改为"大司空"；九卿中的奉常变成了"太常"，廷尉变为"大理"，典客成了"大鸿胪"，治粟内史变为"大司农"等，不过其基本职责都变化不大。三公九卿制的建立首次确立了中国中央集权制。另外，可以看出九卿中的大部分官职本来都只是负责皇家家事的奴仆，却纷纷担任起处理国家要务的职责，这也暴露了皇帝制度建立之初皇帝家事、国事不分的粗糙之处。自秦至两晋，各王朝都以三公九卿制为基本的中央官制构架，直到隋朝文帝创立三省六部制，三公九卿制才宣告结束。但事实上，三省六部制仍受到了三公九卿制的影响。

宰相

宰相是中国古代朝廷中的行政首脑。宰相职位最早出现在春秋战国时期，齐国的管仲、秦国的商鞅等都是当时著名的宰相。后来秦朝统一全国后，实行中央集权的郡县制，以分封制为基础的贵族统治阶层消失，官僚组织成了国家机器运行的载体。作为这个官僚组织的首领，宰相一职得以正式确立。但"宰相"只是对于最高行政长官的一种泛称，历史上除了辽国曾有过"宰相"这个官职名称外，其他朝代的宰相职位都采用的是其他称呼。秦汉时期行使宰相权力的官职是丞相、相国、三公（大司马、大司徒、大司空）。隋唐以及后来的宋朝，实行三省六部制，宰相职位由中书省、门下省、尚书省三个部门的长官共同担任，官职名称、权力、人数经常有变动，但不出"三省"。具体名称则有内史令、纳言、尚书令、尚书左仆射、参知政事、同平章事等；元代设左右丞相。明太祖朱元璋废宰相制度，内阁首辅成为事实上的宰相。清代行政实权掌握在军机处，军机大臣分满汉两班，两班首领成为事实上的宰相。可以看出，从人选上来讲，宰相是国家政权的一个组织部门，并不一定由一个人担任，其人数经常是有变动的；从功用上来讲，皇帝只是作为国家政权的象征，宰相才是具体主管全国行政的人，对于任何一个政权都是不可缺少的（即使名义上没有宰相的政权也往往有事实上的宰相）。因此宰相的地位相当高，是区别于一般大臣的。宋代之前的宰相上朝时是唯一可以坐在朝堂上的大臣。只是宋太祖赵匡胤不断扩大皇权，削弱相权之后，宰相地位开始下降，上朝时也没椅子坐了。历史上，皇帝和宰相职权的划分一直都是历代政治的大题目，一般而言，皇权和相权划分得合理时，政权都能运转得很好。划分不合理的，要么皇帝好大喜功，大权独揽，将国家推向战事（如汉武帝），或者出现宦官专政（往往出现于皇权很大皇帝却无能的情况下）；要么宰相专权，架空皇帝（如西汉王莽、东汉曹操、明张居正），甚至出现篡权。

十三曹

十三曹是汉丞相直辖下的十三个办事机构，有些类似于丞相的大秘书处，"曹"大概相当于现在国务院的一个司。具体为：一西曹，主管府史署用。二东曹，主管包括军吏在内的二千石长吏的迁除。二千石是当时最大的官，地方上的太守以及中央

的卿都是这个级别。三户曹，主管祭祀农桑。四奏曹，管理政府一切章奏，大致相当于唐代的枢密院，明代的通政司。五词曹，主管词讼，即负责法律民事部分。六法曹，掌邮驿科程，类似于现在的交通部，科程是指交通灯时限及量限等。七尉曹，主管卒曹转运，是管运输的，相当于清代的漕运总督。八贼曹，管缉拿盗贼。九决曹，主管罪法。这两曹所管属于法律之刑事方面。十兵曹，管兵役。十一金曹，管货币盐铁。十二仓曹，管仓谷。十三黄阁，主管簿录众事。从十三曹的具体负责事项可以看出来，这十三曹要处理全国政治、经济、司法等各个领域的事情，俨然是全国行政的总机关。由此可以看出中国汉代皇权和相权的分工已经相当明确了。

太尉与大司马

太尉曾是中国古代掌管全国军事的最高武官。秦朝时，太尉、丞相、御史大夫并称三公。对应于丞相掌管全国行政，太尉则掌管全国军事，地位与丞相相同。汉代基本上沿用了秦制，太尉一职也继承下来。汉武帝继位后，为加强对军队的控制，不再像过去那样封军功卓著的武将担任太尉，而是任命贵戚担任此职。此后太尉便只是个虚职，并无实权。后来汉武帝干脆废太尉一职，以大司马代之。大司马只是一种用于加封的荣誉称号，更无实权。汉大将军卫青、骠骑将军霍去病均因征匈奴的军功被加封为大司马。到东汉，光武帝又将大司马改为太尉。司徒、司空、太尉成为新的三公，太尉又重新成为全国军事统领，并参与政事，权位极重。东汉末，曹操自任丞相，废三公。此后魏晋南北朝期间，太尉与大司马均置或废，比较随意。

隋朝后，太尉与大司马均成为一种加赠的虚衔，宋代时太尉还一度成为对于高级武官的泛称。元代后，太尉与大司马均不再设置，另外，大司马常被当作兵部尚书的别称。

御史大夫

御史大夫是秦朝设立的官职，与丞相、太尉合称为三公。御史大夫主要有两个职能，一个是作为丞相副手处理政事，因此有副丞相之称；另一个则是作为监察机构御史台之长，负责监督百官，尤其是丞相。因为秦国实权曾一度被丞相吕不韦掌控，秦王政直到 22 岁除去吕不韦之后才得以掌握实权，非常担心丞相再度架空自己，于是设置御史大夫来牵制丞相。并且秦汉时期，丞相空缺后，一般由御史大夫补缺，这就使丞相更加忌惮御史大夫，从而得到制衡。汉哀帝时，御史大夫更名为大司空，东汉时又改为司空。大司空和司空仍为三公之一，但均已不再是最高的检察长官，最高的检察官由御史中丞担任。魏晋南北朝时，御史大夫官职又偶有恢复。隋唐之后的御史大夫，除宋代为虚衔外，均为最高的检察官，但不再有秦汉三公的权位。明代改御史台为都察院，御史大夫一职遂废。

郡县制和州县制

郡县制是中国古代的一种国家结构形式。西周时期，国家实行分封制，除天子直接统治区域外，其他地方被划分为许多小诸侯国，小诸侯国内则以同样方式再次划分成小的采邑。诸侯国对于天子有一定的义务，但总体上是一个独立王国，天子无权过多干预。卿大夫的采邑对诸侯国也是这种关系。春秋战国时期，以楚、秦为代表的许多国家开始设立郡县制度。秦代统一全国后，在全国范围内实行郡县制，将全国分为 36 郡，郡下设县。郡守和县令都直接由中央政府任免，其职位不得世袭。这样，便建立起了一种干壮枝弱的中央集权制度，地方不再有力量对抗中央，有利于全国政治稳定和经济发展。汉代沿用并完善了秦朝的郡县制，在开疆拓土过程中不断设立新的郡县。至东汉顺帝，已有 105 郡，2000 多个县。汉代一县面积大约方百里，一郡则下辖 20 县左右。需要指出的是，郡县制并非一定是仅仅有郡、县两级地方政权，而是强调其中央集权的性质。实际上，历代的郡县制往往都并非仅有郡、县两级地方政府。比如汉代时便在郡之上设立了州，全国总共分 13 个州，州长官称刺史，后改为州牧；隋朝地方政府设为州、县两级；唐朝则为道、州、县三级；宋代为路、州、县三级；元代则设立行省制度；明清基本继承元代行省制度，并稍作改变之后形成了省、府、县三级行政制。这些结构形式虽然并不是严格的郡、县两级制，但考虑其中央集权的性质，仍可说是郡县制。

州县制是郡县制的流变，本质上与郡县制差别不大。魏晋之后，进入南北朝乱世，北方政权更迭频繁，百姓四处流亡。新政权建立或新的人口流入，便要重新划分行政区域，分割原来的郡县。于是，郡不断变小，州不断增多。南朝也模仿北方划郡为州。至隋文帝时，撤郡建州，实行州县制。后来唐、宋基本沿用。

郡守和县令

郡守与县令为古代官职名称，均是在战国时期随着郡、县的设立而开始存在的。

战国时的郡都设在边远地带，边防任务很重，因此其最高长官称作"守"，一般由武人担任。后来这些郡开发成熟，郡守逐渐成为地方最高行政长官。秦统一全国后，实行全面的郡县制，每个郡都设一名郡守，为一郡的最高长官。后来汉景帝将郡守更名为太守，但也习称郡守，之后太守又一度更名为州牧。南北朝时，太守权力逐渐为州刺史所夺，太守一职逐渐为刺史所代替。唐中后期，刺史又逐渐为节度使、观察使所代替。到宋明清之际，知府、知州则相当于原来的郡守。值得一提的是，因宋代之前的郡守（刺史、州牧、节度使、观察使）经常集行政、军事、人事大权于一身，一旦中央控制力变弱，郡守往往成为地方割据的基本单位。

县令是一个县的行政长官，刚开始与郡守是平级关系，战国末期，正式成为郡守下属。秦汉法令以户口多少为标准，大县长官称县令，小县长官称县长。至南朝宋时，不再区分户口多少，一县长官皆称县令。至宋代，县令称为知县，元代称县尹，明清又称知县。因为朝廷委派官职只派到县令一级，其下则实行乡绅自治，县令是政府与百姓接触的枢纽。因此县令一职在整个政权机器上的地位是至关重要的，中国自古有"县宁国安，县治国治，下乱始于县"的说法。

刺史

刺史是古代官职。刺，检核问事之意，刺史的本义是负责监督类的官员。秦时，每郡设监察御史，负责监督郡守。汉代时，监察御史往往与郡守勾结起来欺骗朝廷。丞相于是又派出一套人马出刺各地，检查郡守和监察御史。这样重叠监督，显然成

本高而效率低。汉武帝时，废除原来的两套监察官员，将全国分为13个州，每州设立一名刺史，正式建立刺史制度。这套新制度的特点是，充任刺史者均为俸禄六百石的低级官员，其监察对象郡守的俸禄却是两千石。因其官职卑微，故顾虑不多，勇于言事；另外，一旦官职低，也就急于立功，会更加恪尽职守。同时，为防止刺史滥用权力干扰地方政治，朝廷对他所调查监督的内容明确列明条目，其外不得多管。这套制度刚实行时是比较好的一套监察制度，但一项制度时间一久，便难免出现弊端。到东汉时，刺史权力逐渐扩大，成为实际的地方长官。汉灵帝时将部分资深刺史改为州牧，使之成为郡守（太守）的上级，这便在郡、县的基础上又多出了州一级。到隋文帝时，鉴于刺史权力基本替代了郡守，干脆废郡，实行州县两级，如此，刺史即相当于原来的太守。唐代中期，出于屯田与守边的需要设立新的地方军政长官节度使、观察使逐渐侵蚀刺史之权，或者兼任刺史。尤其"安史之乱"后，节度使更是遍布全国，刺史职任渐轻。宋代郡守名称为知州，刺史成为武臣虚衔，元代以后消失。

三省六部制

三省六部制是中国古代继三公九卿制之后的另一套中央政府机构组织形式。三省分别是中书省、门下省、尚书省，六部则是吏部、户部、礼部、兵部、刑部、工部。三省六部制的出现是皇权侵蚀相权的结果。汉武帝时，设尚书台。三国时期，魏文帝曹丕又设另一个秘书机构中书省，以削弱尚书台权力。至晋，皇帝的侍从机构门下省也开始处理政务。至此，由皇帝的小臣

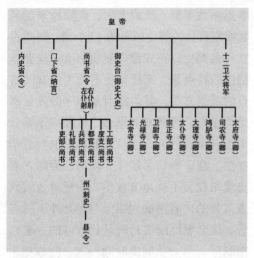

隋三省六部制简表

组成的"三省"开始成为全国政务中枢。到隋朝，朝廷明令确立三省制度，三省成为正式的政府机构，三省长官共议国政，执宰相之职。至于六部，则是尚书省下设的六个具体部门。汉光武帝时，尚书台已开始分为三公曹、吏部曹、民曹、客曹、二千石曹、中都官曹等六曹尚书分曹办事。后六曹经魏晋南北朝发展演变，至隋唐时期形成吏、户、礼、兵、刑、工六部。后世将三省六部制视作隋朝除科举制度之外的另一个重要制度贡献。三省六部制结束了自汉光武以来的皇帝与政府（以宰相为代表）权限不分的混乱局面，可以说是中国政治史上的巨大进步。三省六部制虽然在唐代以后多有变化，但其基本骨架为后世历代中央政府所采用，尤其六部制度直至清末连名称都未曾变动。

中书令

中书令是古代一度相当于宰相的官职。汉武帝时，始置中书令，由宦官担任，后来逐渐由皇帝信赖的士人担任。其职责是帮助皇帝在宫中处理政务，并负责直接向皇帝递交大臣密奏。因其为皇帝近臣，一度凌驾于丞相之上，司马迁就曾以太史公的身份担任过此职。东汉光武帝时，尚书台成为全国政务中枢，与尚书工作性质有些相似的中书被冷落。魏晋时期，魏文帝曹丕为牵制尚书台，另外成立中书省，以中书令为其长官。之后中书省日益架空尚书台，成为全国最机要机关，中书令则成为事实上的宰相。其时中书令一般由社会名望与才能俱高者担任，谢安就曾以中书令之职执政东晋。南北朝时，门下省又逐渐取代了中书省的政务中心地位，中书令的宰相位被门下省长官侍中取代。到隋唐之际，三省六部制确立，中书令与门下省长官侍中、尚书省长官尚书仆射共同执掌宰相之权。其中，因中书省是政令的决策机构，而门下省则对政令有审核权，故中书令和侍中被唐人尊为真宰相。唐肃宗后，包括宋代在内，中书令逐渐成为大臣的虚衔，无实权。元代中书令又掌相权，明代朱元璋不设宰相，"三省"俱废，中书令自此不复存在。

侍郎

侍郎在西汉时曾是郎官之一，是皇帝外出时的随从，不是正式官职。东汉尚书权力变大时，侍郎成为尚书下属。当时每曹设 6 名侍郎，六曹共 36 人。魏晋以后尚书曹数增多，一尚书辖数曹，郎官遂成一曹头目。隋朝三省六部制既定，侍郎随尚书一起成为朝廷正式要职，相当于现在的国务院各司司长，初时官阶不高，却是实权官员。明侍郎升至正三品，清侍郎升至正二品。另外，门下省和中书省也曾设立侍郎官职，一般为一个部门的二把手。

转运使

转运使是中唐以后各王朝设置的主管运输的中央或地方官职。唐代建都长安，因关中地狭，粮食不足，每年要从江淮地区调粮入关。玄宗时期，朝廷官员激增，加之军需民用，粮食需求增大，漕运对于朝廷的重要性随之增加，于是设专使水陆转运使，掌洛阳、长安间粮食运输事务。安史之乱后，朝廷财政全仗江淮地区盐铁之税，又设盐运使。后来盐运、转运二使合二为一，由宰相或重臣兼任。到宋代时，转运使成为一种普遍的官职。宋初为集中财权，置诸路转运使掌一路财赋，称某路诸州水陆转运使。另外皇帝出巡时设有行在转运使，出兵征讨则有随军转运使。宋代转运使往往由朝中位高权重者兼任，是一种显官，除掌握一路或数路财赋外，还兼有考察地方官吏、维持治安、清点刑狱、举贤荐能等职责。如此，转运使职掌扩大，实际上已成为一路之最高行政长官。后来朝廷干脆将路作为州县之上的又一级地方行政单位，全国总分为15路。元、明、清时期，转运使官职不再流行，只剩下一个盐运使，负责运盐，虽品秩不高，却是个肥差。

观察使

观察使是唐代后期出现的地方军政长官，全称为观察处置使。由于汉代设立的专门监督地方官员的刺史逐渐侵蚀了地方长官的权力，到隋朝时朝廷干脆明令刺史替代太守，成为地方长官，这样，朝廷中央便没有了专门的地方巡察员。到唐代前期，中央常常不定期临时派出使者监察州县，玄宗开元年间，宰相张九龄设置十五道采访处置使（简称采访使），行使原来

汉代刺史的督察权，考评地方官政绩。后来，采访使制度又重蹈刺史制度之覆辙，本是中央派到地方的特派员的采访使又逐渐凌驾于刺史之上，成为实际上的地方一把手。而在不怎么受中央管制的节度使地区，采访使往往为节度使所兼任。肃宗乾元元年（758年）采访处置使改名观察处置使。"安史之乱"后，本为地方长官的刺史基本上已经没有什么权力，各地的节度使与观察使成为地方军政一把手。相比而言，节度使往往地盘较大，经济、军事实力雄厚，不听中央调遣，成为顾盼自雄的藩镇；而观察使则地位相对较低，地盘、势力较小，还能够服从朝廷，因此唐朝廷后期得以苟延残喘的财赋收入多由观察使所上缴。宋代在各州置观察使，但只是虚衔，为武官升迁之前的寄禄官（暂时作为升迁跳板的官职，无实权）。辽、金也曾设置观察使作为政务官，元代废。

参知政事

参知政事并非一种固定官职，而是唐宋时期的临时职衔，中低级官员可凭此职衔行宰相权。唐贞观年间，唐太宗为削弱相权，强化皇权，在与宰相议事的最高政务会议政事堂上，经常给其他非宰相但比较能干的官员加封诸如参知政事、同平章事、枢密使、枢密副使等职衔后让他们也参加会议，共议国政。太宗之后的唐代皇帝都采用了这个办法，乃至到唐高宗之后，原本是宰相的三省长官都先后被排挤出了政事堂，只剩下这些顶着临时头衔的宰相们执掌唐王朝的最高政治。如此，可以说唐朝在很长的时间里是没有宰相的。就参知政事而言，其又简称为"参政"，行使副宰相之职，唐中叶以后废去。宋代沿用

了唐代政事堂制度，开始同样以参知政事为副宰相，开宝六年（973年）后，参知政事的职权、礼仪开始和宰相差不多。宰相出缺时，其代行宰相之职。北宋范仲淹、欧阳修、王安石都曾任此职。因为正规的宰相经常空缺，因此参知政事往往是北宋事实上的宰相。南宋时，参知政事和门下、中书侍郎，尚书左、右丞，以及枢密使、副使，知枢密院事，签书枢密院事等，通称执政，与宰相合称"宰执"，相当于常务副宰相。元、明时参知政事只是一个中级官员，清不设此职。

谏官

谏官是古代言官的一种。言官即是专门负责监督并提意见的官员。古代言官分两种，一是御史，负责监督政府，谏官则职在监督皇帝。谏官并非正式官职名，而是对监督皇帝的官员的泛称。其最早在春秋时期设立，当时齐国的大谏、晋国的中大夫、楚国的左徒等都属于谏官性质。秦朝时，设谏议大夫为谏官，同时，御史类官职中的御史中丞也有些谏官性质。谏官制度得以正式化是在汉代，当时的光禄大夫、太中大夫、谏大夫、中散大夫、议郎等官职，都属谏官，统一归汉九卿之一的光禄勋管。谏官最活跃的时期是在唐代，当时的谏官机构不断扩大，所设谏官有左右谏议大夫、左右拾遗、左右补阙、左右散骑常侍等。另外，当时中书、门下两省的官员也都有兼职进谏的职责。唐代著名谏官甚多，例如魏徵、褚遂良、孙伏伽、萧钧等。著名诗人杜甫、陈子昂、元稹等都任过谏官之职。因唐太宗开纳谏之风，唐代皇帝都比较重视谏官。宋朝皇帝起初也很重视谏官，曾专门将谏官从门下省中独立出来，成立专门的谏院，以左右谏议大夫为长官。但谏院独立后，谏官不再由宰相裁定，而是由皇帝任命，并且可以兼任御史，逐渐由监督皇帝变成了监督宰相和百官。后来，朝廷不再重视谏官，又开始出现蔡京、秦桧等权相。宋代之后，谏官或名存实亡，或名实俱亡。

路、军、府、州

路、军、府、州均是宋代的地方行政单位。宋代地方行政区划为三级制，其基本的结构是路、州、县，依次变小。其中，路是最高一级，大略相当于现在的省。宋初时，除路以外，还有一个道，与路为同级别的地方区划单位。后废道，将天下总分为15路，分别是：京西路、京东路、河北路、河东路、陕西路、淮南路、江南路、荆湖南路、荆湖北路、两浙路、福建路、西川路、峡路、广南东路、广南西路。路的长官称作监司，每路4个。宋代的州由秦汉的郡变化而来，根据面积和人口可分为上、中、下州，长官称知州。县是最低一级行政单位。另外，在路、州、县的基本体制之下，宋代还有一些与州同级但稍微特殊的行政区划单位，府与军便属于此类。府由地位比较重要的州升级而成，分京府、次府。京府为首都或陪都所在地。宋初以都城开封府为东京，陪都河南府（今河南洛阳东）为西京，应天府（今河南商丘）为南京，大名府（今河北大名）为北京，遂有四京府，其余则为次府。州升府一般源于皇帝登基前所封或任官之地，如宋太祖以归德军节度使代周，后来便升归德军所在之宋州（今河南商丘）为应天府。军则是因军事需要而建的地方行政单位，一般在边疆地带，分大军和小军。大军与州府同级，直属于路；小军与县同级，属州管辖。就数量而言，这些地方行政单位并不固定，时有变化。

宣政院

宣政院是元代设立的一个掌管全国佛教事宜和吐蕃地区军政事务的中央机关。宣政院原名总制院，由元世祖忽必烈设立，后借唐朝皇帝曾在宣政殿接见吐蕃使臣的典故，改名为宣政院。宣政院刚开始以国师八思巴为其长官，后来该职一般由朝廷大臣担任。宣政院官员为僧俗并用，其中设院使2人，后来又增至10人，秩均为从一品，另有几个正二品、从二品的官职。宣政院官职任命不走吏部程序，而是自行任命，与中书省、枢密院、御史台并为元朝4个独立的任官系统。诸路、府、州、县置僧录司、僧正司、都纲司，为宣政院下属地方机构，负责管理各地佛寺、僧徒。总体而言，蒙古人设立宣政院有两个目的，一是掌管全国佛教，二是通过宗教与军政结合的方式控制同样信奉喇嘛教的吐蕃国。

行省制度

行省是行尚书省（后改为行中书省）的简称，本是尚书省的一个临时派出机构，后来演变成为地方最高行政机关。元朝总共分为12个大的行政区，除了大都（北京）为中书省直辖区外，另有11个行省。元代行省置丞相、平章、左右丞、参知政事，其行政机构名称和官吏品秩与中央同，全省军事、行政、财政权力集中，由蒙古贵族总领。从行省的划分方法来说，元代行省是从军事角度进行的划分。元代统治者害怕地方反叛，于是使各省边界犬牙交错，

无山川险阻可依，北向门户洞开，形成以北制南的军事控制局面；另外，各省重镇的拱卫之城也都被划分到另一省。一旦一省叛乱，其重镇也很容易被攻下。也正因为此，后来的明、清继承了元代行省制度。元代的行省在后来数量增加不少，名称也有所变化，但就其实质而言可以说是一直沿用的。

内阁

内阁是明清时期的最高官署。明洪武十三年（1380年），朱元璋为加强皇权，以谋反罪杀宰相胡惟庸，从此废去宰相一职并明令后世子孙不得设宰相。这样，全国政务全都汇集到皇帝这里。朱元璋行伍出身，精力充沛，后来又仿宋制设置了一些殿阁大学士作为自己的顾问，还勉强能够应付。到永乐皇帝，因他经常外出征伐，对政务便有些顾不过来，于是正式建立内阁，以大学士充任阁员，参与机务。内阁刚开始并无实权，但自仁宗起，明朝的皇帝们都只是成长于深宫的娇贵皇子，不具备一个人掌控全国政务的精力和耐性，内阁权力渐重。到成化、弘治之际，内阁已经相当于宰相府。尤其到万历年间，由于万历幼年登基，政务完全由内阁处理，内阁首辅张居正的权力甚至已经超越了以前的宰相。明朝晚期，宦官权力上升，内阁权力开始下降。崇祯时，内阁权力被虚化，明内阁制度名存实亡。

清代刚开始时沿用明朝内阁制度，以满、汉同比例的方式设置内阁大学士，行使相权。但因清帝基本都比较勤政，内阁差不多只是个执行机构，权力远不如明朝内阁大。到雍正时，设立军机处作为最高决策机关，内阁基本上成了一个类似于秘

书处的文书机构。但在清代，内阁一直都是名义上的最高官署。

大学士

大学士是古代官职，最早出现在唐代。唐代曾先后置弘文馆、昭文馆大学士、集贤院大学士。唐代的大学士一般由宰相兼领，只是一种荣誉称号。宋代也曾仿唐制，搞过一些大学士称号，同样只是一种荣誉称号。明代时，朱元璋怕宰相夺权，不设宰相，但自己政务又忙不过来，开始置一些翰林学士到武英殿、华盖殿、文渊阁、东阁中参与政务，称作殿阁大学士或内阁大学士。大学士官阶很低，仅为五品官职，也没什么职权，只是皇帝顾问而已。仁宗以后，大学士往往兼有尚书、侍郎等重职，握有实权，地位尊崇，称为辅臣，内阁首辅成为事实上的宰相。明朝名相张居正就是以内阁首辅的身份行使相权。清代沿用内阁制，置三殿三阁（保和殿、武英殿、文华殿、体仁阁、文渊阁、东阁）大学士，为正一品，设满、汉头目各一人，相当于宰相；又置协办大学士，为从一品，满、汉各一名，相当于副宰相。汉人一般非翰林出身不授此职，我们所熟知的和珅、纪晓岚、刘墉均曾担任内阁大学士或协办大学士之职。雍正时设军机处，取代内阁成为最高政务决策中心，军机大臣成为事实上的宰相，但军机大臣及内外官员之资望特重者仍授大学士，以示尊崇。另外，明清时的大学士也习称中堂。

司礼太监

司礼太监是明朝一度权势很大的宦官机构里的太监。明洪武年间，成立了一个新的太监机构——司礼监，掌管宫廷礼仪。

明朝没有宰相，权在内阁。内阁具体掌控政务的方式是由内阁大臣阅读奏章后在上面批注自己的意见，称"票拟"，然后交由皇帝审核并用朱笔做出最后批示，称作"批红"。因明朝中后期皇帝大多疏懒，或不懂政务，"批红"也就只是走走形式，基本上就是以内阁大臣的意见为准。到明宣宗时，为压制内阁势力，废除朱元璋定下的太监读书禁令，在宫内举办内书堂，教授太监识字，然后由这些识字太监帮助皇帝"批红"。此后，"批红"的权力便逐渐落入太监之手。"批红"分两道程序，先由司礼监秉笔太监"批红"，然后司礼监掌印太监审核确认后盖印，才算通过。由此，司礼太监便与内阁形成了一种权力制衡。历史上的刘瑾、冯保、魏忠贤等权倾一时的太监就是司礼太监的头目。

明晚期，宦官权力逐渐渗透到国家政权的各处，在中央掌管提督京营兵权，在各地方则派迁驻守太监，职在地方长官之上。尤其东、西两厂特务组织具有独立的司法、审查权力，并且有自己的监狱，可以随便提审百姓乃至官员。因此宦官组织已经变成一个与外庭相对应的严密的内廷官僚组织，而司礼监便是这个内廷的最高机关。司礼太监俨然相当于朝廷大臣，而其一号人物司礼监掌印太监则对应于作为外庭宰相的内阁首辅，有"内相"之称。总体而言，司礼太监的滥权乃是明朝皇帝出于私心而采用的一种统治权术，也是明朝政治的最大问题。

都察院

都察院是明清两代最高监察机关。明洪武十五年（1382 年），朱元璋改前代所设御史台为都察院，设左、右都御史为最高长官，其职权总的是"纠劾百司，辨明冤枉，提督各道，为天子耳目风纪之司"；都御史下设副都御史、佥都御史，为都察院各级长官；又按照十三道，分设监察御史。监察御史是都察院官员的主体，负责巡按州县，专事官吏的考察、举劾。大体而言，都察院的官僚体系与汉、唐的御史台差不多，御史台的职能也都包含在了都察院之内。但相比于御史台，都察院还另外具有很强的司法功能，其与大理寺、刑部合称为三法司，遇到重大案件均由三法司共同会审。到清代，都察院制度基本沿袭明制。因清代系异族统治，担心地方官员和军队对抗中央，经常派都察院御史以巡抚、提督、总督等临时官衔到地方上监督行政长官和武官。久而久之，巡抚、提督、总督等这些本是特派员性质的都察院官员便成了地方行政长官或军政首脑。

东西二厂

东厂是明永乐皇帝朱棣建立的由宦官掌控的特务机关。因建文帝既年轻有为，又怀柔天下，尊重士人，深得明朝官员拥护。朱棣发动"靖难之役"夺了侄子建文帝的江山，大批官员殉难，剩下的朝廷官员亦不大支持朱棣的新政权。朱棣因此对大臣也都十分猜忌，于是采取了两个措施，一个是迁都北京，另一个便是在锦衣卫之外另建一个更加方便自己使用的特务机关。因夺江山的过程中，几个太监曾出了不少力（如郑和、道衍），朱棣觉得太监比较可靠，便建立了一个由宦官掌领的侦缉机构。由于其地址位于东安门北侧（今王府井大街北部东厂胡同），因此被命名为东厂。东厂直接向皇帝负责。起初，东厂只负责侦缉、抓人，审讯犯人的权力则在锦衣卫。

但到明末宦官专权后，东厂也具有了审问权，并且设有自己的监狱，对百姓乃至官员都可抓捕、审问，成为独立于国家司法体系之外的独立体系。另外，朝廷审理大案，东厂都要派人听审；朝廷各衙门里，也都有东厂人员坐班，监视官员；朝廷各种文件，东厂也都要查看，甚至民间百姓的日常生活都在其侦缉范围内。东厂的人每天在京城各处活动，经常罗织罪名敲诈勒索良民，成为上至朝廷下至民间的一大害。西厂则是明宪宗为强化特务统治所增设的，其人数比东厂更多，权力更大，并且不再局限于京城，而是遍布全国。后因反对，存在不久被撤销。东西二厂与锦衣卫共同构成明代的"厂卫"制度。

锦衣卫

锦衣卫是明朝皇帝的侍卫兼特务机构。其前身为明太祖朱元璋所设的御用拱卫司，洪武二年（1369年）改为大内亲军都督府，洪武十五年（1382年）改为锦衣卫。锦衣卫是朱元璋为强化皇帝对政权的控制而建，其作用有二：一个是作为皇帝的侍卫，与前代的禁卫军作用相同；二是作为一种特务组织充当皇帝耳目，监督百官。明代锦衣卫之所以在历史上很有名是因为它的第二个功能。锦衣卫不仅拥有

锦衣卫木印 明

锦衣卫是明代内廷侍卫侦察机关，始建于洪武十五年，专门从事侍卫缉捕弄狱之事，是皇帝的侍卫与耳目，与明王朝相伴始终。明初朱元璋为加强中央集权，以刑部、都察院、大理寺分典刑狱，称三法司，让其互相制约，如遇重大要案由三法司会审结案。这枚木印是三法司会同刻置的。

自己的军队系统，而且拥有独立于政府司法体系之外的司法特权，可以绕过政府系统直接对上至大臣、武将，下至普通百姓实施侦缉、抓捕、审问，并拥有自己的监狱。

锦衣卫的建立除造成国家司法混乱及朝廷上下的恐怖气氛外，也起到了一定正面作用。如，对于预防官员腐败起到很好的作用，以至于明代官员可算是历代最清廉的官员；另外，锦衣卫还担当了部分国防及情报工作。锦衣卫首领称指挥使，一般由武将担任。后来宦官统领的特务组织东厂成立后，锦衣卫地位逐渐低于东厂。晚明宦官专政时，锦衣卫指挥使见东厂厂主甚至要下跪叩头。整个明代，锦衣卫和东厂、西厂这样的特务组织一直存在，乃是一种酷政，不少学者认为明代即亡于"厂卫"制度。

总督

总督是明清时期的地方军政大员。明代实行空前的中央集权，地方长官权力不大，中央经常派尚书、侍郎、都御史等京官至地方安抚军民或主管兵事，事毕复命，称之为巡抚、镇守等。后这些下派官吏统一定名为都御史巡抚兼提督军务（或都御史兼其他事务）这样的名称，负责多方面事务的则称总督，并非正式官职。明朝代宗景泰三年（1453年）设两广总督，自此，总督成为专门官职。此后，又陆续设立凤阳总督、蓟辽总督、宣化总督、三边总督等，先后有 12 个，所辖地区广狭不等，一般在一省以上。明朝总的治国方略是重文抑武，总督的作用一方面在于以文臣钳制武臣，防止武臣割据；另一方面在于协调各省、各镇之间的关系，统一事权，防止各省、各镇有利互相争抢，无利互相推诿的情况，

体现了中央对地方控制权的加强。一般而言，总督由中央政府的显官担任。

清朝刚开始时沿袭明朝的总督制，不过久而久之，总督又成了地方最高长官，俗称封疆大吏。总督辖一省或二三省，先后设有直隶、两江、陕甘、闽浙、湖广（也称两湖总督）、两广、四川、云贵及东三省 9 个总督。各总督综理军民要政，级别一般为正二品，如加尚书头衔则为从一品。此外，清代还有一些负责专门领域的总督，如专管漕运者称作"漕运总督"、专管河道的称作"河道总督"等。显然，这些专门领域的总督没有封疆总督实际权力大。一般而言，清朝的官员如果被简称为总督的，均指封疆总督。

巡抚

巡抚是明清时期的省级地方军政大员，以"巡行天下，抚军安民"而名，又称抚台。明代宣德、正统以后，三司之间互不统属的局面使地方行政的运转极为不灵，行政效率低下。于是，中央政府开始设置总督、巡抚这样的临时官员到各地代表中央统一协调地方行政，同时也对权势日大的地方文官集团形成一种制约。巡抚刚开始为临时职务，后来逐渐长期驻扎地方，一年回中央汇报一次。在职权上，巡抚刚开始仅负责督理税粮、总理河道、抚治流民、整饬边关，后来逐渐偏重军事，并逐渐成为事实上的地方行政长官。

清袭明制设立巡抚，并使之成为制度化的正式官职，具有处理全省民政、司法、监察及指挥军事大权。巡抚均兼右副都御史，官职从二品，加兵部右侍郎衔则为正二品。总体而言，巡抚和总督非常相似，刚开始都只是中央派下来的临时官员，后来侵蚀地方

权力，成了地方最高首脑，是一种中央集权策略在制度上的体现。就清代而言，其地方大员中，以总督为最大，一般为两三个省的首脑，其次便是巡抚，是一省首脑，有的总督则兼职下辖省的巡抚。

道员

道员是明清官职。明朝时，省级行政长官布政使下设左、右参政和左、右参议，均为辅佐布政使的官员。其人数不定，因事添设，职责同样不定，根据布政使的需要，或管理辖区内部分地区，或负责具体某一专门事务，这类官员称作分守道。另外，负责一省司法与监察事务的按察使也有自己的佐官，称作副使、金事，也无定员，分管各按察使辖区内部分地区、刑名等事，称分巡道。清初袭明制，后乾隆废参政、参议、副使、金事等官衔，设分守道，主管一省内若干府县的政务，其长官相当于现在的地委书记；设分巡道，掌管全省的教育、屯田、粮储、盐法等专门事务，其长官相当于现在的教育厅长、农业厅长等。分守道和分巡道长官均称作道员，俗称道台，尊称观察。就品阶而言，道员为从三品或正四品官员，官职低于巡抚，略高于知府。

南书房

南书房始设于康熙十六年（1677年），是清代皇帝文学侍从值班的地方，旧为康熙帝读书处。初由翰林学士入职南书房，为文学侍从，称为"南书房行走"，后逐渐参与机务，是康熙帝削弱议政王大臣会议权力，实施高度集权的重要步骤。雍正朝自军机处建立后，军机大事均归军机处办理，南书房官员不再参与机务，其地位有所下降。但由于入职者能经常觐见皇帝，因此仍具有一定地位。南书房亦作为皇帝研讨文学处得以长期保留，直至光绪二十四年（1898年）撤销。

顺天府尹

清代北京地区称为顺天府，其长官称顺天府尹。顺天府由于是中央机关所在地，所以府尹的职位特别显赫，品级为正三品，高出一般知府二至三级，由尚书、侍郎级大臣兼管。正三品衙门用铜印，唯顺天府用银印，位同封疆大吏的总督、巡抚。顺天府所领24县虽然在直隶总督辖区内，但府尹和总督不存在隶属关系。北京城垣之外的地区由直隶总督衙门和顺天府衙门"双重领导"，大的举措要会同办理。北京城垣之内，直隶总督无权过问。

八旗制度

八旗制度是清代满族的一种社会组织形式。满族以射猎为业，每年到采捕季节，以氏族或村寨为单位，由有名望的人当首领，这种以血缘和地缘为单位进行集体狩猎的组织形式，称为牛录制。首领称为牛录额真（牛录意为大箭；额真，又称厄真，意为主）。明万历二十九年（1601年），努尔哈赤改革牛录制，以旗帜作为标志，将本族及下属包衣奴隶分编为黄、白、红、蓝四旗。1615年又将黄、白、蓝旗镶以红边，红旗镶以白边，增建镶黄、镶白、镶红、镶蓝四旗，合称"八旗"。每旗（满语称"固山"）下辖五参领（甲喇），每参领辖五佐领（牛录）。凡满族成员分隶各佐领，平时生产，战时从征。皇太极时，又把降附的蒙古人和汉人编为"八旗蒙古"和"八旗汉军"，与"八旗满洲"共同构成清代八旗的整体。满洲八旗中的正黄、正白、镶黄称为"上三旗"，是皇帝的亲军，由皇帝直接统帅，其他五旗称为"下五旗"，由满洲贵族统帅。编入八旗的人户，称为"旗人"或"旗下人"。

八旗制度在建立初期，兼有军事、行政和生产三方面职能，是与当时满族社会经济基础相适应的，对推动满族社会经济的发展起了积极作用。入关后，满族统治者利用八旗制度加强对人民的控制，其积极意义日趋缩小。

作为一个军事组织，八旗军队与绿营兵同为清廷统治全国的工具，分驻首都及全国重要地方。在某些地区，八旗也作为行政机构，与州县系统并存。清亡后，八旗制度才全部瓦解。

议政王大臣会议

议政王大臣会议是中国清代前期满族上层贵族参与处理国政的制度。起初，努尔哈赤令八旗旗主即八大贝勒（亦称八王）"共治国政"，共同处理军国要务。后又设八大臣以资辅佐，称议政大臣。崇德二年（1637 年），议政王大臣会议作为中央辅政机关的地位最终确定。议政王大臣会议制度最终形成。"议政"是一种正式的职衔，必须经过皇帝的任命。最初议政王大臣会议权力极大，皇位继承这样的重大决策都由议政王大臣会议决定，甚至议政王大臣会议有权罢免皇帝。

清军入关以后，议政王大臣会议权力有了进一步的扩大，皇权受到了极大限制，康熙曾设南书房对其进行有效抵制。雍正年间又设立了军机处，一切政事均由皇帝"干纲独断"，议政王大臣会议名存实亡，变成一些不当权的贵胄世爵挂靠之地，或者是给予一些大学士、尚书之类官僚兼虚衔的部门。乾隆五十七年（1792 年），议政王大臣会议终被取消。

军机处

军机处亦称"军机房"、"总理处"，是清朝中后期的中枢权力机关。军机处的设立是清代中枢机构的重大变革，标志着清代君主集权发展到了顶点。军机处成立于雍正七年（1729 年），初名"军机房"，乾隆后称"军机处"。军机处本为办理军机事务而设，但因它便于君主有效实施专制独裁，所以常设不废，而且其职权也愈来愈大。军机处的职官有军机大臣（俗称"大军机"）和军机章京（俗称"小军机"）。军机大臣由皇帝从满汉大学士、尚书、侍郎等官员内特选，有些也由军机章京升任。

军机处成立后，一切机密大政均归军机处办理，但实际上军机处完全等同于皇帝的私人秘书处。入职军机者，只能跪受笔录，传达谕旨，决策大权完全掌握在皇

军机处

军机处的设立，最初是为了西北用兵的需要，开始称军机房，雍正八年（1730 年）改名为军机处，雍正十年铸造关防印信，机构不断完善。军机处本为军务而设，但它逐渐部分取代了内阁的作用，成为由皇帝亲信组成的新的行政中枢。军机处的创立，是行政制度的重大改革。

帝一人手中。军机大臣既无品级，也无俸禄。军机大臣之任命，并无制度上的规定可供遵循，完全出于皇帝的自由意志。军机大臣的职务也没有制度上的规定，一切都是皇帝临时交办的，所以说军机处是皇帝集权的最好工具。

总理衙门

总理衙门相当于清朝的外交部。鸦片战争前，中国没有多少外交事务，与清政府打交道较多的只有俄国，另外的日本、朝鲜等国是清王朝的附属国，并不被视为严格意义上的外国。与这些国家的外交事务一般都由清政府设立的处理少数民族事务的理藩院一并处理。鸦片战争后，中国与欧洲国家事务日繁，除理藩院外，清政府又委派两广总督专门负责与欧美国家的交涉，并特加钦差大臣头衔，称"五口通商大臣"。但欧洲各国不满足以"蛮夷"身份与效率低下的理藩院打交道，同时又认为地方大臣负责外交于制不合，要求清政府成立专门的外交机构。咸丰十年（1860年）《北京条约》签订后，在恭亲王奕䜣等人奏请下，清政府于同治元年（1862年）成立总理各国事务衙门，简称总理衙门。总理衙门头目称为首席大臣，由亲王担任。另外，按照一满一汉的原则下设大臣、大臣上行走、大臣学习上行走以及总办章京、帮办章京、章京等官职。其中，有权的是大臣，人数初为3人，后几人到十几人不等，其首席大臣，先是恭亲王奕䜣做了28年，其后庆亲王奕劻又做了12年。总理衙门下属机构有同文馆、海关总税务司署，名义上，南、北洋通商大臣也归其统属。在职责上，总理衙门最初主持外交与通商事务，后来还负责办工厂、修铁路、开矿山、办学校、

派留学生等事，权力越来越大，凡外交及与外国有关的财政、军事、教育、矿务、交通等，全归其管辖，成为清政府的重要决策机构之一。总体而言，总理衙门的设立是中国重新直面世界、同时也是中国半殖民化的标志。光绪二十七年（1901年），清政府施行宪政改革，总理衙门改为外务部，居于六部之首。

南、北洋大臣

南、北洋大臣是晚清政府设置的负责外交事宜的专设大臣。其中，南洋大臣全称为办理江浙闽粤内江各口岸通商事务大臣，其设置要早一些。《南京条约》签订后，因为条约所规定的广州、厦门、上海、宁波、福州五个通商口岸的开放，清政府设立五口通商大臣，专门负责沿海口岸的通商、海防等事务。先是驻在广州，由两广总督兼任，后来移驻上海，由两江总督兼任。南洋大臣大多由湘军人物担任，湘系集团的曾国藩、曾国荃、左宗棠、沈葆桢、刘坤一等专任此职40余年，职责除交涉、通商、海防外，还包括训练南洋海陆军，兴办工矿交通事业，但局限于两江一带。

第二次鸦片战争后，清政府鉴于天津等北方城市也开始开埠通商，便专设北洋大臣负责北方口岸的通商、海防事务，驻扎天津。后来为扩大北洋大臣权限，以直隶总督兼任北洋大臣。1870年，李鸿章调任直隶总督后，在北洋大臣的位子上待了28年。李鸿章到任后，兴办船厂、铁路、学校、纺织企业等，并将北洋水师训练成了当时硬件水平亚洲第一的海军。加上畿辅本为重镇，直督为疆吏领袖，李鸿章又久于其位，后起的北洋的重要性远远超过了南洋。李鸿章之后，王文韶、荣禄、袁

世凯也先后任职。总体上，北洋大臣由淮军人物担任。

南、北洋大臣名义上统辖于总理衙门，其实并不受其管束。尤其到后来，总理衙门只是做一些后勤性质的外交工作，外交谈判方面的事务基本上依赖于南、北洋大臣，尤其是北洋大臣。总体而言，南、北洋大臣是晚清历史上的重要角色，为中国外交做出了一定的贡献，但总体上因其并不具备真正的现代外交素质，又缺乏一套完整的外交策略，在对外交涉中存在局限。

罗马元老院

元老院是古代罗马政府机构中历史最悠久的组成单位。公元前 6 世纪，元老院议员（约有 300 名）由罗马国王委任，并随时向国王提供咨询。到公元前 5 世纪末，庶民首次担任长官职务后，开始进入元老院。

公元前 4 ~ 前 3 世纪，在连绵不断的战争当中，元老院对外交政策施加影响的力度逐渐增大。在共和国最后两个世纪（公元前 2 ~ 前 1 世纪），通过一系列未成文的规定，元老院在外交政策、立法、财政、宗教等方面起着至关重要的作用。它还有权给长官们分派任务，延长他们的任职期，指定设立元老院委员会以协助长官管理被征服的土地，以及根据人民的战争与和平的正式特权指导外交关系等。

在共和国最后的几十年里，由于军事领袖崛起、元老院本身唯利是图、改革受阻及其重要成员的排外主义，元老院的威望和权力下降。公元前 27 年，屋大维恢复元老院的威望，并把它视为统治帝国的正式的合作者。长官、主法官和法官的选举由公民议会负责转到元老院。然而，皇帝对选举起很大的作用，并随意委任元老院议员。元老院恢复它作为统治者咨询机构的本来面貌。公元 580 年，罗马元老院被取消。

前三头同盟

随着民主派势力的强大，左右罗马政局的克拉苏和庞培出于个人的政治目的转向民主派。克拉苏是苏拉的部将，随苏拉出兵意大利，建立了功勋，并趁火打劫，成为罗马首富。庞培也是苏拉的部将，曾先后平定了西班牙起义，消灭了地中海上的海盗，征服了小亚细亚，功震罗马。与此同时，马略的内侄恺撒也以民主派的身份登上了罗马的政治舞台。恺撒既不能在军功上与庞培竞争，也不能在财富上同克拉苏匹敌，但恺撒凭借着对马略的追念活动，打击了苏拉的党羽，赢得了平民和马略老兵的支持。三人中谁也没有力量单独战胜贵族势力，而只有三人暂时联合，才能与元老院抗衡。于是，公元前 60 年，恺撒、克拉苏和庞培达成了互相支持的协议，建立了秘密的政治同盟，史称"前三头同盟"。

后三头同盟

古罗马共和后期有"前三头同盟"和"后三头同盟"。公元前 73 年，罗马爆发了斯巴达克奴隶大起义。在镇压这次起义过程中，苏拉的两位部将克拉苏和庞培一度成了罗马的风云人物。他们因为和元老院的冲突而废除了苏拉留下的制度。公元前 60 年，克拉苏、庞培与恺撒结成秘密的政治同盟，一起反对元老院，史称"前三头同盟"。

恺撒死后，罗马发生争夺继承权的斗争。恺撒密友、公元前 44 年与恺撒同为执政官的安东尼，以及骑兵长官雷必达势力最强。但元老院不愿支持他们，而把眼光投向屋大维。当时屋大维还不满20岁，元老院想利用他来对抗安东尼和雷必达。不过，屋大维并非那样易于摆布。虽然在穆提那他打败过安东尼，但他权衡利弊仍准备同这两个实力派暂时合伙。公元前43年，安东尼、雷必达和屋大维公开结成同盟，即所谓"后三头同盟"。

幕府

幕府本指将领的军帐，但在日本的特殊状况下，演变成一种独特国情的政权体制，即凌驾于天皇之上的中央政府机构。其最高权力者为征夷大将军，亦称幕府将军，职位世袭。将军从日本皇室夺取权力，在明治维新之前，将军取代天皇，成为日本的实际统治者，常以"挟天子以令诸侯"的方式维持对国家的统治。而实际上，幕府将军也多被篡权。日本历史上共经历了镰仓幕府、室町幕府、江户幕府3个幕府统治时期。始于1192年，终于1867年德川庆喜还政于明治天皇。幕府将军中，比较著名的有源赖朝、足利尊氏、德川家康。

两院制

所谓两院制，简单地说就是把议会分成两个部分，由它们共同行使议会的权力。两院制的理论基础是分权思想在议会内部的延伸。按照分权制约的思想，一切掌握权力的人都容易滥用权力，因此，要防止滥用权力，保障人民的自由，就必须以权力制约权力。为防止议会的专横和滥权，也需要组成两个议院，相互制约。另外，两院制的支持者还认为，两院通过按照不同的选举原则产生议员，可以保障更广泛的代表性，以有利于代表不同地域、民族、职业、阶层的利益；法案由两个议院共同审议，也可以防止立法工作的草率从事；从议行关系的角度考虑，议会内部两院的互相牵制，也可以减少立法机关与行政机关的冲突。

采用两院制的国家有美国、意大利、英国、法国、荷兰等。

各个国家对"两院"的称呼也不相同，如英国议会的两院叫"贵族院"和"平民院"，又叫作"上院"和"下院"；美国国会、日本国会叫"参议院"和"众议院"；法国叫"参议院"和"国民议会"；荷兰叫"第一院"和"第二院"；瑞士叫"联邦院"和"国民院"，等等。

种姓制度

种姓制度是古印度教的产物，已经有几千年的历史。它将人按不同职业分成4个严格的等级，即婆罗门、刹帝利、吠舍和首陀罗。每个种姓又有许多不同的分支，不同种姓之间不能通婚。贵贱等级世代相传，终身不变。在印度，属于低等级种姓的"贱人"基本没有仇富心理，他们相信今生的命运是前世的孽缘，所以今生要承受苦难，安于命运，来世以便解脱。尽管印度独立以后废除了种姓制度，但是今天的印度社会仍然保留着种姓制度的残迹，种姓制度已经给每一个印度人打上了宗教的烙印。

布尔什维克

布尔什维克党是苏联共产党的前身。布尔什维克，俄语意为多数派。

1903年在俄国社会民主工党第二次代表大会上，以列宁为首的马克思主义者同党内机会主义者围绕党纲、党章问题展开了激烈的斗争。后来，在选举党中央委员会和党的机关报《火星报》编辑部成员时，拥护列宁的人占多数，被称为布尔什维克，反对列宁的马尔托夫派占少数，被称为孟什维克。

1912 年 1 月，俄国社会民主工党第六次全俄代表会议把孟什维克驱逐出党以后，布尔什维克成为独立的新型的政党。1918 年 3 月，布尔什维克党改名为俄国共产党，1925 年 12 月又改名为苏联共产党，简称联共（布）。

君主制

君主制是以君主为国家元首的政体形式。君主掌握最高国家权力，一般是世袭的，终身任职。

君主制有不同类型：无限君主制，君主拥有无限权力，是真正的君主专制，在古代东方国家中曾普遍实行；有限君主制，君主权力有限，包括等级君主制和君主立宪制。

现在世界上还有十几个君主制的国家，如非洲的摩洛哥，亚洲的尼泊尔、文莱、不丹、沙特阿拉伯、科威特等。欧洲的英国和瑞典虽然还是王国，但已经演变成了君主立宪国。

共和制

共和制是国家元首及国家权力机关由选举产生的政体形式，采用这种形式的国家称共和国。

现代资产阶级国家普遍采用共和政体。资产阶级共和制有两种形式，它是根据总统、议会和政府之间关系的不同而分类的。第一种形式是议会内阁制，第二种形式是总统制。议会内阁制以议会为权力中心，

议会是国家最高的权力机关，政府由议会产生并对它负责。总统制以总统为国家元首和政府首脑，行政部门和立法部门彼此分立。

容克

容克是德语 Junker 一词的音译，原指无骑士称号的贵族子弟，后泛指普鲁士贵族和大地主。它起源于 16 世纪，第二次世界大战后基本消亡。在德国文献中，容克被分为作战容克、宫廷容克、议院容克和乡村容克等不同类型。容克地主阶级在政治方面属于极端的保守主义，主张君主专制，崇尚武力，赞成对农业采取保护主义，其代表人物是俾斯麦。

1871 年，普鲁士"自上而下"统一德意志，标志容克资产阶级统治的最后形成。帝国国会中的德意志保守党和国会外的农民同盟均代表容克利益，军队中的军官也多出身于容克，从而使整个德意志帝国打上容克的烙印。魏玛共和国时期，容克敌视共和政体，支持希特勒执政。

三 K 党

三 K 党（Ku-Klux klan）是美国历史上最悠久、最庞大的恐怖主义组织。

Ku-Klux 源于希腊语，意为集会；Klan 取自 claa，意为苏格兰民族（该组织几个创始人为苏格兰后裔）。因该组织名称中三个词起首字母都是 K，因而被称为三 K 党，又称白色联盟和无形帝国。

美国南北战争结束后，南部的奴隶主和庄园主为镇压黑人和维护奴隶制度，于 1866 年 5 月在田纳西州的普拉斯基城组成三 K 党。1869 年三 K 党被政府解散。1915 年一些上了年纪的老三 K 党员与"玛丽·帕

"甘骑士"组织的成员在佐治亚州亚特兰大城又重新建立了三K党，成员遍布全国。1928年三K党改名为"森林武士"，但一般仍称为三K党。

三K党常与提倡种族歧视的一些法西斯组织交往，相互支持并成为美国反动势力推行种族主义的工具，经常对黑人和进步人士使用私刑、绑架和屠杀等恐怖行为。

纳粹

纳粹是德语"民族的"和"社会主义"缩写的音译，纳粹党即"民族社会主义德国工人党"，是德国的法西斯政党，其前身是1919年成立的德意志工人党。1920年进行改组，1921年希特勒成为党魁。该党宣扬大日耳曼主义，要求扩张领土，重新瓜分殖民地，建立一个庞大的德意志帝国，攻击马克思主义和民主主义。1923年发动啤酒店暴动，失败后被查禁。1925年重新活动。1933年夺取了政权，在全国实行反革命恐怖统治，镇压共产党和一切进步人士，疯狂虐杀犹太人，对外狂侵略，挑起第二次世界大战。1945年德国投降，盟国管制委员会宣布纳粹党为非法组织。

登上权力之巅

兴登堡死后，希特勒将各种权力集于一身，自称元首。图为希特勒在军队的支持下登上纳粹德国的最高统治宝座。

盖世太保

盖世太保是德语"国家秘密警察"的缩写——Gestapo的音译。盖世太保由党卫队控制。它在成立之初是一个秘密警察组织，后加入大量党卫队人员，一起实施"最终解决方案"，屠杀无辜。随着纳粹政权的需要，盖世太保发展成为无所不在、无所不为的恐怖统治机构。纳粹通过盖世太保来实现对德国及被占领国家的控制。

领事

领事是由一国政府派驻外国某一城市和地区的外交官员，主要任务是保护本国和它的侨民在该领事区的法律权利和经济利益，并管理侨民事务等。是伴随着资本主义商品经济发展而产生的。

中世纪中叶，在意大利的沿海城市里，先后出现了资本主义生产方式。为了国与国、地区与地区之间的商品交换更加方便，许多商人常常往来于中东、西班牙等地，其中一些人干脆定居在那里经商。这些人在外地做生意，常常会发生商务纠纷，彼此争得面红耳赤。为了解决纠纷，他们互相充当仲裁或调停人。开始，这种角色并不固定，后来就选举一个或几个专门的人充当专门的仲裁人，称为"商人仲裁领事"。世界上最早的领事便是于此时登上历史舞台的。

十字军东征时，随着征服者的前进，大批意大利工商业者涌入中东，并建立起固定的商栈。为了管理本国的商务、保护本国商人的利益，各国认为有必要由国家出面仲裁商务纠纷。这样，商人本国政府与商人经商的国家订立协议，由国家任命专门官吏承担原来"商人仲裁领事"的使命。

12 世纪末，意大利威尼斯共和国向耶路撒冷王国派驻了历史上第一个官方领事。当时的领事任务繁重，不仅负责商务、保护侨民特权和生命财产，而且还充当外交使节。

目前，领事的主要责任是促进本国与所在国之间的工商业的发展、监督航务、保护侨民和公证。一般有总领事、领事、副领事和领事代理人四级。领事制度的多寡，反映一个国家对外经济贸易是否发达。

大使

大使是一国派驻他国最高级的外交代表，全称为"特命全权大使"。大使这一职务的演变历经数千年。

根据历史记载，最早的外交代表可追溯到 4000 多年前的古埃及。那时候，古埃及王国派遣专门人员出使亚洲国家。这批专门人员被称为信使。

古希腊时，城邦间联系增多，使节应运而生了，他们被称为"普列斯维斯"。这个词来自希腊语，意为长老。使节出使前，国家专门机构会向他们颁发训令。训令写在两块打过蜡的合成木板上，称为外交。现代意义上的外交即起源于此。

14 世纪，欧洲出现了资本主义萌芽，各国为了经济利益加强相互的联系。为了适应当时各国外交的需要，威尼斯共和国最早将驻外使节变为常驻代表。

到了 16 世纪末，常任驻外大使在欧洲已经非常普遍。遇有重大外交任务，国家还要派特命大使出使执行。这种特命大使不但与本国政府有着特殊的联系，担负着重要的外交任务，而且所受的礼仪待遇也要高于其他国家的大使。这样，许多国家的普通大使要求本国也将自己冠以"特命"两字。根据新出现的情况，当时欧洲国家纷纷将他们的普通大使升格为特命大使。于是，某国驻某国特命全权大使正式在外交领域得以通行。直到今天，大使仍是驻外使节中地位最高者。

国际联盟

国际联盟（简称国联）是第一次世界大战的产物，是第一个立誓共同防御侵略、以非暴力方式解决争端的世界范围内的国际组织，在世界历史上具有突出的地位。

在第一次世界大战期间，美国的一些资产阶级和平团体积极主张建立一个调解国际纠纷的机构。美国总统威尔逊非常赞成这个主张，并将此纳入他的"十四点原则"，力主建立国际联盟这样一个组织。

1919 年 1 月 18 日，巴黎和会召开以后，威尔逊坚持首先讨论建立国际联盟的问题，并主张把《国际联盟》列为《对德和约》的必要组成部分。

《国际联盟》经过 26 次修之后，于 1919 年 4 月 28 日在巴黎和会上通过。1920 年 1 月 10 日，国际联盟宣告正式成立。凡是在大战中对德奥集团宣战的国家和新成立的国家都是国际联盟的创始会员国。这样，国联共有 44 个会员国，后来逐渐增加到 63 个国家。总部设在日内瓦。中国于 1920 年 6 月 29 日加入国际联盟。

国际联盟的宗旨是减少武器数目、平息国际纠纷及维持民众的生活水平。但是，国联不能有效阻止法西斯的侵略行为，第二次世界大战后被联合国取代。

联合国的成立

第二次世界大战后期，世界反法西斯战争出现了根本性转折。英国、苏联和美国分别取得了在欧洲战场和太平洋战场的决定性胜利。至此，英国、美国和苏联三国首脑频频会晤，进行了一系列外交活动，对战后世界格局作了安排。

1943年11月28日到12月1日，美、英、苏三国首脑在伊朗首都德黑兰会晤，讨论在欧洲如何开辟第二战场。此次德黑兰会议取得了一个非常重要的成果，那就是讨论建立战后国际组织问题。第二次世界大战爆发后，根据《凡尔赛条约》建立起来的国际联盟在过去的20年中不仅不能阻止侵略，而且在很多重大问题上充当了侵略者的帮凶。失去了在战后生存的价值。因此，建立一个新的国际组织，也就是顺理成章的事了。

美国总统罗斯福提出，要在未来的国际组织里建立一个由四大国组成的"警察机构"，负责维持国际治安，应付突发事件。苏联和英国对建立一个警察机构的想法大加赞赏，因此，罗斯福的建议被接受。

1945年2月，雅尔塔会议召开了，在雅尔塔会议上各方继续讨论了联合国问题，确定了大国在联合国安全理事会拥有一票否决权。雅尔塔会议就安理会表决程序达成一致意见，为联合国的诞生打下了基础。1945年3月5日，美国代表中、美、英、苏等4个国家向有关国家发出邀请，邀请其出席于4月25日在美国旧金山召开的联合国家会议，制定《联合国宪章》。

4月25日，联合国大会如期举行，50多个国家的282名代表出席了此次大会。最终，多方达成一致，通过了《联合国宪章》和《国际法院规约》。此次会议持续了8个小时。1945年10月24日被定为"联合国日"，《联合国宪章》也于此日开始生效。

国际法院

在国际联盟的努力下，1922年2月15日，"常设国际法院"在荷兰海牙和平宫成立。

第二次世界大战后，国际联盟被解散，常设国际法院也不复存在。

1945年，在成立联合国组织的同时，一个新的法律机构——联合国国际法院成立了，它实际上是常设国际法院的继续。国际法院是联合国的司法机关，设在荷兰海牙。它由联合国大会和安全理事会分别投票选出15名法官组成，法官为不同国籍，任期9年，每3年改选5名，享有外交特权和豁免权，具有相对独立的地位。国际法院的主要职能是处理限于国家之间的诉讼案件，法院的管辖以当事国的自愿接受为前提。

八国首脑会议

八国首脑会议由西方七国首脑会议演变而来，由美国、英国、法国、德国、意大利、加拿大、日本和俄罗斯组成，又称八国集团。

20世纪70年代，世界主要资本主义国家的经济形势一度恶化，接连发生了"美元危机"、"石油危机"、"布雷顿森林体系"瓦解和1973～1975年的经济危机。为共同解决世界经济和货币危机，协调经济政策，重振西方经济，1975年7月初，法国首先倡议召开由法国、美国、日本、英国、西德和意大利6国参加的最高级首脑会议，后来，加拿大、俄罗斯先后加入。八国集团成员国的国家元首每年召开一次会议，即八国集团首脑会议。

欧洲联盟

第二次世界大战后，欧洲国家基于经

济、政治等诸多方面的考虑，开始走上联合的道路。1946 年英国首相丘吉尔号召建立"欧洲合众国"。1950 年法国外长舒曼提出实现欧洲国家统一的思想。1951 年法国、联邦德国、意大利、比利时、卢森堡和荷兰 6 国外长签署《欧洲煤钢联营条约》。

1957 年六国又签订《罗马条约》，建立了欧洲经济共同体、欧洲原子能共同体。60 年代，这三个共同体合并为"欧洲共同体"。后来，英国、爱尔兰、丹麦、希腊、西班牙和葡萄牙等国先后加入，欧共体扩大到 15 国。

1991 年 12 月 9 日至 10 日，欧共体首脑会议在荷兰的马斯特里赫特召开，最后签署了经济货币联盟条约、政治联盟条约等，总称欧洲联盟条约。

《欧共体政治联盟条约》规定：西欧联盟隶属欧洲政治联盟，是欧洲政治联盟的防务机构，负责制定欧洲的防务政策，并与北约保持一定联系。实行共同外交和安全政策的具体领域将由欧共体 12 国首脑会议或外长会议一致确定，具体实施措施将通过特定多数表决制决定。

1991 年马斯特里赫特会议的召开是欧洲一体化进程中具有里程碑意义的事件，标志着一个联合欧洲 12 个国家、涵盖三四亿人口的联盟从此诞生。

沙文主义

"沙文主义"产生于 18 世纪初的法国，沙文是拿破仑手下的士兵，由于获得军功奖章和一小笔津贴，便对拿破仑感恩不尽，狂热地拥护拿破仑的征服计划，鼓吹法兰西民族是世界上"最优秀的民族"，极力主张法国用暴力向外扩张，建立大法兰西帝国。

剧本《农民士兵》的上演，则使沙文主义在法语词汇中扎根。沙文主义泛指一切极端民族主义。它是资产阶级侵略性的民族主义。它从资产阶级反动的民族主义立场出发，极力宣扬本民族的利益高于一切，拼命煽动民族仇恨，毫不掩饰地主张征服和奴役其他民族。

种族主义

种族是根据人类遗传的生理特征划分的人群。人类种族开始形成于旧石器时代晚期。划分种族的依据非常多，较重要的有：皮肤的颜色、身躯的高矮、鼻子的形状、头发的颜色、血液等 11 个方面。

近代种族主义理论产生于资本主义殖民扩张时期，白种人侵入亚洲、非洲、美洲及大洋洲的许多国家和地区，大批大批地屠杀殖民地人民，在白骨堆上建立起白人的天堂，为给白人侵略、掠夺其他民族制造借口，便产生"种族有高低"、黑人为"低等人种"、"白人至上"的种族主义理论。

法国人戈宾诺在 1853 ~ 1855 年出版的《人种不平等论》中大力宣扬种族论。继他之后，英国的张伯伦、德国的阿蒙、美国的斯托得德都大弹与戈宾诺相似的调子，种族主义风靡一时。"大日耳曼主义"、"大盎格鲁—撒克逊主义"、"大斯拉夫主义"等相继出笼。直到 20 世纪 50 年代后期，种族主义的嚣张气焰才逐渐平息。

无政府主义

无政府主义是一种社会政治思潮，其基本观点是否定一切权威和任何形式的国家政权，主张个人绝对自由，建立一个没有国家的、完全平等和绝对自由的社会。无政府主义形成于 19 世纪 40 年代，其创始人是法国的蒲鲁东。他在1840年写的《什么是所有权》一书中倡导互助主义，主张通过建立人民银行，遵守契约原则，在生产者之间实行产品的等价交换，以达到消灭剥削和人人自由、平等的"无政府状态"。俄国无政府主义者巴枯宁提出集产主义思想，主张全部生产资料归各个生产者的集体所有，实行产品按劳分配，还提出通过暴动立即消灭国家的口号。

20世纪初，无政府主义思想从欧洲和日本传入中国。中国早期最有影响的无政府主义者是刘师复。中国无政府主义的特点是没有形成自己的思想观点和行动纲领，而是以传播和宣传国外无政府主义代表人物的思想为自己活动的主要内容。

人权

"人权"是国际政治关系中谈论最多的词语之一，一般泛指人身权利和民主权利。人权是资产阶级针对封建特权和神权提出来的。它反映了当时资产阶级代表的新生生产力冲破封建制度束缚的要求，是反对封建思想和专制统治的有力武器。

早在17世纪，资产阶级自然法学派代表格劳修斯、霍布斯等就提出：在自然状态下没有私有财产、大家一律平等。人们只有天赋的自爱心和怜悯心，人人都是自由平等的。这种自然权利是不可被剥夺的，丧失了这种权利就等于失去了做人的资格，人们有权维护自己的这种自然权利。这就是最初的人权思想。

美国建国后颁布的《独立宣言》宣称：人人生而平等，生命权、自由权和追求幸福的权利等是"造物主"赋予人们的不可转让的权利。马克思称《独立宣言》为"第一个人权宣言"。1789年在法国资产阶级革命中通过的《人权与公民权宣言》，是资产阶级反封建斗争的纲领性文件。1948年12月10日，联合国大会通过了《世界人权宣言》，宣称世界所有男女毫无区别地享有各种基本权利和自由，其中包括生命、自由、人身安全、参加选举、工作、受教育的权利。

五刑

五刑是中国古代的刑法，分为奴隶制五刑和封建制五刑。夏朝初步建立了奴隶制的五刑制度，从轻到重依次是：墨（在面或额头上刺字涂墨）、劓（割去鼻子）、刖（挖去膝盖骨）、宫（毁坏生殖器）、大辟（死刑）。奴隶制五刑均是以摧残人的身体来实施惩罚，俗称肉刑。汉代时，肉刑被汉文帝、汉景帝废除，以自由刑为主的封建五刑制度逐步形成。在隋《开皇律》中，封建五刑正式以法令形式出现，经过唐朝的完善，封建五刑形成了完整的法律体系。这五刑分别是：笞（用竹板或荆条拷打犯人脊背或臀腿，按次数分等级）、杖（用大竹板或大荆条拷打犯人脊背臀腿，按次数分等级）、徒（强制服劳役，按期限分等级）、流（把罪犯押解到边远地方服劳役或戍边，按里程分等级）、死（即死刑，隋、唐定死刑为斩、绞两等）。相比于奴隶制五刑，封建五刑的建立乃是中国刑法制度的重大进步，直到清末才被废除。另外，在五刑之外，封建社会还一直存在一些极其严酷的刑法，如凌迟、腰斩、诛九族、车裂等，这些都是针对犯了谋反等重罪的犯人而言。

十恶不赦

在中国古代，一旦犯了十种罪大恶极之罪，便不可赦免。西汉时，曾存在"大逆不道不敬"罪，北齐法典《齐律》在此基础上总结出了"重罪十条"，称犯此十者，不在八议论赎之限。到隋朝时，因为统治者信奉佛教，在《开皇律》中对北齐所列的十条重罪稍作增益之后，引入佛教"十恶业"的说法，形成了"十恶不赦"的说法。具体是：一曰谋反，此被视为十恶之首；二曰谋大逆，指毁坏皇家宗庙、陵墓和宫殿等；三曰谋叛，指背叛朝廷；四曰恶逆，指殴打甚至谋杀祖父母、父母、伯叔等尊长；五曰不道，指杀别人一家三口以上或肢解人，以及用巫蛊害人；六曰大不敬，指冒犯帝室尊严，通常为偷盗皇家祭祀的器具和皇帝日用品等；七曰不孝，指对祖父母、父母不孝，或守制期间作乐等；八曰不睦，指谋杀亲属，或女子殴打、控告丈夫等；九曰不义，指谋杀官吏，士兵杀将领，学生杀老师，女子在丈夫死后立即改嫁等；十曰内乱，指亲属之间通奸或强奸等。隋朝之后的历代都将这十条罪写在法典最前面，以示严重，并规定不得赦免。可以看出，十恶之罪是因为直接危害了封建专制制度的君权、父权、神权、夫权等核心权力，才会如此不可饶恕。

连坐和族诛

连坐又称相坐、随坐、从坐、缘坐，是中国古时因一人犯法而使和其有一定关系的人（如亲属、邻里或主管者等）连带受刑的制度。连坐制度的起源很早，夏代便有"罪人以族"的说法；春秋时期，秦国的商鞅将连坐规定为明令的法律；经秦汉的进一步完备，至隋唐之际，连坐制度形成系统的法律体系，并写入《唐律》；明清时期的连坐刑罚频繁实施，尤其在清朝的文字狱中盛行。在实施对象上，连坐主要针对的是谋反、谋逆、谋叛等重大犯罪。其一般是对犯罪者本人处以死刑，然后以罪犯本人为半径，对与之关联者根据关系远近分别实施死刑、流刑、财产刑等一系列刑罚。

族诛是连坐制度中最为严厉的一种，即对罪犯整个家族实施死刑。具体又可分为诛二族、诛三族、诛七族，最惨烈者为诛九族。另外，明永乐皇帝曾对建文帝的老师方孝孺实施过历史上仅有一次的诛十族。诛族刑罚存在于整个封建社会，尤其是西周以后，历代王朝均以家族作为政治、法律的基本单位，一人高升，则一族受益；一人获重罪，也往往会波及全族。

连坐和族诛在历代都存在，直到 1905年才被光绪帝废除。

宫刑

宫刑是古代一种阉割男子生殖器或破坏女子生殖机能的一种肉刑，又称腐刑。其中女子宫刑又叫幽闭。宫刑早在上古时代就已经存在，《尚书》中便提到过宫刑。起初只是为惩罚男女不正当关系，是对于刚刚兴起的一夫一妻制的维护手段。如《伏生书》云："男女不以义交者，其刑宫。"到西周时期，宫刑已经开始扩散到诸多罪名上，成为统治阶层维护统治的残酷手段。秦朝时，宫刑被明确写入《秦律》中，乃是仅次于大辟（死刑）的一种明令刑罚。汉代的宫刑更为普遍，正史有记载的大臣就有司马迁、张贺、李延年等多人受此刑罚，平民可想而知。隋朝时，在《开皇律》中废除了宫刑，自此历代正规刑制上均没有宫刑，但私下里此刑并未完全废止。明太祖朱元璋在他的"法外之法"《明大诰》中又加入了"阉割为奴"的刑罚。宫刑的实施过程相当残忍，因古代医疗设施的简陋，宫刑过程非常痛苦，死亡率也相当高。需要指出的是，古代宦官被阉割不是严格意义上的宫刑，而往往是为生活所迫，自愿被阉割入宫，并非承受刑罚。

凌迟

凌迟也称陵迟，是中国古代一种用小刀将人慢慢割死的极刑，即民间所说的"千刀万剐"。凌迟之刑大约出现于五代时期，正式以"凌迟"之名出现在法典中是在辽。此后的金、元、明、清都将之定为正式的刑法。五代时期，因政权更迭频繁，统治者时时担心叛乱，因此多用极刑，凌迟之刑出现，当时称作剐刑。后来的金、元两朝，异族统治者为威吓汉族人民，将凌迟之刑写入法典。明太祖朱元璋性格暴戾，经常使用凌迟这种残忍的刑法。并且其不仅仅针对那些犯了十恶不赦之罪的罪犯，而是在《明大诰》中明令以之惩罚各种一般性的犯罪，其中特别针对官员的贪污行为。并且，明代的凌迟也是历代执行得最为残忍的，一般都要割几千刀受刑者才死。清乾隆时期，凌迟则进一步扩展到打骂父母或公婆、儿子杀父亲、妻子杀丈夫等触犯伦理道德的犯罪。太平天国林凤翔、李开芳、石达开等不少将领，以及捻军首领张洛行、赖文光等均受了凌迟之刑。但清代的凌迟刑法执行得没那么残忍，一般割几十刀。光绪三十一年（1905年），朝廷模仿西方法律改革法制，凌迟等酷刑被"永远删除，俱改斩决"。

监狱和班房

监狱在上古时代就已经存在，据说最早由舜帝时期的刑法官皋陶所造。监狱起初不叫此名，夏朝时叫"夏宫"，商朝时叫"圉"，周朝时叫"圜土"，秦朝时则叫"囹圄"，直到汉朝监狱才开始叫"狱"。之后历代沿用，到明代时，则叫作"监"。清代，监狱成为固定的说法。早期的监狱比较简单，如夏代往往就是在地上挖个圆形土坑而已。到秦代，因实行严刑峻法的法家政治，监狱开始变得正规，监狱制度也变得完备，当时还实行轻刑囚徒监视重刑囚徒的制度。南北朝时，为防止犯人逃跑和同伙劫狱，创造了地下监狱，即地牢。唐代时，监狱组织形成了自上而下的完备体系，不同类型的罪犯往往关押在不同的监狱里。宋代的监狱制度基本沿用唐代，并且地方监狱增多，各州都设监狱。白天犯人出去劳役，晚上入狱休息。明朝由于长时期实行特务统治，司法混乱，各种监狱名目繁多，数量惊人，中央有刑部监狱、都察院监狱、军事监狱、诏狱等，地方各省、府、州、县都有监狱。清代监狱体制基本沿自明朝。

班房经常被作为监狱的别称，但与监狱有所区别，是关押临时性嫌疑犯的地方，类似于现在的拘留所。班房往往成为胥吏设立名目敲诈勒索的地方，明清两代普遍存在的胥吏之害，很大程度上便是通过此方式发作的。

秋决制度

古人执行死刑一般放在秋冬季节，称为秋决。所谓秋决，官员在判词中一般称作"秋后问斩"，理论上并非一定要在秋天，而是在秋冬两季均可。但因秋天在先，春夏两季以及之前积累下的死刑判决一般在当年秋天便可执行了，所以大多在秋天执行。秋决的做法最早形成于西周时期，汉朝时形成定制，以后历代都遵守。秋决制度与古人的天人合一观念有关。古人认为人与自然之间有内在的联系，崇尚人与自然的和谐，认为人行事应该处处顺应自然。春夏乃是万物滋长、生命欣欣向荣的季节，不宜执行死刑。而秋冬季节则是万物萧条、生命凋谢的季节，此时执行死刑才是顺应自然的。因此，除犯了谋反等大罪的人要立即处决之外，一般的死刑都要留待秋冬季节执行。

除秋决制度外，古人在行刑时间上还有其他一些禁忌。比如唐宋时期规定正月、五月、九月为断屠月，每月的十斋日为禁杀日（初一、初八、十四、十五、十八、二十三、二十四、二十八、二十九）；明朝时，国家进行大的祭祀活动时也禁止行刑。另外，行刑当天的具体时间也规定在下午1点到5点之间。过时则要等到第二天。

英美法系

英美法系亦称"英吉利法系"或"普通法系"，是以英国普通法为基础发展起来的法律的总称。它首先产生于英国，后扩大到曾经是英国殖民地、附属国的许多国家和地区，发展成为世界主要法系之一。英美法系的主要特点是注重法典的延续性，以判例法为主要形式。

英美法系是英、美、澳大利亚、新西兰、加拿大，以及亚、非说英语的国家和地区的法律制度。

宪法

宪法一词来源于拉丁文 constitutio，本是组织、确立的意思。古罗马帝国用它来表示皇帝的"诏令"、"谕旨"，以区别于市民会议通过的法律文件。当时并非指国家根本法。作为国家根本法的宪法，是17、18世纪随着资产阶级革命取得胜利后才出现的。

"宪"、"宪令"、"宪法"等词在中国古代典籍中与"法"同义，日本古代"宪"也指法令、制度，都与现代"宪法"一词含义不同。19世纪60年代明治维新时期，随着西方立宪政治概念的传入，日本才有相当于欧美的概念出现。1898年戊戌变法时，以康有为为首的维新派要求清廷制定宪法，实行君主立宪。1908年清政府颁布《钦定宪法大纲》，从此"宪法"一词在中国就成为国家根本法的专用词。

国际法

国际法是在国际交往中调整国家间相互关系的原则和规范的总称。它是西方世界的三重发展过程的产物：即中世纪的欧洲社会瓦解，进入近代欧洲社会的过程；近代欧洲社会向外扩张的过程；处在发展中的世界社会里，权力逐渐集中到数量迅速减少的主要世界强国手中的过程。

1625年荷兰法学家格劳秀斯在其著作《战争与和平法》中，用拉丁文定名为"万民法"。1650年英国法学家苏支以拉丁文改称为"万国法"。1780年英国哲学家边沁正式采用"国际法"一词。

现代国际法的渊源主要是公认的国际条约和国际惯例。国际法的基本原则，是指在国际法的原则和规范中起指导作用的那些原则。国际法的主体，是能够独立参与国际法律关系并直接享受国际权利和承担相应义务的国际人格者。国际法最基本的主体是国家。

十二铜表法

公元前509年，罗马开始了共和时代，

真正的实权掌握在由贵族把持的元老院手中。公元前 494 年，平民赢得了选举保民官的权利。保民官从平民中产生，对元老院和执政官颁布的违背平民利益的法令，拥有否决权。"习惯法"是罗马共和国最初实行的法律。法律的解释权和司法权掌握在贵族手中。公元前 454 年，罗马元老院才同意制定成文法。公元前 450 年左右，罗马诞生了第一部成文法典。法典被镌刻在 12 块铜板上，因而被称为十二铜表法。十二铜表法后来成了欧洲大陆法系的渊源。

《汉谟拉比法典》

公元前 18 世纪，汉谟拉比在统一两河流域南部的过程中，建立起强大的中央集权的奴隶主专制国家机器。他总揽全国的立法、司法、行政、军事和宗教大权，并对自己加

《汉谟拉比法典》石柱的顶部浮雕

以神化，自称为伟大天神的后裔。他任命中央各部大臣，委派地方各级官吏。汉谟拉比大力兴修水利发展农业，建立常备军巩固政权，并实行份地与军事义务相关连的兵役制度，同时保护士兵的份地。古巴比伦国家的军事力量因此得以强大。汉谟拉比还很注意文治，他制定的《汉谟拉比法典》是世界上第一部比较完整的法典。

《人权宣言》

《人权宣言》，全称《人权和公民权宣言》，由序言和 17 条本文组成。它是 18 世纪法国资产阶级重要的革命文献，有"旧制度死亡证明书"之称。它由波尔多大主教西耶士起草，于 1789 年 8 月 26 日为法国制宪会议通过。

《人权宣言》以美国的《独立宣言》为蓝本，采用 18 世纪的启蒙学说和自然权论，宣布自由、财产、安全和反抗压迫是天赋不可剥夺的人权，肯定了言论、信仰、著作和出版自由，阐明了司法、行政、立法三权分立，法律面前人人平等，私有财产神圣不可侵犯等原则。1793 年 6 月 24 日，雅各宾派通过的新宪法前面所附的《人权宣言》又作了进一步的修改，宣布"社会的目的就是共同的幸福"，提出"主权在民"，并且表示如果政府压迫或侵犯人民的权利，人民就有反抗和起义的权利。

《人权宣言》三权分立的概念来自孟德斯鸠，自然权利的理论来自百科全书学派和洛克，国民主权的理论来自卢梭，个人必须受到保护的思想来自伏尔泰，私有财产不受侵犯来自重商学派的学说。整个宣言具有 18 世纪法国思想的特征。宣言的思想和原则为西方资产阶级国家法律制度的确立奠定了基础。

听证

听证是行政机关在作出影响行政相对人合法权益的决定前，由行政机关告知决定理由和听证权利，行政相对人有表达意见、提供证据，以及行政机关听取意见、接纳证据的程序所构成的一种法律制度。

目前，听证已成为世界各法治国家行政程序法的一项共同的、也是极其重要的制度。

它通过公开、合理的程序将行政决定建立在合法适当的基础上，避免行政决定给相对人带来不利或不公正的影响，从而实现行政管理公平、公正这一崇高的价值目标。

律师

律师起源于古罗马。共和制罗马的诉讼，必须根据执政官或法务官的告示，按法定的手续进行。由于告示不断增多，日趋复杂，当事人在诉讼，特别是在法庭进行辩论时，需要熟悉的法人协助，因此，从共和制末期到帝国制初期，辩护人应运而生。

5 世纪末，充当辩护人的，须在主要城市学过法律，取得资格。他们逐渐形成行业，组成自己的职业团体，成为专职律师。代理也逐渐形成了制度。

中世纪欧洲的封建社会，自给自足的农奴庄园经济阻碍了律师制度的发展。多数国家废除了古代辩论式诉讼，改用纠问式，律师失去作用。直至资本主义萌芽，资产阶级启蒙思想家伏尔泰和狄德罗等人，提出用辩论式诉讼代替纠问式诉讼。英国平均主义派领袖李尔本在《人民约法》一书中明确主张被告人应有权辩护或请别人协助辩护。资产阶级夺取政权后，相继规定了律师制度。

陪审团

陪审团是法院在审判案件时用以判定事实的团体，多见于英美法系国家。目前司法制度中采用陪审团制度的国家有英国、美国等。陪审团人数只有 12 人，但他们是从上千人中遴选出来的。

陪审团的起源应追溯到中世纪的法兰克王国。在加洛林王朝路易国王统治时期，国王就曾向地方派出"钦差"以查看自己在地方上的权益是否被侵犯，官员是否忠于职守等。这些"钦差"调查的方式就是在地方上召集有信誉的知情者，由他们宣誓后组成咨询团回答"钦差"的提问。这种宣誓咨询调查的方式起初只是国王的特权而不能由任何其他人使用，但国王可以像授予其他特权那样将使用咨询团的特权授予教会或贵族。这就是陪审团的最早起源。

宣誓咨询调查的方式传到英国后，亨利二世在贯彻实施 1166 年和 1176 年两项重要的法令的过程中，指示巡回法官召集地方上有信誉的知情者经宣誓后对不法行为提出指控。后来，诉讼双方所争执的某些事实或情节，如当事人双方之间的关系、以前是什么人占有争议土地等，也要听取宣誓咨询团的意见，因为他们是最了解当地情况的人。从此，这种具有陪审性质的制度开始进入司法领域，先是刑事诉讼，然后又是普通的民事诉讼逐渐适用了这种制度。

军事武器篇

甲士制

中国在商、周时已经有征兵制度。当时规定，每个部落成员在战争期间，都有当兵作战的义务。军队的核心是王家与贵族子弟，即"三族"与"多子族"所组成。

军队的基干力量是由平民组成的甲士。那时作战用战车，每辆车上有驾车、持戈和拿弓矢的作战人员三名，俗称"三甲士"。在每辆战车的两侧与车后，随有步兵（徒兵）几十名，由奴隶充当。他们既是战斗员，又是侍候奴隶主的杂役。

征兵制

春秋中后期，宗法制度日渐衰落，国人的地位升降无常，使原来在乡遂制度下只有国人才有当兵的权利和义务的兵役制度迅速走向崩溃，这就影响了旧的军事制度的正常运行。与此同时，各国在新占领的国土和被灭族的大夫的采邑实行郡县制，并建立起了新的军赋征收体系，产生了有别于按乡遂区域划分的兵役制度，出现了郡县征兵制度。这种征兵制度使晋国和楚国国君的直属部队军队数量大增，军事实力大大增强。

就晋国而言，公元前 520 年，籍谈所"帅九州之戎及焦、温、原之师"护送天子入王城，显示了晋军的强大实力。晋军的这种部队大概有五千乘兵车，在和平时期驻守在国内，战争时期随大军出征。

楚国郡县征兵制度下的军队的战斗力不亚于由贵族子弟和国人组成的大军，是与晋国争霸的主力之一。它曾驰援蔡国，使晋军闻风而逃。

世兵制

世兵制创立于三国，盛于魏晋，衰落于南北朝。世兵制是在东汉末年大战乱后，郡县征兵制遭到破坏，募兵锐减的情况下形成的。

所谓世兵制，就是强制士兵全家从普通百姓中分离出来，脱离民籍，集中居住，变为军籍，称为"士家"或"军户"，他们的户籍由军府而不是郡县管理。服兵役成为他们的特定义务，父死子继，兄终弟及，世代相替。士兵逃亡要拷问其妻子，妻子即使不知情也要连坐处死。士兵本人死后，其妻子女儿也要嫁给士家。

世兵制确保了战乱时期充足的兵源。军户的社会地位低下，只有得到赦免才能重新取得平民身份。世兵制下的军人地位低，素质差，战斗力弱。北朝后期，世兵制逐渐为府兵制所取代。

十六国时期，一些少数民族政权和北魏的前期，也曾按本民族原有部落组编成军，将领士卒均世袭相替，但限制汉人在这支军队里当兵。

府兵制

府兵制起源于西魏，完善于北周和隋朝，盛于唐太宗时，唐玄宗时废除，历时约 200 年。

西魏最初把六镇鲜卑兵编制为 12 军，分别由 12 个大将军统领。大统三年（537年），宇文泰任柱国大将军，总领 12 军。大统八年（542 年），并为 6 军，分别由 6 个柱国大将军率领，每柱国下设两个大将军，每大将军下设两个开府将军，共有 24 军，所统士卒也改为各自主将之姓。

后又招募关中陇右地区的汉族豪强地主从军，通过他们带来了大量家兵、部曲等私人武装，再根据他们所带武装的数量，授予不同爵位，使地方私人的武装中央化，具有中央禁军的性质，增强了朝廷军力。这样就使鲜卑军人集团和关陇地主豪强武装相结合，创置了"府兵制"。

府兵与民籍分开，不属郡县管辖，另立军籍。他们只管打仗，实行轮番宿卫和训练，不负担其他赋税。

募兵制

唐朝中期由于土地兼并现象严重，破坏了均田制，农民失去土地；征战频繁，府兵不能按时轮换，长期服役，"壮龄应募，华首未归"；不能免去征徭，因此农民大量逃亡。在这种情况下，唐玄宗下令废除府兵制，代之以"募兵制"。

募兵制由国家招募壮丁当兵，供给粮食，免征赋役，在边将统率下从事屯垦。募兵制的实行使军费开支暴涨，成为国家的沉重负担。

边境统兵的将官称为节度使。节度使最初只掌兵权，长期统领一支军队，使兵将之间有了固定的隶属关系，后兼管地方行政和财政，权力日益扩大，"既有其土地，又有其人民，又有其甲兵，又有其财富"。唐玄宗时期，节度使已有 10 个，他们掌握一州或数州的军、政、财权，使中央政府越来越无力控制，成为割据一方的军阀。唐朝的安史之乱和唐末五代十国军阀割据局面的形成，都和募兵制有极大的关系。

卫所制和营武制

明朝军队的编制是卫所制。明朝的军卫法规定，一郡设所，数郡设卫，每卫5600 人，每千户所1120 人。每百户所112 人，每百户所辖2 个总旗，每个总旗辖5 个小旗，每小旗 10 人。士卒分别由卫指挥使、千户指挥使、百户指挥使、总旗指挥使、小旗指挥使率领，卫所实行世兵制，士卒和军官全部世袭。卫所都有固定的驻地，卫所官兵隶属于所在地的都指挥使司，再隶属于五军都督府。

明朝中叶以后，由于边境战争频繁，兵员不足，开始大规模募兵。因此，在卫所制之外，又出现了营伍制这一新的军事组织形式。募兵实行独立的编制，按照伍、什、队、哨、总、营的形式进行编制，由伍长、什长、队长、哨官、把总、守备、都司、游击、参将、副总兵、总兵统领，隶属于兵部。营伍的人数不定，也无固定驻地，战时应募入伍，战毕归家。

绿营兵

绿营兵是清政府招募汉人组成的军队，因其旗帜为绿色，并以营为主要的基层编制，故名。绿营兵受兵部管辖，主要兵种是步兵，此外还有少量骑兵和水师。少部分配合八旗兵守卫京师，大部分驻守在全国各省。绿营兵最初建立，是因清八旗兵武装力量不足，以其作为八旗兵的辅助，帮忙驻守京师尤其是各地方，并受到八旗兵的严密监视和控制。清中叶以后，由于八旗军的战斗力下降，绿营兵逐渐成为军队主力，其人数也不断增加，最多时达 60 万人。至清晚期，由于吏治的腐败，军事力量也进一步下降，绿营兵的战斗力也大大下降。以至于清政府靠汉族地主武装湘军、淮军，太平天国运动才得以镇压。

骑兵

中国骑兵源于春秋战国之交，历史悠久。

传统观点认为，是在战国赵武灵王"胡服骑射"以后才有了骑兵。事实上春秋时期，秦穆公的"畴骑"，就是中国最早的骑兵。只不过当时是以车战兵为主，骑兵并不突出罢了。中国历史上骑兵的极盛时期是元朝，骑兵部队主要装备有弓箭、马刀、标枪、战斧等。

在外国，骑兵曾经是陆军的主要作战兵种。17 世纪 30 年代战争时，参战国军队中 40% ~ 50% 的人员都是骑兵。第一次世界大战时，德、法、俄国均编有骑兵集团军。第二次世界大战时，苏军曾有 17 个骑兵军，80 多个骑兵师。

将军

春秋以前没有将军。那时国家军队数量并不多，天子只有六军（每军 2500 人），诸侯最多不超过三军。各军的统帅叫卿，卿以下叫大夫（师），大夫以下叫士。到了春秋时代，诸侯为了扩大势力范围，不断增加兵力，大国诸侯常常拥有三军以上的兵力，而在编制上诸侯只能有三军，只能设三卿。于是，就把扩充军的统帅称为"将军"，意即率领一军的意思。作战时军队得由一人统一指挥，因此，在将军中选拔出大将军或上将军来全盘指挥。到了汉代，随着军队数量的增多，又出现了骠骑将军、车骑将军、卫将军等级别。以后，各朝的将军虽不尽相同，但这一官阶仍然分成若干级别。

现代意义上的将军军衔，最先出现于16 世纪的法国。随着战争规模和军队编制的不断扩大，将军一级也逐渐分为若干等。准将一般指挥旅，少将一般指挥师，中将一般指挥军，上将一般指挥集团军。

湘军

湘军是晚清时对湖南地方军队的称呼，或称湘勇。太平天国运动兴起后，清朝正规军无法抵御，不得不利用地方武装，湘军就是在这时发展起来的。

曾国藩是湘军的创始者。他将湖南各地团练整合成湘军，形成了书生加山农独特的体制，成为镇压太平天国的主要军事力量。清朝政府虽然对地方汉族武装不信任，但不得不倚重于湘军。曾国藩同时也借助了安徽本土力量，发展了淮军，并培养了淮军首领李鸿章。

淮军

咸丰十一年（1861 年），太平天国向上海进军，曾国藩即命他的得力幕僚李鸿章招募淮勇，并于同治元年二月（1862 年3 月）在安庆编成一军，称"淮勇"，又称"淮军"。其后，淮军乘英国轮船闯过太平天国辖境，前往上海，与英国侵略军合作对抗太平军。

淮军成立时有 6500 人。淮军营制出自湘军，每营 500 人，用抬枪、小枪 120 余杆。因使用新式兵器需人较多，故每营人数连长夫在内增至七八百人不等。光绪三年（1877 年），淮军又参照德国营制，建立克虏伯炮队。淮军虽承袭湘军制度，但训练用洋操，兵器是洋器，并聘西洋军官为教习，这和当年湘军用土法土器、由书生自任教练迥然有别，成为中国军队近代化的开端。但淮军并未改变勇营旧制，因而体制本身存在种种矛盾和弊端。

北洋军阀

北洋军阀是清末和民国初年袁世凯建立的封建买办军阀集团。

1895 年，清政府命袁世凯在天津小站编练"新编陆军"，归北洋大臣李鸿章节制。1901 年，袁世凯因出卖维新派和镇压义和团运动，被任命直隶总督兼北洋大臣，所建新军称为北洋军。1905 年，北洋军六镇练成，形成北洋军阀武装政治集团。1912 年，袁世凯窃取中华民国临时大总统之职，建立控制中央和地方政权的北洋军阀统治。

1916 年，袁世凯病死，北洋军阀分化为直、皖、奉三系。直系首领为直隶人冯国璋，后为曹锟、吴佩孚，受英美支持。皖系首领为安徽人段祺瑞，奉系首领为奉天海城人张作霖，皖系、奉系都以日本为后台。

各系军阀常年混战。1926 年，皖系军阀段祺瑞被冯玉祥驱赶下台。1925 年至 1927 年，直系军阀吴佩孚被国民革命军击垮。1928 年，张作霖被日本关东军炸死，张学良易帜。至此，北洋军阀的统治结束，北洋军的一些余部被并入国民党军队。

海军

海军是个古老的兵种，地中海东部地域是世界海军的发祥地。

海军的历史可以追溯到公元前 2000 年以前，当时建造的兵船是桨船，以撞击战作为战斗的基本战法。到 17 世纪中叶，帆船舰队逐渐取代了桨船舰队，英国、法国、西班牙和荷兰开始建立常备海军。

18 世纪后半期，资本主义国家争夺殖民地的战争和北美殖民地的独立战争都加速了海军的发展。20 世纪初叶，一些大国海军开始建造潜艇和水上飞机，从此结束了水面舰艇是海军唯一兵种的时代，海军开始成为多兵种合成军种。

空军

空军是进行空中作战的军种、军队的主要组成部分。具有快速反应、高速机动、远程作战和猛烈突击的能力，既能协同其他军种作战，又能独立完成战役、战略任务。

1793 年，法国首次组织了一支空军，飞行装备是系绳气球，气球中充入燃烧木炭产生的烟和热空气，依赖热空气的浮力上升到空中，控制和返回地面都依赖绳索牵引。大气球下吊着一只大箩筐，空军士兵蹲于其中进行观察，这支部队称为气球兵团。当时荷兰和奥地利联军包围曼堡时，法军首次派出了空军支援地面作战，在阵地上升起了双人气球观察敌情。联军因自己的举动无法逃避法军的观测，只好立即撤退，曼堡之围迅速被解除。

接着法军又把气球送到沙勒罗瓦。当时，法军正在该地发动攻势，法军空军的气球突然升起时，对方吓得立即弃械投降，法军大获全胜。

从此，许多国家也先后建立了用绳子

系在地面上的气球空军。人类发明飞机后，空军不断发展壮大。

空降部队

空降部队又称空降兵或伞兵，是经过专门的空降训练，武器装备轻便，能伞降或机降的军队。空降部队能对敌方政治、军事、经济等战略要地进行突然袭击；夺取重要目标或地域，在敌后进行特种作战。它一般隶属于陆军。最高建制单位在大多数国家为师或旅，少数国家为军。

1918 年，美国军官米切尔等曾提出用轰炸机群将步兵空降到德军战线后方实施攻击的设想。1927 年，苏军使用运输机在中亚细亚地区空投部队，一举歼灭了当地的匪徒，是世界上的第一次空降战。1930 年，苏联正式建立世界上第一支正式的伞兵部队。第二次世界大战中，苏联、德国和美国都多次运用空降兵进行作战。德国在闪击丹麦、挪威时，美、英、波军进攻荷兰时都曾使用空降部队。"二战"后，法军在印度支那战争中，美军在越南战争中，苏军在入侵阿富汗战争中，中东战争中，都使用了空降兵。

随着空中运输工具和武器装备的不断进步，空降部队必将在未来战争中发挥越来越大的作用。

特种部队

一般认为特种部队最早源于英国。

1940 年 5 月，德军占领荷兰和比利时，侵入法国，击败了英法军队。英国远征军和部分法军共 30 余万人溃退到法国北部敦刻尔克地区，于 5 月 27 日到 6 月 4 日丢掉大量武器和军用物资，通过英吉利海峡向英国撤退。

美国"海豹"特种部队

为反击纳粹德国的疯狂进攻，英国首相丘吉尔下令"立即对整个德国占领区发动积极而又连续的反攻击"。1940 年 6 月 10 日，陆军参谋长的副官达托莱·克拉克受命组建了一支专门执行特种任务的部队。这支由海军和海军陆战队的精锐部队组成的部队头戴绿色贝雷帽，称为"豹部队"，取名为"哥曼德"。世界上第一支独立执行特种作战任务的新型部队应运而生。此后，各国逐渐重视，纷纷建立各自的特种部队。

特种部队与正规部队的主要区别在于，它不是活动在普通的战场上，而是在主战场之外，进行山地战、丛林战、滑雪战、游击战和其他特殊条件下的战斗。它的主要任务是搜集情报、秘密侦察、扰乱敌后、破坏设施、从事心理战和暗杀活动等。特种部队的士兵要求具有在特殊的超出常人所能忍受的野战条件下的生存和战斗的能力。

飞艇

飞艇是指有推进装置，可控制飞行的航空器。它主要由艇体、动力装置、尾翼和吊舱组成。艇体的气囊内是比空气轻的氢气或氦气，飞艇就是利用它受到的空气浮力升空的。按结构划分，飞艇可分为软式、半硬式、硬式。

第一艘飞艇是1852年法国人吉法尔制造的。1900年德国的齐柏林公司制造出了大型硬式飞艇。和许多新技术一样，飞艇很快就应用于军事。第一次世界大战爆发后，1914年，德国齐柏林飞艇轰炸了比利时的列日要塞，不久又轰炸了法国巴黎。1915年，德国飞艇轰炸了英国首都伦敦。由于当时的飞机不仅数量少，而且性能很差，所以根本无力阻挡飞艇。后来由于飞机性能的飞速发展，飞艇逐渐被挤出了空中舞台。

"二战"后，随着新技术的发展，飞艇又获得了新生。1977年，英国在北海设立飞艇警戒中队，以保卫北海油田和英国的渔场。英国的大型军用运输飞艇可输运整营的部队及技术兵器。美国海军也在20千米高空建立了一个气艇式雷达台站。

现在，飞艇在反潜、反舰、海上巡逻和电子对抗等方面都发挥着重要作用。

鱼雷

鱼雷是由携载平台发射入水，能在水中自动航行、自控和自导，爆炸毁伤目标的水中武器，有"水中导弹"之称。它具有航行速度快、航程远、隐蔽性好、命中率高和破坏性大的特点。鱼雷主要用舰船携带，有时也由飞机携带，主要用于攻击舰船和潜艇，也可以用于封锁港口和狭窄水道。鱼雷由前段（雷头）、中段（雷身）和后段（雷尾）3段组成，分别装有装药引爆系统、导引控制系统和动力推进系统。

鱼雷的前身是美国南北战争期间的撑杆雷。撑杆雷用一根长杆固定在小艇舰首，然后冲向敌舰，用撑杆雷撞击爆炸毁沉敌舰。1866年，在奥匈帝国工作的英国工程师R.怀特黑德发明了世界上第一颗鱼雷。1887年1月13日，俄国舰艇发射鱼雷击沉了土耳其"因蒂巴赫"号通信船，这是海战史上第一次用鱼雷击沉敌舰船。第一次世界大战爆发后，鱼雷被人们公认为杀伤力仅次于火炮的舰艇武器。

目前世界各国都非常重视鱼雷的研究和改进，以使它更轻便、命中率更高和爆炸力更强。

鱼雷艇

鱼雷艇是以鱼雷为主要武器的小型军舰，主要在近岸海区以编队形式对敌大、中型舰船进行鱼雷攻击，也可用于反潜、布雷等。它体积小，航速快，威力大，隐蔽性好，造价低廉，但耐波性差，活动半径小，自卫能力弱。现代鱼雷艇有滑行艇、半滑行艇、水翼艇3种船型。

鱼雷艇的前身是美国南北战争的水雷艇（当时还没有鱼雷）。鱼雷发明后，1877年英国很快制造了专门用来发射鱼雷的舰艇，便是鱼雷艇"闪电"号。1887年，俄国"切什梅"号和"锡诺普"号第一次用鱼雷击沉了土耳其海的"国蒂巴赫"号通信船。此后，鱼雷艇的性能也不断得到改善，欧洲各国海军都相继制造和装备了鱼雷艇。

在"一战"和"二战"中，鱼雷艇都取得了较大战果。在 1918 年，意大利鱼雷艇发射了 2 枚鱼雷，击沉了奥匈帝国的万吨级战列舰"森特·伊斯特万"号。

"二战"后，随着鱼雷技术的不断进步，鱼雷艇仍然受到世界各国特别是发展中国家的重视。

潜艇

潜艇是能潜入水下活动和作战的舰艇，又称潜水艇。潜艇主要由艇体（固壳和外壳），操纵系统，动力装置，武器系统及导航、观察、通信、水声对抗、救生等设备组成，具有隐蔽性好，自给力强，突击威力大等特点。

潜艇的雏形是荷兰人德雷贝尔于 1620 年发明的世界上第一艘人力潜艇，它曾在泰晤士河潜航了 2 个小时。1885 年，瑞典人诺德费尔特和英国人加莱德使用设计建造的"诺德费尔特—1"号，以蒸汽机为动力，还装有鱼雷发射装置，是第一艘现代意义上的潜艇。

在"一战"和"二战"中，德国海军潜艇对英国等国的运输船展开了疯狂攻击，击沉了几千艘舰船，显示了潜艇的巨大威力。"二战"后，美国制造了世界上第一艘核动力潜艇"鹦鹉螺"号。此后，苏联、英国、法国和中国相继制造了本国的核潜艇。

装备有核弹头远程导弹的核潜艇，具有核威慑力量，可以进行核反击。它的战术功能和战略意义已超出了"海战"的概念。

驱逐舰

驱逐舰是以导弹、鱼雷、舰炮等为主要武器，具有多种作战能力的军舰，用于攻击潜艇和水面舰船、防空、护航、侦察、巡逻警戒、布雷，袭击陆上目标等。

1893 年，英国建造了世界上最早的驱逐舰——"哈沃克"号鱼雷驱逐舰和"霍内特"号鱼雷艇驱逐舰。此后，各国竞相建造。截至第一次世界大战前，英、美、法、德、俄等国共建造了近 600 艘驱逐舰，其中英国最多，有 200 多艘。这些驱逐舰多采用燃油的蒸汽轮机动力装置，满载排水量 1000 ~ 1300 吨，航速 30 ~ 37 节，装备 88 ~ 102 毫米舰炮数门和 450 ~ 533 毫米鱼雷发射装置 2 ~ 3 座。

第二次世界大战中，驱逐舰除了反潜护航任务外，还在舰队防空、支援岛岸作战、输送人员物资、基地巡逻等任务中发挥了重要作用，因而被称为"海上多面手"。

"二战"后，驱逐舰因其具有灵活性和多功能性，备受各国海军的重视，并迅速向导弹化、电子化、指挥自动化的方向发展。

迫击炮

迫击炮是以座钣承受后座力的一种曲射火炮。它是步兵的一种传统装备，是火炮家族中最小的一个炮种。它的优点是死界小、射速快、威力大、重量轻、体积小、灵活机动、易于操作、造价低廉等，非常适合步兵在复杂地形上和恶劣天气下使用。它可以消灭遮蔽物后的敌人，摧毁敌障碍物和轻型工事，为步兵开辟道路。

它是 20 世纪初出现的，第一次使用是在 1904 ~ 1905 年的日俄战争期间。俄军把一门 47 毫米口径的海军炮装在一种带车轮的炮架上，发射超口径长尾形炮弹，杀伤躲在战壕中的日军，显示了巨大的威力，引起了世界各国军事家的注意。

第一次世界大战中，交战双方大打阵

地战，战争进入胶合状态。为了打破战争僵局，双方大量使用迫击炮，使这种武器得到飞速发展。

第二次大战中及战后，迫击炮的发展更是日新月异。迫击炮由过去的人背马驮，现在也实现了牵引、自行和车载。随着陆军开始向机械化迈进，迫击炮也将成为一种作战威力巨大的近程攻击兵器。

巡洋舰

巡洋舰是一种以远洋巡航为主的具有多种作战能力的大型军舰。它常与战列舰组成海上舰艇编队的核心，主要担负为战列舰巡舰、护卫的任务。巡洋舰分为重巡洋舰、轻巡洋舰和辅助巡洋舰三种。

1514年，英国"亨利"号巡航舰是是现代巡洋舰的起源。1904年，英国建造了世界上第一艘装有汽轮机的巡洋舰"紫石英"号，标志着现代巡洋舰的诞生。现代巡洋舰问世后，在日俄战争、第一次世界大战和第二次世界大战的多次海战中都有出色的成绩。巡洋舰的排水量一般为5000～20000吨，主炮口径为150～280毫米。"二战"期间，曾出现过排水量在万吨以上的重型巡洋舰。

"二战"后，随着导弹技术、电子技术与核技术的迅速发展，巡洋舰的主要武器由大炮变为导弹，所以现代巡洋舰称作导弹巡洋舰或战略导弹巡洋舰。现代巡洋舰的主要任务是为航空母舰或其他舰艇护航、保卫海上交通线、攻击敌方舰艇、潜艇和岸上目标、防空和反导弹作战、火力支援登陆作战等。

无线电用于战争

无线电不是用导线而是用看不见的波，把信息从一个地方传到另一个地方，进行远距离通信。由于无线电方便快捷，所以一出现就引起了军界的关注。

早在1904年日俄战争期间，日军指挥船就通过无线电指挥日本军舰炮击旅顺港内的俄国军舰，最终取得了战争的胜利。第二次巴尔干战争爆发后，巴尔干交战的各国军队就开始在战场上使用无线电。

第一次世界大战爆发后，无线电通信的创始人马可尼就携带他发明的无线电报机到意大利军队中服役。从此，无线电通信成为战争中的重要指挥手段。

第二次世界大战初期，德军坦克部队之所以能横扫欧洲大陆，是因为每一辆德军坦克都配备了无线电，对相互间可以及时保持联系，协调作战，能针对战场的变化及时进行战略调整，抓住战机。后来美军和英军也在坦克上加装无线电设备。

在第一次和第二次世界大战中，无线电都发挥了很大的威力，所以有人把第二次世界大战称为"无线电战争"。

战斗机的出现

战斗机是指主要用于保护己方制空权或摧毁敌人制空权能力的军用机种。它的特点是飞行性能优良、机动灵活、火力强大。

世界上公认的第一架战斗机是法国的莫拉纳·索尔尼埃公司制造的H型飞机。它长6.28米，高2.3米，翼展9.12米，最大飞行速度135千米，能在天空停留3小时，并配有机枪。一战开始后，莫拉纳·索尔尼埃公司又制造了H型战斗机的改进型——L型和N型。L型战斗机装备了"偏转片系统"，解决了飞机机载机枪射击时被螺旋桨干扰的难题，使飞行员不需要另外配备机枪手就可以在驾驶飞机时攻击敌机。

1915 年 4 月 1 日，法国飞行员罗兰·加洛斯驾驶莫拉纳·索尔尼埃 L 型飞机击落了一架德国双座侦察机，取得了战斗机第一次空战胜利。随后，德国的"福克 E3"式战斗机装备了性能更好的"机枪同步射击"装置，成为第一次世界大战中性能最好、击落飞机数量最多的战斗机，被协约国方称为"福克式的灾难"。

战斗机的出现，使战争规模从地面、海洋扩展到了天空。

高射炮的改进

高射炮是一种在地面对空中飞行目标进行射击的火炮，简称高炮。

1870 年 9 月，普军包围了巴黎，法国内政部长乘气球成功逃出巴黎，重新组织部队与普军作战。此后，法国政府多次通过气球与外界保持联系。

普军很快就研制出了专门打气球的火炮。它的口径为 37 毫米，装在四轮车上，由几个士兵操作。这种炮曾打下了不少法国气球，因此被称为"气球炮"。它就是高射炮的原型。

20 世纪初，飞机开始用于战争。德国人对"气球炮"加以改进，研制出了专门对付飞机的高射炮。这种高射炮装在汽车上，口径为 50 毫米，并有防护装甲，最大射高 4200 米。这就是世界上第一门高射炮。后来，西方各国也不断研制新型高射炮。

高射炮的迅速进步，给军用飞机造成严重威胁。1918 年 9 月，德国派出 50 架飞机轰炸巴黎，结果竟有 49 架被高射炮击落。第二次世界大战中，高射炮有了很大的改进，在防空中发挥了重要作用。

"二战"以后，随着飞机飞行高度的提高和防空导弹的使用，高射炮逐渐被淘汰。

坦克

坦克是一种具有强大直射火力、高度越野机动性和坚固防护力的履带式装甲战斗车辆。

第一次世界大战开始后，由于作战双方各自建立了由壕沟、铁丝网、机枪火力点等组成的防御阵地，战争进入了僵持状态。为了打破这种僵局，英国战地记者温斯顿提出制造一种有装甲、带武器的越野战车，得到了海军大臣丘吉尔的支持。他们组织人员将一辆美国拖拉机焊上厚钢板，装上炮塔，建成了世界上第一辆坦克。它的样子很像西亚地区的运水车，英国军方就称它为 tank，意为水车，这就是坦克译名的由来。这种坦克被称为马克 I 型坦克，重 26 吨，105 马力，需要 8 人驾驶，最高时速 4 英里，左右两侧各装备了一门炮，配备了 6 挺机枪。

1916 年 9 月 15 日，英国首次在战场上投入了 18 辆坦克参战。这 18 辆坦克闯过地雷区，压倒铁丝网，跨过壕沟，德国的机枪扫射对它毫无作用。英国步兵很快跟上，突破了德军防线，显示了巨大的威力。

坦克的出现，标志着陆军机械化新时代的来临，从此陆战发生了革命性的变化。

远程大炮

在第一次世界大战时，双方进行了多次炮战。除了以密集火炮群攻击外，为了进行攻坚战，德军研制了火炮中的巨无霸——远程大炮，其中最有名的是"大伯莎巨炮"和"巴黎大炮"。

1914 年 8 月，德军入侵比利时，在比利时列日要塞受阻。列日要塞由 12 座炮台组成，每座炮台都建在地下，共 400 门大炮。德军决定动用"大伯莎巨炮"。"大伯莎巨炮"

重 62 吨，炮身长 9 米，炮弹重 520 千克。巨炮一个接一个地向列日要塞炮台发射炮弹，将整座要塞彻底摧毁。

"巴黎大炮"炮身长 35 米，重 750 吨，射程 120 千米。德军用它轰击巴黎，炸毁了很多建筑，引起了巴黎市民的恐慌。

"二战"前，为了对付法国的马奇诺防线，德国制造了"多拉大炮"，但没有派上用场。多拉大炮身长 43 米、宽 7 米、高 12 米、重 1350 吨。苏德战争时，"多拉大炮"向苏联的塞瓦斯托波尔发射了 48 枚巨型炮弹，炸毁了一个地下火药库，致使该市最终被德军攻占。

"二战"后，随着火箭和导弹的发明，远程大炮逐渐退出战场。

毒气战

毒气战又名化学战、瓦斯战。

第一次世界大战爆发后，德国速战速决的计划很快破产，双方在西线大打阵地战，战争进入僵持局面。为了打破僵局，德国决定对英法军队实施毒气战。

1915 年 4 月 22 日，德军在比利时伊普尔前线撬开 6000 个盛有氯气的毒气罐，18 万升黄绿色的氯气随着西北风飘向英法联军阵地。英法军队根本不知道这是毒气，更不用提防护措施了。吸进毒气后，英法士兵立刻感到呼吸困难，不一会儿，人人脸色惨白，瞳孔放大，口角流血，四肢抽搐，共死亡了 1 万人。德军趁机把战线向前推进了几千米。这是世界上第一次毒气战，它揭开了近代化学战的序幕。不久，协约国开始实施报复，也对德国军队进行毒气战。据统计，"一战"期间双方士兵共有 10 万名士兵死于毒气战，120 万人因毒气负伤。

随着科技的发展和现代战争的需要，现在化学毒剂也越来越多，通常可以分为 6 类：刺激性毒剂、糜烂性毒剂、全身中毒性毒剂、失能性毒剂、窒息性毒剂和神经性毒剂。

生化武器

生化武器旧称细菌武器，是生物武器和化学武器的总称。生物武器由生物战剂及其施放装置组成，化学武器主要是化学毒剂，它们在战争中能杀伤人员、牲畜和毁坏农作物，而且还有传染性，具有污染范围广、危害时间长、传播途径多、不容易侦察等特点。

生化武器由来已久。在 2000 多年前，锡西厄王国的弓箭手把箭头在粪便和腐烂的尸体上蘸过。14 世纪时，西征的蒙古人把散发着瘟疫臭气的尸体投掷到敌人的城墙里，结果引发了西方的黑死病。西班牙人在征服美洲时，也传入了天花等病毒，导致印第安人大量死亡。在征服印度时，英国人和法国人把有天花病毒的毯子送给不友好的部落。

在 20 世纪早期，英国、法国、德国、苏联、日本等众多国家曾研究过如何发动生物战。第一次世界大战时，德国人在敌军骑兵部队中撒播病毒，使军马患上的鼻疽病。第二次世界大战期间，日本人建立了 731 部队，专门研制细菌武器，向中国各地撒播感染了瘟疫的跳蚤，使无数中国军民深受其害。

生物战

生物战指的是使用生物武器（原称细菌武器）对敌人人畜、农作物进行伤害和破坏的的一种作战手段。生物武器主要用于战略目的，它一般没有立即杀伤作用，但有较强的致病性和传染性。它主要是通过各种方式投放生物战剂，造成敌人的广大地区人畜传染病流行，农作物大面积死亡，从而造成敌人军民心理恐慌，破坏敌人生产和运输，达到削弱敌人战斗力、破坏敌国战争潜力的目的。生物武器主要的投放地点有：军队集结地域，人口密集地区，重要的工农业区、水库、水源等，敌军后方基地，被包围的城市、要塞等。

第一次世界大战期间，德军向协约国军队的人员和马匹投放了马鼻疽、炭疽病菌，致使协约国军队人员和马匹得了传染病，战斗力大减。这是首次在战争中使用生物武器。抗日战争时期，日军组织了专门研制生物武器的 731 部队，用活人做实验，向中国广大地区投放鼠疫杆菌，造成这些地区鼠疫流行。朝鲜战争时期，美军曾向朝鲜和中国东北地区使用了细菌武器数百次。

反坦克部队

反坦克部队就是阻滞和摧毁敌方坦克的部队，在现代地面战争中占有重要地位。

第一次世界大战期间，为了打破战场上的僵局，英军首次在战场上使用了坦克，引起了德军的恐慌。很快，德军就想出了对付坦克的方法。1916 年 9 月，在索姆河会战中，德军首次使用野战炮对英军冲锋的坦克进行袭击。1917 年 11 月，在康布雷战役中，德军用加宽堑壕、野炮迎击和战斗机投掷磷弹等方法对付坦克。战后，西方国家开始研究反坦克的方法和武器，运用防坦克壕、地雷、桩砦等障碍物阻止和迟滞坦克行动，并相继组建反坦克部队。

第二次世界大战期间，坦克成为重要的突击力量，反坦克部队广泛使用反坦克火炮与设置障碍和火力相结合的手段阻滞

和摧毁敌方坦克。

20 世纪 50 年代，一些国家研制了反坦克导弹。60 年代，又出现了反坦克的武装直升机和反坦克地雷。这些武器在中东战争中大显神威。

随着坦克性能的不断提高，中子弹和激光制导的炸弹、炮弹等也成为对付坦克的有效武器。

现代地雷

地雷是一种埋入地表下或布设于地面的爆炸性火器，受目标作用并满足其动作条件时即会自行发火，或待目标进入其作用范围时操纵爆炸。

19 世纪中叶以后，各种烈性炸药和引爆技术的出现，使地雷开始向制式化和多样化发展，从而诞生了现代地雷。最早的制式化生产的地雷是 1903 年前后由俄国研制成功的。1918 年，受坦克威胁最大的德国人研制成功防坦克地雷，随后又研制成功两种制式化的防坦克地雷，用于对付英、法军的坦克，并获得了一定的效果。"二战"中，防坦克地雷得到广泛的应用。

1938 年，德国人发明防步兵跳雷，这种雷由绊线绊发，目标触雷后，雷体会跳起并在地面上空爆炸，它的杀伤威力比在地表或地表下爆炸的同等地雷大得多。

火箭布雷系统是 1970 年由联邦德国研制成功的。德国"拉尔斯"轻型车载式 36 管火翻腾炮，一次可发射 36 枚 110 毫米的火箭布雷弹。

造雷技术的进步和布雷技术的提高，

现代地雷

使地雷在战争中得到越来越广泛的运用。

轰炸机

轰炸机是专门用于对地面、水面（水下）目标实施轰炸的飞机，是空军实施空中打击的主要机种。轰炸机不但能执行摧毁敌军工事、杀伤敌军人员等战术轰炸任务，还能执行摧毁敌军的兵工厂、发电站、通讯枢纽甚至一个城市等战略轰炸任务。轰炸机不但以摧毁敌方人力物力为目的，而且还将摧毁敌方精神作为目标。

1911 年 11 月，意土战争爆发。意大利飞行员利奥·加沃蒂驾驶飞机在土耳其阵地上空投放了 4 枚重 2 千克的炸弹，这是世界上轰炸机第一次参加实战。1915 年，俄国军队首先装备了轰炸机。随后，英、法、德等国军队也相继装备了轰炸机。

"二战"时，美、英、德相继研制出了许多新型轰炸机。美国的 B-17 战略轰炸机和英国的"兰开斯特"轰炸机对德国实施昼夜轰炸，最终使德国丧失了战争能力。美军 B-29 型轰炸机向日本长崎、广岛投下了原子弹，加速了"二战"的结束。从此，轰炸机成为投掷核武器平台，成为具有战略地位的武器。

"二战"后，轰炸机开始向隐形化和超音速化方向发展，更具战斗力。

编队飞行

飞机开始投入战争时，主要作战形式是单击格斗。但是，单机作战时，缺乏保护的飞机自身就十分危险，于是，飞机配对开始出现，这就是最早的双机编队飞行。随后，两架或两架以上飞机按一定队形编组或排列飞行成为空军战斗常用的战斗队形。飞机的基本的编队队形有楔队、梯队、横队和纵队。这些队形由单机或分队组成，可减小或加大各机的距离、间隔而组成疏开或密集队形。在编队飞行中，各机之间必须保持规定的距离、间隔和高度差。编队飞行主要用于攻击、轰炸、侦察、空投、防御等。

编队飞行是空中兵力部署的重要战术之一。采用正确的队形在空战中有着巨大的现实意义，它有助于取得空中优势，而一旦脱离编队，单机就十分容易受到敌方的攻击。在保持规定队形的前提下充分发挥飞机性能是编队飞行的中心问题。在飞行中，主机可根据实际需要发出指令改变编队方案和各机相对位置。主机在选择飞行状态时应给僚机修正偏差的余地，僚机要与长机密切配合。

在现代空中行动中，轰炸机编队飞行已经渐渐退出舞台，但根据战术的需要，轰炸机、歼击机和电子干扰机混合编队飞行的情况却有所增加。在混合编队飞行中，歼击机的主要任务就是利用编队来克敌制胜。

深水炸弹

深水炸弹是由舰船、飞机发（投）射，在水下一定深度爆炸的、专门用来攻击潜艇的一种水中武器。由水面舰艇投放的称为舰用深弹，由飞机和直升机投放的称为航空深弹。深水炸弹一般重 70 ~ 350 千克，弹长 0.7 ~ 2 米，破坏半径达 8 ~ 23 米，射程数十米到数千米不等，能在 300 米左右水深使用。

第一次世界大战期间，德国出动大量潜艇封锁了英国，击沉了许多向英国输送物资的运输船。英国海军进行对付潜艇的武器研制。1915 年底，英国研制出了世界上第一颗深水炸弹。这种深水炸弹由舰艇投入水中后，碰到潜艇或达到一定深度后就会爆炸，最深可达 200 米。1916 年，一艘英国巡逻船向水中投下了一颗深水炸弹，一举将一艘德国潜艇炸沉。第二次世界大战期间，德国故伎重施，英国研制出了世界上第一门专门发射深水炸弹发射跑"刺猬炮"，它一次可以发射 4 枚深水炸弹，提高了对潜艇的攻击效率。在两次大战期间，绝大部分潜艇都是被深水炸弹炸沉的。

时至今日，深水炸弹仍是重要的反潜武器。

航空母舰

航空母舰（简称"航母"）是以舰载飞机为主要武器，并作为舰载飞机编队海上活动基地的大型军舰，它是现代海军水面战斗舰艇中最大，作战能力最强的军舰。大型的航空母舰长 330 米，宽 80 米，高 70 米，相当于两个足球场的面积，20 层楼的高度。

1909 年，法国著名发明家克雷曼·阿德第一次提出了"航空母舰"这一概念。1918 年，英国将"卡吉士"号邮船改建为航空母舰，更名为"百眼巨人"号。它是第一艘真正意义上的航空母舰，飞行甲板长 168 米，可载机 20 架。从"二战"时的珍珠港、中途岛海战到马岛战争、海湾战争、伊拉克战争的历次战争中，航空母舰都立下了赫赫战功。在现代海战中，如果没有航空母舰的参与，几乎不可能胜利。

航母与巡洋舰、驱逐舰、战列舰、护卫舰、补给舰、扫雷舰、潜艇、救护舰等组成庞大的战斗群，集防空、反舰、反潜以及对岸攻击的作战能力为一体，具有攻守兼备的能力。航空母舰是足以与核武器比肩的战略性武器。

目前世界现役航母有 26 艘，美国最多，有 12 艘。

火箭炮

火箭炮是炮兵装备的火箭发射装置，由于通常为多发联装，所以又称多管火箭炮。火箭炮能多发联射和发射弹径较大的火箭弹，它的发射速度快，火力猛，突袭性好，但射弹散布大，适用于对目标实施大面积打击。

1933 年，苏联研制出的 BM13 型导轨火箭炮是世界上第一门现代火箭炮。它安装在载重汽车的底盘上，可连装 16 枚 132 毫米尾翼火箭弹，最大射程 8500 米，1939 年正式装备苏军。1941 年 8 月，火箭炮在在斯摩棱斯克地区首次实战应用。苏军的一个火箭炮连摧毁了德军的铁路枢纽和大量军用列车。不仅消灭了敌人大量有生力量和军事装备，而且给敌人以精神上的巨大震撼。

1941 年，德国研制的 158.5 毫米 6 管牵引式火箭炮和 280/320 毫米 6 牵引式火箭炮，是世界上最早的具有炮管式发射装置的多管火箭炮。

"二战"以后，各国都非常重视火箭炮的发展与应用，火箭炮又有了新的进步，其性能和威力日益提高，成为现代炮兵的重要组成部分。

装甲部队

装甲部队，也叫坦克部队，是以坦克和其他装甲车辆为基本装备的陆军战斗兵种。装甲部队机动性好、火力强大、防护力强，是陆军的重要突击力量。在合同作战中，装甲兵可配属步兵作战，也可在其他军种、兵力协同下独立执行作战任务。

装甲兵诞生于第一次世界大战时期，在第二次世界大战中得到迅速发展，目前已成为世界发达国家军队中地面作战的主要战斗兵种。

在20世纪30年代中期，德国组建了具有独立作战能力的装甲师，这是装甲部队摆脱从属地位，成为独立兵种的重要标志。在第二次世界大战初期，德军依赖装甲部队发动闪击战，取得巨大战果。随后，轴心国和盟军开始大量生产坦克，装备了大批坦克部队。许多重要战役中，装甲部队都是战场决胜地主角，甚至出现了数百辆乃至数千辆坦克会战的场面。装甲部队也因此而成为一个举足轻重的强有力的兵种。

今天，在"支援坦克作战的一切兵器，应具有与坦克同等速度和越野能力"总目标的指导下，国外一些主要军事大国已完成了陆军的机械化、装甲化，装甲兵已成为这些国家陆军的主要突击力量。

闪击战

闪击战又称闪电战，它是用优势的战略力量，实施战略突袭和快速进攻，以最快的速度摧毁敌人的战争能力和抵抗意志，达到战争目的的一种作战方式。它有3个基本要素：行动的突然性、打击的致命性和作战的快速性。闪击战的发展过程大致经历了地空闪击、海空闪击、立体闪击和精确闪击4个阶段。

闪电战的起源是英国人富勒在"一战"后提出的关于机械化作战战争的理论。"二战"初期，纳粹德国多次运用"闪击战"，在106天就占领了波兰、丹麦、挪威、卢森堡、荷兰和法国等大片领土，随后又闪击苏联，使苏联在战争初期损失惨重。

此后这一理论被世界军队广泛运用，显示了巨大威力：1941年日本偷袭珍珠港、1945年苏联进攻东北关东军、1950年美军在朝鲜仁川登陆、1973年阿拉伯国家突袭以色列、2003年美英闪击伊拉克等。现在，闪电战又与信息化相结合，在未来的信息化战场上拥有越来越重要的地位，成为未来战争的主要样式之一。

电子战

电子战起源于20世纪初无线电通信应用于军事之后。第一次世界大战期间，交战双方曾用无线电通信设备窃听对方的军事情报和干扰对方通信联络。第二次世界大战期间，战争双方大量使用无线电设备传送情报和指令，一方面用尽一切手段让对方的电子设备故障或者降低效率，另一方面又要保证自己这边电子设备的安全运转，这就是电子战的序幕。当时，英军在空袭德国汉堡时，以及苏军在斯大林格勒会战，盟军在诺曼底登陆中，都成功地运用各种电子战，有效地保障了战役、战斗的胜利。20世纪50年代中期以后，随着电子技术、航天技术、导弹技术飞速发展，电子战开始全面发展。在越南战争、中东战争和马岛战争中，电子战发挥了重要作用。

导弹出现后，电子战进入了新阶段。由于导弹是由电脑控制的，所以制导和反制导成了电子战的重点。随着电子计算机在战争中的广泛应用，电子战逐渐渗透到了战争的各个领域。现在电子战已经往外层空间发展，利用人造卫星侦察对方的雷达、通信等方面的情报。有的国家还在研制电子干扰卫星等军用卫星，甚至还有对付敌人拦截卫星的假卫星。

电子战实际上是双方科技水平的较量，但是它对现代战争的影响是巨大的。在未来战争中，电子战将成为对抗敌方自动化指挥系统和武器控制系统的重要手段。

导弹

导弹是依靠自身动力装置推进、依靠制导系统控制其飞行轨迹的火箭或无人驾驶、飞机式的武器，它的炸药弹头或核弹头可以摧毁目标。

导弹是"二战"时期由纳粹德国发明的。1944 年 2 月 15 日，德国 V-1 导弹进行第一次发射试验。V-1 导弹外表上与普通飞机相似，弹长 7.9 米，重 2180 千克，最大射程可达到 280 千米。1944 年，德国军队向英国发射了数千枚"V-1"导弹，给英国带来了巨大的损失。不久，在 V-1 的基础上，德国又研制出了更先进的 V-2 导弹。V-2 导弹长 14 米，能把 1 吨重的弹头运送到 260 千米以外。它同样也给英国带来了巨大损失。同时，德国还研制了地空导弹、反坦克导弹、反舰导弹等。

"二战"结束后，美国得到了 100 枚"V-2"导弹和包括冯·布劳恩在内的一批德国导弹专家，苏联也得到了大量的"V-2"导弹和一大批研制者。从此，美国和苏联都在德国导弹技术的基础上各自开展了导弹研制工作，其他发达国家也陆续参加到了研制与开发导弹的行列中。

现在，导弹已成为具有战略地位的主要兵器。

原子弹

原子弹是一种利用核裂变原理制成的核武器，爆炸时会放出很强的核辐射，具有很强的破坏力和杀伤力。制造原子弹的关键材料是铀 -235 和钚 -239。

1939 年，德国科学家哈恩和斯特拉斯曼发表了关于铀原子核裂变现象的论文，为制造原子弹提供了理论基础。1942 年，美国建立了第一座可控原子核裂变链式反应堆。1942 年 8 月，美国制订了研制原子弹的"曼哈顿计划"。

1945 年，美国研制出了 3 枚原子弹，分别命名为"胖子"、"瘦子"和"小男孩"。1945 年 7 月 16 日，美国在新墨西哥州阿拉莫戈多沙漠中将"瘦子"引爆，进行了人类有史以来的第一次核试验，原子弹的威力相当于 2 万吨 TNT（三硝基甲苯）。

为了加速日本投降，1945 年 8 月 6 日和 1945 年 8 月 9 日，美军分别在日本广岛和长崎投下了其他两颗原子弹，炸死炸伤数十万人。日本是迄今唯一遭到原子弹轰炸的国家。

1949 年，苏联成功研制原子弹。1952 年和 1960 年，英国和法国也研制出了的原子弹，1964 年，中国研制出了原子弹。1998 年，印度和巴基斯坦进行了核试验。

氢弹

氢弹又称聚变弹、热核弹，是利用原子弹爆炸的能量点燃氢的同位素氘、氚等轻原子核的聚变反应瞬时释放出巨大能量的核武器。根据热核材料的不同，氢弹可以分为"湿式"氢弹、"干式"氢弹以及脏弹，它的运载工具一般是导弹或轰炸机。一颗氢弹的爆炸力是原子弹的几十倍以至几百倍，是当今世界上威力最大的武器。

1942 年，美国科学家在研制原子弹时，推断出原子弹爆炸所提供的能量可以点燃轻核，进而引起聚变反应，可以制造出一种威力比原子弹更大的核武器。1952年11月1日，美国进行了世界上首次氢弹试验，爆炸达1000万吨TNT当量以上，是第一颗原子弹的500倍。到了20世纪60年代后期，苏联、英国、中国和法国都相继研制成功氢弹，并装备部队。

氢弹是人类有史以来威力最大的武器，到目前为止还没有在实战中使用过，只是作为大国的核威慑战略的工具。

洲际导弹

洲际导弹是指射程在8000千米以上的导弹，是战略核武器的重要组成部分。由于各国所处地理位置和军事战略意图不同，所以对洲际导弹的射程规定也不同，有的国家把洲际导弹射程定在5000千米以上，有的国家则定在6000千米以上。它具有推力大，飞行速度快，射程远，命中精度高，威力大等优点。洲际导弹按飞行弹道可分为洲际弹道导弹和洲际巡航导弹；按发射点和目标位置可分为地地洲际导弹和潜地洲际导弹。

1957年8月21日，苏联试射了世界上第一枚洲际导弹——SS-6地地洲际弹道导弹，射程8000千米。同年，美国也研制成功射程为8000千米的"鲨蛇"地地洲际巡航导弹，不久又研制成功了射程达12000千米的"宇宙神"地地洲际弹道导弹。此后，洲际弹道导弹得到迅速发展。20世纪70年代，出现了潜地洲际弹道导弹。

几经换代，洲际弹道导弹战术技术性能大大提高，命中精度从数千米精确到百米左右，射程可达一万多千米，可以携带核弹头和多弹头。现在，巡航导弹已经成为各核大国核威慑力量的重要支柱。

预警机

预警机是空中预警指挥机的简称。

"二战"期间，雷达开始广泛用于战争，但由于雷达的声波是按直线传播的，而地球是圆的，所以会产生盲区。"二战"后期，美国空军将最先进的雷达装在飞机上，制成了世界上第一架预警机。它扩大了预警范围，扫除了雷达盲区，为"二战"的胜利立下了汗马功劳。

"二战"后，美国继续进行预警机的研究。1958年，美国研制出了真正意义上的预警机。除了远程预警外，它还具有探测海上和空中目标、识别敌我、引导己方飞机攻击敌方目标等能力，并且在历次战争中大显身手。1982年，在叙利亚的贝卡谷地，以色列凭借预警机的准确指挥和引导，击落81架叙利亚战斗机，摧毁19个地空导弹营，而以军战斗机却无一损失。1991年海湾战争中，联合国军数千架战斗机，飞行了10万多架次，没有发生相撞与误伤事件，全是预警机的功劳。在现在战争中，没有预警机的指挥和引导，根本无法进行大规模空战。

目前，世界上只有美、俄、英、法、中、以色列等少数国家能制造预警机。

导弹艇

导弹艇是以舰舰导弹为主要武器的小型高速水面军舰，主要用于近岸海区作战，以编队或单艇对水面舰船实施攻击，也可用于巡逻、警戒、反潜、布雷等。导弹艇的特点是吨位小，航速快，威力大；但耐波性差，活动半径小，自卫能力弱。导弹艇分为滑行艇、半滑行艇、水翼艇和排水型艇4种。

1959年，苏联将"冥河"式舰舰导弹安装在拆除了鱼雷发射管的鱼雷艇上，改成"蚊子"级导弹艇。这是世界上第一艘导弹艇。导弹艇诞生后，深受发展中国家的青睐。1967 年 10 月 21 日，埃及的"蚊子"级导弹艇击沉以色列"埃拉特"号驱逐舰，这是海战史上导弹艇第一次击沉敌方军舰的战例。1973 年 10 月，以色列的"萨尔"级导弹艇击沉击伤埃及和叙利亚导弹艇 12 艘，这是导弹艇击沉同类艇的首次战例。从此，导弹艇引起各国海军的重视，各国开始竞相发展导弹艇。

随着导弹技术的不断进步，未来的导弹艇的威力必将越来越大。

战略火箭军

战略火箭军是俄罗斯军队中与陆军、海军、空军并列的四大独立军种之一，是俄核威慑战略的最重要基础。它装备着俄罗斯 65% 的核武器（海军占 30%，空军占 5%），担负着核报复行动中 50% 以上、回击和迎击行动中 90% 以上作战任务的重任，在俄各军兵种中的地位举足轻重。

战略火箭军成立于 1960 年 1 月 14 日，它的使命是平时实行战略核威慑，在核战争中与其他核力量共同实施战略任务，摧毁敌人的核袭击手段、军工生产设施、军政指挥与控制机构、后勤和运输设施等。目前，战略火箭军有 17 万兵力，编为 4 个火箭集团军（共 19 个火箭师），装备着近 800 枚各型洲际弹道导弹和 3385 枚核弹头，能把整个西欧、日本、美国的大部分地区置于核打击范围之内。另外，它还担任发射运载火箭、卫星、宇宙飞船等任务。

在现阶段俄罗斯常规武器明显逊色于美国、而美国又大搞 TMD（战区导弹防御系统）和 NMD（国家导弹防御系统）的情况下，俄罗斯战略火箭军的地位变得更加举足轻重。

军事卫星

军事卫星是指用于搜集和截获军事情报的人造地球卫星，它的特点是侦察范围广，速度快，不易被攻击，可不受国界限制定期或连续地监视某个地区，获取敌人或潜在敌人的经济军事情报。按照所执行的任务和所采用的侦察手段划分，军事卫星可以分为照相侦察卫星、电子侦察卫星、海洋监视卫星、导弹预警卫星和核爆炸监视卫星等。军事卫星对于增强一个国家的军事实力和综合国力具有重要意义。

世界上最早部署国防卫星系统的是美国。自 1962 年至 1984 年，美国共部署了三代国防通信卫星，共 68 颗，这使得美国国防部能运筹帷幄之中，决胜千里之外。美国总统向遍布全球的美军部队下达作战命令仅需 3 分钟。1991 年海湾战争期间，多国部队共动用了 14 颗通信卫星，构成完整的陆、海、空一体化通信网，协调三军作战，很快就击败了伊拉克。

现在，许多国家都把军事卫星当作国防竞备的重要内容，目前世界上拥有自行研制和发射人造卫星能力的国家有 8 个（俄、美、英、法、中、日、印度和以色列）。

精确制导武器

精确制导武器是以微电子技术、计算机技术、光电转换技术为核心，以自动控制技术为基础发展起来的高科技武器。它包括精确制导的导弹、航空炸弹、炮弹、鱼雷、地雷等，通常采用非核弹头，主要用于打击坦克、装甲车、飞机、舰艇、雷达、指挥中心、桥梁和武器库等点目标。精确制导武器的精确制导系统主要由测量装置、计算机、敏感装置、执行机构等部分组成，它们能即时纠正武器的飞行姿势和方向，准确击中目标。

制导武器在"二战"中就已出现，但因为技术不成熟，所以命中精度不高。"二战"后，计算机技术、微电子技术的发展为精确制导武器的发展提供了科技基础。1972年，美国在越南战争中大量使用激光和电视制导炸弹，它的作战效能比无制导武器高很多倍。1974年以后，西方军界把这些制导武器统称为"精确制导武器"。此后，在中东战争、海湾战争、车臣战争、科索沃战争、阿富汗战争中，精确制导武器得到广泛使用。它不但是新军事技术革命的产物，并且将成为未来高技术战争的主角。

激光武器

激光武器是一种利用定向发射的激光束毁伤敌方目标或使之失效的武器。激光武器迄今为止已有30多年的发展历史，这一领域技术最先进的国家是美国、俄罗斯、中国、法国和以色列等。

激光武器可以分为战术激光武器和战略激光武器两大类。第一类为战术激光武器。战术激光武器是以激光为能量，可以像常规武器那样杀伤敌方人员、击毁坦克和飞机等。这种武器的主要代表有激光枪和激光炮，它们能够发出激光束来打击敌人，打击距离可达20千米。1978年3月，世界上的第一支激光枪在美国诞生。激光枪的样式与普通步枪没有太大区别，主要由四部分组成：激光器，激励器，击发器和枪托。第二类为战略激光武器。战略激光武器可攻击数千千米之外的战略导弹和太空中的侦察卫星、通信卫星等。战略导弹激光武器的种类有化学激光器、准分子激光器、自由电子激光器和调射线激光器。

它的优点有：1.无需进行弹道计算。2.无后座力。3.操作简便，机动灵活，使用范围广。4.无放射性污染，效费比高。

在未来战争中，激光武器必将成为主角。

隐形飞机

隐形飞机是通过运用多种隐形技术降低飞机的信号特征，使敌方雷达难以发现、识别、跟踪和攻击，以实现反雷达、反红外线、反电子、反声波探测目的，从而达到隐身效果的作战飞机。隐形飞机之所以能够隐形，主要是综合采用了隐身外形技术、隐身材料技术等。

第一代隐形飞机诞生于美国，以F-117A"夜鹰"隐形战斗轰炸机为代表。1983年，F-117A服役后，在1989年美军入侵巴拿马和1991年海湾战争中大显身手，屡立战功，引起了世界各国军队的广泛关注。第二代隐形飞机进一步改进了隐形措施，其"隐身"本领大大增强，飞行性能也大大提高。目前在美国军队中服役的第二代隐形飞机有B-2、YF-23A、A-12等机型。这些飞机在科索沃战争和伊拉克战争中也发挥了重要作用。现在，各国科学家们正致力于第三代的隐形飞机—无人驾驶隐形飞机的研究。

隐形飞机属于高科技武器，研制周期长，生产工艺复杂，造价极其昂贵。F-117A造价4500万美元，B-2隐形战略轰炸机造价达70多亿美元。

B-2隐形战略轰炸机

"星球大战"计划

"星球大战"计划即战略防御倡议的俗称,简称 SDI,是美国于 20 世纪 80 年代中期开始实施的反弹道导弹的研究计划。

冷战时期,美苏竞相发展核武器,双方都拥有了足以将对方摧毁多次的核弹头。为了谋求对苏联的战略优势,美国利用自己占绝对优势的太空技术,开始与苏联展开太空争霸战,提出了"高边疆"军事战略思想。

1983 年 3 月 23 日,美国总统里根首次提出一项"战略防御倡议"(即星球大战计划),即利用激光、粒子束、电磁轨炮和截击弹等先进武器,在外空和地面建立反弹道导弹战略防御系统,在外太空就能对敌人的导弹进行多层次、多手段的拦截,以保卫美国及其盟国不受苏联核导弹的攻击。它的防御体系分三层:1. 携带的常规弹头的卫星。2. 配置激光武器的卫星或地面设施。3. 地面导弹。

由于"星球大战"计划耗资巨大,技术极其复杂,所以后来美国政府对它做过一些修改。苏联为了对抗"星球大战"计划,花费了大量的人力物力,严重损耗了综合国力,加速了解体。

TMD 和 NMD

"TMD"和"NMD"是战区导弹防御系统(Theater Missile Defence)和国家导弹防御系统(National Missile Defence)的缩写。

随着冷战的结束和苏联的解体,1993年美国总统克林顿宣布终止"星球大战"计划,取而代之的是"TMD"和"NMD"。TMD 保护的是美国在全球的军事基地和设施(包括海军舰队)以及美国盟友的安全,所以在全球部署。TMD 包括三大部分:一是保护小区域的"低层点防御系统",二是"高层面防御系统",三是"助推／上升段拦截系统"。目前美国只在远东战区部署 TMD。NMD 保护的是美国本土的军事设施和民用设施,所以在美国本土部署(大部分在阿拉斯加)。NMD 包含六大部分:地基拦截导弹、地基雷达、天基传感器、改进型早期预警雷达,以及作战管理、指挥、控制系统和通信系统。

从实质上说,TMD 和 NMD 是"星球大战"计划的缩小版。美国发展 NMD 和 TMD 将打破全球战略平衡,阻碍核裁军的进程,引发新一轮的军备竞赛,所以遭到了世界上大多数国家的反对。

汉尼拔

汉尼拔·巴卡(前 247 ~ 前 182 年),古代迦太基国军事统帅,杰出的军事家。作为一名将帅,汉尼拔的战绩主要是在第二次布匿战争中取得的。在第二次布匿战争期间,汉尼拔在特拉比亚战役、特拉西梅诺湖战役和坎比战役中大败罗马人,取得了最辉煌的胜利。作为军事家的汉尼拔,足智多谋、学识渊博,具有战略眼光和杰出的组织才能。他智勇双全,善于抓住战机;他勇敢而不鲁莽,懂得集中优势兵力打击敌人。汉尼拔曾计划把一切反罗马的力量团结起来,但由于迦太基政府不同派别争权夺利的斗争,他最终却落了个悲惨结局,公元前 182 年,汉尼拔在被追捕途中服毒自尽,成为统治者斗争的牺牲品。

克劳塞维茨

克劳塞维茨(1780 ~ 1831 年),德国军事理论家和军事历史学家,普鲁士军队少将。1792 年参加了普鲁士军队。1795 年晋升为军官，并自修了战略学、战术学和军事历史学。著有《战争论》一书。

克劳塞维茨曾经预言，他的《战争论》将不是一本容易被人们遗忘的书。180多年过去了，克劳塞维茨熔铸在《战争论》中不朽的灵魂，一直活跃在世界军事舞台上。

古德里安

海因茨·威廉·古德里安（1888～1954年），纳粹德国陆军上将。古德里安出生于军人家庭，参加过"一战"，成名于"二战"。古德里安于1938年担任德军装甲军军长，出版《注意！坦克！》一书，鼓吹使用坦克进行快速进攻的闪电战，重视坦克的使用，并因此取得了辉煌胜利。在入侵波兰的战争中，他的坦克军团冲击在前，迅速占领波兰；在入侵西欧的战争中，他率部17天内推进640千米，被誉为"飞毛腿海因茨"；在1941年入侵苏联的战争中，他率部打到莫斯科城下，但终于失败，被希特勒撤职。1945年古德里安在东线军事失败，再次被撤职，后被美军俘虏，后来获释。1954年他在德国逝世。在长期的军事生涯中，古德里安逐渐形成了自己的战略战术思想，成为纳粹德国的装甲兵之父和闪电战英雄。他的军事思想至今仍受到西方军事史家的重视。

美国十大五星上将

美国第一次授予五星上将军衔是在1919年，最后一次是在1950年。自1981年最后一名五星上将布莱德雷去世以后，美军现有将官中再无五星上将。

在美国历史上，被授予五星上将军衔的高级指挥官总共有10名。

陆军五星上将：潘兴、马歇尔、麦克阿瑟、艾森豪威尔、布莱德雷。

空军五星上将：阿诺德。

海军五星上将：莱希、欧内斯特·金、尼米兹、哈尔西。

《高卢战记》

《高卢战记》为恺撒所写，记述了他在高卢作战的经过，从公元前58年至公元前52年每年的事迹为一卷，共7卷。

公元前52～前51年间的冬天，恺撒镇压了维钦及托列克斯领导的联合大起义，高卢基本上恢复了平静，但他在罗马的地位已经开始岌岌可危。这时，克拉苏已死在安息，他在元老院中的政敌正在用尽心机算计他，庞培虽然还没正式跟他破裂，但当别人攻击恺撒时，却采取旁观态度。在这种情况下，恺撒不得不采取相应的措施来保护自己，《高卢战记》便是在这种情况之下写的——一是为自己辩护，二是给他自己在罗马的一派人提供一个宣传提纲。

恺撒的7卷《高卢战记》，最后只写到公元前52年，但他直到公元前50年才离开高卢，因此后面缺了两年的事迹。恺撒死后，他的幕僚奥卢斯·伊尔久斯续写了第8卷，补起了这段空缺。

恺撒另外还有《内战记》3卷，记述他自己跟庞培作战的经过。除了这两部书以外，记述恺撒战绩的还有伊尔久斯所写的《亚历山大里亚战记》和作者不详的《阿非利加战记》、《西班牙战记》，这些书合起来统称"恺撒战记"。

《兵法简述》

《兵法简述》是古罗马后期的一本著名的军事著作。作者弗拉维乌斯·韦格蒂乌斯·雷纳图斯是古罗马帝国时代后期的著名军事家。

全书共分 5 卷。第一卷主要讲的是新兵的招选和训练。第二卷讲的是罗马帝国军团的组织机构和指挥官，以及这种组织机构的创建和怎样在作战中编组军团。第三卷讲了战略战术问题。第四卷讲了筑垒地区的进攻和防御问题。第五卷将了海军的运用问题。

书中着重讲的观点有：1. 强调军队要武艺精湛，训练有素，只有这样才能在战斗中获胜。2. 注重士兵的挑选。士兵不仅要有强健的体魄，还要有勇敢无畏的精神。3. 强调军队的纪律，这是军队在战争中取得胜利的根本保证。4. 强调将帅必须知己知彼，从而制定正确的作战方针，适时发动进攻。另外，韦格蒂乌斯还着重阐述了战争中的突然性、保持预备队的必要性等问题。

该书在当时并没有得到人们的了解和重视，到了中世纪以后才得到了军事界的广泛重视，作者本人也被誉为"古典世界最伟大的军事理论家"。

英国桑赫斯特皇家军事学院

英国陆军桑赫斯特皇家军事学院是英国培养初级军官的著名军校，位于伦敦市西 48 千米处的伦敦路北侧英国皇家参谋学院旧址。

1741 年 4 月 30 日，英国国王下令建立皇家军事学院，即现代的桑赫斯特军校的前身，主要为皇家炮兵团培训军官。后来皇家工程兵、皇家通信兵、皇家装甲兵等也相继建立了军事学院。1947 年，英军将它与皇家军事学院合并，正式改称陆军桑赫斯特皇家军事学院。

学校学员来自英国官办和私立学校的约占 33%，来自普通学校的约占 43%，获得陆军奖学金的中学生占 8%，陆军韦贝克学院的 6 年级学生占 12%，其他为立志爱好科学和实用技艺的 16 岁优秀中学生。

在 200 多年里，桑赫斯特军事学院培养了无数的优秀英军军官，著名的有前英国首相丘吉尔、蒙哥马利、罗伯茨、亚历山大等。目前英军中 80% 的军官是由该校培训出来的。

美国西点军校

西点军校的全称为"美国陆军军官学校"，是美国培养陆军初级军官的学校，成立于 1802 年 7 月 4 日美国独立纪念日这一天。它是美国历史上第一所军校。因校址位于纽约北郊哈得逊河边的西点，因此又称"西点军校"。

在美国独立战争期间，为了争夺交通大动脉哈得逊河，美军在西点设防，重创英军。战后，华盛顿等开国元勋决定在这里建立培养军事人才的军校。西点军校首批学员 10 人，其中包括后来被称为"西点之父"的西尔韦纳斯·塞耶上校。

西点军校从成立第一天开始就把培养第一流的军官作为办校宗旨，学员的入学选拔非常严格，规定凡报名者必须是美国公民（除盟军学员外），年龄在 17 ~ 22 岁，身高 1.68 ~ 1.98 米，学校将对学员的德、智、体等方面全面衡量，择优录取。

西点军校的毕业生中有 3700 多人成为将军，2 人成为美国总统（格兰特和艾森豪威尔）。美国陆军中有超过 40% 的将军是西点军校的毕业生。西点军校的毕业生几乎参加了美国参与的所有战争。

法国圣西尔军校

法国圣西尔军校全名圣西尔军事专科

学校，由拿破仑于 1803 年创办，因坐落于巴黎郊外凡尔赛宫附近的圣西尔而得名（"二战"后迁至距巴黎以西约 300 千米的雷恩市郊外的科埃基当）。

圣西尔军校为法国陆军各兵种培养初级指挥军官，招收对象是 17 ~ 22 岁的未婚法国青年男女。他们必须在通过国家高中统一会考以后，再经过两年大学预科或圣西尔专科预备学校的学习，考试合格，才能被圣西尔录取。学生入校后，根据个人志愿，分别到文、理、工、经济各科学习。圣西尔军校每年录取新生 160 ~ 170 名。圣西尔军校教育有两大特点：一是结合学校悠久的历史、光荣的传统和英雄人物，加强爱国主义教育。二是与部队的需要接轨，着重培养学员的动手、动脑能力和第一任职能力。

两个世纪以来，圣西尔军校为法国陆军培养了 6 万名优秀军官，几乎所有的法国高级将领都毕业于此，因此被称为"将军的苗圃"。其中最著名的有戴高乐、朱安、贝当、魏刚、塔西尼、勒格莱克等人。

德国汉堡联邦国防军指挥学院

德国汉堡联邦国防军指挥学院，其前身是 1810 年创建于柏林的高级军官学校，是世界上第一所培养高级参谋人员的学校。西方著名军事家克劳塞维茨曾任该校校长。1859 年，该校更名为军事学院。第一次世界大战后停办，1935 年恢复，第二次世界大战结束后又被取消。1957 年 4 月 1 日，在原军事学院、海军学院、空军学院的基础上，组建成立联邦国防军指挥学院，主要是培养和轮训三军高级参谋人员和中级指挥官。1958 年迁至汉堡。1972 年，参谋学院和国防学院并入联邦国防指挥学院，

从而成为联邦德国一所综合性的高等军事学府，成为高级参谋人员的训练中心。

1974 年，联邦德国国防部规定，德国三军所有准备提升为高级参谋人员的上尉军官和现任高级参谋人员，都必须轮流接受指挥学院的基础训练。

联邦国防军指挥学院培养出了许多世界著名的军事人物，如老毛奇、施利芬、鲁登道夫、古德里安、邓尼茨等。所以该校被称为"德军将帅的摇篮"。

美国海军学院

美国海军学院是美国海军和美国海军陆战队的军官教育学校，位于马里兰州的安那波利斯。学院的格言是"制海权来自于知识"，拉丁文的意思是"三叉戟是用知识铸造的"（三叉戟是希腊神话中海神波塞冬的武器，是海军力量的标志）。

1845 年，美国海军部长乔治·班克罗夫特建立海军学校。学院的校园本来是陆军的一个基地，当时有 50 个学生和 7 位教授。1850 年学校重新组织，改为今名。

英国克兰韦尔空军学院

英国克兰韦尔皇家空军学院是历史最悠久的军事飞行学院，是英国负责空军军官任命前教育的初级院校，是英国空军军官生长的"摇篮"。

克兰韦尔空军学院的渊源可以追溯到第一次世界大战期间。当时，英国海军部想在南部和东部海岸建立一些航空站，以补充海岸警卫系统的不足，更好地对来自海上和空中的入侵进行预警。为此，英国皇家海军航空兵于 1915 年决定成立一个独立单位，训练军官和船员操作飞机、观测气球和飞艇。1916 年，"皇家海军航空兵

克兰韦尔中央训练团"正式成立。1918 年，随着皇家海军航空兵和皇家飞行团的合并，克兰韦尔的所有权也转交给英国皇家空军。前海军基地的名称也被换为"英国皇家空军克兰韦尔站"。

第一次世界大战后，英国皇家空军决定建立一所军事航空学院，为皇家空军未来的指挥官们提供基础训练和飞行训练，从而加强皇家空军作为独立军种的地位。1920 年 2 月 5 日，英国皇家空军正式成立，标志着世界上第一个军事航空学院的诞生。

俄罗斯伏龙芝军事学院

俄罗斯伏龙芝军事学院是前苏联培养诸兵种合成军队团以上指挥军官的高等军事学校，也是合同战术和集团军战役问题的理论研究中心。

学院创办于 1918 年，刚开始称工农红军总参学院，位于莫斯科。1924 年，伏龙芝元帅任院长后，以伏龙芝的名字命名。1992 年，苏联解体后，学院改名为俄罗斯伏龙芝军事学院。

它的入学条件极为苛刻，学员必须毕业于诸兵种合成军队高级指挥学校，担任过 2 年以上营级指挥官职务，具有分队指挥的实践经验，年龄在 38 岁以下，军衔为大尉或少校。招生办法是先由部队领导推荐，然后逐个审查，最后择优录取。考试科目有俄语、数学、物理、文学、战术、技术装备等。学员毕业后均实行统一分配，一般晋衔一级，晋职 1～2 级。

该院在苏联甚至在世界享有盛誉，为苏联军队培养了大批军事人才，如苏联元帅崔可夫、格列奇科、朱可夫、沃罗诺夫、比留佐夫等。中国的刘伯承、左权、刘亚楼、杨虎诚等也毕业于伏龙芝军事学院。

经济篇

井田

井田是中国商周时期的一种土地分配方式。有说井田始于夏朝。其具体方式是将每方圆一里内的 900 亩土地划分为"井"字状的 9 块，周围 8 块作为私田，分予私人耕种；中间一块，其中 20 亩作为宅基地，供 8 家盖房住人，剩下的 80 亩作为公田，由 8 家共同负责耕种，其收成作为赋税上缴国家，算下来，税率大概为 1/10。法律规定，各家公田忙完，方可忙私田。这里的私田，归属国家所有，私人只有使用权，而无买卖权，其使用权则父死传子。

事实上，井田制是一种土地国有并平均分配的制度，避免了土地兼并，在某种意义上实现了耕者有其田的理想。但这仅仅是针对大大小小的奴隶主阶层而言，当时的奴隶阶层只有无偿劳动的份儿。到春秋晚期，以铁器的使用和牛耕的推广为标志的农业技术得到提高，不再需要这种奴隶在大面积土地上集体劳作的模式，小户劳作开始流行，井田制逐渐瓦解。但井田制作为一种"平均分配"土地的制度，成了后世许多人心目中的理想土地制度。比如战国时的孟子便力主恢复古代井田制。王莽建立新朝后，鉴于土地兼并之风的流行，也曾试图恢复西周井田制，但以失败告终。尽管如此，后世历代帝王制定土地政策时，井田制的"耕者有其田"的制度内涵都成为他们重要的参考。

占田法

占田法是西晋时实行的一种土地法。自春秋末期井田制崩溃以来，土地兼并之风愈演愈烈。到西晋时，土地已经大量集中到贵族和豪强手中，大量贫民无田可耕，沦为流民。这便给社会造成了严重的隐患。为稳定社会，晋武帝司马炎颁布占田法，规定平民按户口登记，"男子一人占田七十亩，女子三十亩"。如果不足这个数目，仍要按这个数目缴税，因此此举等于是逼农民种田。另外，占田法对于贵族和官员的占田数目也做了规定。其中，王公侯中的大国可占地 15 顷，次国 10 顷，小国 7 顷；大臣一品者可占 50 顷，其下每降一品减少 5 顷。占田法对于平民和达官贵族所做规定的初衷是不同的，对平民意在保证耕者有其田；对达官贵族则是意在将其占田数量限制在法定之内。因占田者对土地均只有使用权，没有买卖权，土地相当于被重新收归国有，因此占田法在一定程度上是对井田制的恢复。占田法加强了政府对农民的控制，同时也促进了农业的发展和社会的稳定。但因西晋短命而亡，占田法也就不了了之。

户籍

　　户籍是登记户口的簿册。户口包含两个概念，以家为户，以人为口。中国最早的户籍制度建立于战国时期，当时的秦国曾实行五家为一保，十保相连，一人犯罪，十保连坐的制度。这就是后来的保甲制度的雏形。其他诸侯国也采取了类似的制度。秦统一六国后，在全国范围内推行户籍制度。汉承秦制，将户籍制度进一步完善。汉代每年八月都要进行一次全国人口普查，以作为征税、派役、征兵的依据。唐代，户籍制度得到进一步完善。当时朝廷规定，每3年修订一次户籍，各县户籍一式3份，州、县、中央的尚书省各保存一份。唐代的户籍登记已经相当详细，一家之中的男女人口、年龄、土地、财产情况都一一登记造册。后来历代基本上都沿用唐代的户籍制度。

　　古代的户籍制度只有一种统计学意义，用以作为政府自上而下收税派役的依据，而没有作为身份证明的意义。另外，古代许多地方官担心人丁增多而催征不上加收的赋粮，因此往往瞒报人口，加上商贾流民不能及时登记等原因，古代的户籍登记总体上是比较粗糙的。

算赋和口赋

　　简单说，算赋和口赋是古代的两种人头税。其中，算赋是针对15岁以上、56岁以下的成年人征收，其开始存在比口赋要早，始于秦商鞅变法，名目是"为治库兵（兵器）车马"，算是一种军赋。汉代时，算赋成为政府财政收入的一个重要来源。当时，每个成年人每年算赋为120钱。政府为抑商和限制蓄奴，规定商人和奴仆缴两倍；另为增加人口，鼓励早嫁，规定15～30岁女子未嫁者缴5倍。

　　口赋则是对未成年人征收的人头税，始于汉代，与算赋共同构成汉代的人头税。口赋数额为每人每年20钱。对儿童的起征年龄为7岁，汉武帝时因匈奴用兵，将之提前到3岁，汉元帝时又改回7岁。东汉末年军阀混战，政治黑暗，口赋一度自1岁起征。与算赋不同的是，口赋收入不归政府，而算作皇帝收入。

　　人头税存在于后世历代，直到清雍正年间实行摊丁入亩，将人头税摊入土地税中，其名目才完全消失。

均输

　　均输是西汉的一项财政制度。西汉时，郡国各地每年要向朝廷上贡本地物产。但因路途遥远，往往运费超过产物价值，并且物产经长时间放置并颠簸后也往往低劣。汉武帝时，

汉武帝像

大农丞桑弘羊创设均输制度。即在大司农下面设均输官，派驻全国各地，将各地上贡的物产直接在当地或运往邻地高价地区出售；然后按朝廷需要或市场行情酌情购买一些货物运回朝廷，或者将这些商品交由平准官再次出售，变成现金交给朝廷。这种将各地贡物变成现金乃至再用这些现金投资商业的做法与朝廷平抑物价的平准制度相配合，极大地增加了政府的收入。

北宋王安石变法时，为增加政府财政收入，也曾采用均输制度。

平准

平准是创始于西汉的一种通过贵时抛售、贱时收买的方式稳定市场价格的一种经济措施。汉武帝时，由于政府改铸新币引起物价上涨，另外由于均输官从全国各地采购回来的货物需要出卖。大农丞桑弘羊建立了平准制度，在大司农下设平准官，贵时抛售、贱时收买，以平抑物价。同时，平准官也统辖均输官带回长安的货物和被朝廷垄断的铁器等商品的买卖。由此迅速增加国库收入。

平准制度表面上是为了避免贪婪的商贾囤积居奇，平抑物价，而实际上则只是将商人的巨额利润转移到了朝廷手里，乃是一种国家商业垄断。简单说，就是与民争利。平准制度成为后世历代朝廷解决财政困境、增加国库收入的重要手段。比如王莽改制时设立的"司市"、王安石变法时设立的"市易务"都与汉代的平准机构类似。

榷法

榷法是古代的国家专卖制度。在古代，因盐、铁两项为各家各户所必用，利润巨大，不少民间商人借此成为巨商大贾。汉武帝时，因对匈奴用兵，财政吃紧，任命桑弘羊、东郭咸阳、孔仅三人为理财官，代表朝廷与民间商人争夺盐铁业。之后朝廷在全国设立盐官和铁官，对盐铁实行统购统销，就是政府垄断。这种办法为政府增加了巨大的财政收入，可一旦实行垄断，排斥竞争，产品质量便得不到保证。当时的铁器不但"割草不痛"，而且价格昂贵。后来，

酒也开始实行专卖。

汉昭帝时，曾就盐铁专卖的利弊专门召开了一次辩论会。当时的民间贤良文学人士极力反对这种与民争利的行为，而朝廷官员却主张继续实施专卖。会后，官员桓宽还根据会议记录整理出一部《盐铁论》，是中国重要的经济思想史著作。专卖制度带来了巨大的财政收入，因此不仅汉朝不曾取消，其后的历代政府都一直沿用。唐代时，对茶也实行专卖。宋代时，设立专门的榷货务，相当于现在的专卖局。

常平仓

常平仓是古代政府用于储备粮食以调节粮价和应对荒年的一种粮仓。中国古代一直有"谷贱伤农，谷贵伤民"的说法，因此粮食的价格一直是朝廷关注的重要问题。西汉孝宣帝时，大司农中丞耿寿昌奏请在边郡设置粮仓，在谷贱时买入以利农，谷贵时卖出以利民。后来该制度为全国各郡县所采用，成为政府调节粮价并备荒赈恤的重要手段。但该政策实施既久，弊端便产生，常平仓不仅起不到原有作用，而且经常反过来做，在谷贱时更加压价欺农，谷贵时则抬价伤民。汉元帝时，常平仓取消。其后各代，常平仓设置数量有所不同，但基本上都有设立，由地方长官负责。虽仍利弊兼存，但总是起到了一些利民惠民的作用。明代时，明太祖命州县皆置预备仓，出官钞籴粮贮之以备赈济，荒年借贷于民，秋成偿还。清大致沿明制，这种具有更多赈灾性质的预备仓遂取代了常平仓。

三十税一

三十税一是汉代的田租税率，即征收土地收获总量的 1/30。秦代时，统治者对

人民实行横征暴敛，其赋税达到了 2/3 之高。汉初，刘邦收拾起经秦国暴政和秦末战乱的烂摊子之后，为巩固统治，采取了恢复生产、轻徭赋税、与民休息的政策。其将赋税征收额度定为"什五税一"，即 1/15。比孟子所提倡的仁政税制"什一税"（1/10）还要优越。到汉文帝时期，经济虽然得到恢复，但人民生活仍不富裕，国库也没存什么钱。汉文帝接受大臣晁错建议，以薄赋敛的方式鼓励人们开荒种田，宣布税收额度只收一半。由此，汉代税收变为三十税一，并成为定制。东汉初，因战争的影响，支出浩繁，田赋改行十一税率，后又在建武六年（30 年）改回三十税一，直至东汉献帝初，循而未改。三十税一可以说是相当轻的一种赋税，除了高于唐代一度实行的四十税一的赋税之外，均低于其他各代。不过，虽然汉代土地税很低，但其各种人头税却远高于土地税。

盐铁官营

盐铁本来是民间买卖，因其家家必需，所以是大生意，早期的巨商大贾大多出于这两个行当。春秋时期，齐国宰相管仲曾主张实施盐铁专卖，可算是最早的盐铁官营政策。后来到汉武帝时，因跟匈奴打仗，财政吃紧，汉武帝曾下诏要求这些民间商贾捐助军费，但效果不甚理想。于是汉武帝以桑弘羊等人作为政府的理财官经营盐铁，与民间商人展开竞争。由于一系列政府政策的配合，盐铁业逐渐掌控在朝廷手中。当时汉武帝在全国各地设立盐官和铁官，专职此事。

盐铁专卖政策在增加了政府财政收入的同时，也产生了铁器质量低劣，价格昂贵，甚或强迫人民购买及强征人民作役等弊病。

但因其能带来巨大的财政收入，其后历代王朝都基本实施了该政策。一般盐官营的办法是：民制、官收、官运、官销。铁的官营则更严密，包括开矿冶炼，铸造器物及销售，政府控制了生产和流通的全部过程。其中，因盐的生产掌握在民间，便有了私下转卖的可能性，因此私盐贩子便成了历代朝廷的一个"严打"重点。这当然只是因官府在制定法律的时候将自己设置成了合法一方。

均田制

均田制是中国北魏至唐代官田分配的一种方式。北魏时，由于之前长时期的乱世造成北方大量的户口迁徙，土地荒芜，国家财政收入受到严重影响。为保证国家赋税来源，北魏孝文帝于太和九年（485 年）下诏计口分配国有荒芜土地。其中，15 岁以上男子可分用于种植农作物的露田 40 亩，女子 20 亩。奴婢同样授田。露田不得买卖，年老或死亡后，须归还官府。另外，男子还授桑田 20 亩，用于种树，不需归还，死后下传子孙，但同样不得买卖。种田者则每年须向政府交纳一定粟谷和帛。这种制度使得社会经济得到恢复，政府财政收入也有了保证。其后的北齐、北周、隋、唐都沿用均田制，只具体实施细则有所变更。但由于当初分田时的国有土地本来就不足，加上后来禁止土地买卖的法令时紧时松，唐中叶以后，大量的土地又逐渐被一些豪强大户兼并。唐德宗建中元年（780 年），实行两税制，在税制上承认了土地兼并的现实，均田制宣告废止。

租庸调制

租庸调制是唐代实行的一种赋役制度。

唐代继承自北魏至隋的均田制，并在此基础上实行了租庸调制。其基本思路是政府按人丁分配土地，确保"耕者有其田"，然后再按人丁收取赋役，确保国家财政收入。此制规定，凡均田人户，不论其家授田多少，均按丁交纳定额的赋税并服一定的徭役。具体为：每丁每年要向国家交纳粟二石，称为租；交纳绢二丈、绵三两或布二丈五尺、麻三斤，称为调；服徭役20天，是为正役，国家若不需要其服役，则换算为一定数额的绢布交纳，这称为庸，也叫"输庸代役"。可以看出，租庸调制是以"人丁为本"的赋税制度，其课税对象一是田、二是户、三是身，而其基础则是丁。唐陆贽将之总结为："有田则有租，有家则有调，有身则有庸。"这种制度的优点在于，既给底层民众提供了生活保障，同时又保证了国家财政收入的稳定，唐代借此不仅国库充裕，人民也安居乐业。但唐中叶以后，由于土地兼并的加剧造成了均田制的消亡，盛世之中人们的麻痹又造成了户籍登记的疏懒。均田制和准确的户籍登记作为租庸调制的基础不复存在，租庸调制遂为两税制所代替。

两税制

两税制是唐代中后期采用的一种赋税制度。唐中叶，尤其是安史之乱之后，由于土地兼并和户籍混乱，原来的以"人丁为本"租庸调制赋税制度不再合理。唐德宗年间，宰相杨炎实施了两税制。所谓两税，既指在时间上每年在春、秋各收一次，也指两种税收名称：户税和地税。户税和地税原本只是与租庸调制搭配的两项无足轻重的小税，在新的两税制下，则成了朝廷主要的两个税种。具体办法是，朝廷一改原来的"量入为出"的财政原则，而是实行"量出为入"的原则，先核算好一年要花的钱，然后分摊到各地的户税和地税里去。户税以家庭为单位，不分当地外地，"以见居为簿"，按财产多少征收；地税按占有土地多少征收。两税制按照财产与土地数量征收的方式使国家的财政负担很大程度上从穷人身上转移到了富人身上，同时也抑制了土地的进一步兼并，大大缓和了社会矛盾。唐朝之所以能在"安史之乱"后苟延残喘了100多年，两税制功不可没。另外，从税制的角度来说，两税制是中国税制的重大变化，此制度是朝廷首次放弃对土地的分配权，在承认土地私有的基础上，设置相应税制来征收税赋。其后宋代的"二税"、明代的"一条鞭法"、清代的"摊丁入亩"，都是对唐代两税制的继续和发展。

市舶司

市舶司是中国古代在沿海城市设立的负责外贸事宜的官署，相当于现在的海关。中国汉代时，在开通丝绸之路的同时，也以广州为口岸，进行海上对外贸易。经魏晋南北朝及隋到唐代时，中国的海上对外贸易已相当繁荣。朝廷于是在广州、扬州等口岸设专职官员市舶使，负责检查出入口市舶（商船），并征收商税，同时对于一些珍贵商品则实行政府垄断。宋代，市舶使发展成为一个专门官署市舶司，朝廷在广州、密州（今山东胶县）、秀州（今上海淞江县）、杭州等地均设此官署。个体商户须经市舶司颁发许可证方可出海。元朝统治者本身的外向性使海上贸易空前发展，明代商人更是沿着郑和开辟的新航线将生意越做越大，因此元明时期市舶司一直存在。清初一度实行禁海政策，康熙时解禁，在广州、宁波、漳州、云台山（连云港）四处设口通商，并配套设立粤、闽、浙、江四海关，行使原来的市舶司职能。乾隆时仅留广州一口通商。鸦片战争后，设税务司、总税务司管理海关诸事，大权却落入洋人之手。

徭役

徭役是古代政府强制性向人民派遣的军役、劳役等，与赋税共同构成了中国古代人民的赋役负担。徭役在先秦时已经存在，《诗经》中便有不少以此为题材的诗歌。秦汉之际，形成比较正式的徭役制度。秦时男子满17岁，汉时满23岁，须在地方和京师各服兵役一年，是为正卒；每个男子一生必须戍边一年，是为戍卒；另外还须再为地方政府服劳役一月，是为更卒。官富人家则可以银抵役。其后历代徭役制度不一。总体上，就形式来说，古代徭役制度沿着一条逐渐货币化的路线演进。唐代中期之后百姓交役钱，国家购买劳力或兵士的形式普遍流行。宋代出现了募役（雇人服役）、助役（津贴应役者）、义役（买田以供役者）等多种形式。到明清之际，因一条鞭法及摊丁入亩政策的实施，百姓基本不再出役，完全由银钱代替。另外，元代曾将大部分徭役专业分拨给一部分人户世代担负，如站户（负担驿站铺马）、猎户、盐户、窑户、矿冶户、运粮船户等；就轻重来说，唐之前徭役比较繁重。唐之后徭役负担相对减轻，尤其明清之际，因徭役货币化，且国家的财政收入重心由人丁转向土地，徭役负担以银钱的方式大部分转移到了富户身上，中下层百姓徭役负担大大减轻。

钱法

钱法是中国古代的货币制度。上古时代人们以贝壳为通行货币，故财、贿、贵、赋等与钱相关的字均从"贝"。春秋时期，金属铸币成为主要货币，除黄金是硬通货可在各国畅行无阻之外，铜币则各国不一，只在本国有效。秦代统一币制，铸两等货币，黄金为上币，单位用"镒"（20两）；铜钱为下币，重半两。此后，方孔圆形成为中国铜钱的固定形状。因秦钱重，不便使用，汉武帝时，铸五铢钱替代秦钱。五铢钱轻重合宜，自汉到隋基本行用不废。唐代在铜钱上铸"开元通宝"（意为通行宝货）字样，此后，"通宝"成为钱币通称，各代冠以自己的朝代、年号，此即是制钱。唐末，原只作为器饰材料的白银开始进入货币领域，至宋大盛。当时白银以50两为一锭，俗称"元宝"。至此，金、银、铜三级货币体系正式形成。其中，白银成为最常用的计价单位。明清时期，国家财政都以银两计算，工商赋税也交纳白银。另外，宋代起，已经开始小范围使用纸币，称作"交子"。元代时，曾一度禁止金属货币流通，统一使用纸币，但因通货膨胀而作罢。明清时期，又实施过纸币政策，均不怎么成功。另外，清代也开始模仿西方铸造银元，与银两制并行，一直使用至民国时期。

一条鞭法

一条鞭法是明代中后期实行的一种赋税制度，初名条编，后因谐音而得此名。明朝中期，由于土地兼并严重，被兼并者交不起赋税，大量逃亡；同时，作为兼并者的官僚地主阶层则瞒报土地，逃避赋税，加上官僚阶层的免役政策，明朝政府的赋税收入逐年下降，出现严重的财政危机。鉴于此，万历朝的内阁首辅张居正改革税制，施行一条鞭法。其内容总体上是将一县的田赋、种类繁多的徭役、杂税合并为一，折成银两，分摊到该县农地上，最后按照拥有农地的亩数来向土地主人收取赋税。这样，国家的财税负担便从中下层百姓转移到了官僚地主阶层，国家的财政收入得以增加，社会矛盾也得到缓和，因此此法被后世认为是挽救了晚明王朝。另外，从税制本身来说，首先，一条鞭法大大简化了赋税征收程序，改良了行政效率；其次，限制了官吏巧立名目加征赋役，减轻了农民负担；最后，首次实行赋税折银的办法，客观上促进了商品经济的发展。并且，以银抵役的做法使农民具有了较大的人身自由，从此，他们可以离开土地，为城市手工业的发展提供劳动力。总体而言，一条鞭法上承唐代"两税制"，下接清雍正的"摊丁入亩"，是中国税制的重大进步。不过一条鞭法以银代粮的做法也带来了农户争相种植经济类作物，导致粮食产量不足的弊端，成为农民起义的诱因。

黄册和鱼鳞册

黄册和鱼鳞册是明清两代分别用于登记全国人口和田地的档案。明初，由于元末战争中土地文书散失，致使地籍混乱，田赋无准。朱元璋于洪武二十二年（1389 年），派官员到各州县查核丈量田地，然后绘制成册，因状如鱼鳞，故名鱼鳞图册。鱼鳞册相当详细，对每块田地都画了形状图，并登记其面积、编号、主人及佃户姓名；此外还有土田纳税等级、买卖情况、分家等引起的土地变化等。鱼鳞册通过对土地的严密控制，有效地防止了隐瞒土地逃避赋税的情况，保

证了国家的土地税收。黄册则是与鱼鳞册配套而行的人口登记册，10 年编订一次，与鱼鳞册互相印证，一起构成了收受田赋的依据。另外，黄册还用来作为朝廷收受人丁税、定徭役、征兵的重要依据。黄册和鱼鳞册在清初均得到沿用。康熙七年（1668 年）改为每年造送"丁口增减册"，黄册不再修订。鱼鳞册则沿用至清末。

摊丁入亩

摊丁入亩是清雍正时实行的一种税制改革。其具体做法是一改之前丁银（包括"人头税"、徭役等）和地银（即田赋）分别收取赋税的办法，将丁银摊入地银之中一并收取。这样地多者便需要承担较多的赋税，地少者则赋税较轻。其实质是明代张居正实行的一条鞭法的深化（一条鞭法只是将部分丁银摊入地亩）。摊丁入亩实施的背景是清军入关后，贵族官僚阶层大量兼并土地，出现大量无地少地农民。如此，广大贫民地少人多，丁役负担基本上压在他们身上。鉴于这种情况，康熙晚年时，便在广东实施了摊丁入亩试验，到雍正时，则正式向全国推广。此办法一方面减轻了无地农民的负担；另一方面，田地税赋增重也很大程度上抑制了土地兼并，为清政府保存了一定数目的自耕农，有利于政府财政收入和社会的稳定。值得一提的是，由于摊丁入亩政策取消了"人头税"，广大底层农民生养后代数量快速增长。整个2000 多年的封建时代，中国人口数量一直徘徊在 2000 万 ~ 6000 万之间，乾隆时开始突破 1 亿，道光时则达到 4 亿。

天朝田亩制度

1853 年，太平天国在天京（南京）颁

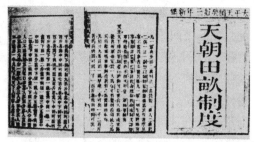

《天朝田亩制度》文本

太平天国定都天京后，为巩固政权，1853年颁布了以解决农民土地问题为中心，包括政治、经济、军事、文教和社会生活各方面内容的纲领性文件《天朝田亩制度》，提出了平分土地、平均分配生活资料的方案，建立兵农合一的军政制度，试图实现"无处不均匀，无人不饱暖"的绝对平均理想社会，带有明显的乌托邦的空想性质。

布了《天朝田亩制度》。这是一个以解决土地问题为中心，对政治、经济、文化等方面实行全面建设的纲领性文件。其基本内容是：一、将天下田亩以产量分为九等，不论男女，按人口平均分配。二、规定农副产品的生产和分配原则。三、建立兵农合一的军政制度。此外在司法、职官、文教方面也有许多具体的规定。《天朝田亩制度》的主要思想是历代农民起义中"均贫富"、"均田"、"免粮"思想的继承。目的是想建立个"有田同耕，有饭同食，有衣同穿，有钱同使，无处不均匀，无人不饱暖"的理想社会，具有鲜明的反封建性质。但是在现实中，这种理想是无法实现的，因而《天朝田亩制度》又带有强烈的空想色彩。

榷场

榷场是辽、宋、西夏、金政权各在接界地点设置的互市市场。据《宋史·真宗纪》载："（景德二年二月）置霸州、安肃军榷场。"另据《建炎以来系年要录》载："（九月）又欲于河阳置榷场，以通南货。"场内贸易由官吏主持，除官营贸易外，商人须纳税、

交牙钱，领得证明文件后方能交易。贸易物品宋代以茶叶、香料、丝织品、药材、木棉、象牙为主，辽和金以毛皮、马、人参等为主。元灭宋前，双方在边境地区都设榷场贸易，管理方法较先前严格，如对榷场地点的选定、货物内容、交易的方法等都有限制。

榷场贸易是因各地区经济交流的需要而产生的，对于各政权统治者来说，它还有控制边境贸易，提供经济利益，以及安边绥远的作用。所以榷场的设置，常因各政权间政治关系的变化而兴废无常。

屯田

屯田亦称屯垦，是历代封建王朝组织劳动者在官地上进行开垦耕作的农业生产组织形式。主要采取军屯和民屯两种形式。军屯即以军事组织形式由士兵及其家属进行垦种，民屯则以民户为主体进行有组织之屯垦，其中也有利用犯人者。此外，明代还有商屯。民屯、军屯均始于汉代。西汉文帝、武帝、宣帝时都组织过屯田，有民屯，也有军屯。东汉末，曹操组织的屯田为民屯，取得了显著效果。其后，历代多沿此制，唐以后又称营田，元、明、清一般仍称屯田。各代均设专门的管理机构，具体名称、制度或有不同。

买办

"买办"，从本质上讲是经纪人，是中国经纪人和经纪业发展史上的一个特殊的阶层。"买办"一词是葡萄牙文（Compardor"康白度"）的意译，原义是采买人员，中文翻译为"买办"。它原指欧洲人在印度雇用的当地管家。在中国，指外国资本家在旧中国设立的商行、公司、银行等所雇用的中国经理。

历史上对买办的认识褒贬不一，但从经济史角度看，买办是中国近代史上的一种特殊的经纪人。买办的活动一直延续到新中国成立。

招牌

招牌作为商店的标志，在中国至少有 2300 多年的历史。古代的商店招牌，大多是用布帛做成的。开始时，主要悬挂在酒馆、栈房、食宿之店，叫作"酒望"、"店招"或"幌子"。

唐代以后，商业日渐繁盛，商店逐渐普遍地悬挂招牌，木刻的、钢铁铸造的、粉壁书写的，各式各样的招牌相继而生，并且加上店主的姓名或另取雅号，从而形成了完整的招牌字号。

中国最早的商标

中国最早的商标，可追溯到北宋时期。当时，济南有家姓刘的针铺店，以白兔为商标，颇负盛名。这个商标是用铜版印刷的，近似方形，中间绘有白兔捣药图，画像鲜明突出。图画的上端横写着店名，"济南刘家功夫针铺"，两侧写有"认门前白兔儿为记"的条幅，图下摆从左到右写有关于经商范围、方法和质量要求的告白："收买上等钢条，造功夫细针。不误宅院使用、转买兴贩、别有加饶。渭记白。"这件历史文物现存于国家博物馆。

国外最早的商标是 1473 年出现在英国伦敦街头的张贴印刷商标，比中国刘记针铺商标要晚好几百年。

工资

按月发工资的办法，早在先秦时期就已出现。不过那时所发的不是现金，而是实物，主要是粮食，称为"禄"。在这以前，夏商周时期的"禄"是按人口多少分配，相互之间差距不大。到了战国时期，"禄"的分配就有悬殊了。到汉代，"禄"改称为"俸"，仍发粮食，以"石"或"斛"为计算单位。到东汉殇帝延平年间，才改为半谷半钱，月俸改为"月钱"，有详细严格的按品位发放月钱的规定。唐代以后，薪俸才逐渐改为全部发现金。明代中叶，商品经济有了一定的发展，官俸改为薪金，当时称"月费"，继而改为"柴薪银"。"薪水"即由此演变而来，现在一般称为"工资"。

行会

行会是旧时城市商品经济中的工商业组织。有手工业行会、商业行会。在商品经济有了一定发展时，为了调整同业关系，解决同业矛盾，保护同行利益，协调与政府的关系，同业或相关行业联合起来组成行会，这种行会带有地域和行业两重性。

行会产生于隋唐。唐代工商业组织大都称"行"，源于街巷上的贩卖摊商，往往一条街上开设的都是同类的店铺，故称"行"，如"织锦行"、"金银行"等。到了宋代，行会组织得到了发展。北宋汴京、南宋临安的行会多达数十家，入行者上千人。

明清以后，行会进一步发展到会馆、公所。组织也更为严密，定有行规、业规、帮规等制度，形成一种垄断势力。清末期日益衰落。

票号

票号是中国封建社会金融业的主要组成者之一，亦称票庄、汇票庄或汇兑庄。其起源时间，传说不一，盛行于 19 世纪 20 年代之后。它是专营银两汇兑、吸收存款、放款的私人金融机构，是中国近代银行的前身，而所谓的票号汇票，与现在银行推出的即兑汇票颇有几分相似。

早期票号以汇兑为专业，调拨地区之间资金，为埠际贸易服务。随着汇兑业务发展，票号利用闲置资金，也经营存放款业务，不过一般只放款给钱庄。票号原主要活动于黄河流域和华北各省，以北京为活动中心，稍后，上海、苏州、汉口也成为票号在长江以南的据点。19世纪末20世纪初，中国通商银行、户部银行及交通银行等相继成立，各省又大多自设官银钱号，清政府的官款和存汇业务大部分为银行取代，票号业务衰落。1911年辛亥革命爆发，票号一时间无力应付存户的提款，而贷给官僚的大量款项又无法收回，因此，大多数票号便在短期内倒闭。所余几家资力较强的票号在支撑过程中，也先后改组为钱庄或银行，票号遂消亡。

世界上最早的纸币

世界上最早的纸币出现于北宋，当时称为"交子"。

纸币的产生绝非偶然，这源于北宋造纸术与印刷术的发达兴旺，当时的四川就是造纸业和雕版印刷业的中心之一。

据史籍记载，交子最早出现在宋真宗大中祥符四年（1101年），原由十几户富商发行。宋仁宗天圣元年（1023年），由官府接收，特令在四川设置交子务作为发行交子的机构。纸币先用木版印刷，后又改用铜版印刷。

交子的币面价值，最早限于1贯至10贯，在发放时临时书填，似近代的支票。宋仁宗宝元二年（1039年），改为发行5贯与10贯两种交子。宋神宗熙宁元年（1068年），又改为发行1贯和500文两种交子。

币面价值由临时书填改为定额印刷，这是纸币史上的一个重大进步。

中国铜圆

铜圆俗称铜板，是清末民初各省所铸的各种铜币的总称。铜圆与历代的方孔铜钱不同，中间无孔，系仿照香港铜辅币铸造而成。

甲午中日战争以后，随着帝国主义经济侵略的全面深入，清政府的财政恐慌日益严重。同时，帝国主义出于掠夺的目的对中国的投资，客观上使中国的资本主义工商业得到了一定的发展。于是，社会对货币的要求量日益增大。铜圆就在这一特定的历史条件下应运而生了。

1900年，中国铜圆首次在广东试铸成功。铜圆每枚重二钱，成色铜九五、白铅四、锡一。正面铸"光绪元宝"四汉字和"广宝"二满字，周围有"每百个换一圆"的字样。背面中央刻有一蟠龙纹饰，周围有英文"广东一仙"等字样。

中国银圆

银圆俗称洋钱、大洋，即用银铸成的货币。银圆源于9世纪的欧洲。银圆作为外来币流入中国，始于明万历年间（1573～1620年）。16世纪，西班牙在其殖民地墨西哥铸造的"本洋"（亦称"佛头印"）首先流入中国，从此，日本、英国等国的银圆也相继流入。外国银圆的流入，严重地影响了中国的币制和金融，但客观上也促进了中国的币制改革。1889年，广东地方当局正式设立银圆局，仿照墨洋的重量、成色和式样，用机器大量铸造，开了中国自制银圆的先例。新中国成立后，银圆才退出币制历史舞台。

中国最早的公债券

1898 年，清廷准奏印造"昭信股票"100 万张，这是中国最早发行的公债。

清朝末年，朝廷内外虚空，理财之术亦穷。面对大厦将倾之危，光绪庚辰科状元、翰林院侍读学士黄思永参照外国筹募国内公债例，奏请发行公债，向商民募债应急。慈禧见奏折大加赞赏，于是下令发行公债。为维护皇室脸面，清廷不愿称债，将之定名为"昭信股票"，以示昭大信于民之意。昭信票印发后交各省派销，由此得 1000 多万元，这是中国第一次发行公债。后来有几位大臣为迎合慈禧心理，奏称："人民爱戴朝廷，愿以昭信票银，悉数报效国家。"慈禧大喜。1000 多万债券就此赖掉，中国历史上第一次发行的公债券——昭信票，最终以失信于民而匿迹。

港币

英国割占香港初期，通用银两，后来清朝废两为圆。在香港，清朝发行的银圆、铜仙、铜钱，还有英国英镑、印度卢比、墨西哥或西班牙的银圆等都可通用。1866 年香港设厂自铸 1 元、5 毫、1 毫、5 仙 4 种金属港币。但铸币厂很快就因不堪亏损而关了门。

1914 年香港当局统一币制，宣布除港币外，只许中国铜钱流通，其他外币都不许用。1935 年，香港当局宣布管制银币，发行钞票来收回银币。

香港流通的钞票，大多数是香港当局指定的银行来发行的，主要是汇丰银行，还有渣打银行与有利银行。由香港当局直接发行的钞票，是战后的 1 元钞及印单面 5 毫与 1 仙的小钞，但小钞很快就只供纳税与交水电费使用了。现行流通的港币中，虽以汇丰银行发行的为多，但早先发行港币钞票的，却是一间开业于 1845 年的东蕃汇理银行，当时的发行额是 5 ~ 6 万元。这间银行的寿命不长，于 1884 年停业了。

圈地运动

15 世纪末叶至 19 世纪中叶，西欧新兴资产阶级和新封贵族使用暴力剥夺农民土地的过程被称为圈地运动。所谓圈地，即用篱笆、栅栏、壕沟把强占的农民份地以及公有地圈占起来，变成私有的大牧场、大农场。大批丧失土地和家园的农民成为一无所有的雇佣劳动者。这是资本原始积累的最重要手段之一。

圈地运动在英、德、法、荷、丹等国都曾先后出现过，而以英国的圈地运动最为典型。英国圈地运动最早从工商业较发达的东南部农村开始。地主贵族最初圈占公有地，后来圈占小佃农的租地和公簿持有农的份地。在宗教改革中，国王把没收的教会领地赐给亲信宠臣，或卖给乡绅、土地投机家、市民、商人和工场主。他们变成新贵族，也大规模地圈占农民土地。根据 1630 年和 1631 年的调查报告，莱斯特郡在两年内圈地 10 万英亩，约占该郡土地的 2%，大部分圈占地变成牧场，主要的圈占者是乡绅。1485 ~ 1550 年他们在莱斯特郡圈地的面积占圈地总面积的 60%。大

此插图反映了 14 世纪英国早期圈地运动的情形。

批农民被迫出卖土地，或远走他乡，或到处流浪，陷于极端悲惨的境地。莫尔在《乌托邦》（1516 年）中，辛辣地指责这是"羊吃人"。所以圈地运动也被称为"羊吃人"的运动。

工业革命

工业革命也叫"产业革命"，是资本主义生产从工场手工业向大机器工业阶段的过渡。18 世纪 60 年代开始于英国，首先从棉纺织业开始，80 年代因蒸汽机的发明和采用得到了进一步发展，继英国之后，法、美等国也在 19 世纪中期完成了工业革命。

工业革命是生产技术的变革，同时也是一场深刻的社会关系变革。从生产技术方面来说，它使机器代替手工劳动，工厂代替了手工工场；从社会关系来说，它使社会明显地分裂为两大对立的阶级——工业资产阶级和工业无产阶级。

工业革命极大地促进了社会生产力的发展，巩固了新兴的资本主义制度，引起了社会结构和东西方关系的变化，对世界历史的进程产生了重大影响。

垄断

垄断一般指唯一的卖者在一个或多个市场，通过一个或多个阶段，面对竞争性的消费者。

垄断是从资本主义的自由竞争中成长起来的。在以自由竞争为基本特征的资本主义发展阶段，资本主义企业为了攫取更多的剩余价值，必然会采取先进的生产技术和科学的管理方法，实行生产的专业化和协作，提高劳动生产率；在激烈的竞争中，大企业往往凭借自己在经济上的优势，不断排挤和吞并中小企业，使生产资料、劳动力和劳动产品的生产日益集中于自己手中。

同时，资本主义信用制度和股份公司的发展，突破了单个资本的局限，加速了资本集中的发展，从而也推动了生产集中的发展。生产和资本的集中发展到一定程度，则意味着企业数目减少，一个部门的大部分生产都集中在几个或几十个大企业手中，它们之间比较容易达成协议，共同操纵部门的生产和销售，从而使垄断的产生具有可能。由于少数大企业的存在，使中小企业处于受支配地位，少数大企业之间为了避免在竞争中两败俱伤，保证彼此都有利可图，也会谋求暂时的妥协，达成一定的协议，从而使垄断的产生具有必要性。

自由竞争引起生产集中，生产集中发展到一定程度必然走向垄断，这是自由竞争的资本主义发展到垄断资本主义阶段的一般的、基本的规律。19 世纪末 20 世纪初，垄断已成为资本主义全部经济生活的基础。

到 19 世纪晚期，主要资本主义国家的生产和资本已高度集中，出现了垄断组织。美国和德国尤其突出。垄断资本家通过兼并或联合的方式组成垄断组织，控制某一个或几个部门商品的生产、价格和市场，赚取高额利润。垄断组织的形式有卡特尔、辛迪加、托拉斯等。

倾销

倾销是指一国（地区）的生产商或出口商以低于其国内（地区内）市场价格或低于成本的价格将其商品挤进另一国（地区）市场的行为。受到倾销商品损害的进口国（地区）为此采取的措施称为反倾销。

反倾销的最终补救措施是对倾销产品

征收反倾销税。

第三产业

现代产业分为 3 种，大体是第一产业为农业，第二产业为工业，第三产业为剩下的其他产业。第三产业一语最早是英国经济学家、西兰澳塔哥大学教授阿·费希尔提出来的，始见于他在 1935 年出版的《安全与进步的冲突》一书中。1940 年，英国经济学家柯林·克拉克在《经济进步的条件》一书中，广泛地使用了第三产业这一概念，又以"服务性产业"代替"第三产业"。以后的西方经济学著作，便沿用第三产业的概念，并把费希尔和克拉克同视为这一说法的创始人。现代社会已经把第三产业是否发达看作社会进步与否的一个重要标志。

石油危机

石油危机是指因石油价格的变化而产生的经济危机。迄今为止，被公认的三次石油危机，分别发生在 1973 年、1979 年和 1990 年。

第二次世界大战后，石油在世界能源消费结构中的地位日趋重要，西方工业国对亚非拉石油的依赖日益严重。为了满足迅速增长的市场需求，国际石油卡特尔加紧控制和掠夺亚非拉的石油资源，引起了亚非拉产油国的强烈不满和反抗。

20 世纪 50 年代初期，沙特阿拉伯、科威特、伊拉克等国也为实现利润对半分成的税收法，与石油公司展开斗争，并获得胜利。伊朗由于提出实现利润对半分成的要求遭到英国石油公司的拒绝，便效法墨西哥，开展了石油国有化运动。

亚非拉产油国通过与石油垄断资本的长期较量，逐步认识到国际石油卡特尔之所以能够长期垄断产油国的石油勘探、生产、提炼和销售，并控制油价，在于它是一个联合的国际性组织，它的背后有几乎整个西方帝国主义做靠山。显然，要摆脱国际石油公司的控制，必须摆脱自发的、分散的、孤军作战的不利状况，只有组织起来进行联合，才能保障产油国的利益。

欧洲银行

11 世纪，随着城市的逐渐兴起，欧洲形成了以意大利为中心和波罗的海与北海两个主要的商业区，世界上早期的银行最早出现在意大利，而后银行业又以上述欧洲南北的两大商业区为中心逐渐扩展开来。

当时的欧洲货币种类繁多，国与国之间、各个封建领地之间，甚至各个城市之间的货币都不相同，而且铸造货币还成为攫取暴利的一种手段。一些人在货币中掺杂大量的杂质，使得市集上的币质低劣，伪币流行。因此，商人在做买卖之前，必须首先分辨其货币的真伪和质量。于是，在市场上就出现了专门以鉴定、估量、兑换货币为职业的钱商，称为兑换人。

最初，这些兑换人只负责兑换业务，收取各种货币，衡量货币的真假，按比例兑换成当地流通的货币。可是，商人携带大批硬币极不方便，于是，他们就采取一个变通的方法，把大批货币交给兑换人，由兑换人开出凭据，商人据此到预定经商地点兑换他所需要的当地货币。这就是现代汇票制度的起源。

随着贸易的发展，一些兑换人还开展了借款业务，借款人出具期票给兑换人，按规定的日期归还，并付出利息。这样，兑换人通过经营汇兑和借贷业务而获得高额利润，久而久之就变成了银行家，银钱兑换业逐渐发展成银行。

世界银行

世界银行是根据 1944 年美国布雷顿森林会议上通过的《国际复兴开发银行协定》成立的。它是联合国下属的一个专门机构，是为经济发展提供融资的主要国际金融机构。世界银行是世界上最大的政府间金融机构之一，总部设在华盛顿。

目前，世界银行将利用其资金、高素质的人才和广泛的知识基础，把帮助发展中国家走上稳定、持续、平衡发展之路作为其贷款政策的目标。

世界贸易组织

世界贸易组织的前身是关税与贸易总协定。

关贸总协定是关税和贸易政策的国际性多边协定，1947 年由美国等 23 个国家在日内瓦制定，宗旨是减少关税和贸易障碍，取消歧视待遇，充分利用世界资源，促进各国生产，扩大国际交换，创造就业机会。

1993 年 12 月 15 日，乌拉圭回合谈判结束后，各国部长在 1994 年 4 月发表《马拉喀什宣言》，正式同意乌拉圭回合谈判重要成果——建立世界贸易组织取代关贸总协定，促进世界经济的发展并带来世界范围内的贸易、投资、就业及收入的更大增长。

国际货币基金组织

国际货币基金组织是世界上最重要的经贸金融组织。1945 年 12 月 27 日成立，1947 年 11 月 15 日成为联合国的专门机构。其宗旨是：稳定国际汇兑，消除妨碍世界贸易的外汇管制，在货币问题上促进国际合作，并通过提供短期贷款，解决成员国国际收支不平衡时的资金需要。最高权力机构为理事会，由各成员国组成，每年开会一次，各国投票权由所缴的基金份额多少决定。执行董事会负责处理日常业务，由 22 名执行董事组成，其中出资最多的美、英、法、意、日和沙特阿拉伯 6 国各 1 人，其余 16 名按地区选举产生。总部设在美国华盛顿，负责人为总裁。中国是该组织的创始国之一。1980 年 4 月中国恢复在该组织的代表权，并参加历届会议。

跳蚤市场

"跳蚤市场"实际上就是旧货市场，它起源于 19 世纪末的法国。1884 年，巴黎市政府为了保持市容整洁，立法禁止沿街乱倒垃圾，并颁布法令让 3 万名靠捡破烂为生的贫民把市区堆积的垃圾搬运到郊区一个废弃的练兵场上。

贫民们在垃圾堆里挑拣有用的东西，并就地出售。到了 1886 年，圣旺这个地方就形成了一个固定的市场。因为在这里出售的旧衣物上常带有跳蚤，巴黎人就给它起了个名字，叫"跳蚤市场"。

如今，跳蚤市场已并非法国专有，凡是卖旧货的地方一般都叫跳蚤市场。随着网络的发展，还出现了"网上跳蚤市场"。

欧元

1957 年 3 月 25 日，比利时、法国、联邦德国、意大利、卢森堡和荷兰 6 国签署《罗马条约》，建立欧洲经济共同体，扩大了共同市场这个概念。

1969 年 3 月，当时的欧共体 6 国领导人聚会荷兰海牙，提出建立欧洲货币联盟的构想，并委托时任卢森堡首相的皮埃尔·维尔纳就此提出具体建议。1971 年 3 月，被后人称为"维尔纳计划"的方案得以通过，欧洲单一货币建设迈出了第一步。

1979 年 3 月，在法国和德国的倡导和努力下，欧洲货币体系宣告建立，同时欧洲货币单位"埃居"诞生。

1992 年 9 月，欧盟各成员国于马斯特里赫特签署的《欧洲联盟条约》中做出实行单一货币的决定。该条约所附的议定书允许英国和丹麦游离于单一货币体系之外。

1995 年 12 月 15 日至 16 日，在马德里召开的欧洲理事会上，15 个成员国的首脑一致决定，"Euro"被选为欧洲未来货币名称，汉译为"欧元"，取代欧洲货币单位"埃居"，并一致同意单一货币于 1999 年 1 月 1 日正式启动，2002 年 1 月 1 日开始进入流通领域。

银行

英语中"银行"(bank) 一词源出拉丁语"banco"，本义指的是货币兑换人坐的长板凳。在欧洲，最早从事信贷和高利贷业务的，基本上是意大利人，被称为"伦巴底人"。他们创立的信贷方法，成为欧洲信贷制度的渊源和基础。因为开始时兑换人坐在一条长板凳上办公，所以商人们称他们为"banco"，意思是坐长凳的人。兑换人通过经营汇兑和借贷业务而获得高额利润，由此积累了大量的货币资本。久而久之，兑换人就变成了银行家，成立了银行这一机构来开展业务。

史学界的一些学者认为，1177 年建立于意大利的威尼斯银行，是世界上最早的银行。

交易所

在中世纪和文艺复兴时期，商人们如果想做生意，就必须见面。由于道路状况较差又缺乏通讯手段，商人们为了谈生意就必须商定一个固定的地点定期会见。

伦敦市的新证券交易所，这里吸引着英国各个阶层的人来进行投资。

其中，佛兰德的布鲁日对经济发展有过特殊的意义。早在 14 世纪，有一个叫范德·布尔斯的家族在布鲁日开了一间旅店，接待参加交易会的各地商人。在这家旅店里，人们可以聚会，可以收集情报，可以得到新商品信息，也可以知道哪些商人可靠，哪些不可靠。如果人们想开辟新的商务途径，就得去找"布尔斯"。渐渐地，这个说法成了人们的口头禅，到了后来，商人们即使在其他城市定期举行交易会，也称其为"布尔斯"，它在德文中是交易所的意思。1531 年，安特卫普修建了第一座真正的交易所，向世界各国的商人开放，标志着交易所的正式诞生。

彩票

彩票起源于西班牙。西班牙原来是世界上老牌的帝国主义国家，由于大搞扩军备战，导致财政收入江河日下，入不敷出，国力日衰。为了填补国库的空虚，除了增加各种课税外，西班牙政府还发行一种奖券（即彩票）来增加财政收入。当时西班牙政府规定把所出售彩票收入的25%上缴国库，每年收入约500万比赛塔（西班牙货币名），成为国家一大财源。其余收入，除了发行成本费用外，分为5个等级奖给中奖者。由于这种彩票透明度高，没有舞弊现象，而且又迎合彩民们中彩的侥幸心理，因而买彩者非常踊跃。

后来，这种西班牙奖券得到了世界上很多国家的认可，被很多国家借鉴，分别发行销售内容不一的奖券，于是，彩票就成了各种奖券的通称，一直流行至今天，可谓久盛不衰。

股票

股票至今已有约400年的历史。在17世纪初，资本主义工业的迅猛发展，使企业生产经营规模不断扩大，资本短缺、资金不足便成为制约资本主义企业经营和发展的绊脚石。于是，股份制公司应运而生。它以股份公司的形态，由股东共同出资经营达到集资的目的，再将筹集资本的范围扩展至社会，于是产生了以股票这种表示投资者投资入股，并按出资额的大小享受一定的权益和承担一定的责任的有价凭证，并向社会公开发行，以吸收和集中分散在社会上的资金。成立于1602年的荷兰东印度公司制定了世界上最早的股份有限公司制度。

股份有限公司这种企业组织形态出现以后，很快被资本主义国家广泛利用，成为资本主义国家企业组织的重要形式之一。伴随着股份公司的诞生和发展，以股票形式集资入股的方式也得到发展，并且产生了买卖交易转让股票的需求。这样，便出现了股票市场。据文献记载，早在1611年就曾有一些商人在荷兰的阿姆斯特丹进行荷兰东印度公司的股票买卖交易，形成了世界上第一个股票市场，即股票交易所。

期货

期货的英文为Futures，是由"未来"一词演化而来，其含义是：交易双方不必在买卖发生的初期就交收实货，而是共同约定在未来的某一时候交收实货，因此中国人就称其为"期货"。

1848年，美国82位商人发起组织了芝加哥期货交易所，最主要的目的是改进运输与储存条件，为会员提供信息，这是现代期货交易的雏形。1865年，交易所推出第一张标准化合约，同时实行保证金制度（不超过合约价值的10%），这是具有历史意义的制度创新。1882年，交易所允许以对冲方式免除履约责任，增加了期货交易的流动性。

国际期货市场的发展，经历了由商品期货到金融期货、交易品种不断增加、交易规模不断扩大的过程。

20世纪70年代以来，期货交易的品种结构发生了重大变化，金融期货发展迅速。期货选择权交易出现并得到了迅速发展。1982年10月1日，美国长期国债期货期权合约在芝加哥交易所上市，引发了期货交易的又一场革命。目前，国际期货市场上的大部分期货交易品种都引进了期权交易方式，其基本态势是商品期货保持相对稳定，金融期货后来居上，期货期权方兴未艾。

保险

现代意义上的保险，最初产生于海上运输的需要。

远在公元前2000年，航行在地中海

的商人在遭遇海难时，为避免船只和货物同归于尽，便往往抛弃一部分货物，损失由各方分摊，形成"一人为大家，大家为一人"的共同海损分摊原则，成为海上保险的萌芽。

最早的保险单，是热那亚商人勒克维伦于 1347 年 10 月 23 日开立的承担"圣克维拉"号船从热那亚马乔卡的航程保险单。

1676 年成立的汉堡火灾保险社是最早的专营保险的组织。

18 世纪后，保险业迅速发展，保险种类增加。到了 19 世纪，保险进入现代时期，保险对象和范围不仅包括传统的财产损失和人身伤亡，而且扩展到生存保险、责任保险、信用保险和再保险等业务。

最早在中国出现的保险机构，是英国商人于 1805 年在广州开设的广州保险公司。

金本位制度

金本位制是以黄金作为标准货币的制度，它指黄金作为价值的标准及主要的支付工具。

英国于 1821 年首先实行金本位制度。19 世纪 70 年代以后欧美各国和日本等主要资本主义国家相继仿效，金本位制由一国制度变为国际制度。金本位制分为三种类型：金币本位制；金块本位制；金汇兑本位制。

信用卡

信用卡最早于 1915 年起源于美国。

当初，美国的一些商店、饮食店为招徕顾客、扩大营业额，有选择地在一定范围内发给顾客一种类似金属徽章的信用筹码，开展了凭信用筹码购货的赊销服务业务，顾客可在发行筹码的商店及其分店赊购商品，约期付款。这就是信用卡的雏形。

1950 年，美国商人弗兰克·麦克纳马拉与好友合作投资创立了"大莱俱乐部"，即大莱信用卡公司的前身，为会员提供能证明身份和支付能力的卡片，会员凭卡片可以记账消费。这种无需银行办理的信用卡属于商业信用卡。

1952 年，美国加利福尼亚州的富兰克林国民银行首先发行了银行信用卡。1959 年，美国的美洲银行在加利福尼亚州发行了美洲银行卡。

此后，许多银行加入了发行银行信用卡的行列。

"道—琼斯"指数

道—琼斯指数全称为"道—琼斯工业股票平均数"，也有人称之为"道—琼斯蓝筹股平均数"（"蓝筹股"原文为 bluechips，意思是买卖最活跃的热门股票）。道—琼斯指数是美国金融新闻出版商、《华尔街日报》的出版者道—琼斯公司每天计算和公布的纽约股票交易市场上市的 30 种工业股票价格的平均数，它反映了美国股票市场的行情趋势。

各国货币的名称

货币名称为"元"的国家有：中国、美国、日本、朝鲜、缅甸、马来西亚、新加坡、利比里亚、埃塞俄比亚、圭亚那、澳大利亚、新西兰、特立尼达和多巴哥。

货币名称为"第纳尔"的国家有：伊拉克、科威特、约旦、突尼斯、阿尔及利亚、利比亚。

货币名称为"镑"的国家有：英国、土耳其、塞浦路斯、埃及、尼日利亚、南苏丹、北苏丹。

货币名称为"先令"的国家有：索马里、坦桑尼亚、肯尼亚、乌干达、奥地利。

货币名称为"法郎"的国家有：布隆迪、卢旺达、比利时、法国、瑞士。

货币名称为"克朗"的国家有：捷克、瑞典、挪威、丹麦、冰岛。

货币名称为"卢比"的国家有：印度、巴基斯坦、尼泊尔。

货币名称为"马克"的国家有：德国、芬兰。

另外，罗马尼亚为"列依"；伊朗、沙特阿拉伯为"里亚尔"；泰国为"铢"；俄罗斯为"卢布"；荷兰为"盾"；意大利为"里拉"；墨西哥、多米尼加为"比索"。

亚当·斯密和《国富论》

亚当·斯密，英国古典政治经济学的主要代表人物之一。1723年他出生于苏格兰一个海关官员的家庭，14岁考入格拉斯哥大学，学习数学和哲学，并对经济学产生兴趣。17岁时转入牛津大学。毕业后，1748年到爱丁堡大学讲授修辞学与文学。1751～1764年回格拉斯哥大学执教，期间他的"伦理学"讲义经修订在1759年以《道德情操论》为名出版，为他赢得了声誉。1764年他辞了教授，担任私人教师，并到欧洲旅行，结识了伏尔泰等名流，对他有很大影响。1767年他辞职，回家乡写作《国富论》，9年后《国富论》出版，从而成为最受欢迎的经济学家之一。1787年他出任格拉斯哥大学校长。1790年逝世。他的《国富论》是一部划时代的巨著，它是古典政治经济学代表作，标志着自由资本主义时代的到来。亚当·斯密因而被奉为现代西方经济学的鼻祖。

《国富论》总结了近代初期各国资本主义发展的经验，批判地吸收了当时的重要经济理论，对整个国民经济的运动过程做了系统的描述，被誉为"第一部系统的、伟大的经济学著作"。也正是这本书奠定了资本主义自由经济思想。

《国富论》的中心任务就是弄清楚国民财富的性质和原因，以达到富国裕民的目的。斯密认为国民财富就是一个国家所生产的商品总量，而政治经济学的目的正在于促进国民财富的增长，兼顾好个人和社会、生产者的利益，而避免牺牲掉某一方面的利益。围绕着这个主题，斯密系统地发挥了关于价值、市场、竞争、经济目标的分析、经济政治学、财政学等一系列观点，以高屋建瓴的气势建立起一座经济理论的大厦。

马尔萨斯

英国经济学家。1766年2月14日他生于英国萨里郡多金。家庭富有，小时候在家跟家庭教师学习。1784年他入剑桥大学读书。大学时期，他成绩很好。1791年他获得硕士学位，毕业后当了牧师。18世纪末英国进行工业革命，面对工人失业问题，理论家们进行了思考。马尔萨斯对这些问题也感兴趣，他从人口问题思考，于1798年写出了影响深远的《人口原理》，使他一鸣惊人。1802年他写了《政治经济学原理》，在政治经济学上提出地租论，影响了后来的经济学家。他38岁结婚。1805年他被任命为东印度公司学院历史和政治经济学教授，并担任此职一直到1833年12月23日在美国巴斯逝世，终年68岁。马尔萨斯晚年被选为英国皇家文学协会会员，在欧洲具有相当高的声誉，他的理论也产生了深远影响。

欧文

英国空想社会主义者。生于一个手工业者家庭，10岁辍学当学徒，19岁成为一家纱厂的经理，1800年以后管理一个大纺纱企业。1817 年提出组织"合作村"安置失业者的方案，后把"方案"发展成一套完整的合作社会主义思想体系。他成为欧洲有名的慈善家。1824 年在美国实验合作村，以失败告终。1829 年回到英国，创办杂志，宣传他的观点，并积极参加和领导工会运动和合作社运动。1832 年他在伦敦建立全国公平劳动交换商场，1834 年又发起成立全国产业大联合，均失败。欧文反对工人进行政治斗争，晚年走向唯灵论。1858 年 11 月 17 日逝世于故乡。主要著作有《新社会观》、《新道德世界书》等。欧文促进了英国工会运动的发展，他的学说启发了工人觉悟，并影响了后来社会主义思想的发展。

李嘉图

英国古典经济学家，近代国际贸易理论的奠基人。1772 年 4 月 18 日他出生于伦敦，是英籍犹太人后裔。幼年接受英国教育。12 岁留学荷兰，两年后返英随父经商。21 岁时因婚姻问题被赶出家门，与其父关系决裂，从此开始独立经营，25 岁时就致富了。27 岁时阅读《国富论》，对经济学发生兴趣。从此他一面经商，一面研究经济问题。他和当时著名经济学家穆勒交往很深，在穆勒的帮助下他 1817 年出版了名著《政治经济学及赋税原理》，使他成为当时最著名的经济学家。1819 年 2 月他当选国会议员。他同马尔萨斯多次展开论战，但交情日深，被传为佳话。1823 年病逝，年仅 51 岁。李嘉图也许是有史以来最富有的经济学家。他形成了一个庞大的经济学理论体系，正式建立起古典经济学的大厦，影响深远。

傅立叶

法国哲学家、经济学家、空想社会主义者。1772 年 4 月 7 日生于一个富商家庭。他自学成才。20 岁时，继承其父遗产经营商业。后因参加起义被捕，对革命失去热情，影响了他以后的思想。19 世纪初，他发表了一系列著作，揭露了资本主义制度的罪恶，主张以他设计的"和谐制度"来代替资本主义制度。他理想的"和谐社会"名称叫"法朗吉"。他不主张革命，想靠资本家或权贵人物来实现社会改造。他刊登广告说在每天中午 12 点到下午 1 点接见出资创办"法朗吉"的富翁。他还和门徒创立"法朗吉"，结果以失败告终。1837 年 10 月 10 日在巴黎去世。他的主要著作有《四种运动论》、《宇宙统一论》、《新的工业世界》等。傅立叶的空想社会主义学说是马克思的科学社会主义学说的宝贵的思想资料。

凯恩斯

英国经济学家。1883 年生于英国萨伊法。起初在英国财政部印度事务部工作，后任剑桥大学皇家学院的经济学讲师，26 岁时他的著作《指数编制方法》获"亚当·斯密奖"。后任《经济学杂志》主编，"一战"前任皇家经济学会秘书，战后任财政部巴黎和会代表。曾在 1929 ~ 1933 年主持英国财政经济顾问委员会工作。1942 年被封为勋爵，1944 年担任国际货币基金组织和国际复兴开发银行的董事。1946 年死于心脏病。凯恩斯最著名的著作是 1936 年发表的《就业利息和货币通论》，它标志着"凯恩斯革命"的开始。凯恩斯的宏观经济理论体系，成为资本主义国家发展制定经济政策的依据。美国从罗斯福新政开始，几乎历届总统都是凯恩斯主义者。凯恩斯对经济学发展做出了极大的贡献，他一度被誉为资本主义的"救星"、"战后繁荣之父"等。

中外节日篇

春节

春节是中国的传统节日，又叫阴历年，俗称"过年"、"新年"，时间是农历正月初一。它是中国所有节日中最隆重的节日，汉、壮、布依、侗、朝鲜、仡佬、瑶、畲、京、达斡尔等民族都过春节。春节的历史很悠久，它起源于商朝时年头岁尾的祭神祭祖活动。正月初一古称元日、元辰、元正、元朔、元旦等，俗称年初一。民国时期改用公历，公历的1月1日称为元旦，农历的正月初一叫春节。

据《史记》、《汉书》记载，正月初一为四始（岁之始，时之始，日之始，月之始）和三朝（岁之朝，月之朝，日之朝）。在古代，人们在这一天迎神祭祖，举行各种娱乐活动，占卜气候，祈求丰收。春节的各种活动各地略有不同，其内容大致都有：除夕，俗称大年，这时家人团聚，吃团年饭，进行守岁；贴门神和春联（汉代的习俗是在门户上画鸡、悬苇，或画神荼、郁垒二神像于桃板上，意在驱逐瘟疫恶鬼，后演变为门神和年画）；正月初一，人们走亲访友，俗称走喜神方，互致祝贺，称为拜年。另外，各地还要放爆竹，以驱祟迎祥。

人日

人日节又称人胜节、人庆节、七元节。此节今天虽已消亡，但在古代却是一个大节。人日节最早的记载是汉东方朔的《占书》："岁后八日，一日鸡，二日犬，三日豕，四日羊，五日牛，六日马，七日人，八日谷。其日清明，则所生物育，阴则灾。"这是以天气的阴晴来预测一年的物产与人事：那一天晴，则相应的人畜两旺，阴则有灾。但岁后八日为什么与这些家禽家畜相联系呢，并且还与人相联系呢？这可能与中国远古神话的女娲造人说有关。

《风俗通义》载："俗说天地开辟，未有人民，女娲抟黄土作人，剧务，力不暇供，乃引绳泥中，举以为人。"中国的神话认为，人是女娲娘娘用黄土所造，因捏泥捏不过来，于是用绳子甩泥浆以为人。《太平御览》转引《谈薮》注云："一说，天地初开，以一日作鸡，七日作人。"从古籍的记载中可以看出，中国古人的确相信女娲造人说，并且在岁后的第一天至第八天，分别造出了鸡、狗、猪、羊、牛、马、人与谷。从神话的角度来说，人日就是人的生日，也是家庭的生日。正月初七正式成为人日节可能在晋代。《荆楚岁时记》记载："正月七日为人日。以七种菜为羹。剪彩为人，或金簿为人，以贴屏风，亦戴之头鬓。又造华胜相遗，登高赋诗。"当时，人日的各种习俗已经形成，如吃七菜羹、剪彩人、互相赠送华胜（妇女的头饰）、登高踏青等，这标志着古人已经把人日当成了节日。

立春

立春是二十四节气的第一个节气，时间大约在农历正月上旬，公历2月3日至5日之间。这时严冬已尽，春天开始，应是温阳和煦、吹面不寒杨柳风的时节，不过偶尔也会有春寒料峭的时候。立春在古代就是今天的春节，从汉代开始，所谓春节就专指立春节，并且这种以立春为迎春之节的传统一直到清代都在持续。现在正月初一的春节古代称之为元旦，是一年的岁首。将春节固定到正月初一，是辛亥革命以后的事。中华民国采取了公历，以公历的1月1日为元旦，为区别起见，这才将旧历正月初一专称为"春节"。这样的命名，也是因为春节常在立春前后的缘故。

再从迎春的主题来看，立春和春节是一致的，是古已有之的传统。自古以来，中国人就十分重视立春节，旧《农历》云："斗指东北维立春，时春气始至，四时之卒始，故名立春。"就节气而言，一年的岁首是立春。民间有谚云，"一年之计在于春"，可见立春此日之重要。中国以农业立国，农业收成关系到国计民生，因此，古代的帝王为了表示对立春的重视，常常率领群臣举行隆重的迎春大典。

元宵节

元宵节又叫上元节、元夕节、灯节，是汉族传统节日，时间是农历正月十五日。正月是农历的元月，古人称夜为"宵"，正月十五是一年中第一个月圆之夜，所以称正月十五为元宵节。早在西汉汉文帝时，

卖元宵　清　选自《太平欢乐图册》

就已经下令将正月十五定为元宵节。汉武帝时，"太一神"的祭祀活动定在正月十五（太一：主宰宇宙一切之神）。东汉明帝提倡佛教，他因听说佛教有正月十五僧人观佛舍利、点灯敬佛的做法，就下令在正月十五这一天夜晚在皇宫和寺庙里点灯敬佛，并下令民间也都挂灯。后来这种佛教节日逐渐形成民间的节日。元宵节经历了由宫廷到民间，由中原到全国的发展过程。

后随着时间推移，元宵节的内容不断变化。唐玄宗时规定观灯为3夜，元宵夜出现杂耍技艺，北宋延长到5夜，出现了猜灯谜活动。明朝时规定正月初八张灯，正月十五落灯，又增加了戏剧表演。元宵节的一个重要的活动就是吃元宵（又称汤圆），有团团圆圆之意。一般认为元宵节是春节活动的结束。

二月二

"二月二"，指的是农历二月初二，是中国农村的一个传统节日。有关"二月二"的习俗很多，其中俗语"二月二，龙抬头"可谓家喻户晓。"龙抬头"一说，最早见

于明人刘侗《帝京景物略》："二月二，龙抬头，蒸元旦祭余饼……"至于抬头的为何是龙，又为何只与"二月二"有关，说法和故事就多了。在民间认为，龙是一种吉祥物，主管天上的云雨，"龙抬头"，意味着风调雨顺，是人们心中美好愿望的充分体现。由于中国大部分地区受季风气候影响，所以在农历二月初，气温便开始回升，日照时数也逐渐增加，气候已经适宜进行田间农事活动。所以，会有这样的农谚："二月二，龙抬头，大家小户使耕牛。"但也有一些地方或某些年份，因为春旱较严重而导致春雨贵如油。倘春雨充沛，则预示着一年的丰收。所以又有农谚说："二月二，（若）龙抬头，大仓满，小仓流。"

"二月二"敬土地神这一习俗，盛行于中国台湾地区。每逢"二月二"，人们把纸钱系在竹枝上，然后插立田间，以奉献给土地神。鄂西鹤峰一带的土家族人在敬土地神时，还要点香烛，摆上酒菜，然后磕头请愿。

这一天，其他习俗也有很多，比如有的地方在起床前，先念："二月二，龙抬头，龙不抬头我抬头。"起床后还要打着灯笼照房梁，边照边念："二月二照房梁，蝎子蜈蚣无处藏。"有的地方在这一天妇女不动针线，说是怕伤了龙的眼睛；还有的地方这一天禁止洗衣服，怕伤了龙皮，等等。

上巳节

上巳，是指农历三月的第一个巳日，故又称元巳（一月中有 3 个巳日，还有中巳、下巳）。三月上巳的风俗最早可能起源于周朝。《周礼·春官·女巫》载："女巫掌岁时被除衅浴。"郑玄注："岁时被除，如今三月上巳，如水上之类；衅浴谓以香薰草药沐浴。"可见周朝已经有上巳日祓禊、沐浴的风俗，作用是驱疫辟邪，除去旧年的不祥。但上巳的名称最早见于南朝古籍中汉代的事迹。

农历三月上巳每年都不固定，为了方便和统一，魏晋后将上巳节定在了三月初三，又称重三或三月三。节日固定以后，节日的仪式和活动就有了更大的规模且更为规范，从宫廷到民间，上巳日出城踏青、祭祀宴饮、于水边沐浴已是普遍的活动。此外，上巳节在上古还有在河边解神的活动。解神即还愿谢神，这大概是一种巫术仪式。随着时代的发展，人们在水边不仅仅举行沐浴祓除的仪式，还把它当成宴饮游玩的好时光，于是，魏晋以后又普遍流行曲水流觞、列坐赋诗等文人的雅事，其巫术意义的祭祀则越来越淡化了。

社日

社日节是祭祀社神的日子。关于社神的由来，《礼记·祭法》载："共工氏之霸九州也，其子曰后土，能平九州，故祀以为社。"以后土为社神还有一个神话：后土原名叫勾龙，是水神共工的儿子。共工长得人脸蛇身，满头红发，脾气暴烈。有一天，他和天神打仗，一怒之下竟把撑天的柱子撞折了，这一下天崩地裂，洪水泛滥。于是，女娲只好炼五色石才把破的天补好。勾龙见父亲闯了大祸，心里非常难过。当女娲将天补好之后，他就把九州的大裂缝填平了。黄帝见勾龙贤明，便封他一个官叫后土，让他拿着丈量土地的绳子，专门管理四面八方的土地，也就成了人们所称的社神。

社日分为春社和秋社。春社一般为立春后第五个戊日，约春分前后。古人在秋天祭祀社神，则是报答社神给人间带来的好收成。秋社在立秋后第五个戊日，约在秋分前后。社日的主题是春祈而秋报，其活动除了祭社神以外兼有乡邻会聚宴饮的性质。在古代，社日颇受人们重视。每逢春秋二社，朝廷与各级政府要举行正规的社祭仪式，民间则要举行社祭聚会，进行各式各样的社祭表演，并集体欢宴，非常热闹。

清明节

清明节是中国传统节日，也是最重要的祭祀节日，大概在每年的4月4日至6日之间。同时，清明又是二十四节气之一。

清明节大约始于周朝，已有2500多年的历史。因清明与寒食（民间禁火扫墓的日子）的日子接近，后两者合二为一，寒食成为清明的别称，也成为清明的一个习俗。清明那天不动烟火，只吃凉的食品，并且去给祖先扫墓（俗称上坟）。北方和南方在清明节的活动侧重不同。北方重视扫墓，人们带着酒食果品、纸钱等物品到墓地，将食物摆在亲人墓前，焚烧纸钱，给坟墓培上新土，插上几枝嫩绿的新枝插，叩头祭拜，最后吃掉酒食回家。南方则侧重踏青，借此出去郊游。另外，清明节时还有插戴柳枝、放风筝、取新火、画蛋、斗鸡、荡秋千等活动。直到今天，清明节仍是祭拜祖先、悼念亲人的重要节日。除汉族外，白、苗、蒙古、纳西等少数民族也过清明节。

端午节

端午节又称端阳节、重午节、端五节等，俗称五月节，中国汉族民间的传统节日，时间是农历五月初五。

关于端午节的起源，流传最广的是纪念爱国诗人屈原。楚国大臣屈原遭奸臣陷害，被流放到汨罗江一带。他听说楚国首都郢被秦军攻破，悲痛万分，投汨罗江而死。江边的人民怕鱼吃屈原的尸体，就向江中投米，并划龙舟驱散江中的鱼，后来演化为吃粽子和赛龙舟活动。除了吃粽子和赛龙舟外，端午节的习俗还有佩香囊（辟邪驱瘟），悬挂菖蒲、艾草，喝雄黄酒，挂荷包和拴五色丝线，挂钟馗像等习俗。除了汉族外，满、朝鲜、白、苗、哈尼、纳西、瑶、蒙古、布依等少数民族也过端午节，但风俗和汉族不一样。端午节那天，满族拜天、射柳、击球；朝鲜族荡秋千、踏跳板；瑶族在家门口挂葛藤，以驱邪避鬼。

七夕

七夕节又称"乞巧节"或"女儿节"，时间是农历七月初七，这是中国传统节日中最具浪漫色彩的一个节日，也是过去女子最重视的一个节日。乞巧节起源于汉代。东晋葛洪的《西京杂记》有"汉彩女常以七月七日穿七孔针于开襟楼，人俱习之"的记载，这是古代文献最早的关于乞巧的记载。乞巧节来源于牛郎织女的故事：织女是天帝之女，后下凡与牛郎结婚，生下一男一女。后王母娘娘派人抓走织女，并在两人之间划了一道天河，只允许两人每年七月七在鹊桥相会一次。传说织女是一个心灵手巧的仙女，所以每逢七月七，凡间女子就会在这一天晚上向她乞求智慧和巧艺，并求她赐给美满姻缘，这就是乞巧节的由来。传说在七夕的夜晚，人们抬头可以看到牛郎织女在银河相会，在瓜果架下还能偷听到两人的情话。它与孟姜女传、白蛇传、梁祝并称中国四大传说。

中元

中元节又称鬼节、盂兰盆会，是汉传佛教于每年农历七月十五日举行的施斋供僧超度先灵的法会。

盂兰盆是梵文的音译，意为"救倒悬"，它源于目连救母的传说。据《盂兰盆经》记载，释迦弟子目连在母亲死后非常痛苦，如处倒悬。因此求佛祖为其母亲超度，佛祖让他在僧众夏季安居终了之日（七月十五日）供养十方僧众，终使其母解脱。从此，佛教徒开始兴办盂兰盆会。佛教传到中国后，南朝梁大同四年（538 年），梁武帝首次设盂兰盆斋。到了唐朝，盂兰盆会更加盛行，除了设斋供僧外，还增加了拜忏、放焰口、放灯等活动。中元节一般是 7 天，到了晚上，各家都要备下酒菜、纸钱祭奠死去的亲人。死去的亲人又有新亡人和老亡人之分。3 年内死的称新亡人，3 年前死的称老亡人。新老亡人会在中元节回家看看，新亡人先回，老亡人后回，因此要分别祭奠。烧纸钱先用石灰洒几个圈儿，防止孤魂野鬼来抢，最后还要在圈外烧一堆，这是烧给孤魂野鬼的。在中元节最后一天，各家都要做一餐好饭菜敬亡人，这叫"送亡人"。

中秋节

中国汉族传统节日，又称团圆节、八月节。时间在农历八月十五日，这正是一年秋季的中期，所以称为中秋节。中秋节与元宵节、端午节并称三大传统佳节。农历把一年分为四季，每季又分孟、仲、季三部分，所以中秋也称仲秋。八月十五的月亮是一年满月中最圆、最亮的，所以中秋节又叫作"月夕"、"八月节"。中秋节在两汉时已经出现，但时间是立秋日。唐朝时，中秋季的活动日益增多，出现了

观月、赏月、饮酒对月等活动。北宋宋太宗把八月十五日定为中秋节。中国一直是一个农业社会，而八月正是农作物的收获季节，庆祝丰收、祝贺团圆便成了中秋节的主题。每当夜幕降临，明月东升，人们献月饼、瓜果以祭月，这种风俗一直延续到今天。八月十五，人们仰望夜空中的明月，期盼家人团聚。他乡的游子，也会寄托自己对故乡和亲人的思念，所以中秋节又称"团圆节"。

除汉族外，傣、苗、白、哈尼、纳西、蒙古、瑶、布依等少数民族也过中秋节。

重阳节

重阳节又称重九节、茱萸节，是中国汉族传统节日，时间在农历九月初九。《易经》认为九为阳数，两九为"重九"，两阳为"重阳"，古人认为这是个值得庆贺的吉利日子。九九重阳，因为与"久久"同音，九在中国古人的观念里是最大的数字，所以有长久长寿的含意，而且秋季也是一年收获的黄金季节，所以人们对重阳节有着特殊的感情。历代文人也有不少祝贺重阳的诗词佳作。

重阳节起源很早，在战国时的《楚辞》中就已经提到。屈原的《远游》里写道："集重阳入帝宫兮，造旬始而观清都。"三国魏文帝曹丕在《九日与钟繇书》中，描写了重阳节的饮宴："岁往月来，忽复九月九日。九为阳数，而日月并应，俗嘉其名，以为宜于长久，故以享宴高会。"到了唐代，重阳节被正式定为民间节日。明朝重阳节时，皇帝要亲自到万岁山登高，皇宫里要一起吃花糕以庆贺。在重阳节这天，人们登高、赏菊、插茱萸、放风筝、饮菊花酒、吃重阳糕等。

冬至

冬至是中国的一个传统节日，也是农历中一个非常重要的节气，现在中国不少地方仍有过冬至节的习俗。冬至俗称"冬节"、"长至节"、"亚岁"等。早在2500多年前的春秋时代，冬至已经在中国用土圭观测太阳而测定，它是二十四节气中最早被制定的一个，时间在每年阳历的12月22日或23日。

中国古代对冬至相当重视，曾有"冬至大如年"的说法，而且有庆贺冬至的习俗。冬至过节源于汉代，盛于唐宋，相沿至今。经过数千年的发展，冬至形成了它独特的节令食文化。很多地方都把馄饨、饺子、汤圆、赤豆粥、黍米糕等作为过节时的食品，在北方的一些地区还流传着冬至不吃饺子会被冻掉耳朵的传说。以前较为时兴的"冬至亚岁宴"的名目也有很多，如吃冬至肉、献冬至盘、供冬至团、馄饨拜冬等。

冬至一种较为普遍的风俗是吃馄饨。南宋时，临安人就在冬至吃馄饨，开始是为了祭祀祖先，后逐渐盛行开来。民间还有"冬至馄饨夏至面"之说，意思是在冬至时要吃馄饨。馄饨的名号繁多，北方以及江浙等大多数地方称馄饨，广东称云吞，湖北称包面，江西称清汤，四川称抄手，等等。冬至的另一传统习俗是吃汤圆，这种风俗在江南尤为盛行。"汤圆"在江南是过冬至必备的食品，冬至汤圆又叫"冬至团"，民间有"吃了汤圆大一岁"之说。在北方的不少地方，在冬至这一天有吃狗肉和羊肉的习俗。因为冬至过后天气进入一年当中最冷的时期，中医认为狗肉羊肉都有壮阳补体之功效，所以民间至今有冬至进补的习俗。在中国台湾地区，则流传

着冬至用九层糕祭祖的传统，人们用糯米粉捏成鸡、鸭、龟、猪、牛、羊等象征吉祥如意福禄寿的动物，然后用蒸笼分层蒸成，用来祭祖，以示对老祖宗的怀念。

腊八

腊八节是中国汉族传统节日，又称腊八。因时间在农历十二月（腊月）初八日，故名。腊八节起源很早，早在先秦时，人们就在腊八这天祭祀祖先和神灵，祈祷来年丰收和吉祥。这天也是佛教创始人释迦牟尼的成道之日，因此腊八也是佛教徒的节日，称为"佛成道节"。在腊八这天，僧人们在寺庙里诵经礼佛，并效法释迦牟尼得道前，牧羊女为他献乳粥的传说，用香谷和干果熬成粥，供奉佛祖，称腊八粥，又称七宝五味粥。随着佛教传入中国，这一佛教节日也逐渐世俗化，成为民俗。

在这一天最重要的活动就是吃腊八粥。中国吃腊八粥的时间很早，大概在1000多年前的宋朝就开始了。南宋人周密著《武林旧事》言："用胡桃、松子、乳蕈、柿蕈、柿栗之类做粥，谓之'腊八粥'。"《燕京岁时记》云："腊八粥者，用黄米、白米、江米、小米、菱角米、栗子、红豇豆、去皮枣泥等，合水煮熟，外用染红桃仁、杏仁、瓜子、花生、榛穰、松子及白糖、红糖、琐琐葡萄，以作点染。"腊八节这天，家家户户都要熬腊八粥，先祭祀祖先，然后合家团聚一齐食用，还馈赠亲朋好友。

小年

小年又称小年下、小年节，时间是腊月二十三日。这天主要是送灶神上天言事，

称送灶、辞灶、醉司命。灶神称东厨司命定福灶君，俗称灶君、灶王、灶王爷，它主管人间的饮食，是一家之主。中国在秦汉时期就开始祭祀灶神。魏晋以后，灶神有了姓名。隋朝杜台卿《玉烛宝典》称，"灶神，姓苏，名利，妇名搏颊。"唐李贤注引《杂五行书》又称："灶神名禅，字子郭，衣黄衣，披发，从灶中出。"清代的《敬灶全书》称，灶君姓张，名单，字子郭，男神。现在民间供奉的灶神，是一对老夫妇并坐，或是一男两女并坐，这就是灶君和灶君夫人的画像。一般贴在锅灶墙上，有"上天言好事，回宫降吉祥"之类的对联，横批是"一家之主"。

祭祀灶神在晚上进行。祭祀时，摆上果品甜点，先磕头烧香，然后揭掉旧灶神画像烧掉，这就是送灶神上天。祭祀灶神时，应多摆设甜和黏的食品或把糖粘在灶神嘴上，传说这样可以黏住灶神的嘴，使他嘴甜，只能说好话。有的还在灶神上抹酒，称"醉司命"。

除夕

除夕，又称"除日"、"除夜"、"岁除"、"岁暮"、"岁尽"、"暮岁"，俗称大年夜（除夕的前一天为小除，称小年夜。除夕为大除），旧称"年关"，是农历岁末的最后一晚，是中国的传统节日。除夕的"除"是"去、易、交替"的意思，除夕就是"月穷岁尽"的意思。

相传古时候有一个猛兽叫"年"，每到岁末就出来吃人。一次偶然的机会，人们发现年害怕红色的东西、火光和巨响。于是每到岁末，人们都穿上红色的衣服，燃放鞭炮，吓得年再也不敢出来了。人们互相祝贺道喜，张灯结彩，饮酒摆宴，庆祝胜利。后来人们逐渐把穿红色衣服演变成贴红色春联。过除夕，各地的风俗略有不同，北方人包饺子，南方人做年糕。水饺状似"元宝"，年糕音似"年高"（一年比一年高），都是吉祥如意的好兆头。除夕之夜，全家人都要吃"团年饭"。吃团年饭时，桌上一定要有"鱼"，象征"富裕"和"年年有余"。饭后，长辈要给晚辈发"压岁钱"，接下来就是全家人守岁到凌晨，到了大年初一去拜亲访友。

傣族泼水节

每年公历 4 月（傣历六月）的泼水节，是云南西双版纳傣族人民的传统节日。

相传在很久以前，傣族人们的家乡来了一个火魔，把那里变成酷热干旱、五谷不生的地方。有一天，火魔抢了 7 名年轻美貌的傣族姑娘，其中最小的姑娘叫依香。依香骗取了火魔的宠爱，在傣历六月的一天，依香设计把火魔的头勒了下来。

火魔的头一离地，火就灭；一着地，火又起。于是七姐妹轮流提着魔头，不让它落地。由于魔头滚烫，她们就不停地泼水降温。一直到 7 年以后，火魔才死去。

傣族人民为纪念她们的功劳，每年傣历六月都要举行泼水节，庆贺除魔的胜利。节日期间，年轻人放鞭炮、赛龙船、载歌载舞。

彝族火把节

火把节是彝族最隆重、最普遍的节日。传说在很久以前，天王恩泽不让彝族人民过好日子，派了十大力神到人间糟蹋庄稼。勇敢的彝族小伙包聪与大力神摔跤三天三夜，终于将十大力神摔倒，十大力神低下头变成了一座秃山。天王恩泽恼羞成怒，往地下撒了一把香面，香面变成了无数害虫来吃庄稼，聪明的彝族人点燃一把火，把害虫全部烧光。天王恩泽不甘心失败，年年农历六月二十四日都要撒下害虫，彝族也毫不妥协地点燃火把对付害虫。于是，农历六月二十四日就成了彝族传统的火把节。

苗族拉鼓节

拉鼓，是苗族古代祭祀祖先的活动，来源于苗族古代的鼓社。

据文献记载，母系氏族向父系氏族过渡的远古，苗族先民为祭祀祖先，消灾辟邪，祈求风调雨顺，五谷丰登，发明了拉鼓。

在苗家的传说中，拉鼓本是专供天庭仙人享用的圣物，凡人只有搭天梯上天才能观赏拉鼓。善良的仙人们考虑到人间看拉鼓如此不便，便赠拉鼓给凡人，并预言敲鼓就能辟邪消灾。自从拉鼓移至人间，每拉一次鼓，苗寨就安宁十三年，林木茂盛十三年，稻谷丰收十三年，牲畜兴旺十三年……所以，苗家拉鼓节大节每十三年举行一次，拉一丈三尺长的大鼓；小节每三年举行一次，拉五尺长的小鼓。不管大节、小节，每次都是三天三夜尽情欢乐。某个村寨办拉鼓节时，附近村的各族人民及亲友都去赶节"吃鼓"，这在苗语中叫"努牛"。

拉鼓节于农历十月择日举行，为期一天。节日活动以祭祖为中心，由族人推举的首事或副首事主办。

那达慕大会

每年农历六月初四开始的那达慕，是草原上一年一度的传统盛会。那达慕大会是具有鲜明民族特色的传统活动，也是蒙古族人民喜爱的一种传统体育活动形式。

那达慕大会上的摔跤比赛

"那达慕"是蒙古语的译音，意为"娱乐、游戏"，表示丰收的喜悦之情。

据铭刻在石崖上的《成吉思汗石文》载，那达慕起源于蒙古汗国建立初期。1206年，成吉思汗被推举为蒙古大汗时，他为检阅自己的部队，维护和分配草场，每年7～8月间举行"大忽力革台"（大聚会），将各个部落的首领召集在一起，为表示团结友谊和祈庆丰收，都要举行那达慕。起初，那达慕只举行射箭、赛马或摔跤的某一项比赛。到元、明时，射箭、赛马、摔跤比赛结合一起，成为固定形式。

教师节

1984年12月6日，《北京晚报》刊出记者编写的文章《王梓坤校长建议开展尊师重教月活动》。12月15日，北京师范大学钟敬文、启功、王梓坤、陶大镛、朱智贤、黄济、赵擎寰等著名学者积极响应，联合提议设立单独的教师节。

1985年1月21日，第六届全国人大常

委会第九次会议做出决议，将每年的 9 月 10 日定为教师节。每到这一天，全国都会开展各种尊师重教活动。

三八节

3 月 8 日是国际劳动妇女节，又称三八节、妇女节、三八国际妇女节，是世界各国妇女争取和平、平等、发展的节日。

1903 年 3 月 8 日，美国芝加哥市的女工为了争取自由平等，愤起反对资产阶级的剥削、压迫和对妇女的歧视，举行了大罢工和示威游行。这一斗争得到了美国广大劳动妇女的热烈响应。

1910 年，一些国家的先进妇女在丹麦首都哥本哈根举行第二次国际社会主义者妇女代表大会。大会根据主持会议的德国社会主义革命家蔡特金的建议，以增进世界劳动妇女的团结和支持妇女争取自由平等的斗争为目的，规定每年的 3 月 8 日为国际妇女节。

联合国从 1975 年开始庆祝国际妇女节，从此"三八"妇女节就成为全世界劳动妇女为争取和平、争取妇女儿童的权利、争取妇女解放而斗争的伟大节日。

五一国际劳动节

定于每年 5 月 1 日的国际劳动节是全世界无产阶级、劳动人民的共同节日。

此节起源于美国芝加哥城的工人大罢工事件。19 世纪 80 年代是美国资本主义经济高速发展的时期，美国已成为世界上最发达的资本主义国家之一。但是，美国的工人却和其他国家的工人一样，工作繁重，工资很低，工时很长。马塞诸塞州一个鞋厂的监工直言不讳地说："让一个身强力壮、体格健全的 18 岁的小伙子，在这里的任何

一架机器旁边工作，我能够使他在 22 岁时头发变成灰白。"

1882 年美国总统切斯特·阿瑟的一番讲话激起广大工人的愤怒。阿瑟宣称："我不认为 8 小时工作制的法律是符合宪法的，而世界上没有任何力量能够使我实施一项不符合宪法的法律。"这实际是对 8 小时立法运动的否定，使工人的要求和希望全部破灭。在忍无可忍的情况下，美国工人再次走上街头，进行了全国性的大规模斗争。

1886 年 5 月 1 日，全美国几十万工人，为争取 8 小时工作制举行罢工。这次罢工浪潮，席卷了芝加哥、纽约、波士顿、匹兹堡和华盛顿等一系列城市，波及美国的各个生产部门。芝加哥是这场争取 8 小时工作制斗争最激烈的城市。

强大的罢工运动，使美国政府胆战心惊，他们开始策划阴谋，调动警察，进行镇压，在芝加哥引发了流血事件。

美国工人提出的 8 小时工作的要求，反映了世界各国工人的愿望，受到了他们的重视和欢迎。1889 年，各国社会主义者代表大会在巴黎召开。大会决定接受法国代表拉文的建议，把每年的 5 月 1 日定为全世界无产者的节日，以纪念芝加哥工人的英勇斗争。从此，这个伟大的国际性节日就诞生了。

国际护士节

5 月 12 日国际护士节，又称"南丁格尔日"，是全世界护士的共同节日。这个节日的确立与弗罗伦斯·南丁格尔有关。

1854 年至 1856 年间，英法联军与沙俄发生激战。在英国一家医院任护士主任的南丁格尔，带领 38 名护士奔走前线，参加护理伤病员的工作。因当时医疗管理混乱，护理质量很差，伤病员死亡率高达 50%。

于是，南丁格尔就潜心改造病室的卫生条件，并加强护理，增加营养。半年之后，伤病员死亡率下降到 2.2%。这一事迹传遍整个欧洲。

1860 年，南丁格尔在英国伦敦创办了世界上第一所正规护士学校。她的护士工作专著，成了医院管理、护士教育的基础教材。南丁格尔 1910 年逝世后，鉴于她推动了世界各地护理工作和护士教育的发展，1912 年，国际护士会倡议，世界各国医院和护士学校以南丁格尔的生日 5 月 12 日为国际护士节，以此纪念这位人类护理事业的创始人。

母亲节

5 月的第二个星期日是母亲节，这一天，世界各地都举行庆祝活动，以颂扬母爱的伟大。

古时母亲节起源于希腊，古希腊人在这一天向希腊神话中的众神之母赫拉致敬。在 17 世纪中叶，母亲节流传到英国，英国人把封斋期的第四个星期天作为母亲节。在这一天里，出门在外的年轻人将回到家中，并送给母亲一些小礼物。

现代意义上的母亲节起源于美国，由安娜·贾薇丝（1864～1948 年）发起，她终身未嫁，一直陪伴着自己的母亲。1876 年，她的母亲安娜·查维斯夫人在礼拜堂讲授美国国殇纪念日的课程，讲到南北战争中捐躯的英雄故事时，她祈祷时说："但愿在某处、某时，会有人创立一个母亲节，纪念和赞扬美国与全世界的母亲。"查维斯夫人为她的礼拜堂服务超过 25 年，当她 72 岁逝世时，41 岁的女儿安娜，立志创立一个母亲节，来实现母亲多年前祈求的心愿。于是她和朋友开始写信给有威望的部长、商人、议员来寻求支持，以便让母亲节成为一个法定的节日。

1908 年 5 月 10 日，第一个母亲节在西弗吉尼亚和宾夕法尼亚州举行，在这次节日里，康乃馨被选为献给母亲的花，并从此流传下来。

1914 年 5 月 7 日，美国国会通过决议，规定每年 5 月的第二个星期日为母亲节，并在 5 月 9 日由威尔逊总统颁布施行。现在，母亲节已经在很多国家流传了。

父亲节

父亲节是表达对父亲敬意与爱意的节日，在世界各国广泛流传。

据说第一个提出这种建议的是华盛顿的约翰·布鲁斯·多德夫人。多德夫人的母亲早亡，其父独自一人承担起抚养教育孩子的重任。

1909 年，多德夫人感念父亲养育之恩，准备为他举行庆祝活动，同时，想到所有的父亲对家庭和社会的贡献，于是给当地一家教士协会写信，建议把 6 月的第三个星期日定为父亲节。该协会将建议提交会员讨论，获得通过。1910 年 6 月，多德夫人所在地区的人们庆祝了第一个父亲节。当时凡是父亲还健在的人都在胸前佩戴一朵红玫瑰花，以表达对父亲的敬意；而父亲已故去的人，则佩戴一朵白玫瑰花，以此表达对父亲的无限怀念和哀思。

1934 年 6 月，美国国会统一规定 6 月的第三个星期日为父亲节。现在越来越多的国家都加入纪念父亲节的行列。

情人节

传说 3 世纪时，古罗马有一位暴君叫克劳多斯。

这一时代，古罗马一直战事连连，暴君克劳多斯征召了大批公民前往战场，为了保证人们忠于战争，他下令禁止人们在此时结婚，许多年轻人就这样告别爱人，满怀悲愤地走向战场。

修士瓦伦丁对克劳多斯的暴行感到不满。当一对情侣来到神庙向他请求帮助时，瓦伦丁在神圣的祭坛前悄悄为他们举行了婚礼。事情传开后，很多人来到这里，在瓦伦丁的帮助下结成伴侣。克劳多斯暴跳如雷，命令士兵将瓦伦丁从一对正在举行婚礼的新人身旁拖走，关入地牢。270 年的 2 月 14 日，瓦伦丁受尽折磨而死。

为了纪念瓦伦丁，人们把每年的 2 月 14 日定为"情人节"。

万圣节

每年的 11 月 1 日是西方传统的"鬼节"——万圣节。

关于万圣节由来，最流行的版本认为，那是源于基督诞生前的古西欧国家，主要包括爱尔兰、苏格兰和威尔士。这几处的古西欧人叫德鲁伊特人。德鲁伊特的新年在 11 月 1 日，新年前夜，德鲁伊特人让年轻人集队，戴着各种怪异面具，拎着刻好的萝卜灯（南瓜灯系后期习俗，古西欧最早没有南瓜），游走于村落间。这在当时是一种丰收的庆典。

古西欧时候的爱尔兰异教徒们，相信在新年前夜鬼魂会群集于居家附近，接受设宴款待。因而，在"宴会"结束后，村民们就自己扮成鬼魂精灵，游走村外，引导鬼魂离开，辟邪免灾。与此同时，村民们也都注意在屋前院后摆放些水果及其他食品，款待鬼魂而不至于让它们伤害人类和动物或者掠夺其他收成。后来这习俗一直延续下来并发展成为今天的万圣节。

感恩节

感恩节是北美洲独有的节日，始于 1621 年。

据记载，17 世纪初，英国的清教徒遭到迫害。1620 年 9 月，102 名清教徒登上"五月花"号帆船，于 12 月 26 日到达了北美洲的普利茅斯港，准备开始新的生活。然而，这些移民根本不适应当地环境，第一年冬天过后，只有 50 人幸存。第二年春天，当地印第安人送给他们很多必需品，并教会他们如何在这块土地上耕作。这一年秋天，移民们获得了大丰收，11 月底，移民们请来印第安人共享玉米、南瓜、火鸡等制作成的佳肴，感谢他们的帮助，感谢上帝赐予了一个大丰收。自此，感恩节变成了他们直至后来美国的固定节日。

1863 年，美国总统林肯将感恩节定为国家假日，并且规定每年 11 月的第四个星期四为美国的感恩节。感恩节有 4 天假期。

火鸡是感恩节的传统主菜，通常是把火鸡肚子里塞上各种调料和拌好的食品，然后整只烤出。食用时由男主人用刀切成薄片分给大家。此外，感恩节的传统食品还有甜山芋、玉蜀黍、南瓜饼、红莓苔子果酱等。

风俗礼仪篇

贴春联

除夕这天，家家户户都会贴春联、敬门神、挂年画，以此增加过年的气氛。春联，也叫对联、门对、门贴。

春联源于古代的桃符。桃符是挂在大门两旁的长方形的桃木板。上面写上"神荼"、"郁垒"二神名，以驱鬼避邪。每逢春节，人们总要用新桃符替换旧挑符。王安石"千门万户瞳瞳日，总把新桃换旧符"的诗句，说的就是这件事。

964 年，后蜀主孟昶先是叫学士辛寅逊在桃板上题词，又嫌他写得不工稳，便自己动手写了"新年纳余庆，佳节号长春"。从此，题桃符便演变成写春联了。后来，

写春联 清
《燕京岁时记·春联》载："自入腊以后，即有文人墨客，在市肆檐下书写春联，以图润笔。"

由于纸张大量生产，人们逐渐用纸代替桃木板。这便是贴春联的开始。

春联普及盛行于明朝。据《簪云楼杂说》载："春联之设，自明太祖始。帝都金陵，除夕忽传旨，公卿士庶门上须加春联一副。太祖微行出观，以为笑乐。"由于皇帝身体力行，再加上文人墨客的喜爱，广大群众的传播，春节贴春联便作为风俗习惯流传下来。

贴门神

门神的前身是桃符，又称"桃版"。古人认为桃木是五木之精，能制百鬼。门神传说是能捉鬼的神荼、郁垒。

班固《汉书·广川王传》中记载：广川王的殿门上曾画有古勇士成庆的画像，短衣大裤长剑。到了唐代，门神的位置便被秦叔宝和尉迟敬德所取代。

据说，唐太宗李世民在玄武门事变中，杀了自己的亲哥亲弟，心里总是疑神疑鬼的，整夜不得安宁。为消除李世民心中的恐惧，秦叔宝和尉迟敬德二人披盔带甲，连续几夜站在宫门外守护。李世民心里踏实了，便安心地入睡。

这使李世民满心欢喜，称赞秦叔宝和尉迟敬德说："两位将军真是门神啊！"

随后，又找来画师给他们画像，并把

画像悬挂在宫门左右。于是，这一习俗开始在民间广为流传。

守岁

除夕不睡的习俗名叫"守岁"。人们为什么要"守岁"呢？

"守岁"又叫"熬年"。相传，古代有种叫"年"的怪兽，每到除夕晚上它都要出来作祟。原本辞旧迎新的喜庆日子，成了人们最不愿意过的时间。到了除夕，家家户户早早地料理完家务，门窗紧闭。因为害怕"年"来为祸，所以没有人敢睡觉。为了消除"年"即将到来的恐惧，人们便准备出一年里最丰盛的晚餐，一家人齐聚餐桌前，说笑逗乐，畅想未来美好生活，借此挨到天明。除夕晚上一过，人们便张灯结彩，燃放鞭炮，庆祝自己躲过"年"的毒手，熬过了"年"关。后来，民间就逐渐形成了除夕守夜的习俗。

早在西晋，就有文献记载有关守岁的事宜。《风土志》中说，除夕晚上，大家互相赠送礼物，预祝对方新的一年财运当头，讨个好彩头，这叫"馈岁"；准备丰盛的酒席，祭神祈福，这是人们告别旧的一年的方式；一家人其乐融融地聚在餐桌前，互相沾点福气，这是所谓的"分岁"；彻夜不眠，欢声笑语一直到天明这就是"守岁"。

俗话说"一夜连双岁，五更分二年"。也就是说，除夕这天晚上，人们不仅要告别旧的一年，辞旧迎新，同时，人们年龄也要再长一岁，所以就有了"此夜守岁惜年华"的说法。

压岁钱

相传，古代有种叫祟的小怪兽，性情十分古怪，专喜欢在过年的时候摸小孩子的头，偷取他们的思想。八仙听说了，便化身为八枚铜钱来到人间，此时恰逢年关。

有一家穷人，夫妻俩老来得子，喜欢得不得了。除夕这天，老两口怕祟来偷孩子的思想，便哄着孩子玩，不让他睡。孩子小，困了便要吵，夫妻俩实在没办法了，便将家里仅有的八枚铜钱，拿出来给孩子当玩具玩。夜深了，孩子玩累了攥着铜钱睡着了，夫妻俩也不知不觉地进了梦乡。

祟看见这家人都睡了，便偷偷地溜进他们的家。它伸出手刚想去摸孩子的头，便被八束金光击得连连后退。从此，祟再也不敢来偷小孩的思想了。原来，夫妻俩给孩子的这八枚铜钱正是八仙所化。

后来人们听说，只要在孩子手里放些钱，祟就不敢靠近孩子了，便纷纷效仿。于是，民间就流行起了过年给孩子压"祟"钱的习俗。压祟，意味着辟邪、避晦气。渐渐地，"压祟钱"谐音作"压岁钱"，成了老人们表达对小辈们祝福的一种形式。

据史料记载，最早的压岁钱，并不是普通的流通货币，而是一种专门铸造出来，用以压鬼辟邪的钱形佩饰品。在汉代出土的文物里，一些钱币形状的佩饰上，刻有龙凤、斗剑、双鱼等吉祥图饰；有的佩饰上甚至还印有诸如"去殃除凶"的字样，人们把这种压岁钱称为"压胜钱"。

还有一种说法认为，压岁钱认为由古代的春日散钱风俗演变而来。据《燕京岁时记》记载，在民间，人们通常会用彩线将铜钱串联起来，再编成龙形，将这种东西放在床角，作为护身符。这种钱串，俗称压岁钱。一般情况下，长辈会直接把编好的铜钱给晚辈，希望压岁钱能给孩子带来一年的平安吉祥。这种做法，在明清时期最为盛行。

到了近代，压岁钱逐渐地成了人们表达美好祝愿，祈愿大吉大利的一种形式。比如，送小孩子几张新的连号纸币，意为"连连发"；晚辈给长辈包个红包，意为压岁，"长命百岁"。压岁钱也就成了另一种文化内涵的载体。

做满月

婴儿出生一个月叫满月，在民间，庆贺满月的仪式和活动多种多样，丰富多彩。其中，喝满月酒和剃满月头是延续至今最为重要的。

婴儿满月的礼俗流行于唐朝。到了南宋，几乎所有官宦和富有的人家要为婴儿举办"洗儿会"，这是一种很隆重的风俗。主人家要在婴儿出生满一个月的日子发请贴宴请亲友，亲朋好友会在这一天携带各种礼品前来向婴儿表达祝福。到了近代，婴儿满月时的庆祝方式有了不同，满月时外婆要为婴儿准备一份丰盛的礼物，包括面条、粽子、馒头和一只活鸡，有的还会送婴儿用的帽、鞋、袜、衣服等，俗称"拿满月"。中午时分，亲朋好友聚在一起，觥筹交错，祝福声此起彼伏。这种情景就是历代相沿的"满月酒"。

"剃满月头"是婴儿满月的另外一项重要仪式，在民间也叫落胎毛。在中国，不同的地方剃满月头的习俗是不一样的，有不同的说法和讲究，但其中有一个共同点是胎毛不能剃光。一般情况下是在头顶心或近脑门处留下一撮，俗称桃子头、桶盖头、米囤头等。另外，还有一些地区的习俗是把落胎毛的仪式放在婴儿出生满百天时举行，称为剃百日头，留一撮毛和郑重处理落发的习俗与剃满月头基本一致。

关于珍藏剃下胎毛的意义，也有众多讲法。有些地方的风俗是将其搓成一个圆球挂在床檐正中，意在孩子长大离家后，胎发团还挂在母亲的床上，可以永远受到母亲的护佑；有些地区的习俗是用线绳将胎发吊在窗台上牢牢系住，说这样就可以使小孩经受风吹雨打，有利于小孩的成长；有的地方则是将胎发盛入金银小盒，或用彩色的线结成绦络，认为这样做可以起到辟邪的作用；还有的地方是将胎发用红布包起来，缝进小孩儿的背心或夹袄中，认为如此便能使小孩儿顺利成长。

抓周

婴儿出生满一年，古称"周"，现称周岁。周岁这天，全家人不仅要庆贺，而且还要举行隆重的抓周仪式。抓周，也叫试儿、试周、揸生日。它是周岁礼中一项很重要的仪式，最早见于南北朝时期的古俗，在民间流传至今。

在我们熟悉的古典名著《红楼梦》里，也曾写到过"抓周"这个礼仪。贾宝玉在周岁那天抓了胭脂钗环，因为这些都是女性用品，所以父亲很不高兴，还说他将来一定不会好好读书，是一个酒色之徒。

民间的"抓周"仪式一般都在中午吃"长寿面"之前进行。在古代，讲究一些的富户都要在床（炕）前陈设大案，摆上一些代表各种职业的器具，比如笔、墨、纸、砚、印章、算盘、账册、首饰、花朵、吃食、玩具等，如果过生日的是女孩，则还要加摆勺子（炊具）、剪子、尺子（缝纫用具）、绣线，等等。然后在没有任何诱导的情况下，小孩由大人抱着来选这些东西，家长根据小孩先抓什么，后抓什么，来测卜孩子的志趣、前途以及未来要从事的职业。比如小孩先抓了文具，则意味着长大以后必定是个文人；先抓了印章，则意味着长大以后可以官运亨通；如果小孩抓到的是算盘，则说明他长大后善于理财，是个生意人。如果女孩先抓剪、尺之类的缝纫用具或勺子之类的炊事用具，则说明她长大后心灵手巧，善于料理家务。反之，假如小孩先抓了吃食、玩具，众人千万不能当场斥之为"好吃"、"贪玩"，而是把它圆成一个美好的祝愿，比如说成"孩子长大之后，必有口福，善于享受生活"，等等。总之，长辈们对小孩的前途寄予厚望，在一周岁之际，对小孩祝愿一番而已。

长命锁

长命锁又名"寄名锁"。它是一种挂在儿童脖子上的装饰物，在明清时尤为流行。按照迷信的说法，只要佩挂上这种饰物，就能帮小孩避灾祛邪，"锁"住生命。所以许多小孩从出生不久就挂上了这种饰物，一直挂到成年。

长命锁是由"长命缕"演变而来的。佩戴长命缕的习俗最早可追溯到汉代。在汉代，每逢五月初五端午佳节，家家户户都在门楣上悬挂五色丝绳，取辟邪纳福之意。到了魏晋南北朝时，这种丝绳被许多妇女戴到手臂上，逐渐成为妇女和儿童的一种臂饰。当时由于战争频繁，瘟疫、灾荒不断，广大人民渴望平安，所以就采用这种佩戴五色彩丝的方式来辟邪去灾、祛病延年。这种彩色丝绳，就是我们所说的"长命缕"。到了宋代，这种风俗不仅流行在民间，还传入宫廷，除妇女儿童之外，男子也可佩戴。"长命缕"的制作也渐渐变得复杂，除丝绳、彩线外，有的还会穿上珍珠等物。到了明代，由于风俗变迁，成

年男女佩戴"长命缕"的风俗渐弱，通常只有儿童佩戴，于是"长命缕"渐渐演变成为一种只为儿童佩戴的颈饰——长命锁。

长命锁一般多用金银宝玉制成，它的造型多被做成锁状，锁面上常镂有"长命富贵"、"长命百岁"、"玉堂富贵"等吉利的祝福，另一面则雕有"麒麟送子"、"五子登科"等中国的传统图案。按老规矩，小孩佩戴的长命锁，要等到结婚时才能取下来。

取名

姓名学是中国的国粹，渊源于中国古代诸多先贤的哲学思想。孔子曾说，"名不正则言不顺"，苏东坡也说，"世间唯名实不可欺"，都道出了姓名对人的重要性。因此，取名之事实乃人生之大事，轻视不得。所以，在民间流传着多种多样的关于取名的传统习俗。

主要的取名习俗有以下几种：

节令法：根据孩子出生时的节令与花卉取名。如春花、夏雨、兰贞、雪梅等，常见于女性。

地名法：比如沈申(上海)、袁晋(山西)、黄云生（云南）等。也有从祖籍及出生地中各取一字，缀联成名，主要是以纪念为主。

盼子法：父母连连产下女婴，盼子心切，便会在为女儿取名时用一些谐音字，如根（跟）弟、玲（领）弟、招弟、盼弟等。

抱子法：夫妇膝下无子，从外地或外姓抱养一个孩子。此类孩子的名字中，常有一个"来"字，如来宝、来娇等。

体重法：鲁迅的小说《风波》中描绘："这村庄的习惯有点特别，女人生下孩子，多喜欢用秤称了轻重，便用斤数当做小名。"如"九斤老太"，这是流行于浙东民间的

一种特殊取名风习。

排行法：兄弟双名，其上字或下一个字相同，叫排行。如我们熟悉的《水浒传》中的阮氏三兄弟：阮小二、阮小五、阮小七。

五行法：根据五行缺行取名。旧时民间取名，要请算命卜卦者推算小孩的"五行"和"八字"。假如某人命中五行缺少某一行或二行，那就得用缺行之字，或用缺行作偏旁的字取名补救，否则孩子会命运多舛。如鲁迅小说《故乡》中闰土名字的由来：因为他是"闰月生的，五行缺土，所以他的父亲叫他闰土"。

百日礼

"百日礼"，又称"百岁礼"、"过百天"，指的是在婴儿出生100天的时候所举行的一种纪念仪式。100天是孩子出生后的一个非常重要的日子，在这一天父母会邀请亲朋好友会聚，一同为小儿祝福，而婴儿在这天则要穿"百家衣"、戴"百岁锁"。百家衣是由各种色彩的小布块缀成的，样子仿佛僧人所穿的一拼一块的百衲衣，而用来做衣服的布块、布条则是由多个亲戚朋友凑成的。在众多的颜色中以紫色最为贵重，也最难寻，因为"紫"与"子"同音，人们一般不愿把"子"送给别人。孩子穿百家衣有着两种蕴意：一是象征长命百岁，一是象征先苦后甜。百岁锁，又叫"长命锁"、"百岁链"，常常是姥姥家或舅舅家送的，也有的是父母购置的，一般是用银做成的，外面镶金，少数有钱人家会用纯金的，锁的两面分别刻有"长命百岁"、"富贵平安"等吉祥语。戴长命锁的寓意是把婴儿的生命给"锁"住，这样妖魔就抢不走了，孩子就会平安。有时百岁锁并不是姥姥家送的或自己家买的，而是要"凑份子"，

也就是孩子的父母将白米、茶叶、枣、栗子等含有吉祥蕴意的食品取少许包在红纸包里，要包很多包，最好是能够达到一百包，然后将这些红纸包分送至亲戚朋友家，而对方在接受后则在红纸里放上若干钱返还回来，父母再用这些凑起来的零钱到金银匠那里铸制"长命锁"，人们认为这样得来的锁是最吉祥的。

成年礼

成年礼是为承认年轻人具有进入社会的能力和资格而举行的人生仪礼。中国传统成年礼称为冠礼、笄礼，早在周朝就有了。

男子行加冠礼，即在男子20岁时，由主持仪式者为男子戴3次帽子，称为"三加"，分别为"缁布冠"、"皮弁"、"爵弁"，象征冠者从此有了治人的权利、服兵役的义务和参加祭祀活动的资格。传统冠礼中还有"命字"，即由嘉宾为冠者取新的字号，冠者从此有了新的名字。女子在15岁时要行笄礼，但是规模比冠礼要小得多。主要是由女性家长为行笄礼者改变发式，表示从此结束少女时代，可以嫁人。

举行成年礼，地点选在宗庙神圣之地，日子需经卜筮而定。行礼当天，主人须邀请亲朋好友来观礼才算正式。秦汉以后的成年礼仪，大多遵守《仪礼》的规范进行，唐宋以后，成年礼已逐渐式微，部分成年礼仪式举办大多依附着民间信仰。

在世界上许多原始民族中，成年礼是一个人由个体走向社会的一道必不可少的程序，有的过程十分隆重而且带有考验的性质，中国一些少数民族的成年礼仪也有着比较明显的保留。比如，穿裙子、穿裤子是云南永宁的纳西族、普米族的成年礼。男女在13岁以前只穿麻布长衫，到了13

岁方可穿裙子、裤子。女孩由母亲穿裙子，男孩由舅舅穿裤子。穿完以后，长辈向他们赠送礼物，表示祝贺，从此他们可以参加各种社交活动，同时也要下地劳动了。此外，不同少数民族的成年礼的仪式各有不同。比如黎族、高山族是黥面文身，在面部或身体的一些部位用骨针之类刺上花纹，涂上颜料。而布朗族、傣族等则是以染牙齿作为成年的标志。

十二生肖

十二生肖或十二属相，是中华民族特有的民俗文化，世代相传。十二生肖就是人们出生年份的属相，以12种动物与十二地支相搭配，每12年循环一次。即：子鼠、丑牛、寅虎、卯兔、辰龙、巳蛇、午马、未羊、申猴、酉鸡、戌狗、亥猪。这是民间推算年龄的方法，除了龙，其他的都是常见动物。

1975年在湖北省云梦县发掘出土的秦墓竹简，证明了公元前3世纪或更早的时间，中国就开始使用十二生肖。结合考古学、历史学、民族学的研究成果，学者们推测：中华民族的祖先选择这12种动物作为自己的象征，显然是因为它们与人类有密切关系；龙、虎、蛇，是远古氏族的图腾，而马、牛、羊、鸡、狗、猪则是先民所饲养的家畜，即古人说的"六畜"。中国许多少数民族如蒙古、壮、部分彝族的十二生肖受汉族影响，与汉族基本一致。但有的民族在接收汉族生肖文化的同时产生了一些变异，比如哀牢山彝族同胞在十二生肖系列中，以穿山甲占据了龙的位置；海南黎族同胞以十二生肖纪日，其次序以鸡起首，猴煞尾；生活在西双版纳地区的傣族以黄牛代替牛，以山羊代羊，亥的属相

不是猪而是象。

从以上变化中我们大致可以看出，各民族在选择十二生肖动物时，由于生存环境的不同、物种的不同，选择了最亲近的动物作为生肖动物，从而给生肖文化带来了一定的差异。除了在生肖动物选择上有所变异外，少数民族还形成各自不同的纪年、纪日方法，同时产生了许多与生肖有关的民风民俗。

三书六礼

三书六礼指的是中国古代婚嫁礼仪的程序。三书指的是聘书、礼书和迎亲书。聘书就是订亲书，即男女双方正式缔结婚约，纳吉（过文定）时用。礼书就是过礼之书，即礼物清单，书中详列礼物种类和数量，纳征（过大礼）时用。迎亲书指迎娶新娘之书，用于结婚当日（亲迎）接新娘过门时。

六礼指的是纳采、问名、纳吉、纳征、请期和亲迎。纳采，男方家请媒人去女方家提亲，女方家答应议婚后，男方家备礼（通常以活雁作礼，表示忠贞不二）前去求婚。问名，俗称"合八字"。即男方家请媒人问女方的名字和出生年月日，并将女方的生辰八字放在祖先灵案上观察。如果家中平安无事，就把男方生辰八字送给女方。女方家把男方的生辰八字放置在佛像前。如果三日家中无事，就同意缔结婚姻。纳吉，又称小定或文定，也就是订婚。男女双方家平安无事后，男方备礼通知女方家，告知决定缔结婚姻，送给女方金戒指。纳征，又称纳币，大聘或完聘，即男方家送聘礼给女方家。请期，又称择日。即男家择定婚期，并征得女方家同意。亲迎，即新郎到女家迎娶新娘。

说媒

"说媒"是自古代流传下来的一种民俗，到今天依然在一些地方存在。封建社会曾有这样的俗语：男女授受不亲，它所强调的就是"天上无云不下雨，地上无媒不成亲"。男女双方若要"结丝罗"、"谐秦晋"、"通二姓之好"，一般都要经人从中说合。这种说合，就叫"说媒"。新中国成立之后，"说媒"曾一度改称为"做介绍"，做这种工作的人，通常被人们雅称为"月老"，俗称"媒人"，后来改称为"介绍人"。

"月老"是"月下老人"的简称。关于月下老人，流传着这样一个故事：古代有个叫韦固的读书人夜行经过宋城，碰上一位老人靠着一个大口袋坐在路边休息，在月光下翻看一本大书。韦固很好奇，就问老人看的是什么书。老人回答说，这本书是天下人的婚姻簿。韦固又问老人那大口袋里装的是什么，老人告诉他："口袋里装着红绳，是用来系男女的脚的，只要把一男一女的脚系在一根红绳上，他们会结成夫妇，即使远隔千里之外。"这就是我们常说的"千里姻缘一线牵"的来由。

"红娘"是媒人的另一个雅称。在唐代元稹的《莺莺传》中，塑造了一个聪明活泼的婢女红娘的形象。她巧设机谋，最终撮合成了张生与莺莺小姐的婚事。在元代王实甫根据这个故事写成的《西厢记》中，我们发现其中的红娘被塑造得更加聪明可爱。后来，人们便以"红娘"代称媒人，这一称呼明显能够感受到人们对媒人的重视和友好。

媒人在说成一桩媒后是可以得到一些钱财的，这些钱财被称为"谢媒礼"，通常用红包包好，称为"红包"或"包封"，这笔钱一般由男方支付。在成亲的前一天，这笔钱连同送给媒人的谢礼，比如鞋袜、布料、鸡、肘子、物品等，一起送到媒人家。媒人在第二天就要去引导接亲，这就是我们通常所说的"圆媒"或"启媒"、"发媒"。

在旧式婚礼中，媒人还被称为"伐柯人"，说媒则叫作"执柯"。在男女两家对婚事取得基本一致的意见之后，媒人要引导男方去相亲，代双方送换庚贴，带领男方过礼订婚，选择成亲吉日，引导男方接亲，协办拜堂成亲事宜，直到"新人进了房"，才把"媒人抛过墙"。

相亲

"相亲"俗称"看亲情"。指的是男方正式向女方提亲之后，男方父母亲就要到女方登门"看厝相亲"。以前，男女结婚首先要经过"相亲"这一道程序。虽然现在提倡自由恋爱，但"相亲"还是作为一种民俗流传了下来，并且在不同的地方、不同的民族有着不同的特点和风格。

相亲的仪式，在较偏僻的乡间较为简单。男方选择个吉祥之日，由媒人告知女方父母，在相亲的吉日，让女儿多加打扮，并进行家务之事，如洒扫庭院，或在田间耕作，或作女红，或躲在门后探头侧面观看客人的言笑容貌，男子及其父亲只观察其外貌而已。如认为容貌不丑，体态确为少女的风姿，其他方面则单凭媒人说项，男方认为满意即可。

男方按所选择的吉祥之日，到女方"看厝相亲"。女方家要给每一位客人准备一碗煮熟的鸡蛋，俗称"月老蛋"。一则表示对客人的欢迎和尊重，再则也有借此观察对方的用意。"月老蛋"是由女子亲自敬送，如果男子或男方尊长对女子感到满意，便可以吃下"月老蛋"；如果不中意，就不动这碗"蛋"。以这种曲折委婉的方式表达当事人的心意，避免因为言语而造成不愉快，比较有人情味。

在一些地方也有女家往男家"相亲"的习俗。招待的点心可以是长寿面，象征将要永结长久的美意。女方亲友如果对男子感到比较满意，便吃下长寿面，否则不吃。但无论如何，在收面碗时，务必要记得在碗底放一个较厚的红包，敬"月老蛋"的也要如此。经过了"看亲情"，男女双方以至双方家长都无反对意见，这门婚姻基本上就不成问题了。

过礼

过礼是指"看亲"之后，要履行订婚手续。第一步，由媒人把男方的生辰八字送到女方，女方的生辰八字送到男方。然后双方把生辰八字放到祖先排位或佛像前，如果3天内双方家里没有发生盗窃、生病之类的事，就同意婚事。有些迷信的父母，会拿着双方的生辰八字请算命先生推算，看看是否冲突。如果不冲突，就同意婚事，如果冲突，就立即回绝。

"换帖"、"合八字"之后，媒人要选个吉日，带男方去"过礼"订婚。"过礼"是大事，男方要给女方送一笔重礼，礼物至少包括猪肘子一个，酒一对，鸡鸭各一只，对方父母的衣料各一套，鞋袜各一双，包封一个，给女方的东西若干等。至于包封里钱数的多少、给女方的订婚礼物，都要在事先由媒人同双方协商好，不能由男方单独决定。同时，女方父母也应替对方着想，力求节俭，少收聘礼。过礼之后，双方就开始正式商议结婚事宜了。

择吉

择吉就是选择吉日。按照传统婚姻的程序，过礼之后，男方及其父母会选择迎娶的良辰吉日，由媒人通知女方家，准备迎娶。这被称为"择吉"和"送日子"。择吉一般是请教算命先生办理，也可以自己根据《通书》（雅称"历书"、俗称"家家历"、"皇历"）择吉日。一般只要"六合"相应，就是好日子。吉日选定后，双方确定了结婚日期，就会向亲戚朋友发出婚宴请柬，请他们来参加婚礼。

请柬一般由男方或其父母亲自送到亲友手中。亲友们接到请柬后，除特殊情况只送礼不参加以外，都要亲自参加、道贺。道贺时，亲朋好友送礼物。礼物的多少和贵重程度视各人与男方关系的亲疏、交谊的深浅、本人的经济条件而定。一般都付现金、用红纸打"包封"。包封签子上要写上表示祝贺的话。送给女方的礼物大多是实物，也有用红包替代的，称为"助嫁"。送女方礼物的亲友们并不等请柬来了再送，而是闻讯主动送去，因为女方父母要以送礼人的多少决定"出嫁酒"的规模。

迎娶

结婚佳期在即，男女两家都会杀猪宰鸡，准备喜宴，请好厨师、傧相、伴娘、轿夫、账房以及勤杂人员。按照传统婚礼，在婚礼那天，一般是女家早晨摆"出嫁酒"，男家中午摆喜筵。早晨，男家鸣炮奏乐，发轿迎亲。媒人、新郎、伴娘、花轿、乐队、礼盒队等一齐前往女方家。女家在花轿到来之前，要准备好喜筵。女方要由母亲或姐姐梳好头，化好妆，用丝线绞去脸上的绒毛，称之为"开脸"，然后戴上凤冠霞帔，蒙上红布盖头，等待花轿。

花轿一到，女家奏乐鸣炮相迎。新郎叩拜岳父岳母，并呈上写好的大红迎亲简贴。随后女家动乐开筵。早宴之后，新郎新娘向新娘的祖宗牌位和长辈行过礼后，伴娘就搀着新娘上花轿了。上轿时，新娘应放声大哭，以示对父母家人的依恋。新娘上轿后，奏乐鸣炮，迎亲队伍回新郎家。乐队在前，乐队后面是骑马的新郎，接着是花轿和送亲的人员。迎亲队伍快到新郎家门口时，要鸣炮动乐相迎。花轿停在新郎家的堂屋门前，伴娘上前掀起轿帘，将新娘搀下轿来，宾客向新郎、新娘身上散花。

哭嫁

古时候，新娘在出嫁前几天要"哭嫁"，母亲、姐妹、亲属要陪着一起哭，而且哭得越伤心越好，以示不忘父母的养育之恩。如果出现嫁而不哭，新娘就会被四邻认为没有教养，传为笑柄。有些地区甚至会把哭嫁当作衡量女子才智和贤德的标准，要是新娘在出嫁时不哭，就会被认为是才德低劣，被人瞧不起。有的出嫁姑娘不哭还会遭到母亲的责打。哭嫁风俗不知起源于何时。据古籍记载，战国时期赵国公主嫁到燕国去作王后。临别时，公主的母亲赵太后"持其踵，为之泣，祝曰，必勿使返"。

在一些地区和民族，哭嫁非常流行。海岛洞头人家的传统婚礼，除了坐花轿、拜堂外，新娘还要在出嫁时以哭嫁贯穿始终。新娘从梳头开始哭和唱哭嫁歌，一直到辞别家人，坐上花轿，还哭唱个不停。土家女子婚前要唱哭嫁歌，在婚前半月至一月就开始哭唱。哭嫁的形式有一人哭、二人对哭、多人一起哭。哭唱的内容大多是感谢爹妈的养育之恩，兄嫂、姐妹的离别之情。

拜堂

拜堂又称拜高堂、拜花堂、拜天地，是古代婚礼仪式之一，婚礼的高潮阶段。迎娶之日，男家发轿之后，男家堂屋布置好拜堂的场所。家堂上燃放香烛，陈列祖先牌位，摆上粮斗，里面装着五谷杂粮、花生、红枣等，上面贴双喜字。当接新娘的花轿停在堂屋门前，伴娘站到花轿前时，仪式就已经开始。喜轿进入院子，要从火盆上抬过，寓意为烧去不吉利之物，今后的日子红红火火。新娘从轿中出来，脚不着地，踏着"传席"进入男方堂屋。之后，傧相二人分别以"引赞"和"通赞"的身份出现，新郎新娘在引赞和通赞的赞礼中开始拜堂。拜堂前，燃烛焚香、鸣爆竹奏乐。拜堂的"三拜"分别是："一拜天地，二拜高堂（双亲），夫妻对拜"，最后"新郎新娘入洞房"。拜堂仪式到此结束。

拜堂风俗始于唐朝。唐朝时，新娘见舅姑（公婆），俗称拜堂。北宋时，新婚夫妇先拜家庙，行合卺礼。第二天五更，新娘把镜台镜子摆在一张桌子上，进行下拜，称为拜堂。南宋时，拜堂改在新婚当天。新婚夫妇到中堂先揭开新娘的盖头，然后"参拜堂，次诸家神及家庙，行参诸亲之礼"。后世沿用南宋风俗，一般在迎娶当天先拜天地，然后拜堂。清代和民国都将拜天地和拜祖先统称为拜堂。

喜宴

旧时拜堂之后，新娘在新房中不再出来。而新郎要走出新房去招待宾客。喜宴要按宾客的尊卑长幼排座位，称为"请客"或"清客"。排座位的原则是上尊下卑，右尊左卑，客人按长幼尊卑，身份、地位从高到低入席。

婚宴 清 选自《清人嫁娶图》

主席要摆在堂屋正中，男方请"上亲"坐上首右边席位，由新郎的父亲或舅父坐上首左边席位作陪，其余宾客按尊卑长幼对号入座。除正席外，次尊贵的一席摆在新房中，新娘的母亲坐在首位，新郎的母亲或舅母作陪，其余宾客也按长幼尊卑次序排定。宾客入席后，侯相便宣布动乐鸣炮开宴。新郎要先到首席敬酒，说表示感谢的话祝酒。然后，厨房开始上菜，喜宴开始进入高潮，各席的酒菜都一样，只有"男上亲"和"女上亲"的酒席必须有一个清蒸猪肘子，而且新郎要守候在桌边，为"上亲"斟酒等，以示尊敬。喜宴结束后，"上亲"先到堂屋休息，吃点心，由男方尊长陪着说些客套话。过一会儿，上亲起身告辞。临走时，男家要送红包、衣料、鞋袜之类。"送上亲"时，男家所有体面的人都要送到门口，鸣炮动乐，以示敬重。

入洞房

拜堂之后，新娘新郎要入洞房了。首先，新郎手持"合欢梁"，也就是一根彩绸，

牵着新娘，与新娘面对面，倒行着把新娘引入洞房。随后的礼俗是"坐帐"，即新娘坐在床沿上，新郎用自己的左衣襟压住新娘的右衣襟，表示男人压住女人，这是古代男尊女卑的体现。这个仪式后，新郎要揭去新娘的红盖头，而首次面对婆家众人的新娘子，则会羞涩地以伞遮面，此谓"遮伞"。此时的新娘娇羞不已，便会引来阵阵欢声笑语。之后，入洞房进入最重要的一个仪式——合卺。合卺就是新婚夫妻共同饮酒。古时候，卺是由一个葫芦或瓠剖开的瓢，合卺则是喝完酒后把两个剖开的瓢用线拴在一起，象征着夫妻本是一体二分，如今合二为一。唐宋以后，合卺演变成喝交杯酒的形式。交杯酒就是用彩线把两个杯子连起来，新婚夫妇对饮，或各饮半杯，然后交换饮尽。喝完酒后，还要把杯子扔到地上，最好成一仰一俯，象征阴阳和谐。

合卺之后，新婚夫妻还有结发仪式，也就是新郎把新娘的头发解开，然后把两人的头发象征性地扎在一起。人们之所以把元配夫妻呼为结发夫妻，其源盖出于此。

接下来还有闹洞房。传统闹洞房最精彩的是撒喜床，这个活动具体是，在闹洞房的时候，由新郎的嫂嫂手托盘子，盘内放上栗子、枣、花生、桂圆等物（寓意为早生贵子，多子多福），抓起这些果物，撒向坐在床上的新娘，且边撒边唱。众人随声附和，洞房中嬉笑打闹，欢声笑语彻夜不断。这个游戏人人参与，而嫂嫂则是主角。所以，嫂嫂的人选必须是个"吉祥人"，首要的条件是儿女双全；其次还要能唱能跳，口齿伶俐，擅长逗乐搞笑。据唐宋时古书记载，闹洞房实为陋俗。但是，由于闹洞房不仅能增加婚礼的喜庆热闹气氛，还可以让新娘与男方亲朋好友熟络，

所以一直为民间传承。

回门

回门是旧时汉族婚姻风俗。婚后三、六、七、九、十日或满月，新郎新娘携礼品，随新娘返回娘家，拜新娘的父母及亲属，称"回门"。这是一种必不可少的礼节，是婚事的最后一项仪式。回门一般在上午九、十点钟动身，新郎新娘要购买新娘家人喜欢的礼品，礼品一般为四件。回到娘家，新郎新娘首先要问候老人。这时新郎就应改口，跟新娘一样，称岳父岳母为父亲、母亲。女家设宴款待，新郎入席上座，由女方尊长陪饮。就餐时，新郎新娘一一向父母、亲友和邻里敬酒。饭后，新郎新娘陪父母聊天，听听他们的教诲，然后告辞回家，并要主动邀请岳父岳母和兄弟姐妹到自己家里做客。有的地区也可小住几日。这种风俗起源于上古，称"归宁"，意为婚后回家探视父母。后世名称不一，宋代称"拜门"，清朝时北方称"双回门"。南方称"会亲"。河北地区称"唤姑爷"，浙江杭州称"回郎"。

做寿

做寿也叫"祝寿"，是中国一种庆贺老人生日的活动。中国民间以 50 岁以下为"做生日"，50 岁以上为"做寿"。民间做寿的形式大同小异，一般根据家境贫富而酌情定之。在家中做寿时，正厅要设寿堂、贴寿字、结寿彩、燃寿烛，重要的一项就是宴请宾客，大家欢聚一堂，共同庆贺。宴请酒食中的面条，称为"寿面"，是必不可少的，取其福寿绵长之意。亲戚前来祝贺，所执贺品多为寿桃、寿幛、寿联。受贺者穿着新衣端坐堂中，接受贺者的两

揖之拜及贺礼；如遇平辈拜寿，受贺者应起身请对方免礼；若遇晚辈中小儿叩拜，受贺者须给些赏钱。如果是父母的寿日，出嫁的女儿要回来祝贺。在一些地区，出嫁的女儿会为做寿的长辈送上自己亲手做的鞋，还有衣料、寿面、寿酒，等等。如果父母都在，不论他们是否同庚，皆为双寿，所以送礼该送双份。

在中国民间，祝寿多重"九"和"十"。"九"是数中之极，意味着至极；"九"又与"久"谐音，取其"天长地久"之意，因此，岁数逢九或九的倍数，就要举行大典，称之为"庆九"。其中"花甲寿"和"八十寿"是最重要的。中国以 60 岁为一个花甲子，所以有些地方认为人只有活满 60 岁才能称"寿"，因此 60 岁的生日一定会办得很隆重；80 岁就可被誉为"老寿星"了，所以"八十寿"又称为"做大寿"，要比 60 岁时的更为隆重。

丧礼

丧礼是古代凶礼的一种，指的是安葬和悼念死者时所必须遵循的一整套礼仪制度。中国汉族丧礼，根源于上古社会的丧葬习俗，与灵魂不灭的观念有关。由秦汉及隋唐，丧礼臻于完备。主要包括丧葬仪规、丧服制度、祭祀活动 3 个方面。

汉族丧礼的传承，由于时代的不同、地域的差异而有所变化，加上宗教等因素的影响，因而产生无数多姿多态、风格各异的丧葬习俗，反映出不同的文化心理。出殡是汉族丧礼最后一项重要仪式，其时间一般人家是在"大殓（即将死者放入棺材）"的次日或人死后的第七日，而官宦富贵之家则在"七七"（49 天）以后甚至更长时间，才在事先择定好的日子出殡。出殡前一天晚上，死者至亲好友都来到丧

家，晚饭后祭奠烧纸，称为"辞灵"，而且整夜留在丧家，俗称"伴宿"或"守夜"。次日清晨，撤去灵前所供诸物，"孝子"将"丧盆"摔碎，执领魂幡在他人搀扶下前导，灵柩随后起行，还要带上一只公鸡，到墓地后释放，给死者"引路"。出殡的规模一般没有固定标准，因贫富而异，少则二三十人，多则百人以上。按规矩，棺材必须用人抬步行，而不能用车拉。抬棺材的人在农村多是由亲友帮忙，而在城市可以雇人。出殡的队伍中还要有相应的"仪仗"，包括铭旌、纸制冥器和用柳枝糊白纸做成的"雪柳"和祭幛等，以及沿途吹打的鼓乐班子，边走边撒纸钱。

归葬之处，一般都是在本家族的墓地。棺入穴后，先由孝子用衣襟捧土覆盖，然后众人填土成坟，于坟前焚烧冥器摆供祭奠后返回。下葬后第三天，家人要到墓地给新坟填土、祭奠，称为"圆坟"。死者去世后每隔七天都要有祭奠仪式，俗称"办七"或"烧七"，一般至七七而止。死者去世后第一百天、周年、二年、三年的"整日子"也要祭奠。另外，清明、七月十五、十月初一以及除夕等，都是民间烧纸上供、祭奠亡灵的日子，一直延续至今。

挽歌和挽联

挽歌就是哀悼死者的歌。在古代，送葬时"孝子"在前执绋，挽柩者唱挽歌。上古时期没有挽歌，《礼记·曲礼上》："适墓不歌，哭曰不歌，临丧前则必有哀色，执绋不笑。"《左传·哀公十一年》记载："公孙夏命其徒歌《虞殡》。"（《虞殡》即送葬的挽歌。）此后挽歌逐渐流行。《晋书·礼志中》记载："汉魏故事，大丧及

大臣之丧，执绋者歌。"在古代，不同的等级送葬时也要唱不同的挽歌。汉武帝命音乐家李延年作两首挽歌《薤露》和《蒿里》。《薤露》是在送王公贵族时唱的，《蒿里》是送士大夫和庶人时唱的。一般来说，挽歌都是死者的亲友写的，但也有的死者在生前就为自己写好了挽歌，嘱咐亲友在为他送葬时唱。比如大诗人陶渊明在自己临死前三个月就写了三首挽歌。在当时，有很多文人都在生前为自己写挽歌，以示对死亡的大彻大悟。

挽联则是哀悼死者、治丧祭祀时专用的对联。内容主要是概括死者的一生功绩，对死者进行评价，诉说自己与死者的友谊，对死者的去世表示哀悼等。

收继婚

收继婚，是中国旧时婚俗的一种，在汉族和少数民族中都有存在，指的是兄弟亡故之后收其寡妻为自己妻子的现象，也包括父死子娶庶母、叔死侄娶婶母的情况。收继婚最早起源于群婚时期兄弟共妻的风俗，进入父系社会以后，父亲的妾也成为嫡子所继承的遗产的一部分，于是往往会有子娶庶母的情况，这在某些部族甚至成为一种定制，《史记·匈奴列传》即记载："父死，妻其后母；兄弟死，皆取其妻妻之。"出塞的王昭君在匈奴呼韩邪单于死后又嫁给了其长子复株累若单于。后来这一风俗为人们所摒弃，明、清两代更是用法律来禁止收继婚的行为，如《明律集解·附例·户婚》声明："兄亡收嫂、弟亡收妇者，各绞。"但是在广大民间，兄收弟妻、弟继兄妻的事情依然经常发生，原因是一些家庭由于经济条件的限制而承受不起另娶的花费，所以就有鳏寡两相将就之事。

童养媳

童养媳，指女子在幼小的时候被婆家收养而待到成年时结婚的现象，这一称谓最早出现于宋代，但是作为一种社会情形则早已有之。周代有所谓媵制，就是姐姐在出嫁的时候，妹妹也陪同一起嫁过去，或者是侄女陪同姑姑一起出嫁。与作为正妻的姐姐或姑姑相应，妹妹或侄女就成为夫家的媵。媵的地位要高于妾，妾往往归于奴仆的一类，而媵则属于主人。有时陪同出嫁的妹妹或侄女尚未成年，这也就意味着要在夫家长大。媵制主要流行于诸侯和贵族之间，是血亲观念和一夫多妻制度相结合的产物。秦汉以后，一些贵戚的女儿在年幼时被选入宫中，成年后就作为帝王的妃嫔，或者被赐予皇族子弟做妻妾。这就是童养媳的早期形式。后来，童养媳的现象逐渐从宫廷和贵族延至民间与平民之中，并且一度十分盛行。童养媳现象在社会上流行的原因主要是百姓生活贫穷，加之古代的婚姻制度是女嫁从夫，女儿不被视为自己家里的人，在养育子女发生困难的时候就将还很小的女儿送给富裕一些的人家，等长大了就自然地成为人家的媳妇。于夫家来说，与童养媳结婚和正常的大娶相比也可以节省很大的一笔费用。另外，古代曾有用结婚来"冲喜"一说，也就是在公婆或者丈夫发生重病的时候，提前娶亲，用喜气来冲掉灾气，有时男子的年龄还很小，也就找童养媳来娶亲。童养媳由于家庭贫穷，所以到夫家之后常常受轻视，而且年龄幼小，不能给自己做主，生活往往很凄苦。

男女授受不亲

"男女授受不亲"，语出《孟子·离娄上》："淳于髡曰：'男女授受不亲，礼与？'孟子曰：'礼也。'"这句话表达的是古代的一种礼法观念，概言男女之间不应当发生亲密的动作和交往。《礼记·曲礼》说："男女不杂坐，不同施枷，不同巾栉，不亲授。嫂叔不通向……外言不入于，内言不出于。女子许嫁，缨，非有大故，不入其门。姑姊妹女子，子已嫁而反，兄弟弗与同席而坐，弗与同器而食，父子不同席。男女非有行媒，不相知名；非受币，不交不亲。"这些内容是对男女之间交往所应当遵守之礼节的详细而严格的规定，非夫妻关系的男女之间是断不允许发生直接的接触和交往的，但这只是一些学者书面的提倡，就实际而言，这种礼法观念主要是在贵族阶层之间执行的，社会上男女之间的来往还是普遍较为自由的，而且就"男女授受不亲"这句话本身而言也是有所变通的，淳于髡问孟子："嫂溺则援之以手乎？"孟子回答说："嫂溺不援，是豺狼也。男女授受不亲，礼也；嫂溺援之以手者，权也。"也就是说虽然"男女授受不亲"是礼法的要求，但是在特殊情况下也是应当有所权变的。自宋代之后，男女之间的自由交往开始被严格限制，司马光在《涑水家仪》中说："凡为宫室，必辨内外，深宫固门内外不共井，不共浴室，不共厕。男治外事，女治内事。男子昼无故，不处私室，妇人无故，不窥中门。男子夜行以烛，妇人有故出中门，必拥蔽其面。男仆非缮修，及有大故，不入中门，入中门，妇人必避之，不可避，亦必以袖遮其面。女仆无故，不出中门，有故出中门，亦必拥蔽其面。铃下苍头但主通内外宫，传致内外之物。"这就明确地将妇女的活动空间局限在家门之中，体现出强烈的男权色彩。

男主外，女主内

"男主外，女主内"，是中国传统的性别观念，意为男性主导家外的事务，而女性负责家内的事情。《周易》第三十七卦曰："家人，利女贞。"解释卦义的象辞说："女正位乎内，男正位乎外。"据《周易正义》，王弼注云："家人之义，各自修一家之道，不能知家外他人之事也。统而论之，非元亨利君子之贞，故利女贞，其正在家内而已。"又孔颖达疏云："家人之道，必须女主于内，男主于外，然后家道乃立。"这些讲的都是"男主外，女主内"方才是持家的正道。出于两性天然的特点，幼小的子女需要由母亲来照顾，这样，出外谋生的任务就主要落在了父亲身上，作为父亲的男性也就因而掌握了经济权力。在母系社会时期，由于人们群居而不知其父，所以女性处于主导地位，进入父系社会后，群婚现象瓦解，男性开始承担起主要的角色，因之而形成了男尊女卑的观念。如此一来，"男主外，女主内"虽然原本只是一种正常的性别角色分工，但是在既有性别歧视的影响下则转变为一种限制女性自由参与社会活动的理论，将女性的活动空间严格地束缚在闺阁之内，使得女性成为纯粹的"内人"。

节妇烈女

"节妇"，指坚守贞节绝不改嫁的女子；"烈女"，指为了免受侮辱而自杀殉节的女子。自南宋之后，"节妇烈女"尤为社会所颂扬，"节妇"、"忠臣"和"孝子"共同成为人们所当遵奉的楷模，而这三者正是与"君为臣纲，父为子纲，夫为妻纲"相对应的。到明清时期，社会上的节烈观发展到极端，以致各地争相以树立贞节牌坊为荣，这也为官方所大加鼓励。清代《礼部则例》规定，"节妇"为"自三十岁以前守至五十岁，或年未五十而身故，其守节已及十年，查系孝义兼全厄穷堪怜者"，以及为夫守贞的"未婚贞女"；"烈女"包括"遭寇守节致死"，"因强奸不从致死，及因为调戏羞忿自尽"，以及"节妇被亲属逼嫁致死者，童养之女尚未成婚、拒夫调戏致死者"，等等。每年各地方的族长、保甲长都要向官府公举节妇烈女，而各级官府也都要给予相应的表彰。京师、省府和州县都修建有矗立大牌坊的"节孝祠"，被旌表的妇女被题名于坊上，死后设位于祠中，每逢春秋供人祭祀。官府还特别发给本家30两"坊银"为其建坊。节妇烈女的名字还会被列入正史和地方志，而其节烈事迹特别突出的，甚至会得到皇帝的"御赐诗章匾额缎匹"。当时所盛行的《女学》、《教女遗规》、《女学言行录》、《女范捷录》等教育女子的书籍中也大肆宣扬贞节观念。这些举措把对节妇烈女的崇尚推至了极点，成千上万的妇女或自愿、或被迫地终生寡居，甚至以身殉夫。

跪拜礼

跪拜礼的产生源于古人席地而坐的方式，因为汉代以前，并没有专供坐用的椅、凳之类，人们坐的时候是两膝着席，将臀部压在脚后跟上。以这种方式而坐，遇到需要向他人表示敬意或致谢的时候，就将臀部抬起来，也即是呈现跪的姿态，然后再俯身向下，这也就是跪拜礼的由来和其基本形式。原始的跪拜礼很简单，后来成为一种正式的礼节之后则变得繁复起来，并且发展出了诸如"九拜"等多种跪拜方法，应用范畴也扩及到生活中的方方面面。

九拜

"拜"，是中国古代的一种表达崇高敬意的礼节。所谓的"九拜"，并不是指叩拜九次，而是指九种不同的叩拜礼仪，不同的人依据其各自的等级和身份在不同的场合使用相应的叩拜方式。《周礼·春官·太祝》记载："辨九拜，一曰稽首，二曰顿首，三曰空首，四曰振动，五曰吉拜，六曰凶拜，七曰奇拜，八曰褒拜，九曰肃拜。"

各自的具体做法是：稽首，为屈膝跪地，左手按右手，拱手于地，头缓缓贴近地面，而且头在地面上须停留一段时间，手在膝前，头在后，这是拜礼中最为庄重的一种。顿首，其他方面与稽首相同，只是头一碰到地面就抬起来，因为头接触地面的时间很短，所以称作顿首，其庄重性仅次于稽首。空首，是两手拱地，引头至手而不着地，这是拜礼中的较轻者。振动，是两手相击，振动其身而拜，有捶胸顿足之意，表达极度的悲哀之情。吉拜，是先空首，再顿首。凶拜，是先顿首，再空首。奇拜，"奇"是单数的意思，为先屈一膝而拜，又称"雅拜"。褒拜，是行拜礼后为回报他人行礼再拜，也称"报拜"。肃拜，推手为"揖"，引手为"肃"，肃拜实际上是一种是揖礼，并不下跪，而是俯身拱手行礼，但其表达的是拜的含义。

"九拜"之中，前三种是正式的拜礼，后面的几种则是正拜的变通。这些拜礼的应用范畴大体是：宗庙祭祀拜祖先，郊祀拜天拜神，以及臣拜君、子拜父、学生拜老师，新婚夫妇拜天地、拜父母，都行稽首礼；平辈和同级之间，行顿首礼；对于卑者的稽首礼，尊者以空首礼答拜；振动礼为丧仪中所用；吉拜礼行于各种祠祭；

凶拜礼是服 3 年之丧时所用；肃拜礼为女子所用，因为女子佩戴的首饰较多，不便于跪拜，另外也用于军人之中，原因是军人身披甲胄，行动有所不便。

拱手

拱手是中国古代一种常行的礼节，在上古时期就已产生，做法是双手抱拳前举，近似于带手枷的奴隶，原初的含义为表示愿做对方的奴仆，以表示一种相当的尊敬。清代学者阎若璩在对《论语》的注释中提到："古之揖，今之拱手。"但是拱手与作揖并不完全相同，拱手仅仅是双手抱拳前举而已，作揖则还要配合两臂的上下左右等方向性的动作，正式的作揖还要鞠躬，后来揖礼简化，在行用的时候常常变成了拱手，而拱手与作揖这两个概念也就时常混用。

作揖

作揖是中国古代的一种表示敬意的礼节行为，至今仍在行用，其方式为双手抱拳前举，同时身体略弯，也有很多时候仅仅是举手而已。作揖起源很早，相传在夏代就已经出现，在西周时期就很为流行了。据《周礼》记载，根据双方的地位和关系，作揖的种类有土揖、时揖、天揖、特揖、旅揖、旁三揖等。土揖是拱手前伸而稍向下；时揖是拱手向前平伸；天揖是拱手前伸而稍上举；特揖是一个一个地作揖；旅揖是按等级分别作揖；旁三揖是对众人一次作揖三下；此外，还有一种表示特别敬意的长揖，即拱手高举，自上而下向人行礼。一般而言，作揖是恭敬之心的一种表达，但在个别时候却有着反面的含义，《汉书·高帝纪》记载郦生见刘邦的时候不拜而长揖，表达出一种不敬服的心态，当然，这并非是作揖本身的含义，而是说按照礼节，本应当致以更为尊贵的行礼方式，这时如果用作揖来代替的话反而显得不敬了。严格来讲，作揖抱拳的通常方式是右手握拳，左手成掌，包住或者盖住右手，这称为"吉拜"；反之则为"凶拜"，也就是左手握拳，右手成掌，这种作揖方式一般用于丧礼的场合。这一区别的源起为一种诚意的表示，因为大多数人右手为主手，在攻击他人的时候主要用的是右手，作揖时左手在外，而将用于攻击的右手盖在里面，是一种友好的表示与真诚的传达。

坐、跪和长跪

坐，是人体态势的一种，泛指将臀部依靠在可以支持身体重量的物体上，用臀部来代替两脚着力的姿势，当今一般指将臀部放在椅、凳之类的坐具上，古时因为没有椅子，人们坐的方式与现代有所不同，在正式的场合是席地而坐，两膝着地，臀部压在脚跟上，这种方式腿部受到的压迫很严重，日常生活中并不全都如此，只是因为其姿势较为美观，而成为一种表示庄重的正坐。跪的姿势是两膝着地或着席，直身，臀部不着脚跟，是一种对地位高者表示尊敬的姿势，古人席地而坐，在有急要之事或谢罪之时，也会采取跪的方式，有时单膝着地也称之为跪。长跪是跪的一种最为郑重的方式，特点是挺身直立，用膝盖和脚趾来支持身体，拜跪时习惯上以先下右膝为礼。

避席

避席，是古代的一种表示尊敬的行为，古时没有椅子，人们席地而坐，在需要的时刻离开席子站立一边，也就是避席。《孝经》中记载了曾子在听孔子讲课的时候接到提问即避席而立的故事，颇为传诵，引为美谈。避席最初只是个别行为，后来则为人效仿，成为社会上通行的一种礼节。魏晋时期，椅子由少数民族传入中原，人们逐渐不再习惯于坐在席子上，避席之礼也就无从谈起，但并没有消失，而是转化为新的"避席"方式，当今通常的离座起立以表敬意的礼节也就是古代避席之礼的转化。

投刺

刺，指的是古时所用的一种写有姓名的简牍，相当于现在的名片，清代赵翼在《陔余丛考》中说："古者削木以书姓名，故谓之刺；后世以纸书，谓之名帖。"投刺也就是将写有自己名字的刺或名帖投递给想要求见的人，以期其对自己事先有一个基本的了解。唐代之后，投刺成为一种普遍的风习，而刺的形制也多了起来，因为主人身份的差异和传达目的的不同等都有着各自的区分，例如，位尊者（如亲王）可以使用红色的名帖，向别人传达丧事的时候要在名帖的四周圈上黑框。古代的刺或名帖都是亲笔书写的。

古人的见面礼

见面礼，即见面时所行用的礼节。古人常用的见面礼有揖、拱和拜等。揖是古人相见的最常用的礼节，具体又分为三种：没有婚姻关系的异性之间，行礼时推手微向下；有婚姻关系的异性之间，行礼时推手平而致于前；一般的同性宾客之间，行礼时推手微向上。另外还有长揖，是一种不分尊卑的相见礼，拱手高举，自上而下，较普通的揖程度更深一些。拱，是两手在胸前相合以表示敬意，《论语》中记载一次子路见到孔子时"拱而立"，就是行用的拱礼。拜，古人见面时最为庄重的一种礼节。早时的拜，只是拱手弯腰而已，两手在胸前合抱，头向前俯，额触双手。《孔雀东南飞》中的"上堂拜阿母"，指的就是焦仲卿对母亲所行的这种拜礼。后来拜则主要指跪拜，臣民在面见皇帝的时候都要行跪拜礼。

座次的讲究

古时座次有着严格的尊卑之分。在筵席上，最尊的座次是坐西面东，其次是坐北向南，再次是坐南面北，最卑是坐东向西。《史记·项羽本纪》中载有："项王、项伯东向坐，亚父南向坐，……沛公北向坐，张良西向侍。"其中，项王的座次最尊，而张良的座次最卑。在举行朝会的时候，则是背北面南为尊，所以称帝叫作"南面"，而为臣则叫作"北面"。另外，通常的看法是，右者为尊，因此遭受贬谪称为"左迁"，而在座次的排定上，地位次尊的人则居于最尊者的右边。

闹洞房

关于闹洞房习俗的来历，中国民间有两种说法。

一说源于驱邪避灾。相传，很早以前紫微星下凡，在路上遇到一个披麻戴孝的女子，尾随在一伙迎亲队伍之后，他看出这是魔鬼在伺机作恶，于是就跟踪到新郎家，只见那女人已经先到了，并且躲进洞房。当新郎、新娘拜完天地要进入洞房时，紫微星守着门不让进，说里面藏着魔鬼。众人请他指点除魔办法，他建议道："魔鬼最怕人多，人多势众，魔鬼就不敢行凶作恶了。"于是，新郎请客人们在洞房里嬉戏说笑，用笑声驱走邪鬼。果然，到了五更时分，魔鬼终于逃走了。可见，闹洞房一开始即被蒙上了驱邪避灾的色彩。

由于这一习俗以新娘为主要逗趣对象，故又称闹新娘、耍新娘，旧时还称为戏妇。

抢婚

抢婚，原始社会的一种婚俗。即由男子通过掠夺其他氏族部落妇女的方式来缔结婚姻。亦名"掠夺婚"。

现代抢婚的形式，非常具有民俗特色。男女双方经自由恋爱后，征得家长同意，决定成婚后，双方则约定抢婚日期。女方家中提前七日将新娘看管起来，不得出门，不得与外人相见。令新娘只着贴身内衣，双手反绑，双脚并捆，锁在自己的卧室之中，平时由特别挑选的四位已婚女子看护。婚前两三天，男方家在亲友中挑选精壮男子数人，由新郎的兄弟带领，赶上一头猪，抬一桶酒，多带绳索到女家去迎亲。这支队伍在女家要经受种种考验。新娘被抢走入门后，并不立刻解去绳索，而要先除去绣鞋，挠她的脚心，待她破涕为笑（表示应允婚事），才可解去捆束的绳索，行新婚之礼。

赘婚

赘婚，又称"入赘"、"招赘"，俗称"倒插门"。赘婚是一种男嫁女娶、夫以妻居的旧式婚姻。这是一种男子就婚于女家，以女家作为主体关系的婚姻形式。招赘，一为延续子嗣，故夫改女姓；二为得一男劳力，支撑门户。

旧时，入赘之日，由女家备四人轿，

并用行人执事，专迎新郎，俗称"抬郎头"。或先一日由女家按去，宿新房中，正日，花轿鼓吹，抬新娘兜喜神方一转，似男家迎娶，到门拜堂。

交换婚

一种相互交换的婚姻关系。起源于母系氏族社会的外婚制，即部落中两个半偶族的男女之间互相通婚。两家的子、女互换为夫、妻。进入父系制以后，则表现为双方的男子均以自己的姐妹或亲族中的女子和对方相互交换为妻。因为双方均以一个女子为代价进行交换，所以无需另外补偿。

民间称为"小姑换嫂"或"姐妹换妻"。方法有两种：一是同时交换马上兑现；二是成人者先行一步，同时为未成年的那一对预订婚约，待其成年之时择日完婚。

古代媵、妾制

古代婚姻制度的一种风俗。《尸子》曰："尧闻舜贤，征之草茅之中，妻之以媓，媵之以英。"则虽属姐妹同嫁，但姐姐是妻，妹妹是媵，即随嫁者。

周代，诸侯娶一国之女为夫人，女方须以侄（兄弟之女），娣（妹妹）随嫁，同时还须从另两个与女方同姓之国各请一位女子陪嫁，亦各以侄、娣相从，一共九人，只有夫人处于正妻地位，其余都属于贵妾。诸侯正妻如亡故或被休，不可再娶，应由众妾中依次递补，此种制度称为媵妾或媵婚制度。天子媵嫁，与诸侯相似，唯媵嫁数目更多，连正妻共 12 人。

"福"字倒贴

春节，在许多家庭院落的门窗上，往往会看到一些倒贴着的大红"福"字。据《梦梁录》记载："士庶家不论大小，俱洒扫门闾，去尘秽，净庭户，换门神，挂钟馗，钉桃符，贴春牌，祭祀祖宗。""贴春牌"即写在红纸上的"福"字。

"福"字倒贴的习俗，起源于清代恭亲王府。那年正值春节前夕，大管家为讨主子欢心，写了几个斗大的"福"字，叫人贴于库房和王府大门上。有一家丁因目不识丁，竟将大门上的"福"字贴倒了。为此，恭亲王福晋十分气恼，欲鞭罚惩戒。幸好大管家是个能说会道之人，他也怕福晋怪罪下来自己脱不了干系，慌忙跪倒陈述："奴才常听人说，恭亲王寿高福大造化大，如今大福真的到（倒）了，乃吉祥之兆。"恭亲王福晋一听大喜，遂即赏管家和家丁各 50 两银子。后来，倒贴"福"字之俗由王府传入巷陌人家，贴过后都愿过往行人或顽童们念叨几句："福到了！福到了！"以图吉利。

元宵节猜灯谜

猜灯谜是中国传统的娱乐形式，尤其是元宵佳节，处处是灯谜盛会。

灯谜是从古代游戏中发展过来的。早在春秋战国时代，宫廷中就出现了"隐语"、"文义谜语"等文字游戏，这可以说是最早的灯谜。唐宋时代，制谜和猜谜的人多起来。宋朝文学家王安石、苏轼等，都是制谜语的能手。南宋时，每逢元宵佳

金鱼荷花灯

节，文人墨客把谜语写在纱灯上，供人们猜测助兴。

寿桃

相传孙膑 18 岁离开家乡到千里之外的云蒙山拜鬼谷子为师学习兵法。一去就是12 年，那年的五月初五，孙膑猛然想到："今天是老母 80 岁生日。"于是向师父请假回家看望母亲。师父摘下一个桃送给孙膑说："你在外学艺未能报效母恩，我送给你一个桃带回去给令堂上寿。"孙膑回到家里，从怀里捧出师父送的桃给母亲。没想到老母亲还没吃完桃，容颜就变年轻了，全家人都非常高兴。

人们听说孙膑的母亲吃了桃变年轻了，也想让自己的父母长寿健康，便都效仿孙膑，在父母过生日的时候送鲜桃祝寿。但是鲜桃的季节性强，于是人们在没有鲜桃的季节里，用面粉做成寿桃给父母拜寿。

五服

五服是古代的一种丧服制度。

"五服"中最重的叫"斩衰"。凡丧服，上衣叫"衰"，下衣叫"裳"。斩衰用最粗的生麻布斩布而制，不缝边。亲属中，子为父，父为长子，嗣子为嗣父，未嫁女为父，妻妾为夫，皆服之，丧期 3 年（实则 25 个月）。

"齐衰"次之，用粗熟麻布，缝边整齐。"齐衰"又分 4 等：父已去世而子为母、母为长子服之，丧期 3 年；父健在而子为母、夫为妻服之，丧期 1 年，且持丧杖，叫"齐衰杖期"；男子为叔伯父母、兄弟、长子以外众子，已嫁女为父母，媳妇为公婆，孙子孙女为祖父母服之，丧期 1 年，不持丧杖，叫"齐衰不持杖"；为曾祖父母服，

丧期 5 个月。

"大功"又次之，用中粗熟麻布，丧期 9 个月，凡为堂兄弟、未嫁堂姊妹、已嫁姊妹和姑母，又已嫁女为伯叔父、兄弟，为丈夫之祖父母，又公婆为嫡子之妻，皆服之。

"小功"再次之，用较细熟麻布，丧期 5 个月，凡本宗为曾祖父母、曾伯叔祖父母、堂叔伯父母、未嫁祖姑、堂姑，已嫁堂姊妹，兄弟妻，从堂兄弟及未嫁从堂姊妹，又外亲为外祖父母、母舅、母姨等，皆服之。

"缌麻"最轻，用极细熟麻布，丧期 3 个月，凡本宗为高祖父母、曾伯叔祖父母、族叔伯父母、族兄弟及未嫁族姊妹，为外孙、外甥、岳父母等，皆服之。

三从四德

"三从四德"是中国古代社会对妇女的德行所做的规范。

"三从"出自《仪礼·丧服》："妇人有三从之义，无专用之道，故未嫁从父，既嫁从夫，夫死从子。""三从"在这里与后来习称的"三从四德"之中的含义并不一样，"三从"原本指的是贵族妇女为亲属服丧的仪制，"从"的意思是在仪制上的依从，而不是权力关系上的服从。

"四德"出自《周礼·天官》："九嫔掌妇学之法，以教九御，妇德、妇言、妇容、妇功。"据郑玄的注释，"妇德"指贞顺，"妇言"指辞令，"妇容"指修饰，"妇功"指纺织，这是王妃所应当学习的 4 种"妇道"。东汉才女班昭作《女诫》，将其称为"女人之大德"，并阐释说："清闲贞静，守节整齐，行己有耻，动静有法，是谓妇德；择辞而说，不道恶语，时然后言，

不厌于人,是谓妇言;盥浣尘秽,服饰鲜洁,沐浴以时,身不垢辱,是谓妇容;专心纺绩,不好嬉笑,洁斋酒食,以奉宾客,是谓妇功。"这也就是"四德"所蕴含的具体内容。

"三从四德"开始时是作为贵族妇女的日常仪德而制定的,后来经过儒家的提倡,成为全社会所遵奉的"妇道"。"三从四德"对妇女所做的要求体现出明显的男权色彩,因而在"五四"新文化运动中备受抨击,尤为女性主义者所不容。

三纲

"三纲",即所谓"君为臣纲,父为子纲,夫为妻纲"。"纲"的本义为提网的总绳,其比喻义为事物中占据支配和控制地位的关键成分。

"三纲"的提法并非出于儒家,而是始于韩非:"臣事君,子事父,妻事夫,三者顺则天下治,三者逆则天下乱,此天下之常道也。"孔子对君臣关系的看法是:"君使臣以礼,臣事君以忠。"而孟子则认为:"君之视臣如手足,则臣视君如腹心;君之视臣如犬马,则臣视君如国人;君之视臣如土芥,则臣视君如寇仇。"可见,孔子、孟子所言的君臣关系是相互的、双向的对等关系,而韩非所言的君臣关系以及父子关系、夫妻关系则是单向的、一方对另一方具有控驭权的服从关系。韩非将君臣完全对立起来,倡扬权术和法制的重要性,而儒家则强调亲情和仁义是维持社会关系的根本。"三纲"的正式提出者是西汉时期的董仲舒,他在《春秋繁露》中说:"君臣、父子、夫妇之义,皆取自阴阳之道:君为阳,臣为阴;父为阳,子为阴;夫为阳,妻为阴。"又言:"阴者阳之合,妻者夫之合,子者父之合,臣者君之合。""合",是

配合的意思,也就是被支配的一方。这也就是后来统驭中国社会思想2000余年的"王道三纲"。"三纲"虽然打着儒家的旗号,但与孔孟之学相去甚远,实则是后来君主专制社会的思想家为迎合政治需要而制定的伦理规范。朱熹曾经说自孟子之后真孔学即失传,这表明后来在中国社会占据思想主导地位的儒家学说相较于儒学创始时期孔孟的思想言论发生了很大变异。

五常

"五常",指仁、义、礼、智、信这5种精神信念与行为规范,是儒家伦理思想的核心。"五常"的定称,出于董仲舒《天人三策》:"仁、义、礼、智、信五常之道,王者所当修饬也。"之所以将仁、义、礼、智、信称作"五常之道",是因为"常"表达的是永恒不变之义。后来,"五常"与"三纲"常常并称,成为中国传统社会的最高伦理准则,但是实际上"五常"的观念比"三纲"早很多,在孔子之前就已经是社会上广为认同的德行规范,孔子继承了华夏文化的优秀传统,并将之发扬光大,泽于后世。可以说,"五常"作为一种思想理念,有着比"三纲"更为广泛的适应范围,当今虽不再有"五常"的提法,但是仁、义、礼、智、信这些基本理念仍在相当程度上影响着中国人的思想和行为。

裹脚缠足

缠足是中国古代的一种陋习,即把女子的双脚用布帛缠裹起来,使其变成又小又尖的"三寸金莲"。

一般认为裹脚大约始于五代末或宋初。五代南唐后主李煜在位期间,一味沉湎于声色、诗词、歌舞之中,整日与后妃们饮

酒取乐。宫中有一位叫窅娘的嫔妃，原是官宦人家女儿，后因家势破败，沦为金陵歌妓。她生得苗条，善于歌舞，受李煜的宠爱。李煜诏令筑金莲台，高六尺，饰以珍宝，网带璎珞，台中设置各色瑞莲。令窅娘以帛缠足，屈上作新月状，着素袜舞于莲中，回旋有凌云之态。李煜看了，喜不自禁。此后，窅娘为了保持和提高这种舞蹈的绝技，以稳固受宠的地位，便常用白绫紧裹双足，久而久之，便把脚裹成了"红菱形"，其舞姿也更为自然，美不胜收。时人竞相仿效，五代之后逐渐形成风气，风靡整个社会。

入殓礼俗

入殓有"大殓"和"小殓"之分。

小殓是指为死者穿衣服。在民间的习俗里，入殓的衣服和被子忌讳用缎子，因为"缎子"谐音"断子"，一般用绸子，"绸子"谐音是"稠子"，可以福佑后代多子多孙。殓衣又忌讳用皮毛制作。用兽皮做被子的话，死者来世会转生为兽类的。替死者穿好衣服后，又拿一碗温和水，用一块新棉花，蘸这水，将亡人的眼睛擦洗擦洗，叫作开光，这也是孝子亲手做的事。

"大殓"是指收尸入棺。这就意味着死者与世隔绝，与亲人最后一别。收尸盛殓的棺材，是以松柏制作的，忌讳用柳木。松柏象征长寿。柳树不结籽，或以为导致绝嗣。大殓的时间是在小殓的第二天，就是人死后的第三天举行。当主人"奉尸殓于棺"时，家人要捶胸顿足、号啕大哭。

尸体、殉葬物放妥后，接着要钉棺盖，民间称为"镇钉"。镇钉一般要用七根钉子，俗称"子孙钉"，据说这样能够使后代子孙兴旺发达。入殓后，禁忌雨打棺。否则，

以为后代子孙会遭贫寒。入殓前后，停棺在堂，直至出殡。

守制

守制是古人对于死者儿子所单独做出的守丧制度，期限为3年。期间，该制度对于守丧者有一系列相当严苛的生活方面的要求。首先，孝子不能有任何享乐，不得饮食酒肉、瓜果菜蔬，只能吃粥；不得与妻妾同房；乃至不得洗澡、换衣服、剃头等。其次，守丧者不得嫁娶，不得有任何庆祝活动，不得在节日拜访亲友。最后，在汉代察举时代，守丧者不得被举荐；科举考试时代，守丧者则不得应考。而在外做官的官员，必须告假回家守制，称为丁忧。最理想的，便是守制期间，孝子在父（母）墓前搭建简陋草庐独居3年。可以看出，守制的所有规定全部做到恐怕是不太可能的，这只能是古人对于孝道所设想的一种理想化状态。但是，政府对于守制制度是相当严格的，如有士子在居丧期间前去应考，是要受到法律制裁的；另外，一些官员怕丁忧后官职难以恢复，会瞒报父母丧事，朝廷对这类情况也会严厉惩罚。

悬棺葬

中国古代葬式的一种。在四川、云南、

悬棺

贵州、广西、福建、台湾、湖北、湖南、江西等省区，均有此种葬俗。即人死后，亲属殓遗体入棺，将木棺悬置于插入悬崖绝壁的木桩上，或置于崖洞中、崖缝内，或半悬于崖外。往往陡峭高危，下临深溪，无从攀登。其俗流行于南方少数民族地区，悬置越高，表示对死者越是尊敬。

土葬

土葬，约产生于旧石器时代中期。在西欧，莫斯特期墓葬是所知最早的土葬。原始公社时期，各氏族均有固定的墓地。奴隶社会和封建社会，各家庭（宗族）亦有固定的墓葬场。

中国的土葬形式主要有：竖穴墓（土坑墓），旧石器时代晚期一直流行；大石墓、瓮棺葬，流行于新石器时代至汉代；石棺葬、砖石墓，战国时期以来一直流行；洞室墓，始于战国时期，盛行于六朝以至隋唐；木椁墓，始于商代，汉以后少见。

烧纸钱

每逢清明或一些纪念日，人们去祭奠已故的亲人时，尤其是祭奠老人们，总要烧一些纸钱。这种给死人烧纸钱习俗的由来，相传与一位秀才有关。

汉朝时期，有位名叫尤文一的秀才，苦读寒窗十几年，未能获取功名，便投在蔡伦的门下，学习造纸。尤秀才为人精明，不久蔡伦便把技术全部传授与他。

蔡伦死后，尤秀才继承蔡伦的造纸业，并且比蔡伦更胜一筹，造出的纸又多又好。但当时用纸的人很少，造出的纸卖不出去。为此，尤秀才茶饭不思，没几天，竟闭上眼睛死去了。

左邻右舍知道后，都过来帮助料理丧事。尤秀才的妻子哭着对大伙说："家境不好，没有什么可以陪葬，就把这些纸烧给他做陪葬吧。"

于是，专门派一个人在尤秀才的灵前烧纸。到了第三天，尤秀才突然坐起来，嘴里还不停地叫着："快烧纸，快烧纸。"

所有在场的人都被吓坏了。尤秀才却说："我真的活了，是烧的这些纸把我救了。这烧的纸到阴曹地府就变成了钱。我用这些钱还了债，赎了罪，阎王老爷就把我放了回来。"

这件事传出后，一位有钱的老员外对尤秀才说："我用金银陪葬，不比纸值钱得多吗？"

尤秀才说："金银只能在阳间使用，不能带到阴曹地府去。不信，打开棺材看一看，陪葬的金银保证分毫没动。"

员外听了点头称是，并买了尤秀才家大量的纸。于是，买纸的人一下子多起来，尤秀才的纸供不应求。

其实，这是尤秀才和妻子设下的一个计策，为了多卖一些纸，才上演了这出死而复生的戏。也就是这样，给死人烧纸的风俗便一直流传了下来。

叩指礼

叩指礼是从古时中国的叩头礼演化而来的，叩指即代表叩头。相传乾隆微服出巡时，在茶馆内喝茶时，为下属倒茶，下属不便以宫廷礼仪相回，便灵机一动以叩指谢恩，自此叩指礼便在民间流传开来。

主人斟酒时，客人可行"叩指礼"，表示感谢主人斟酒。行"叩指礼"时，客人把拇指、中指捏在一块，轻轻在桌上叩几下。

早先的叩指礼是比较讲究的，必须屈

腕握空拳，叩指关节。随着时间的推移，逐渐演化为将手弯曲，用几个指头轻叩桌面，以示谢忱。

女士优先

"女士优先"的原则起源于欧洲中世纪的骑士之风，是传统欧美礼节的基础，后来成为国际社会公认的重要礼仪原则。它主要适用于成年的异性进行社交活动之时。

"女士优先"的含义是：在一切社交场合，每一名成年男子，都有义务主动自觉地以自己的实际行动，去尊重妇女、照顾妇女、体谅妇女、关心妇女、保护妇女，并且还要想方设法、尽心竭力地去为妇女排忧解难。倘若因为男士的不慎而使妇女陷于尴尬、困难的处境，便意味着男士的失职。人们一致公认，唯有尊重女性的男子，才会被视为具有绅士风度。反之，则会被认为是一个没有丝毫修养的粗汉莽夫。

吻礼

吻，在西方是较为流行的大众礼节。关于"吻"的由来，西方传说不一。

比较流行的看法认为，吻始于古罗马严禁妇女饮酒。当男子外出归来后，先要闻一闻妻子有没有饮酒，假如妻子无酒味，丈夫就要亲昵地吻上一口，这就是由"闻"到"吻"的过渡。

吻在非洲某些国家和地区，不只限于表示男女之恋，它还寄寓尊敬和关心之意。非洲土著居民视酋长为"父母官"，人们争相亲吻酋长走过的地面，以此表示祝福和对酋长的推崇。

古罗马时期，皇帝允许最高级的贵妇人和宠臣吻他的嘴唇，次者吻他的手，庶民只能吻皇帝的膝盖和脚背。

吻手礼

吻手礼由生活在 8 ～ 10 世纪的维京人发明，维京人有一种风俗，就是向他们的日耳曼君主"手递礼物"，"吻手礼"也就随之出现。当封建领主离开后，他走过的门、他摸过的锁和他碰过的门闩上，都要求臣民们亲吻，而且，对每样东西的吻都相应地被授予名称：门之吻、锁之吻、门闩之吻等。

吻手礼是流行于欧美上层社会的一种礼节。英法两国喜欢"吻手礼"，不过在英国和法国，行这种礼的人也仅限于上层人士。吻手礼的受礼者，只能是女士，而且应是已婚女士。

碰鼻礼

新西兰最早的主人毛利人，至今还保存着一种远古留传下来的独特见面问候方式：碰鼻礼。

如果有客人来访，毛利人必定要为来宾组织专门的欢迎仪式，安排丰盛的宴席。最让客人满意的是男女老幼，倾巢出动，一边引吭高歌，一边兴致勃勃地拉着客人手舞足蹈。这一切过去以后，一定要举行毛利人传统的最高敬礼——"碰鼻礼"。主人与客人必须鼻尖对鼻尖连碰两三次或更多次数。碰鼻的次数与时间往往标志着礼遇规格的高低；相碰次数越多，时间越长，即说明礼遇越高；反之，礼遇就低。

称谓篇

"华夏"代指中国的缘由

"华夏"的说法产生自夏朝，当时禹的儿子启建立了中国第一个奴隶制王朝——夏，于是当时的夏朝人形成了一个笼统的"夏族"概念，也称"华族"或者"华夏族"。"夏"，是广大的意思；"华"是"花"的衍变，与古人对花的崇拜有关，为美丽之意。"华夏"，意即广大而美丽的地方。"华夏族"的概念刚产生时人们对自己的这种种族认同感并不强烈。到周代时，相对于夷族，周人不仅拥有了明显先进的物质文明，而且因周公制定了礼乐制度而在文化上也明显区分于四夷。于是人们便产生了一种优越感，进而产生族群认同感，"华夏族"的观念开始深入人心。如《春秋左氏传》孔颖达疏："中国有礼仪之大，故称夏；有服章之美，谓之华。"可见，"华夏"在当时除了作为中原民族与四夷的在种族上的区分之外，还包含了一种区分先进文明与落后文明的内涵，类似于现在的"发达地区"与"落后地区"的区分。而正如同"落后地区"可以通过"苦干二十年，向先进省份看齐"的精神追上"发达地区"一样，蛮夷也可以通过逐渐的文明化而跻身于"华夏族"。比如位于西部的秦国本属于西戎之列，到战国时则成了华夏诸邦中最强大的诸侯国；而南方的楚国，本被中原诸国视为"南蛮"之邦，诗人屈原曾为自己的"蛮夷"身份感到苦恼。但到战国时，楚国已挺起腰杆以"华夏"自居了。事实上，整个春秋时期，四夷的华夏化是整个时代的基本旋律之一。而后来的历代都存在着汉族人扩张到蛮夷之地并同化蛮夷或者蛮夷迁居汉人居住区并被同化的现象，因此可以说华夏族就是中原民族与四周夷族不断融合而形成的。因为汉代的强盛，人们便将华夏民族称为汉族。但在古代早期文献中，经常以"华夏"代指"中国"，因此后世的人们还经常以华夏代指中国。

皇帝

中国古代最早所称的"皇帝"是对"三皇五帝"的统称。三皇指天皇、地皇和人皇，是传说中的三个古代帝王；"帝"原来指宇宙万物至高无上的主宰者——天帝，后来许多国家混战，各自称帝，出现西帝、

秦始皇像

东帝、中帝、北帝等，使天上的"帝"来到人间，成为超越"王"的人间尊号（也有说是部落时期的黄帝、炎帝、蚩尤等）。

公元前221年，秦王嬴政实现全国统一，建立起了第一个统一的中央集权的封建帝国。他自认为是"德兼三皇，功高五帝"，遂将皇、帝两个人间最高的称呼结合起来，作为自己的帝号，从此统一天下的帝王就称为皇帝。

太上皇

"太上皇"是皇帝对去世的或已经退位的前任皇帝的尊称。

早在秦王嬴政自封为始皇帝后，便追封自己的父亲秦庄襄王为"太上皇"，以表示他对死去先王的尊崇。这是太上皇称呼的最早应用，但并未形成制度。

汉高祖刘邦打下江山，做了皇帝，便衣锦还乡。当他去拜见自己的父亲太公时，太公对他非常谦恭，刘邦急问原因，太公说："平民百姓不敬皇帝，可是要杀头的啊！"于是，刘邦发布诏书，把自己平定天下都归功于父亲的教训，并认为自己如今当了皇帝，而父亲却没有尊号，是不合适的，应该尊称父亲为"太上皇"。自此，"太上皇"这一称谓一直沿袭下来。

万岁

"万岁"这个词本来只是人们由于内心喜悦以示庆贺的欢呼语。秦汉以前，欢呼"万岁"是比较普遍的事。比如冯谖替孟尝君在薛地烧掉债券，颇得人心，于是"民称万岁"。

秦汉以后，臣子朝见国君，拜恩庆贺，也常常呼喊"万岁"，久而久之，便成为帝王代称了，但并不是帝王唯一或专擅的

称呼。自从宋朝开始，"万岁"一词才成了皇帝的专用名词。

陛下

皇帝或国王常被尊称为陛下，陛，是指宫殿下的台阶。陛下，表示人臣奏事，必须请陛下的近臣转呈，不敢直接惊动皇帝，以示对皇帝的尊敬。同样，对于居住在宫殿内的其他皇族，如太子、公主等，尊称为殿下，以示尊崇（对皇后也可称陛下）。

陛下的称呼起于秦始皇。到了唐代，因为高级官员的官署往往称"阁"，如东阁、龙图阁等，所以又对高级官员尊称为"阁下"。

今天，这些称呼只在外事活动中采用。一般对外宾中的国王、王后称陛下，对王室成员称殿下，对总统、总理等贵宾称阁下。

中堂

唐、宋置政事堂于中书省内，为宰相处理政务之处，中堂因宰相在中书省内办公而得名，后称宰相亦为中堂。元代沿称。

明代大学士实际掌握宰相的权力，其办公处在内阁，中书居东西两房，大学士居中，故称中堂。清代大学士原系空名，为满足大学士对权力的要求，往往要管一个部，京官一般有一满一汉分坐于东西，当中是空的，如有管部大学士在场，便坐在中间，故亦称中堂。

公主

在中国，周朝称天子的女儿为王姬。公主这名称是从春秋战国时开始使用的。《史记·吕后本纪》裴骃集解引如淳曰："《公羊传》曰'天子嫁女子于诸侯，必使诸侯同姓者主之'，故谓之公主。"当

时各诸侯国的诸侯都称为公，周天子把女儿嫁给诸侯时，自己不主持婚礼，而叫同姓的诸侯主婚。"主"就是"主婚"之意，因为是诸侯主婚，天子的女儿就被称为"公主"了。当时诸侯的女儿也被称为"公主"，也称"郡主"。

从西汉开始，只有皇帝的女儿才能称为"公主"，诸侯王的女儿则称为"翁主"。同时，因和亲等缘故出嫁的宗女或宫女，往往也加封为公主，如汉朝的永安公主。

驸马

最早，"驸马"一词并不是指皇帝的女婿。据《汉书》记载，"驸马"是一种官职，全名为驸马都尉，主要负责掌管御用的副车，实名为"副马都尉"，是汉武帝时期设立的。起初，担任这一职务的大都是皇室或外戚，还有一些王公大臣子弟，他们都是皇帝的贴身侍从官。据史料记载，这种官待遇不薄，俸禄两千石。

"驸马"作为皇帝女婿的专有名词始于魏晋时期。相传曹魏时期的玄学家何晏容貌俊美，魏文帝将金乡公主许配与他，并授以"副马都尉"一职。于是，魏晋之后的皇帝，大都封娶了公主的女婿为"副马都尉"。时间长了，人们觉得用"副马"代指公主的丈夫不太合适，所以，便将"副马"改用为"驸马"了。

随着名字的更改，"驸马"作为官职的意思也淡化了。比如，晋宣帝与晋文帝女婿虽为"驸马都尉"，但是已经只是个称呼，没有实际职位了。后来，人们也就习惯将娶公主的人称为"驸马"了。

除了"驸马"这个称谓，古人还称公主的丈夫为"帝婿"、"主婿"、"国婿"。此外，驸马还有别称，这还得从玄学家何

晏说起。据说何晏不仅貌美，而且拥有一张比女人还要白皙的脸，魏文帝原以为何晏敷粉欺骗皇室，就用计试探。结果何晏以衣袖拭脸都没有改变，于是人们便因他的脸如施粉黛而称他为"粉侯"。随后这一称呼也就被沿用到了所有公主的丈夫身上。到清朝，公主的丈夫又被冠以"额驸"封号，皇后所生公主的丈夫为"固伦额驸"，嫔妃所生的公主丈夫为"和硕额驸"。

东宫、西宫

何林注《公羊传》说："西宫者，小寝内室，楚女所居也。"后称妃嫔居住的宫为西宫。东宫则是太子所居之宫，也用以指太子。

直到清朝末年，中国历史上才有了东太后、西太后的叫法。1861 年，咸丰皇帝病死于承德避暑山庄烟波致爽殿。皇太子载淳即位于灵前。第二天颁发上谕，尊皇后钮祜禄氏为母后皇太后，徽号慈安；懿贵妃叶赫那拉氏为圣母皇太后，徽号慈禧。从这一天起，慈安太后搬入烟波致爽殿东暖阁，慈禧太后搬入西暖阁。据此，宫内始有东太后、西太后之说。

古代官职称谓

爵：即爵位、爵号，是古代皇帝对贵戚功臣的封赐。旧说周代有公、侯、伯、子、男 5 种爵位，后代爵称和爵位制度往往因时而异。

太师：指两种官职，其一，古代称太师、太傅、太保为"三公"，后多为大官加衔，表示恩宠而无实职，如宋代赵普、文彦博等曾被加太师衔。其二，古代又称太子太师、太子太傅、太子太保为"东宫三师"，都是太子的老师，太师是太子太师的简称，

后来也逐渐成为虚衔。

尚书：最初是掌管文书奏章的官员。隋代始设六部，唐代确定六部为吏、户、礼、兵、刑、工，各部以尚书、侍郎为正副长官。

学士：魏晋时是掌管典礼、编撰诸事的官职。唐以后指翰林学士，成为皇帝的秘书、顾问，参与机要，因而有"内相"之称。明清时承旨、侍读、侍讲、编修、庶吉士等虽亦为翰林学士，但与唐宋时翰林学士的地位和职掌都不同。

上卿：周代官制，天子及诸侯皆有卿，分上中下三等，最尊贵者谓"上卿"。

大将军：先秦、西汉时将军的最高称号。如汉高祖以韩信为大将军，汉武帝以卫青为大将军。魏晋以后渐成虚衔而无实职。明清两代于战争时才设大将军官职，战后即废除。

太尉：元代以前的官职名称，是辅佐皇帝的最高武官，汉代称大司马，宋代定为最高一级武官。

侍郎：初为宫廷近侍，东汉以后成为尚书的属官，唐代始以侍郎为三省（中书、门下、尚书）各部长官（尚书）的副职。

侍中：原为正规官职外的加官之一。因侍从皇帝左右，地位渐高，等级超过侍郎。魏晋以后，往往成为事实上的宰相。

郎中：战国时为宫廷侍卫。自唐至清成为尚书、侍郎以下的高级官员，分掌各司事务。

司马：各个朝代所指官位不尽相同。战国时为掌管军政、军赋的副官，如《鸿门宴》："沛公左司马曹无伤言之。"隋唐时是州郡太守（刺史）的属官。

节度使：唐代总揽数州军政事务的总管，原只设在边境诸州，后内地也遍设，造成割据局面，因此世称"藩镇"。

父母官

"父母官"是旧时中国百姓对州、县官的尊称。

《汉书·循史传》记载，西汉元帝时，南阳郡太守召信臣，字翁卿，九江寿春人。"其治视民如子"，劝民农桑，去末归本，为政勤勉有计谋，"好为民兴利"，尽力使百姓富起来。他亲自指导农耕，常出入于田间，住宿在民家，很少有安闲的时候。"百姓归之，户口增倍，盗贼狱讼衰止"。"吏民亲爱信臣"，尊他为"召父"。

至东汉武帝时，南阳郡百姓又迎来一位太守杜诗。《后汉书·杜诗传》载，杜诗，字君公，担任郡功曹时，爱民如子，事事替百姓做主，全郡百姓家家粮丰衣足。百姓拿他与以前的召信臣相比，说"前有召父，后有杜母"。自此"父母官"这一尊称便广传后世。

宋初文学家王禹偁在《谪居感事》诗中有"万家呼父母"之句，并自注："民间多呼县令为父母官。"这可能是"父母官"合写的较早的记录。

东床

"东床"一词用于称呼女婿，始于晋朝。《晋书·王羲之传》上有一个故事说，晋代太尉郗鉴派门客去王导家为自己女儿择婿。门客回来后报告说："我把王家的子弟一个个仔细看了，他们都长得出众，读书用功。我去的时候，正逢他们吃饭，这些年轻人一边吃饭，一边说笑，有的还摇头晃脑地吟诗。他们一听说我是奉太尉之命去选女婿的，大家都不出声了，立刻坐了下来，整整衣服，变得端端正正的了。只有坐在东床上的一个青年人，仍敞着衣襟，大吃大嚼，好像根本没有听到我是专为择婿而来的这番话似的。"

郗鉴听后说："这种不做作的人，想必会是一个好女婿。"于是就把自己的女儿嫁给了他。这件事流传四方，后来有人便把东床用作女婿的代称，并一直沿用至今。

泰山

据史书记载，一次，唐玄宗前往泰山封禅，整个仪式由宰相张说主持。到达泰山后，唐玄宗下圣旨，将所有跟随封禅的官员加官一品。张说假公济私，竟将自己的女婿郑镒连升了四品，使郑镒从九品小官骤然升到五品。

唐玄宗得知此事后，责问张说，张说无言以对。这时，玄宗身边的弄臣黄幡绰说："郑镒能升官，都是泰山的功劳啊。"从此，人们便将"岳父"称为"泰山"。

红娘

红娘来源于古典戏曲《西厢记》。剧中"玲珑剔透百事精"的小丫环红娘，聪明热情、活泼勇敢，有胆有识，足智多谋，为了成全张君瑞和崔莺莺的美满婚事，从中牵针引线，传书递柬，无怨无悔。最后，在她"一张利嘴"的说服与劝导下，顽固坚持封建门第观念的老夫人不得不取消"崔家三代不招白衣女婿"的清规，终于因势利导地将莺莺小姐许配给了张生，使"有情人终成眷属"。后来，红娘被用作媒人的代称。

先生

"先生"这个称呼由来已久。不过历史上不同的时期，对"先生"的含义是不尽相同的。《论语·为政》："有酒食，先生馔。"注解说："先生，父兄也。"

意思是有酒肴，就孝敬了父兄。《孟子》："先生何为出此言也。"这里"先生"是指年长而有学问的人。

到了战国时代，《国策》中"先生坐，何至于此"是称呼有德行的长辈。

第一个用"先生"称呼老师的，始见于《曲礼》："从于先生，不越礼而与人言。"

汉代，"先生"前加上一个"老"字。

清初，称相国为老先生，到了乾隆以后，官场中已少用"老先生"这个称呼了。

辛亥革命后，"老先生"这个称呼又盛行起来。交际场中，彼此见面，对老成的人，都一律称呼为"老先生"。

现在，妻子多称自家丈夫为"先生"，对别的妇女的丈夫也叫"先生"。

有时候，"先生"也不一定完全指男士，德高望重的女性也有被称为"先生"的，比如"宋庆龄先生"。

太太

汉哀帝时，"太太"用于尊称老一辈的王室夫人。到后来，汉室又称皇太后为皇太太后。明代时，"凡士大夫妻，年来三十即呼太太"，即司眷属、中丞以上的官职才配称太太。

清朝的人，则习惯叫家庭主妇为太太，不过大都是婢仆这样称呼女主人。

北洋政府和民国时期，太太的称呼使用极为频繁。

近些年来，随着港澳台和外籍华裔、侨胞的回国归乡，"太太"的称谓成为人们对朋友间已婚女子的敬称。

妻子的别称

古代皇帝的妻子被称为"皇后"。

古代诸侯，明清时的一、二品官的妻子，

称为"夫人"。

旧时为了表示自谦，称自己的妻子为"拙荆"，语出"金钗布裙"，本是指东汉梁鸿妻子孟光朴素的服饰。

为表示是原配，称自己的妻子为"发妻"。

为表示曾经与自己同甘苦共患难，称自己的妻子为"糟糠"。如"贫贱之交不可忘，糟糠之妻不下堂"。

从前，丈夫对别人称自己的妻子为"内子"。

丈夫因家庭事务均为妻子操持，所以对别人称自己的妻子为"贤内助"或"贤妻"。

旧时丈夫为表示对自己妻子的尊敬，对外人称自己的妻子为"贱内"。

旧社会一般人称官吏的妻子或有权势的人称自己的妻子为"太太"。

早期白话小说中丈夫对自己的妻子称为"浑家"。

旧时丈夫称在家掌权的妻子为"内掌柜"或者是"内当家"。

古代称诸侯的妻子为"小君"或"细君"。

江南一些地区称妻子为"堂客"。

在南方的一些地方的方言中，尊称妻子为"婆娘"、"婆妹"。

新郎

"郎"之称，从汉朝时就有。汉朝时，中央官署里侍从官通称为"郎"。到了唐朝，对六品以下的官员通称为"郎"。在官贵民贱的封建社会，百姓尊称这些"郎"为"郎官"或"郎君"。自从唐朝开科取士，凡中了进士的人就具备了做官的资格，他们被分到中央官署里任校书郎、秘书郎等"郎"职。所以，人们称呼新科进士为"新郎官"。

在封建社会，男子娶妻有"小登科"的美称，故人们都喜欢借用"新郎官"这一称呼来美称娶妻的男子。随着历史的变迁，"新郎"便从"新郎官"中逐步简化了出来，并且成为新婚男士的专用名称了。

两口子

据说，乾隆年间，山东有一个叫张继贤的才子，与本地恶少石万仓的妻子曾素箴在一次偶然的机会中相识，二人一见钟情，诗词书信，夜夜往来。

石万仓是个酗酒成性的家伙。某日，石万仓因饮酒过度，不幸酒精中毒身亡。石家人怀疑石万仓是被其妻曾素箴害死的，于是告到衙门，说曾素箴因偷奸谋杀亲夫。县官接状后，不问青红皂白，就把张继贤和曾素箴打入大牢，判为死罪。

一次，乾隆亲临刑部，偶然查阅了张继贤的供状，见其文笔不凡，顿生怜才之心，当即朱批于卷："继贤不贤，清贞不贞，不贤不贞，宜当发配。"发配到哪里呢？乾隆颇费迟疑，忽而有了："流张卧虎口，放曾黑风口。'两口'离开，自可非礼勿言、勿视、勿动矣！"

张继贤、曾素箴获皇帝恩准发配到"两口"后，真是喜出望外，二人时常互往互来，甚是自由。他们这样来往于卧虎口与黑风口，被人们称为"两口子"。故事流传开来，人们遂将恩爱夫妻称为"两口子"。

结发夫妻

相传，有一位皇帝在登基的前一天，翻来覆去睡不着觉，皇后便问他发生了什么事情。原来，当地人向来以胡须的长短衡量学识多少。而这位要登基的皇帝胡子很短，他担心登基后压不住群臣。皇后听了，便剪下自己的长发，接了皇帝的胡须上。第二天早朝，群臣见皇帝一夜之间胡须过腰，认定其为天之骄子，无不拜服。这一佳话流传开来，人们便以"结发"来指代互助互爱的夫妻。

当然，这只是个传说。以"结发夫妻"指代原配夫妻，另有来由。其源自古代婚俗中的"结发仪式"。据《礼记》记载，古代女子许嫁之后，要用一种发绳将头发扎起来，以表示已经有婆家了。这条扎头发的绳子要等到成婚之后，由新郎亲自解下来。这种婚俗被人们称为"结发仪式"。

"结发仪式"是由古代的"成人礼"衍生而来的。在古代，女子 15 岁便被视为成年人，人们会为她举行"笄礼"。仪式中，女孩改变少女时的装扮，将长发扎拢起来，表示可以嫁人了。据史料记载，并非女子年龄到了 15 岁必须举行笄礼，而是在许完人家之后举行笄礼。由此，笄礼也就成了婚俗的一部分，后来便演变成了"结发仪式"。

到了唐朝，这种结发仪式已经淡化。新婚夫妇会在新婚仪式结束后，喝交杯酒，然后各剪一绺青丝系在一起，以表喜结连理，夫妻同心。因而，便有诗"结发为夫妻，恩爱两不疑"的说法。

随着婚礼习俗的变更，这种结发礼虽然已经不再拘泥于形式，但是人们还是习惯沿用"结发夫妻"来指代原配夫妻。

舅姑

在一些诗词里，我们经常会发现"舅姑"这样的称呼，如"洞房昨夜停红烛，待晓堂前拜舅姑"等。现代人结婚，媳妇要拜见公婆，古代为何要拜见"舅姑"呢，古代的"舅姑"指的是谁呢？

在文学典籍中，我们会发现，古代人所称的"舅姑"指代的是公婆。早在战国时期，《尔雅·释亲》中就对这一称呼有所记载。书中说："妇称夫之父曰舅，称夫之母曰姑。"出嫁之前，父母不仅要教女儿为人妇之道，还要叮咛女儿，在姑舅面前要小心谨慎。

如此看来，"舅姑"似乎是女方对男方的父母的专有称呼。其实不是这样。据《礼记·坊记》说："昏礼，婿亲迎，见于舅姑。舅姑承子以授婿。"这说明，男方到女方家里迎亲，见到女方父母，叫的也是"舅姑"。看来，"舅姑"有时指代公公、婆婆，也可以指称岳父、岳母，可是古代人为什么这样称呼呢？

追根溯源，这要从原始社会的族外婚制度说起。相较于原始社会的同族婚姻，母系氏族开始了异姓联姻族外婚。通常情况下，两个氏族中的同一辈男子与对方族里同一辈女子成婚，他们所生的孩子，女孩归女方氏族，男孩归男方氏族。下一代再结婚，就出现这种情况：女方的公公，是母亲的兄弟；女方的婆婆，是父亲的姊妹。所以，即使结了婚，人们还是习惯叫姑姑、舅舅。因而，古代公婆关系就成了"舅姑"关系了。

到了春秋战国时期，"侄女随姑"、"姑舅表亲"现象尤为盛行，同姓之间，是不允许结婚的。比如秦国和晋国，两国不同姓，分别为"嬴"姓和"姬"姓，两国便可以通婚，随后结成姑舅表亲，因而古代有"秦晋之好"的说法。

受"姑舅亲，亲上亲"思想影响，古代近亲结婚现象屡见不鲜。如汉武帝就曾娶他姑姑的女儿为皇后，陆游也是娶了他舅舅家的女儿唐婉等。在现代，在一些少数民族中，这种婚姻制度仍然存在着。

千金

相传周幽王得一个冰美人，名叫褒姒。为博得美人一笑，周幽王绞尽脑汁也未能如愿。后来，虢石父为周幽王献上一计——骊山烽火戏诸侯。褒姒见到各路诸侯声势浩大地赶来，又索然无趣地离开，觉得可笑之极，便轻扯嘴角，粲然一笑。周幽王见了，欢喜得不得了。因为难得美人一笑，就赏了虢石父金千金。于是，千金就与美人一笑扯上了关系。

从古至今，一些大户人家的女儿通常被称为"千金小姐"。小姐是一种尊称可以理解，但是为什么前面要加"千金"两个字呢？

在古代，金是一种货币。秦汉时期，金指的是黄铜，千金指代很多由黄铜铸成的钱。于是，人们就将千金引申为"贵重难得"的意思。

唐朝李白有诗云："五花马，千金裘，呼儿将出换美酒，与尔同销万古愁。"其中所说"千金"意在说明豪放洒脱视金钱如无物，即使这么多珍贵的东西还抵不上一壶浊酒。

"千金"一词被用来称呼人，据说是源自南朝梁司徒谢朏。相传他10岁能诗文，行文如流水。一日与其父谢庄游山之时，挥笔成章，文不加点。宰相王景文见了称赞不已，冠以神童的称号。谢庄听了甚是得意，于是有感而言说："他真是我家的千金啊。"从此以后，凡是才华横溢的男子便都被称为"千金"。不但意指人才难得，还有形容人金贵的意思。

"千金"被用来指代有身份的小姐，始于元杂剧《薛仁贵》。文中将官宦人家的女儿称为"千金小姐"。后来在明清的很多剧本里，官宦世家的女儿都被称为"千金小姐"，"千金"也就成了女儿家的代名词。

巾帼

"巾帼英雄"往往指为国为民、不畏艰险而英勇奋斗的女豪杰，"巾帼"往往也表示对妇女的一种尊称。"巾帼"一词最初指中国古代妇女的头巾和发饰，最早见于《晋书·宣帝纪》。它里面记载道："诸葛亮数挑战，帝不出，因遗帝巾帼，女人之饰。"

在中国古代，巾帼的种类非常多，颜色也各式各样。头巾一般选用高级的丝织品制成，发饰品上面缀有一些珍贵的翡翠和玛瑙。正因为巾帼用料考究，做工精细，价格昂贵。所以，后人把妇女尊称为"巾帼"。

诰命夫人

在古代，"诰"和"告"是近义，把自己的意思告诉给别人称为诰，汉武帝时，用诰来任命百官。从此，诰便成为以上告下的专用字。所谓诰命，就是皇帝赐爵或授官的诏令。明清时代，一品至五品的官员用皇帝的诰命授予，称为诰封。除官员本身，皇帝对官员的先代和妻室也给予荣典。受有封号的贵妇都称为诰命夫人，也称命夫人或诰命。

海外赤子

有些深居异国他乡的华人，表达自己的爱国之情时，总说"赤子之心"，而且，像他们一类的人，还被国人称之为"海外赤子"，那么，"赤子"一词是从何而来的呢？

最初，"赤子"指的是刚出生的婴儿，古书解释说，小孩子刚出生的时候，因为还没有长出头发眉毛，整个身体呈现出一片红色。还有人说，古代的尺和赤是通用的，刚出生的小孩大概有一尺长，所以就用"赤子"作为新生儿的代名词。

将"赤子"用在比喻有某种热忱思想情感的人身上的人，应该始于老子。在《道德经》中，老子说，那些道德深厚，修养不俗的人，就像是刚出生的小孩子一样纯洁，就连毒虫都不会蜇他们，猛兽也不会伤害他们，就连苍鹰都不会对他们展开攻击……也就是说，老子借初生的婴儿，形容心性纯朴、品德高尚的人。

在之后的资料典籍中，我们会发现"赤子"除了比喻思想，还有指代黎民百姓的意思。《汉书》中"故使陛下赤子，盗弄陛下之兵于潢池中耳"用的就是这个意思。相传，唐太宗统治时期，唐太宗殿试射箭比赛，就有官员劝谏说："您贵为天子之尊，这么多人在大殿之上剑拔弩张，万一有个居心叵测的人放个冷箭，我们防不胜防啊。"唐太宗毕竟是胸怀坦荡之人，答道："王者视四海为一家，封域之内，皆朕赤子……"唐太宗在说这番话的时候，用了"赤子"指其统治之下的黎民百姓们。

由此引申，居一国之内，忠贞赤忱的人，都被称为海内赤子。后来许多国人侨居海外，但他们仍然心系故里，一片爱国之情鼓荡于胸。故而，他们或以"海外之子"自称，或被国人称为"海外赤子"。

黎民百姓

在文学作品里，往往用"黎民百姓"来代指普通平民，这个说法怎么来的呢？

要是追溯"黎民"一词的由来，就要从我们的祖先炎黄二帝说起了。相传在炎黄二帝还并存之时，中国大地上还有东夷、西戎、南蛮和北狄等部落。据说在南蛮中，一个以猛兽为图腾的部落联盟最为强大。这个联盟由 9 个部落组成，名为九黎族，

以蚩尤为首。后来，蚩尤看上了水土肥美的黄河流域，就率众前来争夺。

当时生活在这一领域的是炎帝部落。为了保卫家园，炎帝和蚩尤部落展开大战，炎帝战败。失败后的炎帝，投靠了西方的黄帝部落，组成炎黄联盟。于是，为了争夺中原地区，炎黄部落与蚩尤部落再次激战。黄帝不仅打败九黎部落，并且取下了蚩尤的首级。战败后九黎族人成了阶下囚，被炎黄部落的人称为"黎民"。当然，这个称呼含有蔑视低贱的味道。

在炎黄部落里实行着这样一种制度，只有有身份地位的人才有姓氏权。一般来说，姓指的是妇女，氏指的是男人，比如说轩辕氏、神农氏。据《说文解字》说，轩辕随母亲姓，而他的儿子，姓氏则由黄帝指定。这一转变，反映了当时有母系氏族向父系氏族过渡的历史事实。炎黄二帝时期，中原大地形成了一个以他们为首的部落联盟，这个联盟约有 100 个氏族，各氏族有自己的姓氏。所以，这个统治集团便成为"百姓"。由此可知，"百姓"开始时，乃是部落里各氏族首领的合称，身份高贵，并非平民。

据《尚书》记载，舜时期曾经强迫黎民劳作，为的就是供养"百姓"。《尚书·尧典》记载"平章百姓，百姓昭明"，后来的学者解释说，"百姓就是指百官"，汉代的郑玄注曰："百姓，君臣之父子兄弟。"可见，在古代相当长的一段时间里，"姓"只有王公贵族才有，布衣平民是没有这个资格拥有"姓"的。

随着社会动荡，朝代更替，黎民有发家的，"百姓"有落魄的，因而这种区分就不是十分明显了。战国时旧贵族彻底没落，"黎民百姓"也就成了人民大众的统称。

民间九流排序

民间在口头上形成对各个行业归类的"九流"说法之后，其版本一度产生变化，目前流传下来的至少有4个版本。其一为：以帝王、圣贤、隐士、童仙、文人、武士、农、工、商为上九流；以举子、医生、相命、丹青、书生、琴棋、僧、道、尼为中九流；以师爷、衙差、升秤、媒婆、走卒、时妖（拐骗及巫婆）、盗、窃、娼为下九流。在另外3个版本的九流排序中，上九流和中九流的内容均变化不大，而下九流的变化比较大。卖油、修脚、剃头、抬食合、裁缝、巫、吹手、戏子、卖糖、搓背等职业均曾被列入下九流。可以看出，虽然名义上上、中、下九流内部各职业间也存在先后之别，但其非突出重点，"九流"的重点在于强调上、中、下九流之间的横向比较。其中，上九流主要是指帝王、官员、商人、地主等有权有钱阶层；中九流则主要是读书人、宗教人士、医生、风水先生、画师、书法家等技术含量较高或高雅一些的职业；而下九流除了固定地包括盗贼、娼妓、吹手等职业外，其他各种比较简单的服务性行业都经常随着时代变化而入选。因此可以推测，所谓上、中、下九流其着力点并不在于推崇上、中、九流，而在于强调下

拆字先生
清代蒲呱绘。这位先生只要看顾客写下的字，通过分析就能占卜吉凶。陈文瑞有诗云："学数谈星各隐占，偏旁字拆减还添。心驰商贾工农外，且设君平卜肆帘。"

九流职业的低贱。可以想见，各个时代的下九流的从业人员往往遭到人们的歧视，也便难怪"三教九流"从一个中性词逐渐变成了一个具有贬义意味的词了。

另外，元代时，曾经在九流的基础上形成过简单化的"十流"的说法，即一官、二吏、三僧、四道、五医、六工、七匠、八娼、九儒、十丐。元人作为异族政权，害怕汉族读书人进入统治阶级内部进而稀释其统治力，故仇视读书人，故意贬低读书人地位。

金龟婿

在古代，龟是人们尊崇的四大吉兽之一，它不但代表了长寿，还有着镇宅赐福的作用。因而，诸如龟纹一类图案便见诸各种事物。战国时大将们的战旗上通常会见到龟的图案，到了汉代，金龟印也应运而生。

古代有四灵之说，即"左青龙、右白虎、南朱雀、北玄武"，其中的"北玄武"指的就是"龟"。据史料记载，武则天称帝后，认为自己的武姓，应在北方的"玄武"上。因而，武则天改前朝所设鱼符为龟符，作为征调军队的凭证和官员地位的象征。

据《新唐书·车服志》记载，唐初，凡官在五品以上的，都要佩戴鱼符或者鱼袋，亲王所佩戴的鱼符，以黄金为主质。普通官员所佩戴的，一般以青铜为质，上面刻上他们的官位以及姓名，用来区分官阶。武则天改龟符后，规定三品以上的官员佩戴"金龟符"。四品则佩"白银龟"，五品以下佩戴"铜龟"。此后，通过所佩龟饰便可以区分出官员身份来，能佩戴金龟符的，必是亲王或三品以上大员。

而真正把"龟"和"婿"用在一起的，是唐代诗人李商隐。他在《为有》中描写

了一位在朝身居高官的丈夫，因为每天早晨都要赶赴早朝，即使天还很黑，他也要早早起床。所以，妻子就抱怨他，即使做了高官又怎样，连一个甜美安稳的觉都享受不了。诗中初次使用"金龟婿"来代称做官的丈夫。

于是，人们便将有身份地位的女婿称为金龟婿。通常这样的人并非含着金汤勺出生，即为大富大贵者。因而，一些优秀单身汉也就有了"金龟婿"的雅称。

老公、老婆

唐代有一个名叫麦爱新的名士，他嫌弃自己的妻子年老色衰，便产生了再纳新欢的想法，并写了一副上联："荷败莲残，落叶归根成老藕。"妻子看到后，从中读出了丈夫弃老纳新的念头，于是便提笔续了一副下联："禾黄稻熟，吹糠见米现新粮。"这副下联，以"新粮"对"老藕"。并且"新粮"与"新娘"谐音，饶有风趣。麦爱新读了妻子的下联，被妻子的才思敏捷和拳拳爱心打动，便放弃了纳妾的念头。妻子见丈夫回心转意，不忘旧情，乃挥笔写道："老公十分公道。"麦爱新也挥笔写道："老婆一片婆心。"

这个带有教育意义的故事很快流传开来，世代传为佳话，由此诞生了"老公"和"老婆"这两个词。

丈人

在家庭关系中，称妻子的父亲为"丈人"。然而魏晋以前，妻子的父亲被叫作"舅"或"妇翁"。而"丈人"是对上了岁数的男子的尊称。

据唐朝文学家柳宗元《祭杨凭詹事文》记载："年月，子婿谨以清酌庶羞之奠，

昭祭于丈人之灵。"宋朝人《猗觉寮杂记》和《鸡肋编》都据以为证，以为"丈人"的说法开始于此。

事实上，"丈人"的称谓出现得还要早些。陈寿《三国志·蜀志·先主传》里提到"献帝舅车骑将军董承"，董承是献帝刘协的表叔，亲上加亲，女儿给刘协做了"贵人"。裴松之注释上边这句话时写道："（董承）于献帝为丈人，盖古无丈人之名，故谓之舅也。"

连襟

在一些方言中，我们经常会听到别人介绍两姐妹的丈夫为连襟。为什么要称为连襟呢？

早在《尔雅》中就有关于姐妹俩的丈夫称谓的记载，其中称他们为"僚婿"。宋徽宗时左朝散大夫马永卿在《赖真子》中说，江北人称友婿为"连袂"，也叫"连襟"。像"连襟"、"连袂"这样的叫法一般在书面上出现较多。在一些方言中，姐妹俩的丈夫又被称为"连桥"、"一担挑"、"连袂"等。可见这个说法不仅由来甚早，而且被普遍使用。

据说，这一称呼被用在姐妹俩的丈夫身上是从唐代诗人杜甫的一首诗中迁移过来的。杜甫晚年的时候，居住在川东地区。当地有位李姓老翁，与杜甫一见如故，相谈甚欢，于是两人便经常把酒言欢。无意中谈到家世，追溯起来，两个人居然是远房亲戚。这样一来，两人关系就更亲密了。

后来杜甫要到湘湖一带去，就作了首《送李十五丈别》，诗中用"襟袂连"形容两人的关系。此时的"襟袂连"只是说明两人关系好，如果进一层说是指李杜二人有远方亲戚，并没有明确指定就是姐妹

俩的丈夫。后来，"连襟"被人所引用，以指代亲密关系。

到了宋代，洪迈的堂兄官场很不得意，但是他却有个做节度使的姐夫，于是借姐夫之光，被推荐到京城任官。他才疏学浅，于是便请洪迈代写一封感谢信。洪迈便将两人的关系比为"襟袂相连"，又说了些不胜感激的话。

自此之后，"连襟"、"连袂"一词便被广泛使用在了姐妹俩的丈夫身上，有时候一家姐妹众多的时候，各姐妹之间的丈夫也互称连襟。

足下

足下，常用于对平辈或是朋友之间的敬称。

相传春秋时期，晋公子重耳逃亡在外19年，后来又回晋国当了国君，即晋文公。晋文公即位后，想封赏有功之人，当年跟随他出逃的介之推不愿接受封赏，带着老母隐居到绵山中。

晋文公到绵山找他，他躲着不出来。晋文公用烧山的办法迫使他出来，不料介之推却抱着大树被烧死了。晋文公十分悲痛。于是命人砍下这棵大树制成木屐，穿在脚下，每当他想到介之推时就看看脚下的木屐说："悲乎，足下。""足下"一词由此而来。"足下"因一开始就代表晋文公所尊重的人，所以逐渐演变成表示敬意的人称代词。

丫头

古代女孩子到了及笄之年，头上都要梳着两个"髻"，左右分开，对称而立，像个"丫"字，所以称为"丫头"。唐代刘禹锡《寄赠小樊》诗云："花面丫头

十三四，春来绰约向人时。"

另外，古代婢女经常梳丫髻，所以"丫头"又成为婢女的称呼。宋代王洋在《弋阳道中题丫头岩》诗中写道："不谓此州无美艳，只嫌名字太粗疏。"并自注说："吴楚之人谓婢女为丫头。"可能由于"丫头"称呼流行于吴地，北方人不明白，所以王洋写诗为注。

从此以后，"丫头"称呼广泛流行，直至现在，有的地区仍在沿用此说。

小姐

我们习惯上称一些年轻女子为小姐，但是小姐这个称呼在早期并非美称。

清代文史家赵翼的《陔余丛考》中记载："宋时，闺阁女称小娘子，而小姐乃贱者之称，为大家闺秀所忌。"宋代钱惟演的《玉堂逢辰录》中载有："掌茶酒宫人韩小姐。"可见，最初的小姐是指宫女。

南宋洪迈的《夷坚志》中记载："傅九者，好侠游，常与散乐林小姐绸缪。"其中林小姐是位艺人。苏轼的《成伯席上赠妓人杨小姐》诗，是为妓女杨小姐而作。据此可知，宋代将妓女也称为小姐。另外，宋、元时期，姬妾也常被称为小姐。

黄花闺女

古时候，女子注重梳妆打扮，尤其是一些名门贵族的姑娘。当时流行贴花黄，即女性根据自己的爱好，用黄颜色在额上或脸颊画上各种花纹；也有将黄纸剪成各种花样，贴在额上或两颊作为装饰。久而久之，黄花也就成了女性的特征。

据说南北朝刘宋时，宋武帝有位女儿寿阳公主，生得十分美貌。有一天，她在宫里玩累了，便躺卧于宫殿的檐下，当时

正逢梅花盛开，一阵风过去，梅花片片飞落，有几瓣梅花恰巧掉在她的额头上。梅花渍染，留下斑斑花痕，寿阳公主被衬得更加娇柔妩媚，宫女们见状，都忍不住惊呼起来。从此，爱美的寿阳公主就常将梅花贴在前额。

寿阳公主这种打扮被人称为"梅花妆"。传到民间，许多富家大户的女儿都争着效仿。但梅花是有季节性的，于是有人想出了法子，设法采集其他黄色的花粉制成粉料，用以化妆。这种粉料，人们便叫作"花黄"或"额花"。由于梅花妆的粉料是黄色的，加之采用这种妆饰的都是没有出阁的女子，慢慢地，"黄花闺女"一词便成了未婚少女的专有称谓了。

同时，黄花又指菊花，因菊花傲霜耐寒，常用来比喻人有节操。因此，人们在闺女前面加上黄花二字，不仅说明这女子还没有结婚，而且表示姑娘心灵纯洁，品德高尚。黄花闺女也就成了未出嫁年轻女子的代名词了。

泰斗

"泰斗"是"泰山北斗"的简称。人们常用"泰山北斗"比喻在德行和事业的成就方面为众人所敬仰的人。

起初，人们把韩愈比作"泰山"、"北斗"，是表示对这位文学家的推崇、敬仰之情。后来，人们就用"泰斗"一词称在某一方面成就卓越，在社会上有名望、有影响的人。如把印度的泰戈尔、俄国的列夫·托尔斯泰、中国的鲁迅等，称为文学泰斗。

中国古代皇族的称谓

皇帝：公元前 221 年，秦王嬴政统一六国后，自认为"德兼三皇，功高五帝"，称"始皇帝"，从此历代封建君主都称皇帝。

万岁：皇帝的代名词，一种说法认为在朝贺时对君主经常使用，久而久之，便成了皇帝的尊称。

天子：古代对君王的尊称。夏、商、周代，天子的正号是王，如周武王即可被称天子。在秦汉至清代，天子则指皇帝。

皇后：皇帝的正妻称皇后。秦汉以后历代沿称。

太上皇：帝王尊其父为太上皇。历代皇帝传位于太子，并自称太上皇。天子之父参与国政，称太上皇。

皇太后：皇帝的母亲称皇太后，秦汉以后历代沿称。

皇太子：皇帝所指定的继承人，一般为皇帝的嫡长子。清代自雍正以后不立皇太子。一般称预定继承君位的长子为"太子"。

贵嫔：妃嫔的称号。汉元帝时始置，原为妃嫔中之第一级。自魏晋至明均设置，但地位已经下降。

昭仪：妃嫔的称号。三国魏文帝时始置，仅次于皇后，晋及南北朝多沿置。

才人：妃嫔的称号。始设于晋武帝，自南北朝至明多曾沿置，唐制，才人初为宫中之正五品，后计正四品。

贵妃：妃嫔的称号。南朝宋武帝时始置，位次于皇后，自隋至清多沿置。

七子：女官名，位在美人、良人下，在长使少使上。

良人：西汉妃嫔的称号。

美人：妃嫔的称号。

贵人：妃嫔的称号。东汉位次于皇后，清代贵人已降在妃嫔之下。

孺子：太子妃嫔名，太子有妃、良娣、孺子，共三等。另外，古代贵族的妾也称孺子。

太孙：皇帝的长孙称太孙。历代王朝往往于太子殁后册立太孙为预定皇位继承人。

公主：帝王之女的称号。始于战国，汉制规定，皇帝之女称公主，帝之妹称长公主，帝姑称大长公主，后历代大致沿用。

翁主：汉代制度，诸王之女称翁主，即后世的郡主。

驸马：皇帝的女婿称驸马，非实官。清代称"额驸"。

帝姬：古代对皇帝女公主、姊妹、姑母等的称呼。

谥号、庙号、年号

中国古代帝王，除了他们的姓名外，一般在死后都有庙号、谥号。

庙号是皇帝死后，在太庙（皇帝的家庙）立室祭祀时所特立的名号。

在上古时期，帝王在生前死后都用的是同一个名字。后来，人们觉得直呼已死的先帝、先王有些不妥。于是，商时祭祀就用他们的生日天干来称呼，以表示恭敬。如夏朝太康、少康、孔甲，商朝的祖甲、帝乙等。

谥号是古代帝王或其他有地位的人死后，朝廷或后人按其生平事迹以示褒贬所给予的称号。它最早出现于周朝。

据说，周公做谥法，每个天子死后，根据他生前的行为，给他一个代名。譬如，周武王因为灭商朝有武功，死后谥为"武"。周文王因为发扬文化，重视本国的农业生产，关心内政，就谥为"文"。这种谥法一直流传了两千多年，直到辛亥革命爆发后，才跟着清王朝一同消失了。

一般说来，臣子的谥号由朝廷赐予，一般以两字居多，如诸葛亮谥号"忠武"，欧阳修谥号"文忠"。

谥法在秦朝时也曾一度中断。这是因为秦王嬴政统一中国后，认为加谥号是"子议父，臣议君"，不可取。于是下令废除了谥法。后来到了汉朝，庙号、谥号才恢复过来。

东汉以后，也曾出现私谥。它不是由朝廷赐予的，而是由儒生们评定的。如陶渊明的私谥是"靖节"。

年号是皇帝在位期间纪年的名号。年号最早从汉武帝开始。新皇帝即位，必须改变年号，称改元。同一个皇帝在位时，也有改元的。明清两代皇帝基本上不改元，绝大多数只有一个年号，因此可用年号做皇帝的称谓。如明神宗年号叫万历，被称为万皇历帝。清高宗年号乾隆，被称为乾隆帝。

年龄称谓

古人的年龄有时不用数字表示，而是用一种与年龄有关的称谓来代替。

垂髫是三四岁至八九岁的儿童。髫，古代儿童头上下垂的短发。

总角是八九岁至十三四岁的少年。古代儿童将头发分作左右两半，在头顶各扎成一个结，形如两个羊角，故称"总角"。

豆蔻是十三四岁至十五六岁。豆蔻是一种初夏开花的植物，初夏还不是盛夏，比喻人还未成年，故称未成年的少年时代为"豆蔻年华"。

束发是男子15岁。到了15岁，男子要把原先的总角解散，扎成一束。

弱冠是男子20岁。古代男子20岁行冠礼，表示已经成人，因为还没达到壮年，故称"弱冠"。

而立是男子 30 岁。立，"立身、立志"之意。

不惑是男子 40 岁。不惑，"不迷惑、不糊涂"之意。

知命是男子 50 岁。知命，"知天命"之意。

花甲是 60 岁。古稀是 70 岁。

耄耋指八九十岁。

期颐指 100 岁。

恺撒成为皇帝的称号

恺撒，古罗马统帅，政治家，出身贵族，少年时期受过良好的教育，小小年纪就渴望取得最高权力。

公元前 77 年，恺撒针对当时奴隶和平民都对罗马的寡头统治不满的矛盾，控告曾任马其顿总督的格涅乌斯·科尔涅利乌斯·多拉伯拉贪赃枉法，得到巨大名声。在西班牙任职期间，恺撒征服了一些部落，扩大了罗马人统治的地域，得到了元老院、骑士士兵和罗马平民的支持。

公元前 59 年，恺撒当选为执政官。然后，随着时局的变化，"三头同盟"的内部矛盾终于显露出来。敌视恺撒的势力在庞培的支持下决定要恺撒立即卸任。

此时，恺撒率领他的军队以迅雷不及掩耳之势向罗马突进，占领了罗马，庞培出逃。

恺撒夺得罗马政权后，对政敌实行宽大怀柔的政策，赢得了一部分元老贵族和骑士的好感。公元前 48 年 6 月，恺撒与庞培又大战于法萨罗，最终恺撒消灭了庞培并进军埃及。接着，他又转战小亚细亚，平定了非洲、西班牙。恺撒回师罗马，受到空前隆重的欢迎。他被推举为终身独裁官。他的出身被神化，已经成为罗马世界至高无上的主宰者。

恺撒是罗马帝国的奠基者，故被一些历史学家视为罗马帝国的无冕之皇，有恺撒大帝之称，甚至有历史学家将其视为罗马帝国的第一位皇帝，以其就位终身独裁官的日子作为罗马帝国的诞生日。影响所及，以致后来有罗马君主以其名字"恺撒"作为皇帝称号。

狄克推多

狄克推多是古罗马独裁官的音译，它是古罗马共和国时期的非常任最高级长官。

狄克推多产生于罗马共和国前期。国家处于危急时，才设立这一职位。任命独

表现恺撒被刺死的绘画

裁官的决议是由元老院作出的，然后由执政官执行其任命程序。独裁官的任期很短，一般不超过6个月，此后，他必须交卸职权。在军事紧急的时期中的战事独裁官，任期可达6个月之久，他握有绝对的军事与文治权力。

狄克推多任职期间，享有决断重大事务的全权。出巡时，身后有24名扈从紧随，扈从肩上扛一束笞棒，笞棒中间插一把战斧，这种插斧的笞棒称为"法西斯"，象征权力。对于违抗狄克推多命令的人，实行严惩，判决后由扈从立即执行。只有在人民大会面前，扈从才遵照狄克推多的命令，将"法西斯"垂下，表示承认他的权力来自人民。

共和末年，这一制度有了很大的改变。一部分军队首领（如苏拉、恺撒）利用手中的实力，迫使人民大会和元老院推选他们为终身独裁官。

恺撒被谋杀之后，元老院为了免除个人独裁给国家带来的不幸，通过了执政官安东尼提出的"安东尼法"，撤销了独裁官任期，并且将它从共和国的宪法除去，这一官职从此消亡。

沙皇

15世纪，伊凡三世为实现其建立新帝国的梦想，在帝国灭亡后，他自比为帝国的继承人，把拜占庭皇室的双头鹰徽记作为自己的徽记，并自称"沙皇"。1472年他又迎娶了拜占庭末代皇帝君士坦丁十一世的侄女索菲亚·巴列奥略为后。"沙皇"的意思就是"恺撒皇帝"。恺撒是古罗马显赫一时的大独裁者，伊凡三世自称"沙皇"就是想要步恺撒后尘，成为至高无上的君主，建立跨欧亚非的大帝国。1547年，伊凡四世正式加冕称沙皇，从此，俄国的沙皇专制制度正式形成，除彼得大帝在1721年被奉以"皇帝"称号以外，历代封建君主者都袭称"沙皇"称号。十月革命胜利后，沙皇君主制寿终正寝。

法老

法老是古埃及时期对国王的尊称，是埃及语的希伯来文音译，意为大房屋。在古王国时代仅指王宫，并不涉及国王本身。从新王国第18王朝图特摩斯三世起，逐渐演变成对国王的一种尊称。第22王朝（公元前945年~前730年）以后，成为国王的正式头衔。但习惯上把古埃及的所有国王通称为法老。法老作为古埃及的最高统治者，掌握全国的军政、司法、宗教大权，并被无限神化。法老自称是太阳神阿蒙之子，是神在地上的代理人和化身。

法老死后，其尸体被制成干尸，即"木乃伊"，放在金字塔内部的墓室中。金字塔即埃及法老的陵墓。古埃及新王国第19王朝的法老拉美西斯二世统治埃及67年，是古埃及史上统治时间最长、影响最大的法老，其在位时期是古埃及帝国臻于鼎盛的时期。

首相

18世纪初，由于英王乔治一世对英国事务不感兴趣，不能参与内阁讨论，于是，财政大臣罗伯特·沃尔波尔就负责起国家的政治事务。在罗伯特·沃尔波尔之前，英国君主自己行使首相的职责，根据自己的意愿选择与组织政府。从罗伯特·沃尔波尔之后，君主的影响力衰退，首相的职务逐渐由议会中多数党的领导人担任。

"首相"最初被用来形容专制君主的首席大臣，也用来指国王的走狗。1937年，议会通过《国王的大臣法》后，"首相"这个称号正式定下来。首相同时兼任第一财政大臣的职务，但是很长一段时间内，人们习惯用第一财政大臣的称号胜于首相的称号。

总统

总统是共和制国家的最高行政元首名称。总统制源于美国。1787年，美国联邦宪法规定：国家行政大权赋予总统，总统任期4年，由各州选举的总统候选人选出；总统是最高的行政首长，又是武装部队的总司令；总统经参议院同意，有权任命部长、外交使节、最高法院法官以及政府其他官员；总统还有权批准或否决国会通过的法案。1789年1月，根据宪法，美国举行了历史上第一次大选，选举独立战争的杰出领导华盛顿为美利坚合众国第一任总统，也是世界上第一位总统。华盛顿本可以任终身总统，但他只担任了两届便决意不再连任，因此后来的美国总统几乎最多只任两届，只有富兰克林·罗斯福例外，他担任了四任总统，并且是唯一的终身总统。

美术工艺篇

画品

画品，中国古代对画家及作品作出品评的文体。一般分品论述，鉴赏优劣得失。

画品盛于六朝、隋唐。南朝梁谢赫所著的《画品》是保存至今的最早一部著述。其序中提出的"六法"作为品评绘画的标准，对后世影响极大。唐朱景玄《唐朝名画录》分神、妙、能、逸四品，拓宽了画品囿于识鉴的程式。五代及宋刘道醇《五代名画补遗》、《圣朝名画评》，更以画家专擅分门别类，条缕清晰，形成评传风格。

书品

中国古代对书法家及其作品作出品评的著作。它或分品论述而第其高下；或不分品第而评其优劣，是早期书论中的一种体裁。

这种体裁是受魏晋时期士族阶层对人物进行识鉴、品藻的习尚影响而产生的，盛于六朝、隋、唐，元明之后著述渐为稀少。南梁袁昂所撰《古今书评》，凡列 25 人，各以简括语句评其风格，是为书品之发端。庾肩吾《书品》，载汉至齐梁能书者 123 人，冠以总序，效《汉书·古今人表》之例，分上中下品，每品中又分上中下，合而为九品，各系以论，体例严谨。

随着书法理论发展的深入，其后论书之著多不拘泥于品评一体，而渐融于内容更为广泛、繁富的书论之中。

装裱

装裱是装饰书画、碑帖等的一门特殊技艺。古代的装裱叫"裱背"，亦称"装潢"，又称"装池"。据明代方以智的《通雅·器用》载，"潢"犹池也，外加缘则内为池；装成卷册谓之"装潢"。

中国的装裱工艺是伴随着中国绘画的历史而产生发展的，从现今保存的历史资料看，早在 1500 年前装裱技术就已经出现了。一般是先用纸托裱在绘画作品的背后，再用绫、绢、纸等镶边，然后安装轴杆成版面。传统的装裱成品按形制可分为挂轴、手卷、册页、折页四大类。画心的托裱是整个装潢工艺中的重要工序。明代周嘉胄的《装潢志》、清代周二学的《一角篇》，均是中国系统论述装裱的专门著作。

书法的起源

中国书法起源于春秋末期。当时传统文字的艺术化现象开始出现，为求视觉上的美观，原有笔画开始被加上圆点、波折或鸟形装饰等，成为后世"鸟篆"、"虫篆"或"缪篆"的起源。进入战国后，除了广泛应用的草篆，连同重要礼器上的铭文，都一改春秋之前的工整与刻板，普遍都进行了美化处理。

文房四宝

在中国历史文化长河中，很早就已有"文房"之称，笔、墨、纸、砚被誉为"文房四宝"。

"文房"之名起源于南北朝。当时所谓"文房"，是指国家典掌文翰之处。唐宋以后，文房则专指文人书房而言。

南唐后主李煜，喜好文学，收藏甚丰，今见其所藏的书画皆押有"建业文房之印"。北宋雍熙三年，翰林学士苏易简以笔墨纸砚"为学所资，不可斯须而阙"，撰《文房四谱》五卷，分笔谱二卷，砚、纸、墨各一卷。各卷分述：叙事、制造、杂说、辞赋诸事，博收约取，内容详赡。故文房从此有"四谱"之名。南宋初，叶梦得撰《避暑录话》谓"世言徽州有文房四宝"，故"文房四谱"又称《文房四宝谱》，以笔、墨、纸、砚为文房之宝用。

四宝品类繁多，丰富多彩，名品名师，见诸载籍。长期以来，浙江湖州之湖笔，广东肇庆（隋唐时为端州）之端砚，安徽泾县（旧属宣城郡）之宣纸，歙县（旧为徽州府冶）之徽墨，至今仍负盛名，被说成是"四宝"代表。

甲骨文

甲骨文是商、周时期刻在龟甲兽骨上的文字，又叫"契文"、"卜辞"、"龟甲文字"、"殷墟文字"。最早出土于河南安阳小屯村的殷墟，1899年被学者王懿荣首次发现。清末孙诒让著《英文举例》，开始对甲骨文加以解释。1928年后经多次发掘，先后出土达10余万片。这些文字都是前人利用龟甲兽骨占卜吉凶时写下的卜辞和与占卜有关的记事文字，为盘庚迁殷到纣亡200多年间的遗物，是研究商朝社会历史的重要资料。现已发现的甲骨文单字在4500字左右，人们认识的约有1700字。

金文

金文是铸刻在青铜器的钟或鼎上的一种文字，它产生于商代，盛行于周代。钟多是乐器，鼎多为礼器。铸刻于上面的文字，多为记事或表彰功德的内容。这种铭文，有的是凹下的阴文，称为"款"，是"刻"的意思；有的是凸出的阳文，称为"识"，是"记"的意思，所以金文也可统称为"钟鼎款识"。书法"款识"或"款式"的名称即由此演化而来。

金文一般是铸，少数是刻。金文的铸是先把文字书写在软坯上制成范模，然后用烧熔的铜液浇铸。在金文刻范和铸的过程中，对原来书写的笔画虽有所损益，但仍能更多地保留和显示书写时的笔意、字画丰腴、体势凝重，有极高的艺术性。

篆书

篆书主要指"大篆"和"小篆"。而广义的"大篆"指"小篆"以前的文字和书体，包括甲骨文、钟鼎文、籀文和六国文字等；狭义专指周宣王太史籀厘定的文字，即"籀文"。

大篆的代表作品有《石鼓文》和《秦公簋》铭文等。"小篆"与"大篆"对称，亦称"秦篆"，即秦始皇统一天下文字、李斯所制，小篆笔画圆转流畅，较大篆整齐。秦时刻石如泰山、峄山、琅琊台等，传为李斯所书，为小篆之代表作品。唐李阳冰、五代徐锴与清代的邓石如均是小篆大家。

隶书

隶书也叫"隶字"、"古书"，它起源于秦朝，也有说法称隶书起源于战国时期。分"秦隶"（也叫"古隶"）和"汉隶"（也叫"今隶"），它是在篆书基础上，为适应书写便捷的需要产生的字体。

隶书结体扁平、工整、精巧，书写效果略微宽扁，横画长而直画短。讲究"蚕头燕尾"、"一波三折"。到东汉时，折、捺等笔画美化为向上挑起。轻重顿挫富有变化，具有书法艺术美，风格也趋多样化，极具艺术欣赏的价值。隶书的出现是中国文字的又一次大改革，它还奠定了楷书的基础。

草书

草书是为书写便捷而产生的一种字体，其特点是结构简省、笔画连绵，始于汉初。

草书有章草、今草、狂草等。章草起于西汉，盛于东汉，字体具隶书形式，笔画省变，有章法可循，字字区别，不相纠连；今草起于东汉末期，风格多样，不拘章法，笔势秀丽流畅，晋王羲之、王献之父子擅长今草；狂草亦称大草，笔意奔放，体势连绵，如唐朝张旭《千字文》、怀素《自叙帖》等，字字区别，不相连接，而笔意活泼、秀媚。草书自狂草起开始成为完全脱离实用的艺术创作。

楷书

楷书形成于汉末、魏晋，全盛于隋唐，也称"真书"、"正书"。它吸收隶书结构匀称明晰的优点，把隶书笔画的"波折"改为平直，把隶书形体的扁平改方正，书写时比隶书更方便，一直沿用至今。我们现在看到的魏晋时的楷书，离篆隶不远，形体古朴自然，但无严谨的法度约束。隋代以后，楷书注意法度，结构整齐、方正，书家层出不穷，以颜真卿、柳公权等人成就最高。宋元明清的书法家都以唐以前楷书为规范，近代以至当代学书者更是如此。

行书

行书是介于今草和楷书之间的一种字体，可以说是楷书的草化或草书的楷化。它不像草书那样难写难认，也不像楷书那样严谨端庄，所以古人说它"非真非草"。它的特点是运用了一定草法，部分地简化了楷书的笔画，改变了楷书笔形，

草化了楷书的结构，行书中带有楷书或接近于楷书的称为"行楷"，带有草书或接近草书的则称为"行草"。代表作最著名的是东晋书法家王羲之的《兰亭序》，被誉为"天下第一行书"。

宋体字

宋体字的创始人（准确的说法是代表者）是宋人秦桧。秦桧，状元出身，曾随高宗为相。他不仅博学，而且在书法上造诣很深。他综合前人书法之长，自成一家，创立了宋体字。秦桧早年为官，官声尚好。在金人攻陷东京（今开封）之后，曾冒死赴金营，反对立伪楚帝张邦昌，几乎被砍了脑袋。但后来在高宗手下为相，迎合高宗偏安政策，镇压抗金将领，以"莫须有"的罪名在风波亭害死岳飞父子，天怨人怒。老百姓把南方炸油条称为"油炸桧"，还让他和妻子王氏的像长年累月跪于岳飞墓前。至于他的字，人们由于厌恶他的人品德行，他所创的字体不叫"秦体"，而被称为"宋体"。

魏碑

十六国北朝时期的书法艺术，深受钟繇和王羲之等人的影响，并在这一基础上有所发展和创新。敦煌石室发现的十六国和北朝写的佛经中，虽多微掺隶法，但字迹工整，颇有笔力，达到了较高的艺术水平。

近百年来，出土的许多北朝的墓志、墓碑、造像题记等，其书体虽各有不同，但大多结体扁方、构架紧密、方笔折角、骨力雄劲，这就是"魏碑"的字体。由于用笔厚实，字形稳健有力，给人一种独特的美的感觉。

拓片

用墨把石刻和古器物上的文字及花纹拓在纸上后的成品。这种拓印行为也称为拓片。拓片是从原物直接拓印下来的，大小和形状与原物相同，是一种科学记录的方法。除有凹凸纹饰的器物外，甲骨文字、铜器铭文、碑刻、墓志铭、古钱币、画像砖、画像石等，都广泛使用这种方法记录。拓印技术在中国已有1000多年的历史。许多已散失毁坏的碑刻，因有拓片传世，才能见到原碑刻的内容及风采，如《汉西岳华山庙碑》，在明嘉靖三十四年（1555年）地震时被毁，传世拓片遂为珍品；唐柳公权书宋拓《神策军碑》，因原碑已佚，仅有一册拓片传世，就成为孤本。

瘦金体

瘦金体是宋徽宗创造的书法字体，亦称"瘦金书"，也有"鹤体"的雅称。他早年学薛稷、黄庭坚，参以褚遂良诸家，出以挺瘦秀润，融会贯通，变化二薛（薛稷、薛曜），形成自己的风格，号"瘦金体"。

其特点是瘦直挺拔，横画收笔带钩，竖划收笔带点，撇如匕首，捺如切刀，竖钩细长；有些联笔字游丝行空，已近行书。其用笔源于褚、薛，写得更瘦劲；结体笔势取黄庭坚大字楷书，舒展劲挺。现代美术字体中的"仿宋体"即模仿瘦金体神韵而创。瘦金体作品代表有《楷书千字文》、《秾芳诗》等。

中国画

中国画这个概念，广义上指运用中国的传统绘画工具（笔、墨、纸、砚、颜料等）所绘的画，简称"国画"。中国画按题材又可分为人物画、山水画、花鸟画、动物画等；按使用材料和表现方法，主要分为工笔、写意和兼工带写三种；按照画幅大小和形状及折叠方式，可以分为横向的长卷、横批，纵向展开的条幅、中堂，仅有一尺左右见方的册页、斗方，画在折扇、团扇等扇子上的扇面。

中国画在创作上重在传达出物象的神态情韵和画家的主观感受，造型上讲求"妙在似与不似之间"和"不似之似"，对那些能体现出神情特征的部分往往会采取夸张甚至变形的手法加以刻画，而不是追求实际的"相像"。在构图上，中国画讲求经营，重视虚与实、疏与密的配合与平衡，力求打破时空的限制，构造出一种画家心目中的景象。中国画善用水墨，创造出极为丰富的笔法和墨法，同时墨还可以与色相互结合，形成墨色互补的多样性。以这些独特的笔墨技巧，如点、线、面作为状物传情的表现手段，描绘对象的形貌、骨法、质地、光暗及情态神韵，传情达意，具有独立的审美价值。中国画，特别是中国文人画，讲求诗、书、画、印的有机结合。画面上题写的诗文跋语，既是画面的有机组成部分，同时还能表达画家对社会、人生及艺术的思考和认识，在深化主题的同时，提升画作的文化品位。

中国画在观察认识、形象塑造和表现手法上，与西方绘画相比，有着迥异风格和独特的艺术趣味。中国画对客观事物的观察、体认、再现，以及借物传情的艺术构想，渗透着画家的社会意识，使绘画具有相应的认识作用、教育作用和高度的审美价值，体现出中国人独特的思维方式、哲学观念和审美情趣。

人物画

人物画是以人物活动为主要描写对象的绘画，它是中国画的三大画科之一。早在周代，就已经出现了以劝善戒恶为目的的历史人物壁画。

按题材分类，人物画可分为历史人物画、宗教人物画和现实人物画 3 种。按艺术手法可分为有工笔重彩、写意、白描、泼墨等多种。按画面人物的多少，一般分为群像画和肖像画。群像画以突出人物活动为主，肖像画以描绘人物形象的酷肖为主。各种人物画所表现的侧重点虽有所不同，但都要求形神兼备，人物形象要符合人物的形体、比例、场景透视原理等，更重要的是传达人物的性格、气质和神态。人物画通常要求人物显得逼真传神，气韵生动，常常把人物安排在一定的场景中。描绘重点是人物的面部，同时处理好人物之间、人物与环境之间的关系，以求画面整体的统一。战国楚墓出土的《人物龙凤图》与《人物驭龙图》帛画，是表现战国时期神话人物的经典作品，也是目前最早的独幅人物画作品。我们公认的著名古代人物画有东晋顾恺之的《洛神赋图》、《女史箴图》，唐代韩滉的《文苑图》，五代南唐顾闳中的《韩熙载夜宴图》，北宋李公麟的《维摩诘像》等。

山水画

山水画是中国三大画种之一。它所表达的是古人对自然的崇拜和热爱，表达了天人合一的境界和追求，一定程度上反映作者对自然的思考以及对人生社会的认识，在用写实或艺术的手法表现自然之美的同时，也间接反映当时的社会生活状态。在技法上，山水画有水墨山水、青绿山水、金碧山水、浅绛山水、淡彩山水、没骨山水等形式。在题材和内容上，名山大川、田野村居、城市园林、寺观舟桥、历史名胜等皆可入画。

晋代，山水画从人物画中分离出来，成为独立的画料；隋唐的李思训、王维等人完善了山水画的画理、画法、章法，中国山水画的传统就此形成。五代以及北宋时期，山水画大兴，荆浩、关仝、李成、董源、巨然、范宽、米芾等人以水墨山水闻名，王希孟、赵伯驹等人以青绿山水闻名，山水画在这时发展到高峰。山水画的技法基本上有"勾"、"皴"、"染"、"点"四个步骤，首先用墨线勾出山石的大致轮廓，再用各种皴法画出山石明暗向背，然后用淡墨渲染，加强山石的立体感，最后用浓墨或鲜明的颜色，点出石上青苔或远山的树木。

现存最早的山水画名作是隋代展子虔所作的卷轴画《游春图》，此画绢本设色，现为北京故宫博物院藏品。

花鸟画

花鸟画是中国绘画的三大画种之一，它的描绘对象包括花卉、竹石、虫鸟、游鱼等。早在原始时代的陶器上，就出现了简单的鸟鱼图案，这算是中国最早的花鸟画。东晋、南朝宋时，花鸟画成为独立的画种，唐代趋于成熟。经过长期发展，花鸟画总体上形成了写实为基础，寄托情感和寓意为归依的传统。画家通常以花鸟来

芙蓉锦鸡图 宋 赵佶

表现人的精神和气节韵致，以及对现实的种种寄托，具有强烈的抒情性。同时也间接表现社会生活，反映时代精神。按艺术手法，花鸟画可分为工笔和写意等多种；按照用墨用色的不同，可分为水墨花鸟画、泼墨花鸟画、设色花鸟画、白描花鸟画及没骨花鸟画等。

在构图上，花鸟画突出主体，善于剪裁，常常通过枝叶来对画作进行整体的布局安排和调整，讲究虚实相对，相互呼应。此外，配合对画作内容进行解说或烘托的诗文，也是花鸟画的一大特点。五代到宋朝，中国花鸟画达到繁盛。南宋及元代相继出现了水墨写意"四君子画"（梅、兰、菊、竹），与此同时兴起了以线描为主要手段的白描花卉。明朝后期，徐渭以草书入画，

开创了强烈抒写个性的先河。到清初朱耷，这种表达个性的花鸟画达到高峰水平。数千年的积淀，使得花鸟画成为世界美术史上独特而优雅的存在。

文人画

文人画，也称"士大夫甲意画"。是中国传统绘画的风格流派之一，画中带有浓烈的文人情趣，流露着浓烈的文人思想。早在魏晋南北朝时期，文人画的某些创作思想和艺术实践就出现了，但"文人画"作为一个正式的名称，是由明末画家董其昌提出来的。

书卷气或称诗卷气是文人画评画的一个标准，也就是说，文人画讲究在画作中体现出诗意。文人画的作品大都以山水、古木、竹石、花鸟等作为题材，以水墨浓淡设色写意为表现手法。在墨和色彩的选择和使用上，文人画比较重视水墨的表现力，讲究墨分五色，善于通过墨浓淡干湿的不同变化，描绘不同的物象，抒发不同的情感，寄寓作者的情怀。文人画独特的创作思想和绘画风格是中国画的宝贵经验和传统，以特有的"雅"而独树一帜。

文人画的代表人物有唐代王维，元朝倪云林，明代董其昌，清代八大山人、吴昌硕等。文人画讲究诗情画意，"画中有诗，诗中有画"是文人画一致的追求，画中往往还有题诗，诗画合璧，体现出浓郁的画家雅趣与文人才情，具有极高的审美价值。

笔法

笔墨是中国画的最大特色，从广义上讲，笔墨指利用笔墨达到的效果，诸如色彩、章法、意境、品位等都要通过笔墨来实现；从狭义上讲，笔墨专指用笔用墨的技巧。

这里我们先说说笔法。

中国画用笔分为中锋、侧锋、逆锋、拖笔等。中锋也叫正锋，方法是将笔管垂直，用笔时笔尖在墨线中间，中锋的线没有明显粗细变化，显得连贯一致；侧锋是指行笔时笔尖不垂直于纸，笔尖在墨线一边，侧锋笔墨容易产生飞白效果，线条有切削感；顺锋是指笔按照由左向右、由上向下的走势运行；逆峰是将笔向笔峰方向逆行，适于画树干山石时使用，线条显得苍老滞涩；拖笔是指执笔时稍稍放松，引着笔管拖行，线条显得轻柔飘逸。笔锋的运用还有："提按"、"转折"、"滑涩"、"虚实"、"顿"、"戳"、"揉"等方法。中国画的笔法主要体现在对线的运用上。"以线造型"是中国画的基本原则。经常利用毛笔线条的粗细、长短、浓淡、刚柔、疏密等变化，来表现物体的形态和画面的节奏韵律。关于运笔方法，黄宾虹曾提出"五笔"之说，"五笔"即"平、圆、留、重、变"。要求用笔画线时注意粗、细、曲、直、刚、柔、轻、重的变化和对比，从而做到画人物"传神写照"；画山水刚柔相济，有质有韵。中国画的笔法必须服从客观形象造型的要求，笔法不同，画作的风格就不同；对象不同，使用的笔法也应该不同。同时，笔法必须接受画家思想感情的指挥，画家个性感情的不同，自然会运用不同的笔法，产生不同的艺术效果。

墨法

中国画的墨法，主要是运用墨色变化的技巧。中国画素有"五墨六彩"的说法，五墨是指墨的浓度，即焦、浓、重、淡、清。六彩是指墨的变化，即黑白、干湿、浓淡。用墨是中国画的基本技法，处理好笔与墨、墨与色的关系，是技法中的关键问题。还可以通过笔中墨与水的比例、含墨水的多少、蘸墨方法以及行笔速度等，变换出各种不同的笔墨效果。中国画用墨，主要在于运用墨色变化的技巧，以墨代色，让不同的墨色在纸面上体现出来，更巧妙的是让一支笔中产生各种墨色的变化。

中国画用墨的技巧随着时代的不断发展和历代画家的总结而日趋成熟，逐渐产生了积墨法、泼墨法和破墨法等多种表现手法。积墨法是先画一遍或浓或淡的墨，干了之后，再画一层，让墨色积叠起来，画面苍润浑厚，如龚贤的《山水图》。泼墨法是用笔蘸满墨色，大片涂抹，像泼出去一样，不重复，画面淋漓湿润，多用于作大写意画时使用。破墨法又分为浓破淡、淡破浓、干破湿、湿破干四种。具体操作是先画出墨色，在墨未干的时候，再在上面施加墨、色，可使墨色呈现出湿润、丰富、浓厚而变化莫测的效果。画家作画的时候，往往将三种方法融合在一起。此外，还有焦墨法、宿墨法、用矾法等。

水墨写意

写意俗称"粗笔"，是与"工笔"相对的一种绘画技法，可分为"大写意"和"小写意"两种。通过简练概括、放纵恣肆的笔墨，着重表现描绘对象的意态神韵。它出现于工笔人物画成熟之后，是由宋代的梁楷创造的。明代中期，水写意画迅速发展，泼墨大写意画非常流行，出现了很多名家，如人称"青藤白阳"的徐渭和陈淳，就是当时成就突出的两位画家。

徐渭是明代著名的书画家，是当时最有成就的写意画大师。他的写意花鸟，用笔豪放，笔墨淋漓，注重内心情绪的抒发，如《墨葡萄图》等。他独创的水墨写意画的新风，对后世产生了极大的影响。陈淳擅长泼墨大写意的花鸟画，他的作品不讲究描画对象外表的形象，而是追求画面的生动，在淡墨运用方面有一种特殊效果，如《红梨诗画图》等，其人物画寥寥数笔，令人回味，山水画水墨淋漓。

工笔

　　工笔，又称"细笔"，与写意相对，为细致写实的中国画技法，特点是注重线条美，造型严谨，一丝不苟。工笔的技法又可分为描、分、染、罩。描，即白描，就是先分别用浓墨、淡墨描出底稿；分，即用墨色上色，用清水分蕴开来，以表现出画面的层次；染和分的程序一样，但用的不是墨色，而是用彩色来分蕴画面；罩，指的是整体上色。

　　中国的工笔画起于战国，到两宋走向成熟。工笔画是中国画中追求形似的画种，关注细节，注重写实，图人状物"尽其精微"，力求"取神得形，以线立形，以形达意"，获取神态与形体的完美统一。历代工笔画名家有唐代的周昉、张萱，五代宋朝的黄筌、赵佶，明代的仇英等人。著名作品有《簪花仕女图》、《虢国夫人游春图》等。

白描

　　白描，指中国画中单用墨色线条勾描形象而不施彩色的画法。白描可分为单勾和复勾两种。单勾即用线一次勾成，或用一色墨，或根据不同对象用浓淡两种墨；复勾则仅以淡墨勾成，再根据情况进行复勾，其线条并非是依原路刻板地复迭，要求流畅自然，以达到加强画面质感和浓淡

变化的效果，使得物象更具神采。由于物象的形、神、光、色等都要通过线条来表现，所以白描画法有着较高的难度，但是其具有朴素简洁、概括明确的特点，因而常用于人物画和花鸟画，顾恺之、李公麟等都是中国古代著名的白描大师。

十八描

　　"十八描"，指中国画中衣服褶纹的18种描法，分别为：1. 高古游丝描：为工笔画法，线条细而均匀，多为圆转曲线，顿笔为小圆头状。2. 琴弦描：比高古游丝描略粗，用颤笔中锋，线中有停停顿顿的变化，多为直线，有写意味道。3. 铁线描：比琴弦描粗些，用笔中锋，转折处方硬似铁丝弄弯的形态，顿笔也是圆头。4. 混描：基本上是一种写意画法，先用浓墨皴衣纹，墨未干时，间以浓墨，讲求"浓破淡"的墨法变化。5. 曹衣出水描：来自西域画家曹仲达，其画佛像衣纹下垂、繁密，贴身如出水状，故称"曹衣出水"，受印度健陀罗艺术的影响，用笔细而下垂，成圆弧状，讲求线条之间的疏密变化。6. 钉头鼠尾描：行笔方折多，转笔时线条加粗，收笔尖而细。7. 橛头钉描：是一种写意笔法，用秃笔，侧锋入笔，线条粗而有力，顿头大而方。8. 马蝗描：顿头大，行笔曲折柔软，但很有力。9. 折芦描：多为直线，用笔粗，而转折多为直角，折笔时顿头方而大。10. 橄榄描：顿头大如同橄榄，行笔稍细，粗细变化大。11. 枣核描：顿头如同枣核状，线条行笔中亦有枣核状的用笔变化。12. 柳叶描：用笔两头细，中间粗。13. 竹叶描：与柳叶描类似，有时不相区分。14. 战笔水纹描：如山水画水纹之画法，表现薄而褶多的衣纹。15. 减笔描：大写意笔法，极为简练，用笔粗而一

气呵成，一笔中有墨色变化。16. 枯柴描：水墨画笔法，用笔粗，水分少，类似皴法，笔势往往逆锋横卧。17. 蚯蚓描：用篆书笔法，线条圆转有力，粗细均匀，曲折多而柔软。18. 行云流水描：表现软而弯转的衣纹。

用色

中国画历来十分讲究色彩的运用。早在南齐谢赫的《画品》中，就把"随类赋彩"作为"六法"之一。这种以区分物象种类并赋予不同色彩的理论，即是中国画用色的基础。此外，用色还十分重视环境对物象的影响，随着环境的不断改变，物象的色彩也相应发生变化。南朝萧绎是中国画论中提出色调冷暖、色与光关系的先驱者之一。他在《山水松石格》中说"炎绯寒碧，暖日凉星……高墨犹绿，下墨犹赭"，意思是说绯红色看来让人感到炎热，碧绿则使人感到寒意。高处的墨色犹如翠绿的颜色，下面的墨色则与赭石色的土地颜色近似。他用简单的句子概括了冷暖色调使人产生的感觉不同和景物高下、远近对色彩的影响。

中国画用色有勾线重彩填色、水墨淡彩、淡彩与重彩结合 3 种方法，设色的具体方法包括干染、湿染、平染、分染、罩染、碰染、衬染、用水、用胶、用矾等。

色学原理中，红、黄、蓝为三原色。中国画调色也是在原色与原色之间互相调配，可调成间色，间色与间色相调配成为复色。曙红、藤黄、花青是中国画色彩中的基本三原色。由于中国画讲究用墨，而赭石能在墨与色之间起到调节作用，所以赭石是应用最多的颜料之一。此外，其色彩丰富性还体现在基色配比不同所产生的相应变化上。如用三分花青与七分藤黄，就可调配成嫩绿，当改变配比时，还可以产生草绿、新绿、老绿等多种绿色。加入墨色后，又能产生不同色调的墨绿等。总体而言，中国画的色彩要求是体现出大气、典雅、稳重的特色，表现干净而和谐的美。

构图与透视

中国画的构图，又称章法，即合理安排景物所在位置，画面形象不能任意罗列、填塞，必须按照事物的客观规律加以安排。同时需要注意景物的大小、深浅、虚实等多种对立统一的关系，不能过分拘泥于章法，按照客观事物的自然形态，结合主观意识自由创作。

中国画的作画要领，通常是作画之前，首先要确定好表现的内容和作品的主题，考虑主宾远近的取势，然后根据画面需要，进一步考虑留白、气势、色彩、题词、用印等细节安排。同时还要注意自身所处的位置和视点移动，将所得视觉形象巧妙地取舍、综合，使之形成一种意境，达到突出主题、表达情感的最佳效果。书法中有计白当黑的说法，中国画上很注意对空白的利用和表现。每一处空白，都是精心布置，看似无意，其实有意。在中国画上，我们常常能见到不同的留白，这些空白有的是严守真实的画面空间和布白，有的是打破真实，依据画家的构图需要而平列的空间和布白，这样做的结果就是能够让描画对象按照艺术的需要拉长或缩短形象，或者变换位置，从而呈现出最佳视觉效果。

在透视方面，中国画焦点透视法和散点透视法都有，但最常用和常见的还是散点透视法，多视点的散点透视法在中国画中最为主流，又称"移步换影"。如《清明上河图》的长卷，既有俯视的图景，又不乏仰视和平视的图景，它把街市、人物、桥梁、船只等都合理地安排和表现在一个画面上。中国画透视的方法还有一种是"以大观小"，也就是把辽阔的景物缩到极小的空间内，让人能够一目了然地看到景物或人物群体的全貌，同时尽量缩小作画对象透视上的大小差别，使物象超越空间的约束。

题款与印章

自元代以后，多数中国画都形成了画面、题款、印章并举的传统形式。题款，也称落款、款识、题画、题字，等等。凡在书画上标上姓名、年月、诗文等都称为题款。它对构图起着稳定平衡作用，能弥补绘画构图的不足，是整幅作品的重要组成部分，同时还能增添诗情画意，补充画者想要表达的内容。

具体而言，在画面上题写诗文，叫"题"，题画文字，有题画赞、题画记、题画跋、题画诗（词）等。在画上标志年月、签署名号、盖章等，叫作"款"。款文也可以记写籍贯、年龄等，若为他人作画，往往要写上受赠者的称谓。题款对款文的文采和书法的水平都有很高要求，字体不限，但是必须和画的内容、风格和意境相配合。

中国画的印章有姓氏章、姓名章、名章、字号章、年代章、收藏章、闲章之分，印章的书体有大篆、小篆、隶书、草书、行书之分，印章的字体与形式也必须和画相偕。所有形式的章，其位置和内容都有相应的要求，不能随便，但唯独闲章的位置可以较为灵活，内容也可以活泼，警句、诗词、成语、短句等都可以，但正所谓"闲章不闲"，它并非可有可无。在一些古画名画上，我们常能见到繁多的收藏章，有

的甚至在空白处盖满了收藏章，元代钱选的《浮玉山居图》流传到清末时，画上已经有300余方印章，作为鉴别真伪的证据，它们起了巨大的作用。

篆刻

篆刻又称为"玺印"、"印"或"印章"等，是用篆书刻成的印章，是一种特有的传统艺术和实用艺术品。篆刻艺术是书法、章法、刀法三者完美的结合。在一方印中，既有书法笔意，又有绘画构图，还有刀法雕刻，可谓"方寸之间，气象万千"。篆刻在2000多年中出现了两个高度发展的阶段。一是战国、秦汉、魏晋六朝时期，被称为"古代篆刻艺术时期"，其用料主要为玉石、金、牙、角等。这一时期尤以汉代玺印为代表。汉印结体简化，笔画平整方直，并以鸟虫书入印，装饰性很强。汉代铸印庄重雄浑，凿印健拔奇肆，成为后世篆刻艺术的重要渊源。

二是明清时期，这一时期篆刻艺术大放异彩。明代中叶，印章由实用品，或书画艺术的附属品，发展为一门独立的篆刻艺术。自从明篆刻家文彭之后，篆刻艺术繁荣起来，形成了徽派、浙派、皖派等很多篆刻流派，出现了何震、程邃、丁敬、邓石如、黄牧甫、赵之谦、吴昌硕等篆刻艺术家。

印章

印章也称印信，古时候它是权力的象征。据《史记》中记载，战国时代，以主张合纵抗秦而著称的政治家苏秦曾佩戴过六国相印，由此证实官吏用印在当时已成为一种制度。

秦时，秦始皇为了巩固自己帝王的威

望和地位，对印章进行了严格的规定：皇帝的印信称为国玺，大臣的印信称为章或印，各有专称，不能混淆。秦始皇统一中国前，曾夺得赵国的"蓝田玉"，即"和氏之璧"，并把它制成了有名的传国玺。到汉朝，印章的制作逐渐发展成为一种艺术。有的将军死后，他们随身携带的象征身份的印章也一起被埋入土中，所以现在我们还能看到相当数量的古代印章。

宋朝以后，印章的应用多和书画联系在一起，题款盖印，成为习惯。我们至今还能看到苏东坡、黄庭坚、宋徽宗等人的许多印章。印章不仅是书画艺术的一个组成部分，还是一门独立的艺术。

印泥

印泥是中国特有的文房之宝，无论是文件签署，还是历史文物以及金石书画之钤记，都需要使用印泥。根据史书上记载，印泥的发展已有 2000 年的历史，早在春秋秦汉时期就已使用印泥，那时的印泥是用黏土制的，临用时用水浸湿，这就是当时称封泥。到了隋唐以后，随着社会的进步，人们又改用水调和朱砂于印面，印在纸上，这就是印泥的雏形，到了元代，人们开始用油调和朱砂，之后便渐发展成我们现代的印泥了。

印章边款

边款一般泛指刻于印侧或印背的文字、题记。起源于隋唐，当时制印部门的工匠，只是在一些官印周围刻上制印年记、编号和释文等内容。明清流派纷呈、风格各异。

边款在形式上有阳款与阴款之分，在用刀上有单刀、冲刀、切刀及冲切兼用之别，在书体上融真草隶篆于一体，在风格上雄强与婉约并存，在内容上则由作者单刻印的年月和署名，发展为或有感而发，或叙事抒情、考辨，涉及面极其广泛，是整个篆刻艺术不可分割的部分。

唐三彩

唐三彩是一种盛行于唐代的陶器，以黄、白、绿为基本釉色，故称为"唐三彩"。

唐三彩吸取了中国国画、雕塑等工艺美术的特点，采用堆贴、刻画等形式的装饰图案，线条粗犷有力。以造型生动逼真、色泽艳丽和富有生活气息著称。

唐三彩分布在长安和洛阳两地，在长安称西窑，在洛阳的则称东窑。

五大名窑

宋时的制瓷业发展到一个新阶段，烧制技术、产量、质量以及瓷窑的数量和规模都大大超过前代，大小瓷窑遍布全国，出现了定、汝、官、哥、钧五大名窑。宋代瓷器加彩已较盛行，并掌握了窑变、裂冶技术，南北各瓷窑产品均各具特色，成为畅销国内外的商品。

秘色瓷

古代名窑进贡朝廷的一种特制瓷器精品。据记载，吴越国钱氏割据政权控制了越窑场，命令这些瓷窑专烧供奉用的瓷器，秘不示人，庶民更不得使用；且釉药配方、制作工艺保密，故名"秘瓷"。秘色瓷"其色似越器，而清亮过之"。从出土的典型的秘色瓷看，其质地细腻，原料的处理精细，多呈灰或浅灰色。胎壁较薄，表面光滑，器型规整，施釉均匀。从釉色来说，五代早期仍以黄为主，滋润光泽，呈半透明状；但青绿的比重较晚唐有所增加，其后便以青绿为主，黄色则不多见。

青花瓷

青花瓷又称白地青花瓷器。目前发现最早的青花瓷标本是唐代的（也有学者称唐青花并非青花瓷）；成熟的青花瓷器出现在元代；明代青花成为瓷器的主流；清康熙时发展到了顶峰。明清时期，还创烧了青花五彩、孔雀绿釉青花、豆青釉青花、青花红彩、黄地青花、哥釉青花等品种。

中国古代青花瓷，各个时期的款识均有鲜明的时代特征，根据青花瓷款识的形式、种类，主要可分为纪年款、吉言款、堂名款、赞颂款和纹饰款 5 大类。

粉彩

瓷器釉上彩装饰手法的一种，又名"软彩"。是在清康熙年间在五彩的基础上受珐琅彩的影响而产生的新品种，是在彩绘时掺加一种白色的彩料"玻璃白"。玻璃白具有乳浊效果，画出的图案可发挥渲染技法的特性，呈现一种粉润的感觉。

瓷都景德镇

景德镇是中外著名的瓷都，与佛山、汉口、朱仙镇并称四大名镇，由于制瓷历史悠久，瓷器产品质地精良，对外影响大，"瓷都"两字成了景德镇的代名词。

景德镇从汉朝开始烧制陶器，距今 1800多年，从东晋开始烧制瓷器，距今 1600 多年。景德镇瓷器以"白如玉，明如镜，薄如纸，声如磬"的独特风格蜚声海内外。青花、玲珑、粉彩、色釉，是景德镇四大传统名瓷。

玉雕

玉石经加工雕琢成为精美的工艺品，称为玉雕。玉雕是中国最古老的雕刻品种之一。早在新石器时代晚期，就有了玉制工具。商周时期，制玉成为一种专业，玉器成了礼仪用具和装饰佩件。

玉雕的品种很多，主要有人物、器具、鸟兽、花卉等大件作品，也有别针、戒指、印章、饰物等小件作品。

牙雕

牙雕是一门古老的传统艺术，也是一门民间工艺美术，始于新石器时代。辽、金、元、明、清历代帝王都把象牙作为皇家供品，明代的果园厂和清代的造办处都有为皇宫做象牙制品的作坊。

牙为大象身上最坚固的部分，其光洁如玉、耐用，珍贵堪与宝玉石媲美，因此象牙又有有机宝石之美誉。而象牙雕刻艺术品，以坚实细密，色泽柔润光滑的质地，精美的雕刻艺术，备受收藏家珍爱，成为古玩中独具特色的品种之一。

木雕

木雕是雕塑的一种，原材料一般选用质地细密坚韧，不易变形的树种，如楠木、紫檀、樟木、柏木、银杏、沉香、红木、龙眼等。

木雕有圆雕、浮雕、镂雕等技法，或几种技法并用。有的还涂色施彩用以保护木质和美化。战国和汉代即有大量木雕俑和动物雕刻，唐宋时有人物、仙佛、鸟兽等木雕。明清时代小型木雕摆件、建筑木雕装饰和木雕日用器物大为发展，并形成地方特色，如东阳木雕、广东金漆木雕、福建龙眼木雕等。

中国四大名绣

苏绣已经有 2000 多年的历史。苏绣自古以精细、素雅著称，构图简练，主题突出。其技巧特点可概括为"平、齐、细、密、匀、顺、和、光" 8 个字。最细的将一根丝线掰成 48 股，一般人用肉眼无法看清。在种类上，苏绣作品主要可分为零剪、戏衣、桂屏 3 大类。其中以"双面绣"作品最为精美。双面绣是在绣品的正反两面绣图案，两面的形象、针法相同，针脚藏而不露。

湘绣创始于楚国，清代时成为长沙城乡的主要手工艺。它在湖南民间刺绣的基础上，吸收苏绣和广绣的优点而发展起来的。它以彩色散丝作绣线，除运用"齐针"、"接针"、"打粉针"等针法外，独创"掺针"法，掺针针脚参差自如，使不同色的线相互掺和，逐渐变化，色彩丰富饱满，色调和谐。湘绣的图案借鉴了中国画的长处，所绣多为山水、人物、花鸟、翎毛、走兽，生动逼真，长于绣狮、虎题材。

粤绣在唐代时水平已经很高。艺人以孔雀羽毛扭为绒缕，绣制服饰，金翠夺目，用马尾缠绒，作为勒线，绣制轮廓，增强了表现力。新中国成立以后，粤绣得到进一步发展，不断出新。粤绣构图饱满，繁而不乱，装饰性强，色彩浓郁鲜艳，绣制平整光滑，金银垫绣富于立体感，富丽堂皇。粤绣题材广泛，以百鸟朝阳、龙凤、博古类最多。

蜀绣集中于四川成都。蜀绣在晋代被称为蜀中之宝。蜀绣以软缎和彩丝为主要原料，用晕针、切针、拉针、沙针、汕针等 100 种针法，充分发挥了手绣的特长，形成了浓厚的地方风格。蜀绣题材多为花鸟、走兽、山水、虫鱼、人物，品种除纯欣赏品绣屏以外，还有被面、枕套、靠垫、桌布、头巾、手帕等。

泥人张

天津泥人张彩塑是一种深得百姓喜爱的民间美术品，它创始于清代道光年间，流传、发展至今已有 180 余年的历史。

泥人张的创始人张明山，自幼随父亲从事泥塑制作，练就一手绝技。18 岁即得艺名"泥人张"，以家族形式经营泥塑作坊塑古斋。他只须和人对面坐谈，搏土于手，不动声色，瞬息而成。面目径寸，不仅形神毕肖，且栩栩如生，须眉欲动。

"泥人张"的彩塑，把传统的捏泥人提高到圆塑艺术的水平，又装饰以色彩、道具，形成了独特的风格。

剪纸

剪纸是具有独特艺术风格的民间艺术，它用手工刻制，再点染以明快鲜丽的色彩而成。劳动人民把它作为年节的装饰，贴在纸窗上，所以又叫作"窗花"。

剪纸的历史源远流长。《史记》中"剪桐封弟"的故事，叙说了西周初期，成王将梧桐叶剪成玉圭图样，送给其弟姬虞，封他为唐国（今山西西南部）的诸侯。据说，这是中国最早的剪纸记载。南朝梁宗懔《荆楚岁时记》云："正月七日，为人日。以七种菜为羹，剪彩为人，或镂金箔为人，以贴屏风，亦置头之鬓。"可见，南北朝时剪纸已成为民间美化生活的主要活动之一。

秦香莲 剪纸 山东烟台

盆景

盆景起始于新石器时期，形成于汉代，兴盛于唐代。新石器时期以草木盆栽为主，汉代木本盆栽出现有树石盆景、缸景，夏商的玉雕、石玩对汉代树石盆景、缸景的形成影响深远，唐代是封建社会的繁盛时期，文化艺术辉煌发达，盆景技艺随之突飞猛进，其历程经过了由草木盆栽转化到木本盆栽，由原始盆栽转化到艺术盆栽，由以生产为目的转向以观察为主，以及由一般艺术盆栽升华到高级盆景这几个阶段。原始盆景经过了唐宋的意境飞跃、元代的体量飞跃和明清的理论飞跃才发展至今。中国盆景艺术总体形成五大流派，分别为苏派、扬派、川派、徽派和岭南派，代表了中国分盆景艺术的最高成就。

指画

指画，也叫指头画、指墨，是用手指头画的中国画。指画的创始人是清代的高其佩。在高其佩之前，唐代张文通也曾用手指头修改画中局部，但没有系统地用手指头画出完整的国画。高其佩早年也用传统的毛笔画过画，但久久未能创造自家的风格，在他发明了指画后才独创一格，成为指画的开山鼻祖。高其佩的指画题材包罗万象，山水、人物、花卉、虫鸟，有的气势磅礴，有的刻画细微，有很高的成就。

火笔烫画

火笔烫画又称"烙画"、"火笔画"，是中国流传下来的一种民间艺术。

据史书记载，火笔烫画起源于西汉，兴盛于东汉，鼎盛于明清。据考证，东汉光武帝刘秀曾下诏指定火笔烫画为朝廷贡品，亦称"火针刺绣"，这是世界上最早的关于火笔烫画的记载。

火笔烫画就是在木板上，利用电烙铁的热度，用巧妙的手法和熟练的绘画技巧，将木板面烫糊而呈深浅不同的褐色图案。火笔烫画作品一般呈深浅褐色，古朴典雅，清晰秀丽，其特有的高低不平的肌理变化具有一定的浮雕效果，别具一格。经渲染、着色后，还可产生更加强烈的艺术感染力。

木偶戏

中国的木偶戏兴起于汉代，1978年，在山东莱西县汉墓的发掘工作中，发现了汉代制作的可坐、可立、可跪、可灵活操纵的木偶实物。

唐代能用木偶演出歌舞戏。明代木偶戏已流行全国各地，经济发达的南方各省区木偶戏更为繁荣，故有"南方好傀儡"之说。清代以后，木偶戏进入全盛时期，不仅流行范围广，而且演出的声腔也日益增多，出现了辽西木偶戏、漳州布袋木偶戏、泉州提线木偶戏、晋江布袋木偶戏、邵阳布袋木偶戏、高州木偶戏、潮州铁枝木偶戏、川北大木偶戏、石阡木偶戏、阳提线木偶戏、泰顺药发木偶戏、临高人偶戏等分支。但就演出形式而言，木偶戏可大体概括为提线木偶、杖头木偶、布袋木偶、铁枝木偶、药发木偶5种。

中国结

中国结源自旧石器时代的缝衣打结，周朝人随身的佩戴玉常以中国结为装饰，而战国时代的铜器上也有中国结的图案，清朝时，中国结真正流传于民间。

一个中国结从头到尾都是用一根丝线编结而成，每一个基本结又根据其形、意命名。把不同的结饰互相结合在一起，或用其他具有吉祥图案的饰物搭配组合，就形成了造型独特、绚丽多彩、寓意深刻、内涵丰富的中国传统吉祥装饰物品。如"吉庆有余"、"福寿双全"、"双喜临门"、"吉祥如意"、"一路顺风"等。中国结都表示热烈浓郁的美好祝福，是赞颂以及传达衷心至诚的祈求和心愿的佳作。

风筝

风筝源于春秋时代，至今已 2000 余年。相传"墨子为木鸢，三年而成，飞一日而败"。到南北朝，风筝开始成为传递信息的工具。到了宋代，放风筝成为人们喜爱的户外活动。宋人周密的《武林旧事》写道："清明时节，人们到郊外放风鸢，日暮方归。""鸢"就指风筝。

桃花坞年画

桃花坞年画源于宋代的雕版印刷工艺，由绣像图演变而来，到明代发展成为民间艺术流派，形成了独特的风格。

现在最早的桃花坞木版年画，是在日本刊行的《支那古版画图录》中收录的《寿星图》，画面上刻有"万历廿五年（1597 年）"的刊记。从其画面来看，作品的构图、刻工、印制均已达到了相当的水平。日本的"浮世绘"也深受桃花坞木刻年画的影响。

杨柳青年画

杨柳青年画为中国著名的民间木版年画，产生于元末明初，当时有一名长于雕刻的民间艺人避难来到杨柳青镇，逢年过节就刻些门神、灶王出卖，镇上的人争相模仿。在不断的发展中，杨柳青年画不仅继承了宋、元绘画的传统，还吸收了明代木刻版画、工艺美术、戏剧舞台的形式。在中国版画史上，杨柳青年画与南方著名的苏州桃花坞年画并称"南桃北柳"。

福建土楼

福建土楼包括福建省永定县的高北土楼群、洪坑土楼群、初溪土楼群和衍香楼、振福楼，南靖县的田螺坑土楼群、河坑土楼群与和贵楼、怀远楼，华安县的大地土楼群，主要分布在福建西部和南部崇山峻岭中，以其独特的建筑风格和悠久的历史文化著称于世。

福建土楼产生于宋元时期，经过明代早、中期的发展，明末、清代、民国时期逐渐成熟。福建土楼是世界上独一无二的山区大型夯土民居建筑，是生土建筑艺术的杰作。福建土楼依山就势，布局合理，适应聚族而居的生活和防御的要求，是一种自成体系，具有节约、坚固、防御性强的特点，又极富美感的生土高层建筑类型。

北京四合院

"梨花院落溶溶月，柳絮池塘淡淡风"，四合院指的是四座单体房屋分别在东、南、西、北四面，中间围合成一个露天庭院的建筑组合。在历史发展过程中，四合院得到了中国人的钟爱，宫殿、庙宇、官府包括各地的民居都广泛使用这种形式。

在诸多类型的四合院中，北京四合院卓尔不群，经过数百年的营建，北京四合院从材料选择、平面布局到内部结构、细部装修都形成了特有的京味风格。

四合院属砖木结构建筑，门窗栋梁等均为木制，周围以砖砌墙。门窗及檐口椽头的油漆彩画，虽没有宫廷的华丽辉煌，但也颇有意趣。习惯用磨砖、碎砖垒墙，变废为宝，所谓"北京城有三宝——烂砖头垒墙墙不倒"。屋瓦大多用青板瓦，正反互扣，或者不用铺瓦，直接青灰抹顶，称为"灰棚"。

除了一些小规模的单院形式外，北京四合院多数分为前（外）后（内）二院。外院横长，从东南角的大门进入，迎面就是一座筑砖影壁，与大门组成一个小小的过渡空间。由此西转进入外院。大门之西正对民居中轴的南房，称"倒座"，用来供客人休息，外院还有男仆室与厨房、厕所；由外院通过垂花门式的中门，便进入宽阔的庭院，这就是全宅主院。

主院中，北面正房称"堂"，大多为三间，遵守着"庶民庐舍不过三间五架，不许用斗拱，饰彩色"的明清规定。正房的开间和进深要比厢房为大，左右两边各接出耳房，由尊者长辈居住。耳房前有小小的角院，十分安静，所以也常用作书房。这种一正房两耳房的布局称作"纱帽翅"。正房前面，院子两侧有厢房陪衬，作为后生晚辈的居室，营造了良好的空间感觉。

正房、厢房朝向院子都有前廊，用"抄手游廊"把垂花门与这三座房屋的前廊连接起来，沿着游廊穿行，不必经过露天场地。廊边还有栏杆和凳子，可在廊内欣赏风景。这是四合院的一大风情。

四合院的房屋都采用青瓦硬山顶。正房之后有时有一长排"后照房"，或作居室，或为杂屋。也有的民居在房后或者一侧再接出一座四合院，以居内眷，也有的在一侧接出宅园。

四合院的每一处都很有讲究，开在前左角的民居大门称"青龙门"，根据后天八卦，北为坎，东南为巽，故此种布局称坎宅巽门，象征吉祥平安。王府的宅门则放在中轴线上，人们认为以王侯之尊不需要坎宅巽门也可以免除外邪侵害。而从实际效果来看，宅门不设在中轴线上，使得进入四合院必先通过一个小小过院，有利于保持民居的私密性，营造"曲径通幽"的氛围。在全国各地的民居中，坎宅巽门也十分流行。

门的大小和规格也很讲究，等级最高的是广亮门，它和再小一些的金柱大门、蛮子门都用于官宦人家。虽非官宦而相当殷富的人家用如意门。最小的是墙门，没有进深，门上有小屋顶，有的砌通天柱，颇有西洋气息。

作为民居，北京四合院最直接的感觉是浓厚的生活气息，庭院方阔，大小合宜。院中还栽花置石，一树海棠花配以石榴盆景，大缸养的金鱼寓意吉利，自然亲切，把天地拉近人心。可在院内临时搭建大棚，举办婚丧大事，以待宾客。尤其是抄手游廊，把庭院分成几个自然的空间，但分而不隔，虚虚实实，家庭成员在这里进行亲切的交流，其乐融融。

北京四合院内环境优雅，丁香、海棠、山桃花争奇斗艳，枣树、槐树则是孩子玩耍的好去处。盆栽花木最常见的是石榴树、夹竹桃、金桂、杜鹃、栀子等。阶前花圃中的草茉莉、凤仙花、牵牛花、扁豆花，更是四合院的日常点缀。清代有句俗语形容四合院："天棚、鱼缸、石榴树，老爷、肥狗、胖丫头"，可以说是四合院生活比较典型的写照。

四合院历史悠久，自元代正式建都北京时就出现了，至明清逐渐完善，最终成为北京城的象征。

四合院的结构，在中国传统住宅建筑中非常典型。院落宽绰疏朗，四面房屋彼此独立却又有游廊连接，起居方便。对外只有一个街门，关起门来是封闭式的住宅，自成天地，具有很强的私密性，非常适合家居。院落宽敞，植树栽花，饲鸟养鱼，叠石造景。这里不仅是舒适的住房，更是大自然赐予的一处美好天地。

安徽民居

安徽传统的民居建筑多为各种造型的二层楼房，有的依山傍水，有的参差起伏，有的层楼叠院，精致朴素、堂皇俊秀。

明代以楼上宽敞为特征。清代以后，多为一明（厅堂）两暗（左右卧室）的三间屋和一明四暗的四合屋。一屋多进。大门饰以山水人物石雕砖刻。门楼重檐飞角，各进皆开天井，通风透光，雨水通过水枧流入阴沟。俗称"四水归堂"，意为"财不外流"。各进之间有隔间墙，四周高筑防火墙（马头墙），远远望去，犹如古城堡。

窑洞式民居

窑洞是中国北方黄土高原上特有的民居形式。窑洞民居可分为地坑式、沿崖式和土坯式三种。地坑式窑洞在地面挖坑，内三面或四面开凿洞穴居住，有斜坡道出入。沿崖式窑洞是沿山边及沟边一层一层开凿窑洞。土坯拱式窑洞以土坯砌拱后覆土保温。

西方环境建筑学家认为，地坑式窑洞建筑是完美的不破坏自然的文明建筑。整体上看，窑洞是自然图景和生活图景的有机结合，渗透着人们对黄土地的热爱和眷恋之情。

傣家竹楼

傣家人的竹楼是坝区类型，由于天气湿热，竹楼大都依山傍水。村外榕树蔽天，气根低垂；村内竹楼鳞次栉比，竹篱环绕，隐蔽在绿荫丛中。云南景洪县的曼景兰寨和橄榄坝就是坝区傣家竹楼的标准型。

过去，傣家竹楼按社会阶级分为官家（召）竹楼和百姓竹楼两种。官家竹楼宽敞高大，呈正方形，屋顶带三角锥状，颇类西方的"哥特式"建筑，用木片复顶。整个竹楼用 20 ~ 24 根粗大的木柱支撑，木柱建在石墩上，有的横梁上雕刻花纹呈弓形，特别是缅寺和亭阁都有这种花纹，这是受佛教文化影响的结果。屋内横梁穿柱，结构简单。上木梯后即为"掌房"，正屋为客室，中置火塘，侧旁分隔为 2 ~ 3 间，是主人夫妇和孩子的卧室。

土家族吊脚楼

吊脚楼为土家族人居住生活的场所，多依山就势而建，呈虎坐形，以"左青龙，右白虎，前朱雀，后玄武"为最佳屋场。

依山的吊角楼，在平地上用木柱撑起，分上下两层。吊脚楼上有绕楼的曲廊，曲廊还配有栏杆。吊脚楼还有鲜明的民族特色，优雅的"丝檐"和宽绰的"走栏"使吊脚楼自成一格。这类吊脚楼比"栏杆"较成功地摆脱了原始性，具有较高的文化层次，被称为巴楚文化的"活化石"。

开平碉楼

开平碉楼位于广东省开平市，源于明朝后期，是融中西建筑艺术于一体的华侨乡土建筑群体，现存 1833 座，被誉为"华侨文化的典范之作"、"令人震撼的建筑文艺长廊"。

开平碉楼主要用于防匪、防涝及居住，其建筑风格既有中国传统的硬山顶式、悬山顶式，也有国外不同时期的建筑形式如希腊式、罗马式、拜占庭式、巴洛克式等，千姿百态，异彩纷呈。开平碉楼突出的历史文化艺术和科学价值日益被国内外所关注和认同。

畲族传统民居

畲族人将房子称为"寮"，多建于山坡上向阳、避风、有水源的地方。木结构瓦房两层的较少，多平房，为方形，房顶呈金字状，有厅堂、边房。室内一般都是一厅、左右厢房，中间厅堂又分前后庭，中有木屏间隔，两旁留两个小门，左门顶上设神位，右门顶上设祖神位，后庭放置日用杂物。左右两厢房各分隔两间为卧室，室内陈设简单。右厢房后段多为厨房，厨房一般不设烟囱。

藏族民居

藏族民居极具特色，南部谷地的碉房、北部牧区的帐房、雅鲁藏布江流域林区的木构建筑风格各异。

宗教聚落的形成与发展增添了西藏民居的魅力，如拉萨的八廓街民居群是围绕大昭寺发展起来的，是城镇宗教聚落的典型代表。农牧区民居聚落的形成多以寺院为中心，自由分布，彼此错落，形成不相联属的格局。

古埃及雕塑

埃及的雕塑艺术大约始于公元前4000年，建筑业的诞生，孕育了艺术装饰的萌芽。埃及的神话与宗教信仰支配了雕塑的形成和发展过程。

埃及雕刻是为法老政权和少数奴隶主贵族服务的。由于受宗教思想意识支配，严格服从上层社会的审美观点和需要，美术家墨守成规，在圆雕中严格地遵守"正面律"，不论人物站着还是坐着，人体都处在静止中，而且面部表情总是庄严平静地对着观众。立像多数僵直呆立，从头顶经胸腰直到脚跟都在一条垂直线上。直立

的男人体，左脚向前，重心落在脚掌上。坐像总是促膝并足地坐着的。

在很长的时间里，古埃及雕像几乎没有什么显著的变化。这些也就形成了古埃及雕像艺术的独特风格：庄严稳重，雄伟大方。

古埃及雕像显现出的平衡和沉静，往往会产生一种奇怪的、令人着魔的魅力，而那庄重威严的造型更具有一种震撼人心的感染力。

古埃及绘画

在人类艺术发展史中，古代埃及最早产生了一流的绘画艺术。古埃及绘画艺术家们创作了大量的绘画作品，主要表现形式是壁画。

古埃及绘画具有鲜明的民族特色。它们是用线条造型，填色；构图有的是平面展开，有的是在一条横线上安排人物、景物，不受透视局限。在一条横线上构图时，人物近者、地位高者画得大，远者、没有地位的人画得小；画面饱满，疏密均匀，空白处配以象形文字，具有强烈的装饰艺术效果。

壁画是埃及陵墓装饰中不可缺少的组成部分。其特点为：横带状的排列结构，用水平线来划分画面；画面构图在一条直线上安排人与物，人物依尊卑和远近不同来规定形象大小，井然有序，追求平面的排列效果；注重画面的叙述性，内容详尽，描绘精微；人物造型程式化，写实和变形装饰相结合；象形文字和图像并用。

拜占庭美术

拜占庭美术是指君士坦丁堡时期（330～395年）的罗马帝国美术和东罗马

帝国（395～1453 年）美术。源自罗马，确立于 5～6 世纪的君士坦丁堡，繁荣期延续到 1453 年奥斯曼土耳其人占领君士坦丁堡。

拜占庭建筑是基督教教会的建筑，绘画作品多取材于《圣经》，其形式和人物表情处理都须遵循神学意义的传统模式。在拜占庭建筑中，大理石镶嵌画、壁画和其他艺术品的缤纷色彩相互辉映，造成一派壮丽华贵的景象。

爱尔兰—撒克逊美术

爱尔兰—撒克逊美术是欧洲中世纪初期由爱尔兰人发展起来的北欧美术，属于所谓"蛮族美术"体系。

爱尔兰—撒克逊美术综合了克尔特和日耳曼人的诸多要素，表现出以下特点：

1.由曲线母题构成动态组合，如螺旋纹、卷涡纹、波浪纹等，形成充满活力的装饰面。

2.呈几何形的图案，如钥匙形纹、回龙纹以及各种梯形纹等。

3.混合采用各类图案，或舒缓或紧凑地加以变化。

4.整个装饰体系中有动物和鸟类形象，它们常以夸张的躯体或嘴喙呈缠绕状的连续图案，而四肢、蹄爪，或者舌、尾、耳的图案却不完全连续，使纹样更为生动。

5.有简单的偶像式人形或抽象图解式人像。

洛可可艺术

洛可可艺术是 18 世纪流行于法国的一种艺术形式，风格纤巧、精美、浮华、繁琐，因其在路易十五时最为流行，故又称"路易十五式"。它是在巴洛克艺术的基础上，融入新的社会思潮、价值观和审美观而形成的

一种风格。主要流行于华丽的沙龙内部。

洛可可艺术的特质：

1.曲线趣味，常用 C 形、S 形、漩涡形等曲线为造型的装饰效果。

2.构图非对称法则，即构图不讲究对称，而是带有轻快、优雅的运动感。

3.色泽柔和、艳丽。

4.崇尚经过人工修饰的"自然"。

5.人物意匠上的谐谑性、飘逸性，表现各种不同的爱，如浪漫的爱、性爱、母爱等。

古典主义

古典主义是 18、19 世纪风靡西欧的一种艺术潮流。先后有 3 种不同的艺术倾向。一是以普桑为代表的崇尚永恒和自然理性的古典主义，主要是对古希腊、罗马古典作品的怀旧与模仿之风。代表作品是《马拉之死》。二是以达维特为代表的宣扬革命和斗争精神的古典主义，或称为新古典主义。三是以安格尔为代表的追求完美形式的和典范风格的学院古典主义。

古典主义主张恢复古希腊和古罗马的艺术传统，追求古典的宁静与庄重，在题材上也采用古典内容，通过复古开创新的艺术风格。在艺术形式上，强调塑造性与完整性，忽视了人物的感情，而更注重理性，重素描而轻色彩。

巴比松派

巴比松是巴黎南郊约 50 公里处的一个村落，位于枫丹白露森林的入口处，以风景优美著称。

19 世纪三四十年代，一些青年画家陆续来到巴比松一带作画，有的还定居下来，后来就形成了巴比松画派。巴比松画派提

出面对自然写生的主张，用写实手法来表现自然的外貌，而且致力于探索自然界的内在生命，力求在作品中表达出画家对自然的真实感受。

巴比松派的主要画家是强调科学风景画法的西奥多·卢梭、柯洛、让-弗朗索瓦·米勒和查理-法兰斯瓦·杜比尼。

印象主义

印象主义是19世纪后半期至20世纪初期流行于法国、欧美乃至世界的一种艺术流派和文艺思潮。

19世纪下半叶，法国画界有一部分青年画家反对官方学院派艺术的墨守成规，由于自己的创新作品不能在官方沙龙展出而强烈反对官方的审查制度。他们要求艺术上的革新和创作自由，经常聚集在巴黎的盖尔波瓦咖啡馆自由交换对艺术的见解，共同寻求艺术创新道路。力图客观地描绘视觉现实中的瞬息片刻，主要是表现纯粹光的关系。

主要的印象主义画家有莫奈、马奈、毕沙罗、雷诺瓦、西斯莱、窦加等。

新印象派

新印象派是继印象派之后在法国出现的美术流派。

新印象派的奠基人之一保罗·西涅克在其著作《从E.德拉克洛瓦到新印象主义》中为新印象主义下定义说："他们是自1886年以来发展了分割主义技术的人，分割主义用色彩和色彩进行光的混合，以此来表现自己的意图。"

分割主义技术，是采用光学原理将纯粹的色彩用小点块的方法，彼此相邻近地排列在画布上面。通过光学原理与技术相结合的方法，以求得比在画板上进行色调混合的更高明亮度。所以，新印象主义又叫点彩派。

后印象主义

凡·高像

后印象主义，也称"印象派之后"或"后期印象派"，是法国美术史上继印象主义之后的美术现象。后印象主义一词是英国人和美国人用来描述文森特·威廉·凡高、高更和保罗·塞尚等为代表的一群画家及其画风的。该词是由英国艺术评论家、纽约大都会博物馆馆长福莱提出的。

后印象主义画家既不同于印象派狂热地追求外光和色彩，也不同于新印象派对光色进行分析和运用逻辑思维进行艺术创作。他们主张重新重视美术中形的观念，重视作者的主观个性，注意在作品中表现作者的主观感情和情绪，注意形式的表现力。

达达主义

达达主义，语源于法语"dada"（达达）。

达达主义艺术运动是1916年至1923年间出现于法国、德国和瑞士的一种绘画风格。达达主义是一种无政府主义的艺术运动，它试图通过废除传统的文化和美学形式发现真正的现实。达达主义由一群年轻的艺术家和反战人士领导，他们通过反美学的作品和抗议活动表达了他们对资产阶级价值观和第一次世界大战的绝望。

原始派艺术

原始派艺术是 20 世纪产生于法国的画派，又称稚拙派。此派画家受柏格森"直觉论"的影响，将处于早期发展阶段的各族人民的复杂的艺术视为样板，在创作中极力主张返回原始艺术的风格中去，追求原始艺术的那种自然天成的表现形式，努力表达直接的、朴素的印象。

在代表画家 H. 卢梭的影响下，后来又出现了被称为"新原始主义"的一大批追随者，代表人物有 L. 维万、A. 博尚、C. 邦布瓦等。

立体派

立体派又称立方派，是 20 世纪初在法国画坛出现的一个现代艺术流派。它主要追求一种几何形体的美，追求形式排列组合所产生的美感。

立体主义的艺术家追求碎裂、解析、重新组合的形式，形成分离的画面——以许多组合的碎片形态为艺术家们所要展现的目标。艺术家以许多的视角来描写对象，将其置于同一个画面之中，以此来表达对象最为完整的形象。物体的各个视角交错叠放造成了许多的垂直与平行的线条角度，散乱的阴影使立体主义的画面没有传统西方绘画的透视法造成的三度空间错觉。背景与画面的主题交互穿插，让立体主义的画面呈现出一个二度空间的绘画特色。

立体派代表人物及作品主要有：毕加索的《亚维农的少女》、《格尔尼卡》，乔治·布拉克的《埃斯塔克的房子》，莱热的《三个女子》，格里斯的《吉他与乐谱》等。

行动派绘画

20 世纪 40 年代中期出现于纽约，也称抽象表现主义、塔希主义，50 年代风靡美国画坛并波及欧洲。它是无形式的、即兴的、动感的、有生命力的、技巧自由的艺术，是用来刺激观察力，而非满足传统艺术欣赏的趣味性。抽象表现主义豪放、粗犷、自由的画风，反映美国人崇尚自由、勇于创新的精神，却也隐含现代人内心焦虑和苦闷的悲剧情调。

波洛克为创始人。画家作画时用颜料洒滴在铺地的画布上，抛弃一般的绘画工具，以枝条、泥铲和滴漏颜料、掺沙的碎玻璃等作涂抹，以"满幅画"的新的线条和节奏来寻求全新的画面，无焦点透视关系，可以说是以线和色彩的偶然性的重叠和渗透来对传统绘画的反抗。

代表画家有波洛克、戴·库宁、克莱恩等。

超现实主义画派

超现实主义画派是 20 世纪 20 年代超现实主义文艺思潮中的重要组成部分，1924 年产生于法国。由法国作家布列顿发起。他在巴黎先后发表两次《超现实主义宣言》，形成了超现实主义画派。认为"下意识的领域"，如梦境、幻觉、本能等是创作的源泉，主张从潜意识的思想实际中求得"超现实"。

该派反对艺术反映现实生活，反对美术上的一切传统。他们的作品荒诞不经、光怪陆离，给人梦中之感。代表人物有米罗·恩斯特等。

照相现实主义

照相现实主义又名"超级现实主义"，

20世纪70年代在西方尤其是美国最为流行的一种美术流派。它主张艺术的要素是"逼真"和"酷似"，必须做到客观地、真实地再现现实，反对艺术家离开客观对象的任意发挥。

照相现实主义作品尺幅巨大，注重表现生理细节。所作雕塑与真人一般大小，涂以肤色，配以衣服道具，极度逼真。代表人物有克洛斯、汉森等。

波普艺术

波普艺术实际上就是流行艺术，又称新写实主义，因为波普艺术（Pop Art）的Pop通常被视为"流行的、时髦的"一词（popular）的缩写。20世纪50年代初萌发于英国，50年代中期鼎盛于美国。作品中大量运用废弃物、商品招贴、电影广告、各种报刊图片作拼贴组合。

波普艺术一词最早出现于1952～1955年间，由伦敦当代艺术研究所一批青年艺术家举行的独立者社团讨论会上首创，批评家L.阿洛维酌定。他们认为公众创造的都市文化是现代艺术创作的绝好材料，面对消费社会商业文明的冲击，艺术家不仅要正视它，而且应该成为通俗文化的歌手。在实践中有力地推动这一思潮发展的艺术家是R.汉密尔顿。

大地艺术

大地艺术是20世纪60年代末出现于欧美的美术思潮，由最少派艺术的简单、无细节形式发展而来。

大地艺术家以大地作为艺术创作的对象，如在沙漠上挖坑造型，或移山湮海、垒筑堤岸，或泼溅颜料遍染荒山，故又有土方工程、地景艺术之称。

大地艺术家普遍厌倦现代都市生活和高度标准化的工业文明，主张返回自然，对曾经热恋过的最少派艺术表示强烈的不满，以之为现代文明堕落的标志，并认为埃及的金字塔、史前的巨石建筑、美洲的古墓、禅宗的石寺塔才是人类文明的精华，才具有人与自然亲密无间的联系。

奥普艺术

奥普艺术是西方20世纪60年代兴起的美术思潮。奥普即"Opti-cal"的缩写，即视觉效应。

奥普艺术家按一定规律排列成波纹或几何形画面，造成视知觉的运动感和闪烁感，使视神经在与画面图形的接触中产生眩晕的光效应现象与视觉效果，以此证明诉诸视觉的艺术品与探究知觉心理的科学之间并无严格的分界，用严谨的科学设计亦可激活视觉神经，奥普艺术几乎同时兴起于欧美各国。欧洲奥普艺术的开创者是法国画家V.瓦萨雷利，美国奥普艺术的先驱是J.阿伯斯。

观念艺术

观念艺术是在20世纪60年代中后期出现，并流行于20世纪70年欧美各国的。所谓观念艺术，是指艺术家对"艺术"一词所蕴涵的内容和意义标志再作理论上的审查，并企图提出更新的关于"艺术"观念界定的一种现代艺术形态。

观念艺术最著名的艺术家有阿特金、约翰·史太托克和约瑟夫·卡苏斯等人。其中，尤以卡苏斯最为著名。他于1965年将一把实在的生活用的椅子、一把椅子的放大照片和字典中关于"椅子"的概念诠释文字，用并置的手法，以《一把和三把椅子》为题展示出来。

人体艺术

人体艺术是指艺术家以自己的身体为题材，传达主体特定的思想、观念、心理与情感活动的载体或表现媒介的一种艺术形态，出现于 20 世纪 60 年代。人体艺术是因人们对自身面部丰富的表情、身体姿态动作的优雅等的日渐钟情而生的。

日本浮世绘

浮世绘，也就是日本的风俗画、版画。它是日本江户时代兴起的一种有独特民族特色的艺术奇葩，是描写风俗人情以及俳优、武士、游女、风景等的民间绘画。浮世，就是现世，是佛教用语，含有人生无常的意思。浮世绘色彩艳丽，线条流畅，表现手法细腻，受到世界各国人民的喜爱。

浮世绘的根源可追溯到安土桃山时代流行的风俗画和美人画。到了江户时代，其题材扩大为表现市井生活与风俗习惯、游乐活动、风景名胜，以及歌舞伎艺、力士相扑、美人画、花鸟画等，由起初的毛笔画发展成为木版画。17 世纪后半期的木版画是墨色印刷。到了 18 世纪，铃木春信创造了多色印刷的木版画，浮世绘进入了黄金时代。

随着浮世绘艺术的发展，涌现出许多著名画师，除了创始人菱川师宣外，比较著名的还有揭开浮世绘的黄金时代帷幕的铃木春信、美人绘大师鸟居清长与喜多川歌磨、戏剧绘巨匠东洲斋写乐，还有写实派大师葛饰北斋，以及将风景绘技巧推向顶峰的一立斋广重等名师。以上六人被称为"六大浮世绘师"。

浮世绘艺术占据日本画坛 260 余年，直至明治维新拉开序幕前逐渐消退。这颗跨越三个世纪的东洋艺术明珠，在世界美术史上占有它光辉的一页。

日本漫画

"漫画"这个叫法始于日本，据说包含着"随意"画的意思。日本漫画界一直把 12 世纪的鸟羽僧正觉犹 (1053 ~ 1140 年) 当成祖师爷，他所画《鸟兽戏画》被日本政府列为四大国宝绘卷。12 世纪，绘卷戏画流行，《信贵山缘起》、《地狱草纸》、《饿鬼草纸》、《病草纸》、《天狗草纸》、《绘师草纸》之类的作品形成日本独特的绘画形式。室町时代《福富草纸》、《百鬼夜行图》等杰作就是当时流行的创作。

17 世纪江户时代初期，京都、大阪的绘师画了一些身材修长的鸟羽绘，引领了下一波浮世绘的画风。"鸟羽绘"是以鸟羽僧正觉犹的名字为头衔，可见承袭祖师爷的企图。

1760 年，日本的浮世绘师葛饰北斋诞生。他的《北斋漫画》闻名世界，甚至对欧洲绘画界造成震撼。一般认为，他是将"漫画"一词用在画作上的第一人。事实上在1769 年，风俗画名家英一蝶出版了《漫画图考群蝶画英》一书，最早用到了"漫画"一词，之后北尾政演在《四时交加》绘本上的序文又提到"漫画"一词。

水粉画

水粉画是以水作为媒介。水粉画是以水加粉的形式来出现的，干湿变化很大。它的表现力介于油画和水彩画之间。水彩画的特点是颜色透明，通过深色对浅色的叠加来表现对象，而水粉画的表现特点是处在不透明和半透明之间。画家往往就是利用它的这种特性来表达水粉色彩自身特有的艺术魅力。

罗马式建筑

罗马式建筑是 10 ~ 12 世纪欧洲基督教地区流行的一种建筑风格，多见于修道院和教堂。

罗马式建筑一般是在窗、门和拱廊上广泛采用半圆形拱顶，以这种桶状拱顶和交叉拱顶作为内部支撑，可使建筑物牢固而美观。这种建筑艺术风格广泛用于桥梁、高架渠、大圆形竞技场以及凯旋门等建筑中。罗马广场附近的君士坦丁凯旋门就是一座很有代表性的拱形建筑。

欧洲中世纪初期，基督教建造的教堂也广泛采用拱门圆顶，因为它可以使建筑达到柱梁结构不能达到的跨度。罗马式建筑风格在 11 世纪前后发展到高峰，曾传播到德意志、诺曼底和英格兰。著名的罗马式建筑有意大利比萨主教堂建筑群、德国沃尔姆斯主教堂等。

哥特式建筑

哥特式建筑是 12 ~ 16 世纪初期欧洲出现的一种以新型建筑为主的艺术。

"哥特"一词来源于古代欧洲的哥特族。哥特式教堂保持了罗马式的十字形建筑平面，但它用尖的和斜脊的屋顶代替了罗马式的圆顶，在墙壁外面用大石柱强固墙壁，以承受斜脊屋的横推力。教堂内部是框架式的结构柱，窗子占满了支柱间的整个面积，而支柱又全部由垂直线条组成，几乎没有墙面。哥特式建筑的表形高而直尖，显得巍峨飞耸，直刺青天，具有强烈的向上动势。反映了基督教盛行的时代观念和中世纪城市发展的物质文化面貌。代表作品有法国的巴黎圣母院、德国的科隆教堂、英国的林肯教堂、意大利的米兰教堂等。

洛可可建筑

洛可可建筑是继法国古典主义建筑之后出现的一种建筑风格。是在巴洛克式建筑的基础上发展起来的。

洛可可一词由法语 ro-caille（贝壳工艺）演化而来，原义为建筑装饰中一种贝壳形图案。1699 年，建筑师、装饰艺术家马尔列在金氏府邸的装饰设计中大量采用这种曲线形的贝壳纹样，由此而得名。

洛可可建筑不追求所谓的捧场而求实惠，关心的是方便和舒适。室内装饰上采用了自然主义的倾向，喜欢在墙上嵌大量镜子，铺绸缎，挂晶体玻璃的吊灯，陈设瓷器，大量使用金色，使室内闪烁着光泽。法国洛可可艺术的杰出范例是法国巴黎苏比斯府第和德国波茨坦无愁宫。

文艺复兴建筑

文艺复兴建筑是欧洲建筑史上继哥特式建筑之后出现的一种建筑风格。意大利文艺复兴建筑在文艺复兴建筑中占有最重要的位置。起源于意大利佛罗伦萨。在理论上以文艺复兴思潮为基础；在造型上排斥象征神权至上的哥特建筑风格，提倡复兴古罗马时期的建筑形式，特别是古典柱式比例、半圆形拱券、以穹隆为中心的建筑形体等。

它在建筑技术、规模和类型，以及建筑手法上都有很大的发展，无论是建筑空间、建筑构件还是建筑外形装饰，都体现一种秩序、一种规律、一种统一的空间概念，一切都被理性的精神统治着。当时，意大利及欧洲各国先后涌现了许多名师巧匠，代表建筑有佛罗伦萨主教堂、圣彼得大教堂等。

巴洛克式建筑

巴洛克式建筑产生于 17 世纪的意大利。

巴洛克一词的原义是奇异古怪，这种风格在反对僵化的古典形式、追求自由奔放的格调和表达世俗情趣等方面起了重要作用。

它突破了文艺复兴和后来古典主义的常规，采取了双柱或三柱为一组的、节奏不规则的跳动的形式，开间变化很大，突出垂直分划，墙面上做出深深的壁龛，有意造成反常出奇的新形式。并且喜欢大量地使用壁画和雕刻，常常将人体雕刻渗透到建筑中去，以显示富丽堂皇的形象。代表建筑有罗马耶稣会教堂、罗马圣卡罗教堂、罗马圣伊沃教堂等。

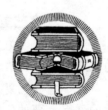

音乐舞蹈篇

古琴

琴又称瑶琴、玉琴、绿绮，现代一般称为古琴、七弦琴。琴历来被认为是高雅的艺术，古人常以"琴、棋、书、画"并称，把它看作是君子必备的文化修养，因此中国文人多擅弹琴，如孔子、嵇康、欧阳修等。

琴在中国至少已有 3000 多年的历史，现在考古发现的最早实物，是湖北随县出土的战国初期的 10 弦古琴和湖南长沙马王堆出土的 7 弦汉琴。琴的全身为扁长共鸣箱，面板多用梧桐木制作。琴头有承弦的岳山，琴尾有承弦的龙龈和护琴的焦尾，整个显得宽头窄尾。在面板的外侧有 13 个圆点状的徽，它是音位和泛音的标志，一般由贝壳制成。琴上有 7 弦，古代用丝弦制成。琴的声音清脆悦耳，表现力强。传说伯牙志在山水的时候琴声能"峨峨兮若泰山，洋洋兮若江河"，遇雨心悲的时候还能"为霖雨之操，更造崩山之音"，琴的表现力可见一斑。琴有独奏、琴箫合奏、琴歌、雅乐合奏 4 种传统的演奏形式。著名的琴曲有《流水》、《酒狂》、《广陵散》等。

编钟

编钟又叫歌钟，是中国古代一种重要的打击乐器，是钟的一种，由若干个大小不一的钟按照音阶有序地排列悬挂在木架

编钟

上而构成的，每个钟的音高各不相同。编钟的历史能够上溯到 3500 年前的商代，但当时编钟较为简单，多见的是三枚一套。后来整套编钟的数量开始不断增加，形成较大的规模。

古代的编钟是帝王和贵族专用的乐器，是等级与地位的象征，多用于宫廷演奏。每逢重大事件如征战、朝见或祭祀等活动时进行演奏。1978 年从湖北省随州市西郊曾侯乙墓出土了一套曾侯乙编钟。这套编钟的音域可以达到 5 个八度，音阶结构基本上与现代的 C 大调七声音阶接近。它规模宏大，制作精美，整套共 65 件，其中 19 件钮钟，45 件甬钟以及一件镈钟，总重达 2500 多千克。全套钟保存完好，可随意拆卸。钟上有大量关于音乐知识的篆体铭文，这些铭文是研究先秦音乐史的珍贵文字资料。经专家演奏测试，曾侯乙编钟的

音响已构成倍低、低、中、高4个色彩区，能演奏任何音阶的乐曲，同时能够胜任采用和声、复调以及转调手法的乐曲，称得上是音乐奇迹。编钟是中国古代音乐艺术和青铜铸造工艺的完美结合，令世人无法不为中国古代音乐辉煌的成就而惊叹。

磬

磬是一种中国古代的石制打击乐器，通常悬挂在架子上，演奏时用木锤敲击，可发出悦耳动听的鸣响。磬的历史非常悠久，出现年代可追溯到母系氏族社会，也叫作"石"、"鸣球"等。当时的人们常常会在猎取劳动成果后，敲击石头，以其清脆悦耳的声音来烘托气氛。这就是磬最初的原型。磬出现以后，被广泛用于历代统治者的各种宫廷场合的音乐中。

磬拥有非常古朴的造型和精美的外观。按照它的使用场所和演奏方式，可分为特磬和编磬两种。特磬专门用于皇帝祭祀时的演奏，编磬由若干个磬编成一组而成，挂在木架上进行演奏，主要在宫廷音乐中使用。寺庙中也使用磬。在出土曾侯乙编钟的曾侯乙墓中，出土了有古代楚文化特点的编磬32枚。这套完整的编磬是用石灰石、青石和玉石制成的，悬挂在青铜磬架上，共分两层，具有清脆响亮的音色。相关部门曾经制作出曾侯乙编磬的复制品，严格按照原件的规格和形制进行制作，验证了编磬动听的音色。磬是中国音乐史上独特的一种乐器，古老而优美。

箜篌

箜篌历史悠久，是中国古老的弹拨乐器，又称"坎侯"。早在春秋战国时期，就已经出现了箜篌的雏形。盛唐时期，箜篌的演奏技艺随着经济文化的飞速发展达到了相当高的水平。古代的箜篌既是宫廷乐队使用的乐器，也是深受民间喜爱的乐器，一度广为流传。箜篌还曾经传入日本、朝鲜等邻国，并受到人们的喜爱。在日本东良大寺的寺院中，至今还保存着两架中国唐代的箜篌残品。中国古代流传的箜篌主要分为卧式箜篌和立式竖箜篌、凤首箜篌3种，后来又出现了雁柱箜篌。竖箜篌的形状像半截弓背，在向上弯曲的曲木上设曲形共鸣槽，整体结构中还有脚柱和肋木支撑着20多条弦。演奏时演奏者将箜篌竖抱于怀，从两面用双手的拇指和食指同时弹奏，这个弹奏姿势，唐人称之为"擎箜篌"。新型的雁柱箜篌是仿照古代立式竖箜篌的基本造型，在其基础上改进研制而成。其外形近似于西洋竖琴，不同的是它有两排琴弦，每排有36根弦，每根弦都是由人字形的弦柱支撑，看上去，这种箜篌的形态比较像天空中飞翔的雁阵队形，所以得名为"雁柱箜篌"。箜篌拥有宽广的音域和柔美的音色，表现力丰富，既能演奏旋律，也能很好地演奏和弦。

古筝

古筝是中国一种具有优美音色和丰富表现力的民族拨弦乐器。它有着悠久的历史，早在战国时期，古筝就在秦国流行，所以它又被称为"秦筝"。古筝的流传甚广，从岭南至内蒙，几乎遍及整个中国。最初的古筝是从战国时期一种竹制的五弦乐器演变而来，秦汉时期，五弦发展为12弦，隋唐时期为13弦，元明时期为14弦，清代时期为16弦。后经改良，由17、19弦不等而发展到21～25弦，筝弦也由原来的丝弦改为钢丝弦等。这样，古筝的音域和表现力得到很大提高，深受人们欢迎。它既可用作独奏、重奏、合奏，也可用作戏曲、曲艺和舞蹈等的伴奏。古筝的音色清越、高洁、典雅，委婉动听，具有一种幽远的神韵。轻拂宛如行云流水，重扫势若山崩海啸。它既能细致微妙地刻画人们的内心感情，也能描绘激动人心的壮观场面；无论是如泣如诉，还是慷慨激昂，或是激越高歌与浅声吟唱它都可以表现得淋漓尽致。左手的揉、按、点等手法尤能体现古筝的音韵特色。

古筝在长期的流传过程中，与当地戏曲、说唱和民间音乐相融汇，形成了各种具有浓郁地方风格的流派。传统的筝乐被分成南北两派，其中以陕西、山东、河南和客家筝曲最为著名。《渔舟唱晚》和《汉宫秋月》是古筝中的名曲。

琵琶

琵琶是一种历史悠久的常用弹拨乐器。秦朝时，在民间流传着一种圆形的、带有长柄的乐器。弹奏这种乐器主要有两种方法：向前弹叫"批"，向后挑起叫"把"，当时人们就把它叫作"批把"，后来改称为琵琶。当时的琵琶形状为直颈，圆形音箱，音位和弦数不固定。南北朝时，从西域地区传入一种曲项琵琶，其形状为曲颈，梨形音箱，有四柱四弦。人们就把它和中国的琵琶结合起来，制成了一种新式曲颈琵琶。到了唐代，琵琶从制作到演奏上都得到了很大的发展。琵琶构造方面的改变是把原来的 4 个音位增至 16 个，同时把琵琶颈部加宽，下部共鸣箱变窄。在演奏方法上改横抱演奏为竖抱演奏，改拨子演奏为手指直接演奏。此后，琵琶的制作和演奏技法不断得到改进，最后形成如今的四

相十三品和六相二十四品两种琵琶。

琵琶音域广阔，演奏技巧丰富繁多，具有丰富的音乐表现力。适合琵琶演奏的曲风有多种，基本上有文曲、武曲、大曲 3 种。文曲以抒情为主，曲调柔美，代表曲目如《春江花月夜》、《汉宫秋月》等。武曲则风格豪放，《十面埋伏》、《霸王卸甲》等都是其代表作。大曲的曲调以活跃、欢畅为主。

笛子

笛是中国最古老的乐器之一，早在8000 年前的远古时期，中国就已经出现了用鸟禽肢骨制成的竖吹骨笛。横笛大概在汉朝时出现，相传是在汉武帝时张骞从西域传入，当时叫作"横吹"，是鼓吹乐的重要乐器，以竹制成。秦汉后，笛子成为竖吹的箫和横吹的笛的共同名称，这种状况一直延续到唐代。宋元时期，笛成为词曲和曲艺伴奏的重要乐器。

笛子的声音具有悠扬、婉转的特点，容易给人以一种缠绵思乡的感觉。唐代诗人李白曾经写过这样的诗句："谁家玉笛暗飞声，散入春风满洛城。此夜曲中闻折柳，何人不起故园情。"李益也有诗云："回乐峰前沙似雪，受降城外月如霜。不知何处吹芦管（芦笛），一夜征人尽望乡。"充分显示了笛声动人的艺术魅力。

笛的品种有很多，其中使用最为普遍的是曲笛和梆笛。曲笛又叫苏笛，因伴奏昆曲和盛产于苏州而得名。曲笛管身粗长，音色柔和，善于表现江南的柔婉情致。梆笛以伴奏梆子类戏曲得名，管身细短，音色明亮，善于表现北方的刚健气质。

箫

"黄河远上白云间,一片孤城万仞山。羌笛何须怨杨柳,春风不度玉门关。"这是著名诗人王之涣的《出塞》,也是唐代七绝的压卷之作。诗中幽怨的羌笛,就是现在人们所说的箫。箫原称"洞箫",是中国古老的吹奏乐器之一。箫和笛一样,都是源于远古时期的骨哨。因此很长一段时间人们把箫称作笛,直到唐代,两者才开始分离,横吹为笛,竖吹为箫。箫的音量较小、音色轻柔,比笛声更有一股缠绵不尽的幽怨之意,因此箫比较适于独奏和重奏。著名的独奏曲目有《鹧鸪飞》、《妆台秋思》、《柳摇金》等,另有琴箫合奏曲《梅花三弄》、《平沙落雁》等。

二胡

二胡是唐代由西域胡人传过来的弦乐器,来自北方的奚部落,因此又称"胡琴"。后来,胡琴发展出了二胡、中胡、京胡、坠胡、板胡等十几个品种,二胡就是其中比较重要的一种。二胡基本上都是木质的,整体由琴杆、琴筒、琴轴等基本部件构成。二胡的琴筒有圆形、六角形等多种形状,琴筒的一端蒙有蛇皮或蟒皮,另一端则设置雕花的音窗。在乐队中,二胡作用很大,它既能独奏,也适合合奏。既能演奏风格细腻深沉、柔美抒情的乐曲,也能够演奏风格欢快活泼的乐曲,有非常丰富的表现力和艺术感染力。无锡民间艺人阿炳创作的《二泉映月》,是中国著名的二胡曲,这首乐曲饱含着作者悲伤的命运和内心的疾苦和希望,具有强烈的艺术感染力。

六代乐舞

宫廷雅乐在周朝的代表作品当数"六代之乐":《云门》、《咸池》、《大韶》、《大夏》、《大濩》、《大武》。由于它们都是歌舞乐三位一体,又称为"六舞"。

第一代乐舞:《云门》,歌颂黄帝的丰功伟绩,以黄帝所在氏族的图腾为云彩而得名。第二代乐舞:《咸池》,亦称《大咸》,表现了祭奠祖先和祈求祖先保佑的内容。之所以叫《咸池》,是因为在神话传说中,咸池是日落之地,也是祖先亡灵栖息的地方。第三代乐舞:《大韶》,简称《韶》,因以排箫为主要伴奏乐器,又名《箫韶》,传说是舜时代的宗教性乐舞,该乐舞有九次变化,歌也有九段,在后世又被称为《九歌》。它是远古时期最为著名的乐舞,孔子在齐国听《韶》乐之后"三月不知肉味",并赞叹道,"韶尽美矣,又尽善也","尽善尽美"的成语由此得来。

第四代乐舞:夏时的《大夏》,主要歌颂大禹治水的功绩。这个乐舞也有九段,用籥伴奏,又称作"夏籥九成。"第五代乐舞:《大濩》是赞颂商代君王成汤伐桀的功绩。"濩"本是指用音乐舞蹈形式祭祀祖先的巫术活动,后来将这类巫术活动中表演的音乐舞蹈专称为"濩乐"。《大濩》表演时场面壮观、气势宏大,集商朝乐舞之大成。第六代乐舞:周朝的《大武》,歌颂周武王讨伐商纣的胜利。《大武》是这一时期宫廷歌舞的最高典范,在表演时,舞分六场,乐也分六章。这些歌曲的唱词,被收集在《诗经》的《周颂》中。

六代之乐是当时宫廷最具权威性的祭祀礼乐,也是"乐教"的经典教材。周朝的"大司乐",就是专门设立的音乐教育机构的总长官。下面有高、中、下三级乐官和乐工,等级分明,职责明确,构成了系统地管理和排演礼乐、教习礼乐的机构。

雅乐

"雅乐"就是"优雅的音乐"的意思，是中国古代的宫廷音乐，用于祭祀天地、祭祀祖先、朝贺、宴享等各种仪式典礼中。西周建立后，周公制礼作乐，其中一部分就是雅乐。周朝把礼、乐、刑、政并列，政权、法律、礼仪和雅乐构成了西周奴隶主贵族统治的支柱。《周礼》所记载的周朝的各种贵族礼仪中与雅乐有关的有：郊杜（祭天地神明的祭典）、尝禘（贵族祭其祖先的祭典）、食飨（政治上外交上的宴会等，包括大飨、燕礼、大射、养老等）、乡射（乡里中官僚和地主们比射的集会）、王师大献（战争胜利时举行的凯旋庆典）、行军田役（用于军事演习性质的狩猎）。它的主要目的是使参加典礼的贵族受到教育和感化。雅乐的歌词大都载于《诗经》中的"大雅"、"小雅"和"颂"中。雅乐的主要乐器是编钟和编磬，其他乐器还有特钟、特磬、柷、敔、古琴、搏拊、埙等。随着周朝的衰落和社会的发展，民间的俗乐逐渐取代了雅乐。

诗乐

诗乐就是《诗经》所用的音乐。《诗经》不仅奠定了中国古代文学现实主义的基础，而且在当时都是歌曲，是中国古代最珍贵的艺术遗产之一。

《诗经》中"风"（国风）是"民俗歌谣之诗"；"大雅"是"会朝之乐，受厘陈戒之辞"；"小雅"是"燕飨之乐"；"颂"是"宗庙之乐歌"。风有十五国风，是各地的民歌，文学成就最高。雅分大雅、小雅，多为贵族祭祀、朝会、燕飨之诗歌，小雅中也有部分民歌。颂是宗庙祭祀时用的诗歌。《诗经》中的歌曲，在周朝非常流行。这些歌曲有歌唱的、合奏的，也有单项乐器演奏的。有些用乐器所奏曲目（"笙诗"）没有歌词，所以在《诗经》中只有篇名，称为"佚诗"。《诗经》中的歌曲是周朝贵族教育的主要科目，称诗、书、礼、乐"四术"。它在当时的社会生活中，占有很重要的地位。可惜的是由于时代久远，《诗经》的乐曲没有传留下来。后来，《诗经》被儒家奉为经典，成为《六经》之一。

楚声

楚声又称"楚调"或"南音"，指的是春秋战国秦汉时期楚地的音乐，也泛指长江中游、汉水流域至徐、淮间的音乐。南音一词始见于《左传》及《吕氏春秋》。现存的记载楚声歌词的有《接舆歌》、《沧浪歌》、《子文歌》、《楚人歌》等。

楚声的音乐形式，是楚词中的"少歌"、"倡"等歌曲结构用语，即插入歌曲中间部分的小段或单句。战国和两汉时期是楚声的极盛时期。当时楚国的流行歌曲有《下里巴人》、《阳阿》、《薤露》等。以屈原的《九歌》为代表的楚辞作品都是模仿楚国民间乐舞歌唱的形式而作的。汉高祖刘邦和他手下的许多大臣都是楚国人，非常喜欢楚声，在全国范围内大力提倡。刘邦的《大风歌》就是楚声。当时楚声不仅在汉朝宫廷，在民间也十分流行。六朝时，楚声还保存在琴曲中。唐朝以后，楚声失传。

燕乐

燕乐起初只是一种宴请宾客时专用的宫廷音乐，在周朝不受重视，一直到隋唐时期，它的地位才逐渐变得显要，并且最终取代雅乐，成为盛行一时的宫廷音乐。

燕乐主要是供人欣赏的，强调娱乐性

和艺术性，因此隋唐燕乐大力吸收民间音乐，融合少数民族以及外来俗乐，形成了一种多元的宫廷新音乐。在隋朝初年，燕乐按音乐来源和乐队编制分为七种，即"七部乐"，到隋炀帝的时候又增加为九部。唐太宗时改为十部乐，包括燕乐（杂用中外音乐）、清商伎（传统音乐）、西凉伎、天竺伎、高丽伎、龟兹伎、安国伎、疏勒伎、康国伎、高昌伎。到唐玄宗时，又根据表演形式将十部乐归为坐部伎、立部伎两大类。坐部伎在室内坐奏，人数较少，音响清雅细腻，注重个人技巧；立部伎在室外立奏，人数较多，场面宏大、气氛热烈，有时还加入百戏等。在当时的宫廷音乐中，坐部伎地位最高，立部伎次之，雅乐地位最低。著名诗人白居易曾在《立部伎》中说："笙歌一声众侧耳，鼓笛万曲无人听。立部贱，坐部贵，坐部退为立部伎，击鼓吹笙和杂戏。立部又退何所任，始就乐悬操雅音。"可见在中唐时期，燕乐已经完全取代了雅乐的地位，成为宫廷音乐中绝对的主角。

唐代燕乐最突出的艺术成就是歌舞大曲。它是一种综合器乐、歌唱和舞蹈的多段结构的大型乐舞，由"散序"、"中序"和"破"三部分组成。其中散序由器乐演奏，无拍无歌，节奏自由；中序入拍歌唱，多为抒情慢板，由器乐伴奏；破是乐舞的高潮，以舞蹈为主，节奏逐步加快，最后在热烈的气氛中结束。著名的大曲有《绿腰》、《凉州》、《后庭花》、《霓裳羽衣曲》、《破阵乐》、《水调》等。

尽善尽美

尽善尽美是孔子的音乐观。孔子的思想核心是"仁"，提倡"仁"的音乐。孔子认为，尽善尽美的音乐就是"仁"的音乐。这个标准来自于孔子对《韶》乐的评价："《韶》尽美矣，又尽善也；谓《武》尽美矣，未尽善也。"孔安国注言道："《韶》，舜乐名也，谓以圣德受禅，故尽善也。《武》，武王乐也，以征伐取天下，故曰未尽善也。"意思是舜因为具有美德而受禅即位，故歌颂他的《韶》乐尽美也尽善。周武王则是征伐商纣，以武力夺天下，故歌颂他武功的《武》尽美却未尽善。可见孔子评价音乐的标准有两个，一个是音乐表现内容的"善"，一个是音乐艺术形式的"美"。而"善"在两者之间又居于主要地位，这充分体现了儒家的音乐为政治服务的思想。此外，从孔子的这句话我们还可以看出儒家重视音乐内容与形式的统一，也就是要和谐。

乐与政通

中国古代的音乐理论丰富多彩，如孔子的"尽善尽美"，师旷的"乐与政通"，以及墨子的"非乐"等。但这些音乐理论十分零碎，没有形成各自成熟的体系。直到西汉《礼记·乐记》的出现，中国才开始有了比较系统的音乐理论和比较完善的音乐论著。

《乐记》开首就说："凡音之起，由人心生也。人心之动，物使之然也。"指出音乐的形成是"物动心感"，认为音乐是主观受到客观影响的结果，并突出了音乐是表现人们内心感情的，具有唯物论因素。《乐记》还指出音乐表达的是人们的真情实感，"夫乐者乐也，人情之所不免也"、"乐也者，情之不可变者也"、"唯乐不可以为伪"，强调音乐是真情的流露。在《乐本篇》中对"物动心感"的这一观点又作了进一步论述："乐者，音之所由生也，其本在人心之感于物也。是故其哀心感者，其声嘺以杀；其乐心感者，其声啴以缓；其喜心感者，其声发以散；其怒心感者，其声粗以厉"，指出喜怒哀乐几种心情在音乐上具有不同的表现。正因为音乐这种情感化的特征，音乐可以反映民风民情。"是故治世之音安以乐，其政和；乱世之音怨以怒，其政乖；亡国之音哀以思，其民困。声音之道，与政通矣。"这就是贯穿全文的重要思想：乐与政通。

《乐记》作为儒家音乐思想的总结，继承和发扬了孔子等人的观点，认为音乐"可以善民心，其感人深，其移风易俗易"，具有教化人民的作用，因此《乐记》竭力提倡雅颂之声（雅乐），而反对郑卫之音（俗乐）。这种突出音乐教化作用的音乐观对后世影响很大。

工尺谱

工尺谱是中国古代的一种记谱形式，以"工、尺"等字来对不同的音高符号命名是中国古代特有的记谱方法，是在管乐器的指法记号基础上演变而成的，大约诞生于隋唐。随着时代与音乐的变化和发展，也随着地区和乐种的不同，其记谱符号以及记写方式也不尽相同。明代中期以后，昆腔的流行带动了记谱法的推广和统一，工尺谱就在此过程中逐渐成为应用最广的一种谱式。

工尺谱的音高分别以上、尺、工、凡、六、五、乙代表现在音阶的 1、2、3、4、5、6、7。其节奏符号，古代将其称为"板眼"。一般而言，板代表的是强拍，眼代表的是弱拍，板和眼基本上可以分为散板、流水板、一板一眼、一板三眼等多种形式。

清代乾嘉年间，出现了用工尺谱记写的管弦乐合奏总谱，这就是《弦索备考》。这部谱集共收入 13 首乐曲，又叫作"弦索十三套"。每首曲子都能用萧、笛、提琴等乐器进行演奏，它们各部工尺谱的音高、调号、节奏符号基本相同于常用工尺谱。这部乐谱的出现对全面记录民间音乐有很重要的意义，它是古代音乐人的心血结晶，更是中华民族音乐宝库中的珍贵财富。

五线谱

五线谱是一种国际上通用的记谱法，几乎所有的国家都使用它。

远在 10 世纪时，一位名为古罗的法国音乐家开始用四条横线表示音的高低，又把当时流行的一种表示音的长短的符号放在四条横线里来记载乐曲，由此发明了最初的五线谱，也叫"四线谱记谱法"。这在当时是一个很了不起的发明，在整个欧洲音乐界引起了不小的轰动。到了 12 世纪，有人把表示音的高低的四条横线改成五条横线，但这样的五线谱仍不完善，如小节线、拍号等符号，还没有出现。直到 16 世纪，五线谱才逐渐完善，和我们现在使用的差不多。

简谱

所谓简谱，是指一种简易的记谱法，有字母简谱和数字简谱两种。一般所称的简谱，系指数字简谱。数字简谱以可动唱名法为基础，用 1、2、3、4、5、6、7 代表音阶中的 7 个基本音级，读音为 do、re、mi、fa、sol、la、si，休止以 0 表示。每一个数字的时值名相当于五线谱的 4 分音符。

简谱的发明人是法国的苏埃蒂。1665 年，苏埃蒂写了一本名叫《学习素歌和音乐的新方法》的书，公布了他所发明的数字简谱，稍后，法国著名的思想家、教育家和文学家卢梭等对其进行了加工完善，使之成为一种完整的记谱法。在中国，简谱的发明者是李叔同。

音乐指挥

在记谱法尚未发明的时代，欧洲的音乐都是用口头传授的。在祭祀舞蹈进行中，领头的歌手成了最早的指挥，他为了向众歌手提示旋律的进行方向，便用手在空中"画"出旋律线来。指挥的功能主要是给大家指出旋律的由低音到高音，或由高音到低音的变化。

希腊时代的指挥，有的人用脚，也有的人用头；有的人喜欢用单手指挥，也有的人惯用双手指挥；有人将手绢系在木棒上指挥，也有人在风琴旁边钉上一块铁板敲着指挥的。

专职的指挥大约出现在19世纪初，那时，指挥合唱队的人手里拿着一卷谱纸，依照歌曲的旋律而挥动。这卷谱纸当时被称为"梭法"。指挥乐队的人则大多数使用铁质手杖敲击地板。

1867年，法国一位音乐家在为法王路易十四的演奏中，由于指挥时忘乎所以，

施特劳斯在一年一度的哈布斯堡宫廷舞会上指挥乐队演奏。像往常一样，他用琴弓当指挥棒，一位观众以欣赏的口吻评价说："他就像天使一样指挥着一个纯粹的提琴乐队，观众们随着这神奇的琴弓沉思、旋转、摇摆。"

竟以铁杖击伤脚背，不治而死。于是，人们便淘汰了这种可怕的指挥方式。直到1894年，德国作曲家威柏首先创用了指挥棒，音乐界大为认可，逐步推广开来，并一直沿用至今。

德累斯顿国立交响乐团

德国德累斯顿国立交响乐团，成立于1548年，是世界上最古老的交响乐团。该团在18世纪前以演奏意大利歌剧为主。经著名音乐家瓦格纳和理查·施特劳斯的指挥排演，创造出了辉煌的历史。

德累斯顿交响乐团最擅长歌剧演奏；在交响作品方面，该团拥有跟西欧乐团所不同的独特音响，而且声部平衡很好。它所演奏的德奥古典音乐格调高雅、音响丰满，具有美妙的德国古老传统色彩。

维也纳爱乐乐团

奥地利维也纳爱乐乐团，是世界闻名的音乐之都——维也纳的象征性乐团。从1860年起，这个乐团由团员自主经营，在德索夫的指挥下举办定期音乐会。1870年，里希特担任该团指挥后，该团声誉渐起。维也纳爱乐乐团不设常任指挥。马勒、理查·施特劳斯、勃拉姆斯和布鲁克纳等著名作曲家或指挥家，都曾指挥过该团演出。据统计，指挥这个乐团灌制过唱片的指挥家达36位之多。

维也纳爱乐乐团的演奏有一种独特的美感，一直保持着鲜明的德奥音乐的传统风格，典雅而庄重，弦乐音色华丽优美。该团演奏的曲目比较保守，以传统的德奥作品为主。

纽约爱乐乐团

纽约爱乐乐团是美国最早的交响乐团，由希尔创立于1842年。1928年，该团跟纽

约交响乐协会合并，形成今天的规模。

从 1928 年到 1936 年间，托斯卡尼尼就任音乐监督，该团进入了黄金时代。1958 年，当代著名指挥家伯恩斯坦开始指挥该团，使该团进入了第二个黄金时代。该团自建团以来灌录了数量众多的唱片，其演奏成员中著名的演奏家比比皆是，不胜枚举。

波士顿交响乐团

波士顿交响乐团是现今所有美国乐团中最具贵族气息的乐团。波士顿交响乐团创立于 1881 年，由亨谢尔任指挥。该团从创立至 1918 年的历任指挥都是德国人。1919 年，法国作曲家拉波接任该团指挥。1924 年俄国著名指挥家库塞维斯基就任音乐监督后，波士顿交响乐团进入了黄金时代。1972 年，乐团又进入小泽征尔时代，再度重振威风。

柏林爱乐乐团

德国柏林爱乐乐团成立于 1882 年，著名指挥家尼基什曾任该团指挥达 27 年之久，他在任期间为乐团打下了牢固的基础，使之成为全世界首屈一指的交响乐团之一。

同欧洲许多传统的乐团相比，柏林爱乐乐团的历史较短，但担任该团指挥职务的大多是最伟大的指挥家，这就使他们的演奏曲目无限扩大，合奏技能精彩绝伦，并具备了优异的反应能力。

捷克爱乐乐团

捷克爱乐乐团于 1894 年以布拉格国民剧院管弦乐团为中心组建，两年后在捷克著名作曲家德沃夏克指挥下第一次举行演奏会。1918 年，著名指挥家陶利希担任该团的音乐监督后，该团成为捷克斯洛伐克首屈一指的乐团。1950 年后的安杰尔时代，使该团拥有了世界性的实力与声誉。

捷克爱乐乐团的演奏曲目十分广泛。有古雅的情调和捷克式的独特音响，在演奏本民族的作品时情韵尤其优美。该团的众多音乐家中，以德沃夏克的音乐成就最高。

费城管弦乐团

美国费城管弦乐团创立于 1900 年。1921 年，在第三任音乐监督斯托科夫斯基的训练下，该乐团很快成为全美的"三大乐团"之一。

费城管弦乐团以辉煌的音响和多彩的音色闻名于世，被誉为"费城音响"，在美国冠盖群雄，堪称为 20 世纪世界性的"超级交响乐团"。

多伦多交响乐团

加拿大多伦多交响乐团创建于 1908 年。1931 年，马克米兰就任该团的音乐监督，使乐团有了长足的进展。1965 年，小泽征尔担任该团的音乐监督，确立了该团世界一流的地位。该团演奏富有朝气，音色明亮、华丽。

列宁格勒爱乐交响乐团

列宁格勒爱乐交响乐团是俄罗斯历史上最悠久、实力最强的管弦乐团。它的起源可以追溯到 18 世纪的圣彼得堡宫廷乐团，20 世纪开始举行公开演出。1938 年，苏联著名指挥家穆拉文斯基就任音乐监督，此后的 40 多年，该团声誉渐高，成为"穆氏的亲兵"而进入黄金时代。

列宁格勒爱乐交响乐团的演奏风格充满激情、富有力度感，充分反映出彼得堡这个古老城市的文化特性，在合奏上显示了俄罗斯式的洗练特色。

钢琴

钢琴被称为"乐器之王"，它是由古钢琴和羽管键琴发展演变而来的。

18世纪初期，意大利的乐器制造家巴托洛梅奥·克里斯托弗利发明了钢琴。他在羽管键琴的基础上加以改进，将皮革包裹在木槌上，发明了键盘机械槌击式钢琴，从而奠定了现代钢琴的基础。这一改进弥补了古钢琴和羽管键琴几乎无法调节音量的严重缺陷，弹奏者可以通过敲击琴键力度的变化来随意改变音量的大小，其音量也比古钢琴和羽管键琴大得多，因而大大地增强了钢琴的表现力。

1821年，塞巴斯蒂安·埃拉尔将击弦机械改进为复震奏机械，使弹奏者能够以更快的速度重复敲击键盘，弹奏出复杂的乐曲。

1825年，阿尔菲斯·巴考克首次采用铸铁弦架，增加了其对琴弦拉紧后产生巨大张力的承载能力，使紧张的琴弦不致因为弦架变形而发生松弛，这一改进为钢琴的音准稳定和使用寿命的提高创造了良好的条件。

1850年，支撑结构、弦列的交叉排列和复震奏式击弦机三要素相结合，确立了现代钢琴结构最理想的基本形式。

经过300多年的发展和改进，现代钢琴在品种和性能等方面已经得到了不断的丰富和完善。

管风琴

在西方音乐历史上，管风琴是键盘乐器家族中历史最为悠久的乐器。最早的管风琴可以追溯到公元前3世纪，到今天已有2000多年的历史。提起管风琴，人们总会联想到庄严神圣的教堂音乐。然而，直到9世纪，管风琴才被允许进入教堂担任人声伴奏。文艺复兴时期以后，管风琴作为宗教音乐乐器的地位日益显赫起来。

最古老的管风琴是出现在古埃及亚历山大城的"水力管风琴"，这种原始的管风琴声音嘹亮刺耳，常用来为古代罗马人的戏剧表演和竞技活动伴奏助兴。在随后的1000年中，管风琴制作工艺发展缓慢，体积却日渐庞大。这样的管风琴需要有将近百人的合作才能完成演奏，其声音震耳欲聋，无论对于演奏者还是听众，享受音乐的意义已经不存在了。

吉他

吉他是一种西洋弹拨乐器，扁平形状，呈腰形。中国流行的是六弦吉他，故又称"六弦琴"。

吉他起源于阿拉伯，最早的名叫作维忽拉，14世纪以前，由摩尔人把它带到了西班牙。早期的吉他有八弦、十弦、二十弦以至二十四弦。16世纪，在西班牙和法国宫廷，吉他已风靡一时，到了18世纪才出现了六弦吉他，19世纪中期，西班牙制造家托雷斯完成了古典吉他的标准化。从此，西班牙古典吉他便在欧洲广泛地流传，后又传入了亚、非、拉美各国。随着现代电子技术和电声学的发展，又产生了电吉他。

小提琴的诞生

2000多年前，有一个名叫美尔古里的埃及人在尼罗河畔的沙滩上散步，无意中踩在一个干枯的龟壳上，突然，那龟壳发出了美妙的铿锵声。他反复试验，确认龟壳能发出美妙的声音。回家后，他就模仿龟壳的形状制出了一种四弦琴般的乐器，并为其起名"列里"。后来，这种乐器就在埃及广泛地流传开了。到了 11 世纪，"列里"经过改良，更名为"微奥列"，按指的地方设有音阶的格子。到了 15 世纪，意大利人把音阶的格子除去，在光木头上装上四条琴弦。这样，第一把小提琴便诞生了。

手风琴

手风琴是一种既能够独奏，又能伴奏的簧片乐器。其声音宏大，音色变化丰富。演奏者通过手指与风箱的巧妙结合，能够演奏出多种不同风格的乐曲。

德国人德里克·布斯曼在 1821 年制造了用口吹的奥拉琴，1822 年又在琴上增加了手控风箱和键钮，后来，奥地利人西里勒斯·德米安在布斯曼的基础上，成功地改良创制了世界上第一架手风琴。

双簧管

双簧管是吉尼斯世界纪录大全中最难学的乐器。音色柔和软丽，有芦笛声，适于表现田园风光和忧郁抒情的情绪。由于音色甜美，被称为"公主"。双簧管最初形成于 17 世纪中叶，18 世纪时得到广泛使用。双簧管在乐队中常担任主要旋律的演奏。

铜鼓乐

铜鼓是现代乐器中不可缺少的一部分。它声音洪亮激越，热情奔放。铜鼓乐诞生于第二次世界大战后的特立尼达和多巴哥。

"二战"结束的喜讯传到位于拉丁美洲的岛国特立尼达和多巴哥，人们载歌载舞，兴高采烈地涌上街头，他们敲打着所有带响的东西。

由于当地盛产石油，汽油桶特别多，于是体积庞大、发音洪亮的汽油桶就成了人们敲击的对象。后来，有人发觉，油桶的不同位置可以发出不同的声音，略加改动便能击打出一些简单的旋律。这一发现奠定了铜鼓的地位。以后不断改进、完善，现在已可以按交响乐队的正规编制组成二管、三管、四管的大型乐队。

萨克斯

萨克斯是由比利时人阿道夫·萨克斯于 1840 年发明的。阿道夫是一位锐意的乐器制造者，擅长黑管和长笛演奏。他将低音单簧管的吹嘴和奥菲克莱德号的管身结合在一起并加以改进，以自己名字命名了这种新型乐器。

法国作曲家柏辽兹说："萨克斯的主要特点是音色美妙变化，深沉而平静，富有感情，轻柔而忧伤，好像回声中的回声。在寂静无声的时刻，没有任何别的乐器能发出这种奇妙的声响。"

管乐队

管乐队即木管、铜管与敲击乐器合奏的组称，始于 15 世纪的德国，是军队生活的常备部分；后传至法国、英国和新大陆。15 ~ 18 世纪，欧洲许多城镇都有自己的乐师或歌唱队，在特别的节日表演时，木管乐队常加入肖姆管和长号两项乐器。18、19 世纪时英国业余的铜管乐队包含许多新的铜管乐器。

古典音乐

古典音乐的艺术手法讲求洗练，追求理性地表达情感。是 1750 ~ 1820 年的欧洲主流音乐，又称维也纳古典乐派。最著名的作曲家有海顿、莫扎特和贝多芬等。

另外，也有人认为古典音乐是指能承载厚重内涵的西洋古典音乐，它们是西方从中世纪开始、在欧洲主流文化背景下创作的。这是从广义的角度说的。

1763年，只有7岁的莫扎特身处巴黎，与父亲和姐姐一起演奏。莫扎特天才的乐感为他以后缔造音乐神话提供了有利的前提。

浪漫主义音乐

浪漫主义乐派是继维也纳古典乐派后出现的一个新的流派，产生于19世纪初。

这个时期，艺术家的创作上表现为对主观感情的崇尚，对自然的热爱和对未来的幻想。它承袭古典乐派作曲家的传统，在此基础上，提倡一种综合艺术；提倡标题音乐；强调个人主观感觉的表现，作品常常带有自传的色彩；作品富于幻想性，描写大自然的作品很多，因为大自然很平静，没有矛盾，是理想的境界；重视戏剧，研究民族、民间的音乐文学，从中吸取营养，作品具有民族特色。

交响曲

交响曲也称交响乐，其含义源自于希腊文"一起响"。据载，中世纪时，这个词也曾表示两个以上音的和谐结合。

16～18世纪上半叶，一切多声部的声乐曲结合都泛指为交响曲。18世纪中叶意大利歌剧演出盛行，剧中的序曲特别是其快－慢－快的结构为促进交响曲的发展奠定了基础。18世纪中后期，交响曲逐渐从歌剧中独立出来而变为自成一格的器乐演奏形式。在当时的意大利，涌现出了不少有3个乐章的交响曲：快板、慢板和小步舞曲。出生于奥地利的作曲家海顿被人们誉为"交响乐之父"。他一生致力于这类体裁的创作，曾写下了120余部交响曲，并逐步把4个乐章的交响曲作为规范形式固定下来。

圆舞曲

对中国来说，圆舞曲是一种外来的音乐体裁，英文是Waltz，所以有时也音译为"华尔兹"舞曲。

圆舞曲一般起源于农村，是随着社会的发展，在城市中发展起来的，尤其是在维也纳，因此有些圆舞曲也叫维也纳圆舞曲。追根溯源，圆舞曲的前身是奥地利民间的"兰得勒舞曲"，这也是一种农村舞曲。圆舞曲在"兰得勒舞曲"的基础上渐渐发展成一种三拍子舞蹈，跳舞时一对对男女舞伴，随舞曲的节奏旋转打转，动作轻快、优美，情绪热烈、欢快。

摇滚乐

摇滚乐又称摇摆舞音乐或滚石乐，是由一种称为"布鲁斯"的爵士乐演变而来的，它源于美国，是当今西方世界极其盛行的流行音乐。

20世纪30年代至50年代，"布鲁斯"仅流行于黑人地区。美国的一些黑人乐师在演奏时，将黑人教堂音乐、西部乡土音乐及民间音乐的演奏技巧和风格融入其中，综合而成了摇摆乐。这种音乐节奏强烈、音响丰富，是一种非常活跃的两拍节奏的音乐，其在演奏乐器和歌唱方面也有异于其他传统的流行音乐。

摇滚乐以一套独特的演奏技巧，以别出心裁的方式运用人声，达到了新的表现水平。它还以电子乐器取代了以往的器乐队，并把最早期的各种爵士乐风格的魅力同现代电子乐器结合在一起，形成了一种有强大吸引力的音乐风格。由于它在创作过程中糅合了其他许多音乐的因素，所以，摇滚乐的种类相当多，如迷幻摇滚乐、乡村摇滚乐、民歌摇滚乐、拉加摇滚乐和爵士摇滚乐等。

爵士乐

爵士乐，是英文 Jazz 的音译。它是 20 世纪初产生于美国新奥尔良的一种舞曲性质的音乐。

爵士音乐源于非洲黑人音乐。17 世纪初，大批黑人被贩卖到美洲做奴隶，与此同时，他们也把自己热爱的故乡音乐带到了美洲。爵士音乐是作为穷苦黑人的"娱乐音乐"发展起来的。演奏这种乐曲，最初只限于黑人聚居地区的小酒吧、小舞厅，那些"高等白人"是不屑于到这种场所来的。但是，随着爵士音乐的流行，许多白人乐队也开始模仿这种曲调，并发展出一种被称为"狄克斯兰"的舞曲，但仍以黑人音乐作为基础。

据考证，"爵士"是密西西比河流域家喻户晓的一位黑人江湖音乐家的名字，他的全名叫爵士波·布朗。传说他常在黑人居住区的咖啡馆里演奏，听众总是叫嚷道："再来一个，爵士波！再来一个，爵士波！"爵士音乐因而得名。

爵士乐在中国的历史可追溯到半个多世纪之前。20 世纪三四十年代的上海是爵士乐在中国的栖息地，曾出现过相当规模的爵士乐演出和一些颇具水准的爵士乐音乐家。当时的爵士乐主要是为舞厅伴舞。

几十年的沧桑变迁，爵士乐在中国几乎销声匿迹，出现了近半个世纪的断层，而这期间正是爵士乐重要的发展阶段。爵士乐早已摆脱了四平八稳的伴舞的音乐形式，融合了丰富的音乐风格、文化特质和演奏技巧，最具音乐自身的魅力、表现力和感染力，早已置身于高雅艺术的行列。

近年来，爵士乐在中国复兴，并赢得越来越大的发展空间。

协奏曲

16 世纪意大利的协奏曲多指有乐器伴奏的合唱曲，以别于无伴奏合唱。17 世纪后半叶起，指由几件或一件独奏乐器，与一小型弦乐队互相竞赛的器乐套曲。用几件乐器者称"大协奏曲"。意大利作曲家托莱里和科莱里是大协奏曲的创始者。

奏鸣曲

一种多乐章的器乐套曲。由三四个相互形成对比的乐章构成，用 1 件乐器独奏或 1 件乐器与钢琴合奏。其中各乐章的基本特点和曲式结构一般为：

第 1 乐章：快板，用奏鸣曲式。

第 2 乐章：慢板，用变奏曲式、复三段式或自由的奏鸣曲式。

第 3 乐章：小步舞曲或谐谑曲，用复三段式。

第 4 乐章：快板或急板，用奏鸣曲式或回旋曲式。

进行曲

进行曲是一种富有节奏步伐的歌曲。最初产生于军队的战斗生活，用以鼓舞战士斗争意志，激发战士的战斗热情。其基本特点是雄劲刚健的旋律和坚定有力的节奏。著名的有《拉德斯基进行曲》等。

小夜曲

小夜曲起源于欧洲中世纪骑士文学，原是中世纪欧洲行吟诗人在恋人的窗前所唱的爱情歌曲，旋律优美、委婉、缠绵，常用吉他或曼陀林伴奏。流行于西班牙、意大利等国家。

奥地利作曲家莫扎特的歌剧《唐·璜》第二幕里的小夜曲，是在少女的窗前弹着曼陀林歌唱的典型小夜曲。其他代表作品还有《舒伯特小夜曲》等。

舞蹈的由来

《诗经·大序》中说："情动于中，而形于言；言之不足，故嗟叹之；嗟叹之不足，故咏歌之；咏歌之不足，不如手之舞之，足之蹈之。"舞蹈是艺术之母，它的起源，可以追溯到人类发展的洪荒时期，远远超出了人类的记忆范围。

今天的民间仍然流传着许多有关舞蹈起源的传说。

景颇族著名的节日祭祀歌舞"目脑纵歌"有一个历代相传的起源传说：当时只有天上才有歌舞。据说有一年地上的百鸟应太阳公公之邀到天上去做客，参加天上举行的"目脑纵歌"，由此百鸟学会了唱歌跳舞。它们很愉快地回到了地上，之后公推学得最好的孔雀做"脑双"（意为领头的），聚在一起跳了起来。正好被景颇族的祖先腊贡扎夫妻看见了，便偷偷默记下来，传给了世人。从此"目脑纵歌"既作为歌舞的节日，也作为祭祀民族祖先的日子流传于世。至今"脑双"仍须带孔雀

羽毛，以纪念孔雀的功劳。

瑜伽

当今流行于世界的瑜伽，起源于印度。瑜伽一词原意是驾驭牛马，也代表设想帮助达到最高目的的某些实践或是修炼。在古圣贤帕坦珈利所著的《瑜伽经》中，将瑜伽准确地定义为"对心作用的控制"。在印度，瑜伽的历史源远流长，它与古印度婆罗门体系有着密切的关系，人们相信通过练习瑜伽可以摆脱轮回的痛苦，内在的自我将与宇宙的无上我合一；通过瑜伽将产生轮回的种子烧毁，心的主体被证悟，一切障碍都将不存在。

迪斯科

迪斯科，来自法语，原意为唱片舞会，起先是指黑人在夜总会按录音跳舞的音乐。20世纪六七十年代兴起，开始流行于美国黑人聚居区和拉丁美洲下层社会，很快风靡全世界。70年代，迪斯科实际上成了对任何时新的舞蹈音乐的统称。迪斯科音乐以夸张的强弱力度交替反复诱发人体内在的节奏冲动，舞步更为自由，可根据个性发挥。

现代舞

现代舞是20世纪初在西方兴起的一种与古典芭蕾相对立的舞蹈派别。它反对古典芭蕾的因循守旧、脱离现实生活和单纯追求技巧的形式主义倾向，主张摆脱古典芭蕾舞过于僵化的动作程式的束缚，以合乎自然运动法则的舞蹈动作，自由地抒发人的真实情感，强调舞蹈艺术要反映现代社会生活。

现代舞创始人美国舞蹈家伊莎贝拉·邓肯认为古典芭蕾的练习会造成人体的畸形发展。她向往原始的纯朴和自然的纯真，主张"舞蹈家必须使肉体与灵魂结合，肉体动作

必须发展为灵魂的自然语言"，真诚地、自然地抒发内心的情感。匈牙利人鲁道夫·拉班系统地为现代舞派建立起一套较为完整的理论和训练体系，他创造了一种被称为自然法则的训练方法，把人体动作的构成归纳为"砍、压、冲、扭、滑动、闪烁、点打、飘浮"等 8 大要素，认为正确处理各要素之间的关系，就能组成各种动作。

伦巴舞

伦巴舞起源于古巴，音乐为 4/4 拍，速度每分钟 27 小节左右。伦巴舞的特点是：音乐缠绵，舞态柔美，舞步动作婀娜多姿。

恰恰

恰恰起源于墨西哥，音乐为 4/4 拍，速度每分钟 31 小节左右。恰恰舞音乐有趣，节奏感强，舞态花俏，舞步利落紧凑，在全世界广为流行。

桑巴舞

桑巴舞起源于巴西，音乐为 4/4 或 2/4 拍，速度每分钟 51 小节左右。桑巴舞音乐热烈，舞态富有动感，舞步摇曳多变，深受人们的喜爱。

斗牛舞

斗牛舞起源于法国，发展于西班牙，它的音乐为 2/4 拍，速度每分钟 62 小节左右。斗牛舞音乐雄壮，舞态豪放，步伐强悍振奋，人们对它情有独钟。

牛仔舞

牛仔舞起源于美国，是由一种叫"吉特巴"的舞蹈发展而来，其音乐节拍为 4/4 拍，速度每分钟 43 小节左右。它音乐欢快，舞态风趣，步伐活泼轻盈的特点，得到了

越来越多人的认可。

狐步舞

狐步舞起源于美国黑人舞蹈，是由美国舞厅舞专家维隆·凯萨贤伉俪模仿马走路的情形而创编的，舞步简单，当时十分流行。1913 年，哈利·福克斯在这个基础上编创含着美国新黑人爵士节奏的舞蹈，推出了自行设计的滑稽歌舞。这种歌舞在纽约电影院的屋顶花园首次公演，由福克斯与燕奇·杜丽主演，出乎意料地获得成功，在美国及欧洲一些国家风行，其称为"福克斯"舞。1928 年进入中国，由于"福克斯"英文翻译是狐狸的意思，中国人便称其为狐步舞。

狐步舞的风格特点是流动感强，动作轻盈，舒展流畅，平稳大方，悠闲从容。

华尔兹

华尔兹是英文 waltz 的音译，起源于奥地利北部的农民舞蹈"兰得勒"，通常被称为"圆舞"。17 世纪末在维也纳宫廷里开始出现，后来演变成"维也纳华尔兹"。维也纳华尔兹在风格上华丽高雅，情绪上活泼流畅，节奏多为 3/4 拍。

华尔兹深受西方人宠爱自有其原因：它的旋律流畅和谐，舞姿优美，舞步舒展，犹如波涛起伏，飘然欲仙，令人陶醉。直到今天，华尔兹舞在交谊舞中的地位仍然没有动摇。

探戈舞

探戈舞的步伐刚劲有力，进退成直线。节奏顿挫有致，被称为舞中之王。大约 1880 年左右，探戈舞从阿根廷布宜诺斯艾利斯下层的居民跳的米隆加舞演变而来。到了 20 世纪初期，探戈舞开始被社会公众认可，1915 年，这种舞风靡欧洲上层社会。

早期的探戈舞活泼欢快，到大约1920年，音乐和歌词都变得忧郁感伤，舞步也由原先的充满活力变为平稳的交际舞步。如今探戈舞已成为阿根廷的标志之一，和足球、烤肉列为本国人民的三大爱好。

霹雳舞

霹雳舞起源于美国，创始人是美国东海岸黑人歌星詹姆斯·布劳德。他于1949年在电视演唱是时创作了一种稀奇古怪的动作，青年们竞相模仿，并在街头进行跳舞比赛。这种舞蹈传到西海岸洛杉矶后，又出现了模仿木偶机器人动作的舞蹈。

美国东西两岸两大派街头舞蹈结合起来，深受青年们的欢迎，因这种舞蹈大都在街头表演，故又称"街头舞蹈"。它的动作主要分为旋转、跳、滑、浮、刷腿、空翻、踢几类。其特点是以身体各个部位为支点，身体旋转或腾跃。

芭蕾

芭蕾，一种舞台舞蹈形式，即欧洲古典舞蹈，通称芭蕾舞。由法语ballet音译而来。芭蕾舞孕育于意大利文艺复兴时期，17世纪后半叶开始在法国发展流行并逐渐职业化，在不断革新中风靡世界。19世纪以后，芭蕾舞技术上的一个重要特征是女演员要穿特制的脚尖舞鞋用脚趾尖端跳舞，所以也有人称之为脚尖舞。在近400年的发展过程中，芭蕾对世界各国影响很大，流传极广，至今已成为世界各国都努力发展的一种艺术形式了。代表作品有《天鹅湖》、《仙女》、《胡桃夹子》等。

拉丁舞

拉丁舞是国标舞即国际标准交谊舞的两大系列之一，它包括伦巴、桑巴、恰恰、斗牛、牛仔5个舞种。拉丁舞在风格上更加热情洋溢、奔放欢快。拉丁舞的节奏快，速度快，以肩、背、腰、腹、腿部的运动为主，而其利用最多的部位是骨盆，要求舞者的胯部相当的灵活。

拉丁舞的5项舞蹈各有风格，桑巴的激情，恰恰的活泼，伦巴的婀娜，斗牛的强劲，牛仔的逗趣。风格的不同，最主要的是内涵的把握。

歌舞伎

歌舞伎是日本典型的民族表演艺术，起源于17世纪江户初期，并发展为一个成熟的剧种，其演员只有男性。歌舞伎与能乐、狂言一起保留至今。

歌舞伎的始祖是日本妇孺皆知的美女阿国，她是岛根县出云大社巫女（即未婚的年轻女子，在神社专事奏乐、祈祷等工作），为修缮神社，阿国四处募捐。她在京都闹市区搭戏棚，表演《念佛舞》。这本是表现宗教的舞蹈，阿国却一改旧程式，创作了《茶馆老板娘》。阿国女扮男装，身着黑衣，缠上黑包头，腰束红巾，挂着古乐器紫铜钲，插着日本刀，潇洒俊美，老板娘一见钟情，阿国表演时还即兴加进现实生活中诙谐情节，演出引起轰动。阿国创新的《念佛舞》，又不断被充实、完善，从民间传入宫廷，渐渐成为独具风格的表演艺术。

格塔克里舞

格塔克里舞是印度四大古典舞蹈之一。格塔克里舞实际上是一种故事性很强又独具特色的颂神舞。其一大特点是把故事、诗歌、音乐、舞蹈、表演和绘画巧妙地结合起来。大诗人瓦拉多尔称格塔克里舞为"艺术的皇后"。

格塔克里舞通常在庙会期间的夜晚演出，剧中所有角色均由男子扮演。表演的形式是哑演，但有敲打乐器伴奏。舞中的故事情节，用朗诵诗的形式表达。诗句都是梵语化的马拉雅拉姆语，一个人在幕后朗诵。演员身躯的姿态和手势，都有一定的象征意义。通过双脚跳动的快慢，两手和十指的各种动作以及眼睛、鼻子和嘴唇等的不同动作来表现诗句的内容。

克塔克舞

克塔克舞产生于印度北方邦的首府勒克瑙，是印度四大古典舞蹈之一。

克塔克本是一个种姓，专门从事舞蹈，以卖艺为生，他们所跳的舞就叫克塔克舞。克塔克舞原是一种宫廷艳情舞，内容主要是表现克里希纳与拉塔的爱情故事。演员的脚上系有许多小铜铃，演员随着鼓声的变化而发出不同响声，时而铿锵有力，繁音流泻；时而细碎悦耳，娓娓动听。演员要随着鼓点和音乐用身体各部分的动作和面部表情表现各种感情。

肚皮舞

肚皮舞是一种带有阿拉伯风情的舞蹈形式，起源于中东地区，并在中东和巴基斯坦、印度、伊朗等其他受阿拉伯文化影响的地区取得长足发展，19 世纪末传入欧美地区，至今已遍布世界各地，成为一种较为知名的国际性舞蹈。

肚皮舞阿拉伯原名为"Raks Sharki"，意指东方之舞，因此肚皮舞又称"东方舞蹈"。一般认为，肚皮舞是中东、中亚、埃及的古老的传统舞蹈。

肚皮舞所表现的扭胯、摆肩等动作能显示女性曲线的妩媚和健美，体现妇女的勤劳、喜悦和欢乐。肚皮舞多为体态丰腴、臀部发达的女子进行独舞。当舞乐声起，便有一位妙龄女郎身披白纱，手持金属镲，身佩响环、项链等饰物，胸部高耸，半遮半裸。舞娘张开双手，舒展腰身，扭动胯臀，动作欢快明朗。随着音乐旋律的加快，腰、胯、臀的扭摆加速。舞娘从上至下颤动腰、臀和胸部肌肉，技艺高超者，还可随意颤动腰、腹的某一块肌肉。配合手的动作和双脚移动，尽情地表现女性美，给人以优美欢乐的感受。

国际音乐节

1949 年，联合国教科文组织创建"国际音乐委员会"，委会员的办事机构设在巴黎。1979 年，在澳大利亚举行的国际音乐委员会第 18 届大会上，通过了一项议程，定于从 1980 年开始，每年的 10 月 1 日为"国际音乐日"。期间，世界上许多国家都举办音乐文化交流活动，进行各种音乐演出。国际音乐委员会每两年在"国际音乐日"发奖一次，奖励那些在音乐创作、表演、音乐教育等方面有重大贡献的音乐家。

戏剧曲艺篇

戏曲的四功五法十要

戏曲艺术将表演技巧概括为四功、五法与十要。

四功是戏曲演员的 4 种基本功夫：唱功、做功、念白与武打。

五法，指的是手、眼、身、法、步。手指手势，眼指眼神，身指身段，步指台步。至于法，则解释不一。一说是"身法"应作为一项；一说是应称"手眼身步"法。这样，五法就变成四法了。还有认为"法"是"发"之误，指的是"水发"技术，但是"发"已包括在十要之中。按程砚秋的见解，"法"则应改为"口"，"口法"是为了练好唱念功夫。

十要包括水袖、髯口、翎子、扇子、靴子、帽翅、马鞭、笏板、牙和水发。

唱念做打

唱、念、做、打是戏曲表演中的 4 种艺术手段，同时也是戏曲演员表演的 4 种基本功，通常被称为"四功"。"唱"指歌唱，"念"指具有音乐性的念白，二者构成歌舞化戏曲表演艺术两大要素之一的"歌"；"做"指舞蹈化的形体动作，"打"指武术和翻跌的技艺，二者结合，构成另一大要素"舞"。

唱、念、做、打是戏曲表演的特殊艺术手段，四者有机结合，构成了戏曲表现形式的特点，是戏曲有别于其他舞台艺术的重要标志。

江湖十二角色

江湖十二角色是清中叶时昆山腔角色行当体制。据《扬州画舫录》记载："梨园以副末开场，为领班、副末以下，老生、正生、老外、大面、二面、三面七人，谓之男角色；老旦、正旦、小旦、贴旦，谓之女角色；又有打诨一人，谓之杂。此江湖十二角色。"

毯子功

戏曲表演基本功之一，是戏曲演员各行当（如生、旦、净、丑）均需掌握的表演技艺。

毯子功的内容包括翻、腾、扑、跌、滚、摔等各项技艺的基本功。由于这些强度高、难度大、技术条件复杂的训练，均需在毯子上进行，以保护练习者不受伤害，故而称之为"毯子功"。

通过毯子功的练习，使演员的形体动作更为协调，还可以增强其身体的柔韧性以及对各种动作的控制能力，从而在表现特定情节（如翻腾跳跃、腾云驾雾、凌空跌扑等场景）时，可以自如地运用形体进行艺术创作。

把子功

戏曲表演武功的组成部分，指训练戏曲演员掌握和运用把子技术的基本功。在表演上又分为庄重把子和滑稽把子，前者要求庄严威武、雄健肃穆，如《长坂坡》中赵云和曹营诸将的武打；后者则诙谐逗趣，引人发笑，如《闹天宫》中孙悟空与巨灵神，龟、虾二将等的武打。

翎子功

戏曲表演基本功之一。翎子是插在盔头上的两根长约 2 米的雄鸡翎，借舞动翎子的技巧及优美身段，表现人物的心情和神态，俗称耍翎子。生、旦、净、丑各行角色都用，以小生用得最多。

翎子功包括单掏翎、双掏翎、单衔翎、双衔翎、绕翎、涮翎、抖翎、摆翎等多种，借以表达喜悦、气急、惊恐、沉思、忧虑等各种情感。蒲剧、晋剧等梆子剧种的翎子功尤称一绝。

甩发功

戏曲表演基本功之一。生、净、丑等角色在头顶上扎束一绺长发，称甩发；旦角在"大头"右边分出一绺头发叫发绺，演员舞动甩发或发绺表现人物的激动感情。

甩发分通梢、倒栽两种。前者发梢成尖状，后者较为齐整。男角色的甩发又叫梢子，故又称梢子功。京剧常用的甩发功包括甩、扬、带、闪、盘、旋、冲等多种甩法，方向又有左、右、前、后和绕圆圈等。

髯口功

戏曲表演基本功之一。戏曲人物所戴的假须，统称髯口。戏曲表演中，常借助舞弄髯口的动作来展示人物的心情，俗称

髯口功

耍髯口。

耍髯口的技巧有搂、撩、挑、推、托、摊、捋、抄、撕、捻、甩、绕、抖、吹等多种，与舞蹈身段密切配合，才能表达人物的思想情绪，如撩髯多表现思忖和自叹；抖髯多用于惊怕；捋髯多展示安闲；推髯多反映慨叹；搂髯多用于昂首观望与低头俯视；吹髯则反映生气等。

水袖功

戏曲表演基本功之一。戏曲服装中的蟒袍、官衣、褶子、帔等多在袖口上缝有一段白绸，称水袖。

演员可以利用水袖的舞动以表现剧中人的感情和增加形象的美感。水袖技巧的基本要领在于肩、臂、肘、腕、指等各个部位的协调配合，熟练掌握水袖的性能，运用时才能得心应手。

扇子功

戏曲表演基本功之一。戏曲演员常借助手中的扇子做出种种动作，用以表现人物的感情。生、旦、净、丑各行角色皆有此功，但以小生、花旦、闺门旦等使用最多，技巧更为丰富。戏曲舞台上使用的扇子，有大折扇、小折扇、团扇（宫扇）、羽扇、蒲扇、竹扇、鹅毛扇、芭蕉扇等多种。基本动作大体有挥、转、托、夹、合、遮、扑、抖、抛等。为避免纯技术的卖弄，传统表演中又有"有扇如无扇，用扇不见扇"的要求。

手绢功

手绢功源于二人转，吉剧又有所发展。手绢有四角和八角的两种。四角手绢有里外翻花、里外挽花、抖花等，手绢不出手；双层八角手绢，发展出转绢、叼绢、托绢、踢绢、抛绢、弹绢等 30 多种手绢出手。手绢既能耍出许多美妙的舞姿，形体动作生动活泼，烘托戏剧气氛；又可代替各种道具，作为刻画人物性格和内心世界的手段。

楔子

元杂剧的专用术语，它是指四折戏之外的过渡段落，主要是用来介绍情节和人物，加强情节之间的联系，位置比较灵活，可以放在剧首。一般是一本四折一楔子，如果有特殊需要，还可以有两个楔子。

科班

戏班以演戏为主，科班以学戏为主。科，即品类、等级之意，因自汉以来，学人经科试以定次第等级，因此旧时投师学艺也称为入某一科，同年入学者为同科。考入或经人介绍加入某一学戏的班子的某一科，即称为进班入科，亦可称加入某一科班。如富连成班就分为喜字科、连字科、富字科、盛字科、世字科、元字科、韵字科、庆字科等 8 科。

科班均供奉唐明皇为祖师爷，并每日朝拜，凡入科班一定要立字据，如同定下卖身契约，不仅要打骂体罚，而且科满后要效力 3 年，因此旧时学戏称为打戏，坐科 7 年称为 7 年大狱。

行头

行头是金、元时起对戏具的统称。《扬州画舫录》称："戏具谓之行头，行头分为衣、盔、杂、把四箱。"

衣箱，分大衣箱、二衣箱、三衣箱。大衣箱包括各种长短袍服，二衣箱包括各种武装人员的装束，三衣箱即演员所穿内衣及塑形用品。盔头箱，主要是盔、帽、冠、巾 4 种。杂箱指彩匣子、水锅和梳头桌。把箱即旗把箱，包括各种兵器、文房四宝等道具。

一套完整的行头，在演出时均有一定的使用章程和规范，如衣箱上的十蟒十靠都必须按上五色和下五色，即红、黄、绿、白、黑、蓝、紫、粉、古铜、秋香十色的顺序摆放；后场桌上的道具必须根据戏码的变换而变换，以保证演员穿、扎、戴、挂、拿，有条不紊地进行。

跑龙套

戏台上四人一组扮演兵士或衙役的角色，叫龙套。龙套由所穿的龙套衣得名。这几个人代表了千军万马。龙套在舞台上的活动有一定程式，如升帐或坐堂分站两厢的叫"站门"；引导主人前行并开路的叫"圆场"；在上下场门附近斜列两行候主人上场或下轿的叫"斜门";在双方交战从兵刃下穿过叫"钻烟笼";分从两边上场叫"二龙出水"等。

龙套表演讲究"站如钉,走如风"。龙套在站堂助威时要像岩石一般,伫立不动;一旦动(跑)起来,犹如燕子掠过水面。舞台的气氛,有时是靠龙套跑出来的,所以又叫"跑龙套"。龙套以头旗为主,二、三、四旗为副,要听头旗的指挥。他们常打着红门旗、飞虎旗、月华旗,演神话还打着风旗、水旗、火旗、云牌等,所以也有人称其为"打旗的"。

票友

会唱戏而不专业以演戏为生的爱好者,即对戏曲、曲艺非职业演员、乐师等的通称。相传清代八旗子弟凭清廷所发"龙票",赴各地演唱子弟书,不取报酬,为清廷宣传,后就把非职业演员称为票友。票友大多数是为自唱自娱。

京剧

京剧作为中国的"国粹"已有 200 年历史了,它以其高超的表演艺术和深厚的文化内涵著称于世。

京剧的前身是安徽的徽剧,俗称"皮黄戏"。清朝乾隆五十五年(1790 年)起,原在南方演出的三庆、四喜、春台、和春四大徽班相继进入北京演出,他们把汉调、秦腔、昆曲的曲调及表演方式融入了徽剧,并将其演变成一种更为美妙的声腔,称为"京调"。清代末期民国初期,京班掌控着上海的全部戏院,于是"京调"正式被称为"京戏"。

京剧音乐属于板腔体,唱腔以徽调的二黄和汉调的西皮为主,称为"皮黄"。

经过无数艺人的长期舞台实践,京剧在文学、表演、音乐、唱腔、锣鼓、化妆、脸谱等各个方面,形成了一套规范的程式。京剧在表演上歌舞并重,融合武术技巧,多用虚拟动作,节奏感强,技艺高超,唱腔悠扬委婉,念白也带有音乐性,形成了中国戏曲"唱念做打"有机结合的表演艺术体系。

京剧脸谱

中国传统戏曲的脸谱,是演员面部化妆的一种程式。一般应用于净、丑两个行当,其中各种人物大都有自己特定的谱式和色彩,用来突出人物的性格特征,具有"寓褒贬、别善恶"的艺术功能,使观众能观其外表,辨其善恶。因而,脸谱又被称为角色"心灵的画面"。

据史料记载,脸谱是由唐代乐舞大面(传统戏曲角色行当之一,是京剧和某些地方戏中净角的别称)所戴面具和参军戏副净(参军戏,唐宋时流行的一种表演形式,主要由参军、苍鹘两个角色作滑稽的对话和动作,以引人发笑,有时用以讽刺朝政或社会现象。参军戏中的副净,等于现在京剧中的"架子花脸",一般都表演性格粗犷莽撞的人物,如《三国演义》戏里的张飞)的涂面逐渐演变而来的。

生旦净丑

"生、旦、净、丑"是中国传统戏曲中的 4 种角色。它们是一台戏剧演出的四大台柱。"生、旦、净、丑"的取名和这四个字的反喻之意有关。

"生"是在剧中扮演男子的角色,有老生、小生、武生之分。过去老生是各行当之首,也就是整出戏成败的关键,要求生角的演出团必须老练娴熟，唱做俱佳，故反其意取名为"生"。

"旦"是在剧中扮演女性人物的角色，有青衣、花旦、老旦等之分。"旦"的本义是指旭日东升，也是阳气最盛的时候，旦角表演的是女性，女属阴，故反名之为"旦"。

"净"是在剧中扮演性格刚烈或粗暴的人物，通称花脸，有铜锤花脸、架子花脸、武花脸等之分。"净"本意是清洁干净，而剧中净角都是涂满油彩的大花脸，看起来很不干净，不干净的反面就是净，因而得名。

"丑"是在剧中扮演滑稽人物的角色，有文丑、武丑之分，在十二属相中，丑属牛，牛性笨，因此，丑就是笨的代名词。而演丑角的人，则要求活泼、伶俐、聪明，故相反取名为"丑"。

梨园

梨园是对中国戏曲界的称呼，旧时常将戏曲行当叫作"梨园行"，将戏曲艺人称为"梨园子弟"，一直沿用至今。据传说，唐玄宗李隆基是个戏曲、音乐的爱好者，他自己不仅爱听、懂欣赏，还能唱上两口，玩玩乐器，指挥排练。他最爱大型歌舞。于是，唐玄宗主持选拔了 3000 名乐师，常亲自光临指导，将艺人集中于皇宫中的梨园演练。后来，人们把皇上提供的演练场地"梨园"称代戏曲音乐行当。

除了"梨园"之外，还有人称戏曲界为"菊部"，这一称呼来自另一位皇帝的故事。北宋的徽宗、钦宗被金人俘虏之后，北宋灭亡。徽宗第九子高宗赵构称帝，重建宋朝，史称南宋。国难深重，宋高宗赵构的压力颇大，内宫有位菊夫人能歌善舞

精通音律，常为高宗演出歌舞消遣，宫中称此女子为"菊部头"。所以，戏曲行当也有"菊部"的特别称谓。

梨园界对戏曲还有"雅部"和"花部"之称，这是始于乾隆年间的叫法。"雅部"指当时被认为是雅乐的昆腔；"花部"指昆腔之外的地方戏曲。后来这两部通指戏曲了。

京剧各主要流派的创始人

须生：谭派－谭鑫培；汪派－汪桂芬；孙派－孙菊仙；汪派－汪笑侬；王派－王鸿寿；刘派－刘鸿声；余派－余叔岩；言派－言菊朋；高派－高庆奎；马派－马连良；麒派－周信芳；新谭派－谭富英；杨派－杨宝森；奚派－奚啸伯；唐派－唐韵笙。

小生：程派－程继先；姜派－姜妙香；俞派－俞振飞；叶派－叶盛兰。

武生：李派－李春来；俞派－俞菊笙；杨派－杨小楼；盖派－盖叫天。

旦角：陈派－陈德霖；王派－王瑶卿；梅派－梅兰芳；程派－程砚秋；荀派－荀慧生；尚派－尚小云；筱派－筱翠花；黄派－黄桂秋。

花旦（青衣）：张派－张君秋。

老旦：龚派－龚云甫；李派－李多奎；孙派－孙甫亭。

净角：何派－何桂山；金派－金秀山；裘派－裘桂仙；金派－金少山；郝派－郝寿臣；侯派－侯喜瑞；裘派－裘盛戎。

丑角：王派－王长林；萧派－萧长华；傅派－傅小山；叶派－叶盛章。

沪剧

沪剧属江、浙、长江三角洲吴语地区滩簧系统，兴起于上海。因上海简称沪，

故名沪剧。主要流布于上海、苏南及浙江杭、嘉、湖地区。主要有长腔长板、三角板、赋子板等。曲调优美，富有江南乡土气息，擅长表现现代生活。优秀剧目有《罗汉钱》、《芦荡火种》、《一个明星的遭遇》等。

越剧

越剧是中国传统戏曲形式之一。清末起源于浙江嵊县，由当地民间歌曲发展而成。主要流行于浙江、上海、江苏、福建等地，越剧长于抒情，以唱为主，声腔清悠婉丽，优美动听，表演真切动人，极具江南地方色彩。越剧演员初由男班演出，后改女班或男女混合班。越剧有影响的剧目有《梁山伯与祝英台》、《玉堂春》、《打金枝》等。

婺剧

婺剧，俗称"金华戏"，因金华古称婺州而得名，浙江省地方戏曲剧种之一。婺剧是高腔、昆腔、乱弹、徽戏、滩簧、时调6种声腔的合班。它以金华地区为中心，流行于金华、丽水、临海、建德、衢州、淳安，以及江西东北部的玉山、上饶、贵溪、鄱阳、景德镇等地。

目连戏

目连戏为专演《目连救母》而命名，是中国戏曲史上第一个有证可考的剧目，因此被视为戏曲的鼻祖。

目连戏集戏曲、舞蹈、杂技、武术于一身，有锯解、磨研、吞火、喷烟、开膛破肚带彩特技，以及盘叉、滚叉、金钩挂玉瓶、玩水蛇、挖四门等舞蹈动作，还有金刚拳、武松采花拳、五龙出动拳等诸多拳路，服装、道具、化装、表演均有独特之处。既可登台演出，又可扎扬表演。

山东梆子

山东梆子是流行于鲁西南及鲁中地区的地方戏曲剧种，又名"高调梆子"，简称"高调"或"高梆"，因其高昂激越的特点，还被人称为"舍命梆子腔"。主要流行于山东西南部的菏泽、济宁、泰安等地，以及聊城、临沂等地区的广大城镇乡村。因流行区域的不同，群众对其称呼亦有别。如以菏泽为中心的，习称"曹州梆子"；以济宁、汶上为中心的，称为"汶上梆子"或"下路调"，总称"高调"，以区别于流行在鲁西南、豫北、冀南的"平调"。1952年，定名统称为"山东梆子"。

吕剧

吕剧是山东省地方戏曲剧种之一，曾名"化装扬琴"、"琴戏"。早在清代中叶，山东南部农村出现了一种名叫"小曲子"的小曲连唱体曲艺形式。因其主要伴奏乐器为扬琴，故又称"扬琴"。在发展过程中，受到不同地区的语言、风俗的影响，逐渐形成为南路、北路、东路琴书三大流派。1933年邓九如在天津电台播音时，定名山东琴书。1953年定名吕剧。

吕剧最为突出的特点是：既是"戏曲"又是"曲艺"。其唱腔以板腔体为主，兼唱曲牌。曲调简单朴实、优美动听、灵活顺口、易学易唱。

潮剧

潮剧又名潮州戏、潮音戏、潮调、白字戏，主要流行于潮州方言区，是用潮州话演唱的一个古老的地方戏曲剧种。

潮剧是宋元南戏的一个分支，由宋元时期的南戏逐渐演化，吸收了弋阳、昆曲、皮黄、梆子戏的特长，结合本地民间艺术，最终形成自己独特的艺术形式和风格。

潮剧传统剧目可分为两大类：一类来自南戏传奇和杂剧，如《琵琶记》、《荆钗记》、《白兔记》、《拜月记》、《珍珠记》、《蕉帕记》、《渔家乐》等。另一类取材当地民间传说故事或实事编撰的地方剧目，如《荔镜记》、《苏六娘》、《金花女》、《柴房会》、《龙井渡头》等。

川剧

川剧是起源于四川，长期流行于四川、云南、贵州等几个西南省份，是人们喜闻乐见的一种地方戏剧。

明末清初，陆续有大批各地移民进入四川，以及各省在四川的会馆纷纷建立，全国各地的南腔北调也相继被移植到四川各地，这些剧种在长期的发展过程中，相互融合、相互借鉴，又结合当地的风俗、方言以及各种民间戏曲，逐步形成了一种具有四川特色的剧种，就是川剧。

川剧的声腔主要由昆曲、高腔、胡琴、弹戏以及灯腔等 5 种声腔组成，其中除灯腔发源于四川本地以外，其他 4 种腔调都来自外地。这 5 种声腔再加上为这 5 种声腔伴奏的各种乐器，形成了形式多样、曲牌丰富而又风格迥异的川剧音乐形式。

川剧中的昆曲来源于江苏的昆曲，川剧艺术家利用昆曲长于歌舞的特点，往往将昆曲中的单个曲牌融入到其他唱腔中演出，形成独具特色的川剧昆腔，简称"川昆"。高腔，是川剧中最重要的一种腔调。川剧高腔拥有众多的曲牌数量，剧目广、题材多、适应性强，兼有南曲和北曲中高亢激越、婉转抒情的特点。胡琴是西皮和二簧的统称，因为二者的主要伴奏乐器都为"小胡琴"，所以这样统称。川剧胡琴来源于湖北汉调和安徽徽调，吸收了陕西汉中二簧和四川扬琴唱腔中的优秀部分发展而成，其中川剧西皮腔善于表现激昂、高亢或者欢快的感情，而川剧二簧则长于表现沉郁、悲凉的感情。川剧的弹戏来源于陕西的秦腔，属于梆子系统，故俗称"川梆子"。川剧弹戏以盖板胡琴为主要伴奏乐器，用梆子敲击节奏。曲调有善于表现喜感情的"甜平"和善于表现悲感情的"苦平"两种。灯腔，来源于四川本地，是川剧唱腔中最具本地特色的一种。灯腔是由四川传统的灯会歌舞演化过来的，乐曲短小、节奏明快、轻松活泼，所演的多数是民间小戏，唱的也都是民间小曲，具有浓厚的生活气息。另外，川剧中还有许多具有浪漫主义色彩的表演特技，如吐火、藏刀、顶油灯等，其中影响最大、最具特色和最常见的是变脸，演员往往能在极短的时间内变换出十多张面孔，表现角色情绪和心理的突然变化，极具观赏性。

琴书

琴书，因演唱时用扬琴为主要伴奏乐器而得名。琴书的表现形式不一，有一人立唱，两人或多人坐唱或走唱，也有分角色拆唱。唱词也根据其乐曲，有七字句、十字句和长短句之分。有说有唱，一般以唱为主，以说为辅。伴奏乐器除扬琴之外，也兼用三弦、二胡、筝、坠胡等。

琴书种类很多，有北京琴书、翼城琴书、武乡琴书、徐州琴书、安徽琴书、山东琴书、贵州琴书、四川琴书、云南琴书等。

相声

相声，中国北方曲种。它是一种源于民间的以语言为主要表演手段的喜剧性曲艺艺术。含有相声艺术因素的文学形式，可以追溯到先秦时的俳优，后来经过复杂曲折的发展历程，吸收了其他表演艺术的积极因素，如魏晋时的笑语、唐代参军戏以及宋金杂剧里滑稽含讽的表演等。到了明代，隔壁戏（见"口技"词条）与笑话艺术统称为"相声"，这两种艺术形式的普及与发展，为相声艺术的产生奠定了基础。兼备说、学、逗、唱艺术形式的相声形成于18世纪中叶（清乾隆时期）之前。咸丰年间，北京有一位朱绍文先生（别号"穷不怕"），是最早说相声的人。

小品

小品一词最早始于晋代，本属于佛教用语。《世语新说·文学》"殷中军读小品"句下刘孝标注："释氏《辨空经》有详者焉，有略者焉。详为大品，略者为小品。"鸠摩罗什翻译《摩诃般若波罗蜜经》，将较详的二十七卷本称作《大品般若》，较略的十卷本称作《小品般若》。可见，"小品"与"大品"相对，指佛经的节本。因其篇幅短小，语言简约便于诵读和传播而受到人们的青睐。20世纪80年代初喜剧小品这种艺术形式被搬上荧幕，它集取了话剧、相声、二人转、小戏等剧目的优点。

双簧

双簧戏起源于清朝末年，主要流行于北方各地。

据说，慈禧太后当权时，常常把外面的著名戏剧、杂曲演员找到宫里为她演唱。唱单弦的艺人黄辅臣是众名角之一，慈禧太后很喜欢他演唱的滑稽戏。有一次，慈禧太后传黄辅臣速到内廷，恰逢黄辅臣喉咙痛，本不能去，但又不能抗旨，于是他带了儿子一起进宫。上场时，老黄弹弦子做面，小黄藏在椅子后面演唱做里，谁知给慈禧太后看穿了，黄辅臣父子吓得不敢抬头。不料慈禧太后见他父子俩的配合天衣无缝、妙趣横生，不但没有怪罪，反而开玩笑道："你俩这叫双黄啊！"从此"双黄"（以后写成"双簧"）就成了一门独立的曲艺形式。

秦腔

秦腔发源于古代陕西、甘肃等地的民间小曲，成长壮大于历史文化名城西安，历经各朝各代的艺术家反复锤炼、创造，而逐渐形成。古时陕西、甘肃一带属秦国，所以称之为"秦腔"。因为早期秦腔演出时，常用枣木梆子敲击伴奏，故又名"梆子腔"。秦腔成形后，流传全国各地，因其一整套成熟、完整的表演体系，对各地的剧种产生了不同程度的影响，并直接影响了梆子腔剧种的发展，成为梆子腔剧种的始祖。

秦腔的表演技艺朴实、粗犷、豪放，富有夸张性，生活气息浓厚，技巧丰富。其身段和特技有：趟马、吐火、喷火、担子功、翎子功、水袖功、扇子功、鞭扫灯花、顶灯、咬牙、耍火棍、跌扑、髯口、跷工、獠牙、帽翅功等。秦腔的唱腔分为欢音和苦音两类，欢音善于表现轻快活泼、喜悦的感情，而苦音则长于表现悲愤、凄凉的感情，丰富多彩的唱腔能够很好地表现各种感情。秦腔的主要伴奏乐器为板胡。秦腔的角色分类有"十三门二十八类"之说，即角色分为四生、六净、二旦、一丑等13门，而这13门又可细分为28类。各门各类都有其特色，都有著名的演员、著名的戏剧段落。

秦腔的传统剧目数以万计，其中以取

材于"三国"、"杨家将"、"说岳"等英雄传奇或者悲剧故事的剧目居多，剧目无论在数量还是题材的广度都居全国 300 余种戏剧之首。其中经常演出的曲目有《春秋笔》、《八义图》、《紫霞宫》、《玉虎坠》、《和氏璧》、《麟骨床》等。

黄梅戏

发源于湖北黄梅的黄梅戏原称黄梅调或采茶调，它起源于湖北黄梅一带的采茶歌。清朝道光年间，在湖北、安徽、江西三省毗邻地区，形成以演唱"两小戏"、"三小戏"为主的民间小戏。后来逐渐融入了青阳腔和徽剧的音乐和表演艺术以及民间音乐，形成了大戏。由于长期流行于以怀宁为中心的安庆地区，形成了以当地方言讲唱的独特风格，所以曾被称为"怀腔"。

黄梅戏以抒情见长，韵味丰富、曲调悠扬，如行云流水。它的唱腔分花腔和平词两大类，花腔以演小戏为主，富有浓厚的生活气息和民歌风味，平词是正本戏中最主要的唱腔，常用于大段叙述、抒情，听起来委婉悠扬。

秧歌戏

秧歌戏是中国北方地区广泛流行的一种民间戏曲，主要分布于山西、河北、陕西，以及内蒙古、山东等地。它起源于农民在田间地头劳动时所唱的歌曲，后与民间舞蹈、杂技、武术等表演艺术相结合，在每年的正月社火时演唱带有故事情节的节目，逐步形成戏曲形式。

昆曲

昆曲是中国传统文化艺术中的珍品，是中国传统戏曲中最古老的剧种之一，已经有六七百年历史。它起源于元朝末年的昆山地区，又叫作"昆剧"，是由元代末年的顾坚创立的，最初叫昆山腔。

明朝嘉靖年间，戏曲音乐家魏良辅对昆山腔进行改进，立足南曲，吸取北曲长处，促成了集南北曲优点于一体的"水磨调"的形成，这就是昆曲。后来，昆曲不断传播，成为传奇剧本的标准唱腔，并最终发展成为全国性剧种。到清朝乾隆年间，昆曲达到鼎盛。原本以苏州的吴语语音演唱的昆曲因广泛传播，难免带上流传地的特色，故而流派众多。

昆曲音乐的结构属于联曲体结构，也可以称之为"曲牌体"。昆曲常用的曲牌有上千种，包括唐宋时期的词调、词牌、民歌等在内，可谓是采众家之长。昆曲的创作是以南曲为基础的，同时也使用北曲的套数，常常使用"犯调"、"借宫"、"集曲"等方法。昆曲主要以笛子为伴奏乐器，以笙箫、唢呐、琵琶等作为辅助。昆曲字正、腔清、板纯，唱腔极富韵律感，抒情性强，表演优美细腻，歌舞结合巧妙。

在长期的演出实践中，昆曲积累了大量优秀演唱剧目。其中脍炙人口的有王世

昆剧《十五贯》剧照
又叫《双熊梦》，明朱素臣所作。描写熊友兰、熊友蕙兄弟分别因"十五贯钞"获罪，成为冤屈之人，后苏州知府况钟为其翻案的故事。新中国成立后，昆剧对其整理、演出，并拍摄成电影。

贞所写的《鸣凤记》、汤显祖所写的《牡丹亭》、《紫钗记》等。

豫剧

豫剧，原名"河南梆子"、"河南高调"等，流行于河南、陕西、甘肃、山西等地，是中国最重要的地方剧种之一。豫剧发源于陕西的梆子腔，即所谓的秦腔。清朝初期，秦腔传入河南，入乡随俗，开始用河南口音演唱，吸收了河南本地的民间小调等民间艺术形式的精华，并受到了昆曲、戈阳腔、皮黄腔等外省剧种的影响，在乾隆年间正式形成具有河南特色的剧种。乾隆嘉庆年间，豫剧迅速发展壮大，成为河南省重要的剧种。

豫剧的音乐分为四大流派，分别是：以开封为中心的"祥福调"，以商丘为中心的"豫东调"，流传于洛阳的唱法"豫西调"，流传于河南东南部沙河流域的唱法"沙河调"等。其中影响最大的是豫东调和豫西调。豫剧的各种流派虽然有诸多不同，但是共性大于个性，作为统一的一个剧种，豫剧具有以下特点：首先，豫剧注重唱功，演出中常有大段的唱词，相对来说动作少一些；其次，豫剧具有较大的自由性，唱词、说白、动作等都没有固定的模式，演员可以根据自己的理解，做一些创造；再次，豫剧与民间艺术结合紧密，常常把杂技、武术等技艺的动作融合到舞台表演中来，显得粗犷火爆；最后，豫剧的唱词通俗易懂，好学好唱。

豫剧的角色行当分为"四生四旦四花脸"，即老生、红生（大、小红脸）、小生等四生；老旦、小旦、正旦、帅旦等四旦；黑脸、大花脸、二花脸、三花脸等四花脸。豫剧的伴奏乐器分文武戏，文戏用三弦、板胡、月琴伴奏，武戏用板鼓、堂鼓、大锣、小锣、手镲、梆子、手板等伴奏。

豫剧的传统剧目有600多个，其中经典曲目有《对花枪》、《三上轿》、《提寇》、《铡美案》、《十二寡妇征西》、《花木兰从军》等。

川剧变脸

相传"变脸"是古代人类面对凶猛的野兽，为了生存把自己脸部用不同的方式勾画出不同形态，以吓唬入侵的野兽。川剧把"变脸"搬上舞台，用绝妙的技巧使它成为一门独特的艺术。

变脸的手法大体上分为3种：抹脸、吹脸、扯脸。此外，还有一种"运气"变脸。抹脸是将化妆油彩涂在脸的某一特定部位上，到时用手往脸上一抹，便可变成另外一种脸色。吹脸只适合于粉末状的化妆品，如金粉、墨粉、银粉等。扯脸是事前将脸谱画在一张一张的绸子上，剪好，每张脸谱上都系一把丝线，再一张一张地贴在脸上。丝线则系在衣服的某一个顺手而又不引人注目的地方。随着剧情的进展，在舞蹈动作的掩护下，一张一张地将它扯下来。

评剧

评剧是流传于中国北方的一个戏曲剧种，习称"蹦蹦戏"或"落子戏"。产生于河北省东部，系由流行于滦县、迁安、玉田、三河及宝坻（今属天津）一带农村的曲艺莲花落发展而成。

1935年，蹦蹦戏在上海演出时，因为上演剧目多有"惩恶扬善、评古论今"的新意，采纳名宿吕海寰的建议，改称"评剧"。1936年，白玉霜在上海拍影片《海棠红》时，新闻界首次把"评剧"的名称刊载于《大公报》，从此，评剧的名字广泛传播于全国。

评剧的艺术特点是：以唱功见长，吐字清楚，唱词浅显易懂，演唱明白如诉，表演生活气息浓厚，有亲切的民间味道。

著名的评剧艺术家有白玉霜、新凤霞等。《小女婿》、《刘巧儿》、《小二黑结婚》等是评剧曲目中的优秀代表。

二人转

二人转是诞生于东北劳动人民中间的综合艺术，产生并盛行于东北三省，受到东北群众、特别是农民的喜爱。它是一种有说有唱、载歌载舞、生动活泼的走唱类曲艺形式，迄今大约已有 200 年的历史。

它的音乐唱腔是以东北民歌、大秧歌为基础，吸收了东北大鼓、莲花落、评戏、河北梆子等曲调而构成，高亢火爆，亲切动听。它的舞蹈是来自东北大秧歌，并吸收了民间舞蹈及武打成分，以及耍扇子、耍手绢等技巧。

在长期的艺术实践过程中，二人转逐渐形成了独有的技巧——"四功一绝"，即唱、说、拉（做）、舞功的绝技。其演出形式，大体可分单、双、群、戏 4 类。

弹词

弹词，也叫"南词"。明、清两代流行的说唱曲艺形式。主要流行于南方，用琵琶、三弦伴奏。

弹词的文字，包括说白和唱词两部分，前者为散体，后者为七言韵文为主，穿插以三言句。弹词的演出二三人、几件乐器即可。

木偶戏

木偶戏叫"傀儡戏"，以前俗称"耍鼓偶子"，经常出现在城乡街头。

木偶戏在中国具有悠久的历史。传说，周穆王到昆仑（今甘肃省酒泉县西南）打猎返回时，有一位工匠名叫偃师，邀请穆王与盛姬观赏他用木头和皮革制作的木偶人表演歌舞。表演结束后，木人忽然眼珠一转，向穆王左右招手，穆王大惊失色，欲将偃师斩首。偃师大惊，只好把木人拆卸了。

另据《事物纪原》记载：公元前 200 年左右，汉高祖刘邦率领的汉军在平城（今山西大同东北）被匈奴大军重重包围，匈奴带兵的主将是冒顿的妻子阏氏。当时汉军内无粮草，外无救兵，形势十分危急。刘邦的谋士陈平知道阏氏天性极为妒忌，于是派出能言善辩的使者带着许多金银财宝以及一幅美女图，去见阏氏。使者见到阏氏说："这些财宝是送给您的礼物，另外还有一个美女，她现在正在军中起舞，是我们送给匈奴冒顿的，希望您能笑纳。"阏氏向远处望去，果然有许多倩影在翩翩起舞。阏氏醋意大发，心想如果攻下城池，丈夫冒顿一定会纳美女为妾，到时候自己必然失宠。于是，便故意撤去一支队伍让刘邦带着大军轻松突围。其实，阏氏所看到的并不是真正的美女在跳舞，而是陈平事先制造了几个木偶美女，并用机关操纵使它们起舞于城墙上。

由此可见，中国制造木偶的历史由来已久。此后，这种戏传到了民间，成为人们十分喜爱的一种剧种。

皮影戏

皮影戏是一种观众通过白色布幕观看平面皮质偶人表演的灯影的戏剧形式。皮影戏中的平面假人以及场面和道具的景物，通常是民间艺人用皮革手工刀雕并彩绘而成，所以叫皮影。

皮影是中国最早的剧种之一，后来的不少新的地方剧种，就是从各路不同的皮影唱腔里派生出来的。皮影艺术源于西汉，兴于陕西，唐宋时代在秦晋豫一带逐渐成熟，清代则盛行于河北。在元代，统治者常常把影戏作为宫廷和军中娱乐，当时成吉思汗远征到欧亚大陆的广大地区，中国的影戏也因此被传播到波斯等阿拉伯国家，后来又辗转传入土耳其，在东南亚一些国家也有流传。明朝的时候，影戏继续在都市和乡村小镇流行，从艺术接受上来讲，它不只是受到广大下层民众的喜爱，也受到许多文化人的推崇。从满清人入关至清末民初，中国皮影艺术的发展达到了其鼎盛时期。很多皮影艺人子承父业，数代相传，人才辈出，无论从皮影造型制作、影戏演技和唱腔，还是流行地域上讲，都达到了历史发展的巅峰。许多官第王府、豪门望族、乡绅大户，都请名师刻制影人，蓄置精工影箱、私养影班。在民间乡村城镇随处可见大大小小皮影戏班。无论逢年过节、喜庆丰收、祈福拜神，还是嫁娶宴客、添丁祝寿，都要搭台唱影。

口技

口技是民间的表演技艺，是杂技的一种。表演者用口摹仿各种声音，能使听的人产生一种身临其境的感觉。在清代属"百戏"之一，表演者多隐身在布幔或屏风后边，俗称"隔壁戏"。

口技作为表演艺术不晚于宋代。宋人《杂记》中说在京城的游艺场里，有"学乡谈"和"百鸟鸣"，可能都是口技。宋元戏剧中的犬吠、鸡叫之类的舞台效果，大都是

口技者在后台完成的。

魔术

魔术的雏形产生于古人祭天、祈年等游艺色彩较浓的习俗活动中，面对自然灾害，古人们束手无策，因此，他们相信天地相通。于是，出现了号称自己能来往于人和神之间的巫、觋及后来的方士。这些人为了使人相信他们能够通灵，大都有些验证的办法，这就是原始的魔术师。

魔术作为具体节目表演，出现于2000多年前。西汉元封三年（前108年），汉武帝举行百戏盛会，盛会上既有中国的传统魔术《鱼龙蔓延》等节目，又有罗马来的魔术师表演了《吐火》、《吞刀》、《自缚自解》等西域魔术。魏晋南北朝时，出现了《凤凰含书》、《拔井》等多个魔术节目。隋炀帝时出现《黄龙变》，变来满地的水族。唐玄宗时流行的《入壶舞》，表演者从左面缸中钻进去又从右面缸中爬出来，这些都是令人拍案叫绝的魔术杰作。到了宋代，出现了专业魔术师组成的民间社团——云机社。

宋代著名魔术家杜七圣，擅长杀人复活的把戏，名噪一时，称为"七圣法"。各式魔术戏法节目在明清时期十分盛行，中国著名的《九连环》、《仙人栽豆》、《古彩戏法》等，均在世界魔坛上产生过巨大的影响。

假发

中国戏曲中，假发是"行头"中"头面"的一部分，属于"软头面"之一。

男角的假发有全顶（将整个头部全包住）、半顶（头顶齐耳往后部分），半顶假发外剩下的部分称为"头片"，指两鬓和美人尖的发片，靠脸颊的地方会黄胶加

以粘贴，靠头顶的地方则用发夹或簪固定。

旦角有一种叫"大头"的假发，会用到一种分成一绺绺、称为"片子"的假发，贴上前要用束发带把本身的头发束起，把片子蘸刨花水梳平，沿着束发带贴，一端呈椭圆形的几片用作刘海，尾端尖削的两片置于两鬓，脸宽的向内贴，脸小的向外贴，可以把脸型修饰成瓜子脸。

戏衣

戏衣泛指传统戏曲服装。宋杂剧、金院本的演出已有为舞台演出而专备的戏衣。至明代中叶昆剧兴起而逐步完善。戏衣的特点有：一、有丰富的表现力。无论文武、男女、老幼、贫富、贵贱、善恶、神鬼等角色，都可以在戏衣中找到相应的服装。二、丰富多彩。每一件服装都有独立的品格，相互辉映，使舞台形象更加美观。三、严格的规范。戏曲舞台讲究"宁穿破，不穿错"。

一桌二椅

戏曲舞台上的演出用具，对剧情的地点和人物关系具有一定的表现或暗示作用。桌椅的摆列样式，主要有如下几种：

大座：桌在舞台正中，椅在桌子后面。又称"正场桌"、"内场椅"。皇帝临朝用黄色绣龙桌围椅披，设金色香炉；官员升堂用红色桌围椅披，设印盒、签筒等。桌围椅披和桌上陈设，依据剧情而有若干变化。

双大座：桌子摆法与大座相同，桌后设双椅。又称"内场双椅"。多用于老年夫妇接受儿女拜贺的宴庆场面。

大座跨椅：以大座为基础，在桌子两旁再各加一椅。如在大座一侧加椅，则称"大座单跨椅"。

斜场大座：大座斜设于舞台一侧，另一侧设其他演出用具。

八字桌：舞台两侧各设一大座。主要用于宾主宴会场面。

三堂桌：舞台正中和两侧各设一大座。用于宴会、会审等大场面。

骑马桌：舞台正中竖设一桌，两侧各设一椅。店房、书斋、卧室、船舱等不同场合均可运用，一般用来表现夫妻、兄弟、朋友等之间的亲近关系。

斜场骑马桌：骑马桌斜设于舞台一侧，另一侧配以其他演出用具。

小座：桌在舞台正中，椅在桌子前面。又称"正场椅"、"外场椅"。一人独坐，不需桌子时，多用小座。

八字跨椅：桌在舞台正中，两侧各设一椅。主要用于内厅议事、接待宾朋、家庭闲叙等场面。

八字椅：又称"外八字跨椅"，遇有大段唱做，需要演员靠近观众时，即采用此种摆法。如《铡美案》包拯劝陈世美的场面。

旁椅：在小座或八字跨椅的基础上，一侧或两侧所加之椅。多为辈分、职位低一等的人坐。

门椅：椅子设在台口，表示在门外或帐外。如《辕门斩子》中绑出帐外的杨宗保，即坐门椅。

站椅：剧中人物登高瞭望或表示神怪腾云驾雾时用。

倒椅：将椅子放倒，多用于非正常的临时坐处。

大高台：两桌相叠，上面设小帐。两桌之后又设一竖桌，桌上有椅子。桌旁再设一椅，供演员上下、表示将台等。

小高台：两桌前后并列，上设一椅。

桌旁又设一椅,供演员上下。表示楼船、将台、山坡等。

帅帐:舞台正中设大座,大座后设两椅,椅背朝外,椅上架设大帐。用于元帅升帐等场面。摆帅帐的大椅,一般为红缎金花,有的在帐额上绣"三军司令"四字。

楼帐:舞台正中架设大帐,帐后设桌椅,演员登高,即表示彩楼或绣楼。

床帐:舞台正中架设大帐,内设椅子。用于表现闺房、洞房。摆床帐、楼帐用的大帐,色彩很多,一般彩绣翎毛、花卉。

上述各种摆列样式,为长期演出过程中所积累,成为运用桌椅的基本程式。但在具体戏中,摆法也不是一成不变的。

检场

检场指的是在戏曲演出过程中,如果遇到换场需要更换道具时,由戏曲人物以外的工作人员上台搬换道具。它是介乎演员和道具之间的一种存在。

以前的舞台为突出的三面有观众的台子,演员上下场是从底幕两侧"挖"出的上下场门上下,而现在的舞台则变成了只有前面对着观众,舞台上有了两道幕,道具需要更换时可以拉上幕进行,所以检场也就取消了。

火彩

中国戏曲舞台上表现火焰、烟云各种特技的统称。

始于汉代百戏的"吞刀吐火",宋代傩戏和目连戏中广泛应用。明代戏曲演出中,火彩用于渲染鬼神,表现战争场面。

火彩主要有两类:演员口吐、检场人员施放,后者在川剧中叫撒粉火,通称撒火彩。花式甚多,如绕成大圈的叫月亮门,连接不断的叫连珠炮,劈空飞出的叫过梁,飞焰落入台口盆中以引燃盆内酒火的叫钓鱼等。

勾栏

勾栏,是宋元戏曲在城市中的主要表演场所,相当于现在的戏院。

在北宋时,由于市民阶级的不断扩大,他们文化娱乐的需要也日益提升,因而出现了"勾栏"。勾栏,可供艺人演出杂剧及讲史、诸宫调、傀儡戏、影戏、杂技等,可容纳观众数千人。勾栏的出现,对中国戏曲的形成,具有重要意义。在此,各种技艺之间可以互相交流、吸收。演出可以经常化、固定化。

畅音阁

畅音阁,全称故宫宁寿宫畅音阁大戏楼,为清宫内廷演戏楼,位于故宫博物院内养性殿东侧。乾隆三十七年(1772年)始建,乾隆四十一年(1776年)建成。

畅音阁三重檐,台基高1.2米,通高20.71米,总面积685.94平方米,卷棚歇山式顶,覆绿琉璃瓦、黄琉璃瓦剪边,一、二层檐覆黄琉璃瓦。阁面阔三间,进深三间,与南边五开间扮戏楼相接,平面呈凸字形。上层檐下悬"畅音阁"匾,中层檐下悬"导和怡泰"匾,下层檐下悬"壶天宣豫"匾。内有上中下三层戏台,上层称"福台",中层称"禄台",下层称"寿台"。

畅音阁为紫禁城中最大的一座戏台,与京西颐和园内的德和园大戏楼(仿畅音阁规制建造)、承德避暑山庄的清音阁大戏楼并称清代三大戏楼。

话剧

话剧指以对话为主的戏剧形式。话剧虽然可以使用少量音乐、歌唱等,但主要叙述手段为演员在台上无伴奏的对白或独白。

中国的话剧是向外国学来的。19世纪末，半殖民地半封建的中国迫切需要社会变革，具有民主进步思想的知识分子急切地寻求有助于社会变革的新的文艺武器，于是，在20世纪初，西方戏剧形式的舞台表演在上海出现了。这种以对话为主要手段的舞台剧在当时被称为新剧，后又统称文明戏。李叔同、欧阳予倩等人创办的春柳社于1907年春在东京演出了法国小仲马的名剧《茶花女》的第三幕，演出"全部用的是口语对话，没有朗诵，没有加唱，还设有独白、旁白"。不久他们又演出了根据斯托夫人的小说《汤姆叔叔的小屋》改编的话剧《黑奴吁天录》，在内容上很有现实性，采用分幕方法，以及对话的动作演绎故事的特点，有接近生活真实的舞台形象，确立了中国前所未有的新剧形态，即后来的话剧艺术形式。

世界十大古典悲剧

《普罗米修斯》——埃斯库罗斯（古希腊）

《俄狄浦斯王》——索福克勒斯（古希腊）

《美狄亚》——欧里比德斯（古希腊）

《奥赛罗》——莎士比亚（英国）

《万尼亚舅舅》——契诃夫（俄国）

《大雷雨》——奥斯特洛夫斯基（俄国）

《阴谋与爱情》——席勒（德国）

《哀格蒙特》——歌德（德国）

《安德洛玛刻》——拉辛（法国）

《熙德》——高乃依（法国）

世界十大古典喜剧

《鸟》——阿里斯托芬（古希腊）

《一仆二主》——哥尔多尼（意大利）

《威尼斯商人》——莎士比亚（英国）

《伪君子》——莫里哀（法国）

《贫穷与傲慢》——霍尔堡（丹麦）

《钦差大臣》——果戈理（俄国）

《破瓮记》——克莱斯特（德国）

《费加罗的婚礼》——博马舍（法国）

《造谣学校》——谢立丹（英国）

《温德米尔夫人的扇子》——王尔德（英国）

印度梵剧

梵剧即印度古典戏剧。印度进入奴隶社会的所谓"史诗时代"后，出现了民间夜神赛会时的戏剧性表演，是印度戏剧的正式萌芽。公元元年前后，印度古典戏剧步入成熟期。1～2世纪，佛教戏剧家马鸣创作的《舍利弗传》等剧本，标志着古典戏剧的成熟。约4～5世纪，印度古典戏剧的杰出作家迦梨陀娑创作了《摩罗维迦》、《广延天女》、《沙恭达罗》等剧本。其中《沙恭达罗》至今享誉世界。

印度古典戏剧，从题材上看，一是取材于史诗和传说故事，这类题材是印度古典戏剧的主要部分，如以描写宫廷生活为中心的《摩罗维迦》，在传说故事中融入新意的《沙恭达罗》。二是取材于现实生活，以刻画都市世态人情为主，如《小泥车》等。

音乐剧

音乐剧是由喜歌剧及轻歌剧演变而成的，是19世纪末起源于英国的一种歌剧体裁。

音乐剧熔戏剧、音乐、歌舞等于一炉，富于幽默情趣和喜剧色彩。

音乐剧中的幽默、讽刺、感伤、爱情、愤怒作为动人的组成部分，与剧情本身通过演员的语言、音乐和动作以及固定的演绎传

音乐剧《猫》的剧照

达给观众。因此很受大众的欢迎。著名的音乐剧有《俄克拉荷马》、《音乐之声》、《西区故事》、《悲惨世界》、《歌剧魅影》等。

歌剧

歌剧是将音乐、戏剧、文学、舞蹈、舞台美术等融为一体的综合性艺术，通常由咏叹调、宣叙调、重唱、合唱、序曲、间奏曲、舞蹈场面等组成。

早在 16 世纪末意大利的佛罗伦萨，一些受文艺复兴思想影响的、进步的知识分子如诗人里努契尼、歌唱家兼作曲家培里和卡契尼等，尝试综合音乐和戏剧的特点，模仿古希腊悲剧，创造出一种新的艺术形式，这就是歌剧。

中国歌剧可以说萌芽于 20 世纪 20 至 30 年代的儿童舞剧《麻雀与小孩》、《小小画家》（黎锦晖作曲），配乐剧《扬子江暴风雨》（聂耳作曲），它们都将歌曲与对白并重。

优剧

"优剧"在公元前 6 世纪兴盛于希腊的殖民地西西里岛以及南意大利，那时它还没有固定的形式与内容。它或许只是一个可供阅读的短篇，并没有表演，又或许只是一个即兴表演，并没有文字。当然，它也可以先是短篇，后又由人表演。假如有文字，它可以是散文或者诗；文字可以粗俗，也可以典雅。假如有表演，它可以只有一个人，也可以是多个人。总之，在没有确定其形式和内容之前，统而言之叫作"优剧"。

优剧传到希腊本土以后，内容仍是变化多端，说学逗唱、跳舞唱歌、表演短剧应有尽有。但不论表演什么，相对于戏剧，优剧有几个特点：它有女演员；有些演员是以演出为生的职业演员，所以他们到处巡回表演；有的演员不带狄奥尼索斯面具。这三点，在欧洲都开风气之先。至于表演的性质，主要是讽刺嘲弄，对象最初是神祇，后来是悲剧英雄，最后是当代的市井小民。内容不外调情说爱、嗜酒贪吃、嬉笑打斗、使诈行窃等。

哑剧

哑剧，顾名思义，是一种不说话的剧。从专业角度讲，哑剧是一种没有台词，只凭借形体动作和面部表情来表达情节的戏剧形式。哑剧表演通常是一些身体动作与手势的组合。虽然哑剧可以是一种想象的、情感的、故事性的沟通方式，但是哑剧所传达的内容不会超出文字可以传达的范围。哑剧并不用语言，而是用身体传达。哑剧的基本手段是形体动作，哑剧形体动作的准确性和节奏性不仅具有模仿性，还应富于内心的表现力和诗意。

早在公元前 3 世纪的罗马，哑剧表演已经开始出现。在英国和法国，许多大型戏剧演出之前，通常进行一些丑角的无声表演，也可以看作是哑剧的一种形式。现代意义上的哑剧源于法国表演大师德布洛，他创造了一个叫彼埃罗的人物形象，围绕彼埃罗，德布洛编演了一系列哑剧作品。著名哑剧表演艺术家有卓别林、马尔索、莫尔肖等。在当代哑剧表演中，既有独角戏，也有集体哑剧，哑剧演员在表演时大都勾画着白色脸谱。中国较早以前已有哑剧表演的片断，但作为一种独立的戏剧形式，则是 20 世纪 80 年代初才开始出现的。

马戏

马戏起源于古罗马竞技场。据记载，1768 年，以表演马术为业的英国退伍军官阿斯特利发现，借助于马转弯时产生的离心力，立在马背上表演不会摔倒。于是，他便开办了圆形跑马场，这便是近代马戏的开始。

马戏在中国的历史悠久。西汉桓宽的《盐铁论》中，就有"马戏斗虎"的记载。这一时期，马戏的伎艺之一叫作"骗"，"骗"字，《汉书》注称为"戏马之术"。到了宋代，马戏技艺更为成熟，表演技巧，精湛高超。就有引马、立马、骗马、跳马、倒立、拖马、飞仙膊马、镫里藏身、赶马等多种多样的马上功夫。

小丑

小丑表演艺术已经存在数千年的历史，约在公元前 2500 年的古埃及国第五朝代，就已经有身材矮小的小丑在宫廷内给法老王表演。

在 16 世纪，意大利的喜剧开始萌芽，不久之后，便在欧洲的剧场占据了领导地位。其中有 3 种典型的仆人喜剧角色：第一小丑、第二小丑及空想小丑。第一小丑是男仆人，是个聪明、捣蛋、不诚实的人；第二小丑是愚蠢的男仆人，他经常被第一小丑戏弄，而成为恶作剧的牺牲品；空想小丑是柔弱的女仆人，她是在故事中参与和分享那些诡计的成果及提供浪漫的人。

体育娱乐篇

武术

中国武术源远流长、种类繁多。"武术"一词最早见于南朝。梁昭明太子萧统《文选》第二十卷中有《皇太子释尊会作诗一首》，诗中说："国尚师立，家崇儒门……僵闭武术，阐扬文令。"这时的武术泛指军事技术。"武术"一词的普遍使用，则是辛亥革命前后的事情。1911年，青岛出现了"武术传教所"。1919年，山东教育界创办了"武术传习所"。1923年4月，上海举办了"全国武术运动大会"。人们常说的十八般武艺，主要是指武术中常见的一些长短兵器，一般包括刀、枪、棍、剑、棒、戟、斧、锤、矛叉、鞭、锏、槊、镗、铲、环、拐、钺、戈等。

1956年，中国国家体委把武术正式列为比赛项目。

十八般武艺

"十八般武艺"始见于南宋华岳编的兵书《翠微北征录》，华岳曾中过武状元。此书编成于南宋嘉定元年（1208年）：他在书中自称"臣闻"，可见"十八般武艺"的说法实际上还要早。

明万历年间，谢肇淛在《五杂俎》中记载，十八般武艺为：一弓、二弩、三枪、四刀、五剑，六矛、七盾、八斧、九钺、十戟、十一鞭、十二锏、十三槌、十四殳、十五叉、十六耙头、十七绵绳套索、十八白打（徒手打拳）。

"十八般武艺"也是中国古代各种兵器的通称。有些史料按照九长九短分类。九长为：枪、戟、棍、钺、叉、镗、钩、槊、环；九短为剑、刀、鞭、锏、钩、斧、锤、拐、杵。

气功

气功是一项极具中华民族传统文化色彩的体育锻炼形式，已产生了 5000 余年。

从有关文字典籍查考，生活于 4300 多年前的著名养生家和寿星彭祖就开始了传授养性之道和食疗之道，这便是气功的雏形。

在古代，气功的名称是吐纳、导引、内功或静功，等等，是古人用于修身养性、祛病延年的重要手段。中国最早的一部医书《黄帝内经》中记载："虚邪之风，避之有时，恬淡虚无，其气从之，精神内守，病安从来？"这简明扼要地说明了气功修炼的要领以及作用。

太极拳

"太极"一词源自《周易·系辞》："易有太极，是生两仪。"含有至高、至极、绝对、唯一之意。太极拳，早期曾被称为"长拳"、

"棉圈"、"十三势"、"软手"。清朝乾隆年间，山西人王宗岳著《太极拳论》，才确定了太极拳的名称。

太极拳综合吸收了明代名家拳法，并结合了古代导引、吐纳气功之术和中医经络学说，以及古代朴素辩证唯物主义的阴阳五行学说，以道教、太极八卦等理论为太极拳的哲学基础，赋予了太极拳丰富的中国传统文化和传统哲学思想。太极拳动作衔接紧密，劲断意不断，势断意相连。

五禽戏

五禽戏是模仿虎、鹿、熊、猿、鸟5种动物的动作和神态来进行健身的一种方法，为汉末医学家华佗所倡导。据《三国志·华佗传》记载："人体欲得劳动，但不当使极尔。动摇则谷气得消，血脉流通，病不得生，譬犹户枢不朽是也。是以古之仙者为导引之事，熊颈鸱顾，引腰体，动诸关节，以求难老。吾有一术，名五禽之戏，一曰虎，二曰鹿，三曰熊，四曰猿，五曰鸟，亦以除疾，并利蹄足，以当导引。体中不快，起作一禽之戏，沾濡汗出，因上着粉，身体轻便，腹中欲食。普施行之，年九个余。耳目聪明，齿牙完坚。"

六博

"六博"，又称"陆博"，可以看作是象棋的前身，因为每人6枚棋子而得名。六博在棋盘和棋子之外还有箸，相当于后来的骰子，在行棋之前使用，因而六博的胜负具有很大的偶然性。六枚棋子为：枭、卢、雉、犊、塞（2枚），"枭"之外的5枚又统称为"散"，玩法就是以杀枭为胜，枭也就相当于后来象棋中的将或帅。六博在春秋时期即已出现，在此后相当长的时期都非常盛行，后来六博发生分化，一支发展为后来的象棋，另一支则演变为赌博的手段，原初形式的六博在宋代之后就基本消失了。

投壶

投壶是古时士大夫阶层在宴饮时所进行的一项游戏。春秋时期，诸侯宴请宾客的礼仪之一是请客人在席上射箭，因为当时射箭为六艺之一，为士人必备的技能，但也有一些客人射艺不佳，于是就采用以箭投酒壶的方式来代替，逐渐成为一种风习，投壶代替了射箭而成为宴饮之间的一种游戏。秦汉之后，"雅歌投壶"几乎是士人们会宴之时的必有项目，并且产生了许多较为复杂的形式，游戏的难度有所增加，同时趣味性也变得更强。宋代司马光在专著《投壶新格》中详细记载了游戏的各个方面，包括壶具的尺寸、投矢的名目和计分方法等。然而在宋代之后，投壶渐趋衰落，不复盛行。

围棋

围棋是一种双方各执黑白棋子进行对弈以最终占地面积大小来定胜负的游戏。战国时期赵国史官编写的《世本》称"尧造围棋"，晋代张华在《博物志》中说"或曰舜以子商均愚，故作围棋以教之"，反映围棋起源之早。至少在春秋时期，围棋已经很为流行。关于围棋的最早确切记载见于《左传·襄公二十五年》："今宁子视君不如弈棋，其何以免乎？弈者举棋不定，不胜其耦。而况置君而弗定乎？必不免矣。九世之卿族，一举而灭之。可哀也哉！"公元前559年，卫国的国君献公被大夫宁殖等人驱逐出国，后来，宁殖的儿子又答应把卫献公迎回来，文子听说后感叹宁氏的做法反复无常，预言他们的灾祸将要不远了。"举棋不定"这一成语也就是由此而来。其后围棋在发展的过程中又经过了较大改进，三国时期魏邯郸淳在《艺经》上说，魏晋及其以前的"棋局纵横十七道，合二百八十九道，白、黑棋子各一百五十枚"，而在甘肃敦煌莫高窟石室中发现的南北朝时期的《棋经》载明当时的棋局是"三百六十一道，仿周天之度数"，这与现代围棋的格制是完全相同的。唐玄宗时设立了"棋待诏"制度，就是为翰林院中的专业棋手赋予官职，提高了棋人的地位，扩大了围棋的影响。明清两代则是围棋发展的高峰，名家辈出，并且形成不同的流派，这种兴盛的局面直到清末因国势衰弱而被截断。

射覆

"射覆"，是古时《易经》占卜的学习者所玩的一种卜测性质的游戏。"射"是猜度之意，"覆"是覆盖之意，"射覆"的直义就是猜测被遮藏的为何物。游戏的时候，覆者用盆碗杯盂等器皿覆盖某一物件，射者通过占筮的途径来进行猜度。覆盖的一般都是生活中常见的物品，有时也写下一个字来让人卜测。汉代的东方朔就是一位射覆大家，晋代的郭璞、梁元帝萧绎、唐代的李淳风、宋代的邵雍等也都是史上有载的一流高手。射覆在古代是一项十分流行的游戏，在诗词典籍中多有所见，如李商隐《无题》诗中写道："隔座送钩春酒暖，分曹射覆蜡灯红。"《红楼梦》第六十二回中对宝玉、宝钗、探春、香菱等进行的射覆游戏更是描写得非常详细。射覆需要运用到非常玄妙的易学知识，蕴

涵着全息理论的奥义，但也表现出通常思维所不可理解的一面。

中国象棋

中国象棋，在战国时代已经成为贵族阶层所流行的一种游戏。《楚辞·招魂》曰："蔽象棋，有六薄些。"王逸注云："言宴乐既毕，乃设六，以蔽作箸，象牙为棋，丽而且好也。"这里讲的是先秦时期的象棋，当时称作"六博"，棋制由棋、箸、局等三种器具组成。局，就是棋盘；箸，相当于骰子，每次行棋之前进行投掷；棋是棋子，用象牙雕刻而成，每方 6 子，分别为枭、卢、雉、犊、塞（2 枚）。象棋是模仿当时的兵制而设计的，象棋游戏也具有军事训练的意义。后来象棋取消了投箸，也就是说不再存有侥幸的成分，而全凭实力和智谋取胜。此后秦汉及至隋唐象棋在流传过程中不断地得到改进，最后定型于北宋末年，即当代的象棋样式：双方各 16 枚棋子，分别为将（帅）一个，车、马、炮、象（相）、士（仕）各两个，卒（兵）五个。南宋时期，象棋变得家喻户晓，十分盛行，还出现了洪迈的《棋经论》、叶茂卿的《象棋神机集》等多种象棋专著，象棋由此成为一门独立的学问。

百戏

"百戏"一词产生于汉代，是当时各种民间表演艺术的泛称。据宋代类书《事物纪原》卷九"百戏"引《汉元帝纂要》："百戏起于秦汉曼衍之戏，后乃有高、吞刀、履火、寻等也。"这里的"曼衍之戏"指的是一种由人装扮成巨兽的舞蹈，"高"就是走钢丝，而"寻"是一个人手持或头顶长竿，另有数人缘竿而上的表演。"百

戏"原本涵盖广泛,包括各种乐舞、说唱、戏耍等,而宋代之后则习惯上将"百戏"仅用于称呼杂技一类的表演。

角牴

角牴,又称角抵,是两人相抵以较量力气的一种运动。《汉书·刑法志》记载:"春秋之后,灭弱吞小,并为战国,稍增讲武之礼,以为戏乐,用相夸视。而秦更名角抵,先王之礼没于乐中矣。"这段话表明,角在战国时期已经兴起,秦代的时候更名为角抵。实际上,角的由来是相当久远的,司马迁在《史记·黄帝本记》中说:"蚩尤氏头有角,与黄帝斗,以角抵人,今冀州为蚩尤戏。"按这种说法,角是从黄帝战蚩尤的时候流传下来的。到了晋代,角又称为"争交"。南宋吴自牧在《梦粱录·角抵》中介绍:"角抵者,相扑之异名也,又谓之争交。"相扑是角在南北朝时期又起的名字,这项运动在唐代时传入日本,并发展成为在日本非常受欢迎的体育项目。当然,现代日本的相扑与中国古代的角运动是有着较大差异的。其实,角早期的涵盖是很丰富的,到宋代之后才变为专指相扑一类的摔跤活动。

蹴鞠

蹴鞠,是中国古代的一种球类运动。关于蹴鞠的最早记录见于《史记·苏秦列传》:"临苗甚富而实,其民无不吹竽、鼓瑟、蹋鞠者。""蹋鞠"也就是蹴鞠,又名"蹴球"、"蹴圆"、"筑球"、"踢圆"等,说的都是用脚踢球的意思。蹴鞠是一项古老的体育运动,起源于齐国都城临淄,齐宣王在位时期(前319~前310年)已经很为盛行。秦代,蹴鞠运动一度沉寂,进入汉代又复兴盛,并被视为"治国习武"之道,在军队和宫廷之中十分流行,使得蹴鞠由一种下层人民的运动提升为一种贵族运动。汉代还出现了研究这项运动的专著——《蹴鞠二十五篇》,这也是中国和世界上最早的一部体育著作,可惜已经失传。到了唐代,蹴鞠的制作艺术和运动技术都有了很大的改进,球变得更圆、更轻,而充气技术也是世界上最早的发明。唐代分队比赛,由原来的直接对抗转为间接对抗,中间隔着球门,双方各在一侧,以射门数多者为胜,并且还出现了女子蹴鞠,女子蹴鞠不射门,而以踢球的技法显胜,这被称为"白打"。及至宋代,蹴鞠变得更加兴盛,上海博物馆藏一幅《宋太祖蹴鞠图》,描绘的就是当时皇帝亲身从事蹴鞠运动的情景。《文献通考》记载:"宋女弟子队一百五十三人,衣四色,绣罗宽衫,系锦带,踢绣球,球不离足,足不离球,华庭观赏,万人瞻仰。"这时,球技已经发展出成套的花样动作,擅长者可调用头、肩、背、胸、膝、腿、脚等身体的各个部位,使"球终日不坠"。《水浒传》中记述的因擅长踢球而发迹的高俅就是当时蹴鞠盛行的一个鲜明的例证。在球的制作方面,宋代又有了进一步的发展,"密砌缝成,不露线角",做成的球要"正重十二两","碎凑十分圆",由此可见制球工艺已经非常精湛。清代开始,蹴鞠运动变得冷落,近代西方足球传入,蹴鞠作为一种社会流行的体育运动就被现代足球所取代了。

骑射

骑射,即骑在马上射击,最初是一种军事技能,后来也作为一项独立的体育活动。中国古代早期,马只用来驾车,并不用来骑乘，直到周赧王八年（公元前307年），赵武灵王实行军事改革，令军民着胡服，学骑射，中原地区才有了骑马的风俗。在此之前，中原各国的军队编制是步兵与战车相配合，而胡人则已有骑兵队伍，在交战的过程中，虽然中原军队的武器更为先进，但是灵活性却不如胡军，加之身着长袍，行动起来更不方便，这常常导致作战失利，于是赵武灵王决心改易服装，建立骑兵。后代历朝也都建有骑射部队，至于辽、金、元等游牧民族所建立的朝代更是以骑兵立国，骑射是一项看家本领。清朝前期，骑马和射击被看作是生活必备的技能，连同妇女和儿童也普遍善于骑射，骑射成为民族兴盛的一项标志，满族人也深以此为豪，努尔哈赤和皇太极皆被誉为"马上皇帝"。后来战事平息，骑射则主要作为一项体育运动而存在。清末唐晏在《天咫偶闻》中说："国家创业，以弧矢威天下，故八旗以骑射为本务，而士夫家居亦以射为娱。家有射圃，良朋三五，约期为会。其射之法不一。"从这段记述中可以看出骑射对于八旗子弟的重要性，同时也展现出当时骑射风气的盛行。

马球

马球，又称"击鞠"或者"击球"，是一种骑在马背上用长柄球槌拍击木球的运动。相传马球在唐初由波斯（今伊朗）传入，初时称为"波罗球"。也有人认为中国更早的时候就已经有了马球，如曹植《名都篇》中"连骑击鞠壤，巧捷推万端"的句子描写的就是马球运动。有可能是中国原来的击鞠运动后来参照波斯的马球进行了一定的改造，而后打马球开始为人们所普遍注意。但是马球运动由于需求条件的特殊，所以只在宫廷和军队中流行。唐代是马球运动最盛的时期，据文献记载，唐朝的中宗、玄宗、穆宗、敬宗、宣宗、僖宗、昭宗等多个皇帝都是马球爱好者，不仅对这项运动予以积极的提倡，并且也亲身参与其中。唐玄宗于天宝六载（747年）还专门颁诏将马球作为军队的训练课目之一。陕西西乾县出土的唐章怀太子李贤墓中的打马球壁画充分地表现了唐代马球运动的场景。画面上击球者有20余人，皆着各色窄袖袍，足登黑靴，头戴幞头，手执偃月形球杖，身骑奔马，做出竞争击球的各种姿态，非常逼真，这为人们了解古代打马球的情形提供了生动的直观认识。

豆叶戏

豆叶戏，又叫"掉城戏"，是明神宗朱翊钧（即万历皇帝）所发明的。万历皇帝奢华淫逸而不事政务，在宫中与宫女和太监们纵情享乐，琢磨出了一种具有赌博性质的游戏。游戏的玩法非常简单，分为小规模和大规模两种。小规模的玩法是：用色罗一方，界成井字形的九营，中间的一营为上营，四方的四营为中营，四角的四营为下营，玩的时候，宫女用银钱或者小银珠投掷，落在上营赏银9两，落在中营赏银6两，落在下营赏银3两，双抛双赏，落在营外和压着井字，则均罚银6两。大规模的玩法是：在御前十步开外，界画出一座方城，城内用数个十字分成8个部分，即方城八城，每座城中分别写上银3两至10两不等，玩的时候，太监用银豆叶（即豆叶大的银子）或者八宝（即8种表示吉瑞的佛教物品）唱着投掷，落在某城就照数赏赐，落在城外或者压着界线，则收其所掷银豆叶或八宝。因为游戏以掉城决定赏罚，所以又得名"掉城戏"。当时后金已经在东北崛起，明朝的关外城池开始失陷，人们于是认为"掉城戏"是不吉利的，因此这项游戏也就迅速地消失于历史的尘影之中了。

踏青

踏青，又叫春游，指的是在清明前后芳草始生、杨柳泛绿的好春时节到郊野去游览的出行活动。踏青的习俗由来已久，至迟在魏晋时期已经成为社会上盛行的风气，而到唐宋年间更是极盛。"三月三日天气新，长安水边多丽人……"杜甫的这首《丽人行》所描写的就是当年长安踏青的盛况。在古代，三月三日称为上巳日，因王羲之的集序和书法而颇为传颂的兰亭集会实际就是在上巳日举行的一种踏青活动，这一风俗流传到唐代，长安的仕女在这一天汇集到城南的曲江游玩踏青，为一时之盛容。在游赏春光之外，荡秋千和放风筝是踏青时节最为主要的两项活动。李清照在一首《点绛唇》中写道："蹴罢秋千，起来慵整纤纤手。露浓花瘦，薄汗轻衣透。"这描写的就是荡秋千之后所给人带来的快意感受。而清代诗人潘荣陛的一首《北京竹枝词》则对清明时节的风筝活动进行了精彩的描绘："风鸢放出万人看，千丈麻绳系竹竿。天下太平新样巧，一行习上碧云端。"千百年来，虽然在不同的时代具体的活动内容有所变化，但是踏青这一习俗却一路流传下来，当今依然为人所喜爱。

冰戏

冰戏，亦称"冰嬉"，是各种冰上体育活动的泛称，包括跑冰、花样滑冰、冰上执球与踢球以及冰上杂戏等，是北方人民在寒冷的冬季中一项重要的娱乐活动。

冰戏在宋代的时候已经流行，到明代更成为宫廷的体育活动，而在清代最盛。满族由于生活在冬季严寒而漫长的东北地区，所以冰戏更成为生活中的重要内容，并且不仅仅是一种娱乐活动，同时还是一项重要的军事训练。按清代的习俗，皇帝每年在冬至到三九的这一段时间都要在太液池（即当今的北京之三海）校阅八旗溜冰，同时观看冰戏表演。表演的兵丁分为两翼，每翼头目 12 名，穿红黄马褂，其余的人穿红黄齐肩褂，射球兵丁 160 名，幼童 40 名，也都穿马褂，背插小旗，按八旗各色，依次走冰，然后对优胜者给予奖励。除了一般的溜冰之外，还有冰上射箭、打球、单人表演、双人表演等项目，内容非常丰富。其中的单人和双人表演与现在的花样滑冰有相似之处，当时的冰上单人和双人表演不仅技术高，形式也很多，有金鸡独立、蜻蜓点水、紫燕穿波、凤凰展翅、哪吒探海、双燕飞、朝天蹬等多种花样。此外，还有冰上舞龙、舞狮、跑旱船等集体表演。这种隆重的冰戏表演在当时堪称为一件盛事。

看社戏

古代诗人陆游在《稽山行》中曾写道："空巷看竞渡，倒社观戏场。"在以前，各社各村都有定期演戏的习俗，民间称为"年规戏"，也就是鲁迅先生所说的社戏。以前，每个乡镇村落都有社庙。各地都有民约规定，春秋两季要祭社，后来发展为采用演戏来祭社，这就是年规戏的渊源。

社戏作为一种流行于绍兴地区的传统民间娱乐风俗，源于该地农村春秋两季祭祀社神（土地神）的习俗。先时，春社为祈求五谷丰登，秋社为庆贺一年丰收，后发展为以演戏酬神祈福，进而沿袭为民间

社戏

文化娱乐活动。

绍兴演社戏的风俗在南宋时已经盛行，到清末仍非常流行。鲁迅先生小时在家乡酷爱看社戏，在《社戏》、《无常》、《女吊》等名作中，我们都看到他对社戏多加赞扬，称它为"很好的戏"。社戏一般在庙台或临时搭建的草台上演出。古时的庙台有两种：一种是建于庙宇大殿前的天井内；另一种是筑于庙门的水上舞台，也叫"水台"，观众可坐在船上看戏。一些乡村还流行邀请亲友看社戏的习俗。每当此时，各家各户杀猪宰羊，制备酒肴，用来款待宾客。

社戏剧目一般来说可分为 3 部分：彩头戏、突头戏和大戏。彩头戏，也称"口彩戏"，主要为恭祝发财、晋官的吉利戏剧。突头戏，当地称"骨子毁"，是为正戏作铺垫的戏剧。其剧目情节曲折，有较高的艺术性，著名剧目有《龙虎斗》、《英列传》、《双龙会》等折子戏。大戏即正戏，绍兴人也称"平安大戏"，傍晚时开始演出。著名的大戏有《双核桃》、《倭袍》、《双龙会》等。演出中，根据剧情的发展需要，还会插演一些《男吊》、《女吊》、《跳无常》等鬼戏。现在，在岁末农闲或重大节日期间，绍兴乡村还会请剧团进村演戏，不乏社戏之遗风。

荡秋千

荡秋千是中国古代清明节的一种习俗，也是妇女十分喜欢的一种传统游戏。秋千，古字两字均有"革"字旁，千字还带走字，意思是揪着皮绳而迁移。它的历史很古老，最早叫千秋，后为了避忌讳，改为秋千。古时的秋千多用树桠枝为架，再拴上彩带做成，后来逐步发展为用两根绳索加上踏板的秋千。到了唐宋时代，秋千成为专供妇女玩耍的游戏。一些地方还认为，荡秋千能祛除疾病。这也许就是荡秋千能世代相传、经久不衰的原因之一。

荡秋千是中国各族人民普遍喜爱的一种民间体育运动，尤其受朝鲜族妇女的喜爱。每逢节日聚会，人们便会看到成群结队的朝鲜族妇女，聚集在参天的大树下，或高耸的秋千架旁。身穿鲜艳民族服装的朝鲜族妇女，在人们的欢呼、叫好声中荡起了秋千，她们一会儿腾空而起，一会儿俯冲而下，尽情地欢乐，长长的裙子随风飘舞，大有腾云驾雾之感。

荡秋千的方法通常有 3 种，一种是单人荡，单人荡需要很高的技巧和力量。有的荡得很高，有的甚至能绕梁一转，显示了艺高人胆大；第二种是双人荡，两人面对面站在秋千上，一人使劲一人牵引，讲究两人的配合，尽管重量加大了，也能荡得很高，有时能与横梁比高，荡幅达到 180 度，但很难越过横梁作 360 度旋转；第三种是大人带小孩荡，一边念着"荡一荡，除百病，岁岁得平安"的歌谣。

在中国封建社会里，妇女们深受封建礼教的束缚，长期大门不出，二门不迈，很少有机会与外界接触。在清明前后、春回大地的大好时光，妇女们便趁走出户外之机，以荡秋千舒展身子，同时也得到精神的解放和放松。荡秋千作为一种娱乐活动，因为其运动量小，时间可以自由支配而深受妇女儿童的喜爱。

斗鸡

斗鸡比世界上其他动物"斗"的历史要长得多，在春秋战国时期就已经十分盛行。

斗鸡的民俗游戏，大多从清明开始，斗到夏至休止。中国最早的斗鸡纪录，见于《左传》："季之斗鸡，季氏介其鸡，氏为之金巨。"唐朝是斗鸡活动最昌盛的时代，不只是民间设斗场，捧鸡而斗，就是皇帝也要斗鸡。据唐代《东城父老传》记，李隆基即位前就好斗鸡。在那时，斗鸡之戏是清明节俗的一项重要内容。李隆基当上皇帝后，在宫内建鸡坊，"索长安雄鸡，金毫、铁距、高冠、昂尾千数，养于坊中"，并有500人专司驯鸡。结果上行下效，有钱的倾家荡产买鸡，没钱的就以假鸡为戏。在长安有个名叫贾昌的少年，驯鸡有一套办法，博得玄宗欢心，一下子就荣华富贵，成了闻名天下的"神鸡童"。

唐代斗鸡驯鸡发达，社会却为此付出了世风靡废的巨大代价。斗鸡使人如痴如狂，也使一些"斗鸡小儿"恃宠骄横，不可一世。李白在《古风》诗中有云："路逢斗鸡者，冠盖何辉赫。鼻息干虹霓，行人皆怵惕。"

明朝的斗鸡之风与唐朝不分上下，当时还有一种专门研究和举办斗鸡活动的民间组织，叫作"斗鸡社"。在明代，泰山是斗鸡的重要场所之一，每逢泰山庙会，前来斗鸡的人都络绎不绝，观看捧场的人更是数不胜数。

直到今天，斗鸡活动在山东、河南等地依然十分流行。

斗蛐蛐

斗蛐蛐是中国民间的一项重要民俗活动，而且颇具"民族特色"。因为除中国或华人聚集的地区外，尚未听说其他民族亦有如此嗜好。从古至今，自宫廷到民间，爱好斗蛐蛐的人数不胜数，以致历史上竟出了几个有名的"蛐蛐宰相"、"蛐蛐皇帝"、"蛐蛐相公"；至于民间的"蛐蛐迷"们，就更难以计数了。

斗蛐蛐究竟始于何时，已经无法考证了。人们是怎样发现蛐蛐善斗并使之成为一种历久不衰的民间游戏呢？有一种说法是这样的，说宫女们或民间小儿在捕捉蛐蛐，放在笼中畜养以解闷的过程中，发现两只蛐蛐放在同一只笼中，就会出现视如仇敌般的争斗，于是开始有意识地引逗，从中取乐。

还有一种可能，说斗蛐蛐是在斗鸡、斗鹌鹑的启发下而出现的。既然皇帝酷好斗鸡，达官贵人也趋之若鹜，又有因斗鸡而得宠的人，就难免会勾起某些"有心人"的嗜利之欲，他们便在其他禽虫中进行试验，结果发现蛐蛐的斗性最强，其场面一点儿也不亚于斗鸡，于是将蛐蛐精心畜养起来，或做贡品以邀宠，或留做自己闲时玩赏。此举逐渐传布开来，斗蛐蛐便发展为一项民间游戏，并且一直保存至今。

斗蛐蛐这一游戏之所以普及得特别快，原因首先在于它本身具有极强的娱乐性。另外，玩斗蛐蛐十分简便易行，既无需多大的财资，又不甚劳神费力，只要从野地里捉来稍加调养，便可决一雌雄。

除此之外，斗蛐蛐的盛行还有一个刺激性因素，那就是赌博。唐代的赌风极盛，斗蛐蛐最初只是一种纯娱乐性的游戏，并没有用于赌博。但很快人们发现用斗蟋蟀进行赌博更方便，同时也更具刺激性。由于金钱因素的加入，斗蟋蟀活动以更快的速度普及发展，至宋代就已经达到相当规模了。

放风筝

风筝起源于中国，至今已有 2000 余年的历史。在古代，风筝又叫作"纸鸢"或者"鹞子"，被称为人类最早的飞行器。相传春秋时期，著名的建筑工匠鲁班曾制木鸢飞上天空。后来，以纸代木，称为"纸鸢"；汉代起，人们开始将其用于测量和传递消息；唐代时，风筝传入朝鲜、日本等周边国家；到五代时期，又在纸鸢上系以竹哨，风入竹哨，声如筝鸣，因此又称"风筝"。至宋代，放风筝逐渐成为一种民间娱乐游戏。

历代放风筝的时间均有较强的节令性，原因在于自然季节、气候对放风筝有较强的约束力。宋朝以后，春季放风筝已成定例。清明节前后，城镇居民，多于城外空旷处放风筝。宋人高承《事物纪原》中把纸鸢列入"岁时风俗类"，即可说明风筝已有了明确的节令性。清代，仍盛行春季放风筝。清人李声振在《百戏竹枝词》中说："百丈游丝放纸鸢，芳郊三女禁烟前。"与北方风俗所不同，南方各地常有秋季放风筝的习惯，福建省内即多取九月初九重阳节放风筝，清末风俗画家吴友如先生在《纸鸢遣兴》图中题道："闽中风俗，重阳日，都人士女每在乌石山、于山、屏山上，竞放风筝为乐。"

明清两代的文人士子、庶民百姓都十分喜爱风筝，但是封建帝王却不许百姓在城里放风筝。原因是这样的：古代传说韩信曾利用放风筝测量未央宫远近，企图开凿地隧道进入宫廷造反起事。明清两代帝王竟引为前鉴，生怕再发生类似的事情，因此明令禁止在城内放风筝。

在古代，人们还把放风筝与去晦气联系在一起。古人认为，放风筝可清目、泻内热，如果某人有灾，就将姓名写在风筝上，放至空中后，剪断引线，使其任意飞远，灾难也就可以随之消失。

赛龙舟

赛龙舟，又称"赛龙船"或"龙舟竞渡"，是中国传统节日端午节的主要习俗，也是深受人们喜爱的水上竞赛性娱乐活动，在江苏、浙江、湖南、湖北、福建、云南、贵州等地最为盛行。相传赛龙舟起源于对屈原的纪念：古时楚国人由于舍不得贤臣屈原投江死去，许多人划船追赶拯救。他们争先恐后，追至洞庭湖时不见踪迹，之后每年五月五日人们都要划龙舟以纪念屈原，借划龙舟驱散江中之鱼，以免鱼吃掉屈原的身体。

后来，赛龙舟除纪念屈原之外，在各地人们还赋予了不同的寓意。

江浙地区划龙舟，兼有纪念当地出生的近代女民主革命家秋瑾的意义。贵州苗族人民在农历五月二十五至二十八举行"龙船节"，以庆祝插秧胜利和预祝五谷丰登。云南傣族同胞则在泼水节赛龙舟，纪念古代英雄岩红窝。不同民族、不同地区，划龙舟的传说有所不同。直到今天，在南方的不少临江河湖海的地区，每年端午节都要举行富有自己特色的龙舟竞赛活动。

清乾隆二十九年（1736 年），台湾开始举行龙舟竞渡。直到现在，台湾每年五月五日都举行龙舟竞赛。此外，划龙舟也先后传入日本、越南等及英国。1980 年，赛龙舟被列入中国国家体育比赛项目，并每年举行"屈原杯"龙舟赛。

鸣虫

鸣虫，指能够发出鸣声的、可供人赏玩的昆虫，类别多达近百种，常见的有蝈蝈、小黄铃、大黄铃、马铃、竹铃、金钟、纺织娘、墨铃、石铃、蟋蟀、花镜、铁弹子，等等。养玩鸣虫有着悠久的历史，自唐代就开始盛行，而明清两代更是臻于鼎盛，形成了颇为可观的"鸣虫文化"，在虫的种类、大小、颜色、鸣声、养虫的食物、温度、器材、虫的繁殖、习性等各个方面都十分讲究。鸣虫之所以受到人们的喜爱，主要原因在于鸣声的特性，据行家称，虫鸣可以表现出喜叫、怒叫、哀叫、乐叫、呼叫、爱叫、吟叫等多种情感，能够传达呼偶、求爱、繁殖、警戒、自卫、争斗、对敌、群聚、迁徙等各种需求信号。虫家们因为能够领略虫的美妙的鸣声而陶醉，也因为能够分辨虫的语言而倍感欣慰。另外，一些鸣虫不仅可供聆听，还可向人们展现其不凡的"武技"，最常见的就是斗蛐蛐儿，玩家成百上千地聚到一起，纷纷展示各自的爱虫，看一个个威武的"将军"奋勇厮杀，堪称一场颇为壮观的"武林盛会"。

消寒

消寒是古代文人雅士之间进行聚会、宴饮的一种习俗。北方天寒，冬至"入九"之后，同僚和挚友们每逢"九"日即相互邀请，举办不同规模的雅聚，人数必取"明九"或"暗九"（即9的倍数，如18、27等），大家坐在火炉旁用餐和饮酒的同时，进行吟诗作画，而酒令、餐品和诗画也都要与"9"有关，消解寒气的同时更兼遣性娱情，堪称苦寒时节的一大乐事。

奥运会

公元前776年，希腊人规定每4年在奥林匹亚举办一次运动会。同年，第一届奥运会举行，多利亚人克洛斯在短跑比赛中取得冠军。他成为国际奥林匹克运动会荣获第一个项目的桂冠的第一个人。后来，古希腊运动会成为显示民族精神的盛会。从公元前776年开始，到394年止，历经1170年，共举行了293届古代奥林匹克运动会。394年，奥运会被罗马皇帝禁止。

1875年至1881年，德国人库蒂乌斯在奥林匹克遗址发掘了出土文物，引起了全世界的兴趣。法国教育家皮埃尔·德·顾拜旦认为，恢复古希腊奥运会的传统，对促进国际体育运动的发展有着重大的意义。在他的倡导下，1894年6月，在巴黎举行了首次国际体育大会。国际体育大会决定把世界性的综合体育运动会叫作奥林匹克运动会，并于1896年4月在希腊首都雅典举行第一届现代奥运会，以后每4年一次。到2008年，已经举行了29届奥运会。

奥林匹克运动会圣火

圣火起源于古希腊神话传说。古希腊神普罗米修斯为解救饥寒交迫的人类，瞒着宙斯偷取火种带到人间，火一到人间就再也收不回去。宙斯只好规定在燃起圣火之前，必须向他祭祀。根据这个神话，古奥运会在开幕前必须举行隆重的点火仪式。

现代奥林匹克运动恢复后，顾拜旦提出了点燃奥林匹克圣火的建议。1928年的阿姆斯特丹奥运会上，奥运圣火首次出现。自1936年起，奥林匹克圣火首先于奥运会的故乡希腊奥林匹亚被点燃，然后火炬以接力形式传到主办国，并于奥运会开幕前一天被送达举办城市，开幕式时进入会场，一般由东道国著名运动员点燃塔上焰火，直到闭幕时熄灭。奥运会圣火象征着光明、团结、友谊、和平、正义。

冬季奥运会

20 世纪初，冰雪运动已在欧美一些国家广泛开展。1908 年伦敦奥运会首次列入了花样滑冰比赛，受到了成千上万的冰雪爱好者的欢迎。由于冰雪运动项目的日益增多，1921 年国际业余田径联合会布拉格会议期间，由挪威、瑞典、法国、加拿大等国代表提出了举办冬季奥运会的方案。在 1922 年国际奥委会巴黎会议上，决定在 1924 年第 8 届奥运会前举行这类比赛，当时称为"第 8 届奥林匹亚德体育周"，在法国夏蒙尼举行。这就是首届冬季奥运会。

亚运会

亚运会全称亚洲运动会，是国际奥委会所承认的地区性大型综合运动会，由亚洲奥林匹克理事会（亚奥理事会）主办。它不仅是亚洲地区规模最大、水平最高的综合性运动会，同时也代表了整个亚洲的体育运动水平。亚运会的前身是远东运动会和西亚运动会。每 4 年一届，与奥运会相间举行，会期 16 天。第 1 届亚洲运动会原定于 1949 年 2 月在印度新德里召开，因故延至 1951 年举行，至 2010 年共举行了 16 届。

亚洲运动会比赛项目大都为奥林匹克运动会项目，但不像奥运会有严格的规定，东道国可根据自身的条件和运动技术水平适当增选。

马拉松

"马拉松"其实是一个平原的名字。公元前 490 年，波斯欲吞并希腊，希腊士兵奋勇抗敌，最后在马拉松平原击败波斯侵略者。传令兵菲力彼得斯抛掉盾牌跑了 40 多公里回到雅典，传达了他们胜利的消息之后，便倒地牺牲了。为了纪念马拉松战役及菲力彼得斯的英雄事迹，第一届的奥林匹克运动会举办了马拉松长跑比赛，把当年菲力彼得斯送信跑的里程——42.195 公里作为赛跑的距离。

跆拳道

跆拳道是由中国武术流传演化而来的，较普遍流行于朝鲜、韩国民间的一项技击术，是一项运用手脚技术进行格斗的民族传统的体育项目。它由品势（特尔）、搏击、功力检验 3 部分内容组成。

1973 年 5 月，世界跆拳道联合会在韩国汉城（今首尔）成立，1988 年，跆拳道在韩国汉城奥运会首次亮相，为了适应国际重大比赛，跆拳道的技术在不断地变革和发展。

剑道

剑道是日本的剑术，也是国民喜欢的传统武道。剑道以剑护身又以剑击倒对方，从 7 世纪开始在日本流行，16 世纪时已十分普及。17 世纪后，剑道把精神修养与技术训练放到同等重要的地位，剑道成了修身养性之术，它的核心是坚韧和勇敢。

保龄球

保龄球最早开始于 3 ~ 4 世纪的德国。最初，天主教徒在教堂走廊里安放木柱，用石头滚地击之。他们认为击倒木柱可以为自己赎罪、消灾，击不中就应该更加虔诚地信仰"天主"。直到 14 世纪初，这种活动才逐渐演变成为德国民间普遍爱好的体育运动项目。后来，荷兰人和德国人的后裔移居美国，便把保龄球传到了美国。

高尔夫球

"高尔夫"原义为"在绿地和新鲜氧气中的美好生活"。因为玩这种游戏设备昂贵，所以在一些国家又叫它"贵族球"。

相传，苏格兰是高尔夫球的发源地，当时，牧羊人经常用驱羊棍击石子，以击得远且准为胜，这就是早期的高尔夫球运动。19世纪，高尔夫球传入美国。世界上第一次国际性高尔夫比赛是1922年美国对英国的"沃克杯"高尔夫球对抗赛。高尔夫球于20世纪初引入中国。

跳高

跳高是田径运动田赛跳部项目之一，分立定跳高和急行跳高两种。现在一般均为急行跳高。过竿技术有跨越式，即最原始、最简单的跳高姿势；剪式，亦称"东方式"；滚式、俯卧式和背越式等。

跳高运动源于英国，是从体操项目中派生出来的。1864年，英国首先将跳高列入田赛比赛项目，英国人柯奈用跨越式跳过了1.70米的高度。1896年首届奥运会上，男子跳高被列为正式比赛项目。女子跳高于1928年开始正式列入奥运会项目。

跳远

跳远是田径运动项目之一，其起源已不可考。当人类还处于茹毛饮血的时代，跳远就已成为一种生活技能。当原始人在林丛草莽中追逐猎物时，倘若遇到沟渠或障碍物，即可一跃而过。

跳远比赛源于古希腊。在古希腊的"五项运动"中已有跳远。世界上第一次正式的跳远比赛，是公元前708年在希腊的第

18届奥运会上举行的。当时的设施非常简单，只是把地面刨松，然后在前面放一条类似"门槛"的木板，竞技者必须踏板而跳。这条"门槛"就是现在起跳板的前身。为避免落地时产生伤害事故，以后又发明了沙坑。古时跳远的成绩不用皮尺丈量，竞技者每跳一次后，在着地点画一条线，最后看谁跳得最远。评定名次时，不仅要看跳得远近，还要看姿势是否优美，只有两者兼备的竞技者才能获胜。1896年首届现代奥运会上，跳远被列为正式比赛项目。

铅球

现代铅球运动可以追溯到14世纪40年代。当时欧洲出现了大炮，炮弹是呈圆形的铁球，依靠点燃炮筒内火药的推力射出。

士兵们经常在搬运炮弹的过程中进行掷远比赛。这种炮弹的重量为16磅（合7.257公斤）。后来，这种运动被列入田径运动项目。但有人觉得铁铸的圆球体积太大，使用起来不方便，就改为铁壳里灌铅，成为铅球，重量仍为7. 257公斤。由于铅的比重大于铁的比重，在重量不变的条件下，铅球体积比铁球大大缩小，用起来方便多了。

柔道

柔道在日语中是"柔之道"的意思。柔道部分起源于一种古代日本武士空手搏斗的技术：柔术。柔道通过把对手摔倒在地而赢得比赛，它是奥运会比赛中唯一的允许使用窒息或扭脱关节等手段来制服对手的项目。柔道是一种对抗性很强的竞技运动，它强调选手对技巧掌握的娴熟程度，而非力量的对比。

1951 年，日、英、法诸国发起创立国际柔道联盟，第一届世界柔道锦标赛于 1956 年在东京举行。1973 年柔道项目正式列入中国竞赛项目。

相扑

相扑原是中国古代"角抵"的一种。西汉初年，冀州一带流行着一种民间游戏：人们戴着有角的面具互相比武、斗力。这种既是竞技又是表演的活动，被称为"角抵"，又名"蚩尤戏"。司马迁曾记载："蚩尤氏头有角……以角抵人，今冀州为蚩尤戏。"将"角抵"与黄帝战蚩尤的传说联系起来，表明它已存在 5000 多年了。

古代"角抵"的范围很广，相扑仅是其中一部分。到宋代，"角抵"一词才专指摔跤一类活动，亦称相扑。现在，古老的相扑在日本还颇为流行。

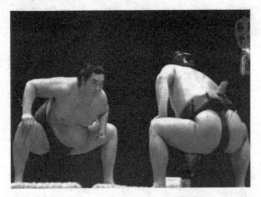

相扑比赛

拳击

拳击被称为"勇敢者的运动"。早在古希腊和罗马时代，就有许多有关拳击的生动记载。公元前 1500 年的希腊壁画中就有拳击的场面。在古代，战士拳击时，由于可以任意使用摔、打、踢、蹬等动作，直至将对手置于死地，所以它只是一种供奴隶主寻欢作乐的残杀游戏。最早的拳击规则是 1729 ～ 1750 年称霸英国拳坛的杰克·布荣顿于 1743 年制定的。

台球

台球源于英国，它是一项在国际上广泛流行的高雅室内体育运动。

据说，台球最早是由伦敦一家的当铺老板为消遣娱乐而发明的，台球的英文名称即源于此。至 18 世纪末，台球作为一种游戏在英国民间很是盛行。19 世纪初，世界上第一个公共台球室在伦敦开设。最早的台球，桌面上只有两个白球。之后，法国觉得缺少挑战性，就增添了一个红球并改进打法。再往后英国人又将其发展成为今天十分流行的落袋台球。

健美运动

早在古希腊时代，运动健将就用举重物来锻炼身体，以得到强壮健美的体型，这些健美的运动员，被雕塑家"记录"下来并留存至今。这是健美运动的早期萌芽。现代的健美运动是以展示人体美为特征。

19 世纪晚期，德国人山道首创了通过各种姿态来展示人体美的健美运动，为现代健美运动的发展奠定了基础，所以他被公认为"国际健美运动的创始人"和"世界上第一位健美运动员"。

尤金·山道，1867 年 4 月 2 日出生在德国的康尼斯堡，山道童年时代体弱多病，常常被蛮横的同学欺辱，10 岁那年跟随父亲到意大利的罗马旅游，他被美术馆中古希腊的雕塑深深吸引，并决心把自己的身体也"雕塑"得像古代的角斗士。最终他成功了。

20 世纪 20 年代，《肌肉发达法》、《力的秘诀》等颇具影响的专著从理论上肯定了健美运动的作用。从 20 世纪 30 年代起，在一些欧美国家，健美表演逐渐变成一项竞技比赛——健美比赛，并扩展到世界各地。20 世纪 40 年代初，加拿大人本韦德兄弟周游 90 多个国家和地区，宣传推广健美运动。1946 年，国际健美联合会创立。

艺术体操

艺术体操又称"韵律体操"，是 19 世纪末 20 世纪初发源于欧洲的一种女子项目。

当时，法国生理学家乔治·德迈尼，瑞士音乐教师台尔克罗兹、德国舞蹈教师拉班以及现代体操家博德和梅道等人，都主张以女子优美的自然体形为基础，在音乐伴奏下做出各种有节奏的艺术造型动作，从而发展女子身体的柔韧性，形成优美健康的身体形态，同时增强人体动作的艺术性和协调性。之后，专门从事体育与医学研究的爱沙尼亚人艾德勒和他的学生库普，将动力性动作与放松的流线型动作结合起来，交替运用，创造了具有活力及独特节奏的女子体操。艺术体操就是在这个基础上，经过长期实践逐渐形成的，并于 20 世纪 50 年代正式定名。

艺术体操的主要项目有绳操、球操、圈操、带操、棒操 5 项，它吸收了芭蕾舞、现代舞、民间舞和杂技的精华，不但能够培养运动员的力量、灵巧、节奏感等素质，而且从心理和生理角度来看，更符合女子锻炼的要求，是深受现代女性欢迎的一项运动。

滑雪

早在几千年前，人类为了在恶劣的自然环境中生存，发明了可以代替行走的滑雪板，它的应用使得人们可以在白雪覆盖的森林中任意驰骋、追寻猎物。滑雪运动起源并发展于斯堪的纳维亚地区。

1206 年挪威内战期间，两名腿上绑着桦树皮（称"桦木腿"）的滑手，携带着 2 岁的王子哈康逊突围成功。以后哈康逊成了新国王（哈康四世），每年都在他当年突围走的那条路上举办一次越野滑雪赛。1572 年，荷兰与西班牙交战，一支舰队被封冻在江面上，荷兰兵滑行于冰雪覆盖的江面，将不会滑雪和滑冰的西班牙军队打得落花流水。

1924 年，第一届冬季奥运会举行北欧滑雪比赛，即越野滑雪、跳雪和两项全能赛（18 公里越野滑雪和跳雪）。目前，滑雪运动风靡全世界。

冲浪运动

冲浪运动最早出现在 19 世纪 70 年代末的夏威夷群岛海滩。1878 年，一位名叫科克的美国轮船船长在其轮船驶近夏威夷港时，发现 4 个印第安人骑着一根约 5 米长的树干在海上遨游，海浪时而把树干冲到峰顶，时而又将它抛入浪谷。科克起初以为他们是落难者，后来一问才知道，他们是在冲浪玩。这便是最早的冲浪运动。

在科克发现这种冲浪游戏几十年之后，1912 年，在获得奥运会游泳冠军的美国人哈哈摩库的大力提倡下，冲浪运动在美国的加利福尼亚推广开来。现在，此项运动在夏威夷、北美、秘鲁、澳大利亚和南非十分流行，并且已纳入世界锦标赛项目。

登山运动

登山运动是体育运动的一类。运动员徒手或使用专门装备攀登各种不同地形的山峰或山岭。有金字塔形兵站式登山、阿尔卑斯式登山和技术登山等多种形式。

1786 年 8 月 8 日，法国医生巴卡罗与石匠巴尔玛结伴第一次登上阿尔卑斯山的最高峰勃朗峰，次年，由青年科学家德·索修尔率领的 19 人登山队再度登上勃朗峰，世界登山运动从此诞生。因为此项运动首先从阿尔卑斯山区开始，故也称为"阿尔卑斯运动"。

足球

国际足协确认并公开宣布了足球运动起源于中国。早在 2500 年前的战国时期中国就已经有了足球游戏。《战国策》是最早提起足球活动的书，书中称足球为"鞠"。从汉代开始，足球改用熟皮制造，中间塞以毛发，成为圆球。到了唐代，开始将动物的膀胱放进皮球内做球胆，充气后使用，名为"气趣"，它与现代足球已十分相似。

而西方到了 12 世纪时才有足球游戏。16 世纪时，欧洲出现了用纸糊的足球门。尽管英国不是足球运动的起源国，但它却把这项运动发展得很好。1863 年英国成立足球协会，改用在两根柱顶上各系一条绳子，限制了球门的高度。现在用的标准挂网球门是 1891 年才出现的。

世界杯足球赛

如今风靡全球的现代足球起源于英国。1896 年，第一届现代奥运会在希腊举行时，足球就列为正式比赛项目，丹麦以 9：0 大胜希腊，成为奥运会第一个足球冠军。因为奥运会不允许职业运动员参加，到了 1928 年（第 9 届奥运会）足球比赛已无法持续。

1928 年奥运会结束后，国际足联召开代表会议，一致通过决议，举办 4 年一次的世界足球锦标赛。1956 年，国际足联在卢森堡召开的会议上，决定更名为"雷米特杯赛"。这是为表彰前国际足联主席法国人雷米特为足球运动所作出的贡献。雷米特担任国际足联主席 33 年（1921 ~ 1954 年），是世界足球锦标赛的发起者和组织者。后来，有人建议将两个名字联起来，称为"世界足球锦标赛—雷米特杯"。于是，在赫尔辛基会议上决定更名为"世界足球锦标赛—雷米特杯"，简称"世界杯"。

篮球

篮球起源于美国，是 1891 年由美国马塞诸塞州斯普林菲尔德市基督教青年会训练学校体育教师奈史密斯博士创造的。起初，他将两只桃篮分别钉在健身房内看台的栏杆上，桃篮上沿距地面 3.04 米，用足球作比赛工具，向篮投掷。投球入篮得 1 分，按得分多少决定比赛胜负。每次投球进篮后，要爬梯子将球取出再重新开始比赛。以后逐步将竹篮改为活底的铁篮，后又改为铁圈下面挂网。

到 1893 年，才形成近似现代的篮板、篮圈和篮网。最初的篮球比赛，对上场人数、场地大小、比赛时间都未严格限制，只需双方参加比赛的人数相等即可。比赛开始，双方队员分别站在两端线外，裁判员鸣哨并将球掷向篮场中间，双方跑向场内抢球，开始比赛。持球者可以抱着球跑向篮下投篮，首先达到预定分数者为胜。1892 年，奈史密斯制定了 13 条比赛规则，主要规定是不准持球跑，不准有粗野动作，不准用拳击球，否则即判犯规，连续 3 次犯规判负 1 分；比赛时间分为上、下半时，各 15 分钟；对场地大小也作了规定。上场比赛人数逐步缩减为每队 10 人、9 人、7 人，1893 年正式确定为每队上场 5 人。

1904 年第三届奥林匹克运动会上进行了第一次篮球表演赛。1908 年，美国制定了全国统一的篮球规则，并译成文字出版，发行于全球，这样，篮球运动逐渐传遍美洲、欧洲和亚洲，成为世界性运动项目。

排球

排球运动源于美国。1895 年，美国一位叫威廉斯·盖·摩尔根的体育工作人员，想把当时已广为流行的网球搬到室内，在室内篮球场上用手来打。但室内篮球场面积较小，网球容易出界，于是他对其进行了一些改进：一是把网球允许球落地后再回击的规则改为不许落地；二是把网球的体积扩大，用篮球胆充气来打。次年，有位博士将此球命名为"华利波"，意为"空中飞球"。

排球传入中国的时间，一说是 1905 年，一说是 1913 年。在 1925 年 3 月举行的广东省第九届运动会上，"华利波"被更名为"排球"，主要取其分排站立之意。在 1964 年东京举行的第十八届奥运会上，首次举行了排球比赛。

网球

网球运动起源于法国。早在 12 ~ 13 世纪，法国的传教士经常在教堂的回廊里用手掌击打一种类似小球的物体，以此来调剂刻板的教堂生活。渐渐地，这种活动传入法国宫廷，并很快成为当时贵族的一种娱乐游戏。当时，他们把这种游戏叫作"掌球戏"。开始，他们是在室内进行这种游戏，后来移向室外，在一块开阔的空地上，将一条绳子架在中间，两边各站一人，双

方用手来回击打一种裹着头发的布球。

14 世纪中叶，法国王储将这种游戏使用的球赠送给英皇亨利五世，当时这种游戏由此传入英国。当时，这种球的表面使用埃及坦尼斯镇所产的最为著名的绒布——斜纹法兰绒所制，英国人将这种球称为"Tennis"，即"网球"，并流传下来。

16 ~ 17 世纪，这种活动到达鼎盛时期，逐渐形成了一种比赛。在这之前，由于这种活动只是在法国和英国的宫廷中流行，所以网球运动又称为"宫廷网球"和"皇家网球"。

羽毛球

羽毛球运动是由古代羽毛球游戏逐渐演变而来的。据载，原始的羽毛球游戏活动至少在 2000 年前就已流行于亚欧等国家了。不过不同的国家、地区和民族对这种游戏的叫法不同，原始的羽毛球游戏在中国叫"毽球"，在印度叫"普那"，但其形式和性质基本一致。

相关资料表明，现代羽毛球运动起源于印度，形成、发展于英国。19 世纪 60 年代，一批退役的英国军官把印度的"普那"——一种类似于现在羽毛球运动的游戏带回英国，并且加以改进，逐渐演变成为现代羽毛球运动。1870 年，英国出现了用羽毛、软木做的球和穿弦的球拍。

1873 年的一天，英国公爵鲍佛特在英格兰格拉斯哥郡的伯明顿庄园举办了一次家庭社交活动。当时由于天公不作美，大雨倾盆向下，庄园里到处积水，来访的客人们只得待在室内。时间长了，人们感到十分无聊，这时他们中一位从印度退役回来的军官提议，在鲍佛特公爵庄园的大厅玩改进后的"普那"游戏。由于游戏引人

入胜，使在场的贵族们大开眼界。从此，伯明顿庄园的英文名称 Badminton 便成为现代羽毛球的名称，它的命名标志着现代羽毛球运动的开始。现代羽毛球运动起源于英国贵族所玩的游戏，所以人们又称羽毛球运动为贵族运动。随后，羽毛球运动从欧洲传到美洲、大洋洲、亚洲和非洲，发展成为今天人们所熟悉和喜爱的羽毛球运动。

乒乓球

约在 1885 年，欧美的一些体育用品制造商人，看到当时网球在上层社会极其盛行，就独出心裁地把网球搬进室内，在桌面上来回击打一种包有丝织物的橡胶球。故乒乓球在英美又叫"桌上网球"。

1890 年，一位叫吉布的英国工程师提议用赛璐珞制成空心球来代替橡胶球。5 年后，这种空心球出现在人们的生活中。由于球发出"乒乓"、"乒乓"的声音，于是人们就把这种球命名为乒乓球。

乒乓球七大奖杯

世界乒乓球锦标赛有 7 项比赛，设有 7 个奖杯。

男子团体冠军杯——斯韦思林杯：1926 年 12 月，在首任国际乒联主席伊沃·蒙塔古的母亲斯韦思林夫人的图书馆举行了第一次国际乒联全体会议，斯韦思林夫人捐赠了一只大奖杯，名为"斯韦思林杯"，作为男子团体赛的优胜奖杯。

女子团体冠军杯——考比伦杯：从 1934 年第 8 届世界乒乓球锦标赛开始，增设女子团体赛项目。这一届锦标赛在法国巴黎举行，主办国法国乒协主席马赛耳·考比伦捐赠了以他的名字命名的奖杯，作为女子团体赛的优胜奖杯。

男子单打冠军杯——圣·勃莱德杯：英国著名乒乓球运动员弗·佩里，在 1929 年举行的第 3 届世界乒乓球锦标赛上获得男子单打冠军。当时，英国的克·乌德科克先生为赞扬佩里取得的成就，并表彰培养佩里的乒乓球俱乐部，捐赠了以佩里所在的圣·勃莱德乒乓球俱乐部命名的奖杯，作为男子单打比赛的优胜奖杯。

女子单打冠军杯——盖斯特杯：1931 年，第 5 届世界乒乓球锦标赛在匈牙利首都布达佩斯举行，当时，匈牙利乒协主席吉·盖斯特捐赠以他的名字命名的奖杯，作为女子单打比赛的优胜奖杯。

男子双打冠军杯——伊朗杯：1947 年，在巴黎举行的第 14 届世界乒乓球锦标赛上，伊朗国王捐赠以伊朗国名命名的奖杯，作为男子双打比赛的优胜奖杯。

女子双打冠军杯——波普杯：1948 年，第 15 届世界乒乓球锦标赛在伦敦举行，当时，国际乒联名誉秘书伟·杰·波普捐赠以他的名字命名的奖杯，作为女子双打比赛的优胜奖杯。

混合双打冠军杯——赫杜塞克杯：由原捷克斯洛伐克乒协秘书赫杜塞克先生捐赠，故以其名命名。

纪念奖杯——埃及杯：1939 年在开罗举行的第 13 届世乒赛时，当时的埃及国王向国际乒联赠送了一尊"埃及杯"。经过讨论，国际乒联决定，从 1957 年起"埃及杯"将由世乒赛主办城市保存，直至下届世乒赛开幕之日。

语言文字篇

汉字的起源

《世本》、《荀子》、《吕氏春秋》、《韩非子》等古文献，都说汉字是在黄帝时代由仓颉、沮诵两人创造的。

许慎的《说文解字》认为伏羲创八卦，启发人们根据不同事物去作不同的符号。神农氏时代"结绳而治"，但庶事繁多，最终不能满足。于是，应历史潮流，在黄帝时代就出现了仓颉造字，并说仓颉初造字时，"依类象形"谓之文，后来"形声相益"谓之字。经过长期演进发展，总结出构成汉字的六种方法，称为"六书"，即"指事、象形、形声、会意、转注、假借"。

还有的古书说，仓颉仰观星象圆曲之势，俯察龟纹纵横之象，至于什么鸟羽、山川，甚至手掌纹路等，都是他据以创造文字的基础。

在清末民初疑古思潮的影响下，有人提出汉字实际上是孔子亲自创造的，然而甲骨文的发现迅速粉碎了这种神化孔子的说法。甲骨文的发现也动摇了《说文解字》有关文字起源的传说，对传说的"六书"理论也提出了各种质疑。

其实，中国文字的基础是"象形"，是广大劳动人民在生产生活中创造出来的。

汉字的演变

汉字是一种形体和意义紧密结合的表

秦统一文字表

意文字。它逐渐从具体走向抽象、符号化，方块的形式逐步固定下来。从有文字实物的殷商开始，汉字的演变经历了甲骨文、金文、大篆、小篆、隶书、楷书、草书、行书、宋体等多个阶段。

甲骨文：目前所发现的最早的汉字形态，起源于殷商时期。

金文：刻铸在钟鼎等器物上的文字，商周时期出现。

大篆：又叫籀文，周代太史籀创造，春秋战国时期通行于秦国等地。

小篆：适应秦统一中国的形势而形成，由大篆简化而来。

隶书：形成于战国晚期，成熟于汉代，由小篆简化而来。

楷书：出现于东汉时期，六朝时进一步完善，唐代时成熟，由隶书简化而来。

草书：楷书的变体，产生于汉代。

行书：起源于汉代，是介于楷书与草书之间的一种字体。

宋体：宋代出现，兴起于印刷业的雕版匠之手。后代的书籍多采用这种字体。

仓颉造字

仓颉，号史皇氏，是黄帝时的史官，《说文解字·叙》记载："黄帝之史仓颉，见鸟兽蹄迒之迹，知分理之可相别异也，初造书契，百工以乂，万品以察。"这段记录表述的就是仓颉造字的事迹。《吕氏春秋·审分览·君守》称："奚仲作车，苍颉作书，后稷作稼，皋陶作刑，昆吾作陶，夏鲧作城，此六人者，所作当矣。"所谓的"苍（仓）颉作书"，并不是说仓颉一个人完全地将文字发明创造出来，而是说仓颉将民间既有的图画文字进行广泛搜集，并加以认真整理，从而创制出一套成体系的规范的象形文字。《荀子·解蔽》记载："好书者众矣，而仓颉独传者壹也。"这是在说，当时从事文字整理工作的也并非仅有仓颉一人，因为仓颉的成果最佳，所以只有这一套文字独自传承了下来。

甲骨文

甲骨文由时任北京国子监祭酒的金石学家王懿荣发现于 1899 年，因为字是刻在龟甲兽骨上的，所以名之曰"甲骨文"。甲骨文是现今已知的中国古代最早的体系基本完备的文字，主要应用于殷商时期。当时人们非常迷信，统治者在每有事宜的时候都要进行占卜，占卜所用的材料主要是乌龟的腹甲、背甲和牛的肩胛骨，通常先在甲骨的背面挖出或钻出一些小坑，然后对其进行加热以使甲骨表面产生裂痕，

从而根据这些裂痕的样态来测知吉凶祸福。甲骨文大多就是对这种占卜所做的记录，另外也有少数内容是记载其他事情的。甲骨文被发现后，在殷墟（河南安阳小屯村）经过大规模的挖掘，加之其他各地的零星采集，至今已出土刻有文字的甲骨十几万片，载有 4500 多字，其中已经识别的有 2500 多字。这些文字中除象形字之外，还有指事字、会意字，形声字也占到约 27% 的比例，可见甲骨文已是发展相当成熟的文字。甲骨文献是研究中国上古时期特别是商代的社会历史和语言文字极其珍贵的第一手资料，由此也形成了专门的"甲骨学"，罗振玉、王国维、董作宾、郭沫若等知名学者都是甲骨学研究的大家。

大篆

大篆，是古代汉字字体的一种，因其著录于字书《史籀》，故也称籀文，《汉书·艺文志》记载："《史籀》十五篇，周室王太史籀作大篆。"《说文解字》中所收的 225 个籀文，就是许慎依据所见到的《史籀》9 篇而集入的，这是当今研究大篆的主要资料。大篆是继承金文发展而来的，形成于西周后期，其特点为线条均匀柔和、简练生动，并且字形结构趋于规范，奠定了汉字方块构型的基础。"篆"字的含义，据《说文解字》，篆是"引笔而箸之于竹帛"的意思，大篆是相对于后来的小篆而言的，指通行于春秋战国时期的秦国文字，在广义上还包括其他各国的文字。唐代初年在天兴县陈仓（今陕西宝鸡）南之畤原出土的径约三尺的石墩上所刻的"石鼓文"被认为是大篆的真迹。

殷周金文

金文，是指铸刻在殷周青铜器上的铭

文，因为青铜器以钟、鼎为代表，所以金文也叫作钟鼎文。金文在商代早期就已经出现，但是繁盛时期是在周代，而绵延的下限为战国末期。金文是稍后于甲骨文出现的另一种古老的文字，相比而言，甲骨文笔道细，直笔多，转折处多为方形，而金文笔道粗，弯笔多，团块多，这与甲骨文和金文不同的书写和制作方法有关。至今发现的金文字数，据当代金文专家容庚的《金文编》记载，共计 3722 个，其中已经识别的字有 2420 个。金文所体现的大多是统治者颂扬祖先及彪炳王侯功绩的内容，同时也记录了许多重大历史事件，记事面涉及非常广泛，因而是研究西周和春秋、战国历史的极为宝贵的文献资料。

小篆

秦始皇统一天下后，开始着手统一文字的工作，由丞相李斯负责，在秦国原来使用的大篆的基础上，通融其他各国的字体，对字体进行简化，并且取消异体字，创制出了统一的文字书写形式，即小篆，又称为秦篆。小篆的出现，标志着中国古代文字的第一次统一，在汉字发展史上是一次关键性的转折。小篆字体的特点是点画均为线条，粗细一致，圆起圆收，端庄严谨，有实有虚，疏密得当，从容平和，劲健有力。虽然西汉末年之后，小篆逐渐被隶书所取代，但由于其字体优美，故颇为书法家所青睐，2000 余年来，始终是一种重要的书法字体。古代印章几乎一律采用小篆，因此又称为篆刻。

隶书、行书与楷书

在李斯创制小篆的同时，程邈整理出了另一种书写字体，就是隶书。《说文解字》记载："秦烧经书，涤荡旧典，大发吏卒，兴役戍，官狱职务繁，初为隶书，以趋约易。"也就是说管理监狱事务的官吏因为事务繁忙而采用较为简易的隶书来办公。隶书的"隶"，具有附属的含义，也曾被叫作"佐书"，在早期是作为小篆的辅助字体被使用的。隶书在篆书的基础上发展而来，主要是将篆书圆转的笔画改为方折，这样书写速度明显变快了，特别对当时以木简为书写材料的情况更是如此。与篆书相比，隶书的象形特点大大地减弱了，但在早期，隶书与篆书的分界还不是很严格，及至西汉中期，隶书基本摆脱了篆书的影响而发展成为一种独立的字体，西汉后期开始，隶书逐渐取代了小篆而成为主要的字体。

行书是由隶书转变而来的，于西汉后期开始形成，但是几百年里并不流行，直到东晋王羲之的出现，才将行书提升为书法上影响最大的一宗。行书将隶书中的横画进行缩短，使隶书的扁方变为正方，同时加强了上下笔画的连贯性，有些笔画采取连续书写的方式，进一步提高了书写的速度。后来楷书取代了隶书作为正体字的位置，行书就成为介于楷书和草书之间的一种字体，是为了避免草书的难于辨认和楷书的书写速度慢而采取的折中的书写方法，常常将写得比较飘逸而近于草书的称作行草，将写得比较端正而近于楷书的称作行楷。

楷书，又称正楷、正书或真书，也是从隶书发展而来的，大约出现于汉末，但在很长一个时期都还存有隶书的成分。唐代是楷书最为兴盛的时期，初唐的虞世南、欧阳询、褚遂良，中唐的颜真卿，晚唐的柳公权，都是标举于世可谓书界典范的楷书大家。楷书的特点是字形方正，结构严谨，笔画平正规整，点画分明。楷书在汉字诸体中成熟最晚，但是此后应用最广，至今通行的汉字印刷体就是楷书及其变体，日常书写体也是将楷书看做参照标准的。行书和楷书在魏晋之际兴起后，隶书的主体地位被取代，但是在书法艺术中仍作为一种基本的字体而存在。

文言

　　文言是古代具有正宗地位的书面语言。"文言"一词，出自《易传》中的篇名，孔颖达解释："文谓文饰，以乾坤德大，故特文饰以为文言。""文饰"即是有文采的意思。在先秦时期，书面语言和口头语言的差别不是很大，主要的区别是书面语言比口头语言更为精练简洁，辞藻也更为优美和典雅，不仅表现力更为丰富，而且蕴涵着一种审美的因素。后来，经秦汉及至唐宋，书面语言和口头语言越来越分化，并最终形成两套语言系统。一个人需要接受良好的文化教育才能够对文言运用自如，文言也成为人们身份和教养的标志，不会文言者被归为"引车卖浆者之流"，而文言自身所具有的典丽精致、雅秀俊逸的特别美感，也的确是作为口头语言的白话所无法比拟的。文言是中国古代官方文献和正统文学所使用的语言，源远流长，虽然在近代的新文化运动之后，白话取代了文言的正统地位，但是文言也绝非自此被弃置不顾，一些重要的文史学术著作依然采用文言来写作，例如鲁迅的《中国小说史略》、陈寅恪的《柳如是别传》、钱锺书的《谈艺录》等。出于继承优秀而丰富的古代文化传统的需要，能够阅读文言依然是当代中国人应当具备的文化素质。

白话文

　　白话文又称"语体文"，是古代书面语言的一种，白话文之"白"，是与文言文之"文"相对应而言的，意为不加修饰，是对日常口头语言的照直记录。当然，语言从口头到书面总是有所变化的，只是白话文与口头语言基本上是一致的，不会差异到可能发生理解困难的那种程度。白话文并非是近代才出现的，而是自古有之，只是在古代，作为正宗书面语言的是文言文，白话文是不登大雅之堂的。历代的白话文基本是在通俗文学作品中使用，如汉魏乐府民歌、唐代变文、宋元话本、明清小说等。明清时期，虽然白话长篇小说取得了辉煌的成就，成为这一历史阶段代表性的文学体裁，但是占据正统地位的仍然是以文言文创作的诗文，白话文真正占据主流地位，是在新文化运动时期。

古代文字学

　　古代文字学，就是以古代汉字的形、音、义及其历史演变为研究对象的学问，在古代也称为"小学"（小学在广义上还包括音韵学和训诂学）；在狭义的范围上，古代文字学仅仅指对古代汉字字形的研究，又称"字学"。汉字是世界上最古老的一种文字，现在发现的最早的陶文，距今已有6000年的历史，而3000多年前殷商时期的甲骨文已经是一种发展成熟的文字，后来的汉字即是以甲骨文和稍后的金文为基础而发展演变的。汉字早初的创造方法是象形和指事，后来又出现形声和会意。最初的时候，"文"指的是独体的汉字，而在"文"的基础上，通过形声和会意的方法来产生合体的"字"。汉字的基本结构，在西周时期已经定型，但是在各个诸侯国之间同一个字有着多种不同的写法，直到秦始皇统一天下之后，宣布"书同文"，文字的书写才得到统一，小篆成为当时通行的标准字体。到了汉代，隶书则取代小篆成为通行的字体，被称为"今文"，而相应地，小篆及其之前的各种字体被称为"古文"。后来在隶书的基础上，又产生了草书、行书、楷书等字体，但都是具体书写方式的变化，而在文字的形体结构方面则基本上是稳定地延续下来的。文字学在中国起源甚早，东汉的许慎被认为是古代文字学的开拓者，而他编撰的《说文解字》则被看作是古代文字学的奠基之作。

六书

"六书"一词最早见于《周礼·地官》："保氏掌谏王恶，而养国子以道，乃教之六艺，……五曰六书，六曰九数。"但是这里没有写出"六书"详细的名称，也没有对"六书"的解释。对六书最早的解释出现在西汉刘歆所著的《七略》中，《汉书·艺文志》转载如下："古者八岁入小学，故周官保氏掌养国子，教之六书，谓象形、象事、象意、象声、转注、假借，造字之本也。"东汉许慎在《说文解字·叙》中对"六书"进行了正式的定义："周礼八岁入小学，保氏教国子先以六书：一曰指事，指事者视而可识，察而见意，上、下是也；二曰象形，象形者画成其物，随体诘诎，日、月是也；三曰形声，形声者以事为名，取譬相成，江、河是也；四曰会意，会意者比类合谊，以见指伪，武、信是也；五曰转注，转注者建类一首，同意相受，考、老是也；六曰假借，假借者本无其字，依声托事，令、长是也。"后世对"六书"的解释，皆以许慎之说为本。所谓"六书"，指的就是指事、象形、形声、会意、转注和假借这 6 种造字方法，严格来说，其中仅前 4 种为造字方法，因为转注和假借涉及到的是文字的使用，并不创造新字。具体说来，指事和象形属于独体造字法，象形是一种最原始的造字方法，即用图画来表示事物，在文字的演进过程中，图画性逐渐减弱，而符号性则逐渐加强；象形造字有着很大的局限，因为一些较为抽象的意义难以用图画表示出来，这就有指事的方法来进行补充，与象形字相比，指事字的抽象意义更强，有着更为显著的符号性特点。形声和会意则是合体造字法，形声字由形旁（又称"义符"）和声旁（又称"音符"）组成，形旁表示字的含义或类属，声旁则表示字的发音；会意字由两个或更多的独体字构成，几个字形共同表达这个字的含义，有些会意字同时也兼有形声字的特点，两者不是截然分开的。转注和假借是文字运用的方法，假借指的是同音替代的现象，也就是说有一些语言没有文字与其对应，这时就找发音相同的字来进行书写；对于转注，不同的学者有不同的看法，可以归结为形转、义转和音转这三种解释，但不论实际含义是哪种，转注产生的是多字同义的现象，相应地，假借产生的是一字多义的现象。

训诂学

训诂学，有广义和狭义之分，狭义的训诂学指的是语义学，为小学的一个分支，广义的训诂学则还包括音韵学和文字学，但是通常所讲的训诂学都是针对狭义而言的。"训诂"，有时也称作"训故"、"故训"、"古训"、"解故"、"解诂"等，被认为是训诂学开山之作的《尔雅》中有"释诂"和"释训"两篇，北宋邢昺将"诂"解释为"使人知也"，将"训"解释为"道物之貌以告人也"，相当于用当今的语言解释古代的语言叫"诂"，而用通俗的语言解释词的含义叫"训"，后来"训诂"连用，成为一个词语，用以指称对古书字义的解释。训诂的方法有形训、声训、义训、互训、反训、递训等，形训指用字形说明字的意义和来源，如"小土为尘"；声训指用同音或近音的字来解释字义，如"仁，人也"；义训是不依借字形或字音而直接对字义进行解释，如"征，召也"；互训是指用同义的字词来互相解释，如"老，考也"和"考，老也"；反训是用反义的字词来进行解释，如"乱，治也"；递训是用几个字词进行连续的解释，如"庸也者，用也；用也者，通也；通也者，得也"。

音韵学

音韵学，是研究各个时期的汉语语音及其变化规律的学科，为语言学的一个分支，通常分为古音学、今音学和等韵学3个部分，古音学研究的是两汉之前的语音，也就是上古语音；今音学研究的是魏晋之后直到隋唐时期的语音，也就是中古语音；等韵学研究的是汉语的发音方法和发音原理。秦汉之前，用于教授和学习的识字课本以及字典是不标注读音的，而汉字是表意文字，本身并不表音，那时字音的教授是通过口口相传的方式来进行的，东汉许慎著《说文解字》，用读若法来标注字音，给人们的学习带来了方便。汉语读音作为一门专学，是在东汉末年以后翻译梵文佛经的过程中反观汉语字音而逐渐形成的。反切法的出现是音韵学发展进程中很为关键的一步，由此，汉字音节被分为声和韵，后来人们对声韵进行归纳，创造了拼音字母，音韵学的体系才基本形成。由于古今

语音变迁很大，上古语音在中古之后已不为人所知，清代时期，经过一批学者的不懈努力，凭借对有限的文献资料的详致分析，拟构出上古的语音系统，这是一项非常了不起的成就。

双声与叠韵

双声，指两个字声母相同的现象，如珍珠、鸳鸯、蒹葭、蟏蛸；叠韵，也作"迭韵"，指两个字韵母相同的现象，如崆峒、滴沥、窈窕、昆仑等。在南北朝时期人们已经在诗文创作中对双声和叠韵进行自觉的运用，以追求语言上一种特别的美感。刘勰在《文心雕龙·声律》中说："双声隔字而每舛，叠韵杂句而必睽。"讲的就是双声和叠韵的运用规律。清代李汝珍在《李氏音鉴》中对双声和叠韵作了明确的定义："双声者，两字同归一母，叠韵者，两字同归一韵也。""母"，就是声母；"韵"，就是韵母。双声和叠韵的现象在古代汉语特别是古典韵文中大量存在，只是因为语音的转变，用现代字音读起来很多已经不是双声或者叠韵了。

四声

"四声"，指的是汉语的四种声调，声调是由语音的高低、升降、长短等因素的不同构成而表现出来的声音差异，这是语言本身所存在的客观现象。直到南朝齐、梁时期，人们才对汉语的声调进行自觉的研究，并将其归结为"四声"，即平、上、去、入。关于"四声"的发音特点，《康熙字典》载有一首名为《分四声法》的歌诀："平声平道莫低昂，上声高呼猛烈强，去声分明哀远道，入声短促急收藏。"这种表述当然不尽科学，但是基本上道出了"四

声"的特点。"四声"发现之后,被应用到诗歌和骈文的创作当中,上、去、入总称为仄声,与平声相对,调用语言的时候,有意识地采取平仄相拗的方法,以追求一种抑扬顿挫、优美悦耳的语音效果。平、上、去、入反映的是中古汉语的四种声调,及至近古时期,语音又发生了很大的变化,在应用最广的北方话中,入声开始消失,并且平声分化为阴平和阳平,即逐渐形成了现代的汉语"四声":阴平、阳平、上声和去声,至于原来的入声字,则分派到其他三声之中,还有一部分原来的上声字转变为去声了。这"四声"是基于现代汉语普通话而言的,而之于各地方言,则情况差异很大,有着各自不同的声调区分。

字母

字母,含有一切文字之母的意思,古代是指汉语声母的代表字,唐末僧人守温参考梵文字母而选出 30 个汉字来代表声类,后来有人将其增加为 36 个,称为三十六字母。三十六字母反映的是中古后期也就是唐宋时期的声母系统,与上古音和现代语音都有所差别,据学者考证,上古汉语实际应用的是 26 个声母,而现代汉语拼音中的声母则为 21 个。

直音法

直音法是古代汉语的一种注音方法,即用同音字来标注某字的读音,如"大,音太"。直音法的优点是简便,但缺点也很明显,就是有些字是没有同音字,或者同音字是很生僻的字,也就不方便运用直音法,于是出现了"读若"的方法。"读若",也称为"读如"、"读为"、"读曰"等,实际也是一种直音法,只是所选择的用于注音的字不一定是同音的字,还可能是读音相近的字,这扩大了直音法的应用范围,但又有失之于确切的弊端,为了克服这种弊端,又出现了直音加音调的注音方法,如"退"注"推去声"。在反切法发明之前,直音法是汉字注音的基本方法。

反切法

反切法是汉字注音方法的一种,即采用两个字,前一个字取其声母,后一个字取其韵母和声调,从而拼出字的读音,例如,"冬,都宗切",就是用都字的声母、宗字的韵母和声调为冬字注音。"反切"含有反复切摩以成音之义,用作反切的两个字,前一个字叫反切上字,简称切上字或上字;后一个字叫反切下字,简称切下字或下字;被注音字叫被反切字,简称被切字。反切法是在东汉末年翻译梵文佛经的过程中发明的,梵文是一种拼音文字,译者在将梵文读音和汉语读音进行对比时发现汉字读音可以分作声和韵两部分然后拼读出来,这也就是反切法的源出。三国时期魏国的孙炎作《尔雅音义》,已正式采用切法来注音。反切法的产生,弥补了直音法的不足,是汉字注音方法的一个巨大进步,标志着人们开始对汉语音韵有了较为科学的认识。但是,反切法的缺点也是很明显的,主要体现在这样几个方面:反切法用于注音的上下字都含有多余的成分,造成拼读的不便;用于反切的上下字很不确定,容易造成识读上的混乱,也不便于读者进行掌握;有些窄韵,同韵同声调的字很少,不得不借用其他相近之韵的字作反切下字,因此造成了切音的不够准确。后来人们对反切法进行改良,使其变得更加简便和精确,其中最重要的一点是对用于反切的字进行确定化，并且反切下字尽量选用不带声母的字，这使得反切法类似于后来的汉语拼音方法。反切法的应用一直延续到民国初年，流行了大约1700年。

韵部

韵部指的是汉语韵母的分部。反切注音的方法发明之后，人们可以将汉字的音节分为"声"和"韵"两部分，出于创作诗赋的需要而对字韵进行归类，也就形成了"韵部"。根据《隋书·经籍志》的记载，三国时期魏国李登的《声类》是最早的韵书，但是已经失传。南北朝时期音韵研究很为流行，出现了很多韵书，但是也都没有流传下来。隋朝陆法言所著的影响极大的《切韵》现今也仅留下了残卷。北宋官修的以《切韵》为基础增广而成的《广韵》将汉语音韵分为206个韵部，后来韵母简化，南宋刘渊编制的"平水韵"将通用的韵部进行合并，成为107韵，清代康熙年间成书的《佩文韵府》则分为106韵。由于古今语音变化很大，很多字当今所属的韵部与古时所属的韵部是不同的，所以人们在以当前的语音读古代诗歌的时候常常会发现不押韵的现象。

等韵学

等韵学，以汉字的发音原理和发音方法为研究对象，是音韵学的一个分支领域，始源于唐代守温和尚汉语字母的创建，在后代得到不断完善，逐渐发展成为一门精密的学问。称为"等韵"，是因为这种理论体系是以韵母发音的洪细等级为基础而建立起来的。所谓洪细，指的是发音时口腔共鸣空隙的大小，依照主元音的洪细而将韵母分为洪大、次大、细和尤细4等。

然而因为语音的发展变化，这种区分在明清时期的语音中已经几乎不能辨别，于是清代时又提出了"四呼"的划分，也就是以发音时唇的形状为标准，将韵母的发音分为开口呼、齐齿呼、合口呼和撮口呼4种。对于声母，则根据发音部位和发音方法的不同，分为唇音、舌音、齿音、牙音、喉音，这就是通常所说的"五音"，有时再加上半舌音和半齿音两类，即成"七音"。

古韵

古韵指的是以《诗经》为主的中国先秦两汉韵文的韵，是古音学的研究对象。因为语音的演变，上古时期的韵文有很多以后代的语音去读就已经不押韵了，而当时又没有音韵学书籍，所以后代只能根据流传下来的古代韵文来推知早期的音韵，依借的材料主要是《诗经》里的韵字和《说文解字》的谐声偏旁，兼及先秦两汉的其他韵文，以及重文、异文、通假、读若、音训等。古韵分部是古韵研究的关键，也是古音学的主要成就所在，其基本方法是首先考察《诗经》中的韵字，进行韵部的归纳，然后根据谐声关系，扩大韵部范围，如此推衍而得到完整的古韵系统，再将汉字分别归入各韵部。古韵面貌的探求工作始于宋代吴棫所著的《韵补》。明代陈第著《毛诗古音考》等书，通过对古音的精微考订，彻底廓清了唐代以来"叶韵"说的谬误，提出了古今音异的观点，这是古音学的发展中至关重要的一步，可以说是由此而创设了古韵研究的前提条件。清代顾炎武著《音学五书》，摆脱了传统韵书的束缚，根据古韵的实际，将其划分为10个韵部，以后的古音学家所进行的更加精密的研究都是以此为基础的。而后江永著

《古韵标准》，分古韵为 13 部，段玉裁著《六书音韵表》，分古韵为 6 类 17 部，至此则古韵分部基本确定下来。后来戴震著《声韵考》与《声类表》，分古韵为 9 类 25 部，每一类都有阴声、阳声、入声三分，开阴阳入相配的先河。孔广森著《诗声类》，在段玉裁 17 部的基础上把冬部独立而成 18 部，又提出"阴阳对转"的理论。王念孙和江有诰都分古韵为 21 部。章炳麟先分 23 部，后来又主张冬侵合为一部，即成为 22 部。黄侃将古韵分为 28 部，王力又主张脂微分部。至此，古韵分部的工作臻于完善。

韵纽

"纽"，本义为器物上可以提起或系挂的部分，引申为事物的关键之处。"韵纽"指的是构成字音的元素之一，表示的是双声或者是声母相同的字的聚类。隋代陆法言所著的《切韵》，以韵目为纲，共分 193 韵，每一韵中又按照字音声母或韵头的不同而分为若干不同的组，在每一组前标以圆圈，称为韵纽，表示的就是声母相同之义。韵纽又分为同纽和旁纽，同纽，也就是双声，指的是同一声母；旁纽指的是同一类声母之中相邻的声母，例如牙音组"见溪群疑"中的"见"母与"溪"母，其关系就称为"旁纽"，它们所形成的双声关系称为"旁纽双声"。齐梁间沈约等诗人提出的写作诗歌应避免的"八病"之中有两条就是"正纽"和"旁纽"，也就是说一个五言句中的每两个字之间不能出现"同纽"或"旁纽"的关系，否则即犯"正纽"或"旁纽"之病。

语系

19 世纪时，欧洲的比较学派研究了世界上近 100 种语言，发现有些语言的某些语音、词汇、语法规则之间有对应关系，有相似之处，便归为一类，称为同族语言。有的族与族之间又有些对应关系，则归为同系语言，这就是语言的谱系关系。

世界主要语系有：汉藏语系、印欧语系、阿尔泰语系、闪含语系、乌拉尔语系、伊比利亚—高加索语系、达罗毗荼语系、马来—波利尼西亚语系、南亚语系 9 种。在九大语系中，使用人数分布范围最广的是汉藏语系和印欧语系。

语种

语种是一种独立的语言系统。它有自己独立的语音、语义、词汇、语法，且使用群体相对稳定。如汉语、英语、日语、俄语等都是独立的"语种"。世界上已发现的语种达 6000 多种，其中仅有 100 多种是发展完善的语种。

希腊语

希腊语堪称西方文明第一种伟大的语言，许多人认为它是所有语言中最有效、最值得敬佩的交际工具。由于结构清楚、概念透彻清晰，加上有多种多样的表达方式，它既适合严谨的思想家的需要，又适合有才华的诗人的要求。

公元前 2000 年，操希腊语的民族从巴尔干半岛迁移到希腊半岛及其邻近地区。希腊语最后分化出 4 种方言：依奥利亚、爱奥尼亚、阿卡狄亚－塞浦路斯、多利安。约在公元前 9 世纪出现的荷马史诗《伊利亚特》和《奥德赛》，就是用爱奥尼亚方言写成的。

随着雅典城的兴起，一种叫雅典语的爱奥尼亚方言，产生了古典时期伟大的文学作品。雅典语成了希腊语的主要形式及共同语的基础。雅典语的使用范围，远远超过现代希腊的疆界。在亚历山大大帝远征以后，雅典语的使用范围东边远达印度，后来罗马帝国信奉雅典语为第二语言。《新约全书》就是用共同语写成的。

从 4 世纪到 15 世纪，希腊语是拜占庭帝国的官方方言；以后在土耳其统治期间，希腊人仍然讲希腊语。现代希腊语约在 9 世纪开始成型，到 19 世纪成为希腊王国的官方语言。

拉丁语

拉丁语与希腊语一样，是对欧美学术与宗教影响最深的一种语言，属于印欧语系意大利语族。

拉丁文是 2000 多年前居住在亚平宁半岛罗马地区的拉丁民族的语言，后来这个民族征服了欧洲大部分地区和中东一部分，建立了罗马帝国，拉丁语就成为整个罗马帝国的官方语言。随着历史的发展和推进，罗马帝国解体了，形成了很多独立的国家，这些各自独立的国家在拉丁文基础上结合本地区的方言又组成了各国自己的语言，如法国、意大利、西班牙、葡萄牙、罗马尼亚等国的语言有很多近似之处。

英语

英语作为当今世界上的国际社交语言，从使用它的人口来说，以英语为母语的人数仅次于汉语而居世界第二位，大约有 4 亿多人。以英语作为第二语言或者在一定程度上使用英语的人数，远比这要多得多，可以说分布在世界的各个角落、各个民族。

英语起源于欧洲西部。大约在 499 年，居住在西北欧的 3 个日耳曼部族——盎格鲁人、撒克逊人和朱特人——侵犯不列颠。他们在征服不列颠诸岛后逐渐形成统一的英吉利民族，他们各自使用的方言也逐渐融合，成为一种新的语言——盎格鲁－撒克逊语，这就是古英语。

9 ~ 10 世纪，居住在斯堪的纳维亚的北欧日耳曼人，征服了今天法国北部的高卢地区。但是日耳曼人在语言和文化上很快就被当地说古法语的高卢人同化了。这部分法语化了的日耳曼人在 11 世纪又渡海北上，征服了整个不列颠，统治英国达数个世纪，最后也逐步被当地人同化了。这一时期，古英语吸收了大量的古法语和法语化了的希腊拉丁语词汇，使英语的词汇和语法结构发生了巨大的变化。

从 16 世纪开始，英语的发展进入了近代英语和现代英语的时期。16 世纪和 17 世纪的英语以英王詹姆士钦定《圣经》英译本和莎士比亚戏剧为代表，但和现代英语还有相当大的差距。18 世纪后，英语的书面语就和现在我们看到的基本上一致了。

世界语的由来

全世界的语言加起来共约 3000 多种，这么多的语言任何一个人都是无法样样精通的。因此，每个国家都要花费大量的人力、物力、时间来搞翻译工作。语言的差别，已成为人类交往的一大障碍，因此，一直以来，人们都有创造一种全世界都能通用的语言的梦想。

开始尝试创造世界语的是波兰的柴门霍夫。他创造世界语的想法，说来很有趣。当时，他家所在的比亚斯托克，居民分别为俄罗斯人、波兰人、日耳曼人和希伯来人（犹太人）。这 4 个民族的居民由于语言各不相同，彼此相处得不友好，有时还因误解而发生争斗，因语言纷争所导致的不幸事件经常发生。因此，柴门霍夫决心用毕生的精力改变这种局面，创造一种共同的语言。他进行了种种试验，设想了许多种新的语言方案。然而各种方案都存在着庞大的词汇，令人难以掌握，因而无法达到推广的目的。

一天，他偶然看见一个牌子上写着 svecarskaja（门房）一词，接着又见到另一块招牌上写着 kondi-torskaja（糖果）一词，他发现这两个词的词尾都是"skaja"。经过一番思索，他发现一条规律：如果在一个词的末尾加上一个词缀来构成新词，就无需花那么大力气把词典上的词一个个地背下来；同理，可以通过前缀来构成另一部分新词。这样一来，那些庞大的、令人烦恼的词汇似乎在柴门霍夫的眼前减少了许多，他终于在 1878 年设计了第一个世界语方案。他创造的"新语言"刚开始受到了一些人的嘲笑，但他坚持用它写文章，翻译作品。功夫不负有心人。1887 年，柴门霍夫在妻子施尔柏妮的帮助下，终于以"希望者博士"的笔名，自费出版了他的《世界语第一书》。

最早的字母文字

大约在公元前 2000 年，腓尼基人创造了人类历史上第一批字母文字，共 22 个字母（无元音）。这是腓尼基人对人类文化的最伟大的贡献。腓尼基字母是世界字母文字的开端。

由于腓尼基发达的航海和国际商业贸易，一方面经济需要及时编制商业文件，要求有一套普遍易懂的、简单方便的文字体系；另一方面，由于腓尼基从事国际商业活动，广泛接触并熟悉古代各国的文字，

使它创造新的字母文字成为可能。于是，腓尼基人利用埃及的象形文字和巴比伦的楔形文字创造了世界上第一套拼音字母。

在西方，它派生出古希腊字母，后者又发展为拉丁字母和斯拉夫字母。而希腊字母和拉丁字母是所有西方国家字母的基础。在东方，它派生出阿拉美亚字母，由此又演化出印度、阿拉伯、希伯来、波斯等民族字母。可以说，腓尼基字母是现今世界各族字母的共同祖先。

古埃及象形文字

大约公元前 3500 年，古埃及人为了记事的需要，发明了最初的文字。这种文字是由原始的图画文字演变而来的，可见于当时埃及的一些陶器、印章、石片和骨片上，多是古埃及人用简单的笔画形象地描绘下来的图形和符号。这种图画文字逐渐得到改进，到公元前 3100 年左右，发展成了比较完备的象形文字。

象形文字的名称来源于古希腊文，是由"神圣"和"雕刻"两词组成，意为"神圣的雕刻"。象形文字之所以如此命名，是因为希腊人第一次看到这种文字时，它是被刻在神庙的墙壁上，以为这只是专门用在寺庙中的文字。

埃及象形文字产生之初，任何一种能画得出的物体都可用该物的图形表示，如画一圆圈中加一点表示"太阳"；画三条波浪线表示"水"，这就是表意符号。表意符号也可表示具体的动作，或表达出图形的引申义。对于一些难以用具体图形表达的抽象概念，则采用引申和表意相结合的办法。

随着象形文字的进一步发展，便有了表音符号。表音符号是由部分表意符号转

化而来的，它们原本是表意的，后用于表音，就失去了原来图形的含义，变成了纯粹的发音符号。

古埃及人习惯不写出元音，所以象形文字里只有辅音符号，没有元音符号。后来古埃及人又把表音符号和表意符号合在一起使用，创造了限定符号，即在表音符号后面加上一个纯属表意的图形符号，以表示这个词是属于哪个事物范畴的。埃及象形文字整句中字字相接，无间隔亦无标点，只要掌握限定符号固定于词尾这一规律，就可把句中的每个字区分得清清楚楚。把表意符号、表音符号和限定符号按照一定的语法进行组合，便使象形文字成为"音"、"形"、"义"俱全的文字体系。

楔形文字

幼发拉底河和底格里斯河都发源于亚洲西部的亚美尼亚高原，公元前 4000 年左右，这里就有了最早的居民——苏美尔人。他们创造了灿烂的苏美尔文明，最能反映这种文明特征的是他们的文字——楔形文字。

最初，这种文字只是图画文字，后来，这种图画文字逐渐发展成苏美尔语的表意文字，把一个或几个符号组合起来，表示一个新的含义。随着文字的推广和普及，苏美尔人便用一个符号表示一个声音，后来又加了一些限定性的部首符号，如人名前加一个倒三角形，表示是男人的名字。这样，这种文字体系就基本完备了。

苏美尔楔形字的泥板

苏美尔人用削成三角形尖头的芦苇秆或骨棒、木棒在潮湿的黏土制成的泥板上写字，字形自然形成楔形，所以这种文字被称为楔形文字。

楔形文字是苏美尔文明的独创，最能反映出苏美尔文明的特征。楔形文字对西亚许多民族语言文字的形成和发展都产生了重要影响。西亚的巴比伦、亚述、赫梯等国都曾对楔形文字略加改造，来作为自己的书写工具，甚至腓尼基人创制出的字母也含有楔形文字的因素。

女真文字

女真人初用契丹文字，阿骨打建国后，完颜希尹和叶鲁参考汉字、契丹字创造了能记录女真语的新字，于天辅三年（1119 年）颁行，史称女真大字。金熙宗天眷元年（1138 年）又颁布了一套笔画更为简省的新字，史称女真小字。现存有关女真字的材料有文献、金石、墨迹 3 类：文献主要有明朝四夷馆编的《女真译语》，有女真字、汉文注音及译义；金石至今发现 8 处碑刻、摩崖；墨迹则十分珍稀。迄今所发现的资料仅见一种女真文，它究竟是大字还是小字，学者意见不一。

契丹文字

契丹民族在建立了契丹王朝后，为了适应政治、经济和文化等方面的需要，曾参照汉字创造了文字，用以记录契丹语。神册五年（920 年），耶律鲁不古、耶律突吕不创制了契丹大字，共 3000 余字。后来耶律迭剌创制了已发展到拼音文字初步阶段的一种文字，称契丹小字。两种契丹文字在辽代与汉字并行。辽灭金兴，契丹字又与女真字和汉字并行于金朝境内。明昌二年（1191 年），金章宗完颜璟明令废除契丹文字，契丹字在金朝境内逐渐绝用。

东巴文

东巴文是一种十分原始的图画象形文字，从文字形态发展的角度看，它的历史比甲骨文还要悠久，属于文字起源的早期形态。

东巴文最早是写画在木头和石头上的符号图像，后来发明了纸，才把这些符号图像写在纸上，成为东巴文经典。由于东巴掌握这种文字，故称东巴文。

随着纳西族社会的发展和民族文化的相互影响，在明末清初，丽江的一些东巴创造了格巴文。格巴是弟子的意思，格巴文即指东巴什罗后代弟子创造的文字，格巴文是对东巴文的改造和发展。纳西族创造了两种古文字，至今还在使用，这在世界文字发展史上堪称奇迹。东巴文是目前世界上唯一存活着的象形文字，是人类社会文字起源和发展的"活化石"。

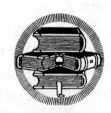

出版传媒篇

图书馆

图书馆，是收集、整理、收藏图书资料，供人阅览参考的机构。

世界上最早的图书馆大约在 8000 多年前就有了。美索不达米亚人曾用一种楔形棒在潮湿的泥书版上写字，写成的东西叫作"楔形文字作品"。他们把书版烤干，将其中的珍本放进泥套里保存起来。后人发现数以千计的这种书版储存在宫殿、寺庙里，并且按照科目次序排列起来。这样的宫廷藏书机构就是最初的图书馆。

在古埃及，图书馆则建在神殿里，并由牧师管理。埃及人把东西写在纸莎草纸上，然后把纸卷放在带节的树枝上，放在箱子内或书架上。

古埃及最著名的一个图书馆，就是建于公元前 300 年左右的亚历山大图书馆，它拥有几十万册藏书，几乎收藏了所有的希腊著作和一部分东方典籍。

首先想到要建立公共图书馆的是古罗马的统治者恺撒，他提出建立一个公共图书馆的系统的计划。在恺撒之后，公共图书馆成了罗马常设的设施之一。早在 4 世纪时，罗马就有 28 个图书馆了。

后来，图书馆变成了教堂和寺院的一部分。修道士们除了看书还抄书，因此，多数的图书馆都由于他们的努力而保存了下来。

在欧洲中世纪末期，大教堂出现了，一些小的图书馆就造在教堂里面。这时候，高等学府也开始收集图书。

到了 1400 年，英国牛津大学开始筹建图书馆，建成后被命名为博德莱因图书馆。

1850 年，英国议会通过了准许建立公共图书馆的法令，从那时起，图书馆开始兴盛起来。

中国的图书馆

《易·系辞上》说："河出图，洛出书。"虽然图书馆此时没明载于典籍，但在周代以前就有了藏书这一举动了。

中国的图书馆历史悠久，只是起初并不叫"图书馆"，而是称为"府"、"阁"、"观"、"台"、"殿"、"院"、"堂"、"斋"、"楼"等。如西周的盟府，两汉的石渠阁、东观和兰台，隋朝的观文殿，宋朝的崇文院，明代的澹生堂，清朝的四库全书七阁，等等。"图书馆"是一个外来语，于 19 世纪末从日本传到中国。

中国开始有现代意义上的图书馆，大约是在光绪三十年（1904 年）以后。中国最大的图书馆——北京图书馆（现国家图书馆），于 1910 年开始筹建，1912 年正式开放。

世界八大图书馆

1989 年，联合国教科文组织在一份报

告中列出了 8 个世界第一流的图书馆，它们在藏书量和设备完善等方面是长期被各国人民公认的。

国立列宁图书馆：在莫斯科，现藏书 2500 万册，手稿 250 万件，书架总长 500 公里，每天读者 7000 人，工作人员 3300 人，每年藏新书 100 万册。

美国国会图书馆：在华盛顿，藏书 2000 万册，手稿 200 万份，书架总长 526 公里，工作人员 5075 人，与国内外 1500 个单位建立了交换关系。

美国哈佛大学图书馆：在波士顿，包括 95 个院系分馆，总藏书 920 万册。

英国图书馆：在伦敦，建馆 200 多年，藏书 1220 万册，收藏 19 世纪欧洲的出版物比全国 6000 个公共图书馆收藏的还要齐全。

法国国立图书馆：在巴黎，创建于 1364 年，藏书 1000 万册，期刊 40 万种，图片 1200 万张，现在每年新增书架 3 公里，期刊架 2 公里。

中国国家图书馆：为中国最大的图书馆，创立于 1913 年，藏书 1010 万册，每天读者逾千。近年新建紫竹院新馆，可藏书 2000 万册。

朝鲜习堂图书馆：位于朝鲜平壤人民大学内，建筑面积 10 万平方米，设 5000 多座位，藏书 3000 万册。

日本国会图书馆：在东京，总面积 7300 平方米，现藏书 700 万册，期刊 72000 种，地图 22 万幅，录音录像带 24 万件。

图书释义

图书即书，因早期的书与图有着密切的关系，故称"图书"。最早在《周易·上悉辞》中，便有"河出图，洛出书"的记载。显然，先秦时期，"图"与"书"已被人们习惯性地联系在一起。另一方面，"书"在古代有"文字"之意，而汉字本是由图形演变而来。因此在古人的思维习惯里，图与字本是一种东西，便很自然地将"图"与"书"连在一起了。还有，因古人识字者少，许多书都在文字旁配有大量图画，因此，中国自古有"左图右史"（"史"指文字）的说法。需面对大量不识字的下层民众的宗教性质的书籍尤其如此。就"图书"的外延而言，其大致经历了一个逐渐缩小的过程。早期人们将一切带有文字乃至图画的东西都称作图书，后来，先是甲骨文、拓片等，接着是书信、档案、盟书等性质的文字逐渐分离出去。只有以宣传思想、传播知识为目的的文字载体才称作图书，这种狭义的图书又专门称作"书籍"。不过，在广义上，图书仍然可以泛指那些刻有文字和图像的甲骨文、金石拓片、书信、报纸，甚至包括声像资料、电子文字文档等。

书籍

书籍指的是狭义的图书。广义上的图书包括了一切刻有文字或图像的东西，书籍的意义大致可以从两个方面进行阐释。在动机上，书籍是以传播知识或宣传思想为目的；在外在形式上，书籍则制装成卷册的形式。根据这两条标准，中国最早的书籍应该是出现于公元前 8 世纪周代的简册。当时的人们将文字写在竹木片上，然后串联成册。另外，大概与简册同时出现的帛书应该也算作书籍。汉代开始出现纸制书籍，但因产量有限，并未大规模应用，直到晋代，纸质书籍才逐渐完全取代了简册。起初，纸质书籍也如同布帛那样只是用卷轴卷起来。唐代时，因卷轴书籍的不便，开始出现册叶形式的书籍，之后又陆续出现包背装、线装等形式的书籍。明清之际，线装书逐渐成为一种书籍的普遍形式。15世纪中叶，德国人谷登堡发明金属活字印刷术，大大加快印刷速度，现代装订形式的书籍出现，并首次实现了大规模流行。

简册书籍

简册书籍是早期的竹木片穿起来形成的图书。简册书籍大约出现于周代，是将竹子劈成一片一片之后连在一起制成的。一根竹片称为"简"，多根"简"用绳子编起来便成"册"。"册"是个象形字，表示竹片穿起来的样子，同时也称为"编"或者"篇"。其中，用丝绳将"简"编起来的叫作丝编，用皮绳编的叫作韦编。编好的图书，再卷起来便成为一卷，文章长了，则可以多分几卷。至今，卷、篇、册这些说法还是形容图书的量词。现在许多与书有关的字都有竹字头，比如书籍的"籍"，户口簿的"簿"等，也是这个原因。当时人们在简册上刻（写）字时是先由上及下，换行则由右及左，后来的纸质书籍同样沿用了该习惯。周、秦、汉三代，简、帛并用，但因帛过于昂贵，简册是主要的书籍形式。东汉中期蔡伦造纸后，纸开始成为重要的书写材料。因早期的纸产量不高，在魏晋时代，虽然私家已经越来越普遍地使用纸，官府文书仍多用简册。直到东晋末期，简册逐渐为纸质书籍所取代。

帛书《道德经》

汗青与杀青

汗青本是秦代之前人们制作竹简图书时的一道工序。古人在制作竹简时，首先选择上等的青竹，称其为"青"。在将青竹削成长方形的竹片之后，要用火烘烤这些青竹。这样做，一方面是因为干燥的竹片便于书写，另一方面也可防止虫蛀。烘烤之时，本来新鲜湿润的青竹片会被烤得冒出水珠，看上去就像出汗一样。因此人们称这道烘烤青竹的工序叫"汗青"。后来，"汗青"这道制造竹简的工序成了竹简的代称，又因为竹简用来作为书册，"汗青"又进一步被用来指代书册、史册，因为平仄、押韵等需要，多见于诗词中。

杀青是秦汉之际出现的制作竹简图书的工序。秦汉时期，由于毛笔的出现，制作竹简图书时不再需要烘烤竹片。人们先将粗稿写在青竹皮上，以易于改抹，等定稿后，则用刀削去青皮，誊写于竹白，称之为"杀青"。后来人们泛称书稿定稿或校刻付印为杀青。现在的影视作品前期拍摄完毕，进入后期制作阶段也叫杀青。

卷轴和册页

卷轴是中国唐代之前的书籍装订形式。卷轴，顾名思义，是以某物为轴卷起来之意。早期的不用时便卷起来的简册和帛书均属于卷轴类书籍。西汉时期，纸发明后，出现了纸质书籍。当时的书、画都是模仿帛书的样式把纸粘连成长幅，用木棒、象牙、玉石等做轴，从左向右卷成一束。这种卷轴形式的书籍是唐代之前的纸质书籍的基本形式。

但这种卷轴类的书籍有个明显缺点，便是要看书的中间或末尾时，只能从头打开，费时费力。唐代时，人们发明了册页书籍。册页有两类，一类与折扇的原理相仿，将纸折叠，形成一种便于展开阅读的书籍。其少则四开、八开，多则十二、十六、二十四开等，页数再多，则往往分为两册。每本册页加以硬壳板面作为封面和封底，收叠时成一部书状，阅读、携带、保藏都比较方便。另外一种则是活页式册页，一般将单幅作品裱成单页，并以盒装。除书籍外，古代的许多绘画作品也喜欢采用册页形式。明代时，线装本的册页数出现，已经与今天的书籍所差无几了。

雕版印刷

雕版印刷是中国唐代出现的印刷术，是世界上最早的印刷术。南北朝时，纸质书籍已经基本替代了早期的简册书籍，给人们阅读带来极大方便，但依靠传抄的流传方式大大制约了书籍的广泛传播。唐初，人们受印章和碑拓的启发，发明了雕版印刷。雕版印刷的方法是先在纸上按照所需规则写好文字，然后反贴在刨光的木板上，再根据文字刻出阳文反体字，制成雕版。之后在版上涂墨，再将干净纸张铺上并贴紧，将纸揭起，印品便成了。这大大加快了书籍制作的速度。不过雕版印刷也有明显的缺点，一是雕版缓慢，大部头的书往往要雕刻几年始成，并且一旦一处出错，往往整版都要重刻；另外雕版经常因变形、虫蛀、腐蚀而损坏，需要不断更换；还有就是对于印刷量不大的书籍，花时间与精力雕版便显得有些不划算。不过，雕版印刷术为北宋时期的活字印刷术奠定了基础。不过，因活字印刷术并未得到推广，因此雕版印刷术一直到清末都是中国人印刷书籍的主要手段。

活字印刷术

活字印刷术是在雕版印刷术的基础上发展而成的印刷术，由北宋时期的布衣知识分子毕昇在宋仁宗庆历年间发明。毕昇的活字印刷术是用胶泥制作并烧制成单个的汉字存放起来，然后根据具体印刷对象的需要挑选汉字组成篇目。常用的字往往备用几个甚至几十个，遇到没有备用的冷僻字，则临时制造。这种胶泥活字印刷术基本解决了雕版印刷术的弊端。与毕昇同时代的沈括在《梦溪笔谈》中详细记载了此事。但毕昇的胶泥活字印刷术并没有得到推广，他死后，胶泥印刷术只是作为一种技术流传下来，并发展出木活字、陶土活字、铜活字等，但并未能取代雕版印刷术的主体地位。不过，毕昇的活字印刷术传到欧洲后，德国人古登堡在1440年左右在活字印刷术的基础上，整合欧洲多项技术，发明了铅字活字印刷。铅字活字印刷将印刷业推向了工业化时代，真正实现了书籍的普及，大大加快了人类文明的进程。因此，活字印刷术被誉为中国四大发明之一。时至现代，随着激光照排技术的发展，活字印刷术也已经逐渐退出历史舞台。

目录四分法

目录四分法是中国唐代以后普遍采用的图书分类方法，具体为经、史、子、集。中国最早的图书分类方法乃是《七略》及《汉书·艺文志》所进行的六分法，即将所有图书分为六艺、诸子、诗赋、兵书、数术、方技六略（外加一略总论各类学术思想源流），这种六分法对中国早期目录学造成深远影响，其后南北朝出现的另外两本重要目录学著作《七录》和《七志》在六分法的基础上创立了七分法。但同样是在西晋时期，由于学术观念的变化，在六分法流行的同时，已经出现四分法。西晋荀勖所编的《中经新簿》，以六艺经典为甲部，以诸子、数术、方技、兵书等为乙部，史书为丙部，诗赋、文集为丁部。这是最早的四分法。唐朝官修的《隋书·经籍志》正式承认这种四分法，并改变了名称和次序，定之为经、史、子、集。其中，经部指儒家经典及其重要注释；史部指史书；子部则范围较大，包括诸子百家、五行、医药、天文、历法等；集部则指个人别集或各家合集，四部之下总分四十类。经、史、子、集的四分法成为后世历代主流的图书分类方法。

丛书与类书

丛书指的是在一个总书名下汇集了多种独立图书而形成的一套书，又称丛刊、丛刻、丛编、汇刻等。丛书中的独立图书被称为丛书子目。

它通常是围绕一定主题内容，为了某一特定用途，或针对特定的读者而编纂的。丛书的主题或宗旨明确而宽泛，子目既相对独立，又紧扣主题或宗旨，可独立存在。

中国最早的丛书是南宋的《儒学警悟》，规模最大的丛书是清代的《四库全书》。在古代，丛书大多是综合性的丛书，但现在随着科学文化的发展，出现了各种专门性的丛书。

类书就是辑录各门类或某一门类的资料，然后根据类别加以编排，以便于检索、征引的一种工具书。它基本上是按照"天、地、人、事、物"的模式进行编排的。三国时刘劭、王象等编的《皇览》，是中国第一部类书。唐朝的《北堂书钞》是中国现存最早的综合性类书。明朝的《永乐大典》是中国古代规模最大的类书，共22877卷，

11095册，3.7亿字，但今仅存700多册。清朝的《古今图书集成》是现存规模最大的类书，共6109部，1万卷。

写本、稿本、抄本、刻本

中国的古籍版本浩如烟海，按照各种不同的标准，可以分为许多类型。按照制作方式的不同，古籍版本可以分为写本与印本两大类。

写本，又称"手写本"，是指用手写成而非制版印刷的本子，包括稿本、抄本等。人们习惯上将唐朝以前的本子称为"写本"，唐朝以后的本子称为"抄本"。人们又习称除稿本和抄本外用手写形式写成的本子为"写本"。写本比经过加工整理的抄本或印本更为真实具体。

稿本就是作者手写的底本，是一种特殊的写本。作者或书写人一般有一定名气。稿本分为3种：原稿本、清稿本和上版稿本。

抄本，也作"钞本"，是指印刷术发明后根据底本传录写成的副本，又称为"传抄本"。其中书写工整、错误较少的，被称为"精抄本"；无法断定抄写年代，统称为"旧抄本"。

刻本是指雕版刻印的印刷本，又称"刊本"、"椠本"、"雕本"或"版"。刻本根据年代、单位、地点、质量、版式等的不同，可以分为多种活字本、石印本、铅印本和影印本等。

孤本、珍本、副本

孤本指的是在世界上仅存的一份图书资料，有时也把在世界上仅有的一份流传的图书或资料的某种刻本（有时这种图书还有其他刻本流传）、未刻印的手稿、碑贴的旧拓本称为孤本。现存的世界最早的

印刷品是中国唐朝时期（868年）印刷的《金刚经》，就是孤本。

珍本指的是珍贵的图书或资料。凡是不常见的、数量稀少的难得的文献，以及具有科学、历史和艺术价值的古旧图书资料，都称为珍本。如20世纪20年代中国共产党在上海建立的上海人民出版社印行的汉译《共产党宣言》版本，现在已经非常少见，已成为珍贵的革命文物，从版本学角度来看，可以称为"珍本"。

副本，也称别本，它是相对于正本而言的。过去私人藏书家，每得到一个珍本，就会重抄作为副本加以保存，被转抄的珍本则被称为正本。现在把政府间的文件以及国际文件的正式签署本的复本称为副本，作为通用善本。精抄本、精校本、手稿、古代拓碑帖以及图书的旧刻本等，通常也称为善本。

足本、节本

足本、节本是按照书籍内容是否全面进行划分的。足本指卷数完整、没有残缺的书籍。节本则指因原书数量太多，或文字冗长，在抄录或重印时只节取其中一部分而成的书。如果是从某书已经刊刻的书版中抽出一部分，或者其中的某几卷单印成册的书，则称为抽印本。

《水浒传》是中国古代四大名著之一，流传很广，影响深远。它的版本也很多，大致可以分为简本和繁本两个系统：简本文字简略，细节描写较少；繁本文字生动，细节描写比较生动，文学性很强。所谓"简本"，其实是节本；而繁本，就是足本。繁本主要有3种，七十回本、一百回本和一百二十回本。七十回本是金圣叹将《水浒传》中梁山聚义后的部分全部删去，又把第一回改为楔子，成为七十回本。一百回本是梁山聚义后，又增加了征辽和征方腊故事。一百二十回本是在征辽和征方腊的基础上，又增加了征田虎和王庆的故事。相对于一百二十回本来说，七十回本和一百回本也是节本。

皇家藏书

皇家藏书是指皇族贵胄的私人藏书。皇家藏书不但历代帝王沿袭继承、修造的书籍不可记数，而且各种民间奇、怪、异、秘、趣、谋、神魔、野史也是应有尽有，各类图书的珍、孤、秘本也只有在皇家才可以找到。

皇家藏书制度在汉朝就建立起来了。西汉建立后，相国萧何就在长安未央宫的正殿北面修建了石渠阁、天禄阁和麒麟阁三座藏书阁，专门收藏皇家书籍。据刘歆的《七略》记载，西汉皇家藏书共33690卷，这是中国历史上第一次有关皇家藏书数的明确记载。

唐朝时，皇家图书主要藏在弘文馆、史馆和集贤书院。据史书记载，唐朝开元时，东西两京的藏书达125960卷。明朝时，藏书主要在文渊阁，嘉靖年间又修建了皇史宬。

清朝时，皇家图书主要就收藏在故宫内文渊阁，盛京（沈阳）宫内文溯阁，圆明园内文源阁，热河避暑山庄内文津阁、扬州文汇阁、镇江文宗阁和杭州文澜阁。此外，昭仁殿、五经萃室、南薰殿、紫光阁、舆图房等处，也是清代皇家的重要藏书处所。

皇家档案

皇家档案指的是封建王朝时期皇族的文件和资料。中国古代最著名的皇家档案馆是皇史宬。

皇史宬又称表章库，是明清两代皇室保存皇家史册的档案馆。"宬"是指古代用于藏书的屋子。它始建于明嘉靖十三年（1534 年）7 月，位于北京天安门东边南池子大街，占地 8460 平方米。初建时，本名神御阁，准备收藏历代帝王画像、实录、宝训。建成后，更名皇史宬，收藏实录、圣训。它的主殿基本上由石头建成，被称为石屋。石屋中陈列着 152 个"金匮石室"，存放着皇家的圣训、实录与玉牒，除了收藏实录、圣训外，皇史宬还收藏明清两代玉牒、皇帝登基的诏书，皇帝的朱批，秘密立储的朱谕和密匣，封赠官员的诰敕，大臣的奏章，殿试试卷及大小金榜、与外国来往的书信文件、各种舆地地图、《永乐大典》副本、大清会典、题本的副本、朔漠方略和各将军印信等。

在实录、圣训、玉牒送往皇史宬收藏时，要先举行进呈、祭告、奉安等仪式；启匮查阅时，要举行焚香九叩首等仪式。皇史宬在明朝由司礼监管理，在清朝由内阁满本房掌管。

藏书家与藏书楼

古代藏书和书籍几乎是同时出现的。早在战国时期就开始有私人藏书，但私人藏书蔚然成风是从宋代开始的，其中尤以江浙一带为多。据吴晗《江浙藏书家史略》一书统计，当时江浙一带比较有名的藏书家有近 900 人。明朝胡应麟把藏书家分为"好事家"和"鉴赏家"两类。清朝洪亮吉把藏书家分为考订、校雠、收藏和掠贩四类。

宋朝文化发达，士大夫藏书成风，出现了晁公武、尤袤、李昉、司马光等著名的藏书家。

藏书楼是指中国古代私人图书馆。明朝末年，著名的三大藏书楼是赵琦美的脉望馆，钱谦益的绛云楼和毛晋的汲古阁。毛晋的汲古阁藏书达 84000 册，是历代私人藏书最多的一家。中国现存最古老的私人藏书楼是建于嘉靖四十至四十五年（1561～1566 年）的浙江宁波的天一阁，藏书达 7 万卷之多。

晚清有四大藏书楼，分别为山东聊城杨以增的"海源阁"，江苏常熟瞿绍基的"铁琴铜剑楼"，浙江归安陆心源的"皕宋楼"和浙江杭州丁丙的"八千卷楼"。

古籍的版式

版式即古籍每一印页的格式。印页上各部分都有特定名称，主要有：

版面：指每页上印版所占范围。

版框：版面四周的粗线，也叫边栏。上方叫"上栏"，下方叫"下栏"，两旁叫"左右栏"。单线的叫"单边"或"单栏"，双线的叫"双边"或"双栏"。有的印页版框上下栏单线，两旁双线，被称为"左右双边"或"左右双栏"。

版心：每页版面正中的位置，又叫节口。版心通常有用作对折准绳的黑线和鱼尾形图案，有的还印有书名、卷数、页码及本页字数，明代以前，版心下方往往还印有刻工姓名。

行格：版面之内，用直线分成若干行，每行有若干字，在鉴定和著录时，人们习惯以半页计算，称"半页×行×字"，有的简称"×行×字"，若每一行中有两排字（通常为大字的注解），叫作"小字双行×行×字"，若双行字数与单行正文相同，就不再注出。这种著录和说明方式，称为行格，又称行款。

朱丝栏、乌丝栏：行格界栏以红色印

的称为朱丝栏，以黑色印的称为乌丝栏。主要见于唐以前写本。明清时期，专有印刷各种颜色笺格的作坊，用不同颜色界栏笺纸抄写的古籍，通常直接著录为红格、黑格、蓝格、绿格等。

鱼尾：版心中间用作折页基准的图形，因其酷似鱼尾，故名，只有一个鱼尾的称为单鱼尾，上下各有一个对称的鱼尾，称双鱼尾。

白口、黑口：宋代以后，书籍装订均在版心处对称，然后粘连或订线，对折的准绳主要是鱼尾，有时也在鱼尾上下各印一条黑线作为标线，叫作象鼻。凡加印黑线的书，装订成包背或线装之后，书口处就显出暗黑色，所以被称为黑口，其中粗线叫大黑口或阔黑口，细线叫小黑口或细黑口。不加线的叫白口。

书耳：版框左栏外上方，有时刻出一个小方格，里面题写篇名，叫作书耳或耳格。主要见于宋代蝴蝶装版面上。

古籍的结构

每册古籍内外各部分，均有固定名称。主要有：

书衣：即书的前后封衣，又称书皮、书面。书衣有布、纸两种，最常见的是用栗色毛边纸和青色连史纸做成的书衣；布料、绵绫则多施于古籍善本。明清内府图书常用黄绫做衣，以示尊贵。书衣上一般题有书名，或直接写在封皮上，或贴一纸书签。

书签：用来题写书名的长方形纸条，一般贴在古籍封皮左上角。

书脑：线装书订线的一边。

书脊：线装书订线的侧面，相当于现代图书的书背。

书头：古籍的上端，又叫书首。

书根：古籍的下端。往往用作题写书名、卷数，靠近书脊的一端，多用于标注册数，最后一册常用作"止"字的异体字。

扉页：在书页之后、书名页之前的一页白纸。

书名页：即古籍的封面，专用题写书名，一般置于书衣及扉页之后。多以半页（一块书版的半面）刻写书名及作者，也有的以半页题书名，半页题刻版时间、刻版机构或藏版处。

版本学

版本学是以各种书籍的抄本、批校本、稿本和印本等为研究对象的学科。详细地说，它是以书籍纸张、墨色、字体、刀法、藏章印记、款识题跋、刻印源流、行款版式、封面牌记、古今真赝、传抄情况等研究对象的学科。它原是目录学的一个组成部分，后发展为一个独立学科。

版本学的研究对象包括碑书、写本、刊本、印本、稿本、抄本、批校本等各种形式的图书。它的主要研究范围包括：各种图书版本的发生、发展史，如雕版源流和演变、传抄源流等；各种图书版本的异同优劣情况，并加以鉴别，判断时间，指明特点，总结出规律；版刻、印刷、装帧等方面发展与成就，比如印刷墨色、字体刀法、藏书印记，版本行款、装帧式样等。

版本学通过广泛搜集图书不同版本，可以找出其中的差异和错误，为校勘提供基础，以后再版是可以避免错误，以免贻误后学。它可以比较优劣，选择善本，指导阅读。对于大量伪书，版本学可以加以识别。版本学对于学术文化的发展，具有不可低估的作用。

目录学

目录学是指研究书目的编制，使之在科学文化事业中有效地发挥作用的学问，是图书馆学的一个分支学科。目录学可以分为 4 个部分：提要学、分类编目学、校勘学、版本学。

中国学者认为，目录学的起源可以上溯到春秋时期孔子删诗、书之时。但目录学的正式建立，则是在西汉河平三年（公元前 26 年）刘向受诏校阅整理皇家的先秦古籍。在校阅群书时，他编定次第，记录书名篇目，把校书时所撰叙录全文编成《别录》20 卷。这是中国古代目录学的开山之作，也是世界上第一部书目解题式图书总目。因《别录》篇幅太多，查找烦琐，所以刘向的儿子刘歆在《别录》的基础上，进行删节摘录，利用天禄阁的官府藏书编成了中国第一部综合性的图书分类目录——《七略》一书，刘向和刘歆父子成为中国历史上著名的文献学家。《别录》和《七略》的出现奠定了中国目录学的基础，使目录学从此建立起来，体系才逐渐完备。中国古代规模最大、最全的目录是《四库全书总目提要》和《四库全书简明目录》。

校雠学

校雠学乃是对古人整理古代文献的方法进行研究的一个学科。"校雠"一词，西汉刘向最早对其下了定义："一人读书，校其上下，得谬误，为校；一人持本，一人读书，若怨家相对，为雠。"可见，校雠说的是两件事。其中，"校"乃是对一本书本身存在的错误、不通之处找出来并改正；而"雠"，则是对于不同版本的书进行对照比较，找出讹误之处，以定一个善本出来。宋代，"校雠"又称"校勘"。

郑樵的《通志·校雠略》等著作对校勘的原则、通例做了总结，并将校雠的内容拓展为论述收藏整理、经营管理图书的理论与方法，奠定了传统校雠学的基础。到清代，伴随着考据学的极大兴盛，校雠学得以最终成为以文字、音韵、训诂为基础，以"辨章学术，考镜源流"为特色，包括了版本、校勘、目录等学科在内的校雠学体系。其涉及古籍分类、文字校勘、版本考证、史实考订、目录编纂等古籍整理的各个方面。进入近现代后，校雠学中的目录、版本学等又分化为独立的学科。

武英殿

武英殿始建于明初，位于外朝熙和门以西，与位于外朝之东的文华殿相对应，即一文一武。清康熙年间，首开武英殿书局。康熙十九年（1680 年）将左右廊房设为修书处，掌管刊印装潢书籍之事，由亲王大臣总理，下设监造、主事、笔帖式、总裁、总纂、纂修、协修等 30 余人，由皇帝和翰林院派充。康熙四十年（1701 年）以后，武英殿大量刊刻书籍，使用铜版雕刻活字及特制的开化纸印刷，字体秀丽工整，绘图完善精美，书品甚高。乾隆三十八年（1773 年），《永乐大典》中摘出的珍本 138 种排字付印，御赐名《武英殿聚珍版丛书》，世称"殿本"。

同治八年（1869 年）武英殿被火焚，烧毁正殿、后殿、殿门、东配殿、浴德堂等建筑共 37 间，书籍版片焚烧殆尽。

同文馆

同文馆，即京师同文馆。同治元年（1862 年）七月二十九日，恭亲王奕䜣等奏准在北京设立同文馆，附属于总理衙门。设管理大臣、专管大臣、提调、帮提调及总教习、副教习等职。

同文馆为培养翻译人员的"洋务学堂"，最初只设英文、法文、俄文三班，后陆续增加德文、日文，以及天文、算学等班。招生对象开始限于14岁以下的八旗子弟，1862年6月入学的仅10人，以后扩大招收年龄较大的八旗子弟和汉族学生，以及30岁以下的秀才、举人、进士和科举正途出身的五品以下满汉京外各官，入学学生逐年增多。课程设置最初只有英、法、俄、汉文，同治六年后增设算学、化学、万国公法、医学生理、天文、物理、外国史地等。1902年1月，同文馆并入京师大学堂。

点石斋石印书局

点石斋石印书局是中国最早用石印印书的出版机构。1879年由英国商人在上海创办。聘中国人邱子昂为石印技师。首先以照相缩印技术翻印木刻古籍，如用殿版《康熙字典》缩印。

1884年5月8日出版《点石斋画报》旬刊。内容为各国风俗景物、火车轮船、著名建筑及声、光、化、电等新事物，既开画报出版的先声，又以画新事物影响当

《点石斋画报·公车上书图》

时的画风。1909年，与图书集成铅印局、申昌书局、开明书店合并为集成图书公司，为上海当时铅、石印全备的最大出版印刷机构。

纸草书

纸草书也称"纸草书卷"、"纸草纸书"。

纸草是埃及沼泽地区的一种高秆植物，茎部富有纤维，将其剖成薄片长条，再用树胶粘连起来，即可成为很好的书写材料。埃及文字除象形字多用于铭刻外，祭司体和民书体字一般写在纸草上。在上埃及地区发现的纸草书内容包括公文、宗教、文学、医学和数学等。

纸草不但是古埃及人使用的纸张，随后也成为地中海东部地区通用的纸张，许多古代文献都是以纸草书的形式保留下来的。

在公元前8世纪前后，纸草书卷的制作方法由中东的巴比伦传到古代希腊和罗马。古罗马人改进了纸草书卷。

泥版书

泥版书是用一种木制硬笔在泥土板上刻写的，书成后经过焙烧或晒干，就成为坚硬的泥版书。泥版书起源于西亚，后来传到希腊克里特岛、迈锡尼等地，刻写于上的文字也分为楔形文字和线性文字，因此又分为楔形文泥版文书和线性文泥版文书。

羊皮书卷

羊皮书卷是指用羊皮或羊羔皮为材料制成的最原始的一种图书。它是由中东地区的帕加马人发明的。在帕加马帝国欧迈尼斯二世时期（前197～前159年），由于埃及人停止供应纸莎草，帕加马人没有了制书的原料，被迫发明了用羊皮作为原料的羊皮书。

现在所知最早的羊皮书是公元前 4 世纪阿契美尼德王朝末期编写的《波斯古经》，共有 21 卷，35 万字。

蜡版书

蜡版书是世界上最早的、可重复使用的记事簿，也是最原始的一种图书。

蜡版书产生的年代尚待考证。公元前 8 世纪，中东地区的亚述人已用它作为文字的载体。当时，它主要作为可重复使用的记事簿。

它的制作方法是将薄木板表面的中间部分掏空，把融化的蜡注入其内，在蜡未完全硬化之时用来刻写文字，将刻写后的蜡版打孔后穿绳，即制成蜡版书。重复使用时，只需将蜡木版烤热，使蜡变软即可。

西方古版书

古版书是指西方活版印刷术创始时期印刷的出版物。该词来源于拉丁语"襁褓"或"摇篮"。1639 年，文艺复兴时期的人文主义学者首先用以称述 1450 ~ 1500 年期间的印刷出版物。

古版书以哥特体的拉丁文宗教著作为主。最著名的古版书是 J. 谷登堡印刷的《四十二行圣经》和《万灵药》。据统计，在 1450 ~ 1500 年的这 50 年期间印刷的出版物有 3.5 万种、900 万册，但流传下来的极少。古版书已成为图书馆和书籍收藏者搜寻的珍版书籍。

世界十大百科全书

《中国大百科全书》是中国第一部现代大型综合百科全书。

《不列颠百科全书》是西方 ABC 三大百科全书之 B。

《布洛克豪斯百科全书》是德国大型综合百科全书。

《拉普斯百科全书》是法国综合性大百科全书。

《美国百科全书》是标准型综合性百科全书。

《苏联大百科全书》是苏联大型综合性百科全书。

《世界大百科事典》是日本标准型综合性百科全书。

《科里尔百科全书》是美国 20 世纪大型综合性百科全书。

《插图欧美大百科全书》，共 80 卷，全书以国际人物和地名条目为多。

《意大利科学、文化与艺术百科全书》，全书以人文科学、艺术内容及装帧和插图特点而驰名。

《吉尼斯世界纪录》

《吉尼斯世界纪录》是一部专门记载各种奇异的世界之最的书。

《吉尼斯世界纪录》的创刊人是英国吉尼斯啤酒公司总经理休·比佛爵士。1951 年，吉尼斯啤酒公司的总经理休·比佛就金鸟是否是世界上飞得最快的鸟与他人展开争论，为了弥补这项知识的空白，他决定由自己的公司出版一本记录这种"世界之最"的书。

1954 年 9 月 12 日，经别人推荐，比佛会晤了诺里斯·麦克沃特和罗斯·麦克沃特孪生兄弟，希望他俩在伦敦的统计机构能够帮助他收集部分材料，主持编纂这本书。1955 年 8 月 27 日，印刷厂完成了第一本《吉尼斯世界纪录大全》的装订工作。

这部仅有 198 页的小册子，当年便夺得了第一畅销书的桂冠。之后，其销售量始终名列前茅。每年都要重版和增补新的纪录。如今该书在世界上140多个国家畅销，被翻译成30多种文字。

《雷克拉姆世界文库》

世界著名的丛书。1867年由A.P.雷克拉姆与H.H.雷克拉姆父子在德国莱比锡创办。丛书的范围包括德国文学、世界文学和哲学3个领域。

雷克拉姆父子出版这套丛书的宗旨，是让它起到家庭图书馆的作用。丛书出版后，受到广大读者欢迎。1945年，该丛书已连续出版7600种，总印数达2.8亿册。1948年之后，这套丛书由小菲利普·雷克拉姆出版社（莱比锡）和小菲利普·雷克拉姆出版公司（斯图加特）各自连续出版。

《伯尔尼公约》

19世纪，西欧尤其是法国涌现出许多大文学家、大艺术家，他们创作的大量脍炙人口的作品流传到世界各地，相应地，这些国家开始重视版权的国际保护。1878年，巴黎召开了一次重要的文学大会，建立了一个国际文学艺术协会。1883年，该协会将一份经过多次讨论的国际公约草案交给瑞士政府。瑞士政府予以通过，并定名为《保护文学和艺术作品伯尔尼公约》，简称《伯尔尼公约》。原始签字国有英国、法国、德国、意大利、瑞士、比利时、西班牙、利比里亚、海地和突尼斯10国，1887年9月5日签字国互换批准书（只有利比里亚没有批准），公约于3个月后生效，这是世界上第一个国际版权公约。

《安妮女王法令》

《安妮女王法令》英国第一部关于版权的法令，也是世界上第一部现代意义的版权法，简称《安妮法令》，1710年颁布。

17世纪末，非法翻印图书的行为迅速蔓延。建立图书保护制度成为亟待解决的问题。在印刷出版商不断向国会寻求法律保护的过程中，1709年1月11日，英国下院收到一项法案，要求在一定期限内把图书的印制权授予印本的作者或买主以鼓励学术活动。这项法案于1710年4月10日由议会通过，即《安妮法令》。

《安妮法令》关于保护主体、权利期限、登记注册和缴纳样本制度，以及侵权惩罚等方面的规定，确立了现代版权立法的基本模式，影响和启发了后来的版权立法。1790年，美国颁布的联邦版权法便是仿照《安妮法令》制定的。

《大清著作权律》

清末"新政"时期，出版领域呈现出新的变化，西方版权观念传入中国。为适应国内外局势的发展要求，清政府颁布了中国近代第一部版权法——《大清著作权律》。该律虽未真正施行，但却具有深远的历史意义。

报纸溯源

中国最早的报纸是"邸报"，创始于西汉初期，距今已有2100多年的历史了。

西汉的行政划分实行郡县制，全国设若干郡，郡下设县。各郡在京都长安分别驻有代表，其驻地称为"邸"，各郡代表的主要任务是做好皇帝和各郡长之间的联络工作，这样便产生了"邸报"。造纸术的发明，使"邸报"的发行进一步扩大。到了唐代，邸报的发行已扩展到全国，各地的朝野官吏是其主要读者，而且唐朝的"邸报"内容也较以前大为丰富，除刊登皇帝的起居、行动、诏令、会议外，还登载奏章、叙任、赏罚、辞令、朝觐、通报等内容。

国外报纸的出现，可追溯到古罗马帝国时期。古罗马帝国杰出的政治家和军事家恺撒大帝为了便于管理国家和进行征战，出版过一种"每日记闻"，借以颁布各项政令和战报，报道贵族院里的选举情况，刊登贵族院议会记录，另外还发布宗教生活和世俗生活等消息。

《万国公报》

《万国公报》原名《教会新报》，1868 年 9 月 5 日在上海创刊，主办人是美国监理会传教士林乐知，以林华书院的名义出版，由上海美华书馆负责印刷。起初为宗教性刊物。

《万国公报》

1874 年 9 月 5 日，《教会新报》出至 301 期时改名为《万国公报》，内容开始演变为非宗教性质。1899 年 2 月，《万国公报》把马克思以及他的《资本论》介绍到中国来。1907 年 7 月《万国公报》停刊。

杂志

"杂志"一词，源自法语"mgaasin"，本义是"仓库"。

"杂志"这个词第一次被用以称谓刊物，是 1931 年在伦敦出版的《绅士杂志》，后来就正式被沿用为杂志的通称。在最初，杂志和报纸的形式差不多，极易混淆。后来，报纸逐渐趋向于刊载有时间性的新闻，杂志则专刊小说、游记和娱乐性文章，在内容的区别上越来越明显。早期英国的杂志内容，包括小品、诗、论文和其他各式各样体裁的文章，可以说是包罗万象。在形式上，报纸的版面越来越大，开本为对折，而杂志则经装订、加封面，成了书的形式。此后，杂志和报纸在人们的观念中才具体地分开。

中国最早的杂志为德国汉学家郭实腊 1833 年 7 月在广州创办的《东西洋考每月统记传》。发行时间延续 5 年多，版式采用中国传统书本样式，刊期使用清代皇帝年号纪年。

《读者文摘》

《读者文摘》在美国是家喻户晓、影响深远的刊物，是德维特·华莱士和莉拉·华莱士夫妇在 1922 年 2 月创办的。

华莱士因为家境贫寒，没有念完大学就走上社会，但他酷爱看书，凡接触到的各类出版物和印刷品，他都如饥似渴地阅读，连意大利的药品说明，他也要逐行读下去。他有个习惯，就是凡阅读过的东西总要把要点记在常备的小纸条上，有时甚至把精彩的段落抄下来。在长期的实践中，他逐渐形成了一个想法：现有的报纸内容过于简单粗糙，印刷极差，而书籍又过于冗长烦琐，读起来浪费时间，如能克服上述缺点，将两者的精华部分经过最完美的压缩和聚合，那就可以成为读者乐于接受的期刊。

于是，华莱士夫妇把油印的数千份《读者文摘》试刊寄给教师、教授、传教士、医护人员等，并附上信件和预订单，说明先预付 3 美元，若发现《读者文摘》不值一读，可退订。出乎他们的意料，有 500 名读者寄来了订费 1500 美元，这足够付两期《读者文摘》的印刷费用。于是丈夫跑图书馆编稿，妻子负责后勤事务，一本 64 页像书一样大小的刊物很快就正式诞生了，并且一直影响至今。

广播

世界上第一个做无线电广播的人，是出生在加拿大的芬斯顿。这位发明家经过 6 年的努力，终于在 1906 年圣诞节前夕试验成功。这天晚上 20 时左右，新英格兰海岸外的轮船上，少数无线电电报员正在紧张地工作着，准备接收电码讯号。突然从耳机中听到有人读《圣经》中的圣诞故事，接着又听到小提琴演奏和亨德尔的《舒缓曲》唱片，最后听到了亲切的祝福声。几分钟后，耳机中又传出了那听惯了的电码声。这就是世界上第一次无线电广播的情景。

1907 年，美国物理学家福莱斯特发明了一种可以广播人声的无线电真空管——三极管。不久，三极管即被采用到工业生产上来，成为无线电收音机标准真空管。当时，福莱斯特在日记里激动地写道："我发明了一个看不见的空中帝国。"

美联社

美联社于 1848 年成立于纽约，是世界上最大的通讯社。作为当今世界新闻资讯系统的中枢、世界上最古老和最庞大的新闻组织之一，它在世界各地一共设有 240 多个分社，每天为 10 亿多人提供新闻、照片、图表、音频和视频等方面的服务。在美国国内，美联社为 5000 多家电台、电视台和 1700 多家报纸提供新闻。

法新社

法新社是目前世界上历史最长的新闻机构，它创建于 1835 年，其创建人查尔斯·路易斯·哈瓦斯被尊为全球新闻业之父。今天，法新社已经发展成为一个集电台、电视台、报社和公司为一身的综合性新闻机构，在世界各地设有分社。

路透社

路透社是英国创办最早的通讯社。1850 年由保罗·朱利叶斯·路透在德国亚琛创办，1851 年迁址到伦敦。创办人路透原为德国人，后加入英国籍。1865 年，路透把他的私人通讯社扩展成为一家大公司。

塔斯社

塔斯社是一个国际性的信息搜集和分派组织，其前身是苏联的塔斯社。它拥有强大的记者阵容，这些记者都曾经受过严格的专业训练，不仅能从正常的渠道获取新闻，而且善于通过各种途径获得秘密和独家消息。

共同社

共同通讯社，简称共同社，是代表日本的国际性通讯社。它独立于政府，报道发生在世界各地的各种新闻，并将之提供给日本全国各报社、民营电视台以及 NHK 等新闻机构，同时，共同社还将日本动态提供给世界上其他各新闻机构。共同社总社设在东京。

BBC

英国广播公司（British Broadcast Corporation），简称 BBC，成立于 1922 年，是英国最大的新闻广播机构，也是世界最大的新闻广播机构之一。

BBC 虽然是接受英国政府财政资助的公营媒体，但其管理却是由一个独立于政府以外的 12 人监管委员会负责，并且通过皇家宪章保障其独立性。监管委员以公众利益的信托人的身份管理 BBC，他们都是社会上有名望的人士，包括苏格兰、威尔斯、北爱尔兰和英格兰的首长。监管委员由英国首相提名，英女皇委任。

无冕之王

"无冕之王"的提法最早出现在 19 世纪的英国。当时，《泰晤士报》被称为英国上流社会的舆论权威，主笔辞职后常被内阁吸收为阁员，地位很高。人们就称这些报纸主笔是"无冕之王"。后来，西方新闻界泛指记者为"无冕之王"，认为记者享有凌驾于社会众人之上的特殊地位。

节目主持人

"节目主持人"一词最早出现于 1952年。1952 年是美国第 34 届总统大选之年。美国哥伦比亚广播公司新闻节目负责人米克尔森挑选了具有丰富经验的沃尔特·克朗凯特报道这一年的美国两党代表大会。米克尔森和制片人唐·休伊特认为，为了更好地报道这次大会，应让最有能力的记者在最后把所有的报道串接起来，然后高度概括一番。休伊特把他的这一设想比作体育运动中接力赛跑的最后一棒，他把接最后一棒的人叫作"节目主持人"，"主持人"就是主要持棒之人。于是，克朗凯特便成了世界上第一个节目主持人。

普利策奖

普利策奖是 1917 年根据美国报业巨头约瑟夫·普利策的遗愿设立，20 世纪七八十年代已经发展成为美国新闻界的一项最高荣誉奖。

普利策奖分为两类，新闻界和创作界。新闻界的获奖者不受国籍限制，但是获奖作品必须在美国周报（或日报）中发表的。创作界获得者必须是美国公民，唯一例外是历史类创作，只要是关于美国历史的书都可获奖，作者不必是美国人。

世界图书和版权日

世界图书和版权日始于 1995 年，目的是推动阅读和写作，宣扬跟阅读关系密切的版权意识。

4 月 23 日对于世界文学领域是一个特殊的日子，因为塞万提斯、莎士比亚和加尔西拉索·德·拉·维加都在 1616 年的这一天去世。此外，4 月 23 日也是另一些著名作家出生或去世的日子，如莫里斯·德律恩、拉克斯内斯、佛拉吉米尔·纳博科夫、约瑟·普拉和曼努埃尔·梅希亚·巴列霍。因此，1995 年 11 月，联合国教科文组织第 28 次大会通过决议，宣布每年 4 月 23 日为世界图书和版权日。联合国教科文组织大会选择这一天向全世界的书籍和作者表示敬意，鼓励人们，尤其是年轻人，去发现阅读的快乐，并表达对那些为促进人类的社会和文化进步做出无以替代的贡献的人们的尊敬。

法兰克福图书博览会

法兰克福图书博览会是世界上规模最大的国际图书博览会。1949 年创办。宗旨是介绍图书、交流信息、互通印书计划、促进图书交易。每年 10 月上旬在德国法兰克福举行，为期 7 天。组织者是德国书业协会。每两届确定一次博览会主题，展出各门类图书。参展者的主要活动是展出图书、洽谈版权交易、洽商合作出版业务等。每届颁发一次德国书商和平奖。

伦敦图书博览会

伦敦图书博览会是英国举办的国际性图书博览会。1971 年创办。每年 4 月份在伦敦举行，为期 3 天。组织者是英国工业与贸易博览会公司。展出各门类图书，属版权型。

博洛尼亚儿童图书博览会

博洛尼亚儿童图书博览会是意大利举办的国际性图书博览会，它是世界上规模最大的儿童图书博览会。1964 年创办，每年 4 月在博洛尼亚举行，为期 4 天。组织者是博洛尼亚博览会公司。该图书博览会只展出儿童图书，属版权型，不对公众开放。

邮政的起源

古代波斯和罗马政府设有专门传送官方文件的送信机构。中古时期，有些商业机构、社会团体和大学，设有传送人员传送信件。

16 世纪，开始出现政府设立的邮务机构。政府设立邮务机构，其目的有三：一是便于检查可疑的信件；二是为了增加国库的收入；三是为了便利大众。

亨利三世时，英国设立邮务社，其规模不大，后来的几位国王不断地加以发展。1609 年，英国政府发布一道命令：除政府授权的信差以外，不准任何人传递信件。

1680 年，英国政府曾授权一位商人承办邮政业务，但不成功，1801 年政府收回公营。1840 年，英国对邮政系统做了一番改革，同时发行邮票，从而使邮政业务得到普及。

邮政编码

邮政编码源于英国。20 世纪 50 年代初，为了更快地分拣信件，英国就开始研究邮政编码，并于 1959 年在英国诺威治邮区试行，引起了许多国家的注意。联邦德国于 1961 年正式公布 4 位数的邮政编码，成为世界上第一个在全国范围内推行邮政编码的国家。紧接着，美、英、法、澳、瑞士等国家陆续在全国推行。

1965 年后，随着机械设备在邮政部门的广泛应用，邮政编码的优越性更加明显地突现出来。20 世纪 80 年代中期，中国邮电部也开始在全国推行邮政编码制度。

邮筒的由来

相传在 1488 年，葡萄牙著名航海家迪亚士率领的船队在海上遇险，除他本人乘坐的那艘船得以幸免外，其余船只全部覆没，一些船员下落不明。迪亚士返航前命令部下给可能生还的同胞写了一封信，放在一只靴子里，挂在海边一枯树枝上。一年以后，葡萄牙的另一位航海家途经此地，意外地收到了"邮筒"里的那封信。于是，便在当地修建了一座小教堂，纪念遇难同胞。

随着时间的推移，小教堂附近兴起了一个村镇，靴子"邮筒"的故事被传为佳话。此后，利用邮筒投寄信件这一形式也被传了下来。

世界上最早的"邮箱"

在苏伊士运河开凿之前，从英国到印度的航船必须绕过好望角，航程风急浪险，耗时 6 个月左右。由于航行的时间比较长，海员们都希望给亲人捎回平安家信，但是难得碰到返回英国的船舶。于是，他们约定在好望角的一块巨石上刻上"请在下面找信件"的字样。这样，所有前往印度方向去的船都在这里停靠，海员们把家信放在石头下面，而所有驶回英国方向去的船也派人在这里上岸，把石头下面的信件取走捎回英国。

后来，人们就把这块巨石命名为世界

上最早的"邮箱"。这块巨石现存放在开普敦博物馆里，作为历史纪念物。

邮戳

邮戳起源于英国，世界上第一个有日期的邮戳，是英国亨利·比绍普 1661 年创制和使用的。他设计的邮戳是一个小圆戳，分为上下两格：上格写月，下格写日，整个邮戳表示几月几日收或寄。这个邮戳，最先用于收寄伦敦的信件。17 世纪末，爱丁堡和都柏林也开始使用。18 世纪后被普遍使用。

中国绿色邮政

鸦片战争后，英国人葛显礼把持着中国邮政。1897 年 2 月 21 日，葛显礼规定：信差穿海军蓝哔叽马褂，胸前写"大清邮政"四字。

到了 1905 年 1 月，邮政改由法国人帛黎办理。帛黎规定：黄和绿两种颜色为邮政信筒、车辆、舟船等邮政事物的专用颜色，并以绿色为主要色调，黄色作为点缀。

因为绿色已为群众所熟悉、习惯，而且绿色一般象征和平、青春、茂盛和繁荣，所以中国一直沿用绿色为邮政专用颜色。

中华人民共和国成立后，第一次全国邮政会议正式决定采用绿色作为中国邮政专用色彩，绿色邮政由此而开始。

电报

电报是一项对世界具有重大影响的发明，它是由美国发明家莫尔斯发明的。莫尔斯偶然观看了一次电磁实验，当电流过电磁线圈时，电磁铁产生的磁力将旁边放置的弹簧片吸了过来。电流被切断后，磁力就消失了，弹簧片又回到原来的位置。莫尔斯由此联想到，如果使用一个

莫尔斯试验接收机

1844 年，莫尔斯在美国试发第一封电报成功，从而开创了长距离通信的新时代。

电键，断断续续地接通或切断电源，弹簧片就会时吸时放。他考虑，若以弹簧片被吸的次数来表示信号，就可以制出精确的电报机。莫尔斯从此投身于电报机的研制。1835 年，莫尔斯的有线电报机在实验室架设成功。为了解决远距离通信时信号衰减的问题，莫尔斯又发明了继电器。1838 年，莫尔斯终于制成了实用型的单线电磁式电报机，并向美国专利局申请了专利。

电话

电话诞生于电报机试验的一个小插曲。1873 年 6 月 2 日下午，贝尔和他的助手托马斯·华生两人分别在两个房间里联合试验他们的电报机。华生房间里电报机上的一个簧片被吸在磁铁上了，当华生拉开这块簧片时，贝尔发现他这边房间里电报机上的簧片自己颤了起来，并发出了声音。贝尔思考人说话的声音是一种空气振动，如果对着一块薄铁膜片说话，会使膜片颤动，如果在膜片的后面放一块电磁铁，膜片振动会改变与电磁铁的距离，使电磁铁的磁力线发生变化，电磁铁线圈中就会感应出相应的变化电流。电流顺着电线传送到对方同样装置的电磁铁线圈中，就会使电磁铁的磁力线发生变化，吸动它前面的

膜片，从而发出声音。他把这个想法告诉了华生。华生很同意贝尔的看法，于是开始着手研制。

1875 年 6 月 3 日，贝尔等人终于制成了"电话机"，之后，他们又经过反复试验和改进，终于取得突破性进展，并向美国专利局申请了专利。

传真机

1883 年，在英国一所大学读书的保尔·尼勃科夫产生了一个强烈的愿望：能不能发明一种传送图像，并在远方能够留下这种图像的装置呢？

一天课余时间，尼勃科夫看见两位同学正在做一种游戏：他们各自在桌上放一张大小相同的纸，纸上写一个字，然后按一定的顺序告诉对方哪一个小格是黑的，哪一个小格是白的；对方同学将全部小方格按指令处理后，纸上便出现了与另一位同学所写的相同的字。

一直在琢磨设计一种传真装置的尼勃科夫看着看着，不禁脱口而出："太妙了！"

"任何图像都是由许多黑点子组成的，如果把要传送的图像分解成许多细小的点子，借助科学手段把这些点子变成电信号，并传送出去，而接收的地方只要把电信号再转化为点子，并把点子留在纸上，不就实现了图像的传真吗？"

经过长期的研制，尼勃科夫做成了一台圆盘式的传输装置，并申请了专利。

纸信封

世界上最早的纸信封是英国发明的。1820 年，英国商人布鲁尔在海滨度假时，发现很多女士喜欢写信，但又怕信中内容被别人偷看。他灵机一动，便趁机设计了一些纸袋，用来将信件装起来，而不被别人看到。

这之后，信封为英国当局所承认，这批信封就成了世界上第一批纸质信封。1844 年，伦敦出现了制造信封的机器，从此纸质信封作为一种新的邮政产品被全球采纳。

明信片

明信片的问世，距今已有 100 多年的历史。

据史籍记载，1865 年 10 月的一天，有位德国画家在硬卡纸上画了一幅极为精美的画，准备寄给他的朋友作为结婚纪念品。但是他到邮局邮寄时，邮局出售的信封没有一个能将画片装下。

画家正为难时，一位邮局职员建议画家将收件人地址、姓名等一起写在画片背面寄出，果然，这张没有信封的"画片"如同信函一样寄到了朋友手里，世界上第一张自制"明信片"就这样诞生了。

1869 年，奥地利一位博士发表文章建议，应该开发明信片，并将其列为印刷品邮件，以降低邮费价格。奥地利邮政部采纳了他的建议，同年 10 月 1 日，明信片在维也纳邮局正式发行。因此奥地利成为世界上发行明信片最早的国家。

首日封

所谓首日封，是指新邮票发行的当天，贴用新发行的邮票，并用当天的日戳或用特制的纪念邮戳盖销邮票的信封。

早在 1840 年世界上第一枚邮票发行时，就有了首日封。但直到 20 世纪 20 年代时，国外才开始专门印刷和收藏精美的首日封。1933 年 9 月，美国发行总统沃伦·哈丁的纪念邮票时，商人乔治·林设计制作了专门的信封，并在左下角印上文字，售出后得到了集邮爱好者的欢迎。

1957 年 11 月 7 日，中国发行了第一套首日封，名称为《伟大的十月社会主义革命四十周年》。

小本票

小本票就是将若干枚邮票装订成一个小本，并用印有图案的硬纸卡做封面，附上作者简介或宣传广告等内容的小册子。小本票由于印刷精美、体积小、保存方便，故受广大集邮爱好者的欢迎。

世界上最早的小本票是 1895 年在卢森堡问世的。中国第一次发行小本票的时间是 1917 年，到 1935 年共发行过 14 种。新中国第一种小本票是 1980 年发行的童话邮票《咕咚》。

票中票

"票中票"是指印有其他邮票全图作为本邮票主图的邮票。很多国家在为纪念邮政史的重大纪念日或举办邮展而印制邮票时，常采用这种形式。

世界上最早的"票中票"是墨西哥在 1940 年发行的《世界第一枚邮票诞生 100 周年》纪念邮票。

中国最早的"票中票"是 1948 年发行的名为《邮政纪念日邮票展览》纪念邮票。红、绿各 1 枚，图案相同。

1983 年 11 月底，北京举行中华全国邮展，邮电部也采取"票中票"的形式发行了两枚一套的纪念邮票，这也是新中国成立以来的第一套"票中票"。它已成为集邮爱好者追捧的目标。由于其特殊的艺术价值，"票中票"成为珍藏艺术品中的宠儿。

影视篇

蒙太奇

"蒙太奇"本来是法语的音译，原义是"构成"和"装配"。影视剧作借用这个词是"剪辑"、"组合"的意思。现在"蒙太奇"是人们常常用在影视剧作中的一种表现手法。

电影或电视剧是根据导演事先的构思，将一个镜头一个镜头拍摄录制的片段，按照一定的要求组接起来成为完整影片。导演为了使影片产生对比、悬念等艺术效果，常常有意识地把单独看来是毫无联系的镜头连接在一起，反映特定的生活内容，这种表现方法就是"蒙太奇"。蒙太奇主要指画面与画面的组合，同时也包括画面与音响、色彩相互之间的组合，这种表现手法最早出现在 1900～1901 年英国电影家斯密士拍摄的《小医生》中。

画外音

画外音指影片中声音的画外运用，不是由画面中的人或物体直接发出的声音，而是来自画面外的声音。

旁白、独白、解说是画外音的主要形式。旁白一般分为客观性叙述与主观性自述两种，前者是影片创作者（或借助故事叙述者）以客观角度对影片的背景、人物、事件直接进行议论或抒发感情，后者是影片中某一人物（一般为影片主角）的自述，以主观角度追溯往事、叙述所忆所思或所见所闻。

独白是画面中人物的心理活动的语言表述，是揭示人物内心世界的重要手段。

解说是介绍、解释画面内容，阐述影片创作者思想观点的表达方式。

画外音摆脱了声音依附于画面视像的从属地位，充分发挥声音的创造作用，打破镜头和画面景框的界限，把电影的表现力拓展到镜头和画面之外，强化了影片的视听结合功能。

立体电影

世界上最早的立体电影《爱的力量》是美国帕费克特·皮克丘斯公司在 1922 年拍摄的。为了获得立体感，放映时，观众必须戴上装有红色和绿色镜片的眼镜。1945～1946 年，在黑海沿岸，苏联拍摄的《鲁滨孙漂流记》是世界上第一部彩色有声立体电影，这部影片由安德烈耶夫斯基导演，1947 年 2 月在莫斯科首次放映。

特技摄影

特技摄影是法国的著名电影大师梅里爱发明的。

自从电影诞生后，梅里爱就狂热地爱着电影摄影技术。1898 年的一天，他在巴黎一条街上拍片。当他正在拍摄一辆行驶的公共汽车时，摄影机突然出了故障。这时，正好远处开来一辆灵车，梅里爱没注意到灵车到来，迅速排除故障后，又马上继续拍摄。可是，在放映这段影片时却发现了一串奇特的镜头——行驶着的公共汽车忽然变成了一辆灵车。

梅里爱从这个偶然的发现中得到了启示。于是，他开始研究与改装摄影机。经过反复的实验，他终于发明了"复摄法"，即将一个形象叠拍在另一个形象的上面，这就是目前"多次曝光摄影法"的前身。

水幕电影

水幕电影是通过高压水泵和特制水幕发生器，将水自上而下高速喷出，雾化后形成扇形"银幕"，由专用放映机将特制的录影带投射在"银幕"上形成。

水幕电影出现于 20 世纪 80 年代，由激光演示系统、放映机系统、水幕发生器、音响系统组成，当观众在观摩电影时，扇形水幕与自然夜空融为一体，当人物出入画面时，好似人物腾起飞向天空或自天而降，产生一种虚无缥缈和梦幻的感觉，令人神往。

法国印象派电影

从 1918 年到 1929 年间，为了抗衡好莱坞和追求艺术创新，一群被电影公司所力捧的法国导演，在为电影公司拍制商业影片的过程中，进行了一系列电影美学上的创新，这就是后人所谓的"印象派电影运动"。受到印象派绘画理念和其他因素的影响，印象派导演们在其影片中探索了心理化叙述、主观镜头、主观化摄影技巧、剪辑节奏、摄影光线、电影布景等形式和

风格以及技术上的创新。随着印象派电影的风格化技巧越来越普遍和流行，作为一次运动的印象派电影逐渐走向终结。

左岸派电影

左岸派电影是 20 世纪 50 年代末出现在法国的一个电影导演集团，因成员都住在巴黎塞纳河左岸而得名。他们是亚兰雷内、安妮华妲、克里斯马克、亚兰罗布格利叶、玛格丽特·杜拉斯和亨利科尔皮等。他们的影片着重于探讨现代人的迷惘和心理过程本身，热衷于进行各种心理实验，向体现存在主义和弗洛伊德主义方面进了一大步，并吸纳了伯格森的直觉主义与布莱希特的戏剧技巧。

代表作品有雷内的《慕里爱》（1963 年）和《战争终了》（1967 年），罗布格利叶的《不配的女人》（1963 年）、《欧洲特快车》（1966年）等。

室内剧

室内剧指一种制作方式中连贯表演的方式制作的电视剧。常使用罐装笑声，其中，情景喜剧会在现场安排观众。20 世纪 80 年代以后流行于世界各国。

室内剧的特点是：以家庭生活为素材，写人物的伦理道德；写生活琐事，普通人的悲欢离合；人物活动局限在一定的生活场景内，主要通过对话交代故事的发展、人物的命运；拍摄时往往采用基地化作业、室内搭景、多机拍摄、同期录音、现场切换的电视制作工艺，成本低，生活周期短。

布莱顿学派

布莱顿学派是成立于 1900 年英国的电影先驱团体，首创特技摄影和简单的蒙太奇，并实验各种彩色技术。

布莱顿学派是世界电影史上有据可考的第一个学术流派，因起源于英国的海滨城市布莱顿而得名。

该学派不仅重视对现实生活的体现，尤其对重大社会问题予以了充分的关注和表现。在表现形式和拍摄节奏方面，布莱顿学派给电影带来了早期蒙太奇，从而通过电影画面的有机组合，使得电影开始具备了属于自己所独有的叙事语言。

该学派的代表人物和作品有：乔治·阿尔培特·斯密士的《祖母的放大镜》、《望远镜中所见的景象》、《玛丽珍妮的灾难》，詹姆士·威廉逊的《中国教会被袭记》，埃斯美·柯林斯的《汽车中的婚礼》，西赛尔·海普华斯的《义犬救主记》等。

电影眼睛派

"电影眼睛"是苏联纪录电影导演吉加·维尔托夫于 20 世纪 20 年代初提出，在创作中付诸实践的理论，以该理论为指导进行创作的导演群体即"电影眼睛派"。

电影眼睛派否定故事影片，而推崇新闻片，认为电影的作用在于如实地纪录现实。他们研究了用电影摄影机观察生活的多种方式方法，认为电影眼睛比人的眼睛更为完善。他们总是通过对镜头的选择、剪接、配加字幕等方式，赋予生活素材以特定的含义。代表作有《带摄像机的人》、《在世界六分之一的土地上》、《关于列宁的三支歌曲》、《前进吧！苏维埃》等。

作者电影

法国新浪潮运动曾提出"作者电影"的口号，即"拍电影，重要的不是制作，而是成为电影的制作者"。

秉承这一口号的电影从业人员主张电影采用低成本制作：启用非职业演员；不用摄影棚而用实景拍摄；不追求场面刺激和戏剧化冲突。影片在表现方法上，广泛使用能够表达人的主观感受和精神状态的长镜头、移动摄影、画外音、内心独白、自然音响，甚至使用违反常规的晃动镜头，打破时空统一性的"跳接"、"跳剪"等。电影带有强烈个人传记色彩。代表作品有特吕弗的《四百下》、戈达尔的《精疲力竭》等。

黑色电影

"黑色电影"一词，是从黑色文学、黑色幽默转用过来的，法国作家和影评家 N.法兰克首先使用了这一词汇。主要是指调子阴郁、情绪悲观，表现愤世嫉俗和人性危机的影片样式。

黑色影片在艺术手法上的特征是悬念多、惊险、影调阴暗忧郁，规定情景总给人一种恐怖莫测的危机感。黑色电影的代表作有《卡萨布兰卡》、《邮差总按两次铃》、《巴黎警察局》、《杀人犯的面孔》、《死神手中的情侣》、《密西西比河的美人鱼》等。

太阳族电影

太阳族，是日本当代作家石原慎太郎 1955 年出版，并获得当年芥川奖的小说《太阳的季节》中主人公的统称。他们是富裕家庭的青少年，自幼娇生惯养，不学习、不劳动，生活奢侈、放荡，不遵守社会秩序，不讲道德伦理，藐视一切，醉生梦死，是纯粹的家庭与社会的寄生虫。因此，人们称这种内容的日本作品为"太阳族文学"，同类内容的日本电影为"太阳族电影"。

代表性的太阳族电影有《太阳的季节》、《疯狂的果实》、《处刑的房间》、《日蚀的夏天》等。

英国自由电影

英国自由电影是英国国家电影院于1956年至1959年的一次电影运动。期间，一批青年导演联合发表声明，宣布他们的创作目的是向社会上和电影界内部的保守观念挑战；强调艺术家的社会责任，要求重视日常生活题材和创作中的个性表现。代表作有汤尼理查逊和莱兹联合导演的《妈妈不答应》、安德森的《每天除了圣诞节》、莱兹的《我们是兰倍斯区的小伙子》等。

瑞典四十年代学派

瑞典四十年代学派是瑞典文艺界文艺创作的一种美学思想流派。它反映了知识分子对战争、战后的欧洲局势和资本主义社会失望的情绪。1944年，导演斯约堡拍摄的《折磨》被称为40年代学派的宣言作品。该学派的代表作有伯格曼的《雨中情侣》、莫兰德尔的《没有脸面的女人》、艾克曼的《伴随月亮流浪》等。

波兰电影学派

20世纪从50年代中期起，波兰电影创作进入了新阶段。在表现第二次世界大战题材时着重表现战争给人们带来的创伤，表现人民在抵抗运动中蒙受的灾难和损失、个人在历史中的地位与价值；赋予英雄主义以新的解释，表现个人在历史事件中是自觉参加或被动卷入。

这些作品不仅在剧作原则、造型与风格处理上略具特点，而且它们也反映了创作者不同的艺术观念和创作思想。这些创作者和作品被称为"波兰电影学派"。

代表作有《世界大战的真正结束》、《渣滓与钻石》、《铁轨上的人》、《水中刀》等。

德国青年电影

20世纪60年代，在电视、外国影片的冲击下，联邦德国的电影事业经历了一场危机。1962年，在举行奥伯豪森国际短片电影节之际，以克鲁格和赖茨为首的26位年轻的电影工作者签署了一份"奥伯豪森宣言"，宣称反对旧的电影样式，要寄希望于新的电影。他们一方面积极拍摄短片、纪录片，以锻炼自己，一方面又主动培养新的人才，创立了乌尔姆电影艺术学院。1965年又倡议成立了"德国青年电影董事会"。政府通过该机构提出一项在3年内以500万马克资助青年导演拍摄20部影片的计划。1966年，青年导演们拍出他们第一批影片。这些影片和商业片完全不同，它们涉猎了资本主义社会的危机问题和"经济奇迹"的内幕，被称为"德国青年电影"。

代表作有克鲁格的《向昨天告别》、赖茨的《垃圾桶孩子的故事》、赫尔措格的《人人为自己，上帝为大家》等。

译制片

译制片，又称"翻译片"。把影片的对白或解说，从一种语言译成另一种语言，重新配音复制的影片；或者将本国影片从一种民族语言（或方言）译成另一种民族语言（或方言）的影片。

制作译制片时，先将原版影片的对白译成另一种需要的语言；再由配音演员按照原版片画面中人物的思想感情，用逼真的语调、口型，录成一条对白声带；然后与原版片的音乐、音响效果声带混录成为一条完整的译制声带，用以印制供放映用的拷贝。

故事片

故事片是综合文学、戏剧、音乐、美

术诸艺术因素，以塑造人物为主，具有故事情节（反映生活）并由演员扮演人物的影片。

故事片取材范围广泛，包括各种题材，如惊险片、舞台艺术片、科学幻想片、美术片等。这些影片有的取材于现实生活，有的反映历史，有的描写神话或幻想，等等。无一不是经过集中概括等艺术手法塑造人物、组织结构、提炼情节、表达一定的主题思想。世界第一部故事片为《月球旅行记》。

纪录片

纪录片是以真实生活为创作素材，以真人真事为表现对象，以展现真实为本质，并用真实引发人们思考的电影或电视艺术形式。

中国纪录电影的拍摄始于 19 世纪末 20 世纪初，第一部是 1905 年的《定军山》。

科学教育片

科学教育片是运用电影技术手段传播科学文化知识的片种。由于电影手段具有鲜明的形象性、直观性，因此用来传播科学技术和文化知识能收到很好的效果。科教片可分为：科学普及片、技术传授片、教学片、科学研究片、科学杂志片、军事教育片、社会教育片。

西部片

西部片作为好莱坞电影特殊的类型片，是关于美国人开发西部的史诗般的神话，影片多取材于西部文学和民间传说，并将文学语言的想象幅度与电影画面的幻觉幅度结合起来。

西部片有着极易辨认的图像符号，情节和人物的处理也是完全模式化、公式化的，托马斯·沙兹曾这样描述到："一个孤独的西部人骑马来到一个田园般的河谷，并被一名焦虑不安的农民指控为受雇于无政府的牧场主的枪手；孤独的骑者在山腰上停下来观看铁路工人在他上面炸隧道，在他下面则是一批匪徒在抢劫一辆驿车；远处传来一声火车汽笛声，一条黑蛇般的火车在平原的广阔空间里蜿蜒而行。"西部片的开头段落便会明显地看到它那将要展开的叙事冲突和基本叙事特征。

电影广告片

电影广告片诞生于 19 世纪末。1897 年，在法国、英国、美国都出现了电影广告片，其中英国的广告片《海军上将西加雷特》最为著名，流传至今。

有关资料对这部广告片作了如下描述："这个胶片上写着《海军上将西加雷特》，以很大的广告画式的垂幕作为背景，穿着漂亮衣服的年轻妇女出来了，她横穿画面，从坐着的男人们面前走过，把手上的香烟递给男人们，升起了长条旗。长条旗上写道：'大家都爱吸烟'。"起初广告片主要宣传的是酒和小商品，数量不多并且制作简单，后来随着现代商品经济的大发展和市场化程度的提高，广告片广泛用于各种商品宣传，不但数量越来越多，制作也越来越精美。

广播剧

1922 年 5 月 28 日，英国广播公司别开生面地在它的播音室里演播了根据莎士比亚原作改编的《第十二夜》，并向全国进行了转播，还请了许多评论家收听了这次演播。

1924 年 1 月，在《第十二夜》中担任角色的波里费埃，邀请 23 岁的剧作家理查德·休斯编写专门为广播电台播出用的剧本。经过商量，决定以威路斯矿塌方事件作为素材，创作一部在黑暗中发生的故事——人们只能听见声音看不见形象的剧作，并定名叫《危险》。理查德·休斯从听觉出发，运用声音构思剧情和安排人物。

《危险》播出后，引起了强烈的反响，各大报纸发表长篇评论，积极介绍这个剧目。此后，许多国家都相继播放了广播剧，于是，这种艺术形式成为世界性的剧种。理查德·休斯也作为广播剧的开山鼻祖而被载入史册。

电影金鸡奖

"金鸡奖"是中国电影家协会于1981年起举办的一年一次的专业性评奖活动。由于创办的1981年为农历鸡年，此次活动又以金鸡啼晓象征百家争鸣，所以取名"金鸡奖"。该奖由电影专家投票评选，奖品为铜质镀金的金鸡。

电影百花奖

电影"百花奖"是中国电影业的一个重要大奖，是《大众电影》编辑部根据周总理指示的精神和群众的强烈要求在1962年设立的，百花奖是群众性影片评选活动，即由刊物读者投票选出自己最喜欢的影片和演员。

香港国际电影节

"香港国际电影节"是亚洲声誉最佳的电影交流平台之一。

"香港国际电影节"于1977年创立，每年为期16天的电影节为观众带来超过200多部新片及多个经典回顾节目。从第29届开始，"香港国际电影节"正式由独立慈善团体香港国际电影节协会举办。

夏纳国际电影节

夏纳国际电影节开始于1946年，如今已成为世界最有声望的电影节之一。夏纳国际电影节于每年的5月份在法国南部小城夏纳举行。该节除设有比赛项目外，还有"导演15天"、"评论周"、"一瞥"、"金摄影机奖"以及电影交易等多项活动。

该电影节的宗旨是评价世界各国有艺术价值的优秀影片；鼓励各国电影工作者的合作与交往；促进商业性的发行放映。该电影节大奖为"金棕榈奖"，分别授予最佳故事片和最佳短片，此外还有银狮奖、评委会特别奖、最佳导演奖等。

威尼斯国际电影节

威尼斯国际电影节是世界上第一个国际电影节，被誉为"国际电影节之父"。1932年8月6日在意大利名城威尼斯创办，主要目的在于提高电影艺术水平。

随着电影节的发展和变化，现在其主要目的是奖励世界各地有价值、有创造性的并符合意大利发行放映条件的优秀影片，促进世界各地电影工作者之间的交往与合作，为发展世界各地的电影贸易提供方便条件。同时根据形势的不同，每届电影节还提出不同的口号。中国自1971年开始选送影片参加威尼斯国际电影节。

柏林国际电影节

柏林国际电影节是20世纪50年代初由阿尔弗莱德·鲍尔筹划发起的，得到了当时的联邦德国政府和电影界的支持和帮助，1951年6月底至7月初在西柏林举行第一届。每年一次，原在6～7月间举行，后为与夏纳国际电影节竞争，提前至2～3月间举行，为期两周。其目的在于加强世界各国电影工作者的交流，促进电影艺术水平的提高。

奥斯卡金像奖

奥斯卡金像奖的正式名称是"电影艺术与科学学院奖"，1929 年设立，每年在美国洛杉矶举行，由美国电影艺术与科学学院颁发。

关于"奥斯卡"这个名称的由来还有一个有趣的故事。1931 年的一天，艺术与科学学院图书馆管理员玛格丽特·赫丽克在仔细端详了金像奖后，便大声惊叫起来："啊！这塑像看上去多么像我的舅舅奥斯卡呀！"正巧，一位新闻记者听到了玛格丽特·赫丽克的惊呼声，便在报道里介绍了镀金塑像，并写上了一句："艺术与科学学院的工作人员称呼他们的金塑像为'奥斯卡'。"

奥斯卡获奖作品《乱世佳人》

当金塑像成为电影奖的标志时，"奥斯卡"的名字也同时在世界各地传开。

奥斯卡奖可分成就奖、特别奖及科学技术奖 3 大类。成就奖主要包括最佳影片、最佳剧本、最佳导演、最佳表演（男女主角和配角）、最佳摄影、最佳美工、最佳音乐、最佳剪辑、最佳服装设计、最佳化妆、最佳短片、最佳纪录片、最佳外国语影片等。特别奖则有荣誉奖、欧文·撒尔伯格纪念奖、琼·赫肖尔特人道主义奖、科技成果奖和特别成就奖。在上述众多奖项之中，最具影响的为最佳影片奖，而最佳男女主角奖属表演奖，获奖人有"影帝"与"影后"之称，是男女演员们渴求的殊荣。

东京国际电影节

东京国际电影节于 1985 年创办，是当今世界 9 大 A 级电影节之一。该电影节由东京国际映像文化振兴会和东京国际电影节组委会主办，每年 10 月下旬至 11 月上旬举行。旨在发掘新人和奖励青年导演，是一个获得国际电影节联盟承认，和戛纳、威尼斯等著名电影节齐名的、亚洲最大的电影节。

里约热内卢国际电影电视录像节

里约热内卢国际电影电视录像节是拉丁美洲较重要的国际电影节，1984 年创办，每年 11 月下旬举办，为期 10 天左右。旨在促进和发展巴西与拉丁美洲电影事业，增进同世界各国电影工作者的交流和友谊。

凡未参加过其他国际电影节正式比赛、未在巴西商业性发行的近一年内生产的影片，均可参加正式比赛。1987 年在第 4 届电影节上，中国的《末代皇后》获评委会特别奖；1988 年在第 5 届电影节上，中国的《人、鬼、情》获最佳影片奖金鸟奖。

蒙特利尔世界电影节

蒙特利尔世界电影节，1977年由加拿大魁北克省文化事务部在蒙特利尔首办。该电影节不对国家和区域进行限制，欢迎各国选送优秀影片参加电影节的比赛或会外放映，在影片数量和长度上也不加限制。比赛设"美洲大奖"和"蒙特利尔大奖"，分别授予最佳故事片和最佳短片，以及最佳男女演员等。

迦太基国际电影节

迦太基国际电影节，突尼斯的重要国际电影节，非洲三大电影节之一。1966年创办，两年一次，10月至11月举行，为期10天左右。旨在促进阿拉伯国家和非洲国家民族电影事业的发展，提高突尼斯电影艺术和技术的水平。

迦太基国际电影节上，只有非洲和阿拉伯国家才能参加正式比赛，其他国家只能参加会外映出。主要奖品有"塔妮特奖"、"朱居尔奖"。各分金、银、铜3种，分别授予优秀影片和电影艺术家。

纽约国际电影节

纽约国际电影节，世界声望极高的电影节之一。1963年创办，每年9月底至10月初举行，为期两周。旨在正确评价世界各地优秀影片的艺术成就，发现人才，鼓励有价值的新片，促使这些新片在电影院作商业性发行放映。该电影节不举行比赛，也不发奖。

卡塔赫纳国际电影节

卡塔赫纳国际电影节，1960年创办于哥伦比亚共和国玻利瓦尔省，被称为"南美洲唯一正式的国际电影节"，也是拉丁美洲地区首屈一指的电影节。

伊比利亚半岛国家和拉丁美洲国家的影片可以参加比赛；其他国家和地区的影片可以参加会外放映。原来每年3月举行，1980年起改在6月举行，为期一周左右。主要设"印第安卡塔丽娜金像奖"，分为金像奖、银像奖、铜像奖3种。

莫斯科国际电影节

莫斯科国际电影节，1959年由苏联电影委员会、苏联电影工作者协会联合举办，每两年举行一次。旨在"为了电影艺术的人道主义，为了各国人民之间的和平和友谊"。

莫斯科国际电影节规定每个国家仅可选一部故事片、一部儿童片、一部短片参加比赛，但送电影节会外放映的影片不受数量的限制。电影节设有金质奖、银质奖、最佳导演奖、最佳男女演员奖等奖项。

伦敦国际电影节

伦敦国际电影节，英国最重要的国际电影节之一。1957年创办，每年11月底至12月初举行一次，原来为期三周，1978年起改为两周。旨在评价在其他国际电影节上得过奖的影片，因此被称为"电影节的电影节"。

圣塞瓦斯蒂安国际电影节

圣塞瓦斯蒂安国际电影节，是西班牙第一个也是最大的国际电影节，被称为"西班牙国际电影节之父"，在欧洲有相当影响。1953年创办，每年9月举行一次，为期10天左右。旨在支持世界各国电影界人士进行合作，以促进世界电影艺术和电影事业的发展。

主要奖品有"金壳奖"、"银壳奖"评委会特别奖。分别授予最佳影片、导演、男女演员、摄影等。

墨尔本国际电影节

墨尔本国际电影节是澳大利亚第一个国际电影节，是南半球最具影响力的国际电影节之一。1952 年创办，每年 5 ~ 6 月之间举行一次，为期 2 周。旨在了解世界各国的电影情况，促进澳大利亚电影工作者与外国电影工作者的密切合作，为发展本国的电影事业作出贡献。

该电影节上只有短片才能参加比赛，故事片只作为会外观摩映出。主要奖品有"金质飞镖奖"和"银质飞镖奖"。

印度国际电影节

印度国际电影节是印度第一个国际电影节，亚洲最早的电影节之一。1952 年创办后，不定期举行，1978 年才定期举行。每年 1 月举行一次，为期 2 周。奇数年在首都新德里举行，是比赛性的，评奖。偶数年在全国各个邦的首府轮流举行，非比赛性的，不评奖。

主要奖品有"金孔雀奖"、"银孔雀奖"、"铜孔雀奖"。分别授予最佳影片，导演，男女演员等。

爱丁堡国际电影节

爱丁堡国际电影节，是英国举办的第一个国际电影节，也是世界上连续举办时间最长的国际电影节。1947 年创办，每年的 8 月至 9 月举行，为期 2 周。旨在集中地展览年度内在世界各主要国际电影节上得奖的优秀影片。凡选中放映的影片，电影节颁发一张荣誉证书以作纪念。

洛迦诺国际电影节

洛迦诺国际电影节是瑞士举办的最早、最大的国际电影节，在世界影坛上也是历史较长的国际电影节之一。1946 年创办，每年 7 月和 8 月之间举行，为期 2 周。世界各国参加该电影节的影片，必须在电影节举行的前一年内完成，并尚未在瑞士公映过。主要奖项有"金豹奖"、"银豹奖"、"铜豹奖"和"评委会特别奖"等。

教育篇

科举制

科举制度是中国自隋至清 1400 年间实行的一种选官制度。科举制度可以说是中国古人经过不断摸索所创立的制度。中国官员的来源，先是经过商周时期的世袭制，后又经历汉代的举荐制，再到魏晋的九品中正制，均因其弊端而终止。至科举制，才算固定下来，成为中国长时间的一种官员选拔制度。在 1000 多年的时间里，大体而言，科举制度经历了一个发端、完善到僵化的历程。隋朝是科举制度的初建时期，当时的隋文帝鉴于魏晋南北朝的九品中正制已不再适用，为加强中央集权，将选官权力收到中央手中，首开科举制度。但科举制度尚未建立完善，隋朝便亡；至唐代，科举制度才得到了进一步的完善，根据朝廷需要的不同人才类型被分为众多科目，武则天时还添加了武举；到宋代，科举进一步规范化，正式形成三年一次、分三个等级（乡试、会试、殿试）的考试制度；明代由于朝廷的重视，科举考试到了繁盛期；清代在科举繁盛的同时，由于满、汉不平等以及晚清卖官现象的泛滥，也成了科举制度的衰败乃至灭亡期。就不同时期科举制的优劣而言，大体上，科举制在唐代时比较健康，当时的科举氛围比较宽松，不唯考试论人。考官往往在考前已经大体知晓哪些考生比较有才华而准备录取，也允许考生经别人推荐或自荐在考前向考官"推销"自己。至宋代，试卷实行糊名制，开始产生仅以一考定终身的弊端。至明清两朝，科举繁盛的表象之下，八股文的考试内容彻底使其僵化，逐渐弊大于利，终至废止。

总体而言，科举制度可以说是一项相当高明的官员选拔制度，不仅为历代政权源源不断地输送了总体上质量说得过去的官员，而且不以出身、门第、财富，而以学问作为官员选拔标准的做法使得中国长期以来存在尊重学问和读书人的

科举考试图

风尚。可以说这是中国文化得以长期维系并不断创新的重要原因。另外，儒家思想之所以长期以来得以传承，科举考试可以说是其载体。

常科

唐代科举考试名目繁多，总体分为常科和制科。常科，即是常设的、有固定日期的考试科目。具体包括秀才、明经、进士、俊士、明法、明字、明算等 50 多种。其中明法（考法律知识）、明算（考数学知识）等绝大多数科目不为人们所重视；秀才一科，则难度极高，很少有人敢报名，逐渐废弃。诸常科中最为人们所重视的是明经、进士两科。其中明经是考察考生对于儒经的记忆和理解情况；进士则主要考诗赋和策论，对考生的文学才能和政治见识有相当高的要求。明经科相对简单，录取率也高，达到 1/10；而进士科则非常难，录取率仅有 1/60，因此时有"三十老明经，五十少进士"的谚语。但进士科前途远大，仕途光明，唐朝中后期的宰相半数为进士出身，成为当时读书人入仕的首选途径。常科考生的来源有两个，一是生徒，一是乡贡。由京师及州县学馆出身，而送往尚书省受试者叫生徒；不由学馆而先经州县考试，过关后再送尚书省应试者叫乡贡。宋代王安石任宰相时，罢黜明经等科，之后的常科便只剩下进士科。

制科

唐代科举在常设的常科之外，又有非常设的制科。制科又称大科、特科，是皇帝根据特殊需要临时下诏安排考试，具体科目和结束时间均不固定，其目的在于有针对性地选拔某一类特殊人才。应试人的资格，初无限制，官员和布衣主要觉得自己有自信，均可自荐应考。后限制逐渐增多，需公卿推荐方可应考；布衣还要经过地方官审查。制科考试虽然由皇帝亲自主持，考中者往往也能获得不错的官职，但总体而言，在唐人眼中非是正途，在官场遭到轻视。唐代制科比较盛行，宋代渐趋衰微，整个宋代仅录取 41 人而已。至元、明，制科完全废弃。清代时，制科又开始设立，清初，康熙沿唐制重开博学鸿词科，其后雍正、乾隆又一度开此科；清末因政府财政困难，光绪又开经济特科。

恩科

恩科，顾名思义，是于常规科举考试之外因皇家开恩而举行的考试。恩科首开于宋代，当时对于屡试不第又有些才能的考生，允许他们在皇帝策试时，报名参加附试。为表示皇恩浩荡，朝廷对这类考生的录取率很高，甚至有时会出现在常规的状元之外另有恩科状元的情况。不过恩科并不经常举行。元代科举制度时断时续，更无恩科。明代沿用宋代恩科制度，不过开科不多。到清代，恩科制度起了不小的变化，针对的对象不再是个别考生，而是全体考生。按常规，科举考试每 3 年举行一次，清代恩科即是在皇家遇到喜庆之事（皇帝娶妻、册封太子、过大寿等事）时，特别加开一次考试，意思便是皇家开恩，多给读书人一次入仕的机会。比如，中国于 1904 年所举行的最后一次科举考试便是因当年慈禧太后过七十大寿所开的恩科。

进士科

进士科是古代科举考试的一个科目。隋炀帝时初设进士科，到唐代时，在多达

50 多种科举考试科目中，进士科最受重视，被读书人视为科举正途。其考试内容，刚开始为时务策五道，另外帖一大经（当时将《易官义》、《诗经》、《书经》、《周礼》、《礼记》称为大经，《论语》、《孟子》称为小经），即 5 个关于时事政治的论述题，另外则是考察其对于儒家经典的掌握情况。永隆二年（681 年），为考察考生对学问的实际应用能力，又加两篇诗赋，这对考生的文学才能提出了更高的要求。事实上，诗赋本对个人灵感的依赖性比较大，在考场上强迫考生做诗赋，效果并不理想，往往逼考生造就大量浮薄怔忪之辞。北宋时，王安石改革科举制度，罢其他诸科，唯留进士一科作为科举科目。针对进士考试中的虚浮现象，王安石罢诗赋，仍用经义、策论取士。之后进士科又具体分为两个层级，仅考中乡试者，虽算及第，有做官资格，但称举人，不称进士；殿试考中，才称作进士。其后的元、明、清的常规科举考试，也仅有进士科，其内容仍以经义为主，但明、清时的八股文制度则使其严重僵化。

明经科

明经科是唐宋时期科举考试的一个科目。唐代根据不同类型与层次的人才需求，设置了众多的考试科目，考生可根据自己特长自由选报。因进士科比较难考，录取率低，不太自信的考生一般便报考明经科，明经科题相对简单，先是贴文，主要考察考生的对于儒家经典的记忆和理解能力；接下来也有少量的策论，类似于现在的论述题。明经科录取率颇高，达到 1/10 左右，考中称为及第，便有了做官机会。宋初仍开有明经科，后王安石担任宰相后，认为明经考试空乏无益，不切实用，废之。

翰林院

翰林院听上去像个学术机构，实际上是个官署，这个官署可以说在其存在的历代都是清贵之所。翰林院初建于唐代，最有学问者方有资格入中，称作翰林官，简称翰林。翰林刚开始只是作为皇帝顾问，后在皇帝身边待多了，权力也逐渐大起来。安史之乱后，翰林学士作为皇帝信得过的近臣，逐渐开始分割宰相之权，乃至后来的宰相经常从翰林学士中挑选。唐后，有时名称小有变动，翰林院这个机构本身为历代所沿设。宋代设学士院，也称翰林学士院。翰林学士充皇帝顾问，宰相多从翰林学士中遴选。明代翰林院虽名义上仅是五品衙门，其权力却发展至顶峰，尤其由翰林学士入值的文渊阁，是明朝的权力枢纽机构，其头目内阁首辅则是事实上的宰相。清代翰林院同样是人人想进的清贵之所，翰林不仅升迁较他官容易，而且由于经常主持科举考试，得以收取天下士子为门生，文脉与人脉交织，其影响延至各个领域。因此，翰林院可以说是古代政府中学问与权势都达到顶点的一个机构，翰林也就是传统社会中层次最高的士人群体，能入院者首先是一种荣耀。鉴于翰林院的特殊地位，因此历代能入院者都是当时饱学之儒，年轻后进则至少要进士资格才能入内。明代定制，状元、榜眼、探花可直接入翰林院，其他进士则要经过考察方可入内。

武科

科举考试一开始并无武举，武则天时，为选拔册封武将，培养为自己的势力，首开武举。其后武举成为科举考试的重要部分，考试的侧重点历代有所变化。唐代武举主要考骑射、步射、举重、马枪等技术，此外对考生外貌也作了要求，要"躯干雄伟、可以为将帅者"。宋代，因宋太祖赵匡胤定下"以文立国"的国策，武举考试除考武力外，还要"副之策略"。武艺考"步射"、"骑射"两场，合格后再参加文化考试，考一些诸如兵法、布局类的知识等。总体上以武艺为主，以策略为辅。元朝科举制度兴废不常，没有武举制度。到了明代，则更进一步，武举考试以考察谋略的笔试为主，而以武艺为辅了。并且先进行谋略考试，如果不及格，就直接淘汰，武艺再高也不予录用。清朝，尚武的统治者又将个人武艺考试放在了前面，首先考骑射、力气、武艺等，合格者再参加笔试。

历史上武举一共进行过约500次，宋神宗时，设立武状元。历史上有案可稽的武状元有282名。总体而言，相比于文科考试，武举一直是受到歧视的。首先，历朝的武举制度时而设置，时而废弃，取士人数远远少于文举。并且武人考中武举后，只授出身，并不马上授官职。因此武举人的地位也低于文举人，以至于一些武举状元还有再考取文举人的念头。

翻译科

翻译科是清代才有的科举考试科目。翻译科的报考者限于满人以及八旗军中的蒙古人和汉人（清政府后来以满人八旗为核心又建立了蒙古八旗和汉人八旗）。考试时，能将满文译为汉文，并以满文写文章者，为满洲翻译；能将满文翻译为蒙文者，则为蒙古翻译。顺治时期，翻译科仅录取秀才；雍正时，开始录取翻译举人；乾隆时则赐进士出身。满文翻译可以到六部任职，乃至成为候选翰林，前途无量。

蒙古翻译则分配到清代民族事务机构理藩院任职。简而言之，翻译科的设置是清代在科举中优待满人的诸多不公平举措之一。但即使是为满人量身定做的进身之阶，懒散的满人子弟也不愿参加，以至于其质量不断下降，并常因报考人数不足而取消。

八股文取士

明清时期是中国科举考试的嬗变期。首先，从国家对其重视程度、考试制度的严谨、报考人数以及录取数量来说，明清时期是中国科举考试的繁盛期。但同时，在繁盛的表面之下，其通过八股文取士的考试模式却又使科举考试进入了僵化与没落期。股，即对偶之意。所谓八股文，又称制义、制艺、时文，是一种说理的韵体赋文，有严苛的程式要求。在格式上，要求考生严格遵循所谓破题、承题、起讲、入手、起股、中股、后股、束股这种死板的结构模式，并且要求句与句之间要讲究对偶，整篇文章的字数也是严格限定，不得增减一字。另外，其命题也陈旧不堪，明清500多年间，命题不离"四书五经"内已经说烂了的话题，援引事例也必须出自遥远的古代，不涉时事，考生毫无抒发己见的空间。简而言之，八股文是严重形式主义并脱离现实的一种陈腐文体。八股文最早出现于宋代，但其时并没有形成程式。明代时，朱元璋将八股文推向全国，虽然仍考一些诗赋、策问、经义等，但已不重要，八股文才是关键的取士标准。后来清承明制，将八股文更推向死板严苛。

关于八股文的危害，清人徐大椿在讥刺士人的《道情》中说得很透彻："读书人，最不齐。烂时文，烂如泥。国家本为求生计，谁知道变做了欺人技。三句承题，两句破题，摆尾摇头，便道是圣门高弟。可知道，"三通"、"四史"是何等文章，宋皇、汉祖是哪一朝皇帝？案头放高头讲章，店里买新科利器。读得来肩背高低，口角嘘唏。甘蔗渣儿，嚼了又嚼，有何滋味？辜负光阴，白白昏迷一世。就教他骗得高官，也是百姓、朝廷的晦气。"明末清初学者顾炎武则称"八股之害，甚于焚书"。八股文的死板程式使得明清两代知识分子钻入八股这种无实用价值的文字游戏中，既疏于时事，又疏于学问，甚至疏于经义，思想严重被束缚，缺乏创建。

童试与乡试

童试并非正式的科举考试，而是取得参加科举考试资格的考试。其在唐宋时称县试，明清时称郡试。清代的童试 3 年举行 2 次。童试总共分 3 个阶段，分别为县试、府试和院试。其中，县试一般由本县知县主持，考试内容为八股文、诗赋、策论等，考试合格方可参加府试。府试由知府或知州主持，考试内容与县试差不多，合格者参加院试。院试由主管一省教育的学政主持，院试合格，就是秀才了，也叫"生员"，秀才便具有了到政府公立学校学习和参加科举考试的资格。

乡试是正式科举考试的第一关，在各省省城和京城举行，每 3 年举行一次，遇皇家有喜事则加恩科。考试通常在八月举行，因此又名"秋闱"。由皇帝钦命正副考官主持，凡秀才、贡生（生员中成绩优秀者）、监生（国子监学生）均可参加，考试内容分 3 场，分别考四书五经、策问、诗赋，每场考 3 天。在乡试中，每个考生只是和本省内的考生展开竞争，类似于现在的高考。乡试考中，称为举人，第一名举人称为解元。举人便具有了做官的资格，并且还可以进一步到京城参加会试，考取进士。因此，考中举人，古人读书做官的梦想就算基本实现了。但因举人名额有限，乡试这一关是相当不容易过的，不知有多少读书人将一生耗费在了这场考试上，写出了不朽名著《聊斋志异》的清代小说家蒲松龄就一直未能跨过这道坎儿。

会试

会试是科举考试中第一场国家级的考试，考生们的对手不再局限于本省之内，而是和全国范围内的才俊们展开角逐。因为会试之后的殿试基本上只是排定名次，不再淘汰，因此会试可以说是一场选拔进士的考试。明清时期的会试每 3 年在京城举行一次，在乡试次年举行。如遇乡试开恩科，则会试同样随着在次年开恩科。会试只有各省举人和国子监监生才有资格参加，主、副考官均由皇帝钦点。因为由礼部负责主持，又在春天举行，因此又称"礼闱"或"春闱"。会试考 3 场，每场 3 天。考中者称为贡士，第一名称为会元。考中了贡士，基本上就是未来的进士了。明初只按排名录取，仁宗时规定会试按地域分配名额。因南方富庶，文气盛于北方，按照南六北四的比例录取进士。后来比例偶有调整，但按地域分配名额的制度一直沿用至清末。这种制度保障了文化相对落后的边远省份（如云南、甘肃、广西等）在科考中有一定数量的进士，进入国家政治中心地带，这有利于保持落后地区的发展和对朝廷的向心力。

殿试

殿试是古代科举考试中的最后一级，

由皇帝亲自主持。殿试最早由武则天设置，但并没有形成制度。后来宋太祖赵匡胤鉴于唐末出现科考官员结派的"牛李党争"的教训，在原来两级考试的基础上又加了一级由自己亲自主持的殿试。这样，取士的最终决定权便转移到了皇帝手中，新科进士都变成了"天子门生"。这便有效地防止了官员尤其是宰相利用科举考试认门生，进而结党营私的事情。自此，殿试制度确定下来，为后世历代所沿用。

殿试是科举考试的最后一级，由皇帝亲自主持和出题，并定出名次。参加殿试的是通过了会试的贡士。殿试只考一题，考的是对策，为期一天。相比于前面的考试，殿试的内容是相对轻松和简单的，并且殿试一般都不再淘汰人，能参加者基本上都已是进士，殿试只是将所有人排出次序。至于排名如何，除才华学识外，给皇帝一个好印象至关重要，因此还看点运气。殿试结果的录取名单称为"甲榜"，又称"金榜"，所谓"金榜题名"即指此。具体分为三甲，一甲只取3人，第一名为"状元"，第二名为"榜眼"，第三名为"探花"，剩下的分在二甲三甲。

朝考

朝考是清代针对新科进士进行的用以作为分配官职的参考的考试。清代时，给新科进士们安排官职时，朝廷并不简单根据他们的殿试成绩，而是要对他们再进行一场考试。这场考试一般在保和殿进行，由皇帝特派大臣监考并阅卷。其内容经常有所变化，无外乎论疏、奏议、诗赋等，与科举考试差不多。乾隆年间，爱作诗的乾隆曾要求新科进士们作一首诗，并且不准多作。朝考成绩分列一、二、三等，一

等第一名称为朝元。吏部官员根据新科进士的朝考成绩并结合以前会试、殿试成绩对他委以官职，其中综合最优秀者委以庶吉士（短期职务，升迁潜力很大，有"储相"之称），其余则委以主事、中书、知县等职。

状元及第

状元及第，即中状元，意思是在科举考试中考得进士第一名，是古代读书人的最高荣誉。

科举考试开始于隋朝，其时进士排名不分先后，没有状元一说。到唐朝，科举考试开始正式化，士子先在地方考中贡生（相当于后来的举人）后，才有资格参加在京城举行的考试，进一步考取进士，进士第一名称为"状元"。之所以称为"状元"，据说是因为进京考试的贡生先要到礼部填写包括自己的身世和近况的个人资料，名曰"书状"，或者"投状"。因此后来考得进士第一名的就是这些"投状"中的第一名，故称之为"状元"，或者"状头"。唐代的状元并没有太多的象征意义。到宋代，状元又不再指进士第一名，而是对于殿试三甲中一甲的统称，即进士前三名均可称为状元。明清之际，殿试一、二、三名，分别称为状元、榜眼、探花。自此，状元成为名副其实的第一名，其地位也日益特殊，自古有"天上麒麟子，人间状元郎"的说法。中状元也有了"独占鳌头"、"大魁天下"等听上去霸气十足、睥睨天下的说法，并成为中国读书人"一朝成名天下知"的象征。因此在古代许多文艺作品中，往往都以书生考中了状元作为剧情发展的高潮。另外在民间，传统的吉祥图案中也有大量"状元及第"类的图案，反映了人们对于状元及第这种事情的崇拜。

据史书记载，从唐代科举考试开始，至清光绪三十年（1904年）最后一次科考，其间历代王朝有名有姓的文状元654名，武状元185名。其中历史上比较有名的有唐代的贺知章、王维，宋代的文天祥，明代的杨慎，清代的翁同龢、张謇等，而历史上最后一名状元，是清光绪三十年（1904年）的刘春霖。

榜眼、探花

"榜眼"是古时人们对科举考试中第二名进士的称呼。

在北宋之前，第一名称状元，第二、三名都称为榜眼。原因是填进士榜时，状元的姓名居上端正中，二、三名分列左右，如其两眼。到北宋末年，只以第二名为榜眼，第三名则称探花。

"探花"一词则比"榜眼"出现得早，在唐代便有，但其时并非进士第三名的意思。唐代中进士者会游园庆祝，并举行"探花宴"。由进士中的年龄最小者作为"探花使"，到各名园采摘鲜花，迎接状元，这本是一种娱乐。至北宋末年，"探花"成为进士第三名的专门称呼。

"状元"、"榜眼"、"探花"都只是一种俗称，在正式发放的金榜之上，只会称进士一甲第一名，一甲第二名，一甲第三名。

进士

进士是中国古代科举考试最高一级的功名。隋唐时期，设有诸多科目，其中进士科最为人们所重视，视为入仕正途。宋代，科举的三级考试制度正式形成，乡试中榜者称举人，会试中榜者称贡士，殿试中榜者则称进士。之后历代，进士功名成为古代读书人科考金字塔的塔顶部分，同时也最难考，得中进士是古代无数读书人的终极梦想。其中，进士又具体分为三甲，一甲3人，赐进士及第，分别俗称状元、榜眼、探花；二、三甲，分赐进士出身、同进士出身。得中进士者一般都前途光明，一甲立刻可授官职，二、三甲则参加翰林院考试，学习三年再授官职。明清时期的官吏主要由举人和进士充任，其中举人基本上充任了县级官吏；而进士则一般都是备作中央官员，即使发放到地方上做小官，也都只是历练一下，将来自有比较好的升迁前景。每次科考进士录取人数，各朝不一，唐代较少，一次仅录取二三十人乃至几人；宋代较多，一般几百人，多时上千（当时举人无做官资格）；明清时期，因举人有了做官资格，进士录取人数下降到100人左右，且为平衡各地发展，往往按地域分配名额。

自隋唐至清，在中国1400多年的科举制度史上，考中进士的总数大约有10万上下。总体而言，这是一个才能卓著的群体，古代许多大政治家、文学家、学者都是进士出身，如唐代的王勃、王昌龄、王维、岑参、韩愈、刘禹锡、白居易、柳宗元、杜牧等，宋代的范仲淹、欧阳修、司马光、王安石、苏轼兄弟等，明代的张居正、徐光启等。

举人

"举人"一词最早得名于汉代的察举制度，被举荐者称为举人。唐代时，报考进士科的考生均称举人。宋代，举人方才成为乡试考中者的称呼。但宋代的举人只是具有了参加京城会试的机会，并无做官机会。并且，举人的资格仅是一次性的，如果在接下来的会试中没有被录取，则参加下次科举时，还要重新参加乡试，再次取得举人资格方可参加会试。而到了明清时代，举人的含金量才高起来，进退都比较从容。进，可参加京城会试，乃至殿试，向进士出身冲刺，且举人资格终身有效，这次不中，下次科举可直接参加会试；退，举人则已经具备了做官的资格，一旦朝廷有相应官职出缺，举人便可顶上。一般举人所任官职都是知县、候补知县，或者教谕、训导等县级教育长官，也有个别任知府的。因此，明清时期的读书人一旦中举，也便是基本上实现了读书做官的愿望。即便是不再参加会试也暂时没官做，也会像《儒林外史》中中举的范进那样自有人前来巴结，送上银子，生活水准步入富贵阶层。总体上，举人构成了明清两代低级官员的主流来源。

秀才

"秀才"一词最早出现于春秋时期，原本并非属于科举功名的范畴，也不特指读书人，而是相当于现在的"俊才"、"英才"。汉武帝时期，朝廷推行官员选拔制度改革，"秀才"与"孝廉"一起成为地方官员举荐的两种优秀人才。东汉光武帝时期，为避光武帝刘秀名讳，"秀才"改称为"茂才"，三国曹魏时期，又改回"秀才"。至隋朝科举制度开科取士，最初也称为"取秀才"，这时的"秀才"成了考中功名者的指称。唐初，科举考试中设立秀才科，刚开始时秀才科第最高，因要求非常高，很少有人敢于问津。后来秀才科被废除，"秀才"一度成为读书人的统称。宋代时，凡是参加科举府试的人，无论考中与否，都称为"秀才"。

明清之际，秀才的意思逐渐固定下来。

这时的秀才有一定门槛，参加科举考试的读书人，经过院试，取得入学资格的"生员"才可称为秀才。考中秀才之后，可以说是十年寒窗初步获得成果。进，可以去考取举人，一旦考中，便正式进入为官的士大夫阶层；退，则可以开设私塾。秀才虽然没有国家俸禄，但可以获得一定的特权，比如免除赋税、徭役，可以直接找县官提建议等。于是秀才这个最低功名成了明清两代出身贫困的读书人科举考试的"歇脚所"。他们往往一边通过教书获得经济来源，一边继续考取功名。但因为竞争激烈，尤其清代统治者排斥汉人做官，许多人也就一辈子呆在这个"歇脚所"了。

门生

"门生"大概由"门人"一词流转而来。春秋时期，一个人直接（当面拜其为师）或间接（以其思想为师）以某人为宗师，便自称其"门人"。比如孔子的三千弟子都自称孔子门人。"门生"一词，很大程度上承接了春秋时期"门人"一词的意思，最早见于西汉宣帝时，到东汉开始大量出现。《后汉书·袁绍传》言袁绍"门生故吏遍天下"，这里的门生有弟子的意思，但又有所不同。当时宗师亲自教授的人为弟子，转相授的则为门生。也即对其直接的老师可自称其弟子，对老师的老师则自称其门生。同时，门生还有另一个意思。汉代文官选拔制度采用举荐方式，士人通过被当地官员举孝廉、秀才的方式进入仕途，举荐的州郡官吏被称为"举主"，而被举荐的贤士便称为举主的门生。

到魏晋南北朝时期，"门生"一度变质成依附于士族豪强的一类人，有一些臣属、门客，甚至奴仆的意味。唐宋时期，科举考试中考中举人或进士的人，称主考官为"座主"、"座师"或"恩门"，并自称为主考官的"门生"，这与汉代类似。这样，这些新举人、进士就和主考官之间建立起了一种特殊的师生关系。新举人、进士常把自己的考中看作是主考官对自己的一种类似于师恩的恩情，并且，通过这种师生关系也可在仕途上得到老师的一些照应；而主考官也乐于有这样的年轻后进来亲近自己，于是科举考试就成了主考官结党营私，培养和拉拢自己势力的一种渠道，这便对皇帝的集权统治构成威胁。唐末便出现了涉及科举官员结派的"牛李党争"。宋太祖赵匡胤鉴于此，就把最终决定考生能否被录取的大权移到了自己手上。他在原来两级考制的基础上又加了个第三级考试：殿试。殿试中皇帝亲自出题考试，并定出名次。这样皇帝就成了最终的主考官，成了所有进士的"恩门"，所有的新进士都成了皇帝的学生，也即"天子门生"。这样，科举考试的取士大权就转移到了皇帝手中，有效地杜绝了官员，特别是宰相通过科举考试结党营私的事情。同时，宋太祖还明文规定，以后举人不得自称考官"门生"。但因已约定俗成，"门生"这种说法还是流传了下来。

荫生

明清时期凭借上代余荫取得监生资格的被称为荫生。按入监缘由的不同，荫生又可具体分为多种名目：明代按其先代的品秩入监者称为官生，不按先代官品而因皇帝特恩入监者称为恩生；清代因皇家有喜事开恩得以入监者称为恩荫，由于先代因公殉职而入监者称为难荫。清代的一些荫生的科举试卷经常单独改卷，称之为官卷。总体而言，荫生与汉代的"任子"制度类似，乃是皇家对于官员子弟的一种仕途直通车政策，这种政策基本上历代都有。

监生

监生是明清时期人们对于在国家最高级学府国子监读书者的称呼。明代的监生分为 4 类，会试不第的举人，可入国子监深造，称为"举监"；以贡士身份入监者称为"贡监"；有功官员子弟被朝廷特批入监者称为"荫监"；捐钱进来的叫作"例监"。清代监生主要有恩监、荫监、优监、例监 4 种，其中不同于明代的"恩监"是因皇家有喜事特开恩招来的，优监则与贡监类似。另外，清代监生中还有一些其他的来源，比如七品以上官员子弟中聪慧好学者、因公殉职官员子弟、圣贤后裔等均可入监读书。监生不同于一般的生员，可以和大家一起参加科举考试，同时，即使科举不第仍然是有官做的，可以说前途是有保障的。因此，古代学子能成为监生，是相当轰动的大事，与中举差不多。乾隆之前的监生都还比较正规，入监门槛的执行和对监生学业的督促都比较严格。但乾隆之后，国子监逐渐沦为卖官机构，监生基本上成了花钱买官者的代名词，这些监生只是在国子监挂名，并不真去读书。因此，官员的监生出身是被人瞧不起的。

贡生

科举时代，朝廷会在各府、州、县的生员（秀才）中挑选成绩优异者，使之入京城的国子监读书，称为贡生。"贡生"之意，即是向皇帝贡献的人才。贡生制度开始于元代，明清时期逐渐完善，贡生来源也逐渐扩大。明代贡生有 4 种，即"岁贡"

（由府、州、县学每年或每2年选送1~2名）、"选贡"（由府、州、县学每3年或5年选拔1名）、"恩贡"（因朝廷有喜事而开恩被选入）、"纳贡"（即花钱买来的贡生资格）。清代贡生有6种："岁贡"、"恩贡"和明代一样，"优贡"、"例贡"分别相当于明代的选贡、纳贡；另外还有"拔贡"和"副贡"，"拔贡"从各省科试的一、二等生员中选拔，"副贡"是从乡试落榜生中的优秀者中选拔，相当于一个举人榜的副榜，故曰"副贡"。清代贡生也称"明经"。贡生相比于一般秀才的好处在于其既可以像普通秀才一样参加科举考试，考取举人、进士，同时即使是科举不中，最后总有官做，但一般不大，为知县、县丞、教谕等官职。比如清代小说家蒲松龄屡试不中，最后凭贡生身份得了个"儒学训导"的官职，其实是个虚衔，负责督导县学的校风。总的来说，贡生制度扩大了由进士、举人进升仕途的范围，是对于科举制度的一种不错的补充。

帖经、帖括

帖经是唐代科举考试的一类考题。帖经，意即帖住经文。其具体做法是在所考察的诸多儒家经书里随便抽出一句话，然后将其中某部分用纸帖盖，要求考生答出这句话是什么，相当于现在的填空题，主要考察的是考生对经文的记忆情况。帖经类试题在唐代不同的科举科目中所占分量不同。其中，对于主要考察文学才能和政治见识的进士科里，帖经只少量存在；重在考察对经文的记忆和理解程度的明经科里，帖经则是主要试题。

帖括是考生针对帖经类考题所创造出来的一种应对方法。由于报考人数众多，而录取人数有限，为体现出层次差别，以淘汰多数考生，帖经内容逐渐越来越偏。考生们为方便记忆，将难记偏僻的经文编成诗赋歌诀的形式，称之为帖括。

试帖诗

古代科举考试中的一种诗体。因试帖诗题目前常冠以"赋得"二字，故也叫作"赋得体"。该诗体起源于唐代科举考试中，一般以古人诗句或成语为题，刚开始为五言六韵（60字），后来发展为五言八韵（80字）。唐代对考生作诗的内容和用韵都比较宽泛，到宋代时严格起来，宋仁宗规定必须于经史有据。明及清初，不考诗赋。到乾隆年间，爱作诗的乾隆又在科考中加入五言八韵诗。其格式比前代更严，题目必须出自经史子集或前人诗句、成语，在用韵上也更加严格。另外，其结构也略同于八股文，分首联破题，次联承题，三联如起比、四五联如中比、六七联如后比，结联如束比。总体上，唐宋时的诗赋比较重要，清代科考主要取决于八股文，诗赋无关紧要。

连中三元

"连中三元"是用于形容古代科举考试中的一种情况，指某个考生参加考试过程中，在乡试、会试、殿试三次考试中均考得第一名，接连考得"解元"、"会元"、"状元"。这种说法大致出现在宋代。

宋代及以后的科举考试中，读书人首先在县、府参加考试，通过考试的称为"生员"，俗称"秀才"。考得"秀才"之后，才算获得了参加正式考试的资格。接下来，首先是参加每3年一次由省府主持举行的"乡试"，又称"秋闱"。此考连考3场，每场3天。乡试考中，称为"举人"。"举人"便具备了做官的资格，中举者正式跨入士大夫阶层，清代讽刺小说《儒林外史》中的"范进中举"一段说的便是乡试中举的情形。在"乡试"以第一名的成绩考中"举人"，则称为"解元"。

通过乡试的举人，次年三月参加在京师的"会试"和"殿试"。会试由礼部在贡院举行，也称"春闱"，同样是连考 3 场，每场 3 天，由翰林或内阁大学士主考。会试考中者，称为"贡士"，贡士第一名称"会元"。

"贡士"可以参加接下来的四月份的"殿试"，殿试是科举考试的最后一级，由皇帝亲自主持和出题，并定出名次，第一名称为状元。

自古言："文不称第一，武不称第二。"客观地说，要在文科考试中做到"连中三元"，确实相当难。据史料记载，历代数下来，总共出现过 17 次"连中三元"的情形，另外还有 2 次武科举的"连中三元"。

另外，唐代曾出现有"连中三头"之说，应该是"连中三元"的早期雏形。

蟾宫折桂

蟾宫折桂本意是攀折月宫桂花，古人用以比喻科举得中。蟾宫，即是嫦娥所住的广寒宫，据说由蟾蜍幻化而成。另外传说广寒宫中有一棵高五百丈的桂树。《晋书·郤诜传》中："武帝于东堂会送，问诜曰：'卿自以为如何？'诜对曰：'臣鉴贤良对策，为天下第一，犹桂林之一枝，昆山之片玉。'"说晋武帝有一天在东堂接见大臣，问大臣郤诜自我感觉如何。郤诜将自己比喻成月宫中的一段桂枝，昆仑山上的一块宝玉。此后，人们便经常用月宫桂枝来形容有才能的人。隋朝之后，科

举制度开始。因为每年的乡试一般都在刚好在八月，所以人们便将科举应试得中者称为"月中折桂"或"蟾宫折桂"。《红楼梦》第九回中林黛玉听说贾宝玉要上学了，就挖苦宝玉道："好！这一去，可定是要蟾宫折桂去了。"关于此成语，古代的不少地方还有相关风俗，科考之年，应试者及亲友都用桂花、米粉蒸作广寒糕相互赠送，取科场高中之意。

科举四宴

科举四宴指的是古代科举考试结束后，朝廷为中榜者进行庆祝的 4 个例行宴会，其中文、武科举各有 2 个。

鹿鸣宴。此是为文科举乡试后的新科举人们举行的宴会。此宴起于唐代，后世一直沿用。该宴由地方官吏主持，除邀请新科举子外，考场工作人员也都会被邀请。之所以取名为"鹿鸣宴"，是因据说宴会上要唱《诗经·小雅》中的"鹿鸣"之诗。

琼林宴。此是为文科举殿试后的新科进士们举行的宴会。此宴始于宋代，当初宋太祖赵匡胤首开殿试制度，并规定殿试后为新科进士们设宴庆贺。因为宴会在当时都城开封城西的皇家花园琼林苑里举行，故名。琼林宴后来改名"闻喜宴"，元、明、清时，称作"恩荣宴"。

鹰扬宴。此是为武科考举乡试中榜的武举人举行的宴会。一般在发榜第二天举行，参加者为主考官和新科武举人。鹰扬，意为威武如鹰击长空，与文举子的"鹿鸣"相照应。

会武宴。此是武科举殿试发榜后为新科武进士们举行的庆祝宴，该宴自唐代产生武举之后便有，一般在兵部举行，规模浩大，比鹰扬宴要排场许多。

科场的枪替

古代读书人虽然熟读"孔孟"，但无奈科举考试事关一生富贵，诱惑太大，因此科举考试举行的 1000 多年间，作弊现象从未间断过。至于具体手段，不外乎夹带、提前买题、买通阅卷考官等。而"枪替"，也是常见手段之一。"枪替"即是我们现在所说的替人考试的"枪手"。

"枪替"在唐朝开始出现并流行。古代没有照相机，也不可能为几万考生一一画像，因此只要性别不错，监考官无法判别考生姓名是否真实。因此监考官对于"枪替"是防不胜防。唐人杜佑在《通典·选举五》中谈到"枪替"现象时言："故俗间相传云'入试非正身，十有三四；赴官非正身，十有二三'。"到宋明清时代，"枪替"更加流行，宋代著名婉约派词人温庭筠便是历史上有名的"枪替"。据说他就是因为当"枪替"出名，尽人皆知，于是虽然才华横溢，但他自己每次应试都以品

科举考试图

德问题不被录取。

对于"枪替"现象，历代统治者都相当头疼，制定了相应的预防和惩罚措施。比如清代规定各府、州的县试在同一天进行，一个省内的府试也在同一天进行，以防成绩好的考生自己考完后又去替别人考试。另外，参加县试须有 5 个考生联保，并由本县一名廪生做担保人，参加府试则要有 2 名廪生认保。考场若发生"枪替"作弊，5 人都要受处罚，认保的人也要革职。雍正年间，如发现"枪替"现象，"枪替"和雇主均发配烟瘴之地充军，联保者杖打一百；乾隆时甚至将"枪替"和雇主处斩。

师范

"师"的名称，在夏、商、周时就有了。而"师"字最早出现在甲骨文中，甲骨文中有"文师"之称。以后，西汉的董仲舒用了"师"一词，司马迁用了"师表"一词，他们都着重在师的表率作用这一点上。西汉末年，扬雄在言论集《法言》中说："师者，人之模范也。"他第一次将"师"和"范"联系起来看，明确强调了教师所负有塑造教育对象的重大责任。《后汉书·赵壹传》报皇甫规书："君学成师范，缙绅归慕。"《文心雕龙·才略》云："相如好书，师范屈宋。""师范"已作为一个词组而出现了。

北京大学

北京大学，简称北大，创建于 1898 年，初名京师大学堂，是中国第一所国立大学，也是中国在近代史上正式设立的第一所大学，其成立标志着中国近代高等教育的开端。北京大学被公认为中国的最高学府，也是亚洲和世界最重要的大学之一。在中

国现代史上，北大是中国"新文化运动"与"五四运动"等运动的中心发祥地，也是多种政治思潮和社会理想在中国的最早传播地，有"中国政治晴雨表"之称，享有极高的声誉和重要的地位。

清华大学

清华大学，地处北京西北郊繁盛的园林区，是在几处清代皇家园林的遗址上发展而成的。清华大学的前身是清华学堂，始建于 1911 年，曾是由美国退还的部分庚子赔款建立的留美预备学校。1912 年，清华学堂更名为清华学校。1925 年设立大学部，开始招收 4 年制大学生。1928 年更名为国立清华大学，并于 1929 年秋开办研究院。清华大学的初期发展，虽然渗透着西方文化的影响，但学校十分重视研究中华民族的优秀文化瑰宝。目前。清华大学被认为是中国杰出的大学之一，也是亚洲和世界最重要的大学之一。

复旦大学

复旦大学位于中国上海市，是教育部直属全国重点大学之一。复旦大学创建于 1905 年，原名复旦公学，是第一所由中国人通过民间集资自主创办的高等学校。"复旦"二字由创始人、中国近代知名教育家马相伯先生选定当时西北奇才于右任先生的建议，选自《尚书·虞夏传》中《卿云歌》"日月光华，旦复旦兮"的名句，意在自强不息，寄托了当时中国知识分子自主办学、教育强国的希望。100 多年来，复旦大学经历了数不清的风风雨雨，然而"复旦"二字却深深地镌刻进了一代又一代复旦人的心中。

学位

学位制度起源于中世纪的欧洲。1130 年，意大利的波伦那大学首次授予一位研究古罗马法的学者以博士学位，不久又出现了硕士的称号。博士为学位的第一级，硕士为第二级。约 13 世纪初，法国巴黎大学才首创学士制，作为学位的最低一级。法国最初的学士称号是大学"录取学生"的同义词；但英国的学士学位是作为大学毕业成绩良好的一个凭证。后来世界上很多国家都采用英国授予学士学位的方法，一直沿用至今。

学分制

学分制是目前高等学校的一种较普遍的管理制度。它以学分为计算学生学习分量的单位，学生只有读满一定数量的学分，方能毕业。

学分制是在选课制发展的基础上产生的。18 世纪末，由于科学技术的迅速发展，高等学校的传统课程设置已不能满足科技和生产的需要，学校必须增设新科学技术课程。因课程体系变得越来越大，学生只能就一定的专业或学科范围内修习其中部分的必修课程，因此产生了选课制。最早实行选课制的是德国，而这种制度得到普及和改进则是在美国。

终身教育

"终身教育"是 1965 年在联合国教科文组织主持召开的成人教育促进国际会议期间，由联合国教科文组织成人教育局局长法国的保罗·朗格朗正式提出的。

终身教育是人们在一生各阶段当中所受各种教育的总和，是人所受不同类型教育的统一综合。主张在每一个人需要的时刻以最好的方式提供必要的知识和技能。终身教育思想成为很多国家教育改革的指导方针。

最早的幼儿园

幼儿园是英国空想社会主义者欧文（1771～1858年）首先创办的。当时，他对工人的处境十分关心，反对10岁以下的孩子进厂做工，并在苏格兰纽兰纳克为1～6岁儿童开设世界上第一所幼儿园，称为"幼儿学校"。

1837年，德国教育家福禄培尔（1782～1852年）在勃兰登堡开办同样的学前教育机构，但直到1840年才正式命名为"幼儿园"，同时设有幼儿教师培训班。19世纪后半期，资本主义国家纷纷效仿开办幼儿园。中国的幼儿园在清末光绪年间才出现，那时大多叫"蒙养院"。

牛津大学

牛津大学是英语国家中最古老的大学。在12世纪之前，英国没有大学，人们都是去法国和其他欧陆国家求学。1167年，当时的英格兰国王同法兰西国王发生争吵，英王一气之下，把寄读于巴黎大学的英国学者召回，禁止他们再去巴黎大学。这些学者从巴黎回国，聚集于牛津，从事经院哲学的教学与研究。于是人们开始把牛津作为一个"总学"，这实际上就是牛津大学的前身。1201年，它有了第一位校长。1213年，该校从罗马教皇的使节那里得到第一张特许状。

现今，牛津大学已具有极高的世界声誉，它在英国社会和高等教育系统中具有极其重要的地位，有着世界性的影响。英国和世界很多的青年学子都以进牛津大学深造作为理想。

剑桥大学

3世纪初，英国的卡姆河畔建起了一座大学城。迄今为止，城内还保存有英国各个时代的建筑，它是世界上最古老的大学之一。这所大学著称于世，还是在近代才开始的。剑桥大学建校初期，主要讲授语法、修辞和逻辑，同时也开设一些数学、几何、天文和音乐方面的课程。1669年，当艾萨克·牛顿来到剑桥教授数学后，剑桥才名声大噪，并成为培养一流数学家的摇篮。1871年建立的卡文迪什实验室，进一步提高了剑桥大学在科学界的地位。自建室以来，卡文迪什实验室先后共有25位科学家成为诺贝尔奖金获得者。至今，该实验室仍是全球物理学研究的中心之一。剑桥大学内著名的菲茨威廉博物馆，收藏着价值连城的古埃及、古希腊、古罗马的各种文物珍品，还有许多中世纪和近代作家的大量手稿、欧洲著名画家的作品等。

哈佛大学

哈佛大学是美国最早的私立大学之一，是以培养研究生和从事科学研究为主的综合性大学，总部位于波士顿的剑桥城。

哈佛大学的前身为剑桥学院。1636年10月28日，马萨诸塞海湾殖民地议会通过决议，决定筹建一所像英国剑桥大学那样的高等学府，拨款400万英镑。由于创始人中不少人出身于英国剑桥大学，他们就把哈佛大学所在的新镇命名为剑桥。1638年正式开学，第一届学生共9名。1638年9月14日，牧师兼伊曼纽尔学院院长的J.哈佛病逝，他把一半积蓄720英镑和400余册图书捐赠给这所学校。1639年3月13日，马萨诸塞海湾殖民地议会通过决议，把这所学校命名为哈佛学院。

历史上，哈佛大学的毕业生中共出了8位美国总统和34名诺贝尔奖得主。

斯坦福大学

斯坦福大学简称斯坦福，是美国一所私立大学，被公认为世界上最杰出的大学之一。它位于加利福尼亚州的斯坦福市，临近旧金山。斯坦福大学占地 35 平方千米，是美国面积第二大的大学。

斯坦福大学始建于 1885 年。当时的加州铁路大王、曾担任加州州长的老利兰·斯坦福为纪念他在意大利游历时染病而死的儿子，决定捐钱在帕洛·阿尔托成立以他儿子名字命名的大学，并把自己 8180 英亩用来培训优种赛马的农场拿出来作为学校的校园。相传，斯坦福夫妇在这之前曾拜访过哈佛大学的校长，提出为纪念他们的儿子的死在哈佛校园内建一座大楼，但遭到了拒绝，于是才建造了这座闻名于世的大学。他们的这一决定为以后的加州及美国带来了无尽的财富。

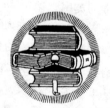

医药篇

伤寒学派

伤寒学派以研究或阐发张仲景的《伤寒论》的辨证论治、理法方药为主要课题的医学流派。历史上对《伤寒论》进行探讨研究的医家极多，留下上千种论著，影响很大。伤寒学派的历史发展大致经历了 3 个阶段。

《伤寒论》成书不久，未及广泛流传就已开始散落，晋代王叔和是最早搜集整理该书的医家。唐代孙思邈采用"方证同条，比类相附"的研究方法，提出了桂枝汤、麻黄汤、青龙汤为治疗伤寒的三纲思想。

从宋代起，研究《伤寒论》蔚然成风。许叔微在六经辨证基础上，着重发挥"阴阳表里寒热虚实"八纲辨证。

明清时期流派纷起。临床上，有以柯韵伯、徐大椿等为代表的以方类证派，以尤在泾为代表的按法类证派，以钱潢为代表的按因类证派，以沈金鳌为代表的按证类证派和以陈修园为代表的分经审证派等。

温病学派

温病学派是吴门最具地方特色和科技优势的一大流派，明清时期达鼎盛阶段，并在相当长的时期内，居世界科技领先的地位。

明末清初，中国反复出现大范围的瘟疫，从吴又可起，渐形成了一支学术力量，以研究温热病中的瘟疫见长，故又称为"温疫学派"，范围较局限。清中晚期，以叶天士、吴鞠通、薛生白、王孟英为代表的"温热学派"相继创建了卫气营血辨证和三焦辨证的理论，名著有《温热论》、《湿热病篇》、《温病条辨》等，标志着温病学派已进入成熟阶段，发展到鼎盛期。由此可知，温病学派实可分为两支，一支是温疫学派，出现于温病派早期，另一支是温热学派，见于温病学派发展成熟期。金元四大家、温补派、温病派很多方均属时方，他们用药清淡轻灵，善于随证自拟新方，为时方派的共同风尚。温病学派是在与伤寒学派不断的学术争鸣中得以发展壮大，后来竟可羽翼伤寒，并与之抗衡，推动了中医学向前发展。

脏象学说

研究人体各脏腑、组织、器官的生理功能、病理变化及其相互联系的学说，称为脏象学说。脏象学说以脏腑为基础，按照脏腑的生理功能特点，以五脏为中心，通过经络的沟通，配合六腑，联系皮、肉、筋、骨、脉，以及目、舌、口、鼻、耳等组织，这样人体内各脏腑、组织、器官便构成一个有机的整体。

脏象学说是中医学理论体系的核心，

它不仅应用于中医学的生理学、病理学，而且广泛地应用于疾病的诊断、治疗等各个方面，是中医辨证论治的理论依据。

五脏

五脏是人体内心、肝、脾、肺、肾5种脏器的合称。五脏的主要生理功能是生化和储藏精、气、血、津液和神，故又名五神脏。由于精、气、神是人体生命活动的根本，所以五脏在人体生命中起着重要作用。

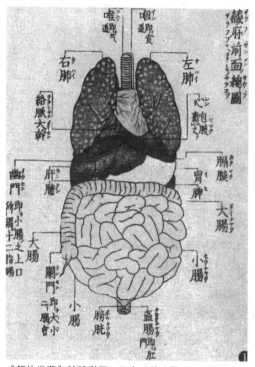

《解体发蒙》脏腑彩图，日本三谷公器1813年绘。

六腑

六腑为人体内胆、胃、大肠、小肠、三焦、膀胱6个脏器的合称。六腑的主要生理功能是受纳、腐熟水谷、泌别清浊、传化精华，将糟粕排出体外，而不使之存留。所以六腑以和降通畅为顺。

奇恒之腑

奇恒之腑，即脑、髓、骨、脉、女子胞（即子宫，卵巢）。它们同是一类相对密闭的组织器官，不与水谷直接接触，即似腑非腑；但具有类似于五脏贮藏精气的作用，即似脏非脏。奇恒之腑各脏功能如下：

脑：为髓海、元神之府，主灵机记忆。

髓：充养骨髓、脑。

骨：髓之府，为身体支架。

脉：血之府，运行血液之通道。

女子胞：主月经及生育。

精、气、血

在中医学学说中，精或精气是一种有形的、多是液态的精微物质。其基本含义有广义和狭义之分。广义的精，泛指构成人体和维持生命活动的精微物质，包括精、血、津、液在内。狭义的精，指肾藏之精，即生殖之精，是促进人体生长、发育和生殖功能的基本物质。

气是生命生存的必要条件，是万物的灵魂。气有升、降、出、入4种运动形式，在不同脏腑则有不同表现形式。气流布全身各处，走到脏腑就叫脏腑之气，至血脉内外则称营卫之气，至经络则称经络之气等。

血是构成人体和维持人体生命活动的基本物质之一。血液在脉中循环于全身，内至脏腑，外达肢节，为生命活动提供营养物质，发挥营养和滋润作用。血液是以水谷精微中的营气和津液为主要物质基础，在以脾胃为主，配合心、肝、肾等脏腑的共同作用下完成的。

五轮八廓

五轮八廓是中国古代医家阐述眼与脏腑相互关系并指导诊治眼病的两种学说。

五轮为肉轮、血轮、气轮、风轮、水轮的合称。它将眼由外向内划为 5 个部分，分属于不同的脏腑，在临床上可通过观察各轮外显症状来推断相应脏腑的内在病变。

肉轮——胞睑，属脾胃。

血轮——两眦血络，属心与小肠。

气轮——白睛，肺与大肠。

风轮——黑睛，属肝、胆。

水轮——瞳孔，属肾与膀胱。

八廓是中医眼科在外眼划分的 8 个部位，用自然界 8 种物现象或八卦名称来命名。即天（乾）廓、地（坤）廓、风（巽）廓、雷（震）廓、泽（兑）廓、山（艮）廓、火（离）廓、水（坎）廓。

六淫

六淫就是风、寒、暑、湿、燥、火 6 种致病因素。

风、寒、暑、湿、燥、火是自然界的 6 种气候变化，称为"六气"，六气的正常运行变化，有利于万物的生长变化，但如果六气太过或不及，则气候反常，在人体抵抗力低下时，就能成为致病因素，则称"六淫"或"六邪"。

七情

七情，即喜、怒、忧、思、悲、恐、惊 7 种情志变化。

七情分属五脏，以喜、怒、思、悲、恐为代表，称为"五志"。

喜为心志，心能表达人的喜悦之情。

怒为肝志，肝能表达人的愤怒之情。

忧（悲）为肺志，肺是表达人的忧愁、悲伤等情志活动的主要器官。

恐（惊）为肾志，肾是人们表达惊恐之志的主要脏器。

思为脾志，人的思虑等情志活动主要是通过脾来表达的。

在突然、强烈或长期性的情志刺激下，超过了正常的生理活动范围，而又不能适应时，使脏腑气血功能紊乱，就会导致疾病的发生，这时的七情就成为致病因素，称为内伤七情。

同病异治

同病异治，《素问·五常政大论》："西北之气，散而寒之，东南之气，收而温之，所谓同病异治也。"同一病证，因时、因地、因人不同，或由于病情进展程度、病机变化，以及用药过程中正邪消长等差异，治疗上应相应采取不同治法。

异病同治

中医治病的法则，不是着眼于病的异同，而是着眼于病机的区别。异病可以同治，既不决定于病因，也不决定于病证，关键在于辨识不同疾病有无共同的病机。病机相同，才可采用相同的治法。

扶正祛邪

疾病的发生与发展是正气与邪气斗争的过程。正气充沛，则人体有抗病能力，疾病就会减少或不发生；若正气不足，疾病就会发生和发展。治疗的关键就是要改变正邪双方力量的对比，扶助正气，祛除邪气，使疾病向痊愈的方向转化。

扶正，就是使用扶正的药物或其他方法，以增强体质，提高抗病能力，以达到战胜疾病、恢复健康的目的。适用于正气虚为主的疾病，是《内经》"实则泻之"的运用。

祛邪，就是祛除体内的邪气，达到邪去正复的目的。适用于邪气为主的疾病，是《内经》"实则泻之"的运用。

四气五味

四气指药物的寒、热、温、凉4种特性。又称四性。寒凉和温热是两种对立的药性，而寒与凉、热与温之间只是程度的不同。一般寒凉药多具清热、解毒、泻火、凉血、滋阴等作用，主治各种热证。温热药多具温中、散寒、助阳、补火等作用，主治各种寒证。

五味指药物的辛、甘、酸、苦、咸5种味道，辛、甘属阳，酸、苦、咸属阴。辛味有发散解表、行气行血作用，即辛散。甘味有滋补和中、调和药性及缓急止痛作用，即甘缓。酸味有收敛固涩作用，即酸收。苦味有清泄、燥湿作用，即苦坚。咸味有泻下、软坚散结作用，即咸软。

十八反

十八反是中药配伍禁忌，是指某些药物合用会产生剧烈的毒副作用或降低和破坏药效。

十八反最早见于张子和《儒门事亲》，列述了三组相反药，分别是甘草反甘遂、京大戟、海藻、芫花；乌头（川乌、附子、草乌）反半夏、瓜蒌（全瓜蒌、瓜蒌皮、瓜蒌仁、天花粉）、贝母（川贝、浙贝）、白蔹、白芨；藜芦反人参、南沙参、丹参、玄参、苦参、细辛、芍药（赤芍、白芍）。

辟谷

辟谷又称"断谷"、"绝谷"、"休粮"、"绝粒"等，是方士道家当作修炼成仙的一种方法。

道教认为，人食五谷杂粮，在肠中积结成粪，产生秽气，阻碍成仙的道路。同时，人体中有三虫（三尸），专靠得此谷气而生存，有了它的存在，使人产生邪欲而无法成仙。因此为了清除肠中秽气并除掉三尸虫，必须辟谷。

中医

中医作为国粹已有几千年的历史，它是一个以朴素的唯物主义和自发的辩证法为指导思想，以阴阳五行学说为说理工具，以脏腑经络学说为理论核心，以辨证论治为临床特色的独特、完整的医学体系。

中医的最大特点是整体观念，也就是说，中医将人本身看作一个整体，人与自然相统一，人天相应，天人合一。中医始终将人作为一个整体看待，无论是病机、病理，还是诊断、治疗，时时处处体现出这一观点。中医认为人与自然界息息相通，具有不可分割的密切联系，自然界对人体的影响无时无刻无处不在，人与自然气候、地理、环境、饮食、起居、习俗等有千丝万缕的联系，许多疾病与季节、时间、生活条件、环境、心情等有关。中医的另一特点是辨证施治。辨证是在整体观念指导下，将四诊收集的资料，根据阴阳、五行生克制化、经络、脏腑、多种辩证的规律全面分析，辨别疾病的证候，从而判断疾病的病因、部位、性质、邪正盛衰有病变趋势；施治就是根据辨证的结果，确定治疗的手段和方法。另外，中医还具有恒动观念，认为人体以及宇宙万物都是连续不断、无限永恒地运动和变化着，将物质的运动形式概括为升降出入，即认为生理活动每时每刻都在人体内部和内外交换两方面进行，人体各部分组织、器官、脏腑、气血津液通过经络周而复始地维系在一起，相互依存、相互联络；在病理过程中相互影响、互为因果，一旦这种活动停止则生命即告终结。

针灸疗法

针灸是针法和灸法的合称。针法是把毫针按一定穴位刺入患者体内，灸法是把燃烧着的艾绒、艾条等按一定穴位熏灼皮肤。针灸是中医学中重要的治疗方法，而且起源极为久远。远古时期，人们偶然发现身体表面的某个部位碰撞到一些尖硬物体的时候会有意外的疼痛减轻的现象，于是逐渐开始有意识地用一些尖利的石块来刺激身体的某些部位，以期减轻疼痛。这就是针法的由来。最初使用的针是石制的，称为"砭石"，后来则发展为金属针，针的形制也有多个种类。灸法的发现则是人们在用火的过程中发现身体某部位的病痛经过火的烧灼、烘烤会得到缓解，于是取用兽皮或树皮来包裹烧热的石块或沙土对身体进行热熨，用点燃的树枝或干草来烘烤以治疗疾病，后来艾叶则成为灸治的主要材料，因为艾叶具有易于燃烧、气味芳香、资源丰富、易于加工贮藏等优点。针灸疗法的原理是中医特有的人体经络理论，在治疗过程中，经过诊断，确定病变属于哪一经脉、哪一脏腑，然后制定相应的配穴处方，进行针灸，以达到通经脉、调气血的目的，从而使人体阴阳归于相对平衡，脏腑功能也趋于调和，也就获得了防治疾病的效果。

中医推拿术

中医推拿，又称"按摩"、"按跷"、"导引"、"案抚"、"摩消"等，是依据中医理论对体表特定部位施以各种手法，有时也配合某些肢体活动以恢复或改善身体机能的方法。推拿按摩属中医学的重要组成部分，也是人类最古老的疗法之一。据《汉书·艺文志》记载，秦汉时期已经有了关于推拿按摩的专著《黄帝岐伯按摩经》十卷，虽然该书已经失传，但是在同一时期完成的《黄帝内经》一书中记录了许多关于推拿的内容。东汉张仲景在《伤寒杂病论》中最先提出"膏摩"疗法，即将配制好的膏药涂抹在患者体表，然后运用特定手法进行抚摩擦揉。这就将推拿按摩与药剂应用结合在了一起，在提高治疗效果的同时也使推拿方法的应用变得更为广泛。魏晋南北朝时期，推拿疗法进一步发展，葛洪在《肘后备急方》中首次对膏摩的理论和应用进行了系统的总结，而陶弘景则在《养性延命录》中阐发了啄齿、熨眼、按目、牵耳、梳头、摩面、擦身等成套的推拿按摩动作。隋唐时期，宫廷太医署正式设立按摩专科，此时的按摩基础理论、诊断技术和治疗方面都已发展到相当水平。至明代，按摩成为 13 个医学科目之一，尤为引人注目的是，这一时期形成了独有的小儿推拿体系，产生了《小儿按摩经》、《小儿推拿方脉活婴秘旨全书》、《小儿推拿秘诀》等专著。"推拿"这一名称也是得于此时。清代虽然未在太医院设按摩或推拿科，但没有影响这一疗法的进一步发展和更为广泛的应用。乾隆年间由太医吴谦负责编修的《医宗金鉴》中对运用推拿手法治疗骨伤疾病做了系统的总结，将摸、接、端、提、按、摩、推、拿列为"伤科八法"，确立了正骨推拿的分科。这标志着古代中医推拿术发展的最后成就。

拔罐

拔罐疗法是一种借助热力和外力排出罐内空气，形成负压，使罐子吸在皮肤上面，造成局部充血或淤血的一种治疗方法。有行气、活血、消肿、散寒等作用。所使用的工具非常简单，玻璃罐、杯子、药瓶，只要其口光滑，边缘平整即可，操作方法只要用镊子或手捏住燃烧着的一块或一团酒精棉，点燃后迅速丢入罐内，将罐扣在应拔的部位上，即可吸住，火立即熄灭。拔罐虽然用具简单，但是也要根据病情选择正确的穴位或病区。

刮痧

刮痧是集针灸、按摩、拔罐、点穴之优势，通过运用刮痧仪或水牛角等材料制成的刮痧板刺激人体的相关经络、穴位，达到活血化瘀、舒经通络、行气止痛、清热解毒、健脾和胃等目的的一种传统疗法。它能改善人体血液循环，促进新陈代谢，增强人体免疫功能，是一种治病防病的非药物、无损伤的自然健康疗法。

刮痧可依据患者的病变和体质，辨证循经选穴，实施不同手法，使被刮拭过的经络和腧穴的微循环得以改善，起到调气行血、疏经通络、活血化瘀、营养组织细胞的作用，从而改善和纠正阻经滞络的气滞血瘀，使经络通畅。

四诊法

四诊法，即望、闻、问、切4种中医诊病手段。

望诊，是对病人的神、色、形、态、舌象等进行有目的的观察，以测知内脏病变。

闻诊，包括听声音和嗅气味两个方面。主要是听患者语言气息的高低、强弱、清浊、缓急等变化，以分辨病情的虚实寒热。

问诊，是通过询问患者或其陪诊者，以了解病情，有关疾病发生的时间、原因、经过、既往病史、患者的病痛所在，以及生活习惯、饮食爱好等与疾病有关的情况。问诊是了解病情和病史的重要方法之一，在四诊中占有重要的位置。

切诊，包括脉诊和按诊两部分，是医者运用指端之触觉，在病者的一定部位进行触、摸、按、压，以了解病情的方法。

经脉

经脉是指人体内气血运行的通路，可分为正经和奇经两类。

正经有十二，即手足三阴经和手足三阳经，合称"十二经脉"，又名十二正经，是气血运行的主要通道。它们分别隶属于十二脏腑，各经用其所属脏腑的名称，结合循行于手足、内外、前中后的不同部位，并依据阴阳学说，给予不同的名称。十二经脉的名称为：手太阴肺经、手厥阴心包经、手少阴心经、手阳明大肠经、手少阳三焦经、手太阳小肠经、足太阴脾经、足厥阴肝经、足少阴肾经、足阳明胃经、足少阳胆经、足太阳膀胱经。

奇经有八条，即督、任、冲、带、阴跷、阳跷、阴维、阳维，合称"奇经八脉"，有统率、联络和调节十二经脉的作用。

另外十二经别是十二正经离、入、出、合的别行部分，是正经别行深入体腔的支脉。十二经别都是从十二经脉的四肢部位别出，阳经经别合于本经，阴经经别合于相表里的阳经。十二经别多从四肢肘膝上下的正经别出（离），经过躯干深入体腔与相关的脏腑联系（入），再浅出于体表上行头项部（出），在头项部，阳经经别合于本经的经脉，阴经经别合于相表里的阳经经脉（合），故有"六合"之称。

穴位

穴位，学名为腧穴，通常也称为穴、穴道，在中医学上指人体上可以针灸的部位，多为神经末梢密集或较粗的神经纤维经过的地方。中国古人很早就发现了穴位，成书于西汉之前的《黄帝内经》就指出"气穴所发，各有处名"，并且记载了 160 个穴位名称。魏晋时期的皇甫谧在《针灸甲乙经》中对人体 340 个穴位的名称、位置及其主治功能都一一进行了详切的论述。按照中医学理论，人体穴位是经络之气输注于体表的部位，又是疾病反映于体表的部位，还是针灸、推拿、气功等疗法的施术部位。长期的实践证明，穴位具有"按之快然"、"驱病迅速"的神奇功效，但是穴位的实质究竟如何，人们尽管采用了种种现代的技术和理论去测定与分析，依然没有得出确论。

药膳

药膳就是将某些具有药用价值的食物经过特定的烹调方法制作而成的一类特别的食品。药膳寓医于食，既将药物作为佳肴，又将食物赋以药用，从而在享用美味的同时又获得了医疗的效果。药膳营养价值和药用价值兼备，相比较服用单纯的药剂具有明显的优点，因此有"药补不如食补"之说。远古时期，人们寻找各种可利用的植物和动物，有些动植物可供人们果腹，有些动植物可供人们治疗疾病，对于大多数动植物来说这两种作用是分开的，人们发现其中有一部分兼具食用和药用两种价值，这就是最初的药膳。"药膳"一词在史籍中最早见于《后汉书·列女传》，其中有"母亲调药膳思情笃密"的句子，早在东汉之前药膳作为一种实际应用就已

经长期存在了。到汉代，则形成了非常丰富的药膳知识，东汉末年成书的《神农本草经》中记载了大枣、人参、枸杞、茯苓、生姜、杏仁、乌梅、鹿茸、蜂蜜、龙眼等多种具有药性的食物，这些食物已经成为配制药膳的原料。东汉名医张仲景在《伤寒杂病论》、《金匮要略方论》中更是提出了大量的饮食调养方法配合药剂的治疗。至唐代，"药王"孙思邈在《备急千金要方》中设立了《食治》专篇，这标志着药膳已发展成为一个专门的学科。而后药膳的理论知识得到持续的完善，药膳的应用也从宫廷到民间，遍及千家万户。

方剂

将几种药物配合起来，经过煎煮制成汤液，即是最早的方剂。

方剂一般由君药、臣药、佐药、使药 4 部分组成。"君臣佐使"的提法最早见于《黄帝内经》，"君药"是方剂中针对主症起主要治疗作用的药物，是必不可少的。"臣药"协助君药，以增强治疗作用。"佐药"是协助君药治疗兼证或次要症状，或抑制君、臣药的毒性和峻烈性，或为其反佐。"使药"引方中诸药直达病症所在，或调和方中诸药作用。

扁鹊

扁鹊，生卒年不详，约生于春秋晚期和战国早期，齐国勃海郡人（今河北任丘）。又说为齐国卢邑人（今山东长清），姓秦，名越人，"扁鹊"本是黄帝时代的名医，因为秦越人医术高明，所以人们称誉其为"扁鹊"。扁鹊是中国历史上第一位有确切记载的名医，被认为是中医学的鼻祖。扁鹊最大的贡献是创造了望、闻、问、切的诊断方法，还广泛地应用砭刺、针灸、

按摩、汤液、热熨等多种方法治疗疾病，奠定了中医临床诊断和治疗方法的基础。《史记·扁鹊仓公列传》记载："扁鹊名闻天下。过邯郸，闻贵妇人，即为带下医；过洛阳，闻周人爱老人，即为耳目痹医；来入咸阳，闻秦人爱小儿，即为小儿医，随俗为变。"扁鹊遍游各地行医，擅长各科，在邯郸为妇科医生，到洛阳为五官科医生，入咸阳则又为儿科医生。但是到秦国后，秦太医令李醯因为自己的医术不如扁鹊，而将扁鹊刺杀。扁鹊著有《内经》和《外经》，都已失佚。

华佗

华佗（145～208年），字元化，沛国谯（今安徽亳州）人，东汉著名医学家。《后汉书·华佗传》说他"兼通数经，晓养性之术""精于方药"，医术高超，被人们称为"神医"。他精通内、外、妇、儿、针灸各科，尤以外科著称，他一生主要在今安徽、江苏、山东、河南一带行医。曹操患头风病，华佗以针刺法治疗，很快治愈。曹操想留他做侍医，遭到华佗的拒绝，因而被曹操杀害。

《三国志》上载有华佗治疗的20多个病例，如传染病、寄生虫病、妇产科病、小儿科病、皮肤病、内科病等。华佗首创了中药全身麻醉剂——麻沸散，并应用于腹部外科手术，这在全世界是第一例，对后世影响极大。后世的中药麻醉都是在麻沸散启发下发展起来的，在世界麻醉学和外科手术史上，麻沸散也有很大影响。华佗长于养生，模仿动物动作发明了"五禽戏"，教导人们进行医疗体育锻炼。他曾把自己医疗经验写成一部医学著作，即《青囊经》，可惜失传。

张仲景

张仲景（约150～219年），名机，东汉南阳（今河南省南阳市）人，著名医学家，史称"医圣"。东汉末年，军阀混战，瘟疫流行，张仲景家族200多人因伤寒病死了100多人。张仲景非常难过，立志"勤求古训，博采众方"，为人民治病。他在前人的医书《素问》、《九卷》、《八十一难》、《阴阳大论》、《胎胪药录》的基础上，结合自己的医疗经验，写成了《伤寒杂病论》（伤寒指的是急性传染病，杂病指的是外科、妇科等方面的疾病）。全书除病理论证外，系统地分析了伤寒的原因、症状和处理方法，奠定了理、法、方、药的理论基础。书中还精选了300多种方剂，为中医方剂学提供了发展的依据，后世很多药方都是从它发展变化而来的。这部书还传到了日本、朝鲜、越南、蒙古等国。经后人整理校勘，《伤寒杂病论》被编为《伤寒论》和《金匮要略》。张仲景确立的六经分证、中医诊断病情的八纲（阴阳、表里、虚实、寒热）和辨证施治的原则，为中医治疗学奠定了基础。

孙思邈

孙思邈（581～682年），京兆华原（今陕西省耀县孙家塬）人，隋唐时期著名医药学家，被后人尊为"药王"。孙思邈自幼体弱多病，家人为给他看病几乎耗尽家财。因此，他从小就立志要从事医学研究。他认真阅读了《黄帝内经》、《伤寒杂病论》、《神农本草经》等古代医书，钻研民间方药，向经验丰富的医生学习。到二十多岁时，孙思邈已经成为一个有名的医生了。隋文帝、唐太宗、唐高宗都请他出来做官，但都遭到了他的拒绝。

孙思邈长期生活在民间，广泛搜集民间药方，积累了丰富的医疗经验。孙思邈不但精通内科，而且擅长外科、妇产科、儿科、五官科等，还掌握了针灸技术和渊博的药物学知识。他最早描述了下颌骨脱臼的手法复位，一直沿用到现在。在长期的医疗实践中，孙思邈深切感到过去的方药医书浩博庞杂，分类也不科学。因此他一方面阅读医书，一方面广泛搜集民间方药，编成《备急千金要方》和《千金翼方》，这两本是供家庭备用的医药卫生手册。之所以用"千金"命名，是因为孙思邈认为人命比千金还要贵重。

金元四大家

金元四大家是指刘完素、张从正、李杲和朱震亨 4 位医学家，他们开创了 4 大医学流派，对后世影响很大。

刘完素（约 1110 ～ 1200 年），字守真，号通元处士，河间人。在医学上，他大力提倡运气说，宣扬五运六气盛衰之理。刘完素的学说流派称"寒凉派"。著有《图解素问要旨》等。

张从正（约 1156 ～ 1228 年），字子和，睢州考城（今河南民权西南）人。他非常推崇刘完素，用药也多寒凉，创制了"张子和汗下吐法"。张从正的学说称"攻下法"。

李杲（约 1180 ～ 1251 年），字明之，号东垣先生。镇州（今河北正定）人。少时好医药，师从名医刘完素。李杲用药与张元素相同，主张以脾土为主，认为土为万物之母。他的学说流派称"补土派"。著有《伤寒会要》、《脾胃论》等。

朱震亨（1281 ～ 1358 年），字彦修，婺州义乌人。拜刘完素徒弟罗知悌为师，他主张"因病以制方"，反对拘泥于"局方"，主张重在滋阴。他的学说流派称"养阴派"。著有《格致余论》、《局方发挥》、《伤寒辨题》、《本草衍义补遗》、《外科精要》等。

李时珍

李时珍（约 1518 ～ 1593 年），字东璧，蕲州（今湖北蕲春）人，明代医药学家。出身于世医家庭，受家庭的熏陶，李时珍从小就喜爱医药，立志悬壶济世。经过刻苦学习和实践，在 30 岁时李时珍已经成为当地名医。后楚王聘李时珍到王府掌管良医所事务，3 年后，又推荐他上京任太医院判后经举荐补太医院之阙，一年后辞职回家。在此期间，李时珍阅读了王府和太医院里大量的医书，医学水平得到很大提高。

在李时珍之前，中国医学书上记载的药物有 1558 种，这些药物不仅品种繁杂，而且名称混乱。医生们在行医时非常不方便，有时候还会开错药。李时珍决心把这些药物整理出来，重新编定一本药典。他深入民间，向农民、渔民、樵民、药农请教，

李时珍像

查阅医书 800 多部，对药物一一鉴别和考证，纠正了古书中的许多错误，还搜集许多新药物，历时 30 多年，写成了《本草纲目》一书。《本草纲目》对药物进行了分类，首先为纲，其次为目，再次是药名、产地、形色、药用等。《本草纲目》对后世医学影响很大，还传至日本、朝鲜、越南等国。

阿司匹林

阿司匹林的发明起源于随处可见的柳树。柳树皮具有解热镇痛的神奇功效，在缺医少药的年代里，人们常常将它作为治疗发烧的"良药"。在许多偏远的地方，产妇生育时，人们也往往让她咀嚼柳树皮，作为镇痛的药物。

人们一直不知道柳树皮里究竟含有什么物质而使其具有这样神奇的功效，直至1800 年，科学家才从柳树皮中提炼出了具有解热镇痛作用的有效成分——水杨酸。1898 年，德国化学家霍夫曼用水杨酸与醋酐反应，合成了乙酰水杨酸，1899 年，德国拜耳药厂正式生产这种药品，取商品名为 Aspirin，这就是后来常用的药物——阿司匹林。

青霉素

青霉素是抗菌素的一种，是从青霉菌培养液中提制的药物，是第一种能够治疗人类疾病的抗生素。

青霉素是由英国细菌学家弗莱明发现的。1928 年的一天，弗莱明在他的一间简陋的实验室里研究导致人体发热的葡萄球菌。由于盖子没有盖好，他发觉培养细菌用的琼脂上附了一层青霉菌。这是从楼上的一位研究青霉菌的学者的窗口飘落进来的。使弗莱明感到惊讶的是，在青霉菌的

近旁，葡萄球菌不见了。这个偶然的发现深深吸引了他，他设法培养这种霉菌进行多次试验，证明青霉素可以在几小时内将葡萄球菌全部杀死。弗莱明据此发明了葡萄球菌的克星——青霉素。

1935 年，英国牛津大学生物化学家钱恩和物理学家弗罗里对弗莱明的发现大感兴趣。钱恩负责青霉菌的培养和青霉素的分离、提纯和强化，使其抗菌力提高了几千倍，弗罗里负责对动物观察试验。至此，青霉素的功效得到了证明。青霉素的发现与研究成功，成为医学史的一项奇迹。

胰岛素

19 世纪末，生理学家发现切掉狗的胰腺可以使狗得糖尿病，由此证明胰腺里含有一种能够维持血糖浓度正常的物质。以后，许多科学家都想把这种物质从胰腺里提出来，但是都以失败告终。

1920 年，来自加拿大的外科医生班廷偶然在一本外科杂志上看到一篇文章，报导结扎胰导管可以使分泌胰酶的细胞萎缩，而胰岛细胞却不受影响。这篇文章给了班廷很大启发，他在笔记本上写道："结扎狗的胰导管，等候 6 ~ 8 个星期使胰腺萎缩，然后切下胰腺进行抽提。"他决心大胆尝试。当时加拿大只有多伦多大学的生理系具备做这种实验的条件。经过他再三请求，一位教授才勉强同意给他几只狗，允许他在暑假期间借用一间简陋的实验室工作 8 个星期。由于班廷本人缺乏化学方面的训练，这位教授便让即将毕业的医学院学生斯特做他的助手。1921 年 5 月 17 日，29 岁的班廷和 22 岁的斯特开始工作。他们一直奋战了 2 个多月，7 月 30 日午夜，他们给一只患糖尿病的狗注射了 5 毫升从狗的

胰腺里提取出来的宝贵的胰腺抽提液，狗的血糖浓度迅速下降，一项伟大的工作完成了。班廷由于这一贡献获得了诺贝尔奖金。1922年，胰岛素已经在临床上应用。1926年，纯化的胰岛素已经能做成结晶。从1945年到1955年，英国的桑格又经过10年不懈的努力，终于搞清楚了胰岛素的全部化学结构，这就为胰岛素的人工合成以及胰岛素分子结构与功能关系的研究奠定了基础。桑格也由于他的这项贡献获得了诺贝尔奖金。

胰岛素的发现，是20世纪生物医学界的一项重大发现，它对挽救千百万糖尿病人具有深刻的意义。

激素

激素亦称荷尔蒙，希腊文原意为"奋起活动"，是内分泌腺分泌的物质。激素随血液运行到全身，对肌体的代谢、生长、发育和繁殖等起着重要的调节作用。

激素是英国人首先发现的。20世纪初，英国生理学家斯塔林和贝利斯在长期的观察和实验中发现，狗进食后，在胃里把食物磨碎，当食物进入小肠时，胃后边的胰腺马上会分泌出胰液，并立刻送到小肠，和磨碎的食物混合起来进行消化活动。那么，食物达到小肠的消息，胰腺是怎样得到的呢？起初，他们以为这个信息是通过神经系统来传递的，但实验结果却否定了这一猜想。

在实验时，尽管切除了动物体内的一切通向胰腺的神经，胰腺仍能按时把胰腺液送到小肠。经过两年的仔细观察和研究，他们终于发现了谜底。原来，在正常情况下，当食物进入小肠时，由于食物与肠壁摩擦，小肠黏膜就分泌出一种数量极少的物质进入血液，流送到胰腺，并把有食物进入小

肠的消息传递到胰腺，胰腺接到消息后，就立刻分泌出胰液来。于是，他们把这种物质提取出来，并注入哺乳动物的血液中，结果发现即使这一动物不吃东西，胰腺也会立刻分泌出胰液来。于是，他们便把这种物质称为"促胰液素"。后来他们又给这一类数量极少但有特殊生理作用、可激起动物体内器官巨大反应的物质起了一个形象生动的名字——激素。

哈维

英国生理学家，胚胎学家，医生。1578年出生于英国一个富裕的农民家庭。19岁从剑桥大学毕业后，去意大利留学，5年后获得医学博士学位。哈维在医学上的突出贡献是提出了血液循环学说。1628年，他发表了划时代的著作《关于动物心脏与血液运动的解剖研究》（又译《心血运动论》），在书中他指出心脏是一个可以压出血液的肌肉实体，血液以循环的方式在血管系统中不断流动。这一石破天惊的发现标志着近代生理学的诞生，同时也确立了哈维在科学发展史上的重要地位。可叹的是他的这一结论遭到了当时学术界权威的一致攻击，直到他死后的4年，人们将显微镜用于医学观测，才确认了哈维的科学结论。哈维于1657年逝世。哈维的贡献是划时代的，他的医学发现标志着新的生命科学的开始。

琴纳

英国医学家，天花病的攻克者。1749年他生于英国一个乡村，父亲是个牧师。他13岁起跟随一位外科医生学医。21岁时他跟随当地名师学习。老师的献身精神和高明医术，给他很大的影响。26岁时，他

大学毕业回家乡从医。那时天花病泛滥，他决心研究治疗天花病的方法。他发现凡是得过天花的人，就不会再得天花。1796 年他证实了自己的假想。他根据研究成果，写成《牛痘的成因与作用的研究》。但当时没有人相信他。直到 1801 年他的研究成果才被承认。英国皇家学会在伦敦建立了皇家琴纳学会，他任主席。在这里他继续进行研究工作，直到逝世。琴纳种牛痘消灭了天花，给人类带来无穷福音，他的名字因而传遍了全世界。

孟德尔

奥地利遗传学家，遗传学的奠基人。1822 年 7 月 22 日出生于奥地利的海因岑多夫一个贫寒的农民家庭。父母都是园艺师，这使他从小就对植物产生了浓厚的兴趣。1851 年至 1853 年在维也纳大学学习物理、化学、数学、动物学和植物学。1853 年，他从维也纳大学毕业后到了修道院。1854 年被委派到布吕恩技术学校任物理学和植物学的代理教师，直到 1884 年 1 月 6 日逝世。在 1856 至 1863 年间，他进行了长达 8 年的豌豆杂交实验，1866 年发表了《植物杂交实验》的论文，在这篇论文里他提出了遗传因子、显性基因、隐性基因等概念，并阐明了遗传规律，后人称之为"孟德尔定律"。遗憾的是，他的这一发现并没有引起当时学术界的重视，直到 1900 年才被人们重新发现。孟德尔是当之无愧的遗传学之父。

红十字会

19 世纪中期，欧洲商业经济日益繁荣的各国，为了争夺市场，不断兵戎相见，各国的陆军医疗部门无力单独解决战地伤病兵员的救护和治疗问题。有个名叫让·亨利·杜南（1828～1910）的瑞士人，1859 年 6 月 25 日在前往觐见法国皇帝拿破仑三世的途中，抵达意大利北部伦巴第地区。此时拿破仑皇帝正率法军和撒丁军一道与奥地利陆军为争夺伦巴第地区相继在马根塔和索尔弗利诺两地血战。索尔弗利诺之战，双方伤亡 4 万多人，大批伤兵被遗弃在战场上，场面十分凄惨。杜南目睹这一情景，出于对这些人的同情和怜悯，当即号召该地居民同他一道抢救和看护被遗弃的伤兵。

事后，杜南将自己的亲身经历写成了《索尔弗利诺回忆》一书。在书的结尾他建议：在各国成立伤兵救护组织；召开一次国际会议，研究制定一项保护伤兵和伤兵救护组织权益的国际公约。他的倡议获得了欧洲各国的热烈支持。1864 年，欧洲各国就交战双方伤兵救助问题，举行了第一次日内瓦会议，拟出草案。草案在杜南建议的基础上，增加了设立野战医院和医疗救助的措施，并以"白底红十字"的瑞士国旗为参照，设计出"白底红十字"的标志，这就是红十字会的起源。

1880 年，"救护伤兵国际委员会"改称"红十字国际委员会"。此后，许多国家都成立了红十字会。1919 年，又诞生了各国红十字会联合组织——国际红十字会协会。

麻醉术的由来

现代麻醉术源于美国，最先应用于牙科领域。1844 年，美国化学家考尔顿在研究了笑气（氧化亚氮）对人体的催眠作用后，带着笑气到各地演讲，并做笑气催眠的示范表演。这给在场观看表演的一位观众威尔士留下了深刻的印象。威尔士是一位牙科医生,当时他正为如何减轻病人拔牙时的痛苦而绞尽脑汁。"催眠"表演引发了他对氧化亚氮可能具有麻醉作用的假想。经过几次试验后,1845 年 1 月,威尔士在美国波士顿一家医院里公开演示在麻醉下进行无痛拔牙手术。由于麻醉不足,演示失败。

但是,了解他全部试验过程的青年助手、医学院牙科学生摩顿却仍然相信麻醉可以暂时消除疼痛。摩顿仔细分析了威尔士的整个试验过程,发现氧化亚氮虽然具有麻醉作用,但效力较小。后来采用乙醚进行麻醉,经多次试验,最终取得满意的效果。

手术服为什么是绿色的

手术服为什么是绿色的? 这是有科学道理的。

人眼在长时间内观看一种色彩时,视神经易受刺激而疲劳。为了减轻这种疲劳,视神经便会诱发出一种补色作自我调节。例如,若长时间地盯着一张用鲜红的颜色在白纸上绘制的表格后转向另一张空白纸,你会发现这张白纸上出现了一幅和刚才一样的表格,只不过它的颜色变成了浅绿色,因此说红色的补色是浅绿色。

医生在手术过程中,眼睛看到的总是鲜红的血迹。时间一长,偶尔把视线转移到同伴的白大褂上时就会看到斑斑点点的"绿色血迹",使视觉产生混乱而影响手术效果。采用浅绿色的衣料做手术服,就可以消除绿色错觉,确保手术的顺利进行。

饮食篇

茶

中国是世界上种茶、制茶、饮茶最早的国家。最初茶被称为"苦茶"，作为一种中药材用于治病，后来经长期实践经验积累，人们逐渐认识到茶不仅可入药，而且是一种气味芳香、提神解渴的上好饮料。于是，种茶、饮茶渐成为习惯。

三国时期，江南一带饮茶已蔚然成风。魏晋南北朝时，茶被用来待客。唐朝时开始出现茶馆，但饮茶方法烦琐，也出现了第一部论茶专著——陆羽的《茶经》，陆羽因此被誉为"茶圣"。到宋元时期，制茶技艺明显提高，名茶品种已有数十种之多。饮茶方法也开始革新，渐与今人饮茶方法接近。发展到今天，中国的制茶、饮茶技艺已经形成了一种独具风格的茶文化，中国茶道也风靡全球。

茶道

茶道即饮茶之道，是一种以茶为媒的生活礼仪，也是修身养性的一种方式，它通过沏茶、赏茶、饮茶来增进友谊、美心修德、学习礼法，是很有益的一种仪式。茶道最早起源于中国，兴于唐，盛于宋、明，衰于近代。宋代以后，中国茶道传入日本、朝鲜，获得了新的发展。唐朝《封氏闻见记》中有记载："茶道大行，王公朝士无不饮者。"

杭州"清河坊茶会"上的斗茶表演

这是中国现存文献中对茶道的最早记载。唐朝陆羽所著的《茶经》是最早记载中国茶道历史发展的巨著。

在中国，茶被誉为"国饮"，被人们视为生活的享受、健康的良药、提神的饮料、友谊的纽带和文明的象征。中国的茶文化博大精深，茶道是核心。茶道包括两个内容：一是备茶品饮之道，即备茶的技艺、规范和品饮方法；二是思想内涵，即通过饮茶达到陶冶情操、修身养性，使思想升华到富有哲理的境界之目的。中国茶道的基本要求是：首先，茶具必须清洗洁净。其次，主张用清水煎茶，有条件的情况下可用泉水、江水，甚至用松上雪、梅花蕊上雪化水煎茶。第三，讲求水沸适度。第四，要求使用名贵优质茶具，将茶碗烫热或烤热，以便于茶汤香气充分升扬。中国四大茶道流派分别为贵族茶道、雅士茶道、禅宗茶道和世俗茶道。

中国茶道大胆地探索茶饮对人类健康的真谛，创造性地将茶与中药等多种天然原料有机结合，使茶饮在医疗保健中的作用得以增强，从而获得了更大的发展空间，这就是中国茶道最具实际价值的方面。

陆羽与《茶经》

陆羽，字鸿渐，一名疾，字秀疵，自称"桑苎翁"，又号"竟陵子"，唐代复州竟陵人。唐上元初（760年），陆羽隐居于苕溪，开始深居简出，总结制茶、煮茶之经验，终于著成《茶经》。陆羽的《茶经》被誉为世界上出现最早的茶书。《茶经》出现后，天下逐渐尚茶成风，同时也逐渐出现了其他的茶学专著。可以说，专门为茶而著书，始于陆羽；茶事得以流传世间，也始于陆羽。

《茶经》内容比较全面，分卷上、卷中、卷下3部分，这3部分下面又有10节。"卷上"共3节内容：一之源，论茶的起源、特性、品质和种类；二之具，论采茶、制茶的用具；三之造，论茶叶的采制方法。"卷中"只有一节内容，即四之器，论煮茶、饮茶的器皿。"卷下"内容较多，共6节内容：五之煮，论烹茶方法，各地水质品第；六之饮，谈各地饮茶风俗；七之事，记述古

今有关茶的典故和原产地；八之出，谈各地所产茶叶的特点；九之略，论哪些茶具、茶器可以省略；十之图，教人用绢帛抄《茶经》张挂。总的来说，《茶经》是中国古代最完备的一部茶书，陆羽根据自己亲身调查和实践的结果，系统地总结了唐朝以前的茶叶生产经验，并搜集了详细的茶叶史料，是茶文化不可多得的宝贵财富，至今仍然是茶学者重要的研究资料。

酒的发明

中华饮食文化中，人们喜欢在品尝美食的同时也品酌美酒，所谓"无酒不成席"，"无酒不成礼"。

中国的酒有5000年以上的悠久历史，形成了独特的风格。据古籍记载："仪狄始作酒醪，变五味。少康作秫酒。"人类最初酿酒，可能起因于谷物保管不善而发芽发霉，这种谷物烹熟后食之不尽，存放一段时间就自然酿成酒了。前人的之举，造就了这一美味的饮料。现在，中国的美酒更是享誉环球。从茅台、五粮液、剑南春、二锅头等知名白酒，到长城、张裕等葡萄酒，各种各样的美酒真是不可胜数，中国被誉为美食大国的同时也堪称酒国。

古代的酒器

现已发现的最早的铜制酒器为夏二里头文化时期的爵。商周酒器的用途基本上是专一的，按用途分为煮酒器、盛酒器、饮酒器、贮酒器，此外还有礼器。青铜酒器的基本组合主要是爵与觚。

盛酒器具是一种盛酒备饮的容器。其类型主要有尊、壶、区、卮、皿、鉴、斛、觥、瓮、瓿、彝等。每一种又有许多式样，有普通型，也有取动物造型的。以尊为例，

就有象尊、犀尊、牛尊、羊尊、虎尊等。

饮酒器的种类主要有觚、觯、角、爵、杯、舟。不同身份的人使用不同的饮酒器。

商周以后，青铜酒器逐渐衰落。秦汉之际，在中国的南方漆制酒具流行。漆器成为两汉魏晋时期酒具的主要类型。

瓷器大致出现于东汉前后，与陶器相比，不管是酿造酒具还是盛酒或饮酒器具，瓷器的性能都超越了陶器。

唐代出现了桌子，也出现了一些适于在桌上使用的酒具，如注子，唐人称为"偏提"。其形状似今天的酒壶，有喙，有柄，既能盛酒，又可注酒于酒杯中，因而取代了以前的樽勺。

宋代是陶瓷生产的鼎盛时期，有不少精美的酒器。宋代人喜欢将黄酒温热后饮用，故发明了注子和注碗配套组合。

明代的瓷制品酒器以青花、斗彩、祭红酒器最有特色。清代瓷制酒器具有代表性的有珐琅彩、素三彩、青花玲珑瓷及各种仿古瓷。

酒令

酒令更是中国人席上常见的游乐方式，以酒令佐饮既活泼又富有情趣。酒令用于行酒，是以众人事先约定的方式来决出胜负，以胜者罚负者酒。酒令多种多样，许多均为文字游戏，有对诗、联句、拆字、回环、连环、藏头等。此外，还有骰令、游戏令，即掷骰子行酒和抛球、划拳等游戏方式。唐代著名诗人白居易有云："香球趁拍回环盒，花盏抛巡取次飞"，形容酒筵上欢快热烈的抛球游戏的场面。

烧尾宴

古代名宴烧尾宴历来声名显赫，是指士子登科或官位升迁而举行的宴会。此宴出现在唐高宗时期，距今已有 1300 余年了。"烧尾"一词源于唐代，有 3 种说法：一说是兽可变人，但尾巴不能变没，只有烧掉；二说是新羊初入羊群，只有烧掉尾巴才能被接受；三说是鲤鱼跃上龙门，必有天火把它的尾巴烧掉才能成龙。此三说都有升迁更新之意，故此宴取名"烧尾宴"。

烧尾宴的风习，始于唐中宗景龙时期，终于玄宗开元年间，仅流行了 20 余年。景龙三年（709 年），韦巨源官升尚书左仆射，在家设烧尾宴奉请皇帝，肴馔丰美绝伦，世所罕见。《清异录》中记载了韦巨源设烧尾宴时留下的一份不完全的食单，使我们得以窥见这次盛筵的概貌。食单共列 58 种菜点。20 余种糕饼点心中仅"饼"的名目就有"单笼金乳酥"、"贵妃红"、"见风消"、"双拌方破饼"、"玉露团"、"八方寒食饼"等七八种之多；馄饨一项，就有 24 种形式和馅料……烧尾宴中的工艺菜也令人叹为观止，一道"素蒸音声部"，用素菜和蒸面做成一群蓬莱仙子载歌载舞，栩栩如生，华丽壮观。菜肴则水陆八珍，尽皆入馔。从菜名到烹调均新奇别致，超乎想象。有乳煮的"仙人脔"，生熟的"光明虾"，活炙的"箸头春"，冷拼的"五生盘"，笼蒸的"葱醋鸡"，油炸的"过门香"以及匠心独运的蛤蜊羹"冷蟾儿羹"……58种菜点并非烧尾的全部，我们已能显见此宴的奢华，无怪乎唐代另一个宰相苏琼得官，却不向皇帝进献烧尾宴，并义正词严地说："宰相是辅佐皇帝治理国家的，今关中大饥，米价很贵，百姓都吃苦头饱，所以臣不敢烧尾。"从此，烧尾宴也就渐渐消逝了。虽然如此，烧尾宴是中国筵宴史上的一座丰碑，它上承周代八珍席，下启宋朝万寿宴和清廷满汉宴，开了豪华大宴之先河。

满汉全席

满汉全席，起兴于清代，原是官场中举办宴会时满人和汉人合坐的一种全席，逐渐发展成集满族与汉族菜点之精华的最著名的中华大宴。乾隆年间李斗所著的《扬州书舫录》中有关于满汉全席的最早记载："满汉全席，分为六宴，均以清宫著名大宴命名，一为蒙古亲藩宴，二为廷臣宴，三为万寿宴，四为千叟宴，五为九白宴，六为节令宴。全席汇集满汉众多名馔，择取时鲜海错，搜寻山珍异兽。计有冷荤热肴一百九十六品，点心茶食一百二十四品，计肴馔三百二十品。合用全套粉彩万寿餐具，配以银器，富贵华丽，用餐环境古雅庄隆。席间专请名师奏古乐伴宴，沿典雅遗风，礼仪严谨庄重，承传统美德，侍膳奉敬校宫廷之周，令客人留连忘返。全席食毕，可使您领略中华烹饪之博精，饮食文化之渊源，尽享万物之灵之至尊。"

满汉全席是中国一种具有浓郁民族特色的巨型宴席。既具有宫廷菜肴之特色，又吸取地方风味之精华，菜点精美，礼仪讲究，形成了引人注目的独特风格。满汉全席共有 108 道菜，分 3 天吃完。满汉全席取材广泛，用料精细，山珍海味无所不包。烹饪技艺精湛，富有地方特色，突出满族菜点特殊风味，烧烤、火锅、涮锅几乎是不可缺少的菜点；同时又展示了汉族烹调的特色，扒、炸、炒、溜、烧等兼备，为中华菜系文化的瑰宝。

宫廷御膳

宫廷菜历史悠久，源远流长。中国的宫廷菜萌芽于夏商时期，到西周时，宫廷御膳机构已全面建立。商代有"酒池肉林宴"，周朝有"八珍宴"，战国时期有"楚宫宴"，汉代有"王宫宴"、唐代有"烧尾宴"、"龙凤宴"，宋代有"皇寿宴"，到清代的"盛京宴"、"满汉全席宴"等，宫廷御膳以其独特的魅力流芳至今。宫廷御膳就是中国历代封建王朝专门管理帝王和后妃膳食的机构所做的菜肴。宫廷菜作为中华民族饮食文化登峰造极的产物，其特点是菜点众多，珍馐齐全，选料精细，制作讲究，调料多样，滋味各异，形状美观，餐具精致，菜名典雅，富有情趣，注重滋补，美容养颜；多山珍海味，既有白煮烧烤，又可煎炒烹炸，技术较任何地方菜系更为全面。经历代御厨不断加以完善，宫廷菜品种更加繁多，味道的层次感强，口味以清鲜酥嫩见长。宫廷御膳的外形可谓是精美绝伦，美食与美器共同彰显皇族风范；宫廷御膳在菜品质量上堪称天下无双，营养丰富，口感极佳。

康熙皇帝的一品龙皇翅、宫门献鱼；雍正皇帝的御膳极品鲍、清宫蒸蟹；乾隆的长寿汤；慈禧太后的一品官燕、抓炒鱼片、蜂窝土豆等，皆为菜肴之上品。溜鸡脯、荷包里脊、炸佛手等更是千古流传的特色菜肴。宫廷御膳不仅以绝顶的形、色、香、味征服了封建皇族，更是中国博大精深的传统饮食文化的典型代表。

宴饮之礼

作为汉族传统的古代宴饮礼仪，自有一套程序：主人折柬相邀，到期迎客于门外。宾客到时，互致问候，引入客厅小坐，敬以茶水、烟或点心。《清稗类钞·宴会》云："（客来）即就坐，先以茶点及水旱烟敬茶，俟筵席陈设，主人乃肃客一一入席。"客齐后导客入席，以左为上，视为首席，相对首座为二座，首座之下为三座，二座之下为四座。客人坐定，由主人敬酒让菜，客人以礼相谢。席间斟酒上菜也有一定的讲究：应先敬长者和主宾，最后才是主人。男女同席时，则先女宾后男宾。酒要斟至八分满为宜。上菜时要先上冷菜后上热菜。上全鸡、全鸭、全鱼等大菜时，不能把头尾朝向正主位。宴饮结束，主人要将客人让入客厅小坐，上茶，交谈至辞别。这种传统宴饮礼仪如今在中国大部分地区仍完整保留。

待客之礼

对待客之礼，《周礼》、《仪礼》与《礼记》这儒家经典三礼中已经记载得非常详细。凡是陈设便餐，带骨的菜肴放在左边，切的纯肉放在右边。干的食品菜肴靠着人的左手方，羹汤放在靠右手方。细切的和烧烤的肉类放远些，醋和酱类放在近处。蒸葱等伴料放在旁边，酒浆等饮料和羹汤放在同一方向。这些规定都是从用餐实际出发的，并不是虚礼，主要是为了取食方便。仆从摆放酒壶酒樽，要将壶嘴面向贵客；端菜上席时，不能面向客人和菜肴大口喘气，如果此时客人正巧有问话，必须将脸侧向一边，避免呼气和唾沫溅到盘中或客人脸上。主人要作引导，要作陪伴，主客必须共餐。尤其是有长者在席时，酌酒时须起立，离开座席面向长者拜而受之。长者表示不必如此，少者才返还入座而饮。如果长者举杯一饮未尽，少者不得先干。凡是熟食制品，侍食者都得先尝一尝。如果是水果之类，则必让尊者先食，少者不可抢先。

进食之礼

进食之礼在先秦时已有了非常严格的要求，直至现在。一般要坐得比尊者长者靠后，而进食时要尽量坐得靠前一些，以免不慎掉落的食物弄脏了座席。主人不能先吃完而撤下客人，要等客人食毕才停止进食。宴饮完毕，客人自己须跪立在食案前，整理好自己所用的餐具及剩下的食物，交给主人的仆从。更有"共食不饱"、"共饭不泽手"、"毋口它食"、"毋啮骨"、"毋投与狗骨"、"毋扬饭"、"毋刺齿"、"当食不叹"等许多饮食礼仪。这些进食之礼曾作为许多家庭的家训，代代相传。食礼为先，食礼是饮膳宴筵方面的社会规范与典章制度，餐饮活动中的文明教养与交际准则，体现了赴宴人与东道主的仪表、风度、神态和气质。

席间雅兴

中国人不仅讲究吃，还讲究吃的艺术。一桌宴席不仅要吃得有滋味，还要吃得有兴致、有水平。如果一人坐于席上，或大汗淋漓、挥汗咀嚼，或谈吐粗鲁、举止不雅，那岂不是在暴殄天物？诗圣李白《春夜宴从弟桃花园序》云："幽赏未已，高谈转清。开琼筵以坐花，飞羽觞而醉月。"只有这样的雅兴、逸兴，才能使宴席陡增味外之味，盎然无比。

诗文宴饮，大多为文雅之士而为之。此时食客既要有席宴的吃情，又要有应时的才情。早在先秦之时，就有以赋诗为宴饮增趣的。《春秋左传》记载，齐国国君与晋国君欢宴，席上晋国大夫荀吴赋诗曰："有酒如淮，有肉如坻。寡君中此，为诸侯师。"齐君也赋诗曰："有酒如渑，有肉如陵。寡人中此，与君代兴。"两人均赋诗颂扬自己的国家，在这样的豪情之中不禁大增宴席的雅兴。不仅诗如此，文亦然。唐朝著名诗人王勃在宴会上文情大发，挥毫泼墨，留下了千古绝唱《滕王阁序》。可想而知，赋文之后的宴席定会别有兴味。诗文言志，宴饮吃情，在席间饮酒欢宴，赋诗撰文，真应了那句"醉翁之意不在酒，在乎山水之间也"。为筵宴助兴，除了音乐舞蹈和赋诗撰文之外，古人席间还有种种雅致的游乐活动，有的甚至流传至今。如礼射、投壶、流觞、传花、酒令、剑、看戏、划拳、征联、说笑话、射覆、抛球、骰子、酒胡子……这些游乐活动虽大多与饮酒关系更为密切，但却无不为席宴增添无限的趣味。

孔府宴

孔府宴席用于接待贵宾、上任、生辰家日、婚丧喜寿时特备。

孔府有多种不同规格的宴席，最高规格的满汉全席是以清代国宴的规格设置的，需要上菜196道，且全部为熊掌、燕窝等名贵肴馔；餐具404件，且均为全银制品。孔府菜的菜名多有寓意，如不少以"一品"命名的菜肴都是取孔家后裔被封为一品官之意；"带子上朝"取孔府子弟世代为官之意；"玉带虾仁"象征孔府地位的尊崇，等等。其实，孔府菜与鲁菜有一定的相似之处，但孔府菜要比鲁菜更精致、更典雅、更富丽，可以说是鲁菜中的阳春白雪。

《食次》

《食次》当为古代重要的饮食著作之一。作者不详，约为南北朝或更前时的著作。《食次》原书不存，只有部分佚文或肴馔名称被其他古籍保留。在《齐民要术》中，明确标明引自《食次》的肴馔有熊蒸、苞、

葱韭羹、白茧糖等。而在熊蒸条后，又有豚蒸、鹅蒸两种菜的制法。有人认为《食次》是《隋书经籍志》中所录书名为《食馔次第法》的简称。

《食经》

《食经》是北魏崔浩所著，据《魏书》所收崔浩写的《食经叙》称，崔母卢氏与崔的其他女性长辈，"所修妇功，无不蕴习酒食。朝夕养舅姑，四时祭祀，虽有功力，不任僮使，常手自亲焉"。后来，崔母"虑久废忘，后生无所见，而少习业书，乃占授为九篇，文辞约举，婉而成章"……崔浩也就"故序遗文，垂示来世"。可见著名的崔浩《食经》，实际是崔母卢氏"口授而成"。

《食经》已佚。在《齐民要术》、《北堂书钞》、《太平御览》及王祯的《农书》等书中对其内容有所收录，有40多条，涉及食物储藏及肴馔制作，如"七月七日作法酒方"、"蒸熊法"等，内容相当丰富。

中国菜系之说

四大菜系：山东鲁菜系、四川川菜系、江苏苏菜系、广东粤菜系。

七大菜系：广东粤菜系、江苏苏菜系、四川川菜系、山东鲁菜系、素菜系、清真菜系、食疗菜系。

八大菜系：山东鲁菜系、四川川菜系、江苏苏菜系、广东粤菜系、湖南湘菜系、安徽徽菜系、浙江浙菜系、福建闽菜系。

十大菜系：山东鲁菜系、四川川菜系、江苏苏菜系、广东粤菜系、湖南湘菜系、浙江浙菜系、福建闽菜系、安徽徽菜系、北京京菜系、上海沪菜系。

十二大菜系：山东鲁菜系、四川川菜系、江苏苏菜系、广东粤菜系、湖南湘菜系、

浙江浙菜系、福建闽菜系、安徽徽菜系、北京京菜系、上海沪菜系、陕西秦菜系、河南豫菜系。

十四大菜系：山东鲁菜系、四川川菜系、江苏苏菜系、广东粤菜系、湖南湘菜系、浙江浙菜系、福建闽菜系、安徽徽菜系、北京京菜系、上海沪菜系、陕西秦菜系、河南豫菜系、辽宁辽菜系、湖北鄂菜系。

十六大菜系：山东鲁菜系、四川川菜系、江苏苏菜系、广东粤菜系、湖南湘菜系、安徽徽菜系、浙江浙菜系、福建闽菜系、北京京菜系、上海沪菜系、陕西秦菜系、河南豫菜系、湖北鄂菜系、天津津菜系、云南滇菜系、东北菜系。

新八大菜系：甘肃敦煌菜系、吉林吉菜系、杭州杭菜系、沈阳辽菜系、西安秦菜系、上海沪菜系、宁波宁波菜系、山西晋菜系。

松鼠鳜鱼

相传，有一次，乾隆皇帝下扬州，微服走进了松鹤楼，见神台上放有鲜活的元宝鱼（鲤鱼），执意让随从拿下做好供他食用。但在旧时，神台上的鱼是用来敬神的，因此这种鱼是绝对不可食用的。但因乾隆执意要吃，堂倌无可奈何，于是便与厨师商议如何处理此事。厨师发现鲤鱼的头很像松鼠的头，而且想到本店招牌的第一个字就是个"松"字，顿时灵机一动，计上心来，决定将鱼做成松鼠形状，以回避宰杀神鱼之罪。菜做好后，端给乾隆皇帝吃。乾隆细细品尝后，感到外脆里嫩、酸甜可口。他赞不绝口，便重赏了厨师。因此菜的鱼形似松鼠，故名松鼠鳜鱼，从此闻名于世。

东坡肉

相传北宋文学家苏东坡在杭州做刺史时，曾为民排忧解难，老百姓都十分感激他。

人们私下商议，用什么来报答自己的恩人呢？后来有人打听到，刺史喜欢吃猪肉。于是每逢农历过年时，各地老百姓都要抬着猪肉给苏东坡拜年。这样一来，苏东坡每年都收到许多猪肉。苏东坡叫人将所有的肉切成方块并烧得红酥软烂，按参加疏浚西湖的民工花名册给每家发送一份。当地老百姓都感激不尽，便将这种肉称为"东坡肉"。后来"东坡肉"就成了杭州的名菜。

叫化鸡

相传在明末清初时期，江苏常熟的虞山一带有个叫花子偶得一鸡。他就近找了一户人家，向主人借了把刀，将鸡宰杀，除去内脏，到山上挖了些黄泥涂于鸡的表面，取来枯树枝叶点起火，将包好的鸡放在火堆中焖烧，待泥烧干，就用棍子敲去泥壳，鸡毛也随泥脱落，顿时香气四溢。

正当叫花子吃得起劲时，明朝大学士钱牧斋散步路过此处，闻到鸡的香味，便差人前往打听叫花子是如何做出这样美味的。差人打听了一番，并取了一小块鸡肉给钱牧斋，钱牧斋品尝后，觉得味道确实很不平常。回到家中，他令家厨按叫花子所说的方法制作，并取名"叫化鸡"。

四喜丸子

据传，四喜丸子创制于唐朝年间。有一年朝廷开科考试，发榜当日，衣着寒酸的张九龄居然中得头榜，皇帝因赏识其有才智，便将他招为驸马。当时正值张九龄家乡遭水灾，父母背井离乡，杳无音讯。举行婚礼那天，张九龄正巧得知父母的下落，便派人接至京城。喜上加喜，张九龄高兴之余，便叫厨师烹制一道吉祥的菜肴，以示庆贺。菜端上来一看，是四个炸透蒸熟并浇以汤汁的大丸子。张九龄询问其意，聪明的厨师答道："此菜为'四圆'。一喜，老爷头榜题名；二喜，成家完婚；三喜，做了乘龙快婿；四喜，合家团圆。"张九龄听后开怀大笑，连连称许，又说道："'四圆'不如'四喜'响亮好听，干脆叫它'四喜丸'吧。"自此以后，逢有结婚等重大喜庆之事，宴席上必备此菜。

烤乳猪

烤乳猪是以乳猪为主料制作而成，在旧京食馔中应算是"阳春白雪"，是宫廷中达官富绅宴饮时吃的一道名菜。后传到各地，也是广州最著名的特色菜，堪称一绝。

传说上古时有个猎人，平时以猎取野猪为生。他的妻子为他生了个儿子，取名火帝。儿子稍长大后，父母每日上山猎猪，儿子就在家饲养仔猪。有一天，火帝偶然拾得几块火石，引起一场大火。火熄灭后，一股闻所未闻的香味自被烧过的废墟中飘散而至，火帝拣开杂物，循味探寻。发现这诱人的香味发自皮烧焦、肉烤熟的仔猪。自此，烤乳猪开始闻名于世。

佛跳墙

佛跳墙为闽菜的"首席"代表，是一道集山珍海味大全的著名汤菜，有"国菜至尊，闽菜之首"的美誉。此菜用刺参、广肚、鱼翅、鲍鱼、珧柱、鸽蛋、蹄筋、鸡、鸭等20多种名贵原料，加骨汤、绍酒、白萝卜球等，以荷叶密封于酒坛中，用文火煨制而成。这款佛跳墙至今已有100多年历史了，关于其来历，还有一段美丽的传说。相传，清时有一群骚人墨客到福州郊外春游野餐，他们把各自带来的不同山珍海味20余种都放在一个酒坛里，在吟诗之时慢慢地煨着。酒坛中的菜熟了以后，奇香无比，

佛跳墙

香味飘到附近的一个钟古寺，引诱得一群和尚跨墙而来，想一尝异味。其中一个秀才见状，不禁赋诗曰："启坛菜香飘四邻，佛闻弃禅跳墙来。"佛跳墙由此得名。如今佛跳墙已随福建华侨扬名海外。

南京板鸭

在距今1400多年前，中国南方地区处在南朝梁的统治下。"侯景之乱"期间，侯景为了攻下建康（南京）台城，在台城外垒土为山，企图居高临下，占尽优势。而守台城的将士也在城内高堆土山，以抵御叛兵。

由于战事激烈，将士们往往无暇吃饭。当时正值金秋，桂花飘香，肥鸭上市，台城内的妇女们便将肥鸭洗净，佐以香料、盐酱煮熟，包上荷叶，送至前线。因为将士多，于是将很多鸭子捆扎在一起抬上山。士兵们将成捆的鸭子打开，用水一煮，便可食用。士兵们把这种美味且方便的鸭子称为"板鸭"。从此，板鸭便成为南京的名菜。

狗不理

在清朝光绪年间，天津城边侯家后一带有一个专卖包子的小摊，小摊掌柜的名叫高贵友，小名"狗子"。因他做的包子

味道好，买包子的人自然也就多，由于他一个人连做带卖实在忙不过来，所以就琢磨出个快速售货法：在摊头放一把筷子，一摞粗瓷碗。谁要买包子时，就把钱放在碗里，再把碗给他，他看钱给包子，自始至终不发一言。于是人们就笑话他说："狗子卖包子，一概不理！"后来，好事的街坊们就把他的包子店取名"狗不理"，把他制作的包子叫作"狗不理包子"。

全聚德

全聚德烤鸭店创建于清朝同治三年（1864 年），创办人杨全仁在北京以经营生鸡生鸭为生。1864 年，杨全仁买下了前门大街一家濒临倒闭的"德聚全"干鲜果铺，开始经营烤鸭。开业前，一位风水先生围着新店转了两圈后站定说："这是块风水宝地，前程不可限量，只是此店以前甚为倒运，要想冲其晦气，除非将'德聚全'的旧字号倒过来，称'全聚德'，新字号才能上坦途。"

杨全仁一听正合心意，一来自己名字中占有一个"全"字，二来"聚德"意为聚拢德行，可以标榜店铺做买卖讲德行。于是请当时的书法家钱子龙书写了牌匾，闻名中外的老字号"全聚德"就这样诞生了。

天福号

相传在清朝乾隆三年（1738 年），山东掖县人刘凤翔带着做酱肉的手艺来京谋生，与人合伙开了一家出售煮肘子的小店。后来，刘家单独经营此店。但是刘家比较穷困，连一块牌匾都置办不起，只好到集市上买了块旧匾挂上，匾上的题字就是"天福号"。店主的儿子也在店中帮忙，一次他帮着看锅煮肘子时睡着了，待他醒来一看，肘子肉已塌烂在锅里。恰逢一位官员由此地经过，将肘子买去了。这位官员吃过后觉得味道很好，第二天又派人来买，并且指明要昨日买走的那种。刘家之子据实对父亲讲明事情缘由，刘凤翔喜出望外，据照儿子"失误"之做法，精心制作出了一种风味独特的肘子。从此"天福号"很快在官场上出了名，并且传扬开来了。

稻香村

1895 年，南京人郭玉生来到北京，在前门大栅栏开了稻香村食品店。前店卖货后店生产，自产自销多种南味食品。

由于制作精细考究，甜咸相间，一反北方食品味重色深的习惯，很快赢得北京人喜爱，人流不断。

六必居

六必居是北京著名的老字号之一，明朝嘉靖九年（1530 年）开业。六必居起初只是卖酒，因为在酿酒时必须具备"黍稻必齐，曲蘖必时，谌炽必洁，陶器必良，火齐必得，水泉必香"6 条标准，故名六必居。

据说"六必居"三个大字，是明朝宰相严嵩的手迹。当时严嵩的家人常来此买酒，时间长了，六必居店主与这个家人混熟了，便请他代求严嵩题块匾。家人又怕严嵩不写，便求严嵩夫人帮忙。夫人也怕被拒绝，就天天在严嵩面前反复练写"六必居"三个字。

一天，严嵩回家见夫人又在那里书写"六必居"三字，字写得歪歪扭扭，一气之下便拿起笔来，浓墨写下"六必居"三个字。严嵩的那位家人将它送到六必居，店家如获至宝，立即制成匾挂在店中。后来，六必居增添了酱菜作坊，并逐渐转为以经营酱菜为主的酱园。如今，它积几百年之经验，以独特的方法腌制酱菜，光泽出众，清脆适口，味鲜香甜。这一老字号也闻名中外。

王致和

相传清朝康熙八年（1669 年），由安徽来京赶考的王致和榜上无名，无奈只得在京暂谋生计。王致和幼年曾学过做豆腐，于是便以做豆腐维持生计。有时卖剩下的豆腐很快发霉，无法食用，但又不甘心废弃，王致和就将这些豆腐切成小块，稍加晾晒，放在缸里用盐腌了起来。很多天以后，王致和蓦地想起那些腌制的豆腐，赶忙打开缸盖，豆腐已呈青灰色，用口尝试，觉得臭味之余却蕴藏着一股浓郁的香气，送给邻里品尝，都称赞不已。

后来，王致和弃学经商，加工起臭豆腐，逐渐摸索出一套臭豆腐的生产工艺，生产规模不断扩大，质量更好，名声更高。

都一处

都一处起初叫"王记酒铺"，由山西人王瑞福创办。

据说在乾隆十七年（1752 年），乾隆皇帝私访回京，这一天正是农历大年三十，众多店铺早已关门上板，只有王瑞福的酒铺仍在开门营业，乾隆一行 3 人便走进了酒铺。王瑞福一看客人仪表不俗，连忙把客人让到楼上，把店中的拿手菜端上桌来，亲自斟酒伺候。

其中一位客人问店家："你这小店叫什么名字？"王瑞福赶忙回答："小店没有名字。"这位客人说："这个时候还开门营业，京都只有你们这一处了，就叫'都一处'吧。"没过几天，几个太监送来了一块"都一处"的虎头匾，并对王瑞福说，这块匾是当朝乾隆皇帝御笔赏赐的，三十晚上来吃饭的 3 位客人中，主人打扮的就是当今皇上。王瑞福听罢连忙朝天叩拜，从此"王记酒铺"便改名叫"都一处"了。

丰泽园

1930 年，京城"八大楼"之一的新丰楼饭庄的名堂栾学堂、名厨陈焕章辞职，在同德银号老板姚泽圣、西单商场经理雍胜远出资 5000 块大洋的扶持下，选择了前门外煤市街南口济南春饭庄原址，开办了丰泽园饭庄。

开业前，大家在中南海一所古代园林建筑"丰泽园"内共议开张事宜。当讨论到给饭庄起个什么名字的时候，大家各抒己见，相持不下。这时，有一个人建议："就以咱们开会的地方'丰泽园'为名最合适。取'丰泽'二字，象征菜肴丰饶、味道润泽之意。同时，丰泽园的'泽'与大股东姚泽圣的'泽'相同，也含有姚泽圣为主要股东之意，又兆发财。"大家听后，一致同意借用"丰泽园"的美名作为饭庄字号。

东来顺

东来顺创建于 1903 年，以经营独具民族特色的涮羊肉驰名中外，素有"食之精粹、国之瑰宝"的美誉。

光绪二十九年（1903 年），东来顺创始人丁德山来到刚刚开业的东安市场，在离北门不远的东边摆了个小饭摊。后来，他用积蓄下来的钱，在原摊位盖了个棚子，挂上了"东来顺粥摊"的招牌。丁德山认为东安市场在东华门外，属内城的东城；他住在东直门外二里庄，这一连串的"东"，搭上"旭日东升"、"紫气东来"的大吉大利，是他顺利立业的根源。他很看重"顺"，只要一切都顺，买卖必然"财源茂盛达三江"，因此起名为"东来顺"。后来，东来顺经过粥摊、粥棚，进场子进座，建成了清真饭馆。1914 年，新开张的东来顺增添了当时北京城时兴的"爆、烤、涮"羊肉，正式更名"东来顺羊肉馆"。

四菜一汤

"四菜一汤"由来已久，相传为明太祖朱元璋首倡。

1368 年，朱元璋当上皇帝后，遇上天灾，各地粮食歉收，百姓生活十分困苦，可一些达官贵人却穷奢极欲，过着花天酒地的生活。生身贫苦、讨过饭的朱元璋，对此非常恼火，决心予以整治。一天，适逢皇后的生日庆典，朱元璋趁众位大臣前来贺寿之机，有意摆出粗菜淡饭宴客，以此警醒文武百官。当十多桌席位的人坐齐以后，太祖便令宫女上菜。第一道菜是炒萝卜，萝卜，百味药也，民谚有"萝卜上市，药铺关门"之说。第二道菜是炒韭菜，韭菜生命力旺盛，四季常青，象征国家长治久安。再则是两大碗青菜，以此寓意为官清廉，两袖清风。最后一道极普通的葱花豆腐汤。宴后朱元璋当众宣布："今后众卿请客，最多只能'四菜一汤'，这次皇后的寿筵席就是榜样，谁若违犯，严惩不贷。"从此，"四菜一汤"的规矩便从宫内传到民间。

老婆饼的由来

清朝末年，莲香茶楼的潮州师傅带了点心回家探亲。岂料他妻子吃完莲香茶楼的点心后十分不快："这点心还不如我炸的冬瓜角呢！"点心师傅听完妻子的话很不服气，就让妻子把冬瓜角拿出来跟他的点心一较高下。

次日，妻子用冬瓜茸、白糖做馅儿，再用面粉包成小角，然后下锅炸成金黄色。点心师傅尝过后称赞道："果然味道奇佳！"后来师傅将冬瓜角带回了莲香茶楼给大家品尝，老板吃过后也赞不绝口，忙问："这好吃的点心叫什么名字？"点心师傅一时想不出名字，另一位师傅就接着说："这是潮州师傅的老婆做的，就叫潮州老婆饼吧！"

冰激凌

早在 3000 多年前，聪明的中国人就已经知道利用天然冰在夏天消暑。周朝时，有专门负责取冰、用冰的官员——"凌人"。唐朝时，京城长安出现了专门靠冰发财的商人。到了宋朝，冷饮的品种很多，比如"雪泡豆儿水"、"雪泡梅花酒"等。这时还出现了果汁掺奶汁，再放上冰块制成的冷饮佳品。元世祖忽必烈时，政府开始了冰激凌的生产。为了保守制作工艺的秘密，王室以外的人禁止制造冰激凌。马可·波罗千方百计得到了制造冰激凌等冷饮的工艺方法，并将它带回意大利，随后传到英、法等国。14 世纪初期，欧洲也出现了雪糕等冷饮。

这是一幅描述 19 世纪早期法国贵妇人吃冰激凌的插图。最早的冰激凌是一种奢侈品，只有贵族才能享用。

服饰篇

冕旒和龙袍

冕旒是古代帝王、诸侯、卿大夫参加重大祭祀典礼时所戴的礼帽，是礼帽中最尊贵的一种，后来专指皇冠。

冕外面黑色，里面朱红色，上面是一块长方形的版，叫延，延的前端有一组缨，穿挂着玉珠，叫旒。天子有十二旒（排），《礼记·玉藻》："天子玉藻，十有二旒。"《淮南子·主术训》："古之王者，冕而前旒。"诸侯有九排，上大夫有七排，下大夫有五排。南北朝后只有皇帝才可以戴冕，所以"冕旒"成为皇帝的代称。龙袍又称龙衮、黄袍，因袍的主要颜色为黄色，上面绣龙纹而得名，是皇帝专用的袍，后泛指古代帝王穿的龙章礼服。龙袍的特点是盘领、右衽、黄色。龙一般为 9 条：前后身各 3 条，左右肩各 1 条，襟里 1 条。这样正背各显 5 条龙，意味"九五至尊"。清代龙袍下摆等部位绣有水浪山石图案，称"水脚"，意味一统山河。在封建社会，臣民严禁穿龙袍，否则就是谋反。

襦裙

襦裙由短上衣加长裙组成，即上襦下裙式，套装。襦裙是中国服饰史上最早也是最基本的服装形制之一。

襦裙按领子的式样不同，可分为交领襦裙和直领襦裙。按裙腰的高低，可分为低腰襦裙、高腰襦裙和齐胸襦裙。

自战国直至明朝前后 2000 多年的时间里，尽管襦裙的长短宽窄时有变化，但基本形制始终保持着最初的样式。

披帛

披帛，中国古代妇女服饰。唐代广泛流行。用银花或金银粉绘花的薄纱罗制作，一端固定在半臂的胸带上，再披搭肩上，旋绕于手臂间。披帛分两种：一种横幅较宽，长度较短，多为已婚妇女所用；另一种长度可达两米以上，多为未婚女子所用。

半臂

半臂，中国隋唐时期妇女服装。又称半袖，是一种半袖上衣。有对襟、套头、翻领或无领式样，袖长齐肘，身长及腰，以小带子当胸结住。因领口宽大，穿时袒露上胸。多穿在衫襦之外。流行于隋代宫廷内，先为宫中内官、女史所服，唐代传至民间，历久不衰。

褙子

褙子，汉服的一种，对襟，两侧从腋下起不缝合，多罩在其他衣服外面穿着。在宋、明朝时最为盛行。

明代褙子，有宽袖褙子、窄袖褙子。

宽袖褙子只在衣襟上以花边做装饰，并且领子一直通到下摆。窄袖褙子则在袖口及领子都有装饰花边，领子花边仅到胸部。

霞帔

中国古代妇女礼服的一部分，类似披肩。帔子出现在南北朝时期，宋代将它列入礼服行列之中。明代时发展成了霞帔，由于其形美如彩霞，故得名"霞帔"。它的形状宛如一条长长的彩色挂带，每条霞帔宽三寸二分，长五尺七寸，用时绕过脖颈，披挂在胸前，下端垂有金或玉石的坠子。

水田衣

水田衣也叫百衲衣。是明代流行的一种服饰，以各色零碎锦料拼合缝制而成，形似僧人所穿的袈裟。因整件服装织料色彩互相交错，形如水田而得名。

王维诗中就有"裁衣学水田"的描述。水田衣的制作，比较注意匀称，各种锦缎料都事先裁成长方形，然后再有规律地编排缝制成衣。

衮衣

衮衣简称"衮"，亦称"衮服"，为古代天子及王公的礼服，因上有龙的图案得名。中国传统的衮衣以日、月、星辰、山、龙、华虫、宗彝、藻、火、粉料、黼、黻十二章纹为饰。周制，前六章绘于衣，后六章绣于裳，皂衣绛裳，衣裳相连，形制似裘。东汉以来，大体相沿。清代废除十二章纹，但皇帝衮服纹饰仍以龙为主。

幞头

幞头是一种包头的软巾。相传始于北周武帝，始名帕头，至唐始称为幞头。

裹幞头时除在额前打两结外，又在脑后扎成两脚，自然下垂。后取消前面的结，又用铜、铁丝为干，将软脚撑起，成为硬脚。唐时皇帝所用幞头硬脚上曲，人臣则下垂。五代渐趋平直。至宋，幞头以藤织草巾子作里，用纱作表，再涂以漆，称为"幞头帽子"，可以随意脱戴。

冠冕巾

最初的帽子是作为一种装饰品。成语"冠冕堂皇"的"冠"、"冕"，指的就是帽子。"冠"，只有狭窄的冠梁，遮住头顶的一部分，两旁用丝带在领下打结固定。古代的男子 20 岁开始戴冠，戴冠时要举行"冠礼"，表示成年的开始。在汉朝，冠分多种，供不同身份的人在不同的场合下使用。"冕"的出现比"冠"更早，"冕"前低后高，表示恭敬，前面用丝线垂面，使目不斜视，两旁用丝线遮耳，表示不听谗言。"冕"是帝王专用的，皇子继承皇位，才能加"冕"。古代劳动人民则戴头巾。头巾本来是劳动时擦汗的布，后被当作帽子裹在头上。

长翅帽

长翅帽是宋朝大小官员戴的帽子。相传是开国皇帝赵匡胤发明的。

赵匡胤登基后，文武大臣经常在朝堂中交头接耳，评论朝政。一天，赵匡胤退朝后，想出个办法，传旨属官在幞头纱帽后面分别加上长翅。长翅用铁片、竹篾做骨架。一顶帽子两边铁翅各穿出一尺多。在朝堂和官场正式活动时须戴上。戴上它官员只能面对面交谈了，

顶戴

清时，官员的礼帽帽顶均缀红缨，帽顶正中置一金属座，座上嵌一颗核桃大小

的顶珠。顶珠以珊瑚、宝石、铜等制成，按品级而分质色：一、二品为红色；三、四品为蓝色；五、六品为白色；六品以下为钢金色。通常，皇帝有时会赏给并无官位的人某品顶戴，以示给予该人的荣誉；抑或对低一品级的官员赏以高一品级的顶戴，以示恩宠。凡被皇帝赏以高一品级顶戴的官员，其原品位虽不变，但待遇一般都会随顶戴而增高。

花翎

清朝的礼帽，在顶珠下有翎管，质为白玉或翡翠，用以安插翎枝。清代，翎枝分花翎和蓝翎两种。

花翎为孔雀羽所做，是一种辨等威、昭品秩的标志，非一般官员所能戴用。花翎又分一眼、二眼、三眼，三眼最尊贵。所谓"眼"指的是孔雀翎上眼状的圆，一个圆圈就算作一眼。

蓝翎以染成蓝色的鹖鸟羽毛所做，无眼。赐予六品以下、在皇宫和王府当差的侍卫官员享戴，也可以赏赐建有军功的低级军官。

中山装

中山装是中国现代服装中的一个大类品种。其上衣的左右上下各有一个带盖子和扣子的口袋，下身是西裤，它是在辛亥革命这一社会剧变中诞生的，以伟大的革命先行者孙中山做临时大总统时穿用而流行于世，故称中山装。

据说孙中山先生于 1902 年到越南河内筹组兴中会时，偶入广东人黄隆生开设的洋服店，为了节省开支，并能体现中国国情而授意黄隆生设计一种美观、简易而又实用的中国服装。黄参考了西欧和日本服装式样，并结合当时南洋华侨中流行的"企领"文装上衣和学生装而设计缝制成后来的"中山装"。

旗袍

旗袍是中国一种富有民族风情的妇女服装，它是由满族女装演变而来。因满族又称"旗人"，所以被称为"旗袍"。它的特点是立领，右大襟，紧腰身，两边下摆开衩，布料多用缎子，领子、襟、袖的边缘都用宽边镶滚。清朝建立后，旗袍开始只在满族妇女中流行，后来汉族妇女也纷纷穿旗袍。清朝末年，旗袍的样式日益繁多，出现了立领、袍身刺绣、镶滚复杂，有三镶三滚、五镶五滚甚至十八镶滚等样式。

20 世纪 20 年代，受西方和日本服饰影响，上海妇女对旗袍加以改进，将刺绣和镶滚工艺由繁变简，收紧腰身，突出了人体曲线美。这种新式旗袍立即风靡全国。1929 年，中华民国政府规定蓝色六纽旗袍为妇女礼服。20 世纪 30 ~ 40 年代，旗袍在长度、领、袖等部分又发生较大的变化，称改良旗袍，成为盛行的女装。

马褂

中国清代的男式服装之一，套在旗袍或称满式长袍的外面穿用，有些类似背心或外套。

马褂是有袖上衣，分大襟、对襟、琵琶襟 3 种。一般长度到肚脐，袖子到肘部。清朝初期只是满族人穿用，康熙雍正年间开始广泛流行。

步摇

步摇，汉族女子传统首饰。最早来源于汉代礼制首饰，一般形式为凤凰、蝴蝶、带有翅膀类的，或垂有旒苏或坠子，走路的时候，金饰会随走路的摆动而动，栩栩如生。取其行步则动摇，故名。

其形制与质地都是等级与身份的象征。汉代以后，步摇才逐渐被民间百姓所见，宋明以来广泛流传。

盘扣

盘扣，又称盘钮，是传统中国服装使用的一种纽扣，用来固定衣襟或装饰。明朝万历年间开始，高领女装的领子上开始有 1～2 个金属制的领扣。清初以后，绸布制的盘扣开始被使用。马褂、旗袍和唐装上衣都用盘扣在正面固定衣襟。

花黄

花黄是古代流行的一种女性额饰，又称额黄，是把黄金色的纸剪成各式装饰图样，或是在额间涂上黄色。这种化妆方式起源于南北朝，当时佛教的盛行，爱美求新的女性从涂金的佛像上受到启发，将额头涂成黄色，渐成风习。

铅华

铅华，是中国古代妇女用的化妆品。古代的妆粉里面会添加铅，所以铅华指妆粉。中国妇女使用妆粉至少在战国就开始了，最古老的妆粉有两种成分，一种是以米粉研碎制成；另一种妆粉就是将白铅化成糊状的面脂，俗称"胡粉"。因为它是化铅而成，所以又叫"铅华"，由于它质地细腻，色泽润白，并且易于保存，所以深受妇女喜爱，久而久之就取代了米粉的地位。

胭脂

胭脂是面脂和口脂的统称，是和妆粉配套的主要化妆品。古时胭脂又称燕脂、焉支或燕支。关于胭脂的起源，有两种不同的说法：一说胭脂起于自商纣时期，是燕地妇女采用红蓝花叶汁凝结为脂而成，因为是燕国所产得名。另一说为原产于中国西北匈奴地区的焉支山，匈奴贵族妇女常以"阏氏"（胭脂）妆饰脸面。在公元前 139 年，汉武帝为了加强汉朝与西域各国的联系派张骞出使西域。张骞此行，带回了大量的异国文化，包括西域各族的生活方式和民族风物。胭脂的引进，也在这个时候。

凤冠

古代皇帝后妃的冠饰，其上饰有凤凰样珠宝。明朝妇女出嫁时也可佩戴。明朝凤冠是皇后受册、谒庙、朝会时戴用的礼冠，其形制承宋之制而又加以发展和完善，更显雍容华贵之美。

冠上饰件以龙凤为主，龙用金丝堆累工艺焊接，呈镂空状，富有立体感；凤用翠鸟毛粘贴，色彩经久艳丽。凤冠上金龙升腾奔跃在翠云之上，翠凤展翅飞翔在珠宝花叶之中。凤冠口衔珠宝串饰，金龙、翠凤、珠光宝气交相辉映，富丽堂皇，非一般工匠所能达到。

百褶裙

百褶裙，也称"百裥裙"、"密裥裙"或"碎折裙"，是指裙身由许多细密、垂直的皱褶构成的裙子。

据《西京杂记》载：西汉成帝时，赵飞燕被立为皇后。有一次，她穿了一条云英紫裙，与皇帝同游太液池，正当她在鼓乐声中翩翩起舞的时候，忽然大风骤起，她好像燕子一样被风吹了起来。成帝慌忙命侍从拉住她的裙子，裙子被拉出许多褶皱。汉成帝一看，有褶皱的裙子比原来没有褶皱时更美。于是，宫女们以后穿的裙子都喜欢折叠成许多褶皱折痕，并把这种裙子称为"留仙裙"。

玉带

玉带，通常是指用玉装饰的皮革制的腰带。这种装饰革带用的玉制品，称为玉带板。早期的玉带是一种蹀躞带，即革带上面缀玉的同时又缀有许多勾环之类，用以钩挂小型器具或佩饰等。

据记载，蹀躞带最早出现在战国时代，由胡人骑士传入内地。隋唐时期玉带被定制为官服专用。唐宋时期玉带盛行。唐代曾有朝廷定制，称"大带制度"，以带上的装饰品质地和数量区别官品等级。

壮锦

壮族传统手工织锦，又称僮锦、绒花被，与云锦、蜀锦、宋锦并称中国四大名锦。主要产地分布于广西靖西、忻城、宾阳等县，《广西通志》载："壮锦各州县出，壮人爱彩，凡衣裙巾被之属莫不取五色绒，杂以织布为花鸟状，远观颇工巧炫丽，近视而粗，壮人贵之。"

壮锦以棉和麻线做地经、地纬平纹交织，用粗而无拈的真丝作彩纬织入起花，在织物正反面形成对称花纹，并将地组织完全覆盖，增加织物厚度。其色彩对比强烈，纹样多为菱形几何图案（传统沿用的纹样主要有二龙戏珠、回纹、水纹、云纹、花卉、动物等 20 多种），结构严谨而富于变化，具有浓艳粗犷的艺术风格。主要用于制做衣裙、巾被、背包、台布等。

水家布

"水家布"，又称"九阡青布"，纱质细，织工精细均匀，染色深透，耐洗不褪色。

有人字纹、斜纹、花椒纹和方格纹等多种纹样。

水族独特的"豆浆印染"技艺，相传已有 700 年的历史。他们先将硬纸板镂成各种花鸟及几何图案，然后将模板平铺于白布之上，再刷上特制的黄豆浆，待豆浆干透后即浸入靛液缸中浸染，最后洗净晒干刮去豆浆，即呈现出蓝底或青底白花图案。

西装

西装最早起源于欧洲，它是欧洲人穿的传统服装。西装的上衣原是渔民的穿着，由于他们终年在海上谋生，穿敞领少扣的衣服在海上捕鱼更加方便；燕尾服也是西装的一款，原是中世纪欧洲车夫的装束，为了骑马方便，就在上装的后面开了一条衩；西装硬领是由古代军人防护咽喉中箭的甲胄演变而来的；据说是古代住在深山老林里的日耳曼人为了防止披在身上的御寒兽皮掉下来，就用草绳扎在脖子上，这是最早的领带；西装衣袖沿上的三颗纽扣，传说与拿破仑有关；西装裤原是西欧水手服的样式，它便于水手将裤腿捋起来干活。后来随着社会的发展，这些原始的衣着，逐渐演变成现在的西装。

牛仔裤

1850 年，美国西部出现了淘金热。当时，25 岁的德国人李威·斯达斯也到旧金山淘金。但当他看到那千千万万寻找金矿的人们以后，却改变了主意，开起商店来，专门销售日常用品，包括露营用的帐篷和用做马车篷的帆布。有一次，一个淘金工人对他说："我看用你的帆布做短裤挺好。矿工们现在穿的短裤都是用棉布做的，很快就磨破了。"李威·斯达斯觉得这个主意不错，便用帆布试缝了一批短裤出售，果然畅销。

接着，李威·斯达斯在旧金山开设了一家服装工厂。他根据矿工们劳动的特点，不断改进裤子的式样，最终形成了牛仔裤独有的样式。

喇叭裤

喇叭裤最初是巴黎的服装设计师参照英国的海军服设计制作的。它的特点是裤裆浅、臀部紧、膝部窄、裤脚宽大。它的造型在膝部以上着重于暴露人体线条，膝部以下夸张。由于它的形式奇特，一度吸引了西方不少好猎奇的青年。20世纪60年代末，开始在巴黎流行，但不到3年，它就在西方世界衰落了。到70年代，它基本上退出了时装舞台。

夹克

夹克是从中世纪男子穿的叫Jack的粗布制成的短上衣演变而来的。15世纪的Jack有鼓出来的袖子，但这种袖子是一种装饰，胳膊不穿过它，耷拉在衣服上。到16世纪，男子的下衣裙比Jack长，用带子扎起来，在身体周围形成衣褶，进入20世纪后，男子夹克衫从胃部往下的扣子是打开的，袖口有装饰扣，下摆的衣褶到臀上部用扣子固定着。

燕尾服

燕尾服源于欧洲人马车夫的服装造型。是男士在正规场合穿着的礼服，前身短、西装领造型，后身长、后衣片成燕尾形呈两片开衩，色彩多以黑色为正色，表示严肃、认真、神圣之意。

和服

和服的起源可追溯到3世纪左右，大和时代，倭王曾3次派遣使节前往中国，带回大批汉织、吴织，以及擅长纺织、缝纫技术的工匠，而东渡扶桑的中国移民中也大多是文人和手工艺者，他们将中国的服饰风格传入日本。

奈良时代，日本遣唐使团来到中国，唐王热情接见他们，并赠予大量朝服。这批服饰光鲜亮丽，在日本大受欢迎。次年，天皇下令，日本举国上下全穿模仿隋唐式样的服装。

到了14世纪的室町时代，带有唐装特色的服装逐渐演变并最终定型，在其后600多年中再没有较大的变动。至于腰包则是日本妇女受到基督教传教士穿长袍系腰带的影响而创造出来的，起初腰包在前面。

裙子

远古时期，人们冬天用兽皮取暖、保护身体，夏天则用树叶遮盖。最初，人类先用毛皮围于腹、膝，后来才遮掩后面。骨针发明后，人类将前后两片连接起来，形成了下裳，也就是后来的裙子。

有了布帛之后，形成了上衣下裳、上黑下黄的习惯，这起源于对天地的崇拜。黄帝元妃嫘祖教民养蚕，有了丝织品，服装原料丰富起来。

周朝时，妇女礼服上下相连，且同颜色，表示感情专一。

东汉献帝年间，女子喜爱长裙，而上衣甚短。赵飞燕时，还产生了垒出皱纹的"留仙裙"。唐朝时，裙子更长，"行即裙裾扫落梅"。唐宋时，裙色以红、紫、黄、绿、青为多。红如石榴花者尤为流行，"红裙妒杀石榴花"。杨玉环特别喜爱黄裙，此裙有郁金香味，"折腰多舞郁金香"。青裙为年龄较大或田野农妇所穿。

元末，一概以淡素为主。明朝，大抵雅淡朴素。清朝，穿旗袍，流行连衫裙。

内衣

东晋十六国时期，出现了一种内衣——两当。这种衣服由北方游牧民族传入中原的。两当有前后两片，"即可当胸又可当背"。

唐朝的女子喜穿"半露胸式裙装"。她们将裙子高束在胸上，胸下围一条宽带，肩、颈、后背无带。穿时由后及前，胸前有一排扣子系合，或用其他带子系紧。

明代女子受外来文化的影响，已深谙如何凸现曲线美之道。当时的内衣——主腰，与背心类似。开襟、两襟各缀有三条襻带，肩部有档，档上有带，腰侧还各有系带，系紧后形成明显的收腰。

清代的肚兜一般为菱形，兜肚只有前片，后背袒露，上有系带套于颈间，腰部另有两根带子，束在背后。系带的材料不一。兜肚上有各类精美刺绣。

在西方，古罗马时代，产生了胸衣。到了 16 世纪，还有铁、木头制的紧身胸衣。16 世纪末期，人们开始使用鲸髻、钢丝、藤条等来制作紧身衣。到了帝政时期（1804～1825 年），紧身胸衣已变得简化。巴瑟尔时期（1870～1890 年），蕾丝、丝绸、薄纱已得到充分运用。当时，人们对内衣的塑身要求已逐渐淡化，内衣制作放松了对腰部的束缚。

领带

"领带"起源于古代居住在深山老林里的日耳曼人。他们披着兽皮取暖御寒，为了不使兽皮掉下来，便用草绳扎在脖子上。

17 世纪中叶，欧洲真正出现了"领带"。当时，法国军队中一支罗地亚骑兵凯旋。他们身着威武的制服，脖领上系着一条围巾，颜色各式各样，骑在马上显得十分精神、威风。巴黎一些爱赶时髦的子弟看了，竞相仿效，也在自己的衣领上系上一条围巾。第二天，有位大臣上朝，在脖领上系了一条白色围巾，还在前面打了一个漂亮的领结，路易十四国王见了大加赞赏，当众宣布以领结为高贵的标志，并下令上流人士都要如此打扮。这样，系领带、打领结的习惯便流传下来了。

风衣

风衣这种服装式样由来已久。早先它是英国部队士兵防风避雨用的外衣，领型可以关闭，也可以打开，当时，人们把这种领口称为"拿破仑"领。其式样是前门双排扣，有前后过肩和腰带，仅限于男子穿用，后来，这种式样流行于民间，发展成为男女老幼都爱穿的日常生活服装。

文化是人类创造的所有物质财富和精神财富的总和。它既是人类社会在过去时间内的发展进化成果，也是孕育人类辉煌未来的基础。正是文化的一脉相传才造就了人类社会源远流长的历史和光辉灿烂的文明。